中国汉画学会　主办

图像的表征

中国汉画学会第十五届年会论文集

朱存明　主编

文化艺术出版社
Culture and Art Publishing House

图书在版编目（CIP）数据

图像的表征：中国汉画学会第十五届年会论文集 / 朱存明主编. — 北京：文化艺术出版社，2019.7

ISBN 978-7-5039-6725-2

Ⅰ. ①图… Ⅱ. ①朱… Ⅲ. ①画像石—中国—汉代—学术会议—文集 Ⅳ. ①K879.424-53

中国版本图书馆CIP数据核字（2019）第130345号

图像的表征

中国汉画学会第十五届年会论文集

主　　编　朱存明
责任编辑　董良敏
书籍设计　赵　矗
出版发行　文化艺术出版社
地　　址　北京市东城区东四八条52号（100700）
网　　址　www.caaph.com
电子邮箱　s@caaph.com
电　　话　（010）84057666（总编室）　84057667（办公室）
　　　　　（010）84057696—84057699（发行部）
传　　真　（010）84057660（总编室）　84057670（办公室）
　　　　　（010）84057690（发行部）
经　　销　新华书店
印　　刷　国英印务有限公司
版　　次　2019年9月第1版
印　　次　2019年9月第1次印刷
印　　张　31
字　　数　540千字
开　　本　787毫米×1092毫米　1/16
书　　号　ISBN 978-7-5039-6725-2
定　　价　98.00元

学术顾问

顾　森　陈履生

特约审稿人

武利华　朱存明　王怀义

主编

朱存明

稿件编辑

王怀义　董雨莹

致 谢

此书的出版得到国家社科基金重大招标课题“《汉学大系》编纂及海外传播研究（课题编号：14ZDB029）”经费的资助，特此表示感谢！

前言

汉画是中国古代艺术中的瑰宝，它真实、全面、形象、直接地表现了汉代文明的方方面面。通过汉画，我们可以直观汉朝，了解汉民族的信仰、思想、观念、精神、道德、文化，等等。

随着20世纪以来考古学的发展，我们积累了大量汉画像的考古材料，已经成为一笔巨大的文化财富。中国汉画学会成立以来，已经走过30年的历程，为推动汉画的研究做出了重要贡献，培养了一批汉画像研究的人才，积累了众多的学术成果。其中，在徐州召开的中国汉画学会第十五届年会又推出了一批重要成果，这将成为中国汉画学会发展史上的一座里程碑。

汉画是一种重要的民族文化遗产，对它的研究、认识和利用的确要付出努力。

就目前来看，汉画研究在四个方面取得重大成就。首先是汉画的考古学，包括田野考古学的调查、挖掘、保存、保护、修复，以及出版考古报告等。这是对汉画像的事实性研究，有利于保存民族文化遗产。其次是汉画艺术学，主要是把汉画视作具有艺术价值与审美价值的艺术作品，以此来研究其雕刻、绘画、构图、造型、风格、肌理、色彩、线条等。这是对汉画艺术性的研究，可以促进中国美术史的建设，促进今天美术造型艺术的提升。再次是汉画像的文化学，主要是把汉画像视作一个文化的载体，进而通过各种文化学的观念、方法、理论进行阐释，以便于现代人了解汉画图像背后体现的信仰、理想、民俗、风尚、生活方式、衣食住行、礼仪歌舞等。这是一种知识的考古学，通过图像去理解汉画图像表现的真善美，及其对人生的意义与价值。最后是对汉画像的符号探讨。汉画像作为一种独特的艺术形式，继续了汉民族来自史前的神话思维传统，是民族性集体无意识的图像呈现，因此显得神秘而怪异，所以要利用现代的符号学来探求其图像的表征。这一部分构成了汉文化的大传统，是民族之魂的根源及文化模式的文化基因。

20世纪后半叶到21世纪以来，学术研究经历了“语言学转向”、“图像学转向”、视觉文化研究、图像学、语—图关系研究等，这些都给汉画的研究带来机遇与挑战。新的材料带来新的理解，新的方法带来新的阐释。

中华文明几千年来保持了它的稳定性，今天来看，两汉时期的画像艺术依然“深沉宏大”，栩栩如生。汉民族不仅有一个文字记载的历史，还有一个图像表征的世界。通过文字的记载与图像互文性的发现的阐释，我们可以发现一个“图像汉学”的传统。它强调的是人与宇宙的关系、人与人的关系、人与社会的关系、人的生与死的关系，在天、地、人、神的四维结构中建立一个和谐统一的世界，使生命获得存在的价值。通过研究我们还可以发现，在秦汉就形成的人文与天道的和谐统一是具有世界意义的命题。

感谢中国汉画学会会员的积极努力、刻苦钻研与勇于探讨，正是他们把最新成果贡献出来，才使年会的论文集形成这样的规模。会后，一些会员又对论文进行了认真修订，使论文质量得到了很大提升。

感谢顾森前会长、陈履生会长百忙中对论文集的学术指导。感谢武利华副会长对论文的仔细审阅并提出建议。感谢王怀义博士、董雨莹同学在论文编辑过程中付出的辛勤劳动。感谢文化艺术出版社的领导及编辑对此书出版做出的努力。

朱存明

目录

发现研究

图像研究

发现研究

从新发现的牛耕图再谈汉代的牛耕技术

武利华

内容摘要 “牛耕图”一直被看作研究汉代农业生产的最重要的图像资料。牛耕技术出现在商周时期，汉代的牛耕技术已经相当成熟，但是文献中对牛耕的记载十分有限，长期以来，人们对汉代牛耕技术、耕犁的样式、服牛的方法等讨论十分热烈，但一直没有形成统一的意见。近年来，牛耕图又有了一些新的发现，这对于既往研究的成果增加了图像补正，同时又能修正不足的学术观点，提出新的认识。

关 键 词 画像石；牛耕图；汉代；牛耕技术

作者简介 武利华，男，1956 年生，中国汉画学会原副会长，徐州汉画像石艺术馆研究员，江苏师范大学硕士研究生导师。

汉代牛耕技术的研究不是一个新鲜的课题，汉代的牛耕研究经历了纯文献研究和图像与文献互注两个阶段。在纯文献研究阶段，主要是依据唐宋以来训诂学者对《汉书·食货志》中“用耦犁，二牛三人”一段的考释，由于缺少图像真实的记录，难免出现望文生义的现象。中华人民共和国成立以后，汉画中的牛耕图引起了研究者的注意，人们开始从图像研究入手，结合文献的记载和民族学的调查，用三重证据法对汉代牛耕技术进行综合研究，于是汉代牛耕的研究出现了新的突破，取得了令人瞩目的研究成果。由于考古发现是一个动态的过程，学者们引用的图像资料受到时间段的限制。例如：1977 年，张振新的《汉代的牛耕》引用的图像是 8 例；1995 年，日本农史学者渡部武的《中国古代犁耕图再考——汉代画像所看到的二种犁》引用的图像是 9 例；2010 年，农史研究专家周昕的《汉画像石中的犁作图综合述评》引用的图像是 11 例[1]；2006 年，南京大学徐燕的《从汉代画像石看汉代的牛耕技术》[2]、2014 年刘兴林的《汉代犁耕驾牛方式和用具的初步研究》[3] 引用的图像都是 13 例。以上学者征引的画像石牛耕图大都囿于 2000 年以前发表和公布的资料。2000 年以后，汉画像石及汉代壁画中的牛耕图又有了新的发现，目前汉代画像石及汉代壁画中发现的牛耕图已经有 27 幅，如果算上和林格尔壁画墓的 6 组牛耕图，已有 30 余幅。这些新发现无疑为汉代牛耕技术补充了新的研究内容。

一、新发现的牛耕图

根据最新的调查统计，目前全国发现的汉代牛耕图有 27 幅 31 组（表 1）。从图像的媒质来看，牛耕图有画像石和壁画两种形式，有 19 幅为画像石作品，占发现总数的 70%，8 幅为墓室壁画作品，占发现总数的 30%。从时代来看，分为西汉、东汉两个时期，西汉至新莽时期的作品有 5 幅，其中 3 幅为石椁墓画像，2 幅为壁画作品（山西平陆枣园牛耕图），其余皆为东汉时期的作品。从发现的地域来看，主要包括鲁南、苏北和西北地区，鲁南、苏北发现牛耕图 10 幅，均为画像石作品；陕北发现 12 幅（9 幅为画像石作品，3 幅为壁画作品）；山西发现 1 幅（壁画作品）；内蒙古发现 4 幅（1 幅为鄂尔多斯壁画墓，2 幅为和林格尔壁画墓，1 幅为 1972 年伊盟杭锦旗霍洛柴登壁画墓出土）。在发现的牛耕图中，有二牛一犁、一牛一犁、马牛合犁三种耕作形式。其中二牛一犁数量最多，有 17 幅 21 组（鄂尔多斯壁画墓的牛耕图因为残缺，疑似二牛抬杠[4]），占发现总数的 70%；一牛一犁的画像有 8 幅，占发现总数的 23%；牛马合耕的画像有 2 幅，占发现总数的 7%。

新发现的牛耕图是指 2000 年前后发现、近期发表的有牛耕内容的图像资料。这些图像大部分没有被研究者注意和征引。为了征引图像的科学严谨，笔者对大部分牛耕图做了实物考察，对已发表论文引用或出版著录的有赝品嫌疑的牛耕图不做引用。[5]

表 1　汉画像石牛耕图出土情况

编号	出土地点	出土时间	时代	画面内容	资料来源	图像
1	山东金乡香城堌堆石椁墓	1981 年	西汉末	二牛抬杠，一人牵牛、一人赶牛、一人扶犁、一人播种	《全集》二，图 27	

（续表）

2	江苏泗洪重岗石椁墓	1984 年	西汉末	二牛抬杠，一人牵牛、一人扶犁，图下方有播种者、摩田者	见本文注释［16］	
3	江苏泗洪重岗石椁墓	1984 年	西汉末	二牛抬杠，一人牵牛、一人扶犁，图下方有播种者、摩田者	见本文注释［16］	
4	江苏睢宁双沟	20 世纪 30 年代	东汉后期	二牛抬杠， 一人扶犁、一人播种、一人锄草	《全集》四，图 106	
5	山东滕州宏道院	1930 年	东汉后期	一牛挽犁，一人牵牛、一人扶犁	《山东选集》，图 340	
6	山东滕州黄家岭	1933 年	东汉后期	三人锄草一人播种，牛马套驾，一人扶犁，一牛一人摩田	《山东选集》，图 345	
7	山东滕州城头镇东堌城村	1998 年	东汉后期	牛马套驾，一人扶犁、一人持耰在后	《汉画像精品录》	
8	山东滕州	2007 年	东汉	二牛抬杠，一人牵牛、一人扶犁	未发表	
9	山东邹城面粉厂	1993 年	东汉中期	二牛抬杠，一人扶犁耕地，后二人中一人扛耰	《全集》二，图 66	
10	山东平阴实验中学	1991 年	东汉早期	一牛挽犁，一人扶犁	《华夏考古》2008 年第 3 期	
11	陕西绥德王德元墓	1951 年	100 年	一牛挽犁， 一人扶犁	《全集》五，图 76	
12	陕西绥德王德元墓	1951 年	100 年	一牛挽犁， 一人扶犁	《全集》五，图 77	
13	陕西绥德四十里铺墓门右立柱	1974 年	东汉中期	一牛挽犁， 一人扶犁	《全集》五，图 184	
14	陕西米脂官庄	1971 年	107 年	二牛抬杠，一人扶犁	《陕北》，第 4 页	
15	陕西绥德墓门右立柱	1962 年	103 年	二牛抬杠， 一人扶犁、一人播种	《全集》五，图 107	
16	陕西横山党岔孙家园子	1992 年	东汉中期	一牛挽犁， 一人扶犁	《全集》五，图 230	
17	陕西靖边县寨山墓门左立柱	1992 年	东汉中期	二牛抬杠， 一人扶犁	《全集》五，图 233	

（续表）

18	陕西绥德汉画像石馆藏	1998 年	104 年	二牛抬杠，一人扶犁	《汉画总录·5》	
19	陕西米脂县博物馆藏，李站出土	2001 年	东汉中期	一牛挽犁，一人扶犁	《汉画总录·3》	
20	山西平陆枣园壁画墓	1959 年	西汉晚期	二牛抬杠，一人扶犁	《考古》1959 年第 9 期	
21	陕西靖边杨桥畔壁画墓	2005 年	东汉	二牛抬杠，一人扶犁	《壁上丹青》，第 113 页	
22	陕西省定边县郝滩壁画墓	2003 年	东汉	二牛抬杠，一人扶犁	《壁上丹青》，第 69 页	
23	陕西省旬邑县百子村壁画墓	2000 年	东汉	一牛挽犁，一人扶犁	《壁上丹青》，第 137 页	
24	内蒙古鄂尔多斯凤凰山 1 号壁画墓	1990 年	东汉后期	牛耕图残泐，画面不清	《壁画全集》三	
25	内蒙古和林格尔壁画墓后室	1971 年	东汉后期	二牛抬杠，一人扶犁	《和林格尔壁画墓》	
26	内蒙古和林格尔壁画墓北耳室	1971 年	东汉后期	二牛抬杠，一人扶犁	《和林格尔壁画墓》	
27	内蒙古伊盟杭锦旗霍洛柴登壁画墓	1972 年	东汉后期	二牛抬杠，资料未正式发表	《和林格尔壁画墓》注释	无图

注：《全集》为《中国画像石全集》的简称；《山东选集》为《山东汉画像石选集》的简称；《陕北》为《陕北汉代画像石》的简称；《壁画全集》为《中国出土壁画全集》的简称；《汉画像精品录》为《中国汉画像精品录》的简称；《壁上丹青》为《壁上丹青——陕西出土壁画集》的简称。

（一）徐州汉画像石研究会藏石牛耕图[6]

该石于 2006 年发现，为石椁墓侧板，时代为西汉晚期或东汉早期。石高 71 厘米、长 257 厘米、厚 19 厘米。画面分为左、中、右三格：左格刻六位人物和一束嘉禾，似为太仓公淳于意的故事；右格刻二桃杀三士的故事；中格刻牛耕图。画面分为上、下两层，下层刻七位人物和两束嘉禾，上格左方刻一束嘉禾，一人耙地（或锄草）、一人牵牛，二牛共挽一犁，一人扶犁，右方停放一辆大车，车旁有一筐、一壶。(图 1) 这幅画像石为阴线刻，没有磨泐，线条十分清晰，因此表现出牛耕方式的细部特征，对研究汉代牛耕技术更有意义。如在表现犁床的细部上，可以看到“V”字形的铧冠安装在铁铧的前端，以保持犁铧刃口的锋利，铁铧上有鐴土，用以翻土。犁辕为单长直辕，犁辕上有犁箭，并且有前高后低的犁评，用以调节犁耕的深浅。在二牛的前方有一位牵牛者，双手各牵一牛却步行走。

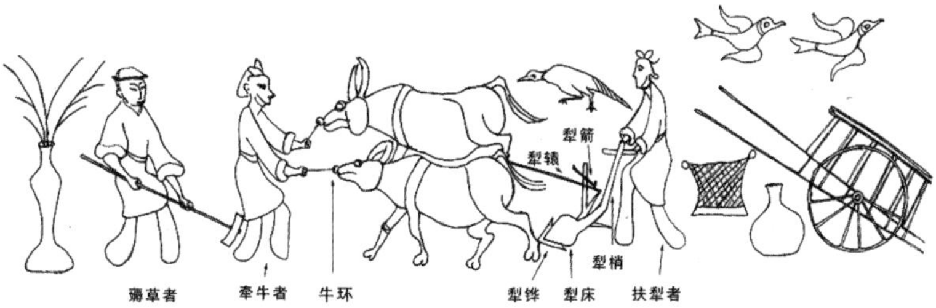

图 1　徐州汉画像石研究会藏牛耕图（作者描图）

（二）滕州画像石牛耕图

1998 年，滕州山亭区城头镇东堌城村发现一幅牛马合耕画像石。这块画像石残纵 25 厘米、横 182 厘米、厚 20 厘米，展品介绍为墓壁装饰。(图 2) 画像中刻一马一牛合犋耕作，犁架为无床结构，一农夫扶犁前行，后面一农夫肩荷锄，手执耰，表示牛耕后下一道工序的操作。耰是碎土的工具，形似木槌，王祯《农书》云：“耰，槌块器。……今田家所制无齿耙，首如木椎，柄长四尺，可以平田畴、击块壤，又谓木斫，即此耰也。”

图 2　滕州山亭区城头镇东堌城村发现的牛马合耕图

2007 年，滕州还发现一幅牛耕图，该石现落入私人藏家。该画像为二牛抬杠拉犁，前面一人牵牛，后面一人双手扶犁，再后一人肩扛似耙的农具。（图 3）

图 3　滕州 2007 年发现的牛耕图

（三）平阴画像石牛耕图

1991 年，山东平阴县实验中学发现一座拆用汉画像石建造的晋墓，共出土汉画像石 12 块，其中编号为 6 号石的背面有牛耕图，原石现藏平阴县博物馆。牛耕画像为一牛拉犁，一人右手扶犁，左手持鞭，犁为无床犁，直辕，犁床上有犁箭，犁辕上方刻画两根绳索。该石为糙面阴线刻，石面磨泐，发掘简报的图片并不清晰，经现场考察，对照原石重新摹描，可以较清楚地看出一牛挽犁的系驾方法。从画像风格、雕刻技法判断，该画像石的年代为东汉早期。

（四）陕西画像石牛耕图

陕西是我国西北地区画像石的集中出土地，画像石题材多反映狩猎、耕牧方面的内容，目前发现的牛耕图有 9 幅。在这 9 幅牛耕图中，有 7 幅是以往研究者引用的，还有 2 幅在以往的图录中没有著录，2012 年出版的《汉画总录》中第一次公布。

1998 年，绥德中角白家山征集一幅牛耕图[7]，为二牛抬杠，一人扶犁。由于画像雕刻的疏漏，二牛之间的犁衡刻断了。犁具为有床直辕犁，有犁箭但没有刻出犁评。在图像的右边放置一件似槌的工具，应该是与耕作相关的摩田器“耰”。（图 4）这幅画像石现藏绥德汉画像石馆，画面构图与米脂官庄牛耕图相似。同时出土的中柱石上阴刻隶书“西河圜阳张文卿永元十六年十月造万岁室”，为这幅画像提供了确切的纪年。

2001年，米脂县博物馆在李站征集一幅牛耕图[8]。原石纵121厘米、横35厘米、厚7厘米，画像分上、下两格，牛耕图位于图像的下格。大树下一牛挽犁，一人在后面一手扶犁，一手挥鞭呵牛。（图5）该石现藏于米脂县博物馆，画像构图与绥德王德元墓牛耕图相似。

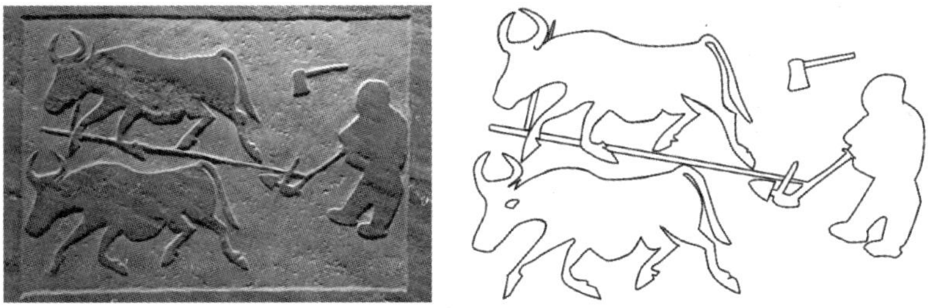

图4　绥德中角白家山征集的牛耕图（作者拍摄于绥德汉画像石馆并描图）

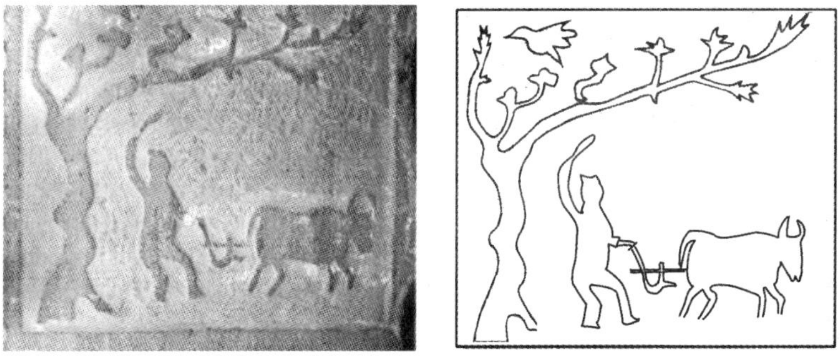

图5　米脂李站征集的牛耕图（作者拍摄于绥德汉画像石馆并描图）

（五）壁画墓牛耕图

汉代壁画墓中的牛耕图总计有8处12组。在以往的研究中，壁画墓中的牛耕图使用的材料只有1959年山西平陆县枣园壁画墓和1971年内蒙古和林格尔壁画墓中的牛耕图。随着近年来汉代壁画墓的新发现，壁画墓中的牛耕图被重视起来。据初步统计，新发现的壁画墓中有牛耕图4幅。

1990年发掘的内蒙古鄂尔多斯高原西部凤凰山1号壁画墓，时代为东汉晚期，牛耕图位于墓室西壁右端。层峦叠嶂的群山上树木茂盛，牛、羊、马等散布其间，山形轮廓线内散见数只牛羊之类的牲畜，两位牧人悠闲地坐在高高的山顶上，山脚

图 6　鄂尔多斯凤凰山 1 号壁画墓牛耕图（作者描图）

图 7　旬邑县百子村壁画墓牛耕图（作者描图）

图 8　定边县郝滩壁画墓牛耕图（作者描图）

图 9　靖边杨桥畔 1 号壁画墓牛耕图（作者描图）

下，一农夫正在扶犁耕田（已残）。从残存的画像牛蹄的数量判断，这是采用二牛抬杠的耕作方法。（图 6）凤凰山 1 号墓的牛耕图发现较早，图像的公布是在 2012 年面世的《中国出土壁画全集》[9]。

2000 年发现的陕西省旬邑县百子村东汉壁画墓，在前室南壁东侧及前室东壁南侧的牧牛图和牛耕图实际为内容连贯的田园风光图。牧牛图位于前室南壁东侧，耕作图位于东壁南侧。开满白花的大树下拴两匹红马，远处还站立一匹红马，树前一农夫正赶一头黑牛挽犁耕作。该牛耕图为一牛挽犁。（图 7）

2003 年发现的陕西省定边县郝滩壁画墓，时代为新莽至东汉早期。墓室南壁为生活图，局部内容为牛耕图，画面约高 18 厘米、宽 28 厘米。画面中二牛拉一犁，犁为单长辕犁，后面一农夫一手持鞭，一手掌犁。画面的上方用石绿颜色画出七组禾苗。（图 8）

2005 年发现的陕西靖边杨桥畔 1 号壁画墓后室北壁上层为墓主人画像，下层为锄禾与农耕。（图 9）两幅图实则是一幅田园耕作图，只是被斗拱间隔成两幅画面。西侧画面为锄禾图，两人黑帽白衣，腰间束带，持锄在田间劳作；东侧画面为牛耕图，一人赤足，左手扶犁，右手执鞭，黑、白二牛拉犁向西行进。

内蒙古和林格尔壁画墓中有两处牛耕图。一处是后室南壁的庄园画像，这幅画像中有三组牛耕的画面；另一处是前室北耳室西壁的农耕画像，面面中也刻有 3 组牛耕图[10]。实际上，和林格尔壁画墓中共刻有 6 组牛耕图，皆为二牛抬杠式。由于《和林格尔汉墓壁画》一书中介绍不清和图版模糊，许多学者征引的只是前室北耳室画像中 3 幅牛耕图的其中一组。（图 10）2014 年，笔者对和林格尔壁画墓进行考察时特别注意了牛耕图的绘画细节。和林格尔汉墓后室南壁的牛耕图非常精彩，牛耕图刻在庄园图的右上方，3组牛耕的场面出现在山峦中。最上方的牛耕图刻画“二牛三人”耕种的情景，二牛拉犁，一人扶犁，一人播种，一人举杌覆土摩田（图 11），表现了春耕生产中犁、播、耰的过程。

图 10　和林格尔壁画墓前室北耳室西壁牛耕画像（采自《和林格尔汉墓壁画》）

图 11　和林格尔壁画墓后室南壁牛耕画像（作者描图）

新发现的牛耕图丰富了汉代农耕图像的内容，不仅它的艺术魅力吸引着人们，它的形象的塑造、写实的手法，也为我们研究汉代的牛耕制度、牵牛挽犁的方法及犁架的样式提供了十分重要的图像资料。然而，画像石中的牛耕图是艺术作品，研究汉代的牛耕方式仅凭单幅的画像来判断是不科学的，必须结合更多的牛耕画像和出土实物，结合文献的记载和民族学的调查，才能客观真实地反映出汉代牛耕技术的真实情景。

二、从牛耕图看汉代的牛耕技术

汉代牛耕图分为二牛抬杠、一牛挽犁、牛马合耕三种形式，其中二牛抬杠有 21 组画面，占发现牛耕图数量的 70%，是牛耕的主要形式；一牛挽犁有 8 幅；牛马合耕图发现 2 幅。这三类牛耕图应该是汉代农耕技术的真实情景。在这三类牛耕图中，同时有牵牛的人有 5 幅，有播种的人 6 幅，有与摩田相关的图像 6 幅。在既往的研究中，比较重视牛耕本身，而忽略了整体画面的组合。

（一）“用耦犁，二牛三人”的图解

《汉书·食货志》载：“其耕耘下种田器，皆有便巧。……用耦犁，二牛三人。”[11] 这是我国关于牛耕形制和使用情况的最早记载，但这段文字过于简单，“耦犁”为何物，“二牛三人”如何耕地，引发古今中外学者不同的阐释。

关于“耦犁”有多种解释，“耦”与“偶”互通，即双数的意思。战国以前就有“耦耕”的记载，《诗经》有“千耦其耘”，《礼记·月令》有“(季冬之月)命农计耦耕事，修耒耜，具田器”。“耦耕”与“耦犁”并不相同，多数学者认为“耦耕”是以人力耕地，“耦犁”是以牛耕地。关于“耦犁”有两种不同解释。第一种观点认为“耦犁”是二犁并耕。范文澜持这种观点，他认为耦犁是“用二牛挽二犁，二人各执一犁”；傅筑夫《中国经济史论丛》也说耦犁是“二犁并耕，每犁各由一人执之”；张九洲《中国经济史概论》说：“耦犁，即用二牛挽二犁，一人各扶一犁，一人牵引二牛，共三人二牛。”[12]第二种观点认为“耦犁”就是两牛拉一犁，“耦”指的是两牛并作。目前发现的考古材料证明，耦犁为二牛拉一犁，汉代的犁铧较重，陕西出土的犁铧重7.5千克以上，有的重达10余千克，这样重的犁铧至少需要两牛拽拉，汉画像石中的多幅牛耕图都是二牛合拉一犁。耦犁应该是二牛一犁，不是一牛两犁或两牛各拉一犁。“耦犁”即“二牛抬杠”，已经没有什么争议。

“二牛三人”比“耦犁”更难理解。总结各种说法有四种以上的解释：一说是两人扶犁，一人牵牛[13]；一说是一人扶犁，二人牵牛[14]；一说是一人扶犁，一人牵牛，一人赶牛[15]；一说是一人牵牛，一人压辕，一人赶牛[16]。以上说法各有所据，但都缺少图像的证明。那么，“二牛三人”如何耕田犁地，或许只有在牛耕图像中综合分析、全面考量，才能找到《汉书·食货志》中所说“二牛三人”的真解。

在发现的31组牛耕图中，出现的农夫有牵牛的人、赶牛的人、扶犁的人、播种的人、摩田的人、锄草的人，在这六类人物中都与耕耘有直接关系，那么哪三类人是牛耕中必需的人物呢?“二牛三人”如何配合，图像中表现的并不相同。

在“二牛三人”的配合中，扶犁是牛耕技术的重要一环，此人必不可少，他是牛耕中最为重要的角色。除了扶犁之外，他还要负责调节犁地的深浅，同时还要手持牛鞭驱牛前进。扶犁者利用一人专门掌辕，一是掌握犁辕的方向，保证沟垄整齐；二是可以调节犁地的深浅，有利于深耕细作。

牵牛者在牛耕图中也有出现，但在31组牛耕图中，只有5幅画像中刻有牵牛者。将这几幅画像石放在一起综合分析，汉代人已经掌握了牛环技术用以牵牛，《吕氏春秋·重己》载：“使五尺竖子引其棬(牛环)，而牛恣所以之，顺也。”《淮南子·主术训》载：“若指之桑条以贯其鼻，则五尺童子牵而周四海者，顺也。”牛环技术实际上在两汉时期已普遍采用，牛形体硕壮，两牛容易发生碰撞，因此在耕牛没有被驯服的情况下，需要有牵牛者。在牛耕的发展过程中，将拴牛的绳由扶犁者掌握，牛鼻上拴有辔，扶犁者通过掌握辔绳，可以控制耕牛的行走路线，这样可以节约一位劳动力。因此在“二牛三人”中，专职的牵牛者可以省略。

赶牛者在牛耕图中发现一例。山东金乡香城堌堆石椁墓画像出现了赶牛者。该画像石中的牛耕人物共出现4人（图12），画面中“二牛抬杠正在犁地，前面一人牵牛倒退行走，右牛后一人执竿赶牛，一人扶犁掌握方向与深度，两牛间一孩童扶辕而行”。据此，发掘报告认为：“二牛三人”的耦耕“应当是二牛共挽一犁，一人扶犁，一人牵牛，一人执鞭赶牛”[17]。不过从多数画面来看，扶犁者手中持有鞭子，又有牵牛者引导，再出现赶牛者已无必要。因此“二牛三人”中，没有赶牛者。

《汉书·食货志》所说的“二牛三人”有环境的特指：“以赵过为搜粟都尉。过能为代田，一亩三甽。岁代处，故曰代田……用耦犁，二牛三人，一岁之收常过缦田亩一斛以上，善者倍之。”“代田法”耕作的方式是一亩三甽，甽为凹下的沟，凸出的为垄，播种于甽中，来年将垄开为甽，互为代换，以便地力得到休息。汉代犁铧上安装了犁鐴，使耕开的土壤翻转并破碎，犁耕后自然形成了甽垄。犁耕后要有人随之播种，因此睢宁双沟（图13）、泗洪重岗、金乡香城堌堆、绥德四十里铺、内蒙古和林格尔壁画墓后室南壁牛耕图中都有一人在后面撒播种子。山东滕州黄家岭牛耕图中也有播种者，只是刻在了牛耕的前面。[18]在使用“代田法”的时候，“二牛三人”中播种者是必不可少的。

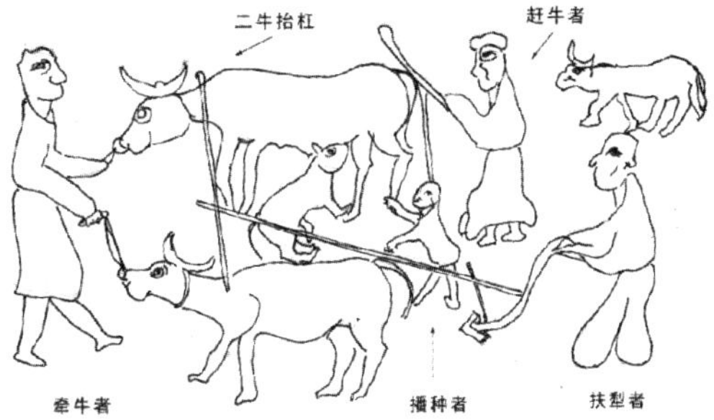

图12　金乡香城堌堆石椁墓牛耕图（作者描图）

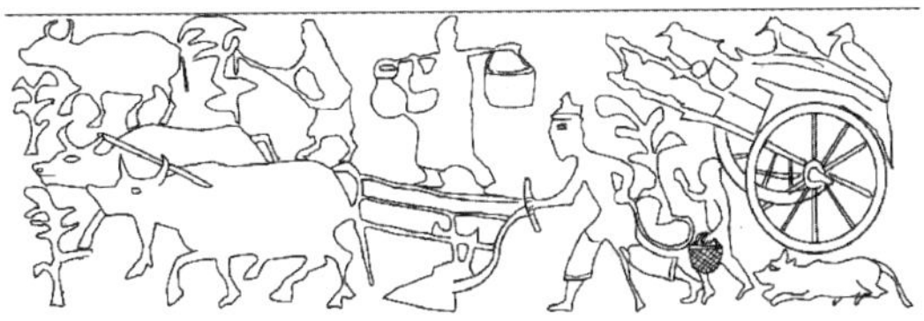
图13　徐州睢宁双沟出土牛耕图（作者描图）

牛耕图中，往往还有一位在播种者后面的覆土摩田者。汉代采用的是耕、播、耰连续为一体的耕种法，播种后要尽快翻土埋好施肥保墒。因此在耕作中需要有翻土摩田者。《孟子·告子篇》中说“播种而耰之”，就是说将播种后的地面耙平以保墒。播种后的覆土称为耰，“耰”是打碎土块、覆盖种子、平整土地的农具，称为摩田之器，王祯《农书》云：“耰，椎块器。”耰似木槌，滕州山亭区城头镇东堌城村牛马合耕图中，一人肩荷锄，

图 14　滕州东堌城村牛马合耕图后的持櫌者

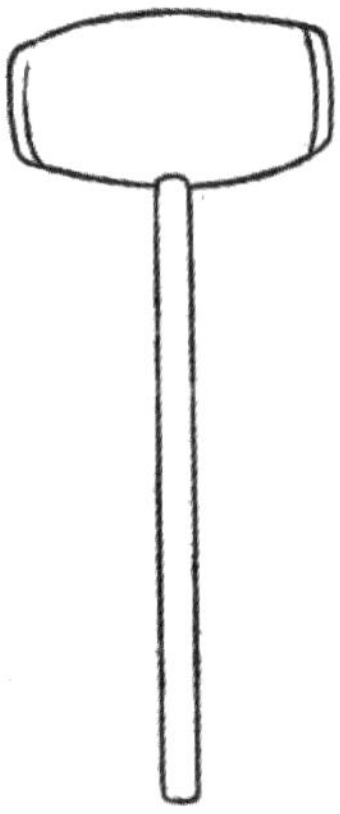

图 15　王祯《农书》所绘之“櫌”

图 16　泗洪重岗牛耕图（作者描图）

图 17　和林格尔壁画墓后室南壁牛耕图（作者描图）

手执櫌，表示牛耕后的操作。（图 14）陕西绥德汉画像石馆藏中角白家山征集的牛耕图中，牛耕的上方，刻画一木槌，就是櫌。邹城面粉厂牛耕图中，牛耕图的后面紧随二人，后面一人肩扛的农具为櫌。[19] 汉代的“櫌”与王祯《农书》中所绘的“櫌”（图 15）样式相同。泗洪重岗牛耕图的下段，刻有播种者和两位拿着木“朳”状的农夫在碎土、盖土，表现的是耕、播后以櫌和土的情节。（图 16）[20]“朳”是与“櫌”相近的摩田器，《农书》卷十四：“朳，无齿耙。”朳为平板状，为摩击松软的土壤而使其平整紧密。内蒙古和林格尔壁画墓后室南壁的一组牛耕图中，最上面一组画有“二牛三人”，二牛抬杠并耕，一人扶犁，一人播种，一人覆土耙地。（图 17）

除了人工的“櫌”“朳”之外，汉代还使用了畜力牵引的“耢”。“耢”又称“耱”，是用手指粗细的树枝条编在长方形木框上的一种农具，用来平整翻耕后的土地。“耢”用以摩田，既可碎土，又可以平地。使用时把“耢”平放在翻耕过的田地上，由牲畜拉着前进。在黄家岭的牛马合耕图中，有一农夫摩田，一牛拽拉横长条木器“耢”。（图 18）《齐民要术》中记载有“耕而不耢，不如做暴”的谚语，意思是说如果耕田以后不把土壤耙细，那就是糟蹋土壤。唐代农学家陆龟蒙说：“耢，无齿耙也。但耙梃之间用条木编之，以摩田也。……与耙颇异，耙有渠疏之义劳有盖摩之功也。”“耮”亦称为“劳”，王祯《农书》说：“劳，无齿耙也，但耙梃之间用条木编之，以摩田也。耕者随耕随劳。”“凡已耕耙欲受种之地，非耮不可。”[21]因此，黄家岭牛耕图中表现的是牛耕后以“耮”摩田的情景。黄家岭图像中的“耮”与王祯《农书》插图中的“耮”并无二致。（图19）畜拉的耮比起手持耰、朳等碎土农具来，显然进步许多。由于摩田在耕作中的重要性，在“二牛三人”中，持耰摩田或以耮摩田者，或许是其中之一。滕州黄家岭牛马合耕图表现的人物场景最多，一人箪食壶浆送饭，三人耘锄，一人播种，一人扶犁，一人摩田。

甘肃嘉峪关1号墓出土的牛耕图，时代为曹魏甘露二年（257），虽然时代比东汉稍晚一些，但表现耕播的情景与东汉画像石中的情景是一样的。画面中，二牛抬杠在前，一农夫扶犁耕作，随后是一位妇女播种，最后是二牛拉耮摩田。[22]汉代“二牛三人”的耕作程序（犁耕、播种、摩田）在画面中得以连贯地展现。（图20）

“五口之家，三男两女”是汉代家庭组合的常态。耕作时家庭中的男子要全部在田间，妇女则负责做饭、送饭。《诗经》中“同我妇子，馌彼南亩”描写的就是家庭耕作时的情景。睢宁牛耕图、滕州黄家岭牛耕图都描绘了这一场景。“二牛三人”应当是田间耕作时的配合情况，即一人扶犁，一人播种，一人覆土摩地，这也是最节约劳动成本的生产模式。

图18　黄家岭牛耕图中的耮田情景（作者描图）

图20　甘肃嘉峪关1号墓曹魏时期的牛耕图（采自《嘉峪关壁画墓发掘报告》）

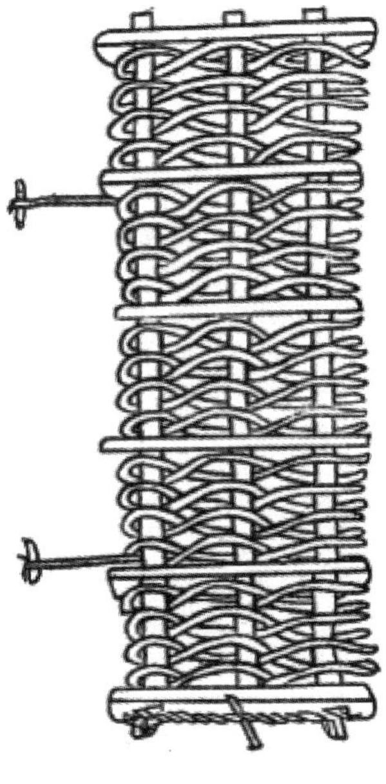

图19　王祯《农书》所绘之“耮”

“二牛三人”中还有持“压辕者”观点的学者。宋兆麟[23]、李昆声[24]、李朝真[25]、郭世玉等人都有相同的看法，他们依据的是唐以后的文献记载和民族学的调查。唐樊绰《蛮书》卷七《云南管内物产》：南诏耕田“一佃人前牵牛，一佃人持按犁辕，一佃人秉耒”。《新唐书·南诏传》：“犁田以一牛三夫，前挽、中压、后驱，然专于农，无贵贱皆耕。”《南村辍耕录》：“夷有田，皆种稻。其佃作，三人使二牛，前牵、中压而后驱之。”宋兆麟调查了云南宁蒗纳西族地区的材料；李昆声调查了云南剑川沙溪白族地区的材料；李朝真调查了云南大理白族自治州剑川、洱源一带的材料。根据民族学的调查，压辕者在牛耕中有重要作用，“此人坐于二牛之间的犁衡上，他背向耕牛，两脚踩踏犁辕，手扶牛背，注视犁耕深度，深则轻踩犁铧，浅则重踩犁辕，并随时指挥两牛按一定方向行进。此人要求掌握整套耕作技术，经验丰富”[26]。从唐代的文献及民族学调查的情况来看，在偏远地区“二牛三人”的组合中，确有压辕者存在。但从已经发现的汉画像牛耕图中来看，还没有发现一例有压辕者的画像。不过宋兆麟先生指出了压辕之犁适用于古老的无犁箭的犁，由压辕者控制犁耕的深浅。当出现了活动阀的犁箭以后，“欲深欲浅，求之犁箭，箭一而已。欲廉欲猛，取之犁梢，梢一而已”[27]。犁箭的发明使压辕者再无必要。牛耕图的图像证明，西汉时期已出现了犁箭及犁鑱，并且有调节犁箭的犁评。

郭世玉在探讨压辕者的时候，引用了山东金乡香城堌堆画像石牛耕图的材料，他认为画面中两牛之间的孩童应为压辕者。[28]不过仔细观察，金乡香城堌堆画像石牛耕图中的二牛之间的孩童不是压辕者，因为压辕者要背向牛坐在两牛中间的辕、衡处，从孩童的动作特征和所处位置来看，应是播种者。从民族学的调查来看，“压辕人亦有调整犁耕深浅度的作用，此人坐在二牛之间的杠上，他与二牛背向，与扶犁人相向，两脚踩按犁辕，两手分搭在牛背上，双眼注视犁路深浅，深则轻踩犁辕，浅则重踩犁辕，并随时指挥两牛按一定方向前进”[29]。压辕者应是成年的农夫，孩童是无法完成压辕需要的技术操作的。（图21）

图21　20世纪80年代云南白族牛耕情景（采自《中国农史》第五辑）

牛耕图中还有锄草者，睢宁牛耕图、徐州汉画像石研究会藏牛耕图、滕州黄家岭牛耕图、陕西靖边壁画墓牛耕图（图 22）中都有举锄锄草的农夫。“春耕夏耘”，锄草是牛耕、播种以后的事情，属于中耕阶段，因此锄草者与“二牛三人”无关。古人十分重视田间管理，作物生长期中，在植株之间要锄草、松土。《汉书·食货志》说“苗生叶以上，稍耨陇草，因隤其土以附苗根”，《氾胜之书》说“早锄早获”，就是说要及时锄去杂草。中耕锄地，可以松土保墒，有利于禾苗生长。按耕地的时令，耕种与锄草不是同时进行的，画像石中却将不同时节的耕耘情景同时表现出来。泰安出土的汉画像石也有一人执锄除草的图像，所画锄头上肩稍窄有銎，下部呈板钁状。（图 23）

图 22　陕西靖边壁画墓牛耕图（作者描图）

图 23　泰安出土的锄草图（作者描图）

（二）一牛挽犁的系驾法

比“二牛三人”更先进的是一牛挽犁，东汉时期出现了这一耕作法。在 27 幅 31 组牛耕图中，出现了 8 幅一牛挽犁的画像。这 8 幅画像中，2 幅为陕西绥德王德元墓中的画像，这两幅画像构图相同。王德元墓有明确的纪年，为东汉和帝永元十二年（100）。另外 6 处是陕西绥德四十里铺、靖边寨山、米脂县李站、山东滕州宏道院、山东平阴实验中学、陕西旬邑县百子村壁画墓的牛耕图。此外，甘肃武威磨咀子汉墓中出土了一牛挽犁的模型，可以视为立体的图像资料。（图 24）

图 24　甘肃武威磨咀子汉墓一牛挽犁模型（作者摄于甘肃省博物馆）

一牛挽犁适用双辕犁，可是汉

代尚未出现双辕犁，因此汉代是否存在一牛挽犁的情况及一牛挽犁的系驾方法，有不同的看法。日本著名农史学者天野元之助认为：“王德元墓的犁……实际上是二牛抬杠式的省略画法，我想即使有以一牛拽犁的画像石也并不奇怪。”[30] 日本学者渡部武认为，一牛拽引的犁为摇动犁，一牛一犁需采用颈木和引木（犁盘）。[31] 曲辕犁是将直辕、长辕改为曲辕、短辕，并在辕头安装可以自由转动的犁盘，这样不仅使犁架变小变轻，而且便于掉头和转弯，操作灵活。宋兆麟认为：“在犁索没有出现以前，长辕犁是单犁，是无法用一牛挽拉的。”[32] 孙机先生认为，一牛挽犁适用于短辕犁，并且在系驾时需要有带套绳的犁盘。[33] 武威磨咀子的木牛、木犁为西汉末期或新莽时期，张振新认为：“武威西汉木犁模型和绥德东汉牛耕图所表现的虽然只有一头牛，但由于都是单长辕犁，所以可以推定也是二牛抬杠式。”[34]

滕州宏道院牛耕图为一牛挽犁（图 25），由于图像在系驾的细节上刻画不清，造成了学者们的不同判断。张振新认为：“绥德、米脂东汉牛耕图，都是单长辕犁。滕州东汉牛耕图所示耕犁，则是双长辕。单长辕犁须有两头牲畜牵引，双长辕犁多由一头牲畜牵引。”蒋英炬不赞同张振新的观点，他认为：“宏道院牛耕图和绥德牛耕图不同的地方，是显著地画出了弯曲套驾在牛肩上的犁索的形式。因为若不用犁索，单辕的长辕犁无法用一牛套驾，而短辕犁则须用绳索驾牛。若参照汉代的车制套驾方法，用犁索驾牛也是完全可能的。图像虽未明确显示出这种套驾的结构，但是，可以据此推断东汉时期此地已用犁索驾牛。”2010 年出版的《中国考古学・秦汉卷》认为，二牛抬杠使用的是长辕犁，一牛牵引的是短辕犁，短辕犁的系驾方式尚不甚明了。[35]

图 25　滕州宏道院牛耕图（采自孙机《汉代物质文化资料图说》）

无论是学者们提出的短辕犁、双辕犁，还是犁索驾牛，其图像的依据并不充分。刘兴林认为：“汉代没有双辕犁，因此一牛挽耕只能是偏系套驾，参照甘肃河西地区魏晋壁画墓牛耕图，套驾时可能在辕端绑缚短横木，贴于牛颈一侧，再用绳索绑定，或者与牛颈另一侧同样的短木相连，使两短木夹住牛颈，搭在两肩之前。”[36] 实际上，一牛挽犁的系驾法在陕西横山党岔画像石牛耕图（图 26）、山东平阴实验中学牛耕图（图 27）、陕西旬邑县百子村壁画墓牛耕图中都表现得十分清楚。一牛挽犁采用的不是短辕犁或双辕犁，所采用的应是单长辕犁。如横山党岔的牛耕图，一人扶犁前行，扶犁者右手扶握犁把，左手持鞭呵牛，犁辕为单辕长辕，偏驾在牛的右侧。辕端并没有绑缚短横木，只是在牛的颈部、腹部有绳索绑缚犁辕。从图中可以看到，有两道缰绳穿过牛鼻，一端系在犁把上，便于扶犁者在后面操纵牛的前进与掉头。从图像上看，一牛挽犁的耕作法不仅是真实的，而且操作起来也十分方便。

图 26　陕西横山党岔牛耕图（作者描图）

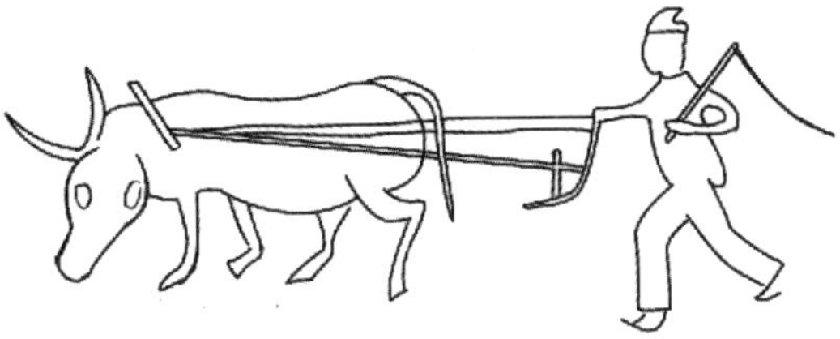

图 27　山东平阴实验中学出土牛耕图（作者描图）

（三）牛马合犋驾辕的耕作法

汉代还有牛马合犋驾辕的耕作法。根据文献记载，汉代曾用过马耕。如《盐铁论·未通》说“农夫以马耕载”，又《散不足》说“庶人之乘马者，足以代劳而已。故行则服轭，止则就犁”。孙作云先生在《诗经与周代社会研究》中认为：“按照一般情况，马拉犁总应在牛拉犁之后（马不好驯服，牛好驯服），至少也可以说，有马拉犁，一定有牛拉犁。由此可见，西周不但有犁，而且还有牛马拉犁。”[37]

然而，牛马合耕及其细节，史书并没有记载。牛马合犋牛耕图发现 2 幅，20 世纪 30 年代，滕州黄家岭出土了一块一牛一马耕作的画像石（图 28），原石已残，画像中的耕作部分佚失，现存的拓片以台湾史语所傅斯年图书馆藏拓最为清楚。

牛与马高度不一，自然无法抬杠，所挽者也是长直辕的独辕犁。过去的学者仅就黄家岭的牛马合耕图做出一些判断，方壮猷先生认为：“滕县犁前面牵引者有一牛一马，牛驾于辕首，而马则用绳索的一端驾于马颈，另一端系于辕首，这就为后世短辕犁开辟途径。”[38] 蒋英炬先生认为：“从图像所示，牛是驾辕的，马是用绳索牵引拉边的。这种牛马合犋犁耕的办法，今日农村耕地仍在使用。”[39]1998 年，滕州山亭区城头镇东堌城村又发现一幅牛马合耕画像石（图 29），这块画像石刻画

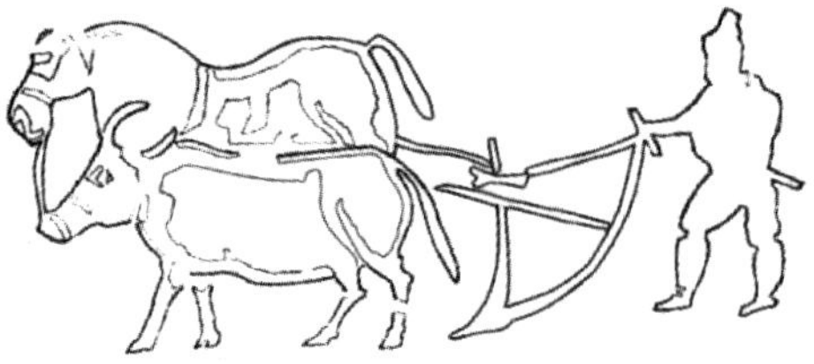

图 28　滕州黄家岭牛马合耕图（采自孙机《汉代物质文化资料图说》）

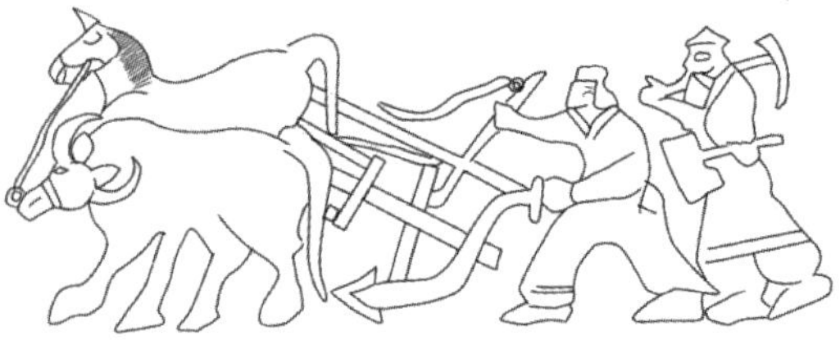

图 29　滕州东堌城村牛马合耕图（作者描图）

的具体细节比黄家岭的牛马合耕图更为清楚，为解读牛马合耕具体的系驾方法提供了图像依据。在长辕的中部有一段横木，将辕的牵引均匀地分配给牛和马。套驾方式应与单牛独辕的偏系套驾一样。牛马合耕，相互配合是一件比较困难的事情，黄家岭的牛马合耕图与东堌城村的牛马合耕图都是将马、牛拴在一起，马辔拴在笼头上，牛辔拴在牛鼻上，两道缰绳的后端系在犁辕上。东堌城村的牛马合耕图中，在犁箭的地方还插上一根竖木，竖木的上端系有一环，马辔拴在竖木顶部的环上。这样，扶犁者就可以控制牛、马，不需要专门牵牛牵马的人。

三、从牛耕图看汉代耕作技术的领先

牛耕是以畜力作为牵引进行耕作的方式，也是人类文明史中的一场革命。古代文明国家都先后使用了牛耕。埃及是最早使用牛耕技术的国家之一。古埃及在公元前 3500 年就已经发明了犁，公元前 2686 年至公元前 2181 年埃及古王国时期已有农民使用双牛牵引的原始木犁耕地。伦敦大英博物馆藏的“四个男子猎鸟图”，时代为古埃及第四王朝时期，画面的下方为牛耕图，从画面中可以看出当时使用的是二牛一犁的耕作方法，一人牵牛，一人扶犁，犁为长辕犁。（图 30）埃及古王国时期的墓室壁画中经常出现牛耕的情景，第五王朝的墓壁浮雕大多描绘田园生产和生活，从牛耕犁地到庄稼的收割、打谷、扬场的生产过程。[40] 到了新王国时期，埃及的牛耕更为普遍，“人们使用母牛而非公牛拉犁，在缺牛地区也有使用人力拉犁的情况。使犁的操作是耕者一手扶犁把，一手持鞭驱牛前行。牛的前面还有一位助手，使用细木棍大声叱喝刺激牛往前进，助手常由小孩担任，如果土壤板结过硬，常使用锄头捣碎，然后再加以犁耕”[41]。从图像上可以看出，古代埃及牛耕使用的犁为原始犁，没有犁箭，也没有犁鑱，这种犁只能破土划沟，不能深耕和翻土。

图 30　埃及牛耕图（采自《古代埃及和美索不达米亚美术》）

中国的牛耕技术是本土的发明还是外来文化的传入，至今还没有确切的答案。《山海经·海内经》中说："后稷播百谷。稷之孙曰叔均，是始作牛耕。"后稷是古代周族始祖。相传名弃，曾在尧、舜时代当农官。那么，后稷之孙叔均始作牛耕，应当是夏代初期的事情。国内学者普遍认同商代已经出现了牛耕。1998 年，江西省新干县大洋洲商代墓葬中出土了两件青铜犁，标本 343 为三角宽体式，形近等边三角形，两侧薄刃，正面中部拱起，形成截面为钝角三角形的銎部，两面均饰简体式云雷纹，长 9.7 厘米、肩阔 12.7 厘米。[42] 甲骨文中有"[illegible]"字，释为"犁"，甲骨文中还有"[illegible]"字，呈牛引犁头启土状[43]，江西新干大洋洲商墓所出青铜犁铧和甲骨文，证实了商代确实存在犁耕。春秋时期，孔子的学生冉耕字伯牛，名字有"耕""牛"二字，说明了当时牛耕与人们的生活关系密切。《国语·晋语》："夫范、中行氏不恤庶难，欲擅晋国，今其子孙将耕于齐，宗庙之牺为畎亩之勤。"这是战国时期将宗庙牺牲的牛改为耕地工具确切的文字记载。汉代，牛耕已经广泛使用，并且技术相当娴熟，特别是耕犁的样式非常先进。

汉画中的牛耕图不仅解决了牛耕的系驾方法，同时可以看出当时犁的形状。汉代的犁具分为长辕有床犁（图 31）和长辕无床犁（图 32）两种基本样式。犁具由犁辕、犁箭、犁床、犁梢和犁铧五个部分构成。犁辕是整个犁架中的重要部分，两头牛向前的拉力，通过犁衡施加在犁辕上，带动整张犁。此外，犁地的深浅是由犁辕与犁床之间夹角的大小来决定的，夹角越大犁地越深，反之则浅。犁辕与犁床间夹角的大小起控制作用的是犁箭。徐州双沟出土的牛耕图所绘的犁箭上部还横插了一个木楔，这是一种类似活动阀的装置。根据犁地深浅的需要，能自由取出或插入犁箭，调节犁箭和犁辕的交点，以起到调整犁辕与犁箭间夹角的作用。犁床也称犁底，是犁架贴地的部分，犁铧即固定在它上面。通过它贴地向前滑动，使连续的掘

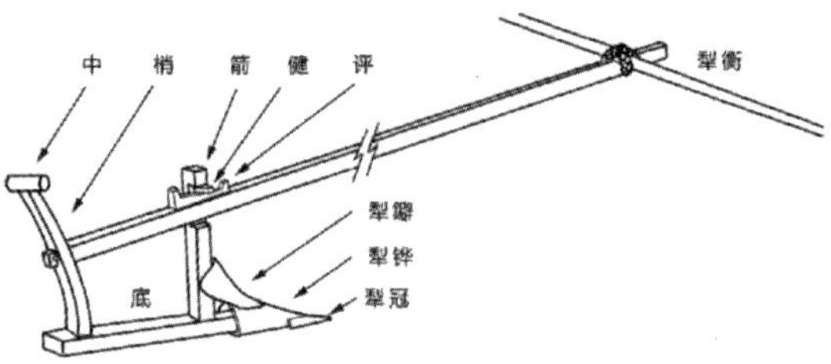

图 31　汉代有床犁结构（采自孙机《汉代物质文化资料图说》）

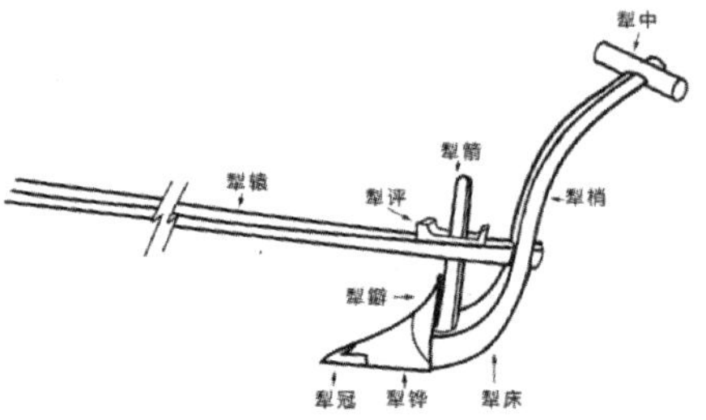

图 32　汉代无床犁结构（作者根据睢宁双沟牛耕图复原）

土动作得以实现，从而大大加快掘土的速度。鲁南、苏北画像石牛耕图中的犁多为无床犁。掌握在农夫手中的竖直部分为犁梢，它与弯曲过来贴地的犁床由一整根弯曲的木头制成，说明此时尚有部分犁的犁梢和犁床未区分开。陕西画像石牛耕图中的犁多采用的是有床犁，犁梢接受到来自犁辕传导的拉力，由此而推动犁架向前滑行。[44] 无床犁的特征是作业迅速，但耕作不稳定，增加了扶犁者的难度；有床犁翻土虽稳定，但在水田和黏土上起耕时，比起无床犁，要承受更多的土压。陕北地区的土质为湿陷性黄土，土质松软，承载力低，因此更适用于有床犁。

汉代的犁具由木质的犁架和铁质的犁铧两部分组成，完整的犁具难以保存下来，汉画图像中虽有犁具的形状，却没有犁具的具体尺寸。民族学的调查为复原汉代长辕犁的结构形态提供了参考依据。宋兆麟调查了云南宁蒗纳西族早年保存的犁具，该犁为长直辕犁，由犁梢、犁床、犁辕、犁箭、铁犁铧、挡泥板和犁衡组成。（图 33）该犁为二牛抬杠法使用，犁梢和犁床由一根曲折的树干制成，犁床长 120 厘米，犁箭高 85 厘米，不过犁箭上面用木楔卡死，不能调节耕地的深浅。因此，纳西族使用直辕犁耕地需要有压辕者对犁进行控制。

曲辕犁是一种轻便的短辕犁（图 34），直辕犁改为曲辕犁是唐代后期完成的。根据民族学的调查，直辕犁为长辕犁，辕长约 300 厘米，曲辕犁为短辕犁，辕长 170 厘米，直辕犁的犁衡长 266 厘米，曲辕犁的犁衡长 180 厘米。曲辕犁和以前的耕犁相比轻便小巧，直辕、长辕改为曲辕、短辕，并在辕头安装可以自由转动的犁盘，这样不仅使犁架变小变轻，而且便于掉头和转弯，操作灵活，节省人力和畜力。汉代的图像资料中至今还没有发现曲辕犁。

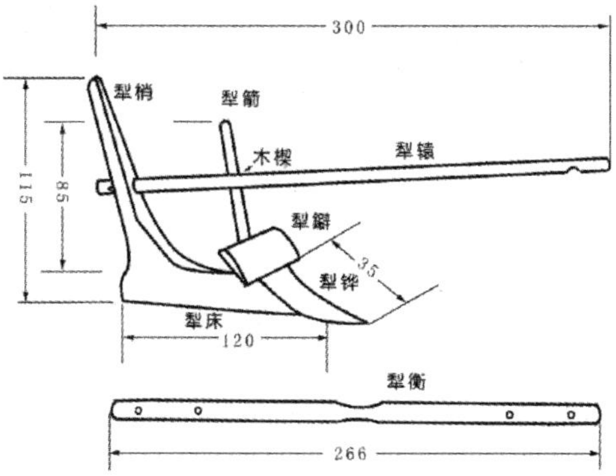

图 33　云南宁蒗纳西族有床长辕犁结构图（采自宋兆麟《西汉时期农业技术的发展》）

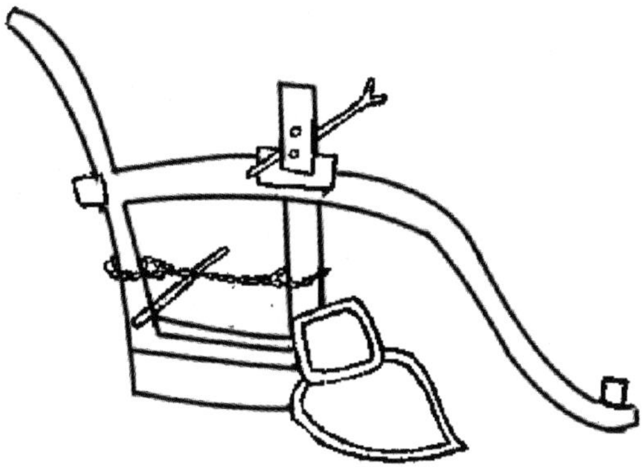

图 34　元代的曲辕犁（采自王祯《农书》）

出土的实物证明了汉代的犁铧相当科学（图 35），犁铧的前端安装“V”形犁冠，使破土变得容易，犁铧的前端磨钝后可以磨砺或更换；犁铧的后端安装翻土的犁壁。汉代的犁壁有向一侧翻土的菱形壁和向两侧翻土的鞍形壁，利于深耕，划沟培垄一次完成。这种形式表明东汉的耕犁或已进入正式犁的阶段了。陕西省西安市、咸阳市、陇县出土的犁铧上有鑱土，鑱土是为翻土而设的，鑱土的形状不同，作用也不一样。陕西省出土的犁鑱有四种形式：“马鞍形的作用是将土翻向两边，叶形的是将土翻向一边，板瓦形的因为和菱形的相近，可能是将土翻向一边。”[45] 犁壁的发明是耕犁的一个重大发展，美国著名科技史学者、国际农史学者白馥兰（Francesca Bray）认为，犁壁面巧妙的翘曲使翻土的效果更好。这在中国很早就采用了，而在欧洲则是 18 世纪才采用。[46] 汉代耕作技术使用了“一亩三甽”的代田法，沟垄互易，要比普通的耕作方法增产 25%。这是居于世界领先水平的耕作技术，而实现这种耕地的方法最为关键的是牛耕和使用有犁鑱、能将耕土翻向两侧的犁铧。

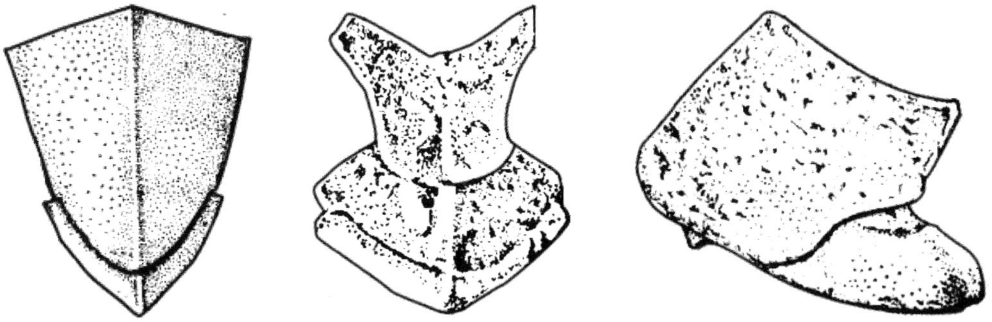

图 35　西安附近出土汉代的铁犁铧

四、结论

汉代图像中的牛耕图发现了27处31组牛耕的画面，其中一半以上的新资料在以往的研究中没有被引用。通过对31组牛耕画面的分析，可以得出如下结论。

第一，关于《汉书·食货志》“二牛三人”的争讼不已，犁耕、播种、整地是古代耕作的三部曲。出土的图像表明，成熟技术的牛耕由一人可以完成牵牛、掌犁、驱牛的任务，播种、摩田是耕作过程的必备。因此“二牛三人”很可能说的是牛耕、播种、摩田的过程。

第二，图像证明，汉代确有一牛一犁的耕作模式。汉代的一牛一犁系驾方法不是短辕犁，也不是双辕犁，有可能是采用了单长辕犁的偏驾方法。犁辕驾在牛的一侧，在牛的脖颈处有“轭”一类的短木，为了保持力的平衡，在牛的另一侧有绳索绑缚在“轭”与犁梢处。

第三，图像证明，汉代还有牛马合犋的耕作方法。牛马的高度不同，不能采用二牛抬杠的方法，在长辕的中部，有一段横木，将辕的牵引均匀地分配给牛和马。套驾方式应与单牛独辕的偏系套驾一样。

第四，图像证明，汉代的犁耕技术在世界领先，主要表现在犁具的使用上有了犁鏵、犁箭一类的装置，使开沟打垄在犁地的同时完成。这是代田法“一亩三甽”实现耕种一体化的技术前提。

第五，图像证明，汉代的犁具分为有床犁和近似耒耜的无床犁两种。有床犁主要在西北地区使用，无床犁主要在鲁南、苏北一带使用。不同的犁式并不能代表技术上的孰优孰劣，耕种土地的类型不同、对翻土深度的要求不同、地域上耕作习惯的不同等，选用犁具的样式也有所不同。

（本文为江苏省文物局科研课题“汉画像石图像数据库”延伸成果）

注释：

[1] 周昕：《汉画像石中的犁作图综合述评》，《农业考古》2010 年第 1 期。

[2] 徐燕：《从汉代画像石看汉代的牛耕技术》，《农业考古》2006 年第 1 期。

[3] 刘兴林：《汉代犁耕驾牛方 式和用具的初步研究》，《考古与文物》2014 年第 1 期。

[4] 杨泽蒙：《鄂尔多斯汉代墓葬壁画赏析》，《鄂尔多斯文化》2010 年第 2 期。

[5] 近年赝品画像石甚多，且造假者多选用有图像意义的题材以谋厚利，有不辨真伪者，以此发表并作为研究对象，这里不做点评。

[6] 苑建中：《汉画像石藏石》，中国文化出版社 2009 年版，第 80 页。

[7] 康兰英、朱青生主编：《汉画总录·5·绥德卷》，广西师范大学出版社 2012 年版。

[8] 康兰英、朱青生主编：《汉画总录·3·米脂卷》，广西师范大学出版社 2012 年版，第 79 页。

[9] 徐光冀主编：《中国出土壁画全集·3·内蒙古卷》，科学出版社 2011 年版，第 12 页。

[10] 内蒙古自治区文物考古研究所编：《和林格尔汉墓壁画》，文物出版社 2007 年版，第 21、124 页。

[11]（汉）班固：《汉书·食货志》，中华书局 1961 年版，第 1139 页。

[12] 张九洲：《中国经济史概论》，河南大学出版社 2007 年版，第 18 页。

[13] 安作璋：《汉史初探》，上海人民出版社 1957 年版，第 32 页。

[14]《齐民要术》引崔寔《政论》曰："今辽东耕犁辕长四尺，回转相妨，既用两牛，两人牵之，一人将耕，耕犁较重，须用二牛曳之，并须用二人牵牛以增牛力。"

[15] 山东石刻艺术博物馆：《山东鄄城、成武、金乡石刻调查》，《考古》1996 年第 6 期。

[16] 宋兆麟：《西汉时期农业技术的发展——二牛三人耦犁的推广和改进》，《考古》1976 年第 1 期。

[17] 山东石刻艺术博物馆：《山东鄄城、成武、金乡石刻调查》，《考古》1996 年第 6 期。

[18] 山东省博物馆、山东省文物考古研究所编：《山东汉画像石选集》，齐鲁书社 1982 年版，第 38 页。

[19]《中国画像石全集》第二卷，山东美术出版社 2000 年版，图 67。

[20] 南京博物院、泗洪县图书馆：《江苏泗洪重岗汉画象石墓》，《考古》1986 年第 7 期。

[21]（元）王祯：《农书》卷一二，中华书局 1956 年版，第 161 页。

[22] 甘肃省文物工作队等编：《嘉峪关壁画墓发掘报告》，文物出版社 1985 年版，第 82 页，图 40。

[23][32] 宋兆麟：《西汉时期农业技术的发展——二牛三人耦犁的推广和改进》，《考古》1976 年第 1 期。

[24][29] 李昆声：《唐代云南"二牛三夫"耕作法民族学新证》，载《农史研究》（第五辑），农业出版社 1985 年版，第 206、208 页。

[25] 李朝真：《从白族的"二牛三人"耕作法看汉代的耦犁法》，载《农史研究》（第五辑），农业出版社 1985 年版，第 208 页。

[26] 李朝真：《耦犁、二牛三人耕作法探索》，《云南文物》1980 年第 10 期。

[27]（元）王祯：《农书》卷二，中华书局 1956 年版，第 13 页。

[28] 郭世玉：《淮海地区牛耕画像石与汉代耦犁二牛三人问题的探讨》，《农业考古》2004 年第 3 期。

[30][31][日]渡部武:《中国古代犁耕图再考——汉代画像所看到的二种犁》,《农业考古》1995年第1期。

[33]孙机:《汉代物质文化资料图说》,文物出版社1991年版,第6页。

[34][44]张振新:《汉代的牛耕》,《文物》1977年第8期。

[35]中国社会科学研究院考古研究所编著:《中国考古学·秦汉卷》,中国社会科学出版社2010年版,第574页。

[36]刘兴林:《汉代犁耕驾牛方式和用具的初步研究》,《考古与文物》2014年第1期。

[37]孙作云:《诗经与周代社会研究》,中华书局1966年版,第79页。

[38]方壮猷:《战国以来中国步犁发展问题试探》,《考古》1964年7期。

[39]蒋英炬:《略论山东汉画像石的农耕图像》,《农业考古》1981年第2期。

[40]罗世平主编:《古代埃及和美索不达米亚美术》,中国人民大学出版社2010年版,第57页。

[41][英]米丽亚姆·斯蒂德:《古代埃及农业耕作方式及农作物》,《农业考古》1991年第1期。

[42]江西省文物考古研究所:《江西新干大洋洲商墓发掘简报》,《文物》1991年第10期。

[43]沈之瑜:《甲骨卜辞新获》,《上海博物馆集刊》1986年第3期。

[45]陕西省博物馆、陕西省文物管理委员会:《陕西省发现的汉代铁铧和鐴土》,《文物》1966年第1期。

[46]参见[日]渡部武《中国古代犁耕图再考——汉代画像所看到的二种犁》,《农业考古》1995年第1期。

榆林境内新发现的一组汉画像石

赵延梅

内容摘要　本文主要介绍榆林境内（横山）2008 年发现的一组 5 块画像石，为陕北榆林汉画像石墓常见的墓门五石组合结构。画像中出现的玉兔蟾蜍同居月宫、敬献珠果、“二桃杀三士”、纺织、冶铁、农具、池塘边弹琴、“泗水取鼎”等内容，对研究汉代榆林边塞地区的工、农、渔业及汉代人的生死观、宇宙观和宗教理念等方面，提供了重要的图像资料。

关 键 词　榆林；东汉；画像石

作者简介　赵延梅，女，1972 年生，榆林市汉画像石博物馆馆员。

2008 年，在榆林市境内（横山）发现了 5 块东汉时期墓门画像石，这组画像石保存完好，均为页岩砂石质，采用平面减地深浮雕阳刻，物像的细部用阴线勾勒、彩绘装饰的技法。画像内容题材丰富新颖，其中珠果串、纺织图、冶铁图和历史故事“泗水取鼎”等是目前陕北发现的首例画像题材。现借展陈列于榆林市汉画像石博物馆，与馆内陈列的横山党岔孙家园子出土的墓室四石组合的边饰构图、雕刻技法和石材基本一致。现将这组画像石描述如下。

一、墓门横楣石（图1）

图1　墓门横楣石

此石断为两截，已修复，画面完整。石横195厘米、纵33厘米、厚9.2厘米，画面横154厘米、纵33厘米。背面平整，有凿刻纹。左、右侧面为毛石状。上侧面平整，斜条纹。下侧面分为三种雕刻技法：左、右两端平整，斜条纹；中段部分的前后两边缘为1厘米的素宽边，宽边为平行的细斜条纹；中段部分的中间为排列规则有序的斜条纹，与左、右门柱的内侧面相衔接。

画面分内区、外区两部分。外区为边框装饰，内区为主题画面。

边框分为三层。第一层的上部、左右两侧为散点式的二方连续阴线双钩纹，外钩线云纹两头呈羽毛状，内钩线阴刻较深并施朱彩。双钩纹有十一组：其中六个单钩，四个双钩，正中一个三钩，基本呈对称排列。

第二层为几何连缀式二方连续、呈轴对称的绶带穿璧纹。其中之七璧雕刻完整，十二个受构图所限雕刻成半璧。

第三层就是下边饰，为垂幔纹。由六组低垂的、阳刻弧形的两层帷幔组成，为帷幕外的挑檐；弧形面的留白处为减地面，用阴线雕刻，为下垂的帷幕。

画面的内区为主题内容。左、右两端为日月图，中间的画面为敬献珠果和历史故事“二桃杀三士”。

左端阳刻一月轮。月轮的边廓绘墨线，月轮内用阴线刻一侧身、短尾着地、后足蹲地、前足抬起、双耳竖立、胡须上翘、眼睛圆睁的玉兔，表现的是一种提高警惕的神态；一四肢张开、匍匐于地、双目圆睁、脊梁线较直、尾巴呈小锐角三角形下垂的蟾蜍，后肢较前肢发达些。玉兔和蟾蜍的眼睛涂朱红，身上的茸毛、纹理、褶皱用麻点和阴线表现。

右端阳刻一日轮。日轮的边廓绘墨线，内阴刻一金乌，昂首、翘翅、垂尾、左腿着地、右腿迈出。金乌眼睛涂朱绘墨，颈采用比较细碎的麻点雕刻，羽毛采用排列有序的、较长的麻点雕刻，而尾羽用阴线雕刻。

中间左面的是敬献珠果图。左起为一面右侧目而视、头戴平顶笼冠、袖手相拥、着袍、跽坐的侍者；侍者前有一头戴高山冠，两冠耳呈倒八字形，长方形冠体阴刻网纹，翘八字长胡，朱唇，面右跽坐于曲足几案前，右袖手置于几案上，左手前伸、掌心向上作接迎珠果状；几案的另一侧有一个束高髻包帻巾、朱唇、着袍、面左跽坐者，曲左臂袖手，右手持一四颗绘红彩珠果串，即将呈献到尊者的手中，挺背微倾，面对尊者若有所言状；敬献珠果者的身后有两冠服相同的敬献者，前者双手托案、案上置施朱彩的两耳杯和两双箸，后者双手捧一三足筒形樽，静默地等待呈献。这五人组成的敬献珠果图是目前为止陕北首次发现的画像石题材。

中间右面的是历史故事“二桃杀三士”。左起一戴冠仰面向右、瞪目、翘胡留须、朱唇、着袍站立、左手执环首刀者，一副怒不可遏的样子，似为古冶子将军；高柄豆的左右两侧各站立一人，冠服与古冶子将军一致，只是朱彩多施于袖边、冠的颜题，这二人应为田开疆和公孙接将军。左者左手伸入盘中欲取一桃子，右者右手伸入盘中欲取另一桃子，两人均仰面向左，似被功劳最大的古冶子将军这种“士可杀不可辱”的气概惊醒的瞬间。

一身材矮小，面右、头戴进贤冠、着长袍、左手提剑、剑柄处有十字形的璎饰下垂、右手伸出者当为齐国晏婴，显然为这场阴谋的策划者。晏婴身正、面侧向齐王，意在向齐王暗示这一“借刀杀人”计谋实施成功后的窃喜之情。齐王头戴高山冠，两冠耳呈倒“八”字形，朱唇，眼睛点墨，翘胡留须面左，身着右衽长袍、腰系绶带穿璧，左手持环首刀、刀柄饰璎珞下垂，右手持一棒状物，席地而跽坐。接着是一位头戴圆突的山字形冠，冠饰飘带用阴刻线勾勒在减地面，眼点墨、唇施朱，曲臂袖手相拥，腰系绶带穿璧，身着长袍曳地，裾底饰花边向右飘动，似在向左缓缓而行的人物。他是宫中乐师，还是座上贵客？或许被眼前上演惊心动魄的一幕吓得动身即将要离开呢？此人右上角的留白处有一飞鸟，眼睛乌黑。这六人定格了“二桃杀三士”的历史画面，这种题材在陕北画像石中也不多见，到目前为止共发现两块，另一块出土于绥德四十里铺镇，现收藏于绥德县博物馆[1]。

二、墓门左门柱（图2）

此石画面完整，横52厘米、纵121厘米、厚9厘米，画面横30厘米、纵107

图 2　墓门左门柱

厘米。背面平整，有凿刻纹。上、下侧面平整，细凿剔纹。左外侧面是不太规则的斜条纹。内侧面与横楣石的下侧面中段雕刻状况相同，也用两种方式：前后为 1 厘米的素宽边，宽边为平行的细斜条纹；中间为排列有序而规则的斜条纹，表面平整。

画面分为上、下两格。上格分内、外两区，外区为边框装饰，内区为主题画面。

外区边框分为两层，与横楣石的图案相续并且与右门柱边饰图案对称。第一层为散点式的二方连续阴线双钩纹，外钩线较浅、云钩两头呈羽毛状，内钩线阴刻较深并施朱彩。云气双钩纹有四组：其中三个双钩、一个单钩。第二层为几何连缀式二方连续的绶带穿璧纹。其中三璧雕刻完整，六个受构图所限雕刻为半璧。

内区的主题画面为六幅人物图。其中五幅各为二人，一幅为一人。

第一幅是敬献丝帛图。左者头戴平巾帻，墨绘垂目，朱唇，三绺胡须极为夸张，着袍面正跽坐，左臂左向前搭，右臂上曲，阴线刻出右手指，右手持用阴线勾勒的丝帛，从右肩弧向左手直达右者，意为丝帛的末端。右者头戴进贤冠，墨点眼，目施朱，着袍挺背侧面跽坐，左袖手曲臂，右手持一束扎好的丝帛，应是居左的老者敬献给尊者之礼物。左者不敢正视尊者的卑微状态，表现得非常细腻。

第二幅是纺织图。一人头扎向后垂长巾帻，墨眼朱唇，左手置机架的梭口，右手持引纬的杼，身体依机台坐板，脚踩蹑（踏板），马头与豁丝木将经线撑起呈“八”字弧形，卷经轴、立颊、撑柱、综线等均雕刻出来。这是在纺丝还是在纺麻？ 2012 年，在陕北神木的石峁遗址发现了婴儿骨骸上的一些纺织物残片，经初步鉴定，这些纺织物的原料为苎麻。这说明，北方至少在 4000 年前就已经懂得人工纺织，也间接证实了古代中国纺织存在“北麻南丝”的说法。这幅纺织图是陕北榆林境内首次发现的。丝织品是贵族阶级享用的，由此可见纺织图之少的原因。在陕北榆林的一些汉画像石上能观察到：边塞之地有穿皮衣、戴皮帽或毡帽、脚蹬毡靴的和着装臃肿的人物形象，这些人可能不穿丝麻之类的衣服。在 20 世纪六七十年代，安边、定边、靖边一带沙漠地区有穿动物皮袄、戴毡帽的现象，天冷时毛向内，天暖时毛向外。

据不完全统计，目前国内共发现纺织画像石28块，其中江苏北部10块，安徽皖北地区5块，山东鲁南地区11块，四川地区1块，榆林境内1块。这些画像石的出土地点不同，但织机的形制却基本一样。这是汉代民间普遍使用的一种小型织机，也是最古老的提综织布机，综结在经线上，提一下，织一板，提综片开梭口。汉代用脚踩蹑提综的方法纺织是一项重大的发明，欧洲到6世纪才出现这种装置，到13世纪才广泛应用，在此之前他们一般使用垂直的立式织机，远不如汉代的斜织机方便。[2] 榆林境内发现的这幅纺织图，对研究陕北地区与其他地区的手工业生产发展有极其重要的意义。

第三幅是品酒图。左者跽坐，双手托举一罐形器，作品酒状；右者着袍曲臂站立，似为呈送所酿之美酒。二者均头戴介帻，墨绘眼，朱点唇。罐为圆直口、圆肩、圆腹、圆底，腹部用朱砂绘出三道弦纹。

第四幅是冶铁图。左者双手抡锤，右者双手执长火钳，表现的是当时的工人正在锻铁的情景。两者装束相同，头戴介帻，朱唇，上着束腰短衣，下贴身，似乎不着裳，只着短袴。不难理解，打铁时燃烧的炭火释放大量的热，加之用力使劲，二人交替抡铁锤，是不会感到寒冷的。目前，国内发现的冶铁画像石共三块：山东宏道院一块、山东滕州黄家岭一块及榆林境内首次发现的这一块。这些画像石的发现证明汉代人通过生铁脱碳退火的方式来获取品质坚韧的铁制品，对于当时的社会经济发展和冶金技术的进步具有重要意义。

锻打是古代制铁过程中的主要环节，就是以块炼铁为原料，反复加热折叠锤打，使铁质坚韧，组织致密，金属含碳量均匀，质量更加纯净，多用来打造兵器，被称为“百炼钢”。从画像石中的冶铁图可以证明，这项技术到东汉有了更大发展。[3]

第五幅是两人手持耒耜相对站立。左者头戴进贤冠，与晏婴、手持丝帛的尊者的冠式相同，冠顶侧面减地显示为透空，呈斜俎形，寒不能暖，风不能障，这就是进贤冠的特点。冠、冕之类的头饰一般在朝仪、祭祀时佩戴。右者头戴介帻冠，与左者均为朱唇，着束带长袍。左者右手执一耒耜，右者右手挽一耒耜，前后错位，相对而立。

耒耜为古代汉族的一种翻土农具，木柄，与臿类似，一器二用，可铲可翻。

《释名》："锸或曰销。"《史记·秦始皇本纪》正义："臿，锹也。"臿类工具一般是直柄，其前部的板名"叶"。《盐铁论·未通篇》："民跖耒而耕。"《取下篇》："垂拱持案食者，不知跖耒躬耕者之勤也。"[4] 耒耜的发明开启了农耕文化。人类从使用最原始的石块、树枝到耒耜的出现，以及后来犁锄和现在的农业机械，农耕工具在一次次的改进、演变、创新中，不断地推动着人类文明向前发展。

第六幅是两人头戴介帻，墨点目，唇施朱，衣饰与冶铁图二人相同。他们一前一后共抬一舆[5]，舆上置一斛，步伐一致，吃力地前进。斛内盛的或许是上交的谷粮。斛是汉代计称粮食的量器，十斗为一斛，一斛粟重 27 斤，需要二人抬着前进。

下格是一人跽坐在池塘边弹奏着三弦古琴，头戴高冠，浓眉，两绺一字胡须，内着衣外着袍，卷袖，两手纤细抚在琴面上。右上角有二仙鹤，一卧一行伴其身边，喙和爪涂红彩。池塘里六条鱼游动，其中两条鱼张口跃出水面，另四条鱼两两相对而游。六条鱼三种形态、三个鱼种。阵阵悠扬的琴声引来了鹤鸣、鱼跃，表达了主人热爱生活、自得其乐的情趣。

图 3　墓门右门柱

三、墓门右门柱（图 3）

该石画面完整，横 52 厘米、纵 121 厘米、厚 9 厘米，画面横 31 厘米、纵 107 厘米。背面平整有凿刻纹。上、下侧面平整，细凿剔纹。右外侧面刻不太规则的斜条纹。内侧面与横楣石下侧面的中段雕刻状况相同，也有两种方式：前后为 1 厘米的素宽边，宽边为平行的细斜条纹；中间为排列有序而规则的斜条纹，表面平整。

画面分为上、下两格。上格分内、外两区，外区为边框装饰，内区为主题画面。

外区边框分为两层，与横楣石的图案相续并且与左门柱边饰图案对称。第一层为散点式的二方连续阴线双钩纹，外钩线较浅，云钩两头呈羽毛状，内钩线阴刻较深并施朱彩。云气双钩纹有四组：其中两个双钩、两个单钩。第二层为几何连缀式的二方连续绶带穿璧纹。其中之三璧雕刻完整，六个受构图所限雕刻为半璧。

内区为主题画面，为五幅人物图。其中三幅各为二人，一幅三人，一幅一人。

第一幅画面由两人组成。左者头戴平上帻，朱唇，着短衣露小腿，赤足，左手撑起肩上的重物，右手执一耒耜农具，与左门柱的第五组两人所持之物相似。右者头戴平顶冠，着深衣，冠的颜题、衣领边、袖边、裾边绘红彩，手持一细阴线勾勒的似植物的枝条，只三笔而成。

第二幅是射鸟图。一头戴山字冠者，冠璎在减地处阴线勾勒，朱唇，着袍束带，腰间所系绶带曳地，右手执弓、左手拉弦，仰面瞄准远处的三足太阳鸟。弦用阴线从浮雕面勾勒到减地处，这种技法在人物夸张的胡须上也有表现。箭的尾羽用阴线勾勒。左面有一大一小两人，头戴平帻、着袍，袖手曲臂站立，静观精彩的射箭绝技。二者的唇边、衣领边、袖边均涂红彩。

第三幅是一尊一卑两人仰面相对谈论，均为朱唇。尊者的冠服与横楣石齐王相类似，绶带及地；卑者的形象与横楣石敬献者类似，仰面曲臂，着袍站立。

第四幅是冠及服饰相同的二人，均袖手相拥，一前一后正面跽坐于枰上，朱唇鲜艳。左者所占画面略大于右者，枰的刻绘过于简单，用一阳刻凸棱来表示。冠与第二幅射者的冠式相同，似少数民族胡人的头饰，冠璎用阴线勾勒在减地面。

第五幅是头戴高山冠者，两冠耳上翘呈倒“八”字，目点墨，朱施唇，八字胡须，冠体与冠耳用阴线刻网格纹，与横楣石的接迎珠果者、齐王之冠类似。他着袍正襟危坐，腰系绶带，双手摊开，似在下达命令。头上方有二鹤引颈相对，眼睛墨点，冠羽用阴线勾勒在减地面。

下格也是画面的主题内容：历史故事“泗水取鼎”。

桥为拱形，桥下游动二鱼，意为泗水，桥上左右各立两柱，柱头安装定滑轮，桥左一人、右二人竭尽全力拉鼎出泗水。这时鼎中升起一龙，咬断绳索，使拉鼎的壮士倒的倒、退的退。画面的左上角一人头戴通天冠，手持一物默默祈求上天保佑捞鼎成功，而结果令此人绝望，仰天长叹！画面表现的就是“系而行之，未出，龙齿啮断其系”的一瞬间。画面中人物的口部、龙的口部均涂红彩，拉鼎的绳索用阴刻线从浮雕面勾勒延伸到减地面，直到画面的下边棱。这幅“泗水取鼎”的画像题材是榆林境内首次发现的，足见该故事流传地域的广泛性。这也是汉代皇帝喜好的题材，在江苏、河南、山东等地区均发现过刻有“泗水取鼎”的汉画像石，目前有二三十块。

四、墓门左门扉（图4）

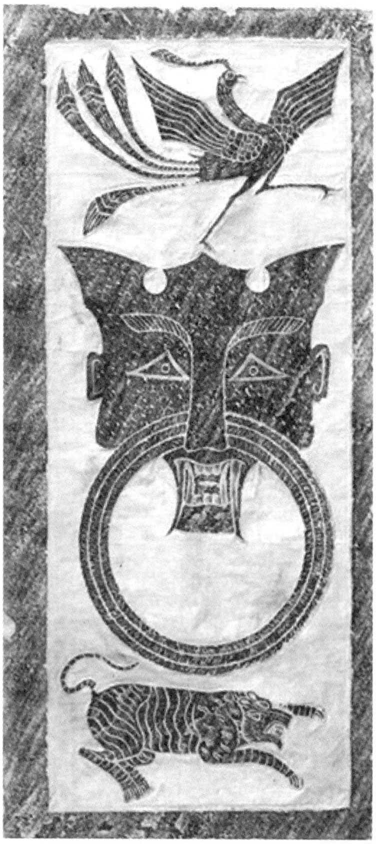

图4　墓门左门扉

该石画面完整，横52厘米、纵119厘米、厚6厘米，上门枢宽6.5厘米、高6.4厘米，下门枢宽7厘米、高4.5厘米，画面横52厘米、纵109厘米。背面平整，有凿刻纹；上、下侧面平整，细凿剔纹；左外侧面是不规则的斜条纹，内侧面平整素面；铺首的左耳旁有一嵌铁门环的圆孔。

画面内容在浮雕的素宽边围起的矩形框内，分上、中、下三个部分。

上部刻戴冠朱雀，振翅欲飞，尾羽分为四支。冠羽和尾羽阴线刻有三种形式：横向斜向短直线、折线、平行射线，在这些线上兼施红彩圆点纹。朱雀的脖子、身子均阴线刻排列有序的短直线；翅膀的前端阴线刻垂鳞纹，尾翅阴线刻排列有序的折线纹；两腿细长，一直一曲，曲者阴线刻出爪。朱雀眼点墨，喙涂红彩。

中部为铺首衔环。铺首额头呈三角形，两角呈锐角向上平伸，用墨线勾绘额头和两角内轮廓；阴线刻残月形眉毛，减地剔出三角眼眶，阴线勾勒出眼睛，墨点眼球，朱绘内眼眶；阴线勾勒出长鼻，鼻梁正面红彩圆点纹，衔环从鼻孔穿过，与常见的铺首衔环从龅齿穿过相异。衔环雕刻规整，环面阴线勾勒出两个圆周形成三个环面，环面上阴刻排列有序的短斜线，两两相对呈“八”字形，中间的环面上有朱彩绘相间的圆点纹；獠牙龅齿排列整齐，舌头和口唇边涂红彩，下颌墨绘直线须；椭圆形双耳，阴线勾勒耳内轮廓。铺首的面部阴刻有序的直线形麻点和外黑内红的圆点纹。

下部为白虎。前肢张开、后肢曲折，两耳向后，两眼像水滴状凸起，尾巴向上蜷曲，安详地匍匐在地上。虎身的茸毛用双云线阴刻，肌理用单弧线阴刻，尾巴和四肢用短直线阴刻，虎牙在浮雕面上用整齐的阴线雕刻，双耳、虎嘴涂红彩，身子用红彩斑点纹装饰。

五、墓门右门扉（图5）

图5　墓门右门扉

该石画面完整，横52厘米、纵120厘米、厚5厘米，上门枢宽7.6厘米、高5.4厘米，下门枢宽8.5厘米、高4.5厘米，画面横52厘米、纵110厘米。背面平整有凿刻纹；上、下侧面平整，细凿剔纹；右外侧面是不规则的斜条纹，内侧面平整素面。铺首的右耳旁有一嵌铁门环的圆孔，残留系门环的铁钻，周围有铁锈色。

画面在浮雕的素宽边围起的矩形框内，内容分上、中、下三个部分。

上部刻戴冠朱雀，振翅欲飞，尾羽分为四支。冠羽和尾羽阴线刻有三种形式：横向斜向短直线、折线、平行射线，这些线的面上、身子上点涂红彩。朱雀的脖子、身子均阴线刻排列有序的短直线；翅膀的前端阴线刻垂鳞纹，尾翅阴线刻排列有序的折线纹；两腿细长，一直一曲，曲者阴线刻出腿和爪，直者只刻出爪。朱雀眼点墨，喙涂红彩。

中部为铺首衔环。铺首额头呈三角形，两角呈锐角向上平伸，用墨线勾绘额头和两角内轮廓；阴线刻残月形眉毛，减地剔出三角眼眶、阴线勾勒出眼睛、墨点眼球、朱绘内眼眶；阴线勾勒出长鼻，鼻梁面外黑内红彩绘圆点纹，衔环从鼻孔穿过，与常见的铺首衔环从龅齿穿过相异。衔环雕刻规整，环面阴线勾勒出两个圆周，形成三个环面，环面上阴刻排列有序又细密的短斜线，两两相对呈“八”字形，中间的环面上有外墨内红彩绘相间的圆点纹；獠牙龅齿排列整齐，舌头和唇边涂红彩，下颌墨绘直线须；椭圆形双耳，比左铺首的双耳略小，阴线勾勒出耳内轮廓。铺首的面部阴刻有序的圆形麻点和外黑内红的圆点纹。

下部为青龙。回头翘双翼，长尾向上扬起，作缓行状。眼睛与虎眼形状相同，呈水滴状；双龙角向后扬；龙颈较粗，身较长而滚圆；四肢发达。龙嘴内的牙齿和嘴角的茸毛用细碎的短线阴刻，吐出的龙舌用阴线刻于减地面，龙身上的肌理用圆滑的曲线阴刻，羽翅前端阴线刻垂鳞纹，翅尾阴线刻斜线纹，四肢刻弧线纹；后扬的龙角、眼、尾、爪均用阴线勾勒。龙嘴涂红彩，龙身、脊、翅用红彩、墨彩绘圆点纹装饰，呈一字排列。

陕北榆林地区出土的汉画像石的左、右门扉画像的构图基本形成一种定式，即上朱雀、中铺首（兽首少见）衔环、下左青龙右白虎或下左右独角兽（所占比例较多）。个别变化的是在衔环内刻青龙、白虎，则下面就是独角兽；有的在门扉的留白处填刻一些灵禽小兽。这些构图只是少数现象。略多者有两部分构成上朱雀、下铺首衔环。

结　语

目前全国画像石的分布区域大致为四大区，陕北榆林为其一，而陕北的延安至今未发现汉画像石出土的报道。榆林地区画像石墓主要分布在盛产石板的汉代郡县设置地的周围，即今天无定河流域的绥德、米脂、子洲、清涧、吴堡、横山、靖边，以及突尾河流域的神木等地。截至目前，榆林地区汉画像石已达1200块。[6]

秦汉时期，榆林地区属于上郡和西河郡所辖的边塞之地，屯兵多，加上移民塞边的人数增加，促进了这一带的农牧业、手工业、商业的大发展。值得一提的是，在榆林境内（横山）发现的这一组墓门面画像五石组合刻绘技法细腻，物像的细部用阴线、麻点、红黑彩点绘勾勒，比如，束腰系绶的外衣，居正、侧面的人物的颈部均有阴刻双弧线，着的应是内衣。尤其是用阴线勾勒的细部从浮雕面到减地面的技法，层次分明，体现出汉代工匠追求完美的艺术成就。目前仅在绥德县四十里铺的田鲂墓室和1974年出土的“二桃杀三士”横楣石、横山党岔孙家园子出土的横楣石、2000年神木大保当出土的墓门面组合这些画像石，用此技法。再从刻绘的痕迹来看，制作画像石工序大约有：采石、打制毛石成型、制作边框、铲地、磨平减地、錾刻麻点、阴刻细曲线和短线、制作画像边棱弧面、点墨、涂红彩等。汉代工匠运用的工具是简还是繁？到目前为止，陕北还没有出土制作画像石的工具。

这组画像的题材内容新颖少见。比如珠果、纺织、品酒、冶铁、农具、抬斛、肩扛重物、“泗水取鼎”等画像，均是在陕北榆林地区首次发现。这些画像内容正是当时物质与精神生活的直观记录，尤其对研究陕北榆林画像石来说，更显弥足珍贵，同时也是研究汉代社会史的重要材料。

注释：

[1][6] 朱青生、康兰英主编：《汉画总录·5·绥德卷》，广西师范大学出版社 2013 年版，第 33、12 页。

[2][4][5] 孙机：《汉代物质文化资料图说》，上海古籍出版社 2011 年版，第 67、1、138 页。

[3] 李晓雷：《狮子山楚王陵铁甲衣与西汉炒钢技术》，载《两汉文化研究》(第三辑)，文化艺术出版社 2004 年版，第 119 页。

滕州纪年汉代画像石

李　慧

内容摘要　纪年及题记画像石对汉代画像石的研究起到了重要的标尺作用。本文整理了山东滕州自清末至今发现的 7 块纪年汉代画像石及一块现流落海外的汉荅子管仲题记画像石，其中滕州前进小学延光元年纪年画像石为近年新发现，未公开发表。本文在前辈的研究成果基础上，结合实物及史料，通过调查、核实，参考 1944 年《滕县金石志》中 4 块纪年画像石和汉荅子管仲题记画像石的考释，根据滕州现存实物和已发表的成果进一步尝试释读，并对各类学术著作中关于出土地点、现存地点与实际情况不相符之处进行了整理。

关 键 词　滕州；纪年；汉代；画像石

作者简介　李慧，女，1974 年生，滕州汉画像石馆馆长，中国汉画学会理事。

自北魏郦道元在《水经注》中多处关于汉画像石的记录，至今已有 1400 多年。元明时期金石学衰微，对汉画像石的研究几近中断，清代、民国时期渐至迭兴。中华人民共和国成立后，特别是改革开放以来，众多学者及汉画研究的学术著作大量出现，把汉画像石的研究又推向新的高峰。在汉画像石的研究中，纪年及题记画像石无疑起到了重要的标准器作用。《幽明两界：纪年汉代画像石研究》一书收集了全国近 100 块纪年画像石，作者从纪年画像石的发现与分布、纪年画像石墓墓主身份等多个方面提出了认识和看法，是我国第一部系统研究纪年画像石的学术著作。[1]笔者在拜读各类图录、著作时发现，由于年代久远，有些汉画像石的出土地点、现存地点和实际情况已不相符，还有些近年新发现的纪年画像石没有公开发表，由此萌生整理滕州纪年画像石资料的想法。本文在前辈的研究成果基础上，结合实物及史料，通过调查、核实，对各类学术著作中关于出土地点、现存地点与实际情况不相符之处进行了整理，为研究者提供一份基础资料。

1944 年，山东滕县（现滕州市）生克昭编辑，天津王襄、东莞容庚等参订的雕版印刷的《滕县金石志》记录了清光绪到民国时期滕州出土的 46 块汉画像石，附有图录的 20 块，其中纪年汉代画像石 4 块，汉苔子管仲题记画像石 1 块。[2] 据邢义田在《画为心声：画像石、画像砖与壁画》中的记述，滕州出土的汉苔子管仲题记画像石目前保存在日本天理大学天理参考馆[3]，《汉代画象全集・二编》曾收录，但题为今不知所在。本文整理了 7 块滕州纪年汉代画像石，其中滕州前进小学延光元年纪年画像石为新发现的纪年画像石，参考了《滕县金石志》中 4 块纪年画像石和汉苔子管仲题记画像石的考释，并根据滕州现存实物和已发表的成果尝试释读。

一、滕州建初六年（81）食堂刻石（图 1）

题记释文："建初六年二月乙亥朔廿 / 八日壬寅鲁薛县 / 民晋乡北别居任 / 里中□子牟阳□□ / 二守□□□及少子□ / 驹□八人□□□□十 / 阳在治□□□□□曾 / 直钱二万五千□□□ / 时于食堂□□□ / □□□□□左右□□ / □□□后世子孙 / 盗冢者得毋败坏□ / 士大夫□□□□□□ / □□□□□□□□ / □□□□□□□ / 信□□□□□□ / 人……"

柯昌泗在《滕县金石志》中对题记进行了考释："右石刻，民国庚午山东滕县

图 1　滕州建初六年食堂刻石（采自《滕县金石志》）

出土，藏邑人某氏家，展转得此初拓本，字既漫漶，拓本不精。力为审识，仅认首行，‘建初’年月日朔，定为汉刻，下则不能每行得其字句，但以字之可识者，随行录出而已。然就可知者言之，有‘子牟阳’及‘少子□驹□八人’及‘食堂’字，盖牟阳等所立先墓食堂。汉时，食堂之刻风行徐、兖，亦曰：石堂，今传世者不少，多与画象同出邱垄中。此石横刻直格，与邹县莱子侯石墙村两石相同，文字尤与石墙村刻石为近。彼石无‘食堂’字，据知其所云：‘面堂石工’云云，亦即此类耳。滕县生君克昭纂修县志，见此拓本，属为考释，籍以著录，爰略言之如右，将来得精拓本，或可详识也。癸未秋胶西柯昌泗。”[4]

根据柯昌泗的记述，滕州建初六年食堂刻石的出土时间为1930年，隶书题记共17行，可识别的有70字。题记中的“鲁薛县”现为滕州市南部的官桥镇。《滕县金石志》中所收为拓片图像，原石去处不详。

二、滕州永元三年（91）残石（图2）

题记释文：“永元三年四月 / 工成传于后世敬白士大夫愿 / 毋毁伤愿毋毁伤。”

柯昌泗在《滕县金石志》中对题记进行了考释：“右永元石堂刻石，民国庚午山东滕县出土，藏邑人某氏家。石存长方形，高约汉尺尺许，宽约三寸余。字大方寸，共三行，前一行存字半行，谛审乃为：‘永元三年四月’字，其下盖即立石人名，惜已残缺，合后二行已得其全文，不知其前尚有画象否？与‘阳三老石堂记’最为相类，亦与鱼台马氏所藏‘永元石堂记’体式略近。汉石字小而精者殊，可熠也。文仅记石堂之成，告后人‘毋毁伤’，可见当时风气，余无可资考据者，兹录其文于右。癸未秋柯昌泗识。”[5]

图2　滕州永元三年残石（采自《滕县金石志》）

滕州永元三年残石，隶书题记3行，共25字。出土时间和“滕州建初六年食堂刻石”同年，为1930年。据柯昌泗考释中记录的尺寸进行换算，纵约33厘米，横约10厘米。记录的尺寸应只是题记拓本的尺寸。在《汉代石刻画象拓本精选集》中收录了此石的拓片。从拓片看，比《滕县金石志》中的拓片完整，题记在图像的左上方，拓片残纵 45 厘米，残横 36 厘米。原石现下落不明。

三、滕州堌城永元十一年（99）画像石（图 3）

题记释文：“□□□□兴，名冗□，以十一年十月十五日□，此□□如礼，后子孙无以□日祠，使石工书颜文羽昆弟六人，弟仲文，伯先仲京少文。母以永元十年七月廿七日□□不幸，母年八十七。”

图 3　滕州堌城永元十一年画像石（作者摄于滕州汉画像石馆）

柯昌泗在《滕县金石志》中曾对题记进行了考释：“右颜文羽昆弟六人刻石，近出山东滕县城东城头村，邑人杨知性访得拓本。石作长方形，分三层：上层刻字；中层画像，为人形；下层匡郭，中无字。中、下两层左右依稀似有字迹，石泐已甚不能确定也。惟上层字虽可辨，而刻画简率不能悉识，其文从左而右凡四行，详为辨释，略得其大意，为颜氏昆弟母墓刻石，盖亦石堂之类。其云：使石工书者，六人中皆不能书，而石工所书又不能工。可见制作之朴陋与樊敏碑出于石工刘懆息盛之手者，文野有霄壤之判矣。甲申四月胶西柯昌泗。”[6]

原石为长方体立柱，纵 93 厘米，横 24 厘米，厚 12 厘米。正面和右侧面刻有画像和图案，正面图像分为三层，上层为长方形边框，边框内刻有题记 4 行，可识别的有 60 字，中层为一执笏人物，下层为一长方形边框，边框内饰以菱形纹；右侧面为一长方形边框，边框内饰以菱形纹。图像雕刻技法为剔地平面线刻。据题记释文“以十一年十月十五日□，此□□如礼，后子孙无以□日祠”可知，永元十一年应为祠堂刻石的年代，而永元十年为颜氏兄弟母亲去世的时间。据了解，城头区农民宋德珠的父亲收藏颜氏纪年画像石后，一直密藏在家中，虽有人多次登门出高价求其转让而不卖。日军侵华期间，四处搜掠文物，宋德珠的父亲将该画像石垒了猪圈墙躲过浩劫。1978 年，宋德珠将其父收藏的堌城汉画像石用独木轮车推到县城，捐献给县博物馆。原石现存于滕州汉画像石馆，为国家一级文物。

四、滕州西户口延光元年（122）祠堂画像石（图4）

图4　滕州西户口延光元年祠堂画像石

题记释文："（上缺）延光元年八月十六日暴失命掾故县门下功曹游徼市掾弟圣（下缺）经召县功曹主簿府文学掾师安弟党□□□家安弟平明于（下泐）。"

该石于1958年在滕县城东桑村公社西户口（现枣庄市山亭区）一古墓中发现。原石为长方体立柱，正面和右侧面刻有画像，右上角略残。石纵135厘米，横47厘米，厚19厘米，图像雕刻技法为深剔地平面线刻。图像内容分七层。第一层为九头人面兽。第二层刻乘鹿车、骑鹿出行的人物。第三层中间为两人执械格斗，左右各有一人观看。第四层刻六人执毕。第五层是人物。第六层为一辆牛车向右行驶。第七层中间是蹶张，左右各有一人执斧。右上方有隶书题记两行。右侧面图像分四层，由上而下为铺首衔环、蛇尾人、熊、执笏人。陈秀慧推测该石有原属祠堂侧壁构件的可能性，但该形制的祠堂画像石没有其他佐证，难以下定论。[7]邢义田先生认为此石更可能是墓室画像石。原石现存山东省博物馆。

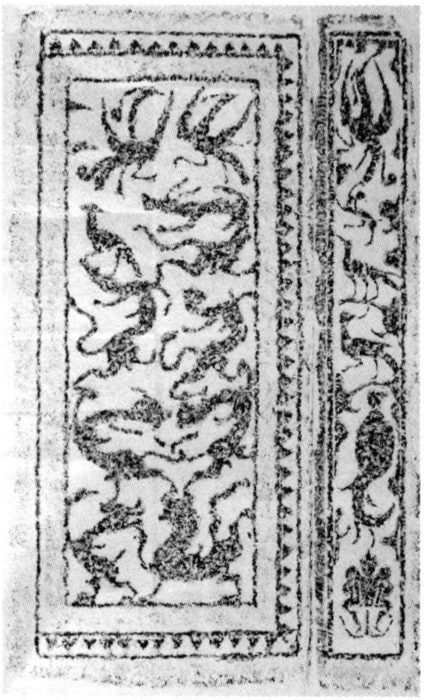

图5　滕州前进小学延光元年祠堂画像石（滕州汉画像石馆藏）

五、滕州前进小学延光元年（122）祠堂画像石（图5）

题记释文："延光元年三月十五日立此石食……建。"

滕州延光元年画像石1989年出土于市区前进小学，修路时被掘出，专业人员到现场时，石椁墓已被破坏。根据现场石椁墓的构造来看，此墓应为后期改建墓，现场只保存两块完整的长方体立柱画像石，其中延光元年纪年画像石纵 123 厘米，横 56 厘米，厚 19 厘米。图像雕刻技法为剔地浅浮雕。此石的形制和滕州西户口延光元年纪年画像石相似，正面和左侧面刻画像。正面画像内容为10只形态各异的鸟、兽；左侧面画像内容为鸟、猴、蛇尾人、蹶张图像。左侧面画像的右边有隶书题记一行，可识别的有 14 字。另一块画像石的形制、尺寸、石质、雕刻技法同延光元年纪年画像石相似。正面和右侧面刻有画像，正面画像为 10 只形态各异的鸟、兽，右侧面画像内容为鸟、兽、蛇尾人，右侧面最下方有一树，树上有一鸟，树下左侧有一人昂首张弓而射。两块原石现存滕州汉画像石馆。

六、滕州姜屯元嘉三年（153）赵寅祠堂画像石（图6）

题记释文：“元嘉三年二月廿五日，赵寅大子植卿为王公，永和更立，负土两年，侠坟相雇若擳，有孙若此，孝及曾子。植卿惟先刻心念，始增龙成坟，不肩一毋，独雇石，直克义，以示祠后，石□传存，相法其孝。”

题记的大致内容为：元嘉三年二月二十五日，赵寅的太子植卿王爵之位，是在永和年间立的。赵寅已埋葬两年，是儿子找人取土堆坟的，将来他的孙子也会这样做。因此，他们对先人的孝道同曾子一样。今植卿为了铭记时刻不忘先人，独自肩负，重新给先人坟茔增土堆坟，并刻石表明孝道，放置于墓祠之后壁，用石料来延年长久，希望子孙后人仿效这一做法，把此孝道传承下去。

滕州元嘉三年赵寅祠堂画像石 1987 年出土于滕州姜屯镇，田野调查时偶然在姜屯镇一桥上发现，已被村民用作石桥的建筑材料。原石纵 83 厘米，横 210 厘米，厚 14 厘米，正面刻有图像，在正面图像的右边刻有隶书题记三行，74 字。根据题记内容可知，此石为祠堂后壁，原石现存于滕州汉画像石馆，为国家一级文物。

图 6　滕州姜屯元嘉三年赵寅祠堂画像石（滕州汉画像石馆藏）

七、滕州初平元年（190）残石（图7）

题记释文："仓龙庚午孟春之月百□死□□□□□/公子百氏为谛封□□鲁至于文□□□/行尉□□韦典牧文收恶□之□功德□□□/□□□□□歌诵东郡□□坐罪□充□信兆/□□□□□和二子□□安□灾□作迹□□/□永寿元年□各□□□□□子午□□□子□/出□□□□之□□□郡太守□□□□□□□下□/□□□□□墓伯□视和我王□□至□不足□□□/太守□元圣□□王得□□此□□□□措之□□□/车百徂皆地震□刻石作封上□□□□□□□□□/割夺□□□师之灭□□□□□□□则思□□成□/□春秋之时郑言□□使□万□□□受天□宗□/□□□初九之载□□□□□恤焕□□□□□心/□□□宗□太守□□□□功□□□□柏□颂□/□□□□□□□□□□□□□□董子狩不□□□□□/□□□□□□□□□□□□□□□□□□决□□□□。"

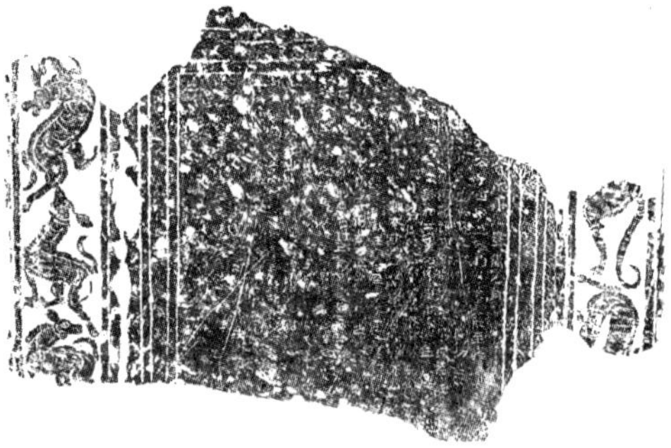

图7　滕州初平元年封墓记残石（采自《滕县金石志》）

据《滕县金石志》中记述："此碑清光绪时，邑治东八里董家村（现为滕州市龙泉街道董村）出土，邑人高氏藏，后归洹阳托活洛氏，今在安徽至德周进家。此石文极漫漶难识，今参采《陶斋藏石记》暨周进释文手稿重为写定，释文如右。端方《陶斋藏石记》云：'石上下残缺，仅存中段，高约一尺八寸五分，上下不平，宽三尺五寸五分，十六行，后空三行，行十五字至二十二字不等，字径八分，分书两旁，边阔五寸五分，镌龟、龙、鹿、马等形阳文。'又云：审释拓本得七十一字，又不全者二字，中有'永寿元年'字，而首行云'仓龙庚午孟春之月'。按永寿元年岁次乙未后三十五年岁次庚午为初平元年，此碑当作于初平元年，其曰'永寿元年者'，殆溯述前事也。碑文有'郡太守'字、'典牧'字、'功德'字、'歌诵东郡'字，后又有两'守'字，疑为东郡太守颂德之碑。'德'作'悳'，与郎中郑固碑同，汉碑多以'青龙'系年，亦间作'仓龙''仓苍'，省高朕修周公礼殿碑'初平五年仓龙甲戌'与此政同。"[8]

八、汉莕子管仲题记画像石（图8）

题记释文："□冢门出入田伏壬辰冢□地方且□。"

图8　滕州汉莕子管仲题记画像石（采自《汉代画象全集·二编》）

该石于清光绪三十四年（1908）出土于县东董家村（现为滕州市龙泉街道董村），邑人孙道恩得之，以赠高仲瑊，宣统元年（1909）又移赠端方，今不知所在。《陶斋藏石记》未及著录，唯罗振玉《补汉石存目》卷下画存中有此目注，题11字，榜宝华庵藏（端方名其居所为宝华庵），而未知出于何地。《山东金石志》初稿著录为"管仲、管仲妻画像题字"，始注明"滕县所出"。据邑人生克昭藏拓本，画分三层，上层缺其半，存四灵之二"青龙""玄武"，其上尚有画像。中层有"莕子妇""莕子母""莕子""管仲妻""管仲"等题字，皆分书。柯昌泗曰："按刘向《列女传》陶荅子妻在《贤明传》，齐管仲妾婧在《辩通传》。"此石作管仲妻，字画清晰。容君希伯云："据此石观之，管妾当为管妻，传盖误字也。"汉画像多喜用列女传事。武梁祠石室，画古今事迹，间有列女传者，此石则两事合画一层，与传相应，知其刻画纯据向书，足为史籍之旁征，尤可宝贵，盖自《列女传》成书，即施之于图画辑本。刘向《七略》曰："臣向与黄门侍郎歆所校《列女传》……画之于屏风四堵。"《后汉书·宋弘传》亦云："御坐新屏风，图画列女。"东汉初年屏风画式仍如刘向所言，其后遂风行，民间时时见于石刻，据知画本皆出于向歆父子，非漫作者。今列女图久佚，此等画像即作最古之列女图观可也。下层像亦残缺，有"太尉""车骑将军""司徒""司空""大鸿虑"等题字，与东汉官制正和，叙次以右为尊，亦汉时通制。车骑将军在三公之下，见《后汉书·百官志》刘昭注引。蔡质《汉仪》亦云："车骑将军位次上卿。"此石以车骑将军列于司徒、司空之前，当为殊礼，其人必有所指，非泛画也。唯窦宪拜车骑将军，官属依司空，见《后汉书本传》，是宪为车骑，班列三公，其位仅次于上公，太尉或亦事所当。然大鸿虑即"胪"之借字。续志大鸿胪，掌归义蛮夷。此石三公之后即序以大鸿胪者，盖所画为窦宪征北匈奴事。宪时正为车骑将军，此后始拜大将军。宪为东海恭王外孙，东海国兼有鲁国滕县，在汉为鲁国地，当时闻国戚建功，其事遂流传于石刻画像亦理所有也。左边尚有一行分书，字为“□冢门出入田伏壬辰冢□地方且□”等字，则刻石者之题记耳。石左侧中作二立人像，上下均缺。石高约二尺二寸，广一尺九寸五分，侧广五寸。[9]

结　语

根据史料记载，从清光绪年间开始，滕州陆续出土了大量的汉画像石，至目前，滕州发现并保存下来的汉画像石数量已达上千块。其中，滕州汉画像石馆馆藏600余块；滕州官桥汉墓群原址保存150块；滕州大坞镇染山汉墓原址保存13块；滕州博物馆馆藏150余块；早年被中国国家博物馆、上海博物馆、广州博物馆、山东省博物馆收藏的汉画像石约40块。私人收藏及流落国内各地、海外的未做统计。纪年画像石仅占总量的1/100，目前可以见到的滕州纪年汉代画像石实物只有4块，其他3块去向不明。据陈秀慧记述：“最近徐州汉画像石艺术馆收藏了一件滕州出土的‘□平元年’画像石碑，上刻绘双龙交缠图像。”[10]根据滕州7块纪年汉代画像石资料，可以做如下初步比较和总结。

第一，从时代最早的滕州建初六年（81）食堂刻石到时代最晚的滕州初平元年（190）残石均为东汉时期，相当于东汉中晚期。

第二，雕刻技法多为浅浮雕，说明滕州地区在东汉中晚期流行此种雕刻技法。

第三，所发现的纪年汉代画像石有6块为祠堂画像石。滕州建初六年食堂刻石题记内容有“食堂”二字；滕州永元三年残石据柯昌泗考释为祠堂刻石；滕州堌城永元十年画像石据柯昌泗考释为祠堂刻石，蒋英炬先生认为该石很有可能是祠堂石柱，陈秀慧认为此石为祠堂的立柱[11]；滕州西户口延光元年画像石陈秀慧推测有可能是祠堂构件；滕州前进小学延光元年在改造石椁墓中发现，形制和滕州西户口延光元年相似，暂时归入祠堂构件；滕州姜屯元嘉三年祠堂画像石在题记内容里有关于此石为祠堂后壁的说明；滕州初平元年汉代画像石尚不清楚位置，在《滕县金石志》中考释疑为东郡太守颂德之碑；汉荅子管仲题记画像石虽无明确纪年，但题记中有“壬辰”二字，查询东汉的干支纪年，建武八年（32）、永元四年（92）、元嘉二年（152）、建安十七年（212）均为“壬辰”年，还有待更多的证据了解此石的具体年代。

第四，从区域上看有明确出土地点的四块均出土于滕州东部，一块没有具体出土地点，一块出土于滕州西部的姜屯镇，一块出土于滕州市区前进小学，一块出土于滕州南部的官桥镇。由于滕州纪年汉代画像石均为零散出土或征集，均非科学考古发掘所得，无法对原建筑的图像及纪年画像石的位置做整体认识分析，但题记中的文字至少为研究汉代画像石提供了可靠的信息依据，对研究一定时期滕州汉代画像石的雕刻技法、流行时代、丧葬礼俗起到了重要作用。

注释：

[1] 杨爱国：《幽明两界：纪年汉代画像石研究》，陕西人民美术出版社 2006 年版。

[2] 生克昭编：《滕县金石志》，1944 年北京法源寺刊本。

[3] 邢义田：《画为心声：画像石、画像砖与壁画》，中华书局 2011 年版，第 577 页。

[4][5][6][8][9] 生克昭编：《滕县金石志》，1944 年北京法源寺刊本，第 27—28、29、74、30—31、32—34 页。

[7][10][11] 陈秀慧：《滕州祠堂画像石空间配置复原及其地域子传统》（下），载《中国汉画研究》（第四卷），广西师范大学出版社 2011 年版，第 236、236、217 页。

山东济宁嘉祥旷山汉画像石墓及相关问题

胡广跃

内容摘要 本文通过对济宁嘉祥旷山汉画像石墓的墓葬结构、画像石内容及墓葬形制进行相关研究，对墓葬主人身份进行初步判定，对画像石的内容与艺术特点进行新的探讨。汉画像石墓为了解汉代人们的丧葬观念、精神信仰、生活习俗及社会状况提供了重要的实物资料，对进一步了解汉代历史有重大意义。

关 键 词 汉代；嘉祥；墓葬结构；画像石

作者简介 胡广跃，男，1972 年生，济宁市文物考古研究室副研究馆员，中国汉画学会理事。

2014 年 6 月至 10 月，山东省文物考古研究所、济宁市文物考古研究室、嘉祥县文物旅游局联合对位于嘉祥县疃里镇旷山村东北旷山汉画像石墓进行了文物考古发掘。发掘工作历时四个多月结束，之后该墓整体搬迁到嘉祥县武氏墓群石刻博物馆，待复原后陈列展示。该墓早年被盗，文物被盗掘一空。其墓葬结构及其画像石颇具特色，为研究画像石墓葬形制、画像内容和雕刻技法等提供了重要的实物资料。笔者作为发掘者之一，对墓葬的建筑结构、年代及墓主人身份等方面做了探讨，以求教于专家。不当之处，请批评指正。

一、墓葬结构

旷山汉墓坐西朝东，方向97度。整座墓葬由封土、墓道、墓门、前室、南耳室两间（S1、S2）、北耳室两间（N1、N2）、后室、回廊、侧室等部分组成。（图1）墓葬系先开墓圹，后铺底石，立墓壁，夯筑封土而成。墓壁与墓圹间隔平均约30厘米，中有填土。

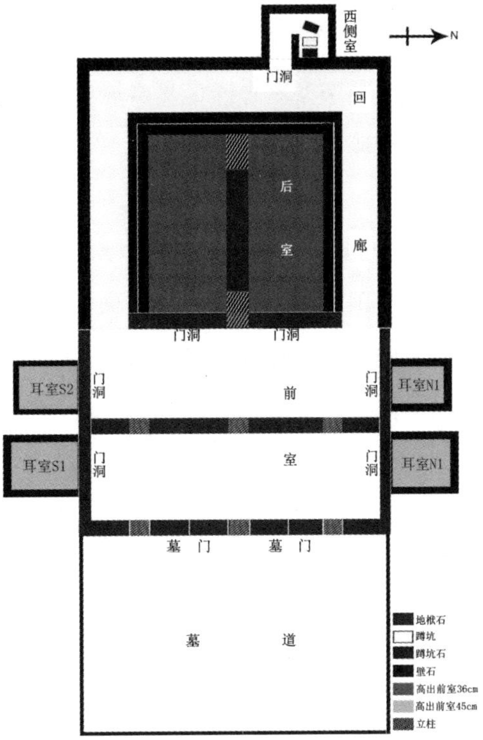

图1　旷山汉墓平面示意图

（一）封土

现存封土南北长约17米，东西宽约16米，呈椭圆形，残高2.1米。由东西、南北探沟得知，原封土底径南北约32米，东西约29米。墓顶距现地面高50厘米左右。从剖面看，墓顶铺一层较纯净的石灰，厚约6厘米。（图2）墓室周围用黄淤土及深褐淤胶土等层层夯筑，分层明显。一般为一层黄淤土，后加一层深褐淤胶土，上再铺一层细沙，然后夯打。夯层厚度约10厘米。因淤土原因，夯窝不明显，仅见零星夯窝，直径5—7厘米。

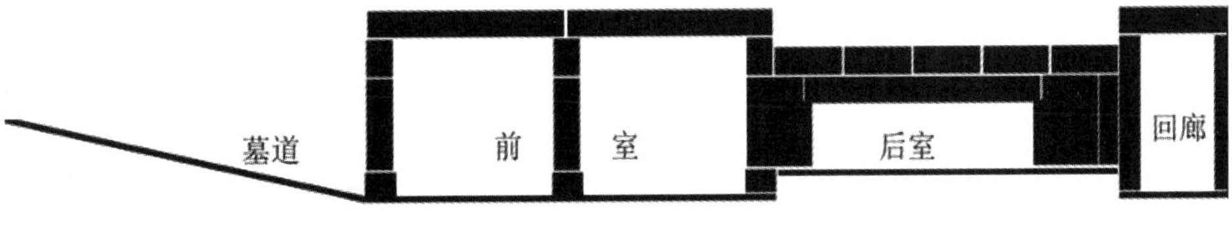

图2　旷山汉墓剖面示意图

（二）墓道

墓道位于墓室东部，呈斜坡状，坡度 30 度，坡面平整。东西长约 4.1 米，南北宽约 4.9 米。

（三）墓室

墓室由墓门、前室、南北耳室、后室、回廊、西侧室等部分组成。墓室东西长 9.1 米，南北宽 7.8 米，最高 2.13 米。各室均用石板、条石筑成，共用石材 223 块，石质大多为石灰岩，少部分为沉积岩。

各室地面均以大石板铺成。前室、回廊与西侧室地面高度相同，耳室高于前室 45 厘米，后室高于前室 36 厘米。前室四壁的建造，先在地面铺以地栿石，其上再竖立石板砌成。其他各室壁石大多直接立于铺地石板之上，其上承接顶石或横梁。各室皆为平顶，前室顶部并列两排东西向条石，后室顶部并列两排南北向条石。回廊三面围绕后室，其上平行排列条石，其室顶高度同前室，后室顶部低于前室，回廊约 35 厘米。耳室及侧室顶部各盖一块大石板。

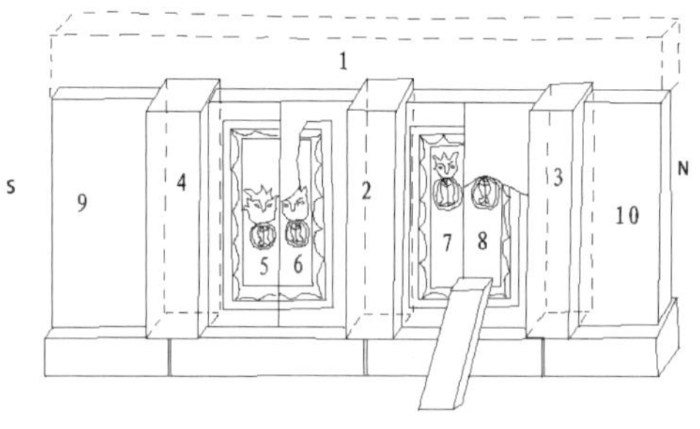

图 3　旷山汉墓墓门示意图

墓门位于墓道西端，并排两个门洞，皆高 1.26 米，宽 1.37 米。墓门前发现木屑痕迹，长约 2.8 米，最宽处约 10 厘米，推测系墓门封闭后，先堆土至与地面平，然后自下而上并排放置三根横木，以白灰浆黏合而成。两门洞之间及两侧各立一石板，其上横架门楣石，其下铺门槛石。三立石板内侧皆刻有凹槽，使门扉开关自如。二门洞各有门扉两扇，皆有门枢，门枢上下两端分别纳入门楣和门槛的枢窝内，启闭较易。门楣石已被破坏，仅留下部分残石。南北门洞前分别立一竖石，北门门扉前立一顶门石。顶门石厚 10 厘米，长 80 厘米，宽 24 厘米。（图 3）

前室位于两墓门之后，横长方形，面阔 5.14 米，进深 3.35 米，顶高 2.13 米。其东壁开有墓门。西壁中部开有与后室相通的两门，设于地栿石之上，两门均宽 1.19 米，高 1.26 米。前室中部并排三根方石柱，承接南北横梁，除南柱保存较完整外，其余皆被盗墓者破坏。石柱下铺地栿石，地栿石长度与前室宽度相同，宽 23 厘米，高 36 厘米。按从南到北顺序，南柱高 125.5 厘米，宽 27.8 厘米，厚 22.8 厘米；中柱被破坏，残高 70 厘米，厚 22.8 厘米，宽 29 厘米；北柱残高 38 厘米，厚 22.8 厘米，宽 35.8 厘米。三石柱四面皆有画像。西壁地栿石突出地面约 36 厘米，耳室地面与南北壁地栿石为一平面。（图 4）

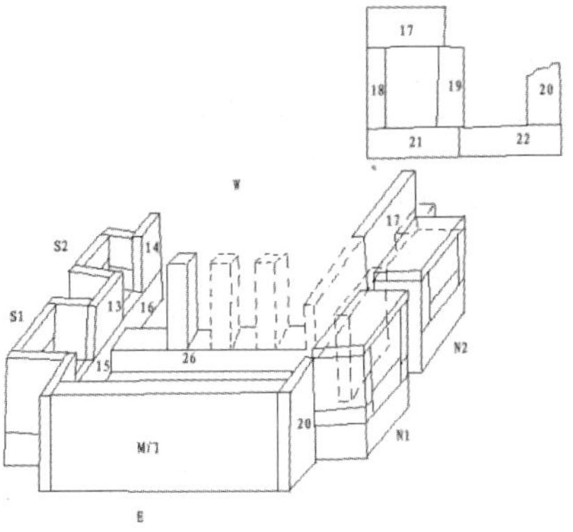

图 4　旷山汉墓前室示意图

耳室共四间，前室两侧各并列两间，与前室相通，地面高出前室 45 厘米，室顶保存完好。S1：高 113.5 厘米，宽 107 厘米，进深 112 厘米；S2：高 94.5 厘米，宽 94.5 厘米，进深 107.5 厘米。N1：高 115 厘米，宽 107 厘米，进深 106 厘米；N2：高 116.5 厘米，宽 88.5 厘米，进深 104 厘米。

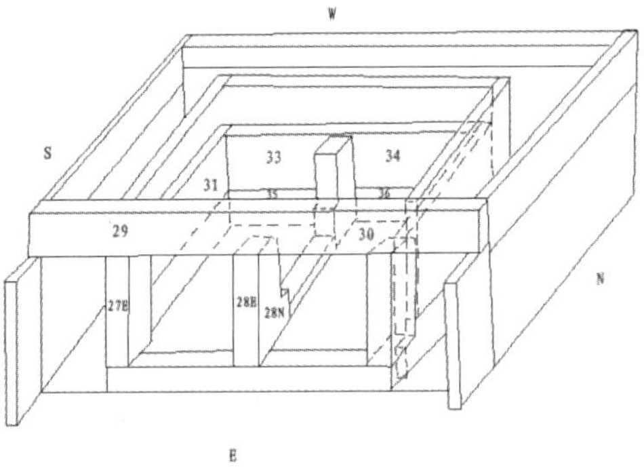

图 5　旷山汉墓回廊示意图

后室位于前室之后，呈方形，小于前室，面阔 283 厘米，进深 35 厘米，顶高 126 厘米。其地面与前室中部地栿石齐平，高出前室 36 厘米。后室中间有一东西向地栿石，其两端各有一立柱，上有两面刻有图案的过梁石，把后室分成南北两间。过梁石下有门洞相通，高 46.5 厘米，宽 199 厘米。南壁、北壁及西壁分别由上下两石组成，皆錾刻有花纹。壁石下未设地栿石。中间横梁和南北壁用以承接顶石。顶用长条石平行铺设为平顶，顶高低于回廊和前室。

回廊三面围绕后室，高 223 厘米，宽 90 厘米。（图 5）回廊地面及顶高与前室相同，两入口与前室相通，入口高 160 厘米，宽 90 厘米。底石打制平整，全部刻有花纹，其中一部分刻几何纹饰，少部分刻有鱼、凤鸟等画像。南部回廊及北部回廊的两壁和西部回廊的东壁均由上、中、下三块石板筑成。西部回廊的西壁由上、下两块石板筑成，其上有横梁。回廊内侧三壁壁石分别与后室的南壁、西壁及北壁贴合，中间以白石灰浆黏接。

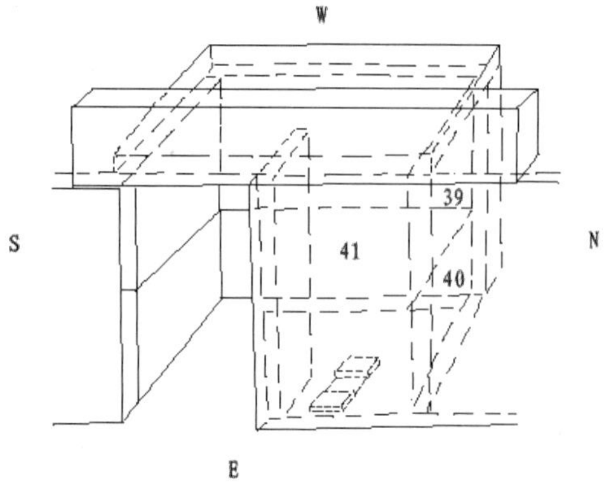

图6　旷山汉墓西侧室示意图

西侧室位于西部回廊偏北处，宽130厘米，高151厘米，进深113厘米。（图6）其东壁南半部开有一门洞，宽40厘米，高151厘米，通回廊。侧室地面与回廊同高。其南壁、西壁及北壁皆由上、下两块石板筑成，东壁即西部回廊西壁的一段。顶石为一大石板，顶高低于回廊。室内设有两块蹲坑石，其中有一方形蹲坑，坑底为黑色土。蹲坑后立一东西向石板，其东端与东壁相接，石板宽45厘米，高151厘米，厚15厘米，应为影壁石。北壁的上石刻有车马出行图、会见及拜谒图，下石有“君更衣”题记。西壁的下石刻有“□更衣”题记。侧室的西南部有一盗洞，侧室西壁的上石向外倾斜，系盗墓者所为。西侧室四壁均直接立于铺地石板之上。

该墓葬自墓道、门柱、前室中间立柱到后室中间过梁石，构成一条东西向的中轴线，两侧基本对称，甚为规整。

该墓葬早年曾严重被盗，前室门楣石，前室中间过梁石、石柱，南耳室门楣石，北耳室东室门楣石，皆被盗去或破坏，所剩随葬品寥寥无几，主要有铁质工具、铜剑饰件、铜弩、漆器残片、陶案、陶罐壶、圈厕等文物出土。

二、画像石

旷山汉墓内有丰富的画像石刻，在223块石材中，几乎每块石都刻有画像或几何装饰纹饰，这些画像主要雕刻在墓门、门扉、门柱、前室四壁、前室立柱、门楣、过梁石、后室四壁、西侧室北壁和西壁、地栿石等处。这些画像有的一石一幅，有的一石有二层画面，也有的一石两面均有画像。在墓室门南侧壁上，南耳室西耳室北壁、南壁，西侧室南、北壁上还刻有文字等。

这些画像石采用了多种雕刻技法，在墓门、门扉及两壁、前室南壁上、后室四壁均使用平面浅浮雕，前室立柱、门楣、后室门楣、西耳室的画面使用凹面阴线刻，回廊四壁及前后室封顶石使用阴线刻几何纹饰等。

墓中的画像题材多样，有反映墓主人生活的车马出行、拜谒等方面的内容，有反映升仙思想的神话人物（伏羲）、奇禽异兽（青龙、凤鸟等），还有少量表明方位、用途等文字题记等内容。绝大部分画面的四周或某一两个边都有较宽的边饰，这些边饰多达四重或五重，主要为几何纹样，有连弧纹、三角纹、双曲纹、平行线、菱形纹等，灵活多变地排列在一起。铺地石、地栿石及承接顶石的过梁石，只刻出纵向或横向的花纹带，而没有其他内容。总之，整个室内都有装饰性图案，做工相当精巧、讲究。

现将全部画像石根据所在部位依次排列，对墓门、门柱、东壁、前室四壁、前室立柱、后室墓楣、门柱、后室四壁、过梁石、西耳室四壁加以全面介绍。

（一）墓门

墓门门额，长方形，仅存残石，两面皆有画像，仅残存车马人物和几何纹饰局部。

2E. 二门洞中间立柱东面，纵 127 厘米，横 38 厘米，厚 19 厘米。画面分上、下两格，上格平面浅浮雕和阴线刻出连弧纹，菱形阴线纹；下格平面浅浮雕出铺首衔环，环内以及环两侧各刻一鱼。（图 13）

2W. 二门洞中间立柱内面，整个画面刻阴线菱形纹。

4A. 北立柱外面，高 126 厘米，宽 36 厘米，厚 19.8 厘米。画面主要刻平行阴线、垂幛、菱形纹饰，右下角刻铺首衔环，环内有二鱼。

3E. 北立柱东面，高、宽、厚同中间立柱，刻竖列阴线纹、垂幛纹、菱形纹等纹饰，左下角刻铺首衔环，环内有二鱼。（图 13）

3W. 北立柱西面，刻阴线菱形纹，主要有垂幛纹、菱形纹、平面阴线纹。（图 9）

4E. 南立柱东面，高、宽、厚同中间立柱，平行四竖列纹饰，主要有垂幛纹、菱形纹、平行阴线纹饰。（图 9）

4W. 南立柱西面，刻竖列阴线纹、垂幛纹、菱形纹等纹饰，左下角刻铺首衔环，环内有二鱼。该立柱铺首纹一面向内，不合常理，估计是建墓的时候混淆了内外侧。（图 13）

5E. 南门洞的南门扉东面，高 125 厘米，宽 67 厘米，厚 12 厘米。边框四重，分别为平行阴线纹、水波纹、菱形纹、连弧纹，中间刻铺首衔环，环内有二鱼。

（图 13）

5W. 南门洞的南门扉西面，阴线刻菱形纹，上边沿并排 5 个浅浮雕三角纹。

6E. 南门洞的北门扉东面，高、宽、厚及纹饰同南门扉。左上角残。（图 14）

6W. 南门洞的北门扉西面阴线菱形纹，下线浮雕并列 5 个三角纹。

7E. 北门洞的南门扉东面，宽 68 厘米，厚 11 厘米，高 127 厘米，上部残缺，边框四重，分别刻平行阴线、菱形纹、水波纹、垂幛纹，内饰铺首衔环，环内饰二鱼。（图 14）

7W. 北门洞的南门扉西面，阴线刻菱形纹为底纹。上平面浅浮雕，二执笏人物相对而立，一人骑马，面向室内。下边缘饰并排刻 4 个三角纹。（图 7）

8E. 北门洞的北门扉东面，上部残缺，边框四重，内饰铺首衔环，环内饰双鱼。（图 15）

8W. 北门洞的北门扉西面，以菱形阴线纹为底子，上浅浮雕一骑马人物，面向北疾驰，下边缘浅浮雕并列一排 4 个三角纹。（图 7）

9E. 前室东南石东面，宽 83.5 厘米，高 126.5 厘米，厚 18.5 厘米，南北并列 7 格，有平行阴线纹、水波纹、菱形纹、连弧纹，上刻执盾门吏面向东，下刻一人拥彗面向北，人物画面占总画面的三分之一。执盾门吏稍大于拥彗门吏，头戴武官帽，着长袍，持盾肃穆而立。右上部几何纹饰内阴线刻有“大吉”二字。（图 7）

9W. 前室东壁南石西面，面阴线菱形纹，下边缘饰并排 5 个三角纹。（图 9）

10E. 前室东壁北石东面，宽 81 厘米，厚 17 厘米，高 127 厘米。边框竖石五层，分别刻连弧，垂幛、浮雕菱形水波纹，平行阴线，菱形阴线等。菱形线纹饰占画面三分之二，下浮雕一三角纹。

10W. 前室东壁北石西面，阴线菱形纹，下饰浮雕并列一排 4 个三角纹。

11E. 门槛石东面，饰平行阴线、连弧纹。（门槛石、前室东地栿石）

11W. 门槛石西面，饰平行阴线纹、连弧纹。

（二）前室

南壁 12 石（东），阴线刻菱形纹为底子，上边缘刻平面浅浮雕人首蛇身的伏羲，下边缘刻一马一树，似马被拴在树上。（图 15）

南壁 13 石（中），阴线刻菱形纹，左下凹面刻执彗扫地人物，下边饰一排 4 个浅浮雕三角形纹饰。（图 7）

南壁 14 石（西），上刻菱形纹、垂幛纹、水波纹、平行阴线纹，下刻铺首衔环，环内刻柿蒂纹。（图 15）

南壁 15、16 地栿石，刻平行阴线纹、连弧纹，下刻不规则阴线。

北壁 17 石，刻平行阴线纹、菱形纹、垂幛纹、阴线三角纹，占整个画面的三分之一。

北壁 18 石，阴线刻三角纹。（图 9）

北壁 19 石，并排竖刻平行阴线、菱形、连弧纹。

北壁 20 上部残石，以阴线三角纹为底子，下面凹面线刻一执彗扫地人物。（图 8）

北壁 21、22 地栿石，刻平行阴线、连弧纹，两面纹饰相同。

23E. 南柱东面，并排竖刻垂幛阴线条纹，下底部刻铺首衔环，环内饰双鱼。

23N. 南柱北面，阴线三角纹。

23S. 南柱南面，阴线三角纹为底纹，凹面线刻执彗人物。（图 8）

24E. 中柱东面，上部残，下部刻有铺首衔环。

25E. 北柱东面，刻猫头鹰残。

25S. 北柱南面，凹面线刻执笏人物。

25N. 北柱北面，凹面线刻人物。

26. 地栿石，刻阴线平行纹、连弧纹。

27. 过梁石（残石），正面凹面线刻车马出行图；背面刻平行阴线纹、菱形纹、垂幛纹、阴线三角纹。

28. 过梁石（残石），正面凹面线刻车马出行图；背面同 27。

过梁石（发掘前出土），正面凹面线刻孔子见老子图；背面刻平行阴线纹、菱形纹、垂幛纹、阴线三角纹。

封顶石（发掘前出土），平面浅浮雕有一白虎，一侧刻日月，日中有金乌，月中有蟾蜍。

（三）后室

27E. 后室南门柱石东面，平行阴线纹、垂幛纹、双菱线纹。（图 10）

28E. 后室中间门柱东面，垂幛纹、菱形纹。（图 10）

29. 后室南侧门楣，平行阴线，水波、菱形、垂幛、连弧为边框。靠南两人物

面北，南北并排躬立，一人戴进贤冠，另一人戴笼冠。（图 8）

30. 后室门楣，以平行阴线纹、水波纹、双菱形纹、垂幛纹、连弧纹为边框，中间刻阴线三角纹。（图 11）

27N. 后室东南门柱北面，以三角阴线纹为底子，中间刻一“迁”字。（图 12）

31. 后室南壁上，以平行阴线、水波纹、锯齿、双菱形垂幛纹为边框，中间刻阴线三角纹条带。（图 11）

32. 后室南壁下，以平行阴线纹、连弧纹为边框，下饰三角阴线纹条带。（图 11）

33. 后室西壁上，平行阴线、水波、三角纹、双菱形、垂幛为边框，中间刻有三角阴线纹条带。

34. 同后室西壁 33。（图 11）

35、36. 后室西壁上，平行阴线、连弧为边框，下部刻阴线三角纹饰条带。（图 11）

28N. 后室中立柱北面，平行阴线、水波纹、三角纹、连弧纹。

37N. 后室中过梁石北面，刻平行阴线纹、水波纹、三角纹、双菱形纹、垂幛纹、三角阴线纹条带。

38N. 后室西立柱北面，纹饰同 28N。（图 10）

28N、37N、38N 同 28S、37S、38S

（四）西侧室

39. 北壁二石上，以三角阴线纹为底子，中间凹面线刻车马出行图，以凸棱为边框，内从左到右分别刻四立人，每两人相对而立，似为交谈，后为一马车，车上两人，后随一人骑马，最右面一亭长执盾躬身相送。（图 8）

40. 北壁二石下，以三角阴线为底，中间阴线刻“君更衣”。（图 12）

41. 西壁二石下，以三角阴线纹为底子，上阴线刻“□更衣”。

42. 前室中间过梁残石，二马拉车一辆，车上两人，前一人执盾，面后一人端坐，车后紧跟六骑吏。（图 8）

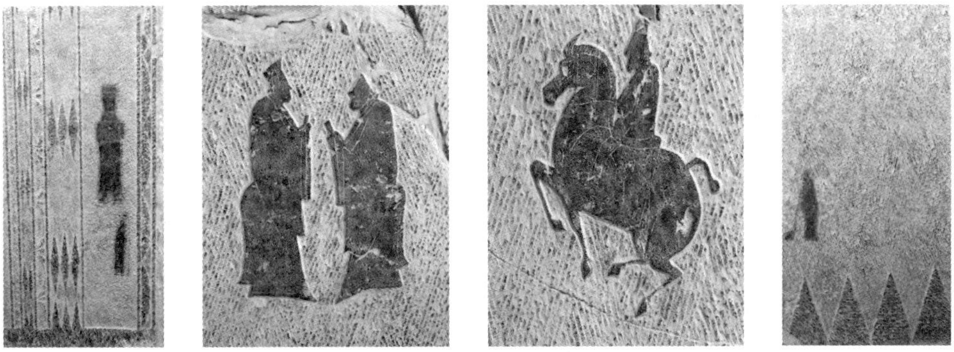

1　　2　　3　　4

图 7　1. 7w；2. 8w；3. 前壁 13 中；4. 9E

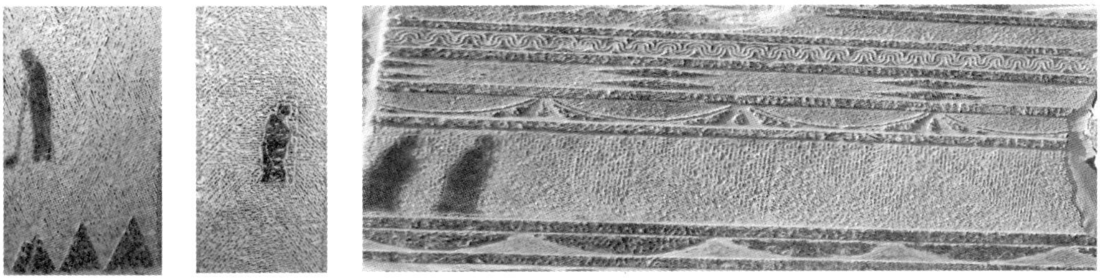

1　　2　　3

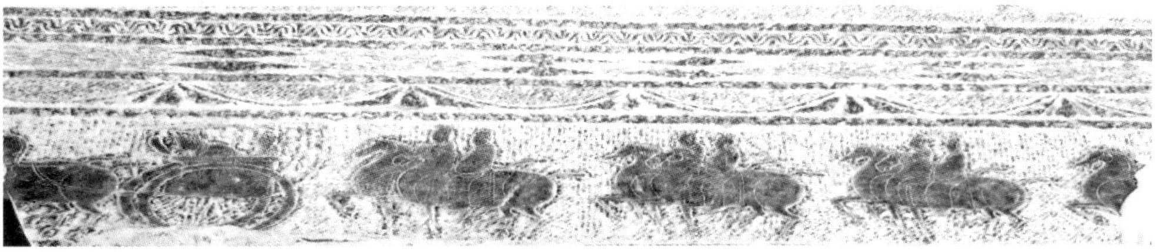

4

5

图 8　1. 北壁 20；2. 23S；3. 后室 29；4. 北壁 39；5. 42

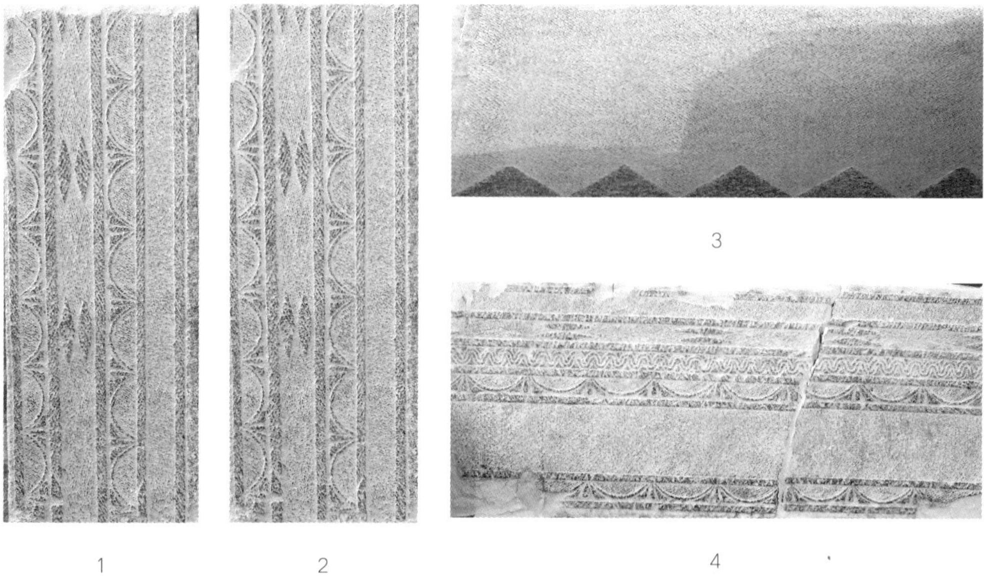

图 9　1. 3w；2. 4E；3. 9w；4. 18

图 10　1. 27E；2. 28E；3. 38N

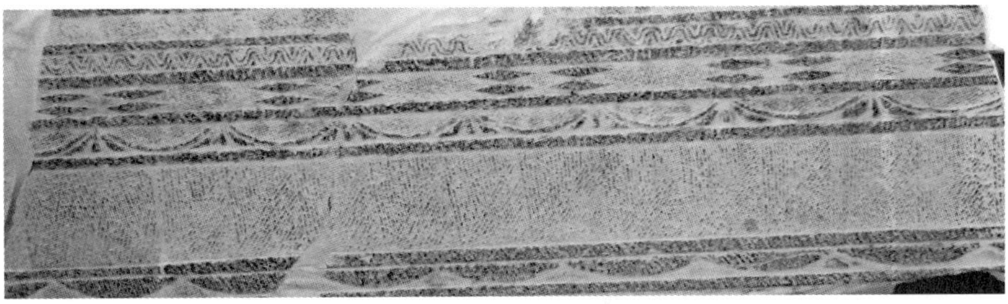

1

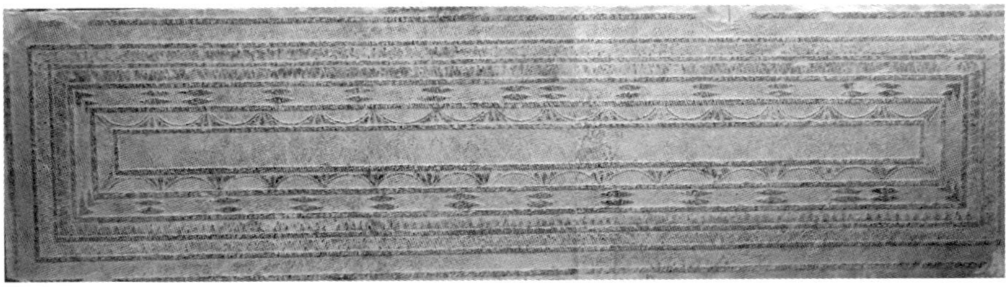

2

3

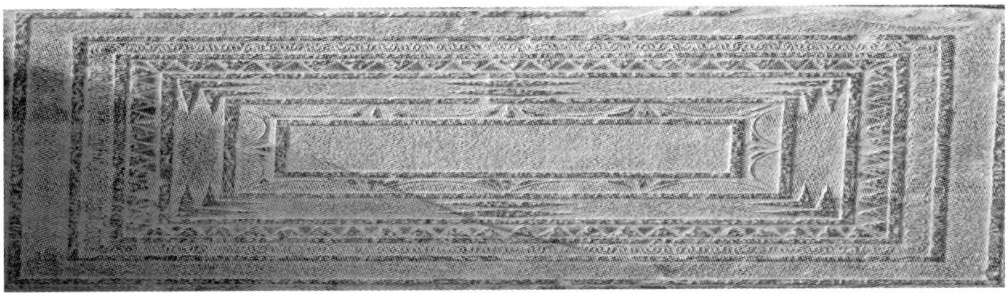

4

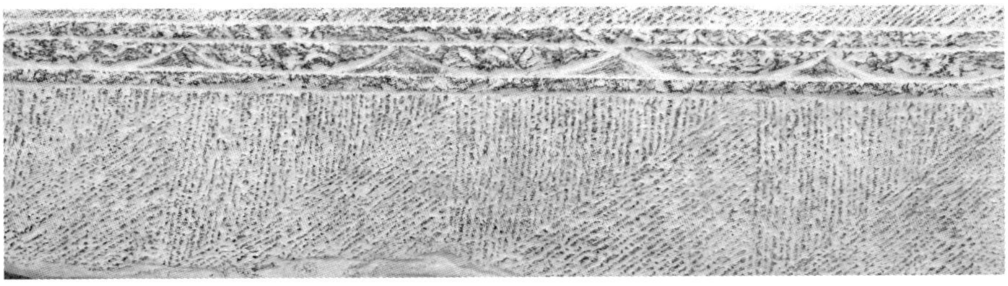

5

图 11　1. 30 后室；2. 31 后室南壁上；3. 32 后室南壁下；4. 34 后室西壁；5. 35、36 后室西壁

1　　2

图 12　1. 27N；2. 40 西侧室北壁下

1　　2

图 14　1. 6E；2. 7E

1　　2　　3　　4

图 13　1. 2E；2. 3E；3. 4W；4. 5E

1　　2　　3

图 15　1. 8E；2. 南壁 12 石；3. 南壁 14 石

三、相关问题的探讨

（一）墓葬年代

旷山汉画像石墓早年被盗，没有出土任何纪年资料，其年代可以从墓葬形制、雕刻技法、画像特点、陪葬器物等方面进行判断。

该墓除了墓道以外，其余全部用石头砌成，这种纯石结构的多室大墓另有数例发现，如山东沂南北寨墓[1]、平阴孟庄墓[2]、江苏徐州青山泉合集墓[3]、徐州铜山利国墓[4]、铜山茅村墓[5]、安徽定远坝王庄墓[6]、亳县董园村2号墓[7]、泗水星村镇南陈村汉安元年画像石墓[8]、邳州燕子埠元嘉元年缪宇墓[10]。其中，铜山茅村墓中有“熹平四年”（175）的题记、泗水星村镇南陈村汉安元年画像石墓有“汉安元年”（142）题记、缪宇墓有“元嘉元年”（151）题记，可作为断代的标准。尤其是缪宇墓除有明确纪年外，其墓葬为纯石结构，由前室、后室和回廊组成，全长7.2米，宽4.65米，回廊三面绕于后室，与旷山汉墓类似，时代应相距不远。此外，济宁回民小学墓后室亦三面回廊绕于后室，也可作为参证。这种规模巨大、耗资费工的墓葬，也只有在东汉中期以后社会经济比较发达的情况下才能出现。魏晋时期除个别发现画像石外，就基本上绝迹了。

画像石的雕刻技法有了比较恰当而成熟的分类，即线刻、凹面线刻、减地平面线刻、浅浮雕、高浮雕、透雕六种，或进一步用考古类型学方法归纳为“六型十二式”[11]。旷山汉画像石墓使用了线刻、凹面线刻、减地平面线刻、浅浮雕四类刻法，这也是绝大多数汉画像石采用的刻法。阴线刻是出现最早的，大致在西汉早中期，这种雕刻技法一直沿用到东汉末年。其早晚期的表现形式不同，早期的阴线刻多用在打制粗糙或带有凿纹的石面上，线条较粗壮，构图也很简单。后来发展到东汉晚期的阴线刻，线条纤细流畅，刻画的形象准确、细腻、生动，较早期更成熟。凹面线刻略晚于阴线刻，西汉晚期的画像石已经使用了这种雕刻技法，其图像效果要比早期在粗糙或凿纹地石上阴线刻的更为醒目。这种雕刻技法流行于西汉末至东汉早期。减地平面线刻技法兴起稍晚，是东汉中晚期即汉画像石兴盛时期的一种较流行的雕刻技法，这种雕刻技法也和早期的阴线刻与凹面线刻有着递变关系。浅浮雕的刻法出现较早，大致于西汉晚期就开始使用，东汉早期开始流行。

从整体上看，汉画像石的各种雕刻技法出现的时间早晚不同，或有相互发展递变的关系，同时存在着交错并存的现象。旷山汉画像石墓墓门内外使用减地平面线刻及浅浮雕技法，门柱、门楣、过梁石及西侧室画像使用凹面线刻，这几种雕刻技法的组合具有东汉中期的特点。

文字的书法特征为墓葬的年代提供了重要依据。汉代书法从战国而来，西汉时期即存在着多种书体。《汉书·艺文志》说汉初有“六体”，《说文·序》说有“八体”，实际上常用的只有大篆、小篆、隶书三种不同的字体。目前的考古资料表明，大篆在汉代已基本不用，小篆也非秦时的风貌，用途也很少。隶书是汉代常使用的字体，它由战国古隶书直接发展而来，在西汉初期完成对篆书体势改造后，其基本框架即已确立，后来随着笔画的丰富，隶书分为草书隶书、美术隶书、通俗隶书、典型隶书四大类型。其中在汉代较为实用、现在较为常见的主要为通俗隶书和典型隶书两大类型。

旷山汉墓题记刻石作品整体特点是：笔画朴实、径直，用笔率意自然，无蚕头燕尾和波挑，依其自然，写法简捷、通俗和实用，是隶书类型中的通俗隶书。这种书体与山东嘉祥五老洼画像题记（东汉明帝时期）[12]、河北定县北庄汉墓黄肠石题字（阳嘉元年，132）[13]、山东任城王墓黄肠石题刻（101）[14]、南阳杨官寺汉墓黄肠石题字（东汉早中期）[15]、苍山元嘉元年（151）画像题字[16]、河南南阳许阿瞿墓记（建宁三年，170）[17]等字体风格，从结体到笔画都有相似之处，其年代亦相差不远。

（二）画像石内容

旷山汉墓的画像石内容丰富多彩，大致可以分为以下几类：（1）反映墓主身份与社会生活的车马出行、人物、拜谒等方面的内容；（2）反映辟邪消灾、升仙及祥瑞思想的日月、神祇和异兽等；（3）历史故事类画像石；（4）题记文字。这几类画像在墓葬中的分布位置有一定的规律，但各类内容的排列又互有交叉，并不十分严格。

第一类社会生活类画像石内容较为丰富，包含车马出行、人物、拥彗人物、执笏人物、执盾人物、戴冠人物几种。其中车马出行人物里既有单人骑马的正面图和侧面图，也有纹饰复杂的车队出行图。单人骑马图与其他纹饰组合使用，在墓中主要出现在北门洞门扉的内侧。车马出行图有两面，一面为前室中间过梁石，另一面为西侧室北壁上壁石。车马出行图是画像石中最常见的题材，凡官员出行场面均有导骑、从骑和副车，主车往往居于车骑队列中央，而副车则在前面开道或在后面随从。由于官员身份地位及出行使命不同，仪仗场面和车骑队列亦有一定差别，有的连车列骑甲杖森严，有的则轻车简从略备仪仗。汉代车骑出行题材的流行与当时厚葬之风的盛行有着不解之缘，厚葬之风的出现与儒家提倡的事死如生、慎终追远及孝悌观有关，正是这种观念导致了崇奢之风蔓延，助长了人们的虚荣心理。将这种图像安排在墓室中，意在宣扬死者生前的际遇和辉煌的经历。

拥彗人物主要出现在前室南、北壁石及柱石上，前室东壁南石东面的执盾门吏下也有一拥彗人物。执笏人物、戴冠人物较小，也多与其他纹饰组合使用。这些门吏、守卫、侍仆等人物的刻画，显然是为了表达墓主人非同一般的身份地位，同时也有让他们在冥界继续服侍墓主人之意。他们手持之物的不同，不仅与角色身份有关，同时也显示了当时的社会制度和礼仪习俗。

第二类内容为神兽题材，主要图样为铺首衔环、青龙、白虎等。墓门南北门洞的四扇门扉外侧图案相同，每个门洞南北门扉相互对称构成一幅完整图案，在平行阴线纹的基础上浅浮雕主题纹样。主题纹样边框四重，从外至内分别为水波纹、菱形纹、连弧纹，最里面为一个大的铺首衔环图样，环内有二鱼。铺首象征宅地大门，其作用在于辟邪驱鬼，铺首上装饰鱼象征侯门富贵有余。

前室封顶石内侧，白虎为主要图案，白虎右侧上下并排阴线刻日轮、月轮。日轮中刻有一金乌，象征阳性的太阳；月轮中刻有蟾蜍，象征阴性的月亮。墓门中间门柱、北门柱东面，南门柱西面及前室南壁 14 石也均有铺首衔环。布局分上、下两格，在阴线纹的基础上浅浮雕垂幛纹、菱形纹、水波纹等纹饰。下格为一铺首衔环纹饰，铺首居中或偏于一侧，环内有双鱼。南壁 14 石的铺首衔环内为四个相对的菱形纹饰类似柿蒂。前室南壁 12 石上的神兽图案为人首蛇身的伏羲，12 石下有一马一树的图像。伏羲为汉代民间信奉的神仙，一般为人首蛇身，与女娲成对出现，其作用既可以导民升仙，又能够保护墓主人的灵魂不受鬼怪的侵害。

第三类为历史故事画像石。这块画像石早年出土在墓室前室，从画像风格和形制上看，应为前室中间的横梁石。根据画像石上的榜题可知，故事内容为“孔子适周问礼”。关于孔子见老子的传闻，《史记·孔子世家》有载：“（孔子）适周问礼，盖见老子云。辞去，而老子送之曰：‘吾闻富贵者送人以财，仁人者送人以言。吾不能富贵，窃仁人之号，送子以言。’曰：‘聪明深察而近于死者，好议人者也；博辩广大危其身者，发人之恶者也。为人子者毋以有己，为人臣者毋以有己。’孔子自周反于鲁，弟子稍益进焉。”另外，《史记·韩非子列传》也记载了此事。孔子是儒家学说的倡导者，老子是道教的创始人，两位哲人的相遇可称得上是儒道两种思想相互碰撞和彼此交流的见证，预示着儒道两家学说在对立和统一的矛盾关系之前提下共同发展进步，以至成为2000多年来中国思想文化的一条基本线索。[18]

第四类为文字内容，有四处，内容较简单。第一处位于墓门南侧的立石上，执盾人物右上处，连弧纹内阴线刻“大吉”二字。第二处位于南耳室的壁石上，阴线刻有“朱石”“西南”等内容，应为当时工匠之名，或为了方便施工刻画表示方位的标识。第三处在后室南门柱的北面，中部偏西位置阴刻“迁”字。第四处有两块均位于西侧室内，其中一块为正对室门的西壁石下石（西壁石有上下两块），刻有“□更衣”；另一块为北壁石下石（北壁石有上下两块），正对着蹲坑石，刻有“君更衣”三字，从题铭及蹲坑石可判断西侧室应为厕所。

（三）艺术特色

旷山汉画像石墓在艺术上有很高的成就，以下试从建筑与画面经营等几个方面略加评述。

汉代对于墓室有“室宅”和“千万岁室”等称呼[19]，奉死如生，仿照主宅把墓主人生前的一切待遇都尽可能地移入地下。就旷山汉墓的结构而言，其总体上仿照了地上建筑的形式。前室相当于前堂，苍山元嘉元年画像石题记称前室为“堂”[20]，相当于地面建筑的明堂，即正厅，所以面积最大。后室一般是停放棺椁的地方，相当于住宅的后寝。前室阔度很大，顶部很高，后室则进深很大，顶较低，给人以安谧稳定的印象。该墓建造时，还充分注意到了雕刻与建筑的结合，在最明显的部位运用了不同于其他画面的减地平面线刻和浅浮雕的技法，进行了重点装饰。如在两对并排的门扉上，对着墓道浅浮雕有铺首衔环；对着墓室的另一面上使用减地平面线刻骑吏人物。门扉除了有开启功能外，还起到封闭的作用，十分有趣。

当时工匠还充分考虑了墓葬所承受压力较大的特殊要求，顶部大石板和厚条石扣合严密，之间用白石灰浆黏合，所受压力自然传达到壁面和梁柱上。壁石下设地栿石，地栿以下又以石板铺地，这样逐渐加大受力面积，设计非常合理，加上认真的施工，使得这座墓葬异常坚固。这样一座规模巨大、结构合理，又大部分完整保存至今的墓葬，确实是研究汉代建筑艺术的宝贵资料。

画像分布在墓门、立柱和前室、后室、回廊及侧室中，无处不在的画像形成一种堂皇的气氛。画像雕刻技法多样，统一而富于变化。其中，绝大部分画面采用凹面线刻和浅浮雕的手法，风格协调一致，毫无杂乱之感。凹面线刻采用了凿纹地凹面阴线刻的手法，阴刻的线条细如毫发，却极有力度，人物五官、各种车马形制与套驾方法、人物的衣饰均表现得十分具体。门扉和门柱下方浅浮雕，这种技法因为石面和物像均刻得比较粗放，因而产生了一种浑厚质朴的美感，虽然画面繁复，却无浮巧之嫌。特别是门扉朝墓室的一面上，使用了减地平面线刻的手法，由于所刻人物、车马皆凸出石面，然后用阴线刻表现细节，避免了雕刻技法单一所引起的呆板，使所刻人物、车马等呼之欲出，在庄重神秘的气氛中平添了几分活泼的情趣。

在表现孔子问礼老子的历史故事画面中，作者善于把握众多人物场面的描绘。图中涉及20余人，中间两位长者互揖施礼，居左者为老子，对面身材魁梧高大者是孔子。老子身后三人为道家弟子，孔子身后人为孔门弟子。其中一人手捧简册作恭立状，另一摩拳擦掌勇武之人应为子路。画像中孔子形象及子路冠饰、动作异于常人，老子形象老态龙钟，意在突出人物身份。孔子和老子之间刻有神童项橐。晏婴亦安排在孔门弟子中，为区别于其他人物，除左上刻有“齐相晏子”榜题外，还用夸张手法加长其冠饰，使其与其他人物排列均衡。为了避免人物排列中的单调，有的人物为回首状，使整个画面呈现动感。

在现实题材方面，车马出行画像也很有特色。马的造型稳健有力，相当成熟。在车马队伍中，故意留有人物的一半在画面中，给人车马连绵不断的感觉。这一奇特的构思使画面空间得以扩展，妙不可言。在作者刻画两马或人物并排行进的情况下，作者将画面的视平线提高，使平行的几列车骑人物一一铺陈，互不遮挡，墓主人出行时赫赫扬扬的威仪得到了充分的表现。

最后，应当提及几乎出现在每个画幅周边的复合花纹带，这些用各种几何纹样构成的装饰，大面积刻画在每一幅画面的周围或单独形成一个画面，使整个墓葬的画像显得富丽奇伟又浑然一体。这类边框装饰，在汉代墓葬壁画、画像石艺术中最为盛行，在隋唐以后的墓室装饰中就不再大面积使用了。

（四）墓主及其身份

旷山汉画像石墓封土如丘，墓室较大，且带有回廊，墓主人不会是一般的贵族。旷山汉画像石墓的回廊与山东济宁任城王墓、河北定县北庄汉墓、山东济宁任城王配偶墓、江苏邳州东汉缪宇墓等大体相同，均属回廊式墓，皆在墓室设有前室、后室、回廊，其形制为前堂、后室，回廊三面绕于后室。不同之处主要在于北庄汉墓和任城王墓外用黄肠石作为“题凑”，耳室在墓道内，而旷山汉墓与任城王墓配偶墓耳室在墓室内，缪宇墓不另设耳室，三者皆无“题凑”。旷山汉墓与西汉早中期的长沙象鼻咀一号墓[21]、北京大葆台一号墓[22]、山东巨野县西汉晚期墓[23]也有相似之处，尤其表现在前、后室及回廊的布局上。不同之处在于，它们是大型“黄肠题凑”型诸侯王墓，使用的材料为柏木或其他杂木，耳室成为回廊的形式。由此可知，回廊形制在西汉早中期的木椁墓中已经出现，而后又逐渐扩大到其他类别的墓葬中。该形制墓葬是仿阳间宫室，前室即“明堂”，后室即“后寝”，回廊似“便房”。[24]据文献记载，“黄肠题凑”“便房”“外藏椁”为天子之制，以后诸侯王也相继使用。汉代帝陵尚未发掘，目前考古发掘的十几例汉代回廊式墓葬墓主多为诸侯王及其配偶，墓主身份最低的为“彭城相行长史事吕长”缪宇墓。

近年发掘出土的纪年汉代画像石墓，为确定旷山汉墓的墓主身份提供了重要依据。杨爱国在《幽明两界：纪年汉代画像研究》中，对纪年或未纪年汉代画像石墓主身份进行了总结和叙述，分为中央官吏、州、刺史、州佐吏、幕府佐吏、郡太守、郡佐官和属吏、诸侯国的官吏、列侯、乡官、无官平民等十二种。汉代诸侯王墓一般不重视墓室装饰，目前所见的40多座两汉诸侯王（后）中[25]，除了柿园壁画崖墓和淮阳陈顷王画像石墓外，还有济宁任城王墓少量画像石和广州南越王墓中有少量壁画，在所见诸侯王墓中占不到十分之一。由此可见，墓室装饰不是汉代诸侯王丧葬制度的内容。诸侯王以下列侯或身份相当者，以及各个级别的官吏和无官平民中，无官平民所占比例最大。

墓主身份与墓室形制、规模有一定的关系，并呈现一定的地区特点。在山东、苏北、皖北、豫东发现的汉代画像石墓中，墓主身份最高的是河南淮阳北关1号墓墓主陈顷王刘崇，他的墓葬也是迄今所见画像石墓中规模最大、结构最复杂的。该墓由甬道和左右耳室、前室、后室、四周回廊和七个小室组成，整个墓室东西长28.3米，南北宽18.2米，砖室建筑面积515平方米。江苏睢宁九女墩画像石墓为砖石结构，有三个主室和多个侧室。[26]平民的墓葬如安徽褚兰胡元壬墓由前室、左右侧室和后室组成，全长5.7米，宽5.4米。从以上墓的规律可以推断，墓主身份高者墓室结构复杂，规模大；墓主身份低者墓葬结构简单，规模也相对较小。而普育小学墓和缪宇墓不仅为纯画像石墓，后室三面回廊，而且墓室大小与旷山汉墓相似。尤其是普育小学墓的画像石雕刻样式与旷山汉墓几乎相同，墓主人身份应相差不大。

墓室中的车马出行画像是墓主人身份的反映。旷山汉墓中的车马出行图刻在前室过梁石（因盗墓者破坏断成两截）、西侧室北壁上石等上面。内蒙古和林格尔东汉壁画墓也曾发现多幅车马出行图，根据其题记可知是墓主人生前官位升迁过程。[27]山西夏县王村东汉壁画墓和河南荥阳苌村齐相壁画也有类似表现。明确刻有与墓主身份相关内容的还有山东嘉祥武梁祠和前石室。武梁祠东壁最下层有一牛驾篷车，榜题“处士”，牛车前有一人捧物跪迎，榜题“县功曹”，县功曹身后停着一辆轺车。武氏祠前石室前壁东段承檐枋里面的车骑出行图上有“为督邮时”“君为郎中时”，东壁上石第三层车骑图上有“止丞卿车”等榜题，这些官员在武氏家族中独为武荣所经历。旷山汉墓前室车马出行图规格最高。其中主车驾二马，带四维，施两幡，与《后汉书·舆服志》所谓“景帝中元五年，始诏六百石以上施车幡……中二千石上右騑，二百石以下白布盖，皆四维杠衣”的记载相符。《舆服志》又云：“公卿以下至县三百石长，导从置门下五吏：贼曹、督盗贼、功曹，皆带剑，三车导；主簿、主记两车为从。县令以上，加导斧车。……长安、雒阳令及王国都县加前后兵车；亭长，设右騑，驾两。璅弩车前伍伯，公八人，中二千石、二千石、六百石皆四人，自四百石以至二百石皆二人。黄绶，武官伍伯，文官辟车”。

画像石中有导车三乘，车上前一人为御者，后一人带剑，应当是贼曹、督盗贼或功曹。主车之后随从一轺车，由于石头被破坏，右端的车骑行列未到尽头，可能也有主簿、主记等随从官吏。主车之前又有四导骑，皆带弓矢，佩剑持幡，与《舆服志》“公以下至二千石，骑吏四人……皆带剑，持棨为前列，揵弓韣九鞬”的记载大致相合。图中，随同车骑出行的持弩伍伯有四人，其中二人一手持弩，一手持杖。这四名扈从既是伍伯，又兼辟车身份。墓主很可能是二千石级别的官吏。

从地望上看，旷山汉墓所在区域西汉归属山阳郡，东汉为任城国亢父县治地。东距萧王庄墓群 1 号墓（汉任城王墓）约 10 千米。

综上所述，旷山汉墓建筑年代大约在东汉中晚期，墓主人可能是任城国王室成员中二千石级别的官吏。

注释：

[1] 南京博物院、山东省文物管理处编著：《沂南古画像石墓发掘报告》，文化部文物管理局 1956 年。

[2] 1986 年济南文化局文物处发掘，资料待发表。

[3] 南京博物院：《徐州青山泉白集东汉画象石墓》，《考古》1981 年第 2 期。

[4] 江苏文物管理委员会、南京博物院：《江苏徐州、铜山五座汉墓清理简报》，《考古》1964年第10期。

[5] 王献唐：《徐州市区的茅村汉墓群》，《文物参考资料》1953年第1期。

[6] 安徽省文物管理委员会：《定远县壩王庄古画象石墓》，《文物》1959年第12期。

[7] 安徽省亳县博物馆：《亳县曹操宗族墓葬》，《文物》1978年第8期。

[8] 泗水县文管所：《山东泗水南陈东汉画像石墓》，《考古》1995年第5期，第390—395页。

[9] 南京博物院、邳县文化馆：《东汉彭城相缪宇墓》，《文物》1984年第8期，第22—29页。

[10] 蒋英炬、吴文祺：《试论山东汉画像石的分布、刻法与分期》，《考古与文物》1980年第4期；信立祥：《汉画像石的分区与分期研究》，载《考古类型学的理论与实践》，文物出版社1989年版，第234—306页。

[11] 蒋英炬、杨爱国：《汉代画像石与画像砖》，文物出版社2001年版，第34—35页。

[12] 朱锡禄：《嘉祥五老洼发现一批汉画像石》，《文物》1982年第5期。

[13] 河北省文化局文物工作队：《河北定县北庄汉墓发掘报告》，《考古学报》1964年第2期。

[14] 济宁市文物管理局：《山东济宁市肖王庄一号汉墓》，载《考古学集刊》，中国社会科学出版社2000年版。

[15] 河南省文化局文物工作队：《河南南阳杨官寺汉画象石墓发掘报告》，《考古学报》1963年第1期。

[16] 山东省博物馆等：《山东苍山元嘉元年画像石墓》，《考古》1975年第2期。

[17] 南阳市博物馆：《南阳发现东汉许阿瞿墓志画像石》，《文物》1974年第8期。

[18] 赤银中：《老子会见孔子汉画像石的文化意蕴》，《中国道教》2002年第4期。

[19] 陕西省博物馆、陕西省文物管理委员会：《米脂东汉画象石墓发掘简报》："永初元年九月十六日，牛文明，千万岁室"，《文物》1972年第3期；陕西省博物馆、陕西省文物管理委员会编：《陕北东汉画象石刻选集》所录王德元墓铭文："永元十二年四月八日，王德元室宅"，文物出版社1958年版。

[20] 山东省博物馆等：《山东苍山元嘉元年画像石墓》，《考古》1975年第2期。

[21] 湖南省博物馆：《长沙象鼻嘴一号西汉墓》，《考古学报》1981年第1期。

[22] 北京市古墓发掘办公室：《大葆台西汉木椁墓发掘简报》，《文物》1977年第6期。

[23] 山东省文物考古研究所考古发掘，资料待发表。

[24] 俞伟超：《汉代诸侯王与列侯墓葬的形制分析》，载《先秦两汉考古学论集》，文物出版社1985年版。

[25] 黄展岳在《汉代诸侯王墓论述》一文中统计到的汉代诸侯王、王后墓39座，加上山东临淄金岭镇东汉齐炀王刘石墓和济宁东汉任城王刘尚墓共41座，见《考古学报》1998年第1期，第11—34页。之后，又发现的北京老山、山东章丘洛庄、菏泽定陶圣灵湖和江苏泗阳大青墩等几座西汉墓葬被判定为诸侯王墓，其中洛庄墓被定为吕王墓、大青墩被判定为泗水王墓。分别见于济南市考古研究所、山东大学考古系、山东省文物考古研究所、章丘市博物馆：《山东章丘市洛庄汉墓陪葬坑的清理》，《考古》2004年第8期，第3—16页；陆建芳、航涛：《泗阳大青墩汉墓》，载《中国考古学年鉴》(2003)，文物出版社2004年版，第176—177页。

[26] 杨爱国：《幽明两界：纪年汉代画像石研究》，陕西人民美术出版社2006年版。

[27] 内蒙古自治区博物馆文物工作队编著：《和林格尔汉墓壁画》，文物出版社1978年版。

安徽萧县新发现的汉代石棺墓

孙　伟

内容摘要　2010 年 11 月至 2011 年 2 月，萧县文物部门联合安徽省文物考古研究所对蓝石住宅小区建设占地范围内的古墓葬群进行了抢救性考古发掘。其中尤以编号为 M12 的汉代石棺墓引人注目，该石棺墓画像雕刻精美，画像内容表现丰富，意境深邃，为研究两汉时期皖北地区的社会经济、政治文化、丧葬习俗等提供了形象化的资料。

关 键 词　安徽萧县；汉代；石棺墓；长青树；玉璧

作者简介　孙伟，男，安徽省萧县博物馆馆员。

一、发现经过

为配合萧县蓝石住宅小区工程建设工作，2010 年 11 月至 2011 年 2 月，萧县文物部门联合安徽省文物考古研究所对建设占地范围内的古墓葬群进行了实地勘探和抢救性考古发掘。该古墓葬群整体位于萧县龙城镇陈沟行政村南部，地处东部山脚坡地，西邻 311 国道，东南距萧县县城 3 千米。（图 1）此次考古发掘共清理古墓

图 1　石棺墓出土位置示意图

葬61座，其中尤以墓葬编号为M12的汉代石棺墓引人注目，该石棺墓画像雕刻精美，画像内容表现丰富，具有典型的时代特色，为研究两汉时期皖北地区的社会经济、政治文化、丧葬习俗等提供了形象化的资料。现将M12汉代石棺墓发掘情况简述如下。

二、墓葬形制

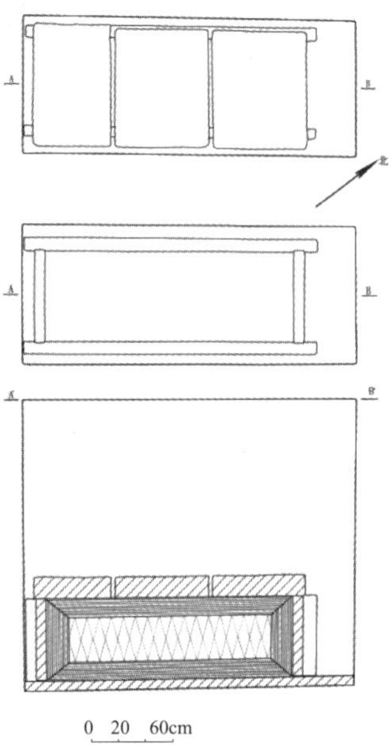

图2　石棺墓平面图、剖面图

M12汉代石棺墓整体坐落于被当地人称为西虎山的山脚一处田地中。墓葬平面整体呈长方形，由土圹和石棺两部分组成，墓葬内填五色花土，土质较硬，疑为在下葬时进行了夯土。M12石棺墓的方向为37度。土圹长330厘米，宽132厘米，深280厘米，直壁、平底。石棺用加工修整过的石板筑砌而成，长290厘米，宽110厘米，高80厘米。石棺墓上部用厚20厘米的三块石板封顶，墓室四壁均由整块石板构成，石板厚12厘米，四角处有凹槽相连，底部为三块厚约10厘米的石板做铺底。（图2）由于该墓早期屡次被盗，专业考古人员在清理墓室时，发现人骨腐朽严重，棺内无任何随葬品。随后又对石棺墓的头箱、脚箱部分进行了清理，也未发现任何陪葬品。

三、石棺画像雕刻内容及分析

M12汉代石棺墓在早期屡次被盗，盗墓分子在盗墓时破坏了石棺墓足挡、头挡部分画像。侧墓壁的位置上均雕刻了内容丰富的画像，为进一步开展早期汉代石棺墓研究工作提供了依据。石棺墓外部四壁为素面，在石棺墓的两侧墓壁内周边刻数道直线纹，交接成四立面，立面均呈梯形状，石中部饰纵向菱形纹，纹中部依旧刻线纹填充，画像雕刻规整，雕刻手法为浅浮雕。石棺墓的足挡位置为浅浮雕的两棵长青树画像。（图3）

在我国古代，由于当时的生产力水平低下，人们对一些自然现象无法做出合理的解释，便产生了万事万物均有灵气的思想意识。从天地山川到花木虫鱼，无不成为被崇拜祭祀的对象。长青树被古代先民称为不死树，并赋予人食以后可以长生，还有一定的避邪作用。《山海经·大荒南经》郭璞注："甘木即不死树，食之不老。"《汉书·礼仪志》云："仲夏之月，万物方盛，日夏至，阳气阴作，恐物不茂，其礼……以桃印长六寸，方三寸，五色书文如法，以施门户。"《山海经·海外东经》云："下有汤谷，汤谷上有扶桑，十日所浴，在黑齿北，居水中，有大木，九日居下枝，一日居上枝。"长青树是汉代画像石中较为常见的一种图案，以树为图在汉代充分代表了当时人们的某些神秘观念。[1] 古人认为，树木可以除恶气，这与神灵有关。汉代，谶纬之说及成仙得道的思想盛行，各种树木也被人们赋予了浓厚的神话色彩。江苏沛县栖山 1 号石椁墓与河南夏邑吴庄 2 号石椁墓的足挡均刻画了长青树图案。把长青树图案刻画在墓室里，体现了汉代人们渴望长生，追求来生的希冀。同时，长青树还蕴含了积极的精神内涵，三角形符号象征着稳固、永恒，表达了墓主人的长生渴望。[2]M12 石棺墓的足挡位置雕刻的长青树画像，不仅具有延年益寿的作用，还有镇墓、驱邪避鬼的作用，以确保墓主人在阴间平安无事。

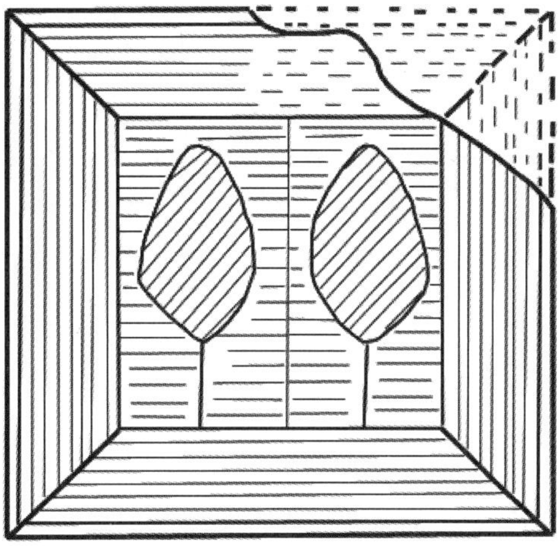

图 3　石棺墓足挡长青树图案

在 M12 石棺墓的头挡上雕刻有两个左右对称的圆环，其中一个圆环的中心位置凿刻了向上的箭头。（图 4）

整个图案形象生动活泼，线条匀称，在雕刻技法上采用了阴线刻。在我国古代圆环象征着玉璧。在对自然

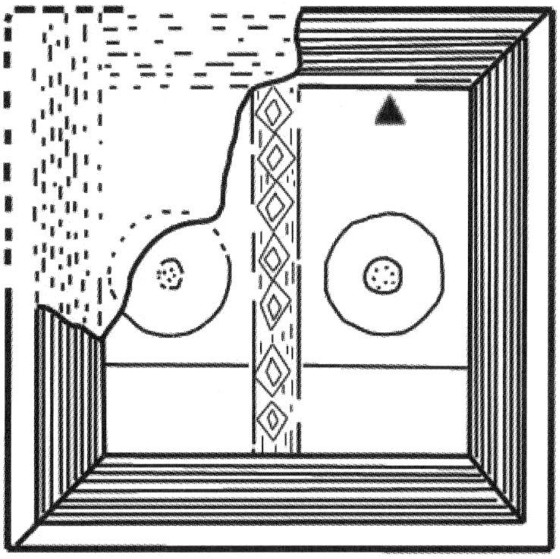

图 4　石棺墓头挡图案

界的一些物质无法理解并给予合理解释的情况下，人们自然地赋予玉璧一些特殊的性质和内涵。“以仓璧礼天”是中国古代社会的祭祀传统，玉璧象征着天圆地方、阴阳调和。四川学者袁曙光、赵殿增《天门考》一文认为，在巫山、简阳等地的石棺与铜牌上都装饰有门阙。在阙楼的上部都用汉隶刻着“天门”二字，而阙楼建筑成为观念信仰中的天国之门的象征。阙楼上多用玉璧及瑞兽进行装饰，因此历史上又称为“璧门”。[3] 在古人的观念中，天国的门是一个金碧辉煌的巍峨的阙楼式建筑。在天国之门上镶嵌着晶莹的玉璧，穿过玉璧就可以进入天国。在萧县近年来出土的汉代画像石中，也多有发现刻画着骑龙、骑虎、乘轺车升天的图案。玉璧被古人视为沟通上天的通道，人死以后可以通过玉璧升到天国。汉代人将玉璧等玉器图像刻画在棺椁的头部、足部挡板上，这种墓室装饰图像的产生和流行，应与古代的复生意识和升仙观念有着密切的关系。[4] 在 M12 石棺墓玉璧的中心位置凿刻了一个向上的箭头，箭头自圆心穿过，笔者认为应寓意指示升天的方向。墓葬中出现的画像是当时人们丧葬行为的产物，画像内容应与当时人们的丧葬观念有一定的关系。[5]

四、结语

萧县 M12 石棺墓的发现，在一定程度上揭示了萧县早期汉代石棺墓葬的面貌。在清理过程中，没有发现棺内有棺木和棺钉痕迹，由此可见当时在埋葬时是不用棺木的。石棺墓两壁及头挡、足挡位置雕刻了简单的菱形图案和长青树、玉璧等图案，在雕刻技法上采用了阴刻线、浅浮雕等雕刻技法，且线条简单、雕法粗犷、题材内容单一，雕刻技法还不够成熟，充分符合汉代早期石棺墓葬的特点。这也与安徽萧县西虎山出土的石棺墓[6]、安徽萧县破阁 M156 石棺墓[7]、山东临沂庆云山石棺墓[8]、江苏沛县栖山汉墓[9]、徐州铜山柳新汉墓[10] 等多座汉墓的墓葬形制及出土的汉画像石基本相似，均为竖穴式土圹墓。同时，M12 石棺墓与徐州韩山汉墓[11] 在画像石雕刻技法、画像题材内容等方面也有诸多相似之处，而且在 M12 石棺墓的周边相继发现了多座洞室墓和战国晚期的墓葬，因此，初步推断 M12 石棺墓应为一座西汉晚期的墓葬。石棺墓头挡的玉璧上刻画了指示升天路径的箭头，从目前已知的汉代石棺墓资料中尚属首次发现，具有重要的研究意义。石棺墓所刻画的题材内容均体现了墓主人对未来生活的美好追求和死后长生不老、升入天国的强烈愿望。

该石棺墓葬的发现为研究皖北地区两汉时期的文化、经济、丧葬习俗及汉代早期绘画艺术等方面提供了重要的参考资料。

注释：

[1] 高书林：《淮北汉画像初探》，天津人民美术出版社 2002 年版，第 69 页。

[2] 方舒彦：《汉画像石、画像砖中的树形符号分析》，载《中国汉画学会第十届年会论文集》，湖北人民出版社 2006 年版，第 302 页。

[3] 陈江风：《汉画玉璧图像的文化象征》，载《中国汉画学会第十届年会论文集》，湖北人民出版社 2006 年版，第 72—74 页。

[4] 信立祥：《汉代画像石综合研究》，文物出版社 2000 年版，第 201 页。

[5] 罗二虎：《汉代画像石棺研究》，《考古学报》2000 年第 1 期，第 34 页。

[6] 安徽省萧县博物馆、萧县文物管理所：《安徽萧县西虎山汉墓清理简报》，《东南文化》2007 年第 6 期，第 33 页。

[7] 安徽省文物考古研究所、安徽省萧县博物馆编著：《萧县汉墓》，文物出版社 2008 年版，第 220 页。

[8] 临沂市博物馆：《临沂的西汉瓮棺、砖棺、石棺墓》，《文物》1988 年第 10 期，第 68 页。

[9] 徐州市博物馆、沛县文化馆：《江苏沛县栖山汉画像石墓清理简报》，载《考古学集刊》(第二集)，中国社会科学出版社 1982 年版，第 106 页。

[10] 武利华主编：《徐州汉画像石》，线装书局 2001 年版，第 8、9 页。

[11] 王瑞峰：《徐州韩山汉墓出土的西汉早期画像石》，载《中国汉画学会第十三届年会论文集》，中州古籍出版社 2011 年版，第 444 页。

阴纹画像空心砖的发现与研究

徐婵菲

内容摘要　本文通过对洛阳地区自20世纪二三十年代以来出土的阴纹画像空心砖材料进行整理和研究，得出洛阳阴纹画像空心砖墓出现于汉武帝元狩至元鼎年间及墓葬形制为长方形斜坡顶墓的结论，并对阴纹画像空心砖的形制、部分有关联地反映了古代礼仪活动的画像和画像的设计制作等问题做了介绍分析。

关键词　西汉阴纹画像空心砖；流行年代；墓葬形制；阴纹画像

作者简介　徐婵菲，洛阳古代艺术博物馆研究馆员。

空心砖墓在我国墓葬发展史上是一种非常重要的墓葬类型，流行时间是战国晚期至两汉时期。依据砖上的装饰纹样可将空心砖分为几何纹空心砖和画像空心砖，一般将用几何纹空心砖建成的墓称为空心砖墓，将由几何纹空心砖和画像空心砖混合建成的墓称为画像空心砖墓。从画像的表现手法来看，画像空心砖又可分为阴纹画像砖、阳纹画像砖和浅浮雕画像砖。

画像空心砖墓在河南、山西、陕西、甘肃、湖北、山东等地都有发现，但发现数量最多的地方是河南。从目前所见的材料看，绝大部分画像空心砖墓中的画像砖是阳纹画像砖和浅浮雕画像砖，阴纹画像砖数量不多，而这些为数不多的阴纹画像砖墓主要发现于河南洛阳。

洛阳地区的阴纹画像空心砖墓发现于20世纪二三十年代。因为这种异常精美的画像砖是首次面世，遂引起国内外古董商的关注。画像砖出土不久就被售卖到北京、上海，乃至船载出国，成为日本、欧美博物馆和私人的珍藏，并吸引了不少学者对其进行研究。由于这些砖都是盗掘出土，致使许多问题难以明了。中华人民共和国成立后，洛阳地区虽然发掘了百余座西汉空心砖墓，但阴纹画像砖墓只有一座，所以有关阴纹画像空心砖墓的类型和年代问题依然悬而未解。

近两年，在整理画像空心砖资料的过程中，我们对洛阳西汉时期的阴纹画像空心砖和空心砖墓有了新的认识。

一、洛阳西汉阴纹画像空心砖的发现与著录

（一）20世纪50年代之前

汉代空心砖在明代就有发现，明代的曹昭、王佐和王士性笔下的“郭公砖”指的就是空心砖。[1] 明人的记述已被现代考古材料所证实，在洛阳发掘的明代墓葬中，发现有被二次利用的汉代空心砖。[2]

近代汉代空心砖的发现始于20世纪初。1904年6月至1908年12月修筑开封至洛阳的汴洛铁路时，在今天的洛阳市区与偃师市、孟津县交界处的邙山一带发现许多古墓，出土了大量的文物，其中就有汉代空心砖。那时出土的都是几何纹砖，一些砖被当时担任陇海铁路局卫生官员的比利时人F. 比肯斯装箱运回了欧洲。[3] 画像空心砖的出土应该在汴洛铁路竣工以后。最早对洛阳画像空心砖进行著录的是日本人大村西崖的《获古图录》。[4] 画像砖的大量出土是在1925年到1932年，出土地点为洛阳市东郊的金村附近，数量有二三百块。[5] 因为1928年发现金村大墓的原因，当时在洛阳聚集着很多古董商，画像砖的出土引起包括加拿大传教士怀履光在内的许多人的关注。[6] 这些砖很快被抢购一空，运往外地，其中的大部分精品被卖到国外，只有一少部分留存在国内。[7] 据我们见到的资料，这一时期出土的画像砖绝大部分是阴纹画像砖。1932年以后，由于1931年7月颁布的《古物保护法实施细则》开始执行，售卖古物受到限制，但民间盗墓从未停歇。中华人民共和国成立后，洛阳博物馆在邙山一带征集的画像空心砖基本上都是1949年前出土的。

有关20世纪二三十年代洛阳出土的阴纹画像空心砖的著录、研究主要有：

1923年，日本大村西崖的《获古图录》收录两块长方形画像砖并附有说明

文字。

1926年，大村西崖的《中国美术史》提到了汉代画像空心砖。[8]

1928年，下中弥三郎的《世界美术全集》中收录了两块三角形龙纹画像砖。[9]

1930年，德国人奥托·费舍尔的《中国汉代绘画》中收录了几块阴纹画像空心砖，其中一块是三角形龙纹空心砖。[10]

1932年，《燕京学报》的封面上刊载一张长方形画像空心砖的拓本。载于封二的介绍文字为："封面乃本所所藏汉砖拓片，砖上有朱书'东北下'三字，洛阳金村出土。"[11]

1935年，王振铎的《汉代圹砖集录》收录了出土于河南各地的画像空心砖拓本，其中有洛阳出土的两块长方形画像砖。[12]

1935年，在伦敦举办中国艺术展览会，会上展出了由加拿大学者怀履光提供的出自洛阳的西汉画像空心砖的拓片。1936年10月24日和1937年7月24日《伦敦新闻画报》对展出的拓片做了比较详细的介绍。[13]

1937年，丁士选的《圹砖琐言》和许敬参的《汉朱书圹砖小记》两篇研究文章发表。[14]

1939年，王广庆的《洛阳访古记》中有一段介绍洛阳画像空心砖的文字。[15]

1939年，怀履光对从洛阳购买的55块阴纹画像空心砖进行整理、研究后，出版了《洛阳古墓砖图考》。[16]

（二）20世纪50年代之后

20世纪50年代后，配合城市基本建设进行的考古勘探、发掘和文物普查工作持续开展，洛阳阴纹画像空心砖的资料不断丰富，研究工作也有很大的进展，成果颇多。

据不完全统计，20世纪50年代以来，洛阳地区先后发现的阴纹画像空心砖有近600块。其中数量较多的发现主要有：

1977年，洛阳博物馆对邙山一带的画像砖进行了一次系统的调查和征集，共收集画像空心砖500多块。[17]砖上的画像绝大部分是阴纹，只有极少数为阳纹。这批画像砖的基本情况见黄明兰的《洛阳汉画像砖》。

1984年，洛阳市文物工作队在洛阳市郊及所属的孟津、偃师、新安三县进行文物普查，发现20余块阴纹画像空心砖。[18]

1985年，河南省博物馆在洛阳邙山一带调查征集到一批画像空心砖，种类和数量不详。

1985年，在宜阳县牌窑发掘一座彩绘阴纹画像空心砖墓。[19]

1984—1991年，洛阳市第二文物工作队在伊川、宜阳、洛宁、孟津等地发现一批西汉画像空心砖。[20] 报告未说明画像砖的数量，根据文中的介绍，至少有17块。画像以阳纹为主，阴纹画像砖有两三块。

这一时期关于阴纹画像空心砖的研究、著录主要有：

1954年，郭若愚的《模印砖画》出版。[21] 书中43页之前的画像砖拓片，就是拓自怀履光收购的现藏于加拿大皇家安大略博物馆的画像砖。据说，怀履光把画像砖运回加拿大之前，拓印了数套拓片分送给学者们赏玩。[22]

1985年，周到、吕品、汤文兴主编的《河南汉代画像砖》出版。[23]

1986年，黄明兰的《洛阳汉画像砖》出版。[24]

2001年，蒋英炬、杨爱国的《汉代画像石与画像砖》出版。[25]

2006年，《中国画像砖全集·河南画像砖》出版。[26]

2008年，周到、王景荃主编的《中原文化大典·文物典·画像砖》出版。[27]

2010年，李国新的《汉画像砖造型艺术》出版。[28]

研究成果数量很多，恕不一一列举。

二、洛阳西汉阴纹画像空心砖墓的年代和形制

从20世纪二三十年代阴纹画像空心砖发现至今，关于画像空心砖墓的年代和形制问题一直备受关注。因为我们现在看到的阴纹画像砖，几乎都是1949年前盗掘出土的。盗掘者野蛮地挖开古墓，把精致的画像砖带到世人面前的同时，墓葬随之被毁，墓葬形制和判断墓葬年代的各种资料信息也丧失殆尽。中华人民共和国成立以后，洛阳地区经过科学发掘的空心砖墓有近百座，但阴纹画像空心砖墓只有一座。所以，我们只能参考空心砖墓的资料来分析、考证阴纹画像砖墓的年代和形制。

关于阴纹画像空心砖的年代，先后有大村西崖的汉晋时期说、怀履光的公元前3世纪西汉早期说、郭若愚的战国晚期说、周到等人的西汉晚期说[29]、黄明兰的汉武帝至新莽时期说、吕品的汉武帝前后至西汉末年说[30] 等多种观点。对墓葬形制

做过研究的有丁士选、怀履光和黄明兰。丁士选据其所见对空心砖墓的发展演变进行推测，认为屋形顶墓才出画像砖[31]，怀履光推测墓型为长方形平顶，黄明兰认为是长方形屋脊式顶（平脊斜坡顶）。

我们认为，阴纹画像空心砖墓出现于汉武帝时期，流行使用的时间不长，约在武帝元狩年至元鼎年前后，墓葬形制是长方形斜坡顶墓。理由如下。

洛阳科学发掘且已公布资料的西汉空心砖墓有 72 座（表 1），其中西汉早期墓 11 座，中期墓 48 座，晚期墓 13 座。各期墓葬形制的特征如下：早期墓为长方形单棺墓，墓顶以平顶为主，斜坡顶墓只有 1 座。多数墓中出现了墓门设施（有门柱、门扉等）。所用的空心砖有长方形、柱形、三角形三种，砖上的花纹只有几何纹。中期墓与早期墓差别不大，仍以平顶墓为主，斜坡顶墓仍为少数，个别空心砖墓出现小砖券的弧形顶。双棺室墓数量增加，双棺室之间有空心砖砌的隔墙。阴纹画像砖出现，并出现在画像上涂彩的现象。晚期墓规模增大，结构复杂，墓室一般为双棺室，无隔墙，墓顶以平脊斜坡顶为主，也有小砖券弧形顶。砖的种类增多，亚腰形砖、直角梯形砖、特型砖都在这一时期出现。阴纹画像砖消失，阳纹画像砖和壁画砖出现。

表 1　洛阳发掘的西汉空心砖墓一览表

地点	墓型	时代	空心砖图像	资料出处
新安铁门镇 10 座空心砖墓	平顶墓 9 座，弧顶墓 1 座	西汉早期 9 座，西汉晚期 1 座	报告未提及砖上有无花纹	《考古学报》1959 年第 2 期
洛阳北邙 45 号空心砖墓	斜坡顶	西汉早期	素面砖、几何纹砖	《文物》1994 年第 7 期
洛阳北郊 C8M574 空心砖墓	平顶	西汉早期	素面砖、几何纹砖	《考古与文物》2002 年第 5 期
洛阳烧沟 28 座空心砖墓	平顶墓 27 座，平脊斜坡顶 1 座	西汉中期至晚期	素面砖、几何纹砖	《洛阳烧沟汉墓》
洛阳邙山 5 座空心砖墓	平顶	西汉中期	素面砖、几何纹砖	《中原文物》1999 年第 1 期
洛阳西郊 15 座空心砖墓	平顶墓 13 座，小砖弧顶墓 1 座，平脊斜坡顶 1 座	西汉中期 13 座，西汉晚期 2 座	报告中未提砖上有无花纹	《考古学报》1963 年第 2 期
洛阳吉利区空心砖墓（C9M2365）	平顶	西汉中期偏晚	几何纹砖	《文物》2003 年第 12 期

洛阳金谷园空心砖墓	平顶	西汉中晚期	素面砖、几何纹砖	《中原文物》1987年第3期
洛阳火车站空心砖墓（IM1779）	平顶	西汉中期稍后	报告中未提砖上是否有花纹	《文物》2004年第9期
宜阳牌窑画像砖墓	斜坡顶	西汉中期稍后	素面砖、几何纹砖和阴纹画像砖	《中原文物》1985年第4期
洛阳卜千秋空心砖壁画墓	平脊斜坡顶	西汉中期稍后	素面砖、几何纹砖和壁画砖	《文物》1977年第6期
洛阳浅井头空心砖壁画墓	平脊斜坡顶	西汉晚期	素面砖、几何纹砖、浅浮雕画像砖和壁画砖	《文物》1993年第5期
洛阳空心砖壁画墓（烧沟61号墓）	平脊斜坡顶	西汉晚期	素面砖、几何纹砖和壁画砖	《考古学报》1964年第2期
洛阳西汉张就墓	平脊斜坡顶	西汉晚期	素面砖、几何纹砖	《文物》2005年第12期
洛阳老城西北郊81号墓	平脊斜坡顶	西汉晚期至新莽时期	几何纹砖	《考古》1964年第8期
洛阳金谷园新莽壁画墓	平脊斜坡顶	新莽地皇年间	几何纹砖，表面上有斗拱的砖	《文物资料丛刊》第九集
洛阳偃师新莽壁画墓	平脊斜坡顶	新莽时期	素面砖、几何纹砖、阳纹画像砖和壁画砖	《文物》1992年第12期
洛阳新区中心湖公务员小区空心砖壁画墓（M25）	平脊斜坡顶	西汉晚期	素面砖、几何纹砖和壁画砖	《历程——洛阳市文物工作队三十年》

由考古材料可知，阴纹画像空心砖墓出现于西汉中期，至西汉晚期就消失了，那么阴纹画像空心砖墓必然是中期墓的墓型，即墓室为长方形，墓顶是平顶或斜坡顶。那么，它究竟是平顶墓还是斜坡顶墓呢？丁士选的查访为我们解决这个问题提供了有益的线索，据他所言平顶墓中只有几何纹砖和素面砖，屋形墓中才用画像砖。[32]洛阳宜阳牌窑画像砖墓的顶就是斜坡顶。（图1、图2）宜阳牌窑画像砖墓出土的画像砖有三角形砖和长方形砖。我们目前见到的所有阴纹画像空心砖也只有这两种砖型。说明用这两种砖型，特别是三角形砖砌建的空心砖墓，其墓型与宜阳牌窑墓一样是斜坡顶墓。此外，从1953年在洛阳烧沟发掘的年代在汉武帝至汉宣帝年间的27座平顶空心砖墓中没有出现阴纹画像砖这一情况，[33]也证实了阴纹画像空心砖

图 1　宜阳牌窑西汉画像砖墓（李波摄）

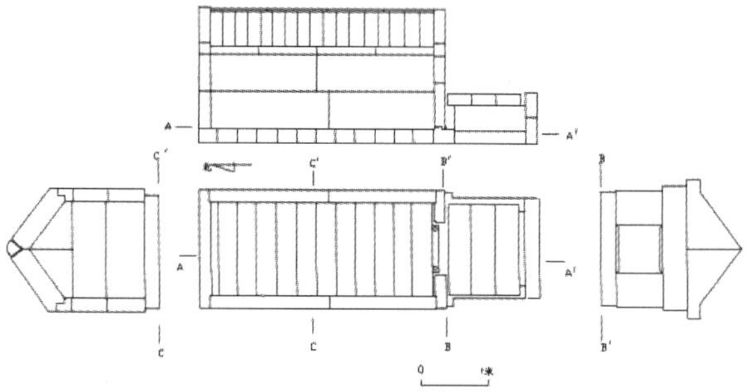

图 2　宜阳牌窑西汉画像砖墓平面图及剖面图

图 3　画像砖天马图

墓为斜坡顶墓这一推断。

以上是利用考古材料所做的分析，下面我们再从画像材料进行分析。阴纹画像空心砖上的画像，除人物外，造型最多的画像就是马。据统计，马的造型有 15 种，就是说工匠要制作 15 种马的印模。马画像的艺术风格明显可分为写实和艺术夸张两类。（图 3）那么，当时的工匠为什么对马情有独钟，要如此尽心竭力地去表现它呢？我们认为这与某一阶段的风尚有极大的关系。

众所周知，汉武帝特别喜爱良马，他对马的喜爱和渴求可谓前无古人后无来者。得到宝马，他亲自作《天马歌》颂扬，并坚持把《天马歌》与祭祀天地、太一、后土等大神的颂歌一起放到《郊祀歌》中；为得宝马，他不惜与大宛开战。这两件事，让汉武帝在当时及后世常常受人诟病。此外，他还按照最优良的马的尺寸铸造一匹比例准确的铜马，立于长安未央宫宦者署的鲁班门外，以此铜马作为评选良马的标准，鲁班门因此改名为“金马门”。

上有所好，下必甚焉。在浓郁的崇马、爱马时代风尚中，百姓也特别珍爱骏马，艺术家自然不会做旁观者，他们投入极大的热情，创作出这些空前绝后的艺术佳作。砖上那些造型夸张并画出翅膀的马，表现的或许就是深受武帝喜爱的天马。这些天马画像，说明画像空心砖的年代应距汉武帝获得西域良马的时间不远，即在元狩年至元鼎年前后（前 122—前 111 年）。

画像空心砖墓出现在汉武帝时期，有其深刻的社会原因。汉武帝在位时间长达 54 年，这半个多世纪是西汉帝国的黄金时代，当时政治统一，经济强盛，百姓富裕。在思想领域，汉武帝“罢黜百家，独尊儒术”，儒家思想成为统治者治国安邦的主导思想，儒家的“孝道”成为官府选官用人、教化民众的重要工具。孝道要求人们对待父母、尊长要做到“生，事之以礼；死，葬之以礼，祭之以礼”。把养生、丧死提到同样的高度，都是衡量一个人孝顺与否的硬性标准。一时间厚葬习俗勃然再起，许多富裕人家为博得“孝子”的美名，获得“举孝廉”的机会，不惜荡尽家产为逝者大肆操办喧闹排场的葬礼，建造宏大奢华的墓葬。于是这种既精致美观、与众不同，又能展现孝子孝心的画像空心砖墓便出现了。画像空心砖墓的使用者虽不是官高爵显的高级贵族，但也不是一般的平民百姓。

三、阴纹画像空心砖

（一）形制和位置

阴纹画像空心砖为青灰色，砖体规整，表面平滑，做工异常精良。在砖的正、反两面是用阳模印制的人物及动植物画像（少数砖一面印画像，另一面印几何纹）。两面的画像种类基本一样，侧面印几何纹；端面，一面有长条形的开口，另一面有 1—2 个圆形孔洞（也发现有在侧面开圆形孔洞的砖）。砖形只有两种：长方形和直角三角形。长方形砖，长 100—180 厘米、宽 40—65 厘米、厚 14—20 厘米，其位置是墓室四壁；直角三角形砖，底长 81—108 厘米、高 80—91 厘米、厚 18 厘米，一般是两两组合，位于墓室前后两壁的山墙部位。

（二）画像内容和意义

砖上的画像有人物、马、凤鸟、龙、虎、豹、猎犬、鹿、兔、鹰隼、鹤、雁、鹳、朱鹭、猴、嘉树、嘉禾、铺首衔环等十几种。一块画像砖上最少有一种画像，多的有九种。无论有几种画像，它们通常是按照事先设计好的样稿印在砖上。在画

图 4　狩猎画像砖

图 5　西汉画像砖

像砖的边缘印有几何纹的装饰条带，如菱形纹和勾连云纹。

砖上的画像可分为两种：一种是各种画像之间有一定的关联（有故事情节），另一种是没有关联。比如，图 4 就是一块有故事情节的画像砖，画像内容为狩猎。其他的带有故事情节的画面还有拜谒、驯马、驯虎、武士御龙，等等。然而，大多数砖上的画像彼此之间是没有关联的，如图 5 砖上的 5 种画像之间就没有什么关系。

砖上的画像，不单纯是为了华丽好看，它反映了当时流行的丧葬观念。手执武器的武士、虎、豹、铺首等画像具有守护逝者、趋吉避凶的意义；凤鸟、仙鹤、嘉树、嘉禾是具有吉祥寓意的祥瑞之物，出现最多的骏马画像在这一时期更是一种具有特殊意义的神奇而祥瑞的动物；龙（图 6）、武士御龙（图 7）除了具有趋吉避凶的意义外，还有引魂升仙的寓意。那些有关联的画像表现的则是在西汉时期仍旧流行的先秦时期的礼仪制度，如狩猎图（图 8）反映的是军礼中的田猎，拜谒图（图 9）反映了嘉礼中的相见礼等礼仪活动。

图 6　龙纹画像砖

图 7　武士御龙画像砖

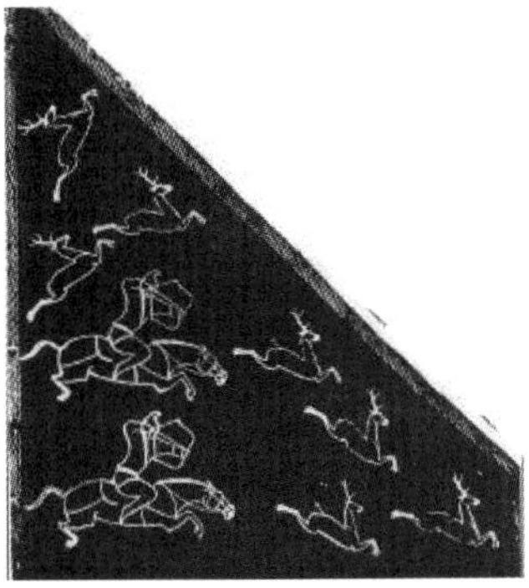

图 8　狩猎画像砖

图 9　拜谒画像砖

在这里有几种画像需要特别说明。

狩猎图，是画像砖上出现频率比较高的画面，有猎虎、猎鹿、猎雁和猎兔四种场景。狩猎者有马弓手、步弓手、猎狗、猎鹰，甚至还有虎和豹，猎物有虎、鹿和兔。我们知道在先秦时期，狩猎是一项具有军事意义的礼仪活动，是君主训练军队、检验军队的重要方式，也是获取祭祀牺牲的方式之一。画像砖上的狩猎图反映的应该是射礼活动。有关反映礼仪活动的图像最早出现在战国时期的青铜器上。[34]汉代在丧葬用品上表现与礼仪活动有关的图像，如长沙马王堆 1 号、3 号墓出土帛画上的祭祀场面、3 号墓舟船车马出行场面等，应该是继承了战国以来的传统。

图 10 的画像砖，右边是两个相见施礼的人，左边一前一后是两位儒生，后边的儒生手中抱着一册由六根竹简组成的竹书。这反映了汉代儒士生活的场景。

砖上的树木有多种。其中有一种树，树枝繁多且相互缠绕，枝头垂挂着累累果实。此树的名称有梧桐树、扶桑树、桑树、木连理等多种说法，我们认为它应该是象征祥瑞的嘉木——木连理。除了木连理，画像砖上还有嘉禾（图 11），图上的嘉禾，个头比马还高大，禾上结出了四个沉甸甸的谷穗。

铺首衔环，高 23 厘米，宽 18 厘米，印在一块侧立使用的长方形壁砖上。（图 9）它是模仿当时流行的在木质棺椁四周壁板上安装铜质铺首的习惯而制作的。

在一棵小树上蹲着一只猴子（图 9），猴子高 3.7 厘米，宽 2.2 厘米，它一只手臂高举，抓住上面的树枝。这只猴子和树不是一体的，是树画像印好后再印上猴子。

图 10 儒士生活画像砖

图 11 嘉禾纹画像砖

（三）画像的设计制作

空心砖上的画像和边缘纹饰都是用木质的阳纹印模在泥坯处在湿软状态时印出来的，所以，制作画像的关键环节是刻制印模。工匠选一块表面平滑的木板，先用毛笔在木板上画出画像，然后用刻刀剔除画像之外的背景，只留下由凸起线条构成的画像。阳纹印模的制作难度很大，不仅要求工匠有很高的绘画水平和良好的构图意识，而且还要求工匠在雕刻印模时有极大的耐心。一般情况下，一块印模上只刻一种画像，个别的印模上刻有 2—3 个画像（如双雁、三只朱鹭）。而那些尺寸比较大的画像则需要刻在几块印模上。如图 6 上长达 80 多厘米的龙画像，就刻了 4 块印模，印制龙纹画像时，要把 4 块印模组合起来。印模是通过榫卯结构组合的，这一点在龙纹画像上得到证明。宜阳牌窑西汉画像砖墓中的龙纹画像也可以明显地看出四块印模组合印制的痕迹。

据统计，阴纹画像砖上造型最多的画像是人物、马和凤鸟，分别是 21 种、15 种和 8 种，也就是说工匠要分别制作 21 个、15 个和 8 个人物、马、凤鸟的印模。其他的画像有：树 5 种，虎 5 种，鹤 5 种，豹 3 种，鹿 3 种，大雁 3 种，龙 2 种，鹰隼 2 种，狗 1 种，兔 1 种。

一块木质阳纹印模，在一定的时间内可以反复使用。一块砖上印什么画像、怎么印通常是事先设计好的，也就是说，对于砖上画面的内容布局、画像的排列间距、如何模印等，工匠们是有本可依或成竹在胸的。因此，我们现在看到的画像才如此齐整美观。

砖上有故事情节的画像以狩猎图的数量和种类最多，每幅狩猎图在整体构图、画像设计和构图等方面都处理得非常出色，最能体现汉代工匠高超的艺术修养和造诣。比如，图 8 受砖形限制，工匠在设计制作这幅图画时将画像分成上、下两组。下面一组有 2 名马弓手和 4 只鹿，鹿在马弓手的追赶下朝着砖的右下方奔跑；上面一组只有 3 只鹿，它们侥幸逃过了猎手的追逐，正在向另一个方向奔跑，以逃离捕猎现场。朝两个方向奔跑，使这幅平面画产生了立体效果，有了纵深感，在克服上下两角空间局促问题的同时，也把鹿群遭猎手追逐后四散奔逃的真实场景生动地表现了出来。仔细观察会发现，砖上的 7 只鹿是用同一块印模印出来的。那么，为什么有的鹿背上有箭，有的却没有呢？这就是工匠的高明之处了。工匠只制作了一块背上中箭的鹿的印模，并用它印制了砖上所有的鹿纹，然后除了弓箭手正前方的那 2 只鹿，其余 5 只鹿纹在印好后，背上的箭被工匠用手指给抹掉了。工匠在用这块印模印制鹿纹时，不全是端端正正地使用印模，而是根据需要有意识地扭转了印模方向，这样印出来的鹿，奔跑的方向和俯仰的角度都有了变化，消除了重复、单调的感觉。

狩猎图早在战国时期就出现在青铜器和漆器上了。受器物体量的限制，战国时期的狩猎图画幅一般不大，人物、鸟兽形体细小而简略，只是粗具其形。西汉画像砖上的狩猎图就不同了，巨大的砖面给汉代艺术家提供了施展才华的空间，所以我们看到狩猎图在空间布局、人物形神及细节刻画等方面都十分完美。

结　语

空心砖墓在洛阳地区的流行时间从西汉初期一直到新莽时期，是延续使用不曾间断的。在这漫长的流行过程中，因为丧葬需要和建筑水平的提高，空心砖墓的形制有较大的变化，墓内装饰日趋复杂。墓葬形制的变化主要表现在墓顶的样式上，即由平顶—斜坡顶—平脊斜坡顶；墓内装饰的变化表现在装饰形式和内容两方面，装饰形式由几何纹图案—阴纹画像—阳纹画像、彩绘壁画，装饰内容由简单到复杂。其中，阴纹画像砖墓出现在汉武帝元狩年至元鼎年间，墓型为长方形斜坡顶墓。阳纹画像砖墓和壁画墓要晚于阴纹画像砖墓，流行于昭帝、宣帝时期至新莽时期，墓葬形制为长方形平脊斜坡式。

阴纹画像砖的画像内容以趋吉避凶、祥瑞升仙两类为主，同时表现礼仪活动的内容也占有一定的比例。过去，由于所见资料有限，人们认为阴纹画像砖上的画像之间缺少联系，"故事性"不强，从上面引用的画像资料来看，这一看法似可修正。再者，受阴纹画像砖年代不确定和艺术手法不同等因素影响，过去我们在讨论洛阳西汉墓葬壁画渊源、题材内容时，往往撇开阴纹画像空心砖，把目光投向战国、西汉前期的漆棺画和帛画。这种做法也有些欠妥。宜阳牌窑画像砖墓中已经出现彩绘的山峦、玉璧和给画像施彩的现象，所以，我们应该关注一下西汉墓葬壁画与阴纹画像之间的关系问题。

（说明：图3、4、5、6、7、8、10的版权属于加拿大皇家安大略博物馆，本次使用已得到该馆的授权；图1、9由李波拍摄）

注释：

[1] 曹昭《格古要论·古琴论·琴桌》中说："琴桌需用维摩样，高二尺八寸，可入膝于桌下，阔可容三琴，长过琴一尺许。桌面用郭公砖最佳，玛瑙石、南阳石、永石者尤好……"王佐《新增格古要论·琴桌》："……桌面用郭公砖最佳……佐尝见郭公砖，灰白色，中空，面上有象眼花纹。"王士性《广志绎》卷三："洛阳水土深厚，葬者至四五丈而不及泉……郭公砖长数尺，空其中，亦以甃冢壁，能使千载不还于土。俗传其女能之，遂杀女以秘其法。今吴、越称以琴砖，宝之，而洛阳巨细家墙趾无不有也。"

[2] 洛阳市第二文物工作队：《洛阳道北二路明墓发掘简报》，《文物》2011年第6期，第21页。

[3] 罗振玉：《五十日梦痕录》；[加拿大] 怀履光：《洛阳古墓砖图考》，多伦多大学出版社1939年版，第8页。

[4] [日] 大村西崖：《获古图录》，大阪达摩书店1923年版。

[5] [加拿大] 怀履光：《洛阳古墓砖图考》，多伦多大学出版社1939年版，第1页；郭若愚：《模印砖画·前言》，艺苑真赏社1956年版。

[6] [22] 沈辰、徐婵菲：《怀履光与洛阳出土的西汉画像空心砖》，载《中国〔洛阳〕古墓砖图考》，中州古籍出版社2014年版。

[7] 这批砖被运到国外的部分，分别收藏在法国巴黎博物馆、加拿大皇家安大略博物馆、美国波士顿美术馆、美国纳尔逊－阿特金斯艺术博物馆、日本东京帝国大学工学部及私人收藏家手中。留存国内的分别收藏在故宫博物院、河南博物院、北京大学、燕京大学、北京图书馆等数处。

[8][日] 大村西崖：《中国美术史》，陈彬龢译，商务印书馆 1928 年版，第 25 页。

[9][日] 下中弥三郎：《世界美术全集》(3)，平凡社 1929 年版，图 122。

[10] Fischer,O.1931.Die chinesische Malerei der Han-Dynastie (*Chinese Painting in the Han Dynasty*), Berlin：Paul Neff Verlag.

[11] 见燕京大学国学研究所《燕京学报》1932 年第 11 期。

[12] 王振铎：《汉代圹砖集录》，考古学社 1935 年版，第 5 页。

[13] 徐婵菲、沈辰：《洛阳西汉画像空心砖的发现与研究》，载《中国〔洛阳〕古墓砖图考》，中州古籍出版社 2014 年版，第 10 页。

[14] 丁士选：《圹砖琐言》，《考古学社社刊》1937 年第 6 期；许敬参：《汉朱书圹砖小记》，《河南博物馆馆刊》1937 年第 11 期。

[15] 王广庆：《洛阳访古记》，《河南文史资料》1987 年第 23 辑。

[16][加拿大] 怀履光：《洛阳古墓砖图考》，多伦多大学出版社 1939 年版。

[17] 洛阳市文物工作队：《历程——洛阳市文物工作队三十年》，文物出版社 2011 年版，第 236 页。

[18] 张湘：《洛阳新发现的西汉空心画像砖》，《文物》1990 年第 2 期，第 61 页。

[19] 洛阳地区文管会：《宜阳县牌窑西汉画像砖墓清理简报》，《中原文物》1985 年第 4 期，第 5 页。

[20] 李献奇、杨海钦：《洛阳又发现一批西汉空心画像砖》，《文物》1993 年第 5 期，第 17 页。

[21] 郭若愚：《模印砖画》，艺苑真赏社 1956 年版。

[23] 周到、吕品、汤文兴主编：《河南汉代画像砖》，上海人民美术出版社 1985 年版。

[24] 黄明兰：《洛阳汉画像砖》，河南美术出版社 1986 年版。

[25] 蒋英炬、杨爱国：《汉代画像石与画像砖》，文物出版社 2001 年版。

[26]《中国画像砖全集・河南画像砖》，四川美术出版社 2006 年版。

[27] 周到、王景荃主编：《中原文化大典・文物典・画像砖》，中州古籍出版社 2008 年版。

[28] 李国新：《汉画像砖造型艺术》，河南大学出版社 2010 年版。

[29] 周到、吕品、汤文兴：《河南汉画像砖的艺术风格与分期》，《中原文物》1980 年第 3 期，第 8 页。

[30] 吕品：《河南汉代画像砖的出土与研究》，《中原文物》1989 年第 3 期，第 51 页。

[31] 丁士选：《圹砖琐言》，《考古学社社刊》1937 年第 6 期，第 43 页。

[32] 丁士选：《圹砖琐言》，《考古学社社刊》1937 年第 6 期。

[33] 洛阳区考古发掘队编：《洛阳烧沟汉墓》，科学出版社 1959 年版。

[34] 徐婵菲：《周代铜器上錾刻图画综合研究》，载《河洛文化论丛》(第五辑)，国家图书馆出版社 2010 年版，第 131 页。

图像研究

论徐州铜山苗山小李庄一号墓“炎帝升仙图”画像石

鲁瑞菁

内容摘要 本文主要针对徐州铜山苗山小李庄一号墓前室墓门西画像石“炎帝升仙图”的主题内容进行讨论，论文的关键点在于举出具有榜题的画像石，推断汉画中“戴笠者”或“戴笠执臿者”的图像应为大禹。上古神话中，禹与昆仑仙境及升仙仪式颇有关联，本文论断“炎帝升仙图”中的戴笠执臿者乃大禹，其下部“神牛衔草图”的“草”是与汉代瑞应“嘉禾”有关的不死草；“牛”则为大禹逐疫升仙的负重部众；其中部“禹牵凤凰图”的“凤凰”，其原型即禹的得力助手益；其右上部的“月亮、玉兔、蟾蜍图”，在汉画中常与“太阳、金乌图”成对出现，象征着长生不死、东西方位、阴阳往复等义。综上所述，本文认为徐州铜山苗山小李庄一号墓“炎帝升仙图”画像石应正名为“大禹导引升仙图”。

关 键 词 徐州；铜山苗山；黄帝升仙；炎帝升仙；禹

作者简介 鲁瑞菁，男，台湾静宜大学中国文学系教授。

一、前言

2001年出版的《徐州汉画像石》中的图34、35、36、37收录有两方分别称为“炎帝升仙”（图1）、“黄帝升仙”（图2）的画像石。[1] 此两方画像石1956年4—7月出土于铜山苗山小李村一号墓。此墓设置前后室，原石位于前室前（南）壁墓门下东西位置，今收藏于徐州汉画像石艺术馆（旧馆）。《徐州汉画像石》一书对这

图1　小李庄“炎帝升仙”照相及拓片（采自武利华主编《徐州汉画像石》，图34、35）

图2　小李庄“黄帝升仙”照相及拓片（采自武利华主编《徐州汉画像石》，图36、37）

两方画像石上所刻图像分别有所描述：

图34（照相图）、35（拓本）：炎帝升仙，105/55，铜山苗山。画面右上方圆形内刻玉兔和蟾蜍，是为月的象征。左上方刻炎帝，头戴斗笠，身披蓑衣，一手持耒耜，一手牵凤凰，图下方刻神牛衔草。

图36（照相图）、37（拓本）：黄帝升仙，105/64，铜山苗山。该图与图34对称，画面左上方圆形内刻三足乌，是为日的象征。右上方刻黄帝有熊氏，人首熊身，生有翅翼。中部刻一有翼之马，为“黄帝乘之而仙”的飞黄，下方刻一象。[2]

实则，这两方画像石最早著录在1957年发表的《江苏铜山东汉墓清理简报》中：

墓门内东壁，踆乌旭日，日旁一人，人首兽爪，作展翅飞越状。下一马在驰骋，反首嘶叫。最下一大象（图版拾伍）。……西壁，顾兔、蟾蜍、月，月旁一人，锐冠，上体生翼，手持耒耜，露膝出足，下缀一孔雀，最下一麒麟（图版拾陆）。[3]

又，出版于1959年的《江苏徐州汉画像石》一书中亦著录了这两方画像石，并对其上的图像加以描述：

图30：石高1.05米，宽0.64米。位于前室前壁下门东。上刻踆乌旭日，日旁有一人，人首兽爪，作展翅飞腾状；日下有马及象。

图31：石高1.05米，宽0.54米。位于前室前壁下门西。上刻顾兔、蟾蜍、月，月旁有一人，手持耒耜；下有孔雀和麒麟。[4]

若将《徐州汉画像石》《江苏铜山东汉墓清理简报》《江苏徐州汉画像石》三者

对这两方画像石上图像的描述加以比较，可以发现，后两者说明较为粗略，前者则较为详细；更重要的是，后两者对这两方画像石的图像主题并未加以命名，而较晚出版的前者则命名为“炎帝升仙”“黄帝升仙”。至于2000年出版的《中国画像石全集》第四卷（后文简称《全集》）收录这两方画像石时，则称为“神人画像”与“神人、天马画像”，并对其上的图像加以描述：

> 图50：江苏徐州铜山小李庄一号墓前室南壁门西——“神人画像”，右上方刻月中玉兔、蟾蜍，月旁一神人头戴斗笠，身披蓑衣，左手牵凤，右手持耒耜，图下方刻神牛衔草。
>
> 图51：江苏徐州铜山小李庄一号墓前室南壁门东——“神人、天马画像”，上方刻阳乌旭日，旁有熊首身生羽翼的神人。下刻天马腾空，马下刻一象，背负串珠。

似乎《全集》并不认为这两方画像石中的神人是炎帝与黄帝，但也未指出神人的身份。[5]

由于汉代画像石中刻有“炎黄升仙”的图像极其少见，故《徐州汉画像石》对这两方画像石的命名，引起学者多方关注与引用[6]。《徐州汉画像石》虽然没有说明将这两方画像石上神人图像视作炎帝与黄帝的缘由，但是据该书对这两方画像石图像的描述可以推测，编辑图录者认定神人是炎帝与黄帝的理由或有如下三点：其一，墓前室南壁门东画像石右上方人物为人首熊身之形，生有翅翼；而黄帝有熊氏则以熊为图腾，故此神人为黄帝，羽翼则代表羽化升仙。至于画面中部刻的翼马，乃是黄帝登仙所乘的“飞黄”。其二，墓前室南壁门西画像石左上方人物手持耒臿[7]，与武梁祠西壁画像第二层所刻神农炎帝手持耒臿（图3）相同；且下方有神牛衔草，正是炎帝以牛为图腾的寓意。[8]其三，炎帝与黄帝乃华夏始祖，工匠将他们刻于墓门之上，乃寓有墓主人升仙返归祖庭之意。如果仔细推敲以上三点理由，似皆不能成立。

图3　武梁祠西壁“神农”（采自《全集》一，图49）

其一，汉代画像石中较少出现人首熊身的图像，

图 4　铜山洪楼祠堂“熊首雷神”（采自《全集》四，图 41）

图 5　铜山洪楼祠堂“熊首雷神”（采自《江苏铜山东汉墓清理简报》图版 14-2）

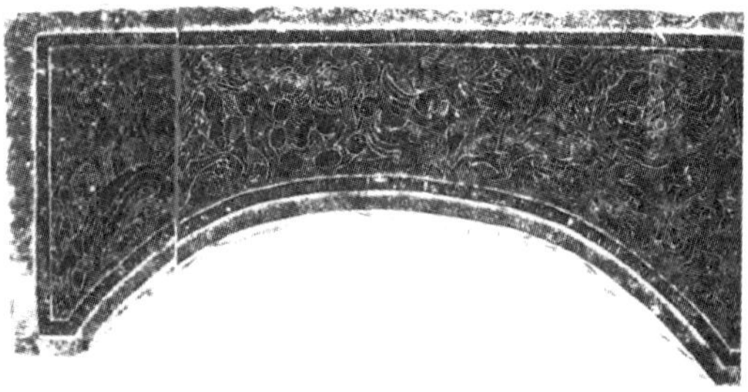

图 6　临沂“雷公”（采自《全集》三，图 69）

而较多见熊首人身图像与熊形图像。若详细观察小李庄一号墓前室南壁门东画像石右上方神人的造型，似非人首熊身之形，而是熊腿屈伸，熊掌力张，作立熊形之物。在山东、陕西、河南南阳等地的祠堂与墓室中，出土许多人立熊形的画像石，具有力量、生殖、辟邪等功能及意义。[9] 另外，还有一种常被解释为“雷神”的熊首神人画像石 [10]，如徐州铜山洪楼祠堂出土两方天井画像石，第一块画面中间偏右下角刻绘三条翼龙拉引一辆车舆，车舆以云气为轮，舆上树一建鼓，旁有一熊首神人，作执桴击鼓之状 [11]。（图 4）第二块左下残缺。画面左、中刻画三只翼虎拉引一辆车舆，车舆以二龟托承，舆上一熊首神人，双手作执桴击鼓之状，舆后一龟托承一建鼓，建鼓高度正与前方熊首神人相当 [12]。（图 5）又山东临沂出土一方“雷公、羽人、瑞兽”画像石，画面中间偏左刻绘一熊首熊身神人，全身长有羽毛，周身十鼓环绕，神人双手各执一桴，作槌击连鼓之状。（图 6）又，山东济宁城南张村出土的画像石，其上刻熊形雷神一手执桴，一手擎蛇，蛇体弯曲，象征闪电及乌云；其上刻三羽人牵拉线形云状物；其上被五黑圆点（缺左上角一黑圆点）围绕，中有一蟾蜍 [13]。这里五个黑圆点象征车轮，也代表雷声。（图 7）同样五个黑圆点之例见于河南南阳王庄“天帝出行”画像石，但排列方式不一样，此五黑圆点代表五星车，车上载有天帝雷公，后有风伯、下有四名雨师。（图 8）以上这些具有熊形的神人，无一被释读为黄帝，且文献中实未见有黄帝乘飞黄升仙的记载。又，武梁祠西壁画像

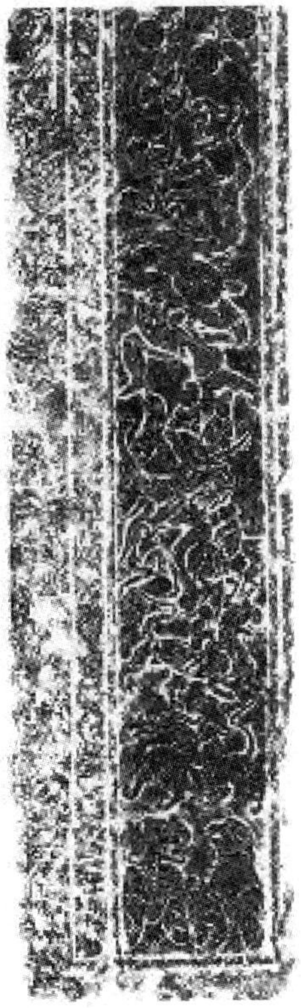

图 7　济宁城南张村“雷公”（采自《全集》二，图 6）

图 8　河南南阳王庄“雷公”（采自《全集》六，图 156）

第二层所刻黄帝图像，也并不作熊形。

其二，山东嘉祥武梁祠西壁画像石第二层刻有著名的三皇五帝图。其中，神农氏以头巾束发，身着窄袖紧身短裤，双手执耒臿，弯腰作翻地状，一副劳动人民的装扮，左有榜题“神农氏：因宜教田，辟土种谷，以振万民”15 字。（图 3）而大禹则头戴斗笠，身着短袍[14]，左手前伸，右手执耒臿，回首后顾，左有榜题“夏禹：长于地理，脉泉知阴，随时设防，退为肉刑”18 字。（图 9）神农氏与大禹图像皆手持耒臿，其中大禹头戴斗笠。若从手持耒臿、露膝出足的形象说，则小李庄墓墓门西神人画像的确接近武梁祠神农氏炎帝的形象；但是若从头戴斗笠、手执耒臿的形象说，则小李庄墓墓门西神人画像似与武梁祠大禹形象更为接近。更重要的是，江苏徐州汉画像石艺术馆藏有一方画像石，上面刻画 10 个人物，最左一人面朝右边坐于树下，对面一人向左恭立；恭立之人身后绘一头戴斗笠，双手执臿，身着长袍，正面端立（图 10），这三个人物组合刻画出著名的尧、舜、禹禅让的故事，而戴笠执臿之人即为禹。另，山东莒县东莞镇东湾村出土东汉画像石第四层刻有四人，皆有榜题，画面最左侧为连理树，树下侧坐一人，榜题“尧”，对面一人向左恭坐，榜题“舜”（图 11），构图与上述徐州汉画像石艺术馆藏画像石近似。又东湾村画像石第五层刻绘五人，亦皆刻有榜题，左边第二人头戴斗笠，榜题“夏禹”[15]（图 11），可见汉画中戴笠按臿者

图 9　武梁祠西壁“大禹”（采自《全集》一，图 49）

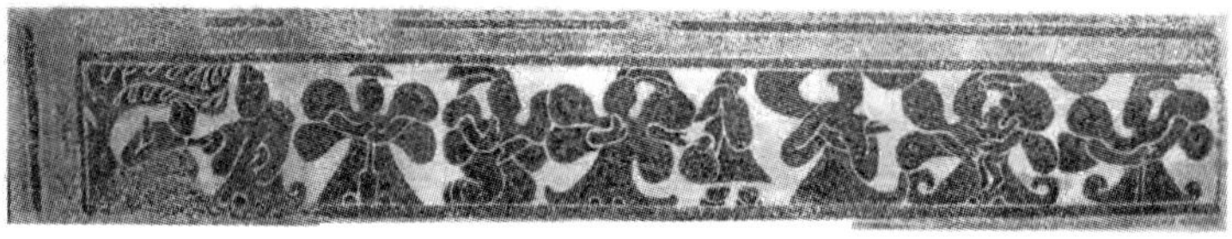

图 10　徐州汉画像石艺术馆藏“禹”（采自《中国汉画学会第十四届年会论文集》第 328 页）

图 11　莒县东莞“尧、舜、禹”，采自《全集》三，图 140

图 12　临沂白庄“方相氏”（采自《全集》三，图 30）

常被释为大禹。

其三，小李庄墓墓门西神人画像身披蓑衣，手牵凤凰，而武梁祠神农氏形象则无。因此若仅从手持耒臿、露膝赤足的形象就判定该神人为神农炎帝，实有不妥。至于以神牛衔草的“神牛”这项元素，推断此乃炎帝以牛为图腾的寓意，似有草率随意之嫌。[16]

其四，若铜山小李庄一号墓墓门上的图像不能认定为炎帝与黄帝，则所谓华夏对偶始祖、返归祖庭之说法，亦值得商榷。

综上所述，本文赞成《全集》中的意见，认为这两方画像石中的神人并不是炎帝与黄帝，那么他们又是谁呢？本文认为，小李庄一号墓墓门东所谓“黄帝”的画像应是方相氏，汉代画像石中有许多人立熊形方相氏的形象与该神人的形象十分类似。如山东临沂白庄墓出土的方相氏（图 12），山东嘉祥武氏祠左石室屋顶前坡西段画像石第三层右侧的方相氏（图 13）等，差别在于这两例中的方相氏有执兵器的造型[17]，而小李庄的方相氏则无；不过，它们都具有逐邪避凶的作用，则是毋庸置疑的。具有逐祟镇墓功能的立熊形方相氏常布置在墓门或墓后室后壁之上，关于此点，学者多有讨论[18]，本文不再赘述。

本文关心的问题是，小李庄一号墓墓门西所谓“炎帝”的画像，其真实身份是谁？其放置在墓门上的功能为何？本文认为，此神人是大禹，刻绘在墓门上的作用一方面如《徐州汉画像石》所说“引魂升仙”；另一方面，作为一种升华后的吉祥符号，并有逐邪避凶的功能。换言之，小李庄一号墓墓门西“大禹”神人与墓门东“方相氏”一起构成小李庄一号墓墓门画像石“引魂升仙”与“逐祟避凶”的双重主题。本文下一节主要讨论小李庄一号墓墓门所谓“炎帝升仙”图像实是“大禹”图像，关键就在对“戴笠（披蓑）、执臿”图像的解释。

图 13　武氏祠左石室“方相氏”（采自《全集》一，图 88）

二、山东卧虎山 M2“戴笠者”画像石考辨

图 14　邹城郭里镇卧虎山 M2“戴笠者”（采自《邹城汉画像石》，图 5、图 7）

徐州铜山苗山小李庄一号墓墓门西神人的衣着、动作特征是头戴斗笠，身披蓑衣，露膝赤足，右手持臿，左手牵凤凰。其中最值得注意的是“戴笠（披蓑）、执臿”这项特征。虽然此项特征在徐州地区画像石中较少见到，但是在山东汉画像石中却有许多“戴笠（披蓑）、执臿”的图像可资比较研究。学者们在对汉代画像石做综合研究时，一般是把山东、苏北（甚至还包括皖北、豫东）等作为一个整体来看待[19]，故本文拟先以山东卧虎山 M2 画像石中的“戴笠者”为例，探讨其身份，再结合其他山东画像石“戴笠（披蓑）、执臿”图像，进而解答徐州小李庄一号墓墓门西神人的身份及图像意义。

山东邹城郭里镇卧虎山 M2 出土的一方画像石中央上部为一怪兽，头生双角，披发长须，牙齿外露，口中衔一长蛇，蛇口下吐出一片乌云。怪兽下方绘一着紧身衣裤的力士，双手各执一轮形物，赤足朝左作奔走状。怪兽前刻绘一戴笠者，亦朝左作奔走状。戴笠者前有一坐姿巨人，向右朝戴笠者头顶上的天空吹吐云气。画面最右方有一腾龙[20]。（图 14）头生双角的怪兽乃是闪电乌云之神，其披发、长须、口衔长蛇，是闪电与乌云的象征；而右方的腾龙则象征雨师；至于双手执轮形物

图 15　安丘董家庄墓“自然气象神灵”（采自《全集》一，图 137）

图 16　武氏祠左石室“自然气象神灵”（采自《全集》一，图 88）

图 17　武氏祠前石室“自然气象神灵”（采自《全集》一，图 73）

的力士则象征雷公；而坐姿吐气的巨人应为风伯。关键的问题是戴笠者为谁？要说明这个问题，必须先讨论此方画像石的主题内容是什么。

《邹城汉画像石》将此方画像石命名为“雷公、雨师、风伯”[21]，进一步的问题是，将这些自然气象神灵组合在一起的主题及功能是什么呢？在山东地区东汉中晚期祠堂天井画像石图像中，常见有雷公、雨师、风伯、电神、云神、虹神等自然气象神灵组合在一起的内容，著名的例子如安丘董家庄墓前室天井石（图 15）、嘉祥武氏祠左石室天井前坡西段（图 16）、嘉祥武氏祠前石室（武荣祠）天井前坡西段（图 17）[22]，以及前文曾提及的江苏徐州铜山洪楼祠堂两方天井画像石，《徐州汉画像石》将洪楼村祠堂这两方天井画像石的主题命名为“百戏图”[23]，恐是误判。信立祥认为，这类画像石的主题是“雷公天罚”，亦即祠堂天井石上刻画这些人格化的天界自然神，其用意是说明天上世界的上帝和诸神是现实人间世界自然秩序的管理者和主宰者。[24] 信立祥之说尚待更多材料支持。钟宗宪认为，洪楼村祠堂画像石出现风伯、雨师、雷神、四足鱼、象奴、建鼓车等形象，其整体构图与“兴云布雨”仪式庆典的想象有关。[25] 牛天伟等则认为，这类画像石的主题是“雷公出行”，即众多雨师、风伯、电神、云神、虹神，乃至河伯、鱼车等，皆作为雷神出行的部众随从，并与祭雷神求灵雨风俗密切相关。[26] 而周保平较早就以为，它们的主题是导引升仙及升仙灵异，[27] 实是后人值得参考的见解。《礼记·祭统》云："礼有五经，莫重于祭。"周代五礼之一的吉礼，包括祭祀天地、社稷、祖先、山川、日月、风雨雷电虹霓诸神，形成一个天上人间众多神灵等级序列的祭祀系统；而众神如雨师、风伯、雷公、虹神等在上古信仰中，往往作为至上神出行或神人魂灵升天时的仪仗护驾，如：

《楚辞·远游》："召丰隆使先导兮，问太微之所居。""撰余辔而正策兮，吾将过乎句芒。历太皓以右转兮，前飞廉以启路。阳杲杲其未光兮，凌天地以径度。风伯为余先驱兮，氛埃辟而清凉。凤凰翼其承旗兮，遇蓐收乎西皇。"

《韩非子·十过》："昔者黄帝合鬼神于泰山之上，驾象车而六蛟龙，毕方并辖，蚩尤居前，风伯进扫，雨师洒道，虎狼在前，鬼神在后，腾蛇伏地，凤凰覆上，大合鬼神，作为《清角》。"

《淮南子·原道》："是故大丈夫恬然无思，澹然无虑，以天为盖，以地为舆，四时为马，阴阳为御，乘云陵霄，与造化者俱。纵志舒节，以驰大区。可以步而步，可以骤而骤，令雨师洒道，使风伯扫尘，电以为鞭策，雷以为车轮，上游于霄雿之野，下出于无垠之门。刘览偏照，复守以全。经营四隅，还反于枢。"

《淮南子·览冥训》："乘雷车，服驾应龙，骖青虬，援绝瑞，席萝图，黄云络，前白螭，后奔蛇，浮游逍遥，道鬼神，登九天，朝帝于灵门，宓穆休于太祖之下。"

《焦氏易林·萃之第四十五》："雨师洒道，风伯逐殃。巡狩封禅，以告成功。"

上古宗教中的至上神——上帝可以役使各路神鬼为其效力[28]，经过历史长河的积淀，至汉代，民间信仰深受此观念、仪轨的影响与渗透，以为死者灵魂为大，如同上古宗教中的上帝，或如萨满教的迷狂巫师，可以驱使神鬼。由是本文认为，东汉山东祠堂天井画像石中，自然气象神灵组合的意义之一应是护卫墓主灵魂升天或升仙。[29] 如若此推断正确，那么回到之前提出的问题：郭里镇卧虎山 M2 画像石上的戴笠者是谁？其在升仙过程中的作用又是如何？

本文的回答是，戴笠者实乃大禹。上古神话中，禹与昆仑仙境及升仙仪式颇有关联。先说禹与昆仑仙境的关系，昆仑仙境多美玉，豹尾、虎齿、蓬发、戴胜的西王母，其所居之玉山，位于昆仑丘的大范围内；传说中又有周穆王曾西征昆仑，与西王母宴觞、酬歌于瑶池（有美玉琼浆之池）的故事。[30] 周穆王此举或有禹见西王母的故事作为先导，如《荀子·大略》及《韩非外传》卷五皆提到"禹学乎西王国”。又王充《论衡·无形》云：“禹、益见西王母。”[31]古代神话中甚至还有仙山昆仑本即禹平洪水后所造设的说法，如《淮南子·坠形》云：“禹乃以息土填洪水以为名山，掘昆仑虚以下地。”

再说禹与升仙仪式的关系，此乃本文关键之处。《上〈山海经〉表》说《山海经》乃禹、益治水行遍九州山川时所作，此论虽未必可信，但若说《山海经》作者托名禹、益，则曰可信。《山海经》多记禹、益治理洪水时，经历山川所遇各种神鬼怪物，其作用或如上古禹铸九鼎，象百物的传说。[32]旧说禹将治水时所遇到的各种奇禽异兽、鬼物精怪等绘铸在九鼎之上，使百姓出外远行，经过山丘川泽时，能够避开或制服它们。[33]换言之，《山海经》及九鼎上之神怪乃为出外旅行者认识、分辨魑魅魍魉，不会受其伤害，达到趋吉避凶、顺利出行的目的。由于九鼎及《山海经》等传为禹、益所作，所以禹、益日后也逐渐成为出行者、远游者的守护神。

不唯禹、益是出行者、远游者的守护神，相传禹之臣工太章、竖亥也是擅长远行者。《淮南子·坠形》载：“禹乃使太章步自东极至于西极，二亿三万三千五百里七十五步；使竖亥步自北极至于南极，二亿三万三千五百里七十五步。”高诱注：“太章、竖亥，善行人，皆禹臣也。”禹臣太章、竖亥两个行者一步一个脚印，丈量山川水土的高低形势，观测日月星辰的周天运动，以度地理，以定历法。《尚书·洪范》“五行”句，孔安国传：“维王后元祀，帝令大禹步于上帝。”郑玄注：“帝，舜也。步，推也。上帝，谓天也，令禹推演天道。”其中“大禹步于上帝”或许演化成“太章、竖亥之步于四极”，并与山川水土、天文历法相关，凡此也就是《尚书·大禹谟》说禹“地平天成”及《尚书·吕刑》说“禹平水土，主名山川”的意思，而其中则隐藏有禁制魑魅魍魉的巫术意涵在内。

善行者或亦即善走者，只是后者行走的速度更加快速。《史记·秦本纪》载有一善走者名曰蜚廉，乃秦族先公，与其子力士恶来俱以材力效事殷纣王；而在《墨子·耕柱》中，蜚廉乃夏后开时人，并传说为夏九鼎的铸造者[34]；在神话故事中，蜚廉则为风伯的化身，此或许造就其善走之名[35]。

旅行者的守护神也就是先导者，关于禹作为出行远游者守护神、先导者的角色，可以举马王堆三号墓出土的帛画“太一出行图”[36]为证据。此帛画上绘有太一、雨师、雷公、四名武弟子、三条龙等图像，并有九处题记。其中总题记已有残缺，残文释读曰：

□承弓，禹先行，赤包（抱）白包，莫敢我乡（向），百兵莫我敢（当）。□□狂谓不诚，北斗为正。即左古唾，径行毋顾。大（太）一祝曰：某今且行，神（从之）。[37]

从残文来看，帛画上除太一、风伯、雷公、青龙、黄龙外，应该还有“先行”的禹。胡文辉即认为，“太一出行图”帛画中央的神祇即是社神——禹，是为太一作先行开路者。[38] 查此帛图上共有九处题记，共百余字，其中出现了“禹先行”“径行毋顾”“某今且行”“太一将行”“独行莫理”等词，帛图文字反复强调“行”字，可见“行”乃此帛图最重要的主题与功能。“太一出行图”中的社神是大禹，亦有文献上的证据支持，《左传·昭公二十九年》载：“颛顼氏有子曰犁，为祝融；共工氏有子曰句龙，为后土，此其二祀也，后土为社。”《国语·鲁语上》云：“共工氏之伯九有也，其子曰后土，能平九土，故祀以为社。”《淮南子·汜论》：“禹劳天下，而死为社。”高诱注：“劳力天下，谓治水之功也。托祀于后土之神。”句龙即禹，相传为共工氏之子，死后祀为后，即为掌管土地的社神。农业社会重视社，封土为社，祀社神大禹，古人安土重迁，不轻易远行，不得已必须出远门时，身上携带一抔社土，冀求行路平安，此一抔社土即神话传说中的息壤，或言息壤即最初的社[39]，而今日乡郊村口常见的土地公庙则为古社之孑遗。

此外，出土文献睡虎地秦简《日书》甲种中有以“行”名篇者，如载“大行”与“远行”的宜忌[40]；又睡虎地秦简《日书》甲种、乙种及放马滩秦简《日书》甲种亦皆有《出邦门》一节文字，其中内容都与禹有密切的关联，如：

《睡》甲：行到邦门困，禹步三，勉一步，謼：“皋！敢告曰：某行毋咎，先为禹除道。”即五画地，掓其画中央土而怀之。

《睡》乙：[出]邦门，可口行口禹符，左行，置，右环，曰：“行邦口令行。”投符地，禹步三，曰：“皋！敢告口符，上车毋顾，上口。”[41]

《放》甲：禹须臾臾臾行，得，择日。出邑门，禹步三，向北斗，质画地，视之曰：“禹有直五横，今利行，行毋无咎，为禹前除。”得吉□。[42]

其中《睡》甲中的“先为禹除道”，《睡》乙中的“禹符”“禹步”，《放》甲中的“禹须臾”“禹步”“为禹前除”等，皆具浓厚的巫术色彩。[43] 鲁迅说《山海经》乃古之巫书，恐亦与此种古老巫术有关。后世道士“出行四纵五横法”中有“禹王卫道，蚩尤避兵”的法术及咒语[44]，以保行者平安，其根源亦可上溯到禹的守护者、先导者神话。刘增贵在研究秦简日书中的出行礼俗与信仰后指出，汉代并非视禹为行神，而是出行者将自己假拟为禹，从而借助禹的名号与法力役使鬼神，如禹治水，随山刊木，清除旅途所遇见的各种危害。[45] 此说从巫术仪式角度讲，亦颇值得参考。

由上述讨论可知，为什么古代许多有关山水形势的地理书籍和山川舆图等作品，如“九鼎图”、《禹贡》、《山海经》、“禹迹图”、《禹受地统书》、《禹受地记》等，皆托于禹之名下 。另外，马王堆三号汉墓出土的《胎产书》中有一种关于古代埋藏胎胞（即胎盘）礼俗的珍贵文献《南方禹臧（藏）》帛书。此帛书又名《禹藏埋胞图》，属汉代方伎、术数之学，其托名大禹，亦与其文字、图式结合，具有时空动态的巡行游历结构模式有关。[46]

《焦氏易林·蒙之第四》云：“戴尧扶禹，松乔彭祖，西过王母，道里夷易，无敢难者。”邢义田据此指出，西往昆仑朝见西王母的路途充满险阻，一旦得到尧、禹、赤松子、王子乔、彭祖等神人的帮助，则无人敢于留难，终将能平安到达目的地。[47] 其中大禹在巫师或灵魂昆仑之旅中的守护与先导作用，当与其在现实生活出行远游的守护与先导作用息息相关。易言之，灵魂的升仙之旅乃为道路遥远而不可预测的出行，神话中具有大巫身份的禹自然成为升登仙境者必须依托的神人。汉代人们深信，大禹将一路伴随、守护亡灵出行升天。综上所述，禹作为现实生活出行与灵魂世界升仙守护神与先导者的角色，乃因古代神话传说中禹在治水中识别各种魑魅魍魉，并加以禁御之故。

三、山东“戴笠（披蓑）、执臿”画像石与小李庄“炎黄升仙”画像石图像研究

上文所举山东卧虎山 M2“戴笠者”画像石的时代是西汉宣帝至元帝时，或许早期画像石的大禹图像较为简单，仅戴笠，并无执臿及披蓑。而以下三例山东画像石中人物或者戴笠、执臿，或者戴笠、披蓑、执臿，其身份亦皆是大禹：

（一）山东临沂白庄出土画像石。画面分三层：上为正面蹲坐的操蛇之神；中为立于鸟首兽身怪兽背上之戴笠、执臿、披蓑者[48]；下一人执便面，一人荷物，相对而立。（图 18）

（二）山东费县垛庄镇潘家疃出土画像石。画面有五人，左二人佩剑站立，共执一简观看；居中者戴笠、双手按臿站立；右二人抱手而立；上部四榜无题。（图 19）

（三）山东沂南任家庄出土画像石。画面分二层，上为一戴山形冠的佩剑武士；下为头戴笠、双手按臿站立之人。（图 20）

图 18　临沂白庄“戴笠、执臿、披蓑者”（采自《全集》三，图 24）

上述三例画像石中的大禹图，乃由升仙远游守护神与先导者的角色，逐渐升为一个禁御邪物的吉祥、镇墓符号。原因在于这三例画像石中的大禹图乃单独出现，缺少其他相关升仙单元图像的组合、配套，故本文认为，这里大禹图像的意义已由叙述性的神话故事演变积淀成非叙述性的象征符号。

若将讨论的焦点再拉回到徐州铜山苗山画像石“炎帝升仙图”，经过前文的剖析，则此图应该正名为“大禹导引升仙图”，其作用是导引墓主升仙。[49] 图中的大禹头戴斗笠，身披蓑衣，手执耒臿，露膝赤足，正是其勤于掘土疏洪，筑土建防，以致腓无胈、胫无毛的形象写真。由于此图并有“神牛衔草”“禹牵凤凰”“月亮、玉兔、蟾蜍”等不死、升仙单元图像作为组合配套，所以可以认定其主题为“大禹导引升仙”。如此图下部的“神牛衔草”中的“草”，当与禹以不死草

图 19　费县垛庄镇潘家疃“戴笠、执臿者”（采自《全集》三，图 88）

图 20　沂南任家庄“戴笠、执臿者”（采自《全集》三，图 117）

救治防风神的故事有关，《艺文类聚》引《括地图》曰：

禹诛防风氏，夏后德盛，二龙降之，禹使范氏御之以行，经南方，防风神见禹，怒射之，有迅雷，二龙升去。神惧，以刃自贯其心而死，禹哀之，瘗之以不死草，皆生，是名穿胸国。

这个故事或源于汉代纬书《河图玉版》的版本：

防风氏之二臣，以涂山之戮见禹，使怒而射之，迅风雷雨，二龙升去。二臣恐，以刃自贯其心而死，禹哀之，乃拔其刃，疗以不死之草，是为穿胸民。[50]

至于“神牛衔草”中的“牛”，由于身生双翼，定非凡物（如《江苏铜山东汉墓清理简报》即认为是神兽麒麟）。《周礼·地官·大司徒》：“奉牛牲。”注云：“牛能任载地之类。”牛或为大禹治水时使唤的负重部众及得力助手之一，又兼有逐疫升仙的神力。[51] 而此图中部“禹牵凤凰”的“凤凰”，其原型为益。益知禽兽，综声于鸟语，为舜时管理山林鸟兽的虞官，其原型是燕子，后来演变为神鸟凤凰、春神勾芒、南方朱鸟、衔卵玄鸟等。[52]《楚辞·惜誓》有“飞朱鸟使先驱兮”句，王逸注：“朱雀神鸟、为我先导。”又《焦氏易林·履之第十》曰：“朱鸟导引，灵龟载庄。遂抵天门，见我贞君。”朱雀神鸟乃升仙导引的神禽。在此图中，凤凰神鸟应是作为禹引导升仙所召唤的神禽助手，也可以表征墓主人升仙的坐骑，即具有护卫、引导的作用。另外，“月亮、玉兔、蟾蜍”等是汉代画像石与壁画中常见的题材，其与“太阳、金乌”题材往往成对出现，可以象征长生不死、东西方位、阴阳往复等。

邢义田曾以肥城栾镇村、平阴实验中学画像中，戴笠披蓑执臿的大禹、乘鱼车的河伯、乘鹿车的泰山君或王子乔的组合模式为例，认为大禹、河伯、泰山君或王子乔等元素的出现，都是象征长生或升仙旅程的成功范例。这是从升仙单元图像组合、配套观念所得到的结论。

四、结语

本文主要针对徐州铜山苗山墓前室墓门西画像石“炎帝升仙图”的主题内容提

出讨论，论文的关键点在于举出山东东湾村画像石第五层左边第二人头戴斗笠，有“夏禹”榜题的图像与第四层有“尧”“舜”榜题的图像，一起组合成尧舜禹禅让的故事。另外，徐州汉画像石艺术馆藏的一方画像石亦有近似的构图，此石虽然没有刻出榜题，或可推论二者有相同的设计格套，甚至可能是来自同一群石工的创作。徐州汉画像石艺术馆藏画像石的禹作戴笠执臿之形，本文由此推断汉画中“戴笠者”或“戴笠执臿者”应为大禹。

上古神话中，禹与昆仑仙境及升仙仪式颇有关联，大禹治水时禁御各种魑魅魍魉的传说，使他成为现实生活出行远游者的守护神与先导神；而大禹在巫师或灵魂昆仑之旅中的守护与先导作用，亦与此息息相关。汉代人们深信，大禹将一路伴随、守护亡灵出行升天。由此，一方面，如果大禹图像单独出现，则可视为一个禁御邪物的吉祥、镇墓符号，即大禹图像已由叙述性的神话故事演变、积淀成非叙述性的象征符号；另一方面，如果大禹与其他相关升仙单元图像组合、配套，则其升仙导引的意义明显而充分。如所谓“炎帝升仙图”中的戴笠执臿者乃大禹，其下部“神牛衔草”的“草”是与汉代瑞应“嘉禾”有关的不死草；“牛”则为大禹逐疫升仙的负重部众。其中部“禹牵凤凰”的“凤凰”，原型即禹的得力助手益。其右上部的“月亮、玉兔、蟾蜍”在汉画中常与“太阳、金乌”成对出现，象征着长生不死、东西方位、阴阳往复等义。综上所述，本文认为徐州铜山苗山小李庄一号墓“炎帝升仙图”画像石应正名为“大禹导引升仙图”。

注释：

[1] 图34、36分别为两方画像石的照相图，图35、37分别为两方画像石的拓本。

[2][23] 武利华主编：《徐州汉画像石》，线装书局2001年版。

[3] 王德庆：《江苏铜山东汉墓清理简报》，《考古通讯》1957年第4期。

[4] 江苏省文物管理委员会编著：《江苏徐州汉画像石》，科学出版社1959年版，第7页。

[5] 刘尊志也认为，小李庄一号墓前室南壁门东上的神人是黄帝，作羽化升仙貌，却未说明理由。另外，刘尊志还提出此方画像石下方所刻为一脚踏莲花、身生双翼、背有串珠的六牙白象，而此六牙白象与上方体生双翼的神马（绀马），皆为佛教能仁菩萨的七宝之一。黄帝升仙图结合菩萨坐骑六牙白象与绀马，反映出其时佛教依附道教传播的历史现象。见刘尊志《徐州汉墓与汉代社会研究》，博士学位论文，郑州大学，2007年，第140页。笔者曾于2015年4月20日蒙武利华馆长招待，亲赴徐州汉画像石艺术馆旧馆，仔细观察了这两方画像石上的图像，并未

见出所谓六牙白象脚踏莲花之形；至于象背上的串珠，或有可能是吸收了佛教的符号，但此神象及神马是否能遽定为能仁菩萨的七宝之一，值得商榷。

[6] 如本文注释所举刘尊志、牛天伟、周保平等学者皆赞同这一说法。

[7] 耒耜即臿。耒、耜、臿，皆为掘土用的农具。又孙机以耒为起土农具类通称，又将考古出土实物分成臿、茉、耜三种。臿为直柄凹头，茉为双齿两刃臿，耜为曲柄之茉。孙机并认为铜山小李庄神人所执的为茉，武梁祠西壁画像第二层所刻神农炎帝手持的为曲柄之耜。见孙机《汉代物质文化资料图说》，上海古籍出版社 2011 年版，第 1—4 页。本文则一律以"臿"称之。

[8] 牛天伟等也赞成此头戴斗笠，身披蓑衣，赤足，一手持耒耜，一手牵凤凰，作农夫装扮的神人为神农炎帝，并认为神农炎帝乃南方火德之帝，而凤凰亦南方神鸟，火德之象。见牛天伟、金爱秀《汉画神灵图像考述》，河南大学出版社 2009 年版，第 243—244 页。

[9][18][26][51] 牛天伟、金爱秀:《汉画神灵图像考述》，河南大学出版社 2009 年版，第 274—288、288—302，97—100，238—241 页。

[10]《山海经・大荒东经》："雷泽中有雷神，龙身而人头，鼓其腹则雷。"似乎早期雷神形象是人首龙身；早期文献中虽然找不到雷神具熊形的描述，但是汉画像石中"熊形神"图像却往往有雷神特征，此或是图与文各自传承不同。

[11] 江苏省文物管理委员会编著:《江苏徐州汉画像石》，科学出版社 1959 年版，图 52；信立祥:《汉代画像石综合研究》，文物出版社 2000 年版，图 94。

[12] 王德庆:《江苏铜山东汉墓清理简报》,《考古通讯》1957 年第 4 期，图版 14-2；江苏省文物管理委员会编著:《江苏徐州汉画像石》，科学出版社 1959 年版，图 53；信立祥:《汉代画像石综合研究》，文物出版社 2000 年版，图 95。

[13] 山东省博物馆、山东省文物考古研究所编:《山东汉画像石选集》，齐鲁书社 1982 年版，图 143。

[14] 与禹前面所刻绘五帝之长袍比较，禹所着之袍确实较短。

[15] 周圣涵:《汉画像尧、舜、禹英雄故事的文化阐释》，载《中国汉画学会第十四届年会论文集》，三秦出版社 2013 年版，第 327—329 页。

[16] 至于如牛天伟等认为炎帝手牵凤凰，凤凰为南方神鸟，火德之象云云，亦是过度诠释；汉画中凤凰形象甚多，是否都能视作火德之象呢?

[17] 牛天伟、金爱秀:《汉画神灵图像考述》，河南大学出版社 2009 年版，第 259—273 页。

[19] 参见《中国画像石全集》第二卷，山东美术出版社 2000 年版，第 4 页。

[20] 胡新立:《邹城汉画像石》，文物出版社 2008 年版，图 5、图 7。

[21] 从上文的说明，其中内容还应包含闪电乌云之神及戴笠者。

[22] 上述三例墓祠的天井画像石上除刻绘自然气象神灵组合内容外，主要还有墓主升仙、众神迎接、奇禽异兽、祥云缭绕等天界想象内容。

[24] 信立祥:《汉代画像石综合研究》，文物出版社 2000 年版，第 178 页。

[25] 钟宗宪:《徐州汉画像石"百戏图"商榷》,《辅仁国文学报》2006 年第 22 期，第 323—352 页。

[27] 周保平:《徐州洪楼两块汉画像石考释》,《中原文物》1993 年第 2 期，第 40—46 页。

[28] 如陈梦家在研究殷墟卜辞上帝的权威、帝廷其及臣正、风雨诸神后总结指出："由此可见，殷人的上帝或帝是掌管自然天象的主宰，有一个以日月风雨为其臣工使者的帝廷。上帝之令风雨、降祸福是以天象示其恩威，而天象中风调雨顺实为农业生产的条件，所以殷人的上帝虽也保佑战争，而其主要的实质是农业生产的神。"见陈梦家《殷墟卜辞综述》，中华书局 1988 年

版，第 580 页。尤可注意者，殷人上帝司职护佑战争与令风雨诸神，至汉代画像石中，则戴笠之人、风伯吹屋与胡汉战争三元素往往同时出现，其中应具有深意。

[29]“升天”与“升仙”二者概念不同，概括言之，可用下列二元对立的概念表示：天界 / 仙界、天象系统 / 仙界系统、天神 / 仙人、永生 / 长生、宇宙观 / 长生观、国家宗教 / 民间信仰、升天 / 升仙。

[30] 王贻梁、陈建敏：《穆天子传汇校集释》，华东师范大学出版社 1994 年版，第 161 页。

[31] 意思是说，凡人不能随意登上仙山昆仑，必须羽化，才能飞登昆仑，见到仙境总管西王母。唯英雄神人仁羿能上昆仑岗岩，并向西王母求得不死药（见《山海经 · 海内西经》及《淮南子 · 览冥训》）。至于禹、益亦属英雄神人，则不必羽衣，自可升登昆仑仙境。又在山东汉画像石中，禹有着蓑衣之形，或许蓑衣可变化为羽衣，如《论衡 · 无形》云：“图仙人之形，体生毛，臂变为翼，行于云。”又益本即鸟形，所以禹益见西王母，不必毛羽也。

[32] 有学者甚至认为，九鼎上所图之物即《山海经》所记之神灵怪兽，如清毕沅《〈山海经〉新校正序》云：“《山海经》《海内经》四篇、《海外经》四篇，周、秦所述也。禹铸鼎象物，使民知神奸。按其文，有国名，有山川，有神灵奇怪之所际，是鼎所图也。鼎亡于秦，故其先时人犹能说其图而着于卷。”又清洪亮吉《春秋左传诂》云：“今《山海经》海内、大荒等篇，即后人录夏鼎之文也。”

[33] 见《左传 · 宣公三年》王孙满答楚子问九鼎的记载。

[34]《墨子 · 耕柱》：“昔者夏后开使蜚廉折金于山川，而陶铸之于昆吾；是使翁难雉乙卜于白若之龟，曰：‘鼎成，三足而方。不炊而自烹，不举而自臧，不迁而自行，以祭于昆吾之虚，上乡！’乙又言兆之由曰：‘飨矣！逢逢白云，一南一北，一西一东，九鼎既成，迁于三国。’夏后氏失之，殷人受之；殷人失之，周人受之。夏后、殷、周之相受也。数百岁矣。”

[35]《楚辞 · 离骚》：“前望舒使先驱兮，后飞廉使奔属。”《楚辞 · 远游》：“历太皓以右转兮，前飞廉以启路。”是飞廉在魂灵升天出游时，作为前呼后拥的仪仗护驾者出现。前引《楚辞 · 离骚》句，王逸《章句》曰：“飞廉，风伯也。”洪兴祖《补注》曰：“《吕氏春秋》曰：‘风师曰飞廉。’应劭曰：‘飞廉，神禽，能致风气。’晋灼曰：‘飞廉，鹿身，头如雀，有角而蛇尾、豹文。’”是神话故事中的飞廉形象或为神禽（如应劭说），或为神兽（如晋灼说）。

[36] 学者于此图因理解的不同而另有“神祇图”“避兵图”“太一将行图”“社神护魂图”“兵祷太一图”等名。参见陈建明主编《湖南出土帛画研究》，岳麓书社 2013 年版，第 288—289 页。这里“太一出行图”的名称是采用胡文辉的看法。

[37] 陈建明主编：《湖南出土帛画研究》，岳麓书社 2013 年版，第 287 页。

[38] 胡文辉：《马王堆〈太一出行图〉与秦简〈日书 · 出邦门〉》，载《中国早期方术与文献丛考》，中山大学出版社 2000 年版，第 152—154 页。

[39] 尹荣方：《社与中国上古神话》，上海古籍出版社 2012 年版，第 162—165 页。

[40] 王子今认为“行”有行旅、行事义，可区分“大行”（重要的出行）与“远行”（远程的出行）。见王子今《睡虎地秦简〈日书〉甲种疏证》，湖北教育出版社 2003 年版，第 248 页。

[41] 睡虎地秦墓竹简整理小组编：《睡虎地秦墓竹简》，文物出版社 1990 年版，第 223、240 页。

[42] 秦简整理小组：《天水放马滩秦简甲种〈日书〉释文》，载《秦汉简牍论文集》，甘肃人民出版社 1989 年版，第 5 页。

[43] 如李剑国等指出，“禹步”具有巫术和法术操作的程序，乃春秋战国巫觋据大禹传说而创造，是模拟禹偏枯“步不相过”的一种巫步，其中包含禹铸鼎象物、禁御百物的巫术意义。后来纳入道教体系，成为道教重要的法术之一，并表现出规范化和复杂化的倾向。其功能主要有

消灾祛病、驱除鬼魅、禁御毒蛇猛兽、致雨等。见李剑国、张玉莲《“禹步”考论》,《求是学刊》2006 年第 5 期，第 93—100 页。

[44] 如清代广盛堂藏版《增补选择通书广玉匣记》卷三载有“出行四纵五横法”的法术及咒语：“出行紧急，不暇择日，当作纵横法：正身齐足立于门内，叩齿三十六通，以右手大拇指，先画四纵，后画五横。画毕，咒曰：‘四纵五横，吾今出行，禹王卫道，蚩尤避兵。盗贼不得起，虎狼不得侵。远归故乡，当吾者死，背吾者亡。急急如九天玄女律令。’咒毕便行，慎勿反顾。每出行，将咒念七遍，画地，却以土块压之，自然吉矣。”

[45] 刘增贵:《秦简日书中的出行礼俗与信仰》,《史语所集刊》2001 年第 3 期，第 523 页。

[46] 李建民:《马王堆汉墓帛书“禹藏埋胞图”笺证》，载《生命史学——从医疗看中国历史》，台北三民书局 2005 年版，第 207—323 页。

[47] 邢义田:《画为心声：画像石、画像砖与壁画》，中华书局 2011 年版，第 383 页。

[48]《中国画像石全集》释此人形象说“中部为一羽人戴笠执臿立于一鸟首兽身怪背上”，是将披蓑之形视为羽翼，此蓑衣确实可化为羽衣。

[49] 如邢义田也认为炎帝升仙图中之神人是禹，乃昆仑求仙的引路人。见邢义田《画为心声：画像石、画像砖与壁画》，中华书局 2011 年版，第 379—381 页。

[50] 见［日］安居香山、中村璋八《重修纬书集成》卷六。

[52] 尹荣方:《社与中国上古神话》，上海古籍出版社 2012 年版，第 137—139、270 页。

汉画像“荆轲刺秦王”图像与同名历史故事比较研究

李　立　史培争

内容摘要　在汉画像“荆轲刺秦王”的“构图要素表现形式”中，出现次数最多的是“荆轲弓箭步”“荆轲被人从后面抱住”“被人缚住左手”和“匕首贯柱”，而这些“构图要素表现形式”却无法与传世文献所载同名历史故事相关情节对应。显然，上述“构图要素表现形式”正是“荆轲刺秦王”画像图像叙述的独特之处，它们有可能再现了与传世文献截然不同的情节内容。从这个意义上说，“荆轲刺秦王”画像所呈现的差异点或存在历史或文学叙述的根据，只是这些根据已经超出了现有历史或文学的认知经验。

关 键 词　汉画像；荆轲刺秦王；历史故事；比较研究

作者简介　李立，东北师范大学文学院博士研究生导师、深圳大学文学院教授；史培争，东北师范大学文学院博士研究生。

汉画像“荆轲刺秦王”以再现“荆轲刺秦王”历史故事中“庭上刺杀与搏斗”的惊险场面为主要构图内容，但与《战国策》《史记》《燕丹子》等传世文献所载相关情节存在差异。对这些差异如何认识，学术界并无深入的讨论。从叙事学意义上审视“荆轲刺秦王”画像，其图像叙述不可能独立完成和存在，其画面构图必然要以已知的历史或文学叙述为基础。从这个意义上说，“荆轲刺秦王”画像所呈现的差异点或存在历史或文学叙述的根据，只是这些根据已经超出了现有历史或文学的认知经验。

一、“荆轲刺秦王”画像构图与传世文献所载同名历史故事存在差异

供研究的“荆轲刺秦王”画像材料共15份，分别来自今山东、河南、四川、陕西、江苏、浙江地域所属汉画像墓。[1] 这15份画像所属墓葬及时间情况较为复杂，西汉时期的画像材料仅有1份，东汉时期有12份，1份画像材料为东汉晚期至曹魏时期，1份画像材料为魏晋时期。显然，在这些画像材料中属于东汉时期的画像材料占多数。具体情况如表1所示。

表1　15份“荆轲刺秦王”画像所属墓葬及时间

画像编号	出土地点	时间
9	河南唐河	西汉（前206—8）
3	山东嘉祥	东汉桓帝建和二年（148）
1	山东嘉祥	东汉桓帝元嘉元年（151）
15	山东阳谷	东汉桓、灵之间
2	山东嘉祥	东汉灵帝建宁元年（168）
5	浙江海宁	东汉晚期（147—220）
4	山东沂南	东汉晚期（147—220）
7	江苏高淳	东汉时期（25—220）
8	陕西神木	东汉时期（25—220）
10	四川乐山	东汉时期（25—220）
11	四川合川	东汉时期（25—220）
12	四川渠县	东汉时期（25—220）
14	山东微山	东汉时期（25—220）
6	江苏泗阳	东汉晚期至曹魏时期
13	四川江安	魏晋时期

根据15份“荆轲刺秦王”画像整体构图情况，尝试将画像内容分解为“荆轲”“秦王”“立柱”“秦舞阳”“夏无且”“樊於期头函”六个构图要素，然后进一步考察上述构图要素于构图意义上的表现，并以“构图要素表现形式”命名，从而获得21项构图要素表现形式。具体情况如表2所示。

表 2 “荆轲刺秦王”画像构图要素与构图要素表现形式

构图要素	构图要素表现形式
荆轲	头戴高冠
	束发飘扬
	弓箭步
	双臂上举
	袒露上身
	佩剑，双手执梃
	刺秦王
	被人从后面抱住
	被人缚住左手
	双手交叉腹前站立
秦王	坐榻上欲躲避
	站立或奔跑
	断袖
	双履
	拔剑搏斗
	执刀搏斗
立柱	中置立柱
	匕首贯柱
秦舞阳	伏地
夏无且	高举药囊
樊於期头函	函盖打开

据此，进一步可将上述构图要素表现形式与传世文献所载同名历史故事相关内容相对应。[2] 具体情况如表 3 所示。

表 3 “荆轲刺秦王”画像材料构图要素表现形式与同名历史故事相关内容相对应情况

构图要素	立柱		荆轲										秦王						秦舞阳	夏无且	樊於期头函
构图要素表现形式	中置立柱	匕首贯柱	头戴高冠	束发飘扬	弓箭步	双臂上举	袒露上身	佩剑，双手执梃	刺秦王	被人从后面抱住	被人缚住左手	双手交叉腹前	坐榻上欲躲避	站立或奔跑	断袖	双履	拔剑搏斗	执刀搏斗	伏地	高举药囊	函盖打开
战国策	●								●					●	●		●		●	●	●
史记	●								●					●	●		●		●	●	●
燕丹子	●								●					●			●		●		●

总结如下：（一）在 21 项构图要素表现形式中，有 8 项能够与同名历史故事相关内容相对应：（1）“中置立柱”；（2）“（荆轲）刺秦王”；（3）“（秦王）站立或奔跑”；（4）“（秦王）拔剑搏斗”；（5）“（秦王）断袖”；（6）“（夏无且）高举药囊”（7）“（秦舞阳）伏地”；（8）“（樊於期头函）函盖打开”。（二）另有 13 项无法与同名历史故事相关内容相对应：（1）“匕首贯柱”；（2）“（荆轲）头戴高冠”；（3）“（荆轲）束发飘扬”；（4）“（荆轲）弓箭步”；（5）“（荆轲）双臂上举”；（6）“（荆轲）袒露上身”；（7）“（荆轲）佩剑，双手执梃”；（8）“（荆轲）被人从后面抱住”；（9）“（荆轲）被人缚住左手”；（10）“（荆轲）双手交叉腹前”；（11）“（秦王）坐榻上欲躲避”；（12）“（秦王）双履”；（13）“（秦王）执刀搏斗”。

分析如下：（一）传世文献所载“荆轲刺秦王”历史故事大致可以分为三个部分：（1）荆轲刺杀秦王前准备活动；（2）庭上刺杀与搏斗；（3）荆轲被杀及秦王复仇。据此，与“荆轲刺秦王”历史故事相关内容相对应的 8 项构图要素表现形式，都能够被涵盖在“庭上刺杀与搏斗”这部分内容之内。然而，需要注意的是，其中“(秦舞阳)伏地”“(盛樊於期头)函盖打开”构图要素表现形式，因其叙事意义上内涵丰富，而呈现与其他6项构图要素表现形式不同的特点和作用：(1)上述构图要素表现形式并不属于“庭上刺杀与搏斗”这部分内容中的“主要人物”的“关键行为”；(2)但是牵涉“荆轲刺杀秦王前准备活动”这部分内容的部分重要情节。(二)与同名历史故事相关内容无法对应的13项构图要素表现形式，同样都能够被涵盖在“庭上刺杀与搏斗”这部分内容之中。如果将上述图像要素表现形式与同名历史故事相关内容联系起来，在特点和作用等方面似乎更为独特，主要反映在如下几个方面：(1)部分构图要素表现形式属于人物形象的描摹和刻画，如“(荆轲)头戴高冠”“(荆轲)袒露上身”“(荆轲)双手交叉腹前”；(2)部分构图要素表现形式属于事物的静态描摹或动态刻画，如“(秦王)双履”“匕首贯柱”；(3)部分构图要素表现形式既属于人物形象描摹和刻画，又具有动作描写和行为表现的特点，而以后者为重，如“(荆轲)弓箭步”“(荆轲)束发飘扬”“(荆轲)双臂上举”“(荆轲)佩剑，双手执梃”“(秦王)坐榻上欲躲避”；(4)部分构图要素表现形式完全属于动作表现的性质，且全部集中在“庭上刺杀与搏斗”这部分内容之内，并以前者为重，如“(荆轲)被人从后面抱住”“(荆轲)被人缚住左手”“(秦王)执刀搏斗”。

认识如下：

(一)如果将“与历史故事相关内容相对应的8项构图要素表现形式”串联起来并转化为叙事上的意义联结，则势必出现如下三个方面的图像叙述情况：(1)上述构图要素表现形式能够粗线条地展现“庭上刺杀与搏斗”这部分内容；(2)同时，又能够将“荆轲刺杀秦王前准备活动”的某些重要情节叠加进画面叙述之中；(3)既表现了“庭上刺杀与搏斗”这部分内容，又能够将事件的来龙去脉展示出来。

(二)从构图方式的角度看，这种图像叙述具有如下特点：(1)尝试以“线性展现”和“多重叠加”对这种图像叙述进行命名；(2)所谓“线性展现”是指将“同一时间”和“同一地点”所发生的事件在同一画面构成中同时表现的图像叙述，而“多重叠加”则是指将“不同时间”和“不同地点”所发生的事件叠加到一个“线性展现”的图像叙述之中；(3)上述两种图像叙述形式虽然在“荆轲刺秦王”画像中都有充分的表现，但却呈现由单纯的“线性展现”向“线性展现与多重叠加”相组合的构图方式发展、演变的趋势，而后一方面已经成为东汉时期“荆轲刺秦王”画像的主要图像叙述形式；（4）然而，如果我们注意到表现“线性展现”的构图要素表现形式最为丰富的情况，就会发现“线性展现”仍然是“荆轲刺秦王”画像最为重要的图像叙述形式；（5）据此而论，总体上看，“荆轲刺秦王”画像的叙述原则应该是以再现“庭上刺杀与搏斗”这部分内容为主，同时也试图兼顾“荆轲刺杀行动前准备活动”的某些重要情节，以期达到在特定而有限的图像空间中容纳和表现更多更为完整的叙述内容的目的。

（三）与同名历史故事相关内容无法对应的13项构图要素表现形式，皆与“线性展现”图像叙述形式有关。上述情况说明“荆轲刺秦王”画像在运用“线性展现”图像叙述形式表现“庭上刺杀与搏斗”这部分内容时，主要运用了“与同名历史故事相关内容无法对应的构图要素表现形式”，从而导致图像叙述中既出现了人们所熟悉的内容，也出现了不为人们所熟悉的内容。

总体上看，“荆轲刺秦王”画像图像叙述原则再现了“庭上刺杀与搏斗”这部分内容，同时也兼顾“刺杀行动前准备活动”的某些重要情节；但是画像在再现“庭上刺杀与搏斗”这部分内容时，由于成功地运用了“与同名历史故事相关内容无法对应的构图要素表现形式”，从而导致与传世文献所载同名历史故事“差异点”的出现。

二、“荆轲刺秦王”画像差异点再现了与同名历史故事截然不同的情节内容

如前所述，与传世文献所载同名历史故事相比较，“荆轲刺秦王”画像在表现“庭上刺杀和搏斗”这部分内容时，既出现了人们所熟悉的内容，也出现了不为人们所熟悉的内容，而后者集中表现在“与同名历史故事相关内容无法对应的构图要素表现形式”上面。如此而言，上述“差异点”或许就是“荆轲刺秦王”画像图像叙述最为独特之处。对此，有必要对上述构图要素表现形式做进一步分析。

我们尝试将传世文献所载“荆轲刺秦王”历史故事由《战国策》《史记》《燕丹子》扩展到更大的范围，再将“荆轲刺秦王”画像21项构图要素表现形式与上述文献所载同名历史故事的相关情节以“情节单元”的名义进行整合，共获得34项“情节单元”[3]。在此基础上考察“与同名历史故事相关内容无法对应的构图要素表现形式”与同名历史故事相关情节相对应的情况。其结果如表4所示。

表 4 “荆轲刺秦王”画像材料 21 项构图要素表现形式与传世文献所载同名历史故事主要情节相对应情况

情节单元	汉画像	战国策	史记	燕丹子	淮南子	儒书	秦零陵令上书	狱中上书	景十三王传	新书
易水送别		●	●	●	●				●	
荆轲头戴高冠	●									
荆轲奉樊於期头函	●	●	●	●				●		
秦舞阳奉匣	●	●	●	●						
荆轲奏图		●	●	●						
秦王发图		●	●	●						
荆轲欲刺秦王	●	●	●	●		●	●	●		
秦王欲听琴曲				●						
琴女鼓琴而歌				●						
秦王坐榻上欲躲避	●									
秦王丢弃双履	●									
荆轲束发飘扬	●									
秦王引身而起	●	●	●	●						
秦王袖绝	●	●	●							
秦王拔剑搏斗	●	●	●	●		●	●			
秦王执刀搏斗	●									
立柱	●	●	●	●		●				●
秦王环柱走	●	●	●	●		●				
荆轲逐秦王	●	●	●	●						
荆轲弓箭步	●									
荆轲双臂上举	●									
荆轲袒露上身	●									
荆轲佩剑，双手执梃	●									
荆轲被人从后面抱住	●									
荆轲被人缚住左手	●									

（续表）

荆轲双手交叉腹前	●									
秦王以手搏荆轲		●	●	●						
夏无且掷药囊	●	●	●							
秦王拔剑击荆轲	●	●	●	●			●			
荆轲以匕首掷秦王	●	●	●	●						
匕首击中桐柱	●	●	●							
匕首入铜柱				●						
匕首贯柱	●									
秦王复击荆轲		●	●	●						

总结如下：

（一）在“与同名历史故事相关内容无法对应的构图要素表现形式”中，以“匕首贯柱”“（荆轲）弓箭步”“（荆轲）被人从后面抱住”和“（荆轲）被人缚住左手”4项构图要素表现形式最值得关注，原因是它们在15份“荆轲刺秦王”画像21项构图要素表现形式中呈现出最大的覆盖面（具体情况即如表5、表6所示）：（1）在15份“荆轲刺秦王”画像中，有13份画像呈现“匕首贯柱”形式，约占87%，而“编号7”立柱之上有物横插，是否匕首，则因图像漫漶而难以辨认，如果将其视为“匕首”，则在15份画像材料中同样有14份画像材料呈现“匕首贯柱”形式；（2）有11份画像呈现“弓箭步”形式，约占73%；（3）有10份画像呈现“被人从后面抱住”和“被人缚住左手”形式，约占67%。

（二）根据表5、表6统计情况，进一步联系15份“荆轲刺秦王”画像材料，上述4项构图要素表现形式在“编号3、1、15、2、8、10、11、12、5、14”10份画像材料中存在（具体情况如表7所示）。这种情况意味着在上述10份画像图像叙述中，4项构图要素表现形式存在着叙事意义上的联结。也就是说，“（荆轲）被人从后面抱住”或“（荆轲）被人缚住左手”，与“（荆轲）弓箭步”和“匕首贯柱”之间，存在叙事意义上的因果关联，前者的“存在”是后者“出现”的前提。[4]

表 5 “荆轲刺秦王”画像 21 项构图要素表现形式在 15 份画像中的存在（数量）情况

画像编号	立柱		荆轲										秦王						秦舞阳	夏无且	樊於期头函
	中置立柱	匕首贯柱	头戴高冠	束发飘扬	弓箭步	双臂上举	袒露上身	佩剑，双手执鋌	刺秦王	被人从后面抱住	被人缚住左手	双手交叉腹前站立	坐榻上欲躲避	站立或奔跑	断袖	丢弃的双履	拔剑搏斗	执刀搏斗	伏地	高举药囊	函盖打开
9									●					●			●				
3	●	●		●	●	●				●				●	●			●			●
1	●	●	●		●	●				●				●					●		●
15	●	●		●	●					●				●							
2	●	●	●		●	●				●				●	●	●			●		●
8	●	●		●	●					●				●			●		●		●
10	●	●		●	●					●				●	●		●		●		●
11	●	●			●					●							●		●		
12	●	●			●					●					●			●	●		●
7	●			●		●								●			●		●		
14	●	●			●						●			●			●				●
4	●	●		●			●	●									●				●
5	●	●		●	●					●				●					●	●	●
6	●	●			●							●	●						●		
13	●	●		●					●					●	●		●				
数量	14	13	2	8	11	4	1	1	2	9	1	1	1	11	5	1	8	2	9	1	9

表 6 21 项构图要素表现形式中 9 项构图要素表现形式存在情况

位序	构图要素表现形式	出现次数	百分比
1	中置立柱	14	0.93
2	匕首贯柱	13	0.87

（续表）

3	站立或奔跑	11	0.73
4	弓箭步	11	0.73
5	被人从后抱住或被人缚住左手	10	0.67
6	伏地	9	0.60
	函盖打开	9	
7	束发飘扬	8	0.53
	拔剑搏斗	8	

表 7　4 项构图要素表现形式存在情况

画像编号	柱	荆轲									秦王		
	匕首贯柱	头戴高冠	束发飘扬	弓箭步	双臂上举	袒露上身	佩剑双手执梃	被人从后面抱住	被人缚住左手	双手交叉腹前站立	坐榻上欲躲避	丢弃的双履	执刀搏斗
3	●		○	●	○			●					○
1	●	○		●	○			●					
15	●		○	●				●					
2	●			●	○			●				○	
8	●		○	●				●					
10	●		○	●				●					
11	●			●				●					
12	●			●				●					○
5	●		○	●				●					
14	●			●					●				

（三）上述构图要素表现形式存在叙事意义上的因果关联的事实，为其他构图要素表现形式与这种“因果关联”存在联系的认识提供了根据。对于“编号 3、1、15、2、8、10、11、12、5、14”10 份画像材料来说，每一份画像都将被这种“因

果关联”所主宰，并将这种“因果关联”扩大至其他构图要素表现形式中。如此，画像个案中的每一项构图要素表现形式都会在这种“因果关联”中找到自己应有的图像叙述的位置。

（四）显然，以4项构图要素表现形式为主而联合其他构图要素表现形式所构成的图像叙述形式，事实上已经形成了既体现着共性特征又呈现出不同的个性色彩的情节链条。从“编号3、1、15、2、8、10、11、12、5、14”10份“荆轲刺秦王”画像构图的角度看，这种联结形式已经呈现出画像艺术设计意义上的规律性特征。值得注意的是，正是这种画像艺术设计意义上的规律性特征，显示出了“荆轲刺秦王”画像图像叙述的意义和价值。

结论如下：“荆轲刺秦王”画像以4项构图要素表现形式为主而联合“其他构图要素表现形式”所构成的叙事意义上的“情节链条”，再现了与传世文献所载同名历史故事截然不同的情节内容。“荆轲刺秦王”画像图像叙述意义上的独特之处即在此。

三、“荆轲刺秦王”画像差异点的意义和价值已经超越了画像图像叙述本身

如前所述，“荆轲刺秦王”画像图像叙述的独特之处是再现了与传世文献所载同名历史故事截然不同的情节内容。相信这种独特之处所具有的意义和价值已经超越了画像图像叙述本身。对此，如下情况能够说明问题。

（一）传世文献所载“荆轲刺秦王”历史故事中“侍医夏无且以其所奉药囊提轲”的关键作用，在“荆轲刺秦王”画像图像叙述中被有意淡化甚至抹杀。

根据《战国策·燕三》和《史记·刺客列传》所载文字，“图穷而匕首见”之后，“荆轲”之所以能够“逐秦王”而没有遇到阻拦，原因在于“群臣侍殿上者，不得持尺兵”而“诸郎中执兵皆陈殿下，非有诏不得上”。如此，危急关头，“秦王”一方出现两种情况：一是“秦王”迫不得已“乃以手共搏之”；二是“侍医夏无且以其所奉药囊提轲”。而《战国策》和《史记》叙述上述情节时“是时”二字的使用，已经说明“夏无且”投掷药囊的举动是关键时刻的关键行为。正是“夏无且”的上述举动妨碍了荆轲，从而延缓了他追逐的速度，给秦王赢得了“环柱走”的时间，从而为秦王的“负剑”和“拔剑”制造了难得的机会，也导致“荆轲”继

“图穷而匕首见”失败后的第二次刺杀失手。对此，“秦王”心知肚明，“赐夏无且黄金二百镒”，并送以“无且爱我”的赞语。据此而论，在传世文献所载“荆轲刺秦王”历史故事中，“侍医夏无且以其所奉药囊提轲”的情节至关重要，并导致夏无且成为“荆轲刺秦王”历史故事中秦王方面唯一“助战秦王”而“抗衡荆轲”的英雄人物。再看 15 份“荆轲刺秦王”画像材料，仅有“编号 5”画像中出现“(夏无且) 高举药囊”的构图要素表现形式，而与之相对应的则有 10 份“荆轲刺秦王”画像材料出现“(荆轲) 被人从后面抱住”或“(荆轲) 被人缚住左手”构图要素表现形式。需要指出的是，“编号 5”画像中出现“(夏无且) 高举药囊”构图要素表现形式的存在，说明“荆轲刺秦王”历史故事中“侍医夏无且以其所奉药囊提轲”情节，在“荆轲刺秦王”画像图像叙述中并没有被遗忘；但是从“编号 5”画像中“(荆轲) 被人从后面抱住”仍然与“(夏无且) 高举药囊”同时出现的情况看，后者似乎被有意淡化或漠视。

显然，上述情况的存在显示出“荆轲刺秦王”画像图像叙述所表现的明确的历史认知：妨碍荆轲从而延缓荆轲追逐秦王的关键人物和关键举动，并非“侍医夏无且”和“以其所奉药囊提轲”，而是“(荆轲) 被人从后面抱住”和“(荆轲) 被人缚住左手”。在“荆轲刺秦王”画像图像叙述中，“侍医夏无且”的关键作用已被有意淡化甚至抹杀。

(二) 传世文献所载“荆轲刺秦王”历史故事中“匕首中柱”或“决耳入铜柱”情节，在“荆轲刺秦王”画像图像叙述中被以更为精彩的形式再现，其“匕首贯柱”的表现使上述行为 (贯) 和行为对象 (柱) 产生了鲜明的象征意义和缘于道德判断的强烈的情感震撼。

传世文献所载同名历史故事在关于“荆轲投掷匕首”情节上面存在两种描述形式，前一种描述形式是“中柱”“中桐柱”或“铜柱”，后一种描述形式则是“决耳入铜柱”[5]。上述两种描述形式在叙事意义上具有不同的性质，前者不论“柱”的性质如何，“中柱”的描写却是一致的，而“中柱”即投掷的匕首为柱所挡的意义也是清楚的；后者则以铜柱代替柱或“桐柱”，再以“决耳入铜柱”描写匕首超强的力度，显然“入铜柱”是后者描述的重点和关键。

相比较而言，两种不同性质的叙述形式所呈现的形象表现，以及在上述形象表现中所内含的情感截然不同。前一种叙述形式呈现了历史叙事平实的写实特点，于是，“匕首为柱所挡”的“中柱”情节也就缘于写实特点而带有无奈和悲观的情绪。

值得注意的是，后一种叙述形式以铜柱代替柱或桐柱，再以“决耳入铜柱”描写匕首超强的力度，已然对前者无奈悲观的情绪有所减缓和慰藉，但是后者突破认知常识的夸张叙述却违背了历史叙事的写实原则，自然也就带有“失信”的风险。联系《论衡·儒增篇》的质疑，后者对前者悲观失望情绪有所减缓和慰藉的作用，也缘于文学意义上的“戏说”性质而变得微不足道。与传世文献所载同名历史故事相比，“荆轲刺秦王”画像“匕首贯柱”的图像叙述，表明此“柱”并非“铜柱”。而“贯柱”与“中柱”和“决耳入铜柱”比较，在遵循历史叙事写实原则的基础上，在形象的表现色彩和表现力度上则更胜一筹，又摆脱了“戏说”的弊病。如此而言，“荆轲刺秦王”画像图像叙述既具有历史叙事的平实而谨严的特点，又能够将文学叙述的表现性恰到好处地呈现出来，可谓兼而得之。

具体说来，“贯柱”在表现色彩和力度上更胜一筹，主要体现在“匕首”与“立柱”精彩却又符合认知常识的和谐表现上。如前所述，“匕首贯柱”之柱非铜柱，故而“贯柱”本身既体现出不可思议性，却又处于认知常识的可能性之中。缘于此，画像“匕首贯柱”并“剑缨向后飞扬”的形象刻画，才具有了“中柱”或“决耳入铜柱”所无可比拟的强烈的视觉冲击力和情感震撼力。另外，“匕首贯柱”并“剑缨向后飞扬”的形象表现，虽然表现了“匕首”迅疾的飞行速度和超强的攻击力度，但也将这种摧枯拉朽的力量源头和制造者凸显出来，为荆轲英雄形象的塑造和表现提供了帮助，而作为“受体”的立柱，其遭受攻击和创伤的形象也自然叠加进秦王的影子。由于秦王形象与立柱在情感和意象上的移位，使遭受攻击和创伤的立柱平添了鲜明的象征意义和缘于道德判断的情感色彩。

（三）作为具有叙事学意义上的图像叙述模式，“荆轲刺秦王”画像独特的图像叙述形式在东汉，尤其是东汉晚期出现了区域性和跨区域性的呈现。

如果从“图像叙述模式”角度进一步审视“荆轲刺秦王”画像独特的图像叙述形式，具备上述“图像叙述模式”的画像材料在东汉，尤其是东汉晚期出现了区域性和跨区域性的呈现。从画像所属墓葬地域情况和时间背景两个方面审视 10 份“荆轲刺秦王”画像材料，其结果即如表 8、表 9 所示。

表8 10份“荆轲刺秦王”画像材料所属墓葬地域及时间背景情况（一）

画像编号	出土地点	时间
3	山东嘉祥	东汉桓帝建和二年（148）
1	山东嘉祥	东汉桓帝元嘉元年（151）
15	山东阳谷	东汉桓、灵之间
2	山东嘉祥	东汉灵帝建宁元年（168）
5	浙江海宁	东汉晚期（147—220）
8	陕西神木	东汉时期（25—220）
10	四川乐山	东汉时期（25—220）
11	四川合川	东汉时期（25—220）
12	四川渠县	东汉时期（25—220）
14	山东微山	东汉时期（25—220）

表9 10份“荆轲刺秦王”画像材料所属墓葬地域及时间背景情况（二）

<table>
<tr><th>画像编号</th><th colspan="2">出土地点</th><th>时间</th></tr>
<tr><td>3</td><td rowspan="5">山东</td><td rowspan="3">嘉祥</td><td>东汉桓帝建和二年（148）</td></tr>
<tr><td>1</td><td>东汉桓帝元嘉元年（151）</td></tr>
<tr><td>2</td><td>东汉灵帝建宁元年（168）</td></tr>
<tr><td>15</td><td>阳谷</td><td>东汉桓、灵之间</td></tr>
<tr><td>14</td><td>微山</td><td>东汉时期（25—220）</td></tr>
<tr><td>5</td><td>浙江</td><td>海宁</td><td>东汉晚期（147—220）</td></tr>
<tr><td>8</td><td>陕西</td><td>神木</td><td>东汉时期（25—220）</td></tr>
<tr><td>10</td><td rowspan="3">四川</td><td>乐山</td><td>东汉时期（25—220）</td></tr>
<tr><td>11</td><td>合川</td><td>东汉时期（25—220）</td></tr>
<tr><td>12</td><td>渠县</td><td>东汉时期（25—220）</td></tr>
</table>

总结如下：（1）从10份画像材料“时间背景”看，能够明确为东汉桓、灵时期画像材料共4份，东汉晚期画像材料1份，上述画像材料与时间背景为东汉时期画像材料在数量上对等。由此能够明确，具备上述“图像叙述模式”的10份“荆轲刺秦王”画像材料的时间背景皆为东汉时期，并可能集中出现于东汉晚期或桓

灵时期。（2）从10份画像材料“地域背景”看，有5份出自山东，另外3份出自四川。出自山东者以嘉祥为中心而集中于山东的西南部区域，出自四川者在地域背景上似乎没有出现山东的区域性特点，但仍然以成都平原的乐山和四川东部区域为主。由此能够明确：具备上述“图像叙述模式”的10份“荆轲刺秦王”画像材料，其地域背景首先呈现“区域性”特点，并出现了跨越山东、四川、浙江、陕西地域而存在的情况。

结论如下：（1）在供研究的15份“荆轲刺秦王”画像中，具备这种“图像叙述模式”的画像材料主要出现在东汉时期，或以东汉晚期历史阶段更为突出，并在地域背景上呈现“区域性密集呈现”的现象，同时亦存在“跨区域呈现”的情况。（2）同时，这也意味着上述画像在艺术表现上同时存在着“区域性密集呈现”和“跨区域呈现”现象。显然，上述现象的存在，一方面排除了画像个案性质的可能性；另一方面也排除了单纯意义上的画像艺术表现技巧或艺术表现手段的可能性，从而有理由将这种现象视为图像叙述意义上的规律性现象。（3）如此，则能够进一步得出如下认识：具备上述“图像叙述模式”的“荆轲刺秦王”画像在东汉，尤其在东汉晚期获得了“区域性”和“跨区域性”存在和流行。

四、“荆轲刺秦王”画像独特的图像叙述形式得益于历史与文学叙事的巧妙结合

“荆轲刺秦王”画像图像叙述所呈现的上述两个方面的情况，似乎呈现不同的性质或层面。前者涉及历史认知的问题，画像以图像叙述的形式再现了与传世文献所载同名历史故事截然不同的情节内容；而后者则关涉在历史人物之形象与行为的图像叙述中的文学性表现问题，画像在图像叙述中借用了诸如夸张、拟人、象征、类比等文学表现手法，又融入了构成文学生命价值的情感情绪和道德判断。不可否认，上述两个方面并非孤立存在，而是水乳交融般融合在图像叙述中，构成了“荆轲刺秦王”画像叙事学意义上的图像叙述模式。探究上述情况形成的原因，或将触及“荆轲刺秦王”历史故事的图像叙述与历史或文学叙述的关系问题。

（一）“荆轲刺秦王”历史故事在汉代存在着历史、文学、图像三种不同的叙述形式

“荆轲刺秦王”画像凭借图像的形式描绘历史故事的方式，已经属于叙事学意义上的图像叙述性质。从这个意义上说，以图像的形式表现历史故事的图像叙述，在汉代已经成为人们所熟知的叙述形式和叙述方法。人们已经不再满足于传统的历史或文学叙述形式再现“荆轲刺秦王”历史故事，并且已经寻找到了更为精彩的叙述形式和更具形象表现的叙述方法以满足自己的精神需求，“荆轲刺秦王”画像“区域性密集呈现”和“跨区域呈现”现象的存在即是证明。

然而，这种情况并不能否定或抹杀上述叙述形式之间存在着联系和影响的事实，单就汉画像历史故事画像而论，图像叙述并不能摆脱历史或文学叙述而独立完成或独立存在。从这个意义上说，与“荆轲刺秦王”画像构成叙事意义关联的两种情况也就进一步明晰起来：（1）这种“图像叙述模式”之“区域性密集呈现”和“跨区域呈现”，揭示了与之相应的历史或文学叙述形式的“区域性密集呈现”和“跨区域呈现”的事实，而上述情况并不存在于以往的认知经验之中。（2）基于上述认识，一方面能够促使我们明确，从叙事学意义上审视“荆轲刺秦王”画像，它的存在证明“荆轲刺秦王”历史故事在汉代至少存在着历史、文学、图像三种不同的叙述形式；另一方面还能看到在汉代存在和流行的“荆轲刺秦王”历史和文学叙述中，尚存在着不同内容的版本形式，而上述情况虽然存在于以往的认知经验之中，却没有受到足够的关注和重视。

（二）“荆轲刺秦王”图像叙述更接近于文学叙述并表现为文学意义上的再创造

与历史叙述相比较，“荆轲刺秦王”图像叙述更接近于文学叙述，表现在叙述本身的情绪化的情况或机会更为突出、多样和复杂。正是在这个意义上，我们能够从“荆轲刺秦王”图像叙述中发现在已知历史或文学叙述中没有出现或无法表现的某些情感，从而进一步补充和加深对已知历史或文学叙述的认识和理解。[6] 从“荆轲刺秦王”图像叙述看，荆轲形象体现出狂暴和凶悍的特征，与《史记》所言“然其为人沉深好书”判若两人。不可否认，荆轲形象的后一种展现或为荆轲匿于市井间的伪装之象，然而不论如何，图像叙述所展示的荆轲形象才是汉代民间所心仪和钦佩的形象。缘于此，“匕首贯柱”的惊天动地行为，才有了力量和气势的源泉。“荆轲刺秦王”图像叙述中的荆轲形象与已知历史或文学叙述中的荆轲形象截然不

同，后者描绘了一位失败的英雄人物，而前者则再现了一位成功的英雄形象，因为在狂暴而凶悍的荆轲面前，如果秦王作为“受体”，“匕首贯柱”的刻画早已说明问题了。

值得注意的是，“荆轲刺秦王”图像叙述在主要人物形象表现上遵从了“正面刻画”的原则，从秦王机警、迅捷、勇武的形象特征上能够看出，汉人对这一形象并没有矮化或丑化，而是缘于侥幸而躲过一劫的惊诧和挺剑奋起的钦佩。上述情况或与汉代民间持续兴盛的崇尚节义、尚武复仇、思慕英雄的社会思潮息息相关。而这样的社会思潮又是与历史人物的偶像化演变联系在一起的。历史人物的偶像化过程，同时也是历史人物“被英雄”或“被神圣”的过程。在这个过程中，一方面表现出历史叙述的故事化、传奇化，即文学化的发展和演变；另一方面则表现为历史人物从内（内涵）到外（形象）的英雄化和神圣化的再丰富和再创造。显然，“荆轲刺秦王”图像叙述提供了佐证。

（三）“荆轲刺秦王”独特的图像叙述并非画工心血来潮的自编自创

如果将《战国策·燕三》《史记·刺客列传》《燕丹子》所载“荆轲刺秦王”历史故事区别为历史叙事或文学叙述的话，那么《文选·吴都赋》注引《秦零陵令上始皇帝书》《淮南子·泰族训》《新书·淮难》《狱中上书自明》《汉书·景十三王传》《论衡·儒增篇》所涉“荆轲刺秦王”历史故事，或者都能够囿于上述叙述形式之中。然而，上述文献所涉“荆轲刺秦王”历史故事在具体内容上是否一致，则难以给出肯定答案。

秦汉时期流传于世的“荆轲刺秦王”历史故事内容庞杂，而记载文献或各承其源，自然在内容上存在差异。《燕丹子》所载“匕首入铜柱”而“火出”情节，在《战国策》和《史记》中均无载。对于上述情节，《论衡·儒增篇》以为“虚言”，但所据文献却不是《燕丹子》而是“儒书”。“儒书”何指？不得而知，但可以肯定不是《燕丹子》。显然，上述情节不仅《燕丹子》有载，尚有“儒书”涉及，而王充没有指出“儒书”的具体书名，恐怕也是因为这种“儒书”很多而只能笼统概述。《史记·刺客列传》引“太史公曰”云：“世言荆轲，其称太子丹之命，天雨粟，马生角也，太过。又言荆轲伤秦王，皆非也。”对“天雨粟，马生角”，《索隐》引《燕丹子》云：“乌头白，马生角，乃许耳。”但后者“伤秦王”情节，则在已知文献中无载。

上述情况的存在必有原因。《史记·刺客列传》引“太史公曰”云：“始公孙季功、董生与夏无且游，具知其事，为余道之如是。”“夏无且”乃秦王“侍医”，其所知当仅限于“庭上刺杀和搏斗”这部分内容。据此，则《史记·荆轲传》“庭上刺杀和搏斗”这部分内容，当源自公孙季功和董生的“转述”。《战国策·燕三》所载这部分内容与《史记》基本一致，或亦与上述“转述”有关。据此而论，秦汉时期“荆轲刺秦王”历史故事在“庭上刺杀和搏斗”这部分内容的描述上情节庞杂，或缘于“讲述者”不同而致。“夏无且”以“侍医”身份成为事件的“亲历者”进而成为“讲述者”，而“亲历者”尚有“群臣”和“左右”，上述人物都有可能成为事件的“讲述者”，并为不同的“转述者”所“转述”。

基于上述认识，或能得出如下结论：“编号3、1、15、2、8、10、11、12、5、14”10份“荆轲刺秦王”画像，在艺术表现上“区域性密集呈现”和“跨区域呈现”现象形成的原因，或与不同的历史或文学叙述有关，其最为突出的特点是有别于“夏无且”的“讲述”和“公孙季功”与“董生”的“转述”。借此进一步阐发，“编号4”的“荆轲刺秦王”画像在构图上同时出现“（荆轲）袒露上身”“（荆轲）佩剑，双手执梃”构图要素表现形式，或许也属于渊源有自的图像叙述，而非工匠心血来潮的自编自创。

综上所述，“荆轲刺秦王”画像以画像构图的形式描绘了同名历史故事中“庭上刺杀和搏斗”这部分内容，同时也表现了“刺杀行动前准备活动”的某些重要情节，在已知历史和文学叙述之外为我们提供了更为形象也更为精彩的图像叙述形式。“荆轲刺秦王”画像在表现“庭上刺杀和搏斗”这部分内容时，成功地运用了“与已知同名历史故事相关内容无法对应的13项构图要素表现形式”来结构画面，从而再现了与传世文献截然不同的情节内容，弥补和丰富了已知认知经验，尤具历史和文学的意义和价值。

［本文系国家社会科学基金项目“考古新资料与秦汉文学研究新视野”（11BZW028）阶段性研究成果］

注释：

[1] 供研究的15份汉画像“荆轲刺秦王”画像材料所属墓葬、构图情况、所属墓葬时代、图片原始出处等情况如下：（1）武梁祠西壁画像，第四层右起第三部分。自右至左：一人头戴高冠双臂上举，呈弓箭步，被人从身后紧紧抱住，榜题“荆轲”；其前地上一盒，盒盖敞开，露出樊於期的人头，榜题“樊於期头”；其前一人伏地叩头，榜题“秦舞阳”；中间一柱，一柄短剑，剑柄丝带飘扬，刺入柱中剑尖透出；柱后一人向左奔跑，并回头手执荆轲，榜题“秦王”。东汉桓帝元嘉元年（151）。图片来源：《中国画像石全集》第一卷《山东汉画像石》图49。（2）武氏祠前石室后壁小龛西侧画像。第二层：右一奋勇的武士被人拦腰抱住，榜题“荆轲”。其足旁一人匍匐于地，榜题“秦舞阳”。其后一卫士执刀、盾。秦舞阳前置一盒，半启，内盛一人头，当为樊於期的头。中间一柱横贯一带缨匕首。柱右有一割断的衣袖。左边一人惊慌奔逃，榻座前有丢弃的双履，当属秦王。其左有惊扑倒于地的两卫士。东汉灵帝建宁元年（168）。图片来源：《中国画像石全集》第一卷《山东汉画像石》图62。（3）武氏祠左石室后壁小龛西侧画像。第二层：画面中间刻一柱，柱左为荆轲，被人从后面紧紧抱住，双腿叉开，上臂上扬，匕首已刺穿铜柱；柱右侧身而立者当为秦王，一截断袖跌落；其身后一武士；地上一人仰面跌倒，其前一盒打开，露出人头。东汉桓帝建和二年（148）。图片来源：《中国画像石全集》第一卷《山东汉画像石》图80。（4）沂南汉墓中室西壁北侧画像。下层：中立一斗二升的木柱，柱身上穿一匕首。柱左一人右向立，左手前伸右手正拔剑。柱右一人袒上身，佩剑左向行，双手执梃，其下置一启开的盒。东汉晚期（147—220）。图片来源：《中国画像石全集》第一卷《山东汉画像石》图218。（5）1973年海宁市长安镇海宁中学出土。画像石位于前室东壁北侧第二层。画面刻荆轲刺秦王未中，被卫士抱住，秦王绕柱而逃，御医高举药囊将投，地上放有盛樊於期头的方匣，秦舞阳则匍匐在地。东汉晚期（147—220）。图片来源：《中国画像石全集》第四卷《江苏安徽浙江汉画像石》图232，摹本引自黄雅峰《海宁汉画像石墓研究》图版78。（6）江苏泗阳打鼓墩樊氏画像石墓。第五石侧面图：秦王居右，粗眉长髯，头扎漆布帻冠，坐在矮足的床榻上。床榻右置一兽足盘，盘内盛二鱼。厅内帷帐结绾起来。榻前立一根圆柱，柱上插进一把带缨的匕首，秦王正欲起身躲避。柱子左前跪着一个瘦小的人物，面朝秦王，双手向后示意，面前似一卷展开的简策。其后立一身体魁梧的男子，即荆轲。头扎发结，袖口高挽，双脚弓张，两手交叉在腹前，双目怒视秦王。东汉晚期至曹魏时期。图片来源：淮阳市博物馆、泗阳县图书馆《江苏泗阳打鼓墩樊氏画像石墓》，《考古》1992年9期，图七：1。（7）画像砖。1974年江苏高淳固城出土。画面共八人，右边有一柱，柱左第一人为荆轲，两手扬起，头发甩开，地上仰卧一人，为吓倒了的秦舞阳。三名秦大臣，惊慌失措，紧紧跟随，伺机阻止。柱右为秦王，长剑高举过顶，大步躲避并四处观望。一武士在秦王右方，正执剑欲上前相助。东汉时期。图片来源：《全国其他地区汉画像砖》图20。（8）1996年陕西神木大保当出土，门楣画像。下层中部：荆轲怒发上指，跨步躬身，剑刺秦王未中而击穿铜柱，头戴通天冠的秦王“负剑拔之，奋袖超屏风而走”，侍医夏无且为阻拦荆轲，急中将其拦腰抱住，置樊於期首级的函盖已经打开，须发五官清晰可见。“奉行图跪拜”的秦舞阳趴在地上瑟瑟发抖。秦宫中的侍卫被这突发的事件吓得束手无策惊慌倒退。东汉时期（25—220）。图片来源：《中国画像石全集》第五卷《陕西山西汉画像石》图225。（9）1972年河南唐河针织厂墓出土，北主室北壁东端。自右至左为荆轲、秦王、秦舞阳。荆轲拔剑刺向秦王，秦王抽身站起，横剑还击。秦舞阳大惊失色。西汉时期（前206—8）。图片来源：《中国画像石全集》第六卷《河南汉画像石》图15。（10）四川乐山市凌云山麻浩一号崖墓出土，享堂壁。左侧是两个卫士正作惊窜状。右为秦王，一袖已断，回首击荆轲，手中所执物不明。荆轲怒发飘扬。中间是铜柱，柱上旋绕之物是匕首。最右侧俯伏在地的是秦舞阳，面前是樊於期的头和匣。东汉时期（25—220）。图片来源：《中国画像石全集》第七卷《四川汉画像石》图1。（11）1975年四川合川沙坪乡濮岩寺石室墓出土，后世门楣横额。自右起：第一组右一人正拉弓射虎。第二组右为秦王，正举剑，中为一柱，上有匕首，柱右一小人，应为秦舞阳，柱左一武士正抱荆轲。第三组右为仙人持尊，其后有三足乌、

九尾狐，可能是去拜见西王母。东汉时期（25—220）。图片来源：《中国画像石全集》第七卷《四川汉画像石》图 60。（12）四川渠县王家坪出土，无名阙楼部背面。右侧一武士为夏无且正抱住荆轲，中间一柱，其下方一人正跪拜，为秦舞阳。左侧为秦王，戴冠披肩，左腿直立，右脚翘起，右手执刀，作搏斗状。最左侧一矮小武士手执剑盾赶来。东汉时期（25—220）。图片来源：《中国画像石全集》第七卷《四川汉画像石》图 76。（13）四川江安二号魏晋石棺。画面左侧刻一柱，匕首掷入柱上，柱右侧为荆轲，怒发冲冠，柱左侧为秦王，割袖而逃，正举刀自卫。魏晋时期。图片来源：高文《四川汉代石棺画像集》。（14）山东微山南阳镇出土，疑为地上享堂画像石。画像共分上、中、下三层，上层画面左刻"管仲射小白"历史故事，右侧画面刻"荆轲刺秦王"故事。"荆轲刺秦王"故事在构图上分为两个部分，左侧部分左面站立者应为"秦王"，其面前二人跪地，手中执物，应是荆轲、秦舞阳献图；右侧部分中间立柱，柱上插有匕首，柱左一人侧身站立，横剑胸前，应为"秦王"，柱右一人弓步作投掷匕首状，其左手被人缚住，应为侍医夏无且，荆轲身后矮小者应为秦舞阳，柱下有木匣露出头颅。东汉时期。图片来源：微山县文物管理所《山东微山县近年出土的汉画像石》，《考古》2006 年 2 期。（15）山东阳谷县八里庙汉画像石墓 1 号墓，画像十二，分为四层，第一层刻孔子见老子；第二层刻荆轲刺秦王，画面中间为一檐柱，上有横插匕首，荆轲在柱右，被一人抱住，秦王在柱左，一手举剑作转身逃避状，其身前有一人掩护，身后有两个持盾和兵器的卫士；第三层刻角抵百戏；第四层刻连理树，树下有马和车。东汉桓、灵之间。图片来源：聊城地区博物馆《山东阳谷县八里庙汉画像石墓》，《文物》1989 年第 8 期。

[2] 传世文献所载"荆轲刺秦王"历史事件或传说故事如下：（1）《战国策·燕三》，（西汉）刘向集录，范祥雍笺证，范邦瑾协校：《战国策笺证》卷三十一，上海古籍出版社 2011 年版，第 1786—1792 页。（2）《史记·刺客列传》，（汉）司马迁：《史记》卷八十六，中华书局 1959 年版，第 2534—2535 页。（3）《燕丹子》，（晋）张华等撰，王根林等校点：《博物志》（外七种），上海古籍出版社 2012 年版，第 81—84 页。

[3] 上述传世文献所载"荆轲刺秦王"历史故事主要情节包括：（1）《战国策·燕三》所载相关情节（略）；（2）《史记·刺客列传》所载相关情节（略）；（3）《燕丹子》所载相关情节（略）；（4）《淮南子·泰族训》："荆轲西刺秦王，高渐离、宋意为击筑而歌于易水之上。闻者莫不瞋目裂眦，发植穿冠。"（《诸子集成》七《淮南子》卷二十，中华书局 1954 年版，第 365 页）；（5）王充《论衡·儒增篇》："儒书言：'荆轲为燕太子刺秦王，操匕首之剑，刺之不得。秦王拔剑击之。轲以匕首擿秦王，不中，中铜柱，入尺。'欲言匕首之利，荆轲势盛，投锐利之刃个，陷坚强之柱，称荆轲之勇，故增益其事也。夫言入铜柱，实也，言其入尺，增之也。夫铜虽不若匕首坚刚，人之不若数寸，殆不能入尺。以入尺言之，设中秦王，匕首洞过乎？"（《诸子集成》七《论衡》，中华书局 1954 年版，第 81 页）；（6）《文选·吴都赋》刘渊林注引《秦零陵令上书》："荆轲挟匕首，卒刺陛下。陛下以神武扶揄长剑以自救。"[（梁）萧统编，（唐）李善注：《文选》卷五，中华书局 1977 年版，第 89 页]；（7）邹阳《狱中上书自明》："故樊於期逃秦之燕，藉荆轲首以奉丹事。"[（梁）萧统编，（唐）李善注：《文选》卷三九，中华书局 1977 年版，第 548 页上]；（8）《汉书·景十三王传》："故高渐离击筑易水之上，荆轲为之低而不食。"（《汉书》卷五十三，中华书局 1962 年版，第 2422、2423 页）；（9）贾谊《新书·淮难》："燕太子丹富故，然使荆轲杀秦王政。今陛下将尊不亿之人，与之众，积之财，此非有白公、子胥之报于广都之中者。即疑有鱄诸、荆轲起于两柱之间，其策安便哉。"[（明）程荣《汉魏丛书》卷四，吉林大学出版社 1992 年版，第 480 页]。

[4] 在"庭上刺杀和搏斗"这部分内容中，《战国策·燕三》和《史记·刺客列传》所载基本相同，根据《战国策·燕三》所载文字，"图穷而匕首见"之后，荆轲"因左手把秦王之袖，而右手持匕首揕抗之。未至身，秦王惊，自引而起，绝袖"之后，秦王拔剑不得，环柱而走，荆轲则"逐秦王"。再后，秦王得到"王负剑"的提醒，"遂拔以击荆轲，断其左股"。而"荆轲废，乃引其匕首提秦王"。显然，在上述情节中荆轲是在"断其左股"而"废"的情况下，才"引其

匕首提秦王”的，说明荆轲“引其匕首提秦王”是在无法“逐秦王”的困境之下“不得已而为之”的举动。以上述传世文献所载相关情节对比画像构图，“荆轲刺秦王”画像所出现的“匕首贯柱”构图要素表现形式，应该同样是荆轲无法逐秦王的困境之下不得已而为之的举动，只是造成这种“困境”的原因不是被秦王“断其左股”，而是“被人从后面抱住”或“被人缚住左手”。

[5]《战国策·燕三》载：“荆轲废，乃引其匕首提秦王，不中，中柱。”而《史记·刺客列传》则云：“中桐柱”，汲古阁本则作“铜柱”。《正义》引《燕丹子》亦云：“荆轲拔匕首掷秦王，决耳入铜柱，火出。”

[6] 这些情感或情绪，有可能属于画像创作者或画像设计者个人的情感或情绪，也有可能属于某一家族或宗族，更有可能属于特定地域族群或人群团体的情感或情绪。总之，地域性是其最为突出的特点。

汉画井络图像考略

龚诗文

内容摘要 汉代陶井模型的“弯曲缠绕”纹饰密切关系东井星宿及其相关传说，不但涉及汉高祖刘邦开国图谶的天文星象，而且衍生刘邦龙兴之地联结“井络缠矅”的分野星占，可谓汉代易学“仰观天文、俯察地理”之下的吉祥图案，亦即“井络”图像。因此，本文将首先以汉代的井络图像为中心，整理相关文物与图像的发现与研究，确认问题所在。其次，解析井络图像的造型元素，参考相关汉墓的考古出土数据，尤其位居当时天文历象“地中”的洛阳汉墓之装饰，逐一比对造型元素的渊源，检视造型元素的组合方式与创意设计之法则，厘清井络图像的正名、渊源与发展。最后，比对纹饰的设计与传统文献，探讨井络图像的象征意义。

关 键 词 汉画；井宿；五星聚东井；井络；井络缠矅

作者简介 龚诗文，台湾元智大学艺术与设计学系副教授。

一、前言

20世纪以来，洛阳墓葬陆续出土西汉晚期乃至东汉早期的陶井模型。（图1、表1）再者，陶井的井栏之上大多刻有人物、云气、“弯曲缠绕”纹饰，以及“东井”“戒火”的铭文。（图2）其中，井栏当中的“弯曲缠绕”之纹饰，颇类后世的盘长纹饰（图3—5），甚至成为中国联通的标志[1]。（图6）1976年，日本学者中野彻曾经撰文指出，元明清陶瓷的盘长纹饰可以追溯到汉代绘画，颇具启发，可惜碍于出土数据缺乏之故，未能深论。

其实，此一“弯曲缠绕”的纹饰，不但见诸西汉早期的山东洛庄汉墓陪葬坑出土铜錞于的“一笔鹰”纹样（图 7），而且出现在东汉晚期的山东嘉祥派风格画像石（图 8—11）、东汉晚期的天津鲜于璜墓采集的画像砖（图 12）、东汉晚期的四川画像砖（图 13）及四川崖墓的壁面装饰之上（图 14—18）。

换言之，在地理空间上，此一纹饰可谓横跨当时黄河中下游的河南、山东、天津及长江流域的四川盆地；在时代上，此一纹饰可谓贯穿两汉，从西汉早期到东汉晚期。因此，在某种程度上，“弯曲缠绕”纹饰可谓流行两汉各地的装饰纹样之一。然而，关于此一纹饰的形象与内涵，至今似乎尚未解明。

事实上，上述“弯曲缠绕”纹饰乃是汉画中的东井星宿及其井络之相关图像（以下称为“井络图像”），不但关系天文星象的创意设计，同时隐含开国图谶及分野星占的吉祥图案，可谓隐含深厚的汉代易学“仰观天文、俯察地理”之文化内涵。

因此，本文将以河南洛阳汉墓出土的陶井纹饰、山东汉墓画像石、天津汉墓采集画像砖、四川成都汉墓画像砖、四川绵阳汉墓与长宁崖墓的壁面装饰为中心，首先整理相关图像的发现与研究，确认问题所在，同时提出解决之道。其次，解析井络图像的各种造型元素之后，参考相关汉墓的考古出土数据，尤其位居当时天文历象“地中”的洛阳汉墓之装饰，逐一搜寻、比对上述造型元素的渊源，同时检视造型元素的组合方式与创意设计之法则，厘清井络图像的渊源与发展。最后，检视传统文献，探讨井络图像的象征意义。

图 1　偃师出土陶井

图 2　陶井井栏拓片

图 3　盘长纹

图 4　元代盘长纹

图 5　明代万历盘长纹

图 6　中国联通标志中的盘长纹

图 7　铜𬭚于纹样

图 8　许安国祠堂画像石

图 9　济南出土画像石

二、洛阳"东井戒火"陶井及其纹饰

(一)发现与研究

20 世纪以来，河南洛阳陆续出土一批西汉晚期乃至东汉早期的陶井模型。陶井的井栏大多刻有“东井戒火”铭文、云气边饰、人物画像，以及本文即将探讨的“井络”图像。

首先，关于此批陶井的铭文，学界过往大多读为“东井灭火”（中国美术全集编辑委员会，1993），然而已有学者（熊龙，2012；魏秋萍，2013）主张应该读为“东井戒火”。除此，“东井”铭文与“戒火”铭文之间，经常出现方框、十字交叉、小点、绳索线条及线条缠绕小点的类似菱形等造型元素所组成的装饰纹样（表 1），状似前述的元明清瓷器八吉祥图案乃至台湾传统艺术的盘结纹。

表 1　陶井纹饰造型元素示意表

元素 / 文字 纹饰 / 图像	①方框	②十字交叉	③小点	④线条 / 绳索	⑤绳索缠点
	东井 / 井宿	梁柱	星辰 / 星曜	井络 / 绠 / 繘	井络缠曜

其次，较之上述的铭文考定，目前为止，似乎少见学者关心此一陶井井栏的纹样。事实上，根据笔者管见，东汉晚期的四川汉墓装饰（图 14—18）也曾出现十分相似的纹饰，尤其接近上述盘长纹的曲线风格。如表 2 所示，并且引发学界的注意。其中，除了四川大学博物馆将成都出土画像砖上的类似纹饰（图 13）称为“胜”形图案之外，仅知罗伟先（1989）、王育成（1991）、罗二虎（2007）与牛天伟（2010）曾经针对四川长宁七个洞崖墓的类似纹样进行考察。

表 2　四川长宁七个洞崖墓纹饰示意表

			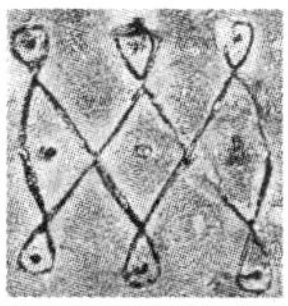	
1	2	3	4	5

首先，罗伟先（1989）认为七个洞崖墓纹饰的井字缠绕小点的纹饰，代表“九州岛”与“百谷”，乃是“社稷”的神符，从而阐释此一纹饰关系社稷祭祀与建筑及农业的关系。相对于此，王育成（1991）讨论东汉道符之际，同样提及四川长宁七个洞崖墓的类似纹样（图 14—18），认为此乃汉代驱鬼之绳索与星图的结合。

其次，罗二虎（2007）认为四川长宁七个洞崖墓纹样乃是胜纹符号、玄武纹符号、双结龙符号。至于前述成都出土画像砖上的类似纹饰（图 13），罗二虎认为乃是联璧纹。再者，牛天伟（2010）主要针对罗二虎的论文，以为长宁七个洞崖墓纹样乃是“胜纹”与“联钱（璧）纹”，并且说明“胜纹”乃是源自西王母的祥瑞符号，至于“联钱（璧）纹”则是富贵无限的表征。

综合上述诸家研究，皆以四川的东汉墓葬为对象，分别出现“胜形图案说”（牛天伟）、“社稷神符说”（罗伟先）、“联璧纹符号说”（罗二虎、牛天伟）、“驱鬼绳索结合星图说”（王育成），可谓众说纷纭，然而未见确定性的证据，如确切的文字题记或是足以对应上述文字的视觉材料等证据。

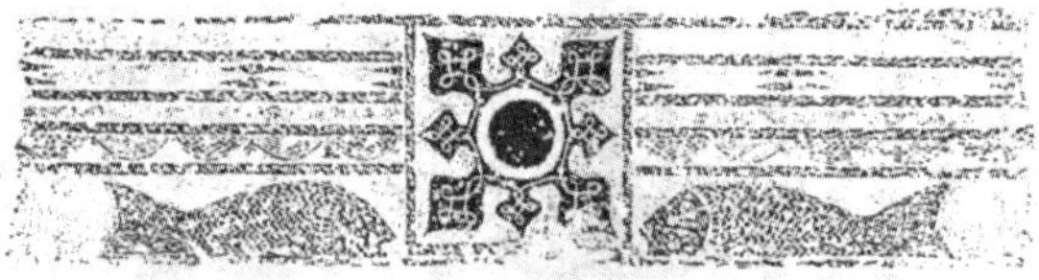

图 10　泰安出土画像石

图 11　安丘董家庄出土画像石

图 12　天津鲜于璜墓采集的画像砖

图 13　成都出土画像砖

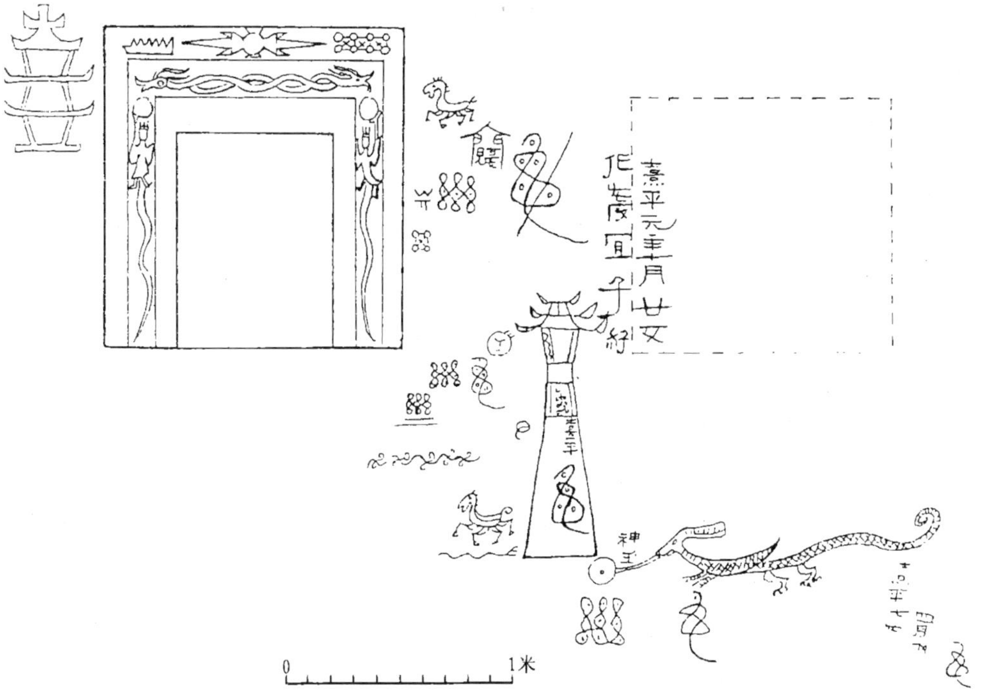

图 14　长宁七个洞崖墓 M1 墓门

相对于此，前述河南洛阳西汉晚期乃至东汉早期墓葬出土的陶井之上，不但出现类似上述的装饰纹样，同时也出现如“榜题”一般的文字，确实带来研究上的新契机。

（二）文字与纹样

首先，如陶井纹样一旁的“东井”铭文所指，此一纹饰可能密切关系“东井”。只不过此地铭文所指的“东井”并非只是一般的陶井或是井户，而是语带双关地意指陶井本身，以及天上的南宫东井星宿。根据《史记·天官书》的记载：“南宫朱鸟……东井为水事。”[2] 由此可知，“东井”乃是天上二十八星宿之一的井宿，位于天空南方，主管水事。

其次，汉代人已知五行相胜之下的水火相克相灭，如汉武帝时人董仲舒《春秋繁露·五行相胜》所言：“执法者水也，故曰水胜火”；或是《说苑·谈丛》所言：“水火金木转相胜。”如此一来，“东井为水事”的记载正符合汉代盛行的五行相克之说，故而衍生铭文所言的“东井戒火”之寓意。

再次，东井星宿的视觉造型究竟为何呢？《史记·天官书》《索隐》引《元命苞》

云："东井八星，主水衡也。"由此可知，东井星宿是由八星组成，然而不知具体的组成形象为何。所幸，汉代颇多壁画墓，其上往往彩绘天文星象。根据西安交通大学校园出土的西汉晚期壁画墓所描绘的天文图像（陕西省考古研究所，1991），得知东井星宿乃口状方形（图21），方形四端各画一圆形星点，并于星点之间施以直线连接，状似俯视之下的井口造型。

最后，冯时（2001）根据东汉文献记载，曾经绘制东汉的星官图（图22），其中的井宿也是井干造型。此一井宿造型颇为类似河南济源泗涧沟M29出土陶井的井口俯视图。（图23）如此一来，无论汉代墓室壁画的井宿造型，或是据东汉文献所恢复的井宿示意图，都是接近实际井口的俯视图。诚如前引的济源泗涧沟M29陶井俯视图，或是前述陶井纹饰的①号元素（表1①），亦即一般的井口符号。换言之，陶井纹饰的"①号造型元素""陶井"及"东井"之间，形成有趣的互为模拟、互为指涉的三角对应关系，如表3所示。

表3　陶井、井宿与井络图像示意图

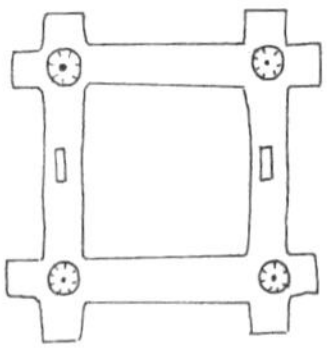

（图23）

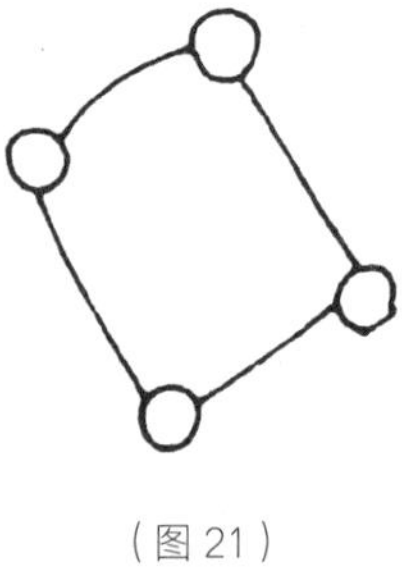

（图21）

（图1）

（表1①）

事实上，根据《汉书·天文志》的记载[3]，汉代人相信天上的星宿往往对应地上的万物。倘将表1的①号元素对应东井之井框，那么，陶井纹饰①号元素的方框之内为何出现②号乃至⑤号的各种造型元素呢？难道②号乃至⑤号元素也是关系东井星宿的天文星象，而且对应当时的地上事物吗？因此，以下先从东井及其相关的天文星象谈起。

图15　四川长宁七个洞崖墓纹饰

图16　四川长宁七个洞崖墓纹饰

图17　四川长宁七个洞崖墓纹饰

图18　四川长宁七个洞崖墓纹饰

图19　洛阳陶井纹饰

图20　洛阳陶井纹饰

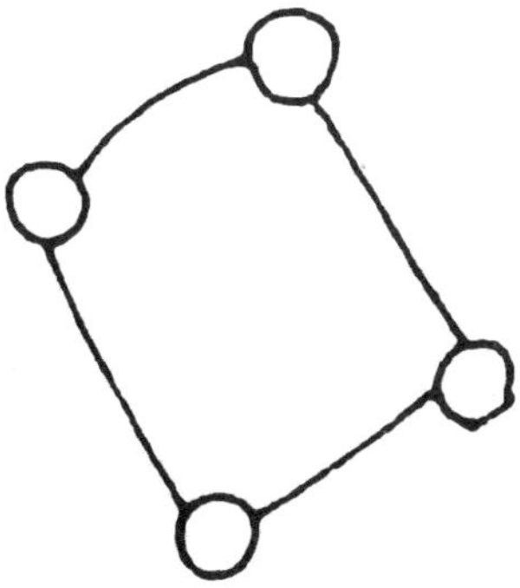

图21　东井星宿壁画描图

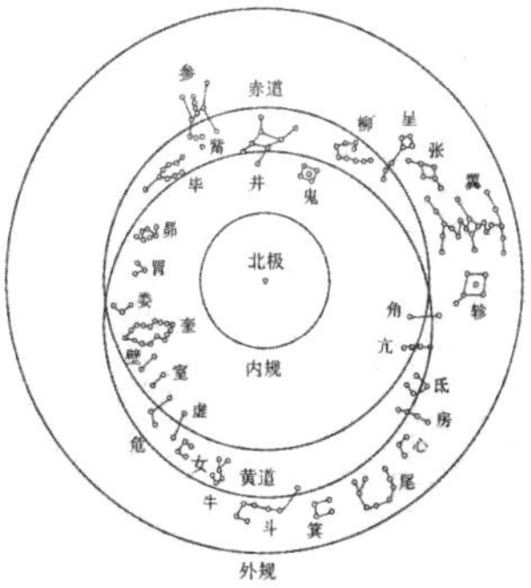

图22　东汉星官图

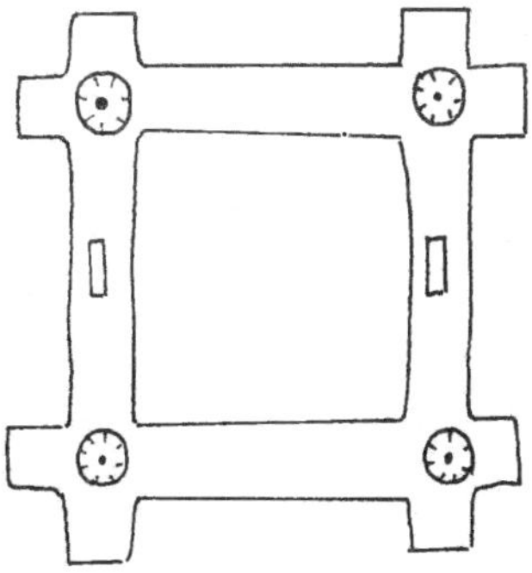

图23　济源泗涧沟出土陶井

三、洛阳汉墓及其藻井装饰：五星聚东井

（一）东井＝藻井

根据前引《汉书·天文志》的记载，汉代建筑往往模拟天文星象。其中，屋顶正中最高之处的天井乃取象东井星宿，称为藻井。东汉张衡的《西京赋》最早提及“藻井”：“蒂倒茄于藻井，披红葩之狎猎。”关于此文，唐代的李善注引东汉应劭《风俗通义》曰：“今殿作天井。井者，东井之像也。菱，水中之物，皆所以厌火也。”根据此文，得知汉代建筑的天井确实模拟天上的东井星宿。

李善再引三国时期的薛综注曰：“藻井当栋中，交木方为之，如井干也。”薛综此文说明取象东井星宿的藻井形象，确实如本文上述的井口之象（表 1 ①号元素），亦即方木相交的井干。前引应劭《风俗通义》所言的厌火象征，也正好符合上述陶井铭文的“东井戒火”。

如此一来，上述文献确实能够证明陶井的造型与陶井的铭文都是密切关系天上的东井星宿。然而，汉代建筑早已无存，难以检视藻井风貌。所幸，近年汉墓出土资料当中，颇见模拟地上建筑的墓室装饰，其中不乏位于墓顶之处的藻井装饰。

首先，洛阳市尹屯新莽壁画墓四壁彩绘仿木梁架（图 24），其中的中室墓顶便是描绘覆斗状日型的彩绘藻井（图 25）。值得注意者，尹屯新莽壁画墓藻井的短边正中之处，垂饰两颗立体圆球瓜状装饰。

其次，两汉之际的洛阳汉墓亦见藻井装饰，而且井干之上增加一大四小的垂瓜状立体装饰，如洛阳金谷园新莽壁画墓前室藻井（图 26、图 27）、洛阳 30·14 号汉墓前室藻井（图 28、图 29）、洛阳石油站壁画墓中室藻井（图 30、图 31）。其中，洛阳金谷园新莽壁画墓前室藻井彩绘“X”形交叉的仿木梁架，十分类似前述陶井纹饰的造型元素②。相对于此，井干四隅的四颗垂瓜状立体装饰十分类似前述陶井纹饰的造型元素③。换言之，陶井纹饰的造型元素①至③，皆可对应洛阳汉墓的藻井装饰，如表 4 所示。

再次，巫鸿（2010）主张金谷园新莽壁画墓的藻井垂瓜乃是“五个圆点”的抽象图案，同时以为“五个圆点”表示五行，象征宇宙内部运动，以及死者灵魂的旅行。然而巫鸿并未说明“五个圆点”如何联结五行。其实，根据考古资料及笔者的现场调查得知，“五个圆点”实乃一大四小的藻井垂瓜装饰，详见下文。

表 4　陶井纹饰造型元素与洛阳墓饰藻井装饰对照表

元素 / 文字 纹饰 / 图像	①方框	②十字交叉	③小点
	东井 / 井宿	梁柱	星辰 / 星曜

	洛阳金谷园新莽壁画墓前室藻井		
	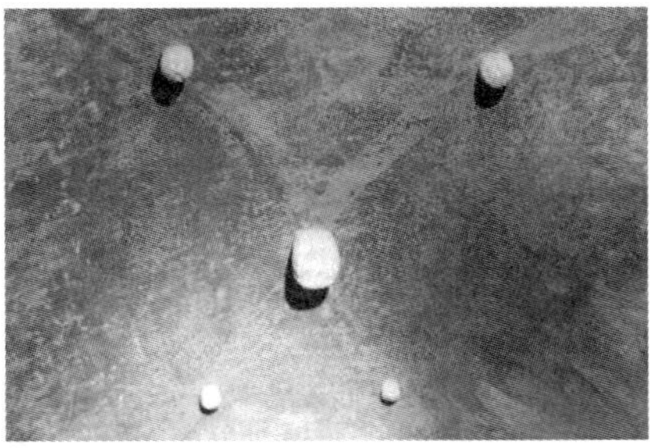		

图 24　洛阳尹屯新莽壁画墓中室

图 25　洛阳尹屯新莽壁画墓藻井线图

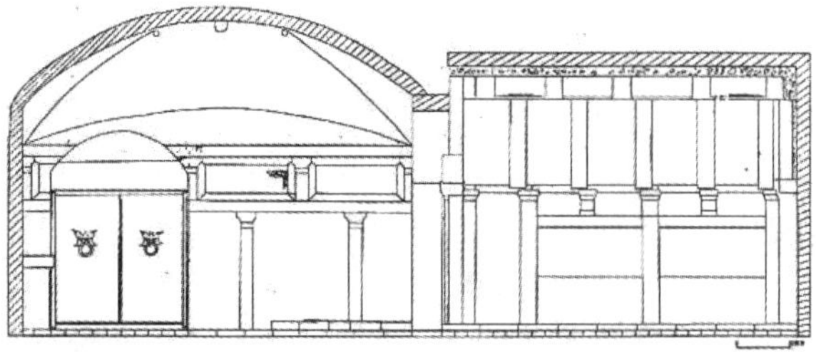

图 26　金谷园新莽墓侧视图

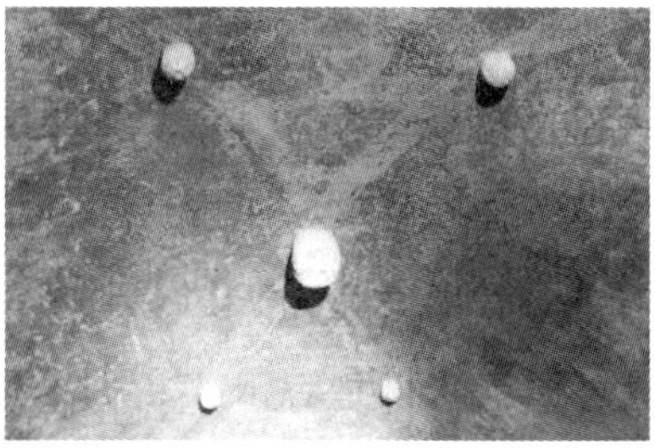

图 27　金谷园新莽墓前室墓顶仰视

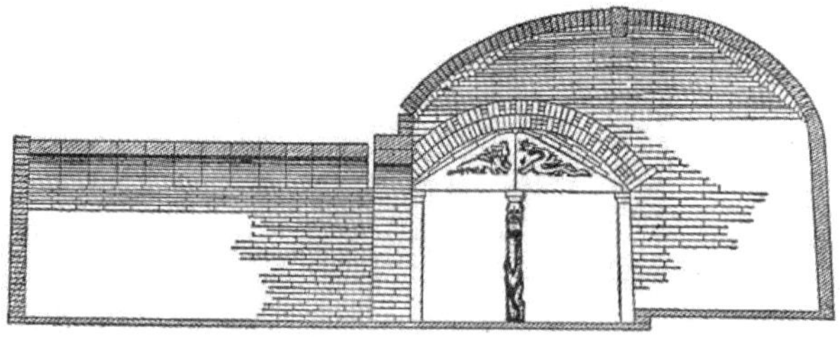

图 28　洛阳 30・14 号汉墓侧视图

图 29　洛阳 30・14 号汉墓前室墓顶仰视

图 30　洛阳石油站汉墓中室墓顶剖视

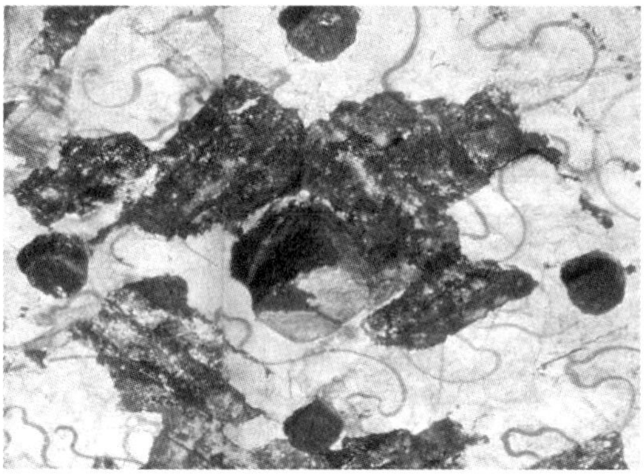

图 31　洛阳石油站汉墓中室墓顶仰视

综合上述三座洛阳汉墓的墓顶装饰，大多位于墓室穹窿的最高之处，施以“口”形藻井，状似方形井干，颇类前引东井星宿的造型（图 21），以及前述陶井井栏纹样的①号元素，可谓再次印证前引应劭及薛综之言。金谷园新莽墓的中室藻井彩绘“X”形梁架，十分类似陶井井栏纹样的②号元素。

除此，三座汉墓藻井正中垂吊一颗相对大型的瓜状物，井口四隅之处则垂吊四颗相对较小的瓜状物，十分类似陶井井栏纹样的③号元素。洛阳金谷园东汉早期壁画墓亦见类似的墓顶装饰（图 32），只不过此地仅剩藻井正中的大型垂瓜，而且施以彩色瓜棱，从而证实上述藻井垂饰应为垂瓜，而非巫鸿主张的“五个圆点”。

值得注意的是，此一垂瓜状装饰究竟为何呢？诚如上引《汉书·天文志》《风俗通义》所言，倘若宫殿取象天文诸星，宫殿的藻井模拟东井星宿，那么藻井之上的垂瓜装饰是否也是模拟某种天文星象呢？换言之，汉人是否曾以瓜果形容天文星象呢？

（二）汉人曾以瓜果形容星相

关于汉代星象，当时人们确实曾以瓜果的形状形容天上的星象，从而为占。如《史记·天官书》所言的“匏瓜五星”[4]，乃是用以占卜丰收与否；或是《汉书·天文志》所言的“客星大如瓜，色青白”，乃是占卜水患之星象；或是《汉书·外戚传下》所言的“流星如瓜，出于文昌”，则是关于外戚将起的星象。显然，汉人对于星象如瓜一事并不陌生，而且大多用于星占之术。

（三）德星（填星、镇星、土星）如瓜入东井

根据《史记》以及《汉书》的记载，公元前 110 年，汉武帝封禅泰山之后，五星之一的德星（又名镇星、土星、填星）如瓜，进入东井星宿，乃是天报汉家美德的祥瑞之象。[5] 于是来年的元封二年（前 109）冬天，汉武帝郊雍五帝、拜祠泰一，并且留下歌颂天垂降瑞星象的飨赞。[6]

因此，洛阳金谷园东汉早期壁画墓墓顶藻井的悬吊单颗垂瓜（图 32），四川三台坟台嘴 M22 藻井垂瓜（图 33），或是重庆巫山出土牌饰的垂瓜装饰（图 34），重庆、四川汉阙的垂瓜 / 垂花装饰（图 35、图 36）[7]，都可视为上述的天报汉家美德天文祥瑞，或为五星之一的土星入东井。

图 32　洛阳金谷园东汉早期壁画墓藻井垂瓜

图 33　四川三台坟台嘴 M22 藻井垂瓜

然而，上述文献所提的星象乃是德星一颗如瓜入东井（藻井）。相较之下，尹屯新莽壁画墓的藻井（图 24、图 25）为何出现两颗垂瓜呢？除此，金谷园新莽墓及其他三座汉墓（图 26—31）为何装饰一大四小的五颗垂瓜呢？亦即取象东井的藻井之上，为何装饰五颗垂瓜表征五颗星曜呢？难道上述藻井的五颗垂瓜乃是金、木、水、火、土五星吗？或是历代视为政权鼎革的五星连珠吗？[8] 或是开启刘汉政权的“五星聚东井”之天文星占？

（四）藻井五瓜 = 五星聚东井 = 刘邦受命之符

确实，东井星宿除了掌管水事从而象征消防厌火之外，还曾涉及汉高祖刘邦开国的一段天文秘辛。根据《史记》《汉书》的记载[9]，东井的分野在于秦国[10]，汉元年十月（前 207 年 11 月）[11]，刘邦率先领军入关登上灞上之际，适逢“五星聚东井”的天文奇象（图 37）[12]，根据占星家甘公所言，此乃刘邦顺应天命继承大统之天文瑞象，可谓汉的开国图谶，亦即东汉班固所言的“高皇帝受命之符”[13]。故而楚汉相争之际，占星家以这一星占游说常山王张耳，促其来年归顺汉王刘邦。[14]

综上所述，洛阳汉墓的藻井可谓取象东井，藻井当中的五瓜则是取象五星汇聚，二者相合之下，洛阳汉墓的藻井五瓜便是展现“五星聚东井”的天文奇象，同时成为上述陶井纹饰的造型元素①至③的渊源之一。相对于此，陶井纹饰的造型元素④与⑤是否也是关系上述“五星聚东井”的天文奇象，诚如当时刘邦龙兴之地的蜀汉所衍生的“井络缠曜”的新兴瑞象以及这一瑞象对应之下的艺术表现呢？

四、从五星聚东井到井络缠曜：井络图像的确立与变化

（一）刘邦兴于蜀汉

相对于刘邦受命之符的“五星聚东井”，刘邦龙兴之地的蜀汉一带也曾流行相关的“井络”祥瑞之说，而且可以对应上述陶井纹饰的造型元素④与⑤。

首先，西汉晚期的刘向在《说苑·奉使》中曾经记载汉初陆贾之言：“汉王起巴蜀，鞭笞天下。”其次，新莽时期出身蜀汉的扬雄在《剧秦美新论》亦言，刘邦“创业蜀汉，发迹三秦，克项山东而帝天下”。另外，东汉早期的班固在《汉书·五

行志下》中也认为“汉家本起于蜀汉”。换言之，汉代人主张“五星聚东井”为刘邦受命祥瑞之际，似乎也不忘刘邦初封汉王，发迹蜀汉之事。

（二）蜀汉岷山分野在井络

西汉晚期，扬雄首先在其《蜀都赋》当中提及“井络”之说：“蜀都之地……上稽干度，则井络储精；下案地纪，则巛宫奠位。”除此，东汉纬书《河图括地象》亦言：“岷山之地，上为井络，帝以会昌，神以建福，上为天井。”[15] 此后，“井络”几乎成了蜀汉分野的代名词，并为后世论及四川之际所引用，如《华阳国志》[16]《水经注》[17] 等书都是多次引用。然而，上述论者大多未追究“井络”正名及其形象为何。关于这一疑惑，可以参考下述郭璞《江赋》及李善的解释。

《文选》卷十二收录晋代郭璞《江赋》：“岷精垂曜于东井，阳侯遁形乎大波。”关于此文，李善注引《河图括地象》曰：“岷山之地，上为井络”。《史记》曰：“五星聚于东井。”根据李善的注解，郭璞《江赋》中的“岷精”乃是“井络”。如此一来，《江赋》中的“岷精垂曜”亦即《华阳国志》中的“井络垂耀”“天文井络辉其上”“井络启耀”，或是《水经注》中的“井络缠曜”。换句话说，汉晋地理方志及其文学当中，“岷精”就是“井络”。

再者，根据李善的注解，郭璞《江赋》中的“垂曜”乃是《史记》所言的“五星聚东井”之星象。如此一来，《江赋》中的“岷精垂曜于东井”则是“岷精”=“井络”+“五星聚东井”。换言之，井络是密切关系东井的天文星象，也可以说是针对蜀汉分野的天文星占。

因此，既然“五星聚东井”的艺术表现已经见诸上述的洛阳汉墓，密切关系“五星聚东井”的井络图像也就呼之欲出了。关键在井络的溯源、解释及其视觉形象的确认。

（三）井络 = 井绳 = 东井之络

据传，最早使用“井络”一词的扬雄，曾经编撰《方言》一书，广收汉代各地之方言，晋代郭璞曾经作注。此书卷五曰：“繘，自关而东周、洛、韩、魏之间，谓之绠，或谓之络，关西谓之繘。”针对此文，晋代郭璞注曰：“繘，汲水索也。”根据《方言》掌握的资料及郭璞的注释，得知“繘”=“络”=“绠”=“汲水索”，都是同义异音的各地方言。由此可知，“井络”亦即“井之络”，乃是井户“汲水”

的绳“索”，同时对应天上星宿的东井之络。然而，东井星宿的汲水绳索，究竟如何融入天文星象呢？

图 34　重庆巫山出土牌饰

（四）井络缠曜的视觉性分析：从星络到井络、从星纪之缠到井络之缠

首先，东汉许慎《说文解字》也曾提及：“络，絮也。……一曰麻未沤也。”显然，许慎也是将“络”视为名词，亦即麻絮一般的绳索。如此一来，井络确实可以释为“井之络”。然而，凡间的汲水绳索如何对应天文星象呢？

事实上，南朝鲍照有诗如下：“四睨天宫，穷曜星络。”这是使用“星络”形容天宫之星象，尤其是经星常宿的二十八宿，如前引汉代天文图所见，星点之间的连接线条可谓“星络”。再者，日本学者宫岛一彦（1999）指出，星点通过线条的连接从而形成星宿的现象，乃是东方星图及西方星座之间的最大不同之处。鲍照的“穷曜星络”诗句，亦可佐证之。

图 35　忠县乌杨阙阙顶刻花垂饰

图 36　雅安高颐阙阙顶刻花垂饰

然而，相对于“星络”的直线连接星辰，岷山之精的“井络”又是如何结合星象的呢？其实，“络”字亦可视为动词，如郭璞《岷山赞》有言：“岷山之精，上络东井，始出一勺，终致淼溟，作纪南夏，天清地静。”（《艺文类聚·山部·岷山》）其中，“岷山之精，上络东井”者，应该是将“络”字视为动词，亦即井宿之绳（井络），缠绕（上络）东井当中的五星。

因此，综合《方言》的记载，《说文解字》的释字，鲍照以及郭璞的用例，《水经注》所言的“井络缠曜”的视觉表现，除了前引《汉书·王莽传》“岁缠星纪”的解释（亦即五星位居井络之处的解释）之外，应该也可以视为井宿之内，模拟使用麻絮一般的井绳缠绕会聚井宿的五星之星点，如洛庄汉墓出土西汉铜錞于“一笔鹰”的表现手法，正好符合前述“东井戒火”陶井的井栏纹饰。

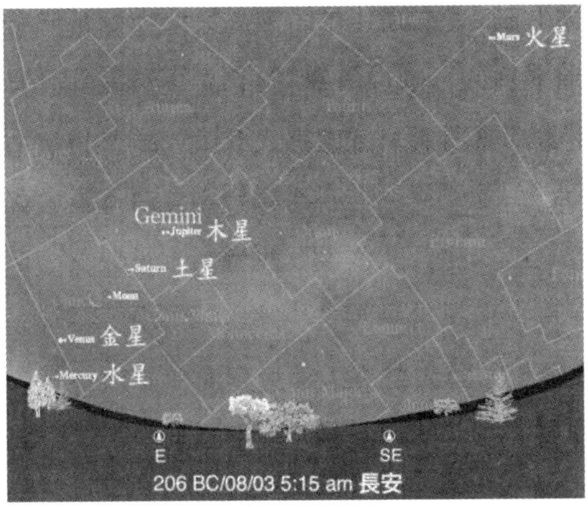

图 37　五星聚东井模拟图

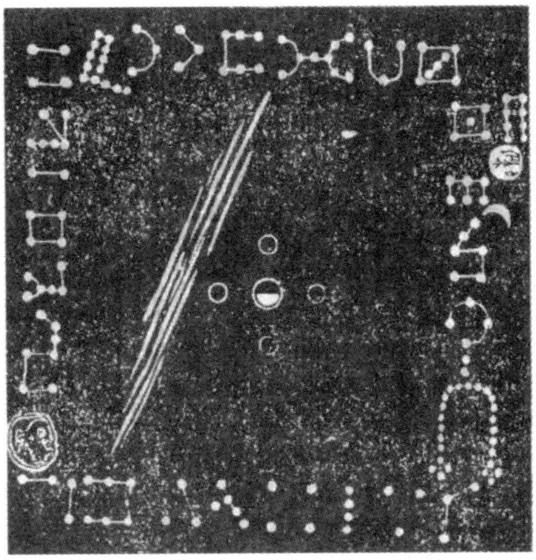

图 38　新疆出土唐代墓室天井壁画

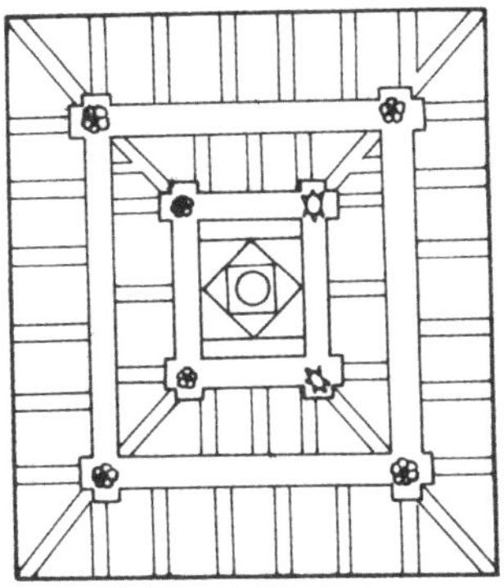

图 39　三台松林嘴 M1 后室左侧室墓顶

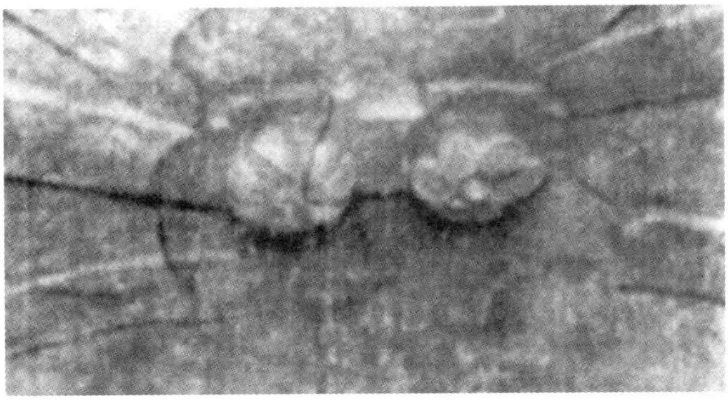

图 40　绵阳白沙包 2 号墓墓顶刻饰

（五）井络缠曜 = 陶井纹饰

因此，再次回到陶井纹饰，尤其陶井纹饰的第①元素方框，刚好符合“井”宿的造型。（图 21、图 22）第②元素十字交叉，亦见金谷园新莽墓前室墓顶的彩绘梁柱（图 27），可谓汉墓壁画仿木梁架图像的残存。第③元素小点，或可视为星辰，尤其五曜星点，然而碍于四出的对称空间，只能弹性伸缩，如洛阳汉墓藻井垂瓜的数目变化。第④元素线条/绳索是文献当中的“繘”“绠”“络”“汲水索”，亦即井绳，也是本文核心的“井络”图像。第⑤元素绳索缠点是东井之绳缠绕五星星曜之象，亦即“井络缠曜”的天文星象。

（六）汉代东井图像的类型与风格（表5）

综上所述，汉代的东井图像大致有二：一为刘邦开国图谶的“五星聚东井”，二为五星聚东井所衍生的“井络缠曜”。其中，“五星聚东井”的艺术表现有二：一为立体版的五星聚东井（表5 A1），如洛阳汉墓及绵阳汉墓的藻井垂瓜（图24—32，图39、图40）；二为平面版的五星聚东井（表5 A2），如四川崖墓的装饰纹样（图15、图16），甚至流传新疆的唐代墓葬藻井装饰之上的五星聚天井图像（图38）。

表5　井络图像的造型元素与风格类型示意表

元素/文字 纹饰/图像	①方框	②十字交叉	③小点	④线条/绳索	⑤绳索缠点
	东井/井宿	梁柱	星辰/星曜	井络/绠/繘	井络缠曜

	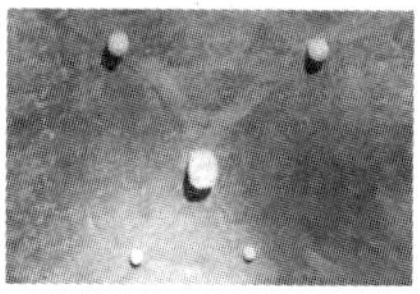				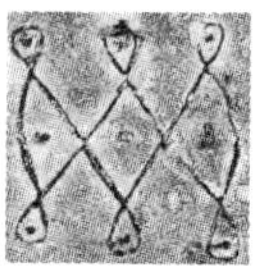
B1 硬版井络缠曜（洛阳陶井）	A1 立体版五星聚东井（洛阳新莽墓室藻井）	A2 平面版五星聚东井（四川崖墓纹饰）		B2 井络缠曜（山东）	B3 井络变化（四川）

密切关系五星聚东井的井络图像，如《华阳国志》所言的“井络垂曜”，或是《水经注》所言的“井络缠曜”，则是反映平面版、符号版的东井之络缠绕星曜，并且分成三种风格：一为方折硬版的井络图像（表5 B1），如洛阳出土的陶井纹饰（图1、图2）；二为曲绕婉转的井络图像（表5 B2），如山东东汉墓藻井画像石，尤其嘉祥风格的藻井画像石（图8—11），或是天津东汉汉墓画像砖（图12）；三为曲

绕婉转、富于变化的井络图像（表 5 B3），如四川东汉画像砖之上的重复井络图像（图 13），或四川长宁七个洞崖墓变化的井络图像（图 17、图 18）。

只不过在上述的流传过程当中，“五星聚东井”多见于墓室顶部正中的藻井之处，似乎严守开国图谶的神圣意涵。相比之下，“井络缠曜”的类型似乎较为多元，而且逐渐丧失完整的造型元素，如四川一带的装饰纹样，已经不见第①元素的方框及第②元素的十字交叉，只是剩下第⑤元素的绳索缠点及其反复，甚至徒留以“井络”为主的第④元素的绳索及其变化，如四川长宁七个洞崖墓等。

（七）从井络图像到盘长纹

在不断地流传过程当中，装饰纹样的造型元素逐渐瓦解，甚至重组，从而营造不断回旋之下的视觉效果，如长宁七个洞崖墓的纹饰（图 14—18）。如此一来，原本的神圣意涵似乎也就日益消解，徒留纹样之形式，直到下一波新意的到来。如元明清陶瓷乃至台湾传统艺术所见的盘长纹饰，或中国联通标志中的盘长纹。

装饰纹饰的造型元素以及形式风格，经常连绵不绝，贯穿千古，如日本学者中野彻（1976）的指摘，或百年前奥地利艺术史家李格尔（Alois Riegl，1893）的纹样史经典著作《风格问题》对莲花与卷草纹饰的史诗般追溯。具体而言，上述汉代的井络图像，或元明清陶瓷、台湾传统艺术乃至现代设计中的盘长纹，都是仰赖井络图像的第④造型元素，同时采取“回旋”“缠绕”“交织”的设计法则，故而造型类似。然而，纹样背后所蕴含的宗教与文化意涵却是各依情境，多有增损，与时俱变。

五、结论

本文通过造型元素及形式风格的分析与比对，探讨了盘长纹、陶井纹饰、藻井装饰及相关装饰之间的发展脉络。

其一，本文在日本学者中野彻的启发之下，从台湾传统艺术的盘长纹饰出发，追溯汉代的陶井纹饰及崖墓纹饰。

其二，本文分析上述纹饰的造型元素与形式风格之后，发现陶井纹饰密切关系其旁的“东井戒火”铭文，从而进入“东井”星象的探讨，得知洛阳陶井纹饰的三项造型元素十分类似洛阳汉墓的藻井装饰，因为汉代的藻井取象陶井铭文所指的

“东井”星象。此时，取象东井的洛阳汉墓的藻井，经常可见五星如瓜、高悬藻井之上的“五星聚东井”装饰。

其三，本文比对文献得知，五星聚东井是汉高祖刘邦的受命之符，可谓汉代开国图谶，故而高悬藻井之上，同时成为陶井纹饰的三项造型元素的渊源。

其四，本文通过汉代神秘的谶纬之学及天文分野之说得知，刘邦龙兴的蜀汉之地，在西汉晚期以降，正从“五星聚东井”的开国图谶衍生“井络缠曜”的地方性分野星占。具体而言，通过《河图括地象》等纬书，推出“岷山之地，上为井络，帝以会昌，神以建福，上为天井”之新说。此地的井络实乃井绳，亦即东井星宿之绳索。因此，一旦井绳缠绕汇聚此地的五曜之后，便是岷山之精所对应的“井络缠曜”，亦即蜀地的分野星占祥瑞。同时在造型之上，对应陶井纹饰的最后两项造型元素，从而完成汉画井络图像的渊源与建构，并且多见于蜀汉一带。

换言之，类似盘长纹的陶井纹饰，与纹饰旁边的“东井戒火”铭文密切相关，从而联系到东井星象的“五星聚东井”与“井络缠曜”等两种天文祥瑞。其中，陶井纹饰的第④造型元素相当于井绳，亦即井络，其“回旋”“缠绕”“交织”的造型特征最为显眼。因此，它不但成为汉画井络图像的主体，而且源远流长，在形式风格之上连接元明清陶瓷、台湾传统艺术乃至现代设计。

最后，通过上述研究得知，盘长纹饰的造型元素及形式风格确实可以上溯汉画井络图像。然而，尽管造型元素相同，风格类似，近代盘长纹饰与古代井络图像的文化意涵却大不相同。诚如本文追溯“五星聚东井”“井络缠曜”的演变一般，尤其脱离情境约束之后的多元变化，似乎已经预告装饰纹饰的形式与内容未必同步，甚至丧失内容，故而随遇而安、与时俱变，从而形成纹样的历时延续不变，以及并存求变的对立现象。历时延续不变者如盘长纹与井络图像；并存求变者如山东地区的井络图像，多见“圆渊方井、反植荷蕖”(图 8—11)的新型藻井莲花之上。关于这一问题，往往涉及阴阳五行、五德终始、古文音韵相转，以及天文与地理的感应之说，故留待他文处理。

注释：

[1] 笔者曾经撰文讨论盘长纹饰与汉画井络图像的异同。见龚诗文《创意设计与吉祥图案——以汉画井络图像为中心》，载《文化、创意与教育》，台北师大学苑 2014 年版，第 111—142 页。

[2] 本文关于《史记》《汉书》《后汉书》《三国志》《周礼》等古代经史，得力于史语所的电子文献数据库，谨此致谢。

[3]《汉书·天文志》："凡天文在图籍昭昭可知者，经星常宿中外官凡百一十八名，积数七百八十三星，皆有州国官宫物类之象。"

[4]《史记·天官书》："匏瓜，有青黑星守之，鱼盐贵。"《索隐》："案：荆州占云：匏瓜，一名天鸡，在河鼓东。匏瓜明，岁则大熟也。"《正义》："匏音白包反。匏瓜五星，在离珠北，天子果园。占：明大光润，岁熟；不，则包果之实不登；客守，鱼盐贵也。"

[5]《史记·孝武本纪》："其秋，有星茀于东井。后十余日，有星茀于三能。望气王朔言：候独见其星出如瓠，食顷复入焉。有司言曰：陛下建汉家封禅，天其报德星云。"《索隐》："见星出如瓠。案：《郊祀志》云：填星出如瓠，故颜师古以德星即镇星也。今按：此纪唯言德星，则德星，岁星也。岁星所在有福，故曰德星也。"除此，相关记载亦见《史记·封禅书》《汉书·郊祀志上》，不一一列出。

[6]《史记·孝武本纪》："其来年冬，郊雍五帝，还，拜祝祠泰一。赞飨曰：德星昭衍，厥维休祥。寿星仍出，渊耀光明。信星昭见，皇帝敬拜泰祝之飨。"

[7] 四川汉墓墓顶藻井及汉阙阙顶，经常同时出现垂瓜与垂花的立体垂饰。关于此课题，参考龚诗文《四川汉墓建筑装饰研究——以绵阳崖墓的刻花垂饰为中心》，载《语言、社会与艺术》，元智大学人文社会学院 2011 年版，第 231—261 页。

[8]《史记·天官书》："五星合，是为易行，有德，受庆，改立大人，掩有四方，子孙蕃昌；无德，受殃若亡。"除此，1995 年新疆尼雅一号墓也出土"五星出东方利中国"铭文之汉锦，可以为证。再者，班大为（1998）曾经撰文探讨五星聚合与政权转移。

[9]《汉书·天文志》："汉元年十月，五星聚于东井，以历推之，从岁星也。此高皇帝受命之符也。"除此，类似记载见于《史记·天官书》《史记·张耳陈余列传》《汉书·高帝纪》《汉书·张耳陈余传》《汉书·刘向传》《论衡·恢国》等，不一一列出。

[10]《汉书·地理志》："秦地，于天官东井、舆鬼之分野也。其界自弘农故关以西，京兆、扶风、冯翊、北地、上郡、西河、安定、天水、陇西，南有巴、蜀、广汉、犍为、武都，西有金城、武威、张掖、酒泉、敦煌，又西南有牂柯、越嶲、益州，皆宜属焉。"

[11]《史记·高祖本纪》记为"汉元年十月"，《正义》以为乙未年十月，非也，应从秦岁年首，对照公历应为公元前 207 年 11 月。

[12] 五星聚合往往根据推算，诚如黄一农（1990、2004）以为五星聚东井乃是一直线，并非文献的"日月如合璧，五星如连珠"，而且晚至入关之后 19 个月（高祖二年四五月之间），方才出现。席泽宗（1989）根据马王堆汉墓出土《五星占》，以为应该出现在入关之后 10 个月（高祖元年七月）。傅学海（2008）撰文分析五星聚东井并非汉元年十月，"实际上五星连珠在公元前 205 年 5 月才发生，比刘邦称王至少晚了 10 个月。这可以看出古人假借天象传达'天意'的附会"。曾蓝莹（2007）根据计算机软件分析，"发现在汉高祖元年六月二十七日（前 206 年 8 月 3 日）清晨五时左右，已可见五星成斜线排布于长安东方"。除此，刘金沂（1982）、张培瑜（1951）也曾检视历代的五星聚合，可资呼应。

[13]《汉书·高帝纪》："元年冬十月，五星聚于东井。"应劭曰："东井，秦之分野。五星所在，其下当有圣人以义取天下。占见天文志。"《汉书·天文志》："汉元年十月，五星聚于东井，以历推之，从岁星也。此高皇帝受命之符也。故客谓张耳曰：东井秦地，汉王入秦，五星从岁星聚，当以义取天下。"

[14]《史记·张耳列传》："甘公曰：汉王之入关，五星聚东井。东井者，秦分也。先至必霸。楚虽强，后必属汉。故耳走汉。"

[15] 各家版本的文字稍有出入，依据安居香山、中村璋八辑《纬书集成》，河北人民出版社1994年版，第1100页。

[16]《华阳国志·卷三·蜀志》："蜀之为国……故其精灵则井络垂耀，江汉遵流，《河图括地象》曰：岷山之地，上为井络，帝以会昌，神以建福。"《华阳国志·蜀志》："蜀之为邦，天文井络辉其上，地理岷嶓镇其域，五岳华山表其阳，四渎则汶江出其徼。"《华阳国志·述汉中志第二》："井络启耀，文昌契符。"

[17] 郦道元《水经注·江水》："故其精则井络缠曜，江汉晒灵。《河图括地象》曰：岷山之精，上为井络，帝以会昌，神以建福。"关于"缠"，《汉书·王莽传》："岁缠星纪。"注曰："孟康曰：缠，居也。"因此，"井络缠曜"可以理解为"井络居曜"，亦即五曜进入井络当中。

生命“继续”与“转化”的建构

——汉代墓葬图像中宴饮、升仙等题材的宗教意义

杨孝军　郝利荣

内容摘要　本文通过考察汉代墓葬画像石中“宴饮图”“升仙图”，来研究汉代人的生死观及宗教思想的影响，同时“继续”和“转化”作为象征符号被赋予在汉代墓葬画像中，显示出人们对于早期宗教思想有着强烈的信仰和认知感。

关 键 词　汉画像石；生命；继续与转化；宗教思想

作者简介　杨孝军，男，1969 年生，徐州汉画像石艺术馆馆长，研究馆员；郝利荣，女，1968 年生，徐州汉画像石艺术馆副研究馆员。

汉代墓葬绘画是围绕着生命“继续”而制作的，汉代人相信死亡并不意味着生命的彻底完结，而是在另一个世界得以延续。千百年来，对死亡的恐惧和拒斥一直是人类不变的主题。英国著名人类学家马林诺夫斯基认为：“不死的信仰，乃是深切的情感启示的结果而为宗教所具体化者；根本在情感，而不在原始的哲学。人类对于生命继续的坚定信念，乃是宗教的无上赐予之一；因为有了这种信念，遇到生命继续的希望与生命消失的恐惧彼此冲突的时候，自存自保的使命才选择了较好一端，才选择了生命的继续。相信生命的继续，相信不死，结果便相信了灵的存在。”[1]

死的理想和追求在秦至汉初时还只是流行于帝王或社会的上层，但是到了西汉后期就广泛渗透到社会中下层。神仙信仰便不再局限于贵族官僚，而广泛流播于知识阶层，甚至深入民间。本文以“宴饮图”和“升仙图”为研究对象，在图像的基

础上加以文献佐证，提出了从生命的“继续”到“转化”的理想境界，并进一步探讨汉代人对生与死的构想与信仰。

一、古人对神仙的认识与向往

“申”就是“引”天主降气，以感万物，故曰引出万物。“示”与“申”的结合就是“神”。孟子说：“圣而不可知之之谓神。”王弼认为：“神也者变化之极妙，万物而为言不可以形诘。”伸者为神，屈者为鬼。《史记》把百姓无法言名的称为神。这些都是后人对“神”这一概念的认识，至于“仙”指老而不死。“人受阴阳之气以生，有情有性。性则为善，情则为恶。”(《北史·苏绰传》)要从地上到天上，就是要去情留性。去留的过程就是修炼的过程，其间不仅需要毅力和意志，更需要信仰的支撑。刘向《列仙传》中记录的48位仙人个个是凡人。葛洪《神仙传》中21位神仙，即使是仙人广成子，也不过是住在崆峒山石室中，答黄帝问治身之道；魏伯阳想通过炼丹服丹而成仙道。《洞仙传》77位神仙也是都在人间。从他们原先从事的职业来看无非是木工、裁缝、药工、民间医生、渔工、樵者等，显然都是俗人，他们都是坚持修炼才成为神仙的。

“惜余年老而日衰兮，岁忽忽而不反。登苍天而高举兮，历众山而日远。观江河之纡曲兮，离四海之沾濡。”贾谊写的正是这时人们的思想和意识的写照，并很快成为风靡整个汉代的一种社会思潮和主流信仰。至少从西汉中期起，燕、齐大地乃至整个社会到处是言神仙长生不死的方士了。这种生命短暂的急迫和岁月流逝的痛苦，才激起作者强烈的求仙欲望。他们不仅梦想生时升仙，更希望死后也能进入仙界，与神仙共享美妙无比的自由生活。

王羲之在《兰亭序》中说：“夫人之相与，俯仰一世，或取诸怀抱，悟言一室之内；或因寄所托，放浪形骸之外……快然自足，不知老之将至。……古人云：‘死生亦大矣。’岂不痛哉！”这是世世代代读书人感受生命、享受生活的写照。王羲之没有修道，所以他只能感叹人生苦短。如果能早一点改弦更张，像具有神仙思想的人那样从冷静的思考中走出来，或许就能“涤荡弃秽累，飘逸任自然。退修清以静，存我玄中玄，澄心剪思虑，泰清不受尘。恍惚中有物，希微无形端，智虑赫赫尽，谷神绵绵存”(《艺文类聚》卷二十三)。生命之质因此而提高并非不可能。道是修而得，修而得道者是神仙。

所以，汉代人从生命“继续”到“转化”升仙，激起了人们对这种神奇之境的精神幻想。于是以朱鸟为先驱，驾着太一神乘坐的象舆，以苍龙为左骖，白虎为右骓；以日月为车盖，载玉女于车中；在幽冥中飞驰，在昆仑山上歇息。在与众神明游乐的自由中，似乎忘记了所有的忧愁。从神仙观念角度看，西汉人认为，人只要成仙，就能得到精神上的自由和永恒。在西汉人幻想的世界中，仙人世界是一个极其浪漫、自由和美好的理想世界。他们不仅梦想生命的“继续”，更希望死后也能“转化”进入仙界。

二、汉代墓葬中的“宴饮图”“伏羲、女娲”“西王母”和“升仙图”画像及意义

就目前所出土的内容来看，汉画像石中的“宴饮图”“伏羲、女娲”和“升仙图”大约分为以下几种。

1. 江苏铜山吕梁出土的“宴饮图”。（图 1）纵 106 厘米，横 92 厘米，厚 21 厘米。画面分为两层，上层主要刻双凤引颈接喙、莲花、异兽；下层刻建筑人物，堂内有二人对饮，堂外有三侍者。边饰刻十字穿环、菱形纹。

2. 江苏铜山苗山汉墓出土的“庖厨、宴饮图”。（图 2）该石纵 106 厘米，横 95 厘米，厚 10 厘米。阴线刻。画面分两格：上格为宴饮，亭内二人弹琴宴饮，亭外

图 1　江苏铜山吕梁出土的“宴饮图”

图 2　江苏铜山苗山汉墓出土的“庖厨、宴饮图”

有侍者、假山、树木等，右上角亭上有一鸟在哺幼；下格为庖厨，有汲水、烧火、宰羊、饲马等。

3. 睢宁县九女墩汉墓出土的“建筑、人物图”。（图 3）该石纵 74 厘米、横 284 厘米。画面中间有夫妇二人在厅堂中对饮，室内帏幔高悬，堂下捧食进馔者罗列成队，一派豪家贵族钟鸣鼎食的情景。

4. 江苏铜山檀山集出土的“建筑、人物、庖厨图”。（图 4）该石纵 100 厘米，横 145 厘米，厚 18 厘米，基本完整。画面中心为多层斗拱结构的楼阁。五层斗拱层层递减，最后由一根柱子支撑。楼上主宾二人对坐，两边梯级上皆有侍者，楼梯旁有二人持戟肃立。楼下左间为庖厨场面，右间为建鼓舞表演。房上刻祥禽瑞兽。边饰菱形纹。

5. 江苏铜山汉王出土的“迎宾宴饮图”。（图 5）该石纵 121 厘米，横 308 厘米。画面分两格：下格为迎宾场面，高大的子母阙前主人揖客致礼，右侧有轺车（古代一种轻便的马车）、大车；上格两厅堂内帷幕高悬，几案上酒具罗陈。男女主宾分别在堂中交谈。边饰菱形纹。

6. 睢宁县九女墩汉墓出土“侍者献食图”。（图 6）纵 180 厘米、横 140 厘米。画面刻羽人戏凤，铺首衔环和侍者进奉食物。其中一位侍者面部刻有侧面、正面两

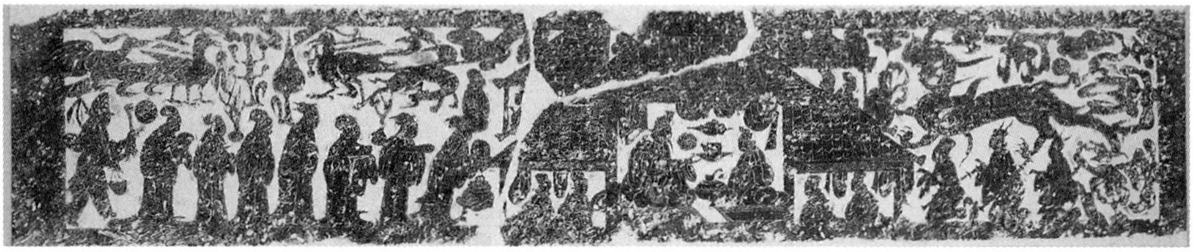

图 3　睢宁县九女墩汉墓出土的“建筑、人物图”

图 4　江苏铜山檀山集出土的“建筑、人物、庖厨图”

图 5　江苏铜山汉王出土的“迎宾宴饮图”

图 6　睢宁县九女墩汉墓出土“侍者献食图”

图 7　睢宁县双沟出土“伏羲女娲图”

图 8　徐州汉画像石艺术馆藏“西王母图”

个鼻子。

7. 睢宁县双沟出土“伏羲女娲图”。（图 7）纵 90 厘米，横 28 厘米，厚 20 厘米，浅浮雕。画面中刻伏羲、女娲像，皆人首蛇身作交缠状；图下方刻两个小人，亦为人首蛇身。

8. 徐州汉画像石艺术馆藏“西王母图”。（图 8）该石纵 117 厘米，横 48 厘米，厚 16 厘米。画面主要刻西王母端坐于高台之上。西王母在汉画中是常见的题材，传说她掌管不死之药，当时社会上下盛行追求长生，汉代人为之膜拜。

9. 徐州汉画像石艺术馆藏“西王母、车马出行图”。（图 9）纵 88 厘米，横 80 厘米，厚 30 厘米。画面分为三格：上格中间刻西王母，两边各有仙人，肩生双翼，一人献食并向其拜谒；中格刻侍女七人；下格刻车马出行，一导卒、一轺车和躬身相送一人。边饰水波纹。

10. 徐州汉画像石艺术馆藏“东王公、西王母”。（图 10）该石原石纵 41 厘米，横 240 厘米，厚 15 厘米。画面从左至右依次为凤鸟、二人御龙、九尾狐、一人戴笠执锸、乌龟，右边一兽漫漶不清；下面中间刻羽人骑虎、骑鹿，左为东王公正面抚案端坐，右为西王母，中刻一面具。

11. 江苏铜山吕梁出土“导引升仙图”。（图 11）原石断为三块，纵 64 厘米、横 258 厘米、厚 23 厘米。画面用阴线刻线描的手法，表现的是墓主人在方士的

图 9　徐州汉画像石艺术馆藏“西王母、车马出行图”

图 10　徐州汉画像石艺术馆藏“东王公、西王母”

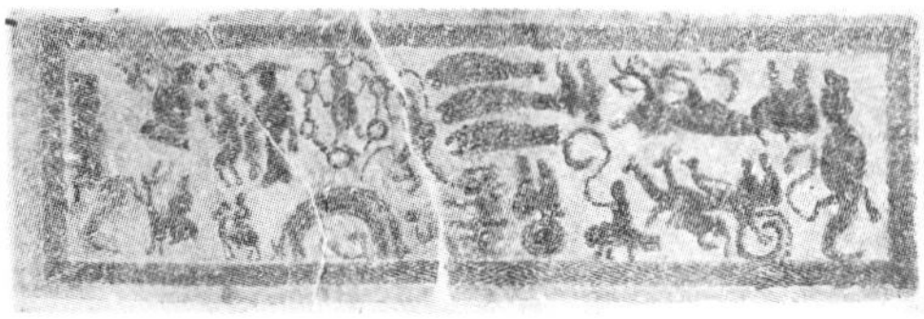

图 11　江苏铜山吕梁出土“导引升仙图”

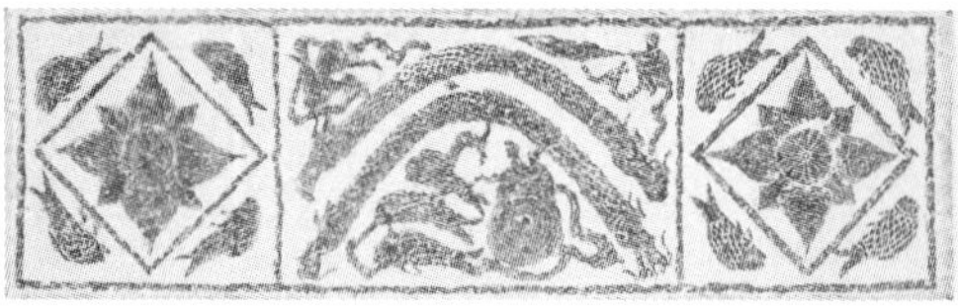

图 12　江苏邳州占城果园出土“出巡图”

导引下，在众神灵的簇拥护卫下，飞升天国的情景。图中主要刻有鱼车、鸟车、龙车、鹿车，并有虹龙、星象蟾蜍、风神致风、伏羲女娲等，一派天国景象。古人死后想归入天国。就如同屈原诗中“驾八龙之婉婉兮，载云旗之委蛇”的景象。

12. 江苏邳州占城果园出土“出巡图”。（图 12）纵 80 厘米，横 320 厘米，厚 26 厘米（祠堂顶盖石）。画面横向分三格。中间一格刻两道龙形彩虹，彩虹下为三鱼驾车，车上前面为驭者，后面为雨伯，车轮为蛇身。两边两格菱形方框内刻莲花，方框外刻有四鱼。

13. 徐州汉画像石艺术馆藏“太一神人、伏羲女娲图”。（图 13）纵 62 厘米，横 40 厘米，厚 22 厘米。画面中间刻太一神人，两边刻伏羲、女娲。侧面刻有铭文。

14. 徐州汉画像石艺术馆藏“铺首、伏羲女娲”。（图 14）纵 113 厘米，横 120 厘米，厚 11 厘米。画面上层中间刻铺首衔环，两边刻伏羲、女娲，尾部与环交缠；下层刻一鱼。边饰菱形纹。

15. 徐州汉画像石艺术馆藏“人物升仙图”。（图 15）纵 77 厘米，横 182 厘米，厚 17 厘米。画面从左至右依次刻柿蒂纹、齿纹和两位仙人。

“宴饮图”在汉代墓室壁画和画像石中是比较普遍的图像，也是得到充分反映

图13　徐州汉画像石艺术馆藏“太一神人、伏羲女娲图”

图14　徐州汉画像石艺术馆藏“铺首、伏羲女娲”

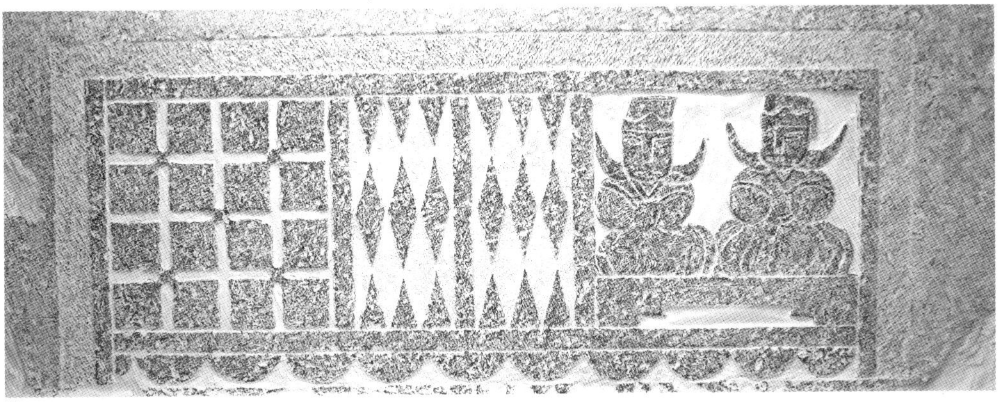

图15　徐州汉画像石艺术馆藏“人物升仙图”

的题材；其发现数量也是比较多，构图描写也丰富多彩。在汉画像石中有大部分表现的是“庖厨宴饮”场面，一方面反映了地主阶级庖厨饮食生活的写照[2]，另一方面表现了墓室主人生前活动或者幽冥世界里的生活。它在墓葬里，是为墓室主人服务的。[3]

“升仙图”又称为导引升仙图，一般图像的简化形式是墓主人在方士的导引下，在众神灵的簇拥护卫下，飞升天国的情景。图中主要刻有鱼车、鸟车、龙车、鹿车；并有虹龙、星象蟾蜍、风神致风、伏羲女娲等，呈现一派天国景象。“升仙图”表现的升仙场景是汉代陵墓中的主题，与西王母的组合便是反映了古代人们对长生不老的追求。

三、太一与伏羲女娲、西王母的关系

目前，我们看到汉画像石里有许多西王母和伏羲、女娲联系在一起的图像。女娲是画像石中出现频率极高的女神，而且一般是和伏羲以对偶神的形式出现的，这与西王母与东王公的组合有着相似之处。

在汉画像石里，伏羲、女娲的图像也进入了西王母的图像系列。简·詹姆斯在《汉代西王母的图像志研究》一文中说："她是一个统治昆仑山的神，同长生不死的崇拜联系在一起，从而激发人们的信仰。"西王母的长生信仰又是民间的，简·詹姆斯又说："我们认为西王母这位女神的信仰流行于广大缺乏知识的普通人中间。"[4] 在汉画像石里，一般情况下西王母、东王公各自单独与伏羲、女娲构图，如山东省滕州市桑村镇大郭村出土的西王母画像石。但也有少数画像石是西王母和东王公与伏羲女娲共同构图，如滕州市官桥镇后掌大出土的画像石，西王母在图左侧、东王公在右侧，伏羲、女娲在图的中央。

汉画像石中还发现一神力拥伏羲女娲，有学者认为是高禖神，高禖神司姻缘。但是，也有学者反对这一观点，认为此神应为太一神，如过文英[5]、贺福顺[6]、石红艳[7]等。笔者也认为应该是太一，因为伏羲女娲乃司日月的阴阳神，此神力拥二人，不正是符合"合阴阳为一"的太一神观念吗？所以此神应为最高神太一。"太一"一名最早见于卜辞，太一作为最高神，当溯于战国时期道家。在《庄子·天地篇》《荀子·礼论篇》，或把太一当作道，战国秦汉之际，往往以"道"为"一"，因而"太一"也就被认为是道。早期道教的"抱一""守一"或"存思一"的养生术，其理论就是从原始混沌宇宙说中脱颖而出。太一作为最高神的形象出现，在《史记》文献中有53处之多，绝大多数跟崇奉天神太一有关。由此可以看出，秦汉之际"太一"是从原始混沌宇宙说逐步向仙化、神化太一而转变的。

可以明确认定为太一画像的如河南南阳麒麟岗画像石墓天象图四宫中心的神。（图16）《史记·天官书》云："中宫天极星，其一明者，太一常居也！"《易纬乾凿度》郑玄注："太一者，北辰之神名也。居其所曰太一。"天极星（即北极星）处于天之中心。根据汉代以天文比附政治的思想，自然为最高天帝所居，则太一即最高天帝，又称上帝、太帝、皇天上帝、天皇大帝、昊天上帝。《史记·封禅书》："泰一，天帝之别名也。"长沙出土的西汉前期马王堆帛画上的太一还是人身蛇尾的造型，这一方面与前述楚地传统中太一与东皇伏羲的密切联系有关；另一方面，战国

图 16　河南南阳麒麟岗画像石墓出土的“天象图”

时期楚文化色彩浓厚的《山海经》中天帝、天神往往就是这种半人半兽的形象。这可能来自上古以来传统观念的影响，这种影响通过强大的楚文化一直绵延到西汉前期的楚地，但秦汉既然建立了以皇帝为中心的中央集权的大一统国家，尤其是西汉中期以来，地上皇帝天子的观念已经深入人心，最高天帝便是人间最高帝王在天上的对应。人们观念中的天帝已经不再是光怪陆离的半人半兽形象，而与人间帝王的形象一致。麒麟岗画像石墓中的太一图像明显地表现了这一点。徐州汉画像石艺术馆藏的“太一神人、伏羲女娲图”画面中间刻太一神人，两边刻伏羲、女娲，应为此类题材。

而且从上述考古材料看，这些太一图像都与当时社会的一般升仙信仰，也就是以昆仑、天门、西王母为中心的升仙信仰有密切关系。麒麟岗画像石墓中紧接着太一图出现的大门门楣上正是一幅生动的墓主人乘龙车升仙的图像，可见其统领的天界也是作为墓主升仙的目的地所在。另外，在湖北省荆门市沙洋区郭店村的一座战国墓葬出土的楚文字竹简中，有一组竹简，共 14 枚，开头是“太一生水”四个字，整理者便把这一组竹简题为《太一生水》。竹简中还有一些属于道家的著作，即题为《老子》的三篇文字。由此可见，道家著作也是郭店楚简的重要内容。还有，我们知道汉武帝听取方士的建议始奉太一为最高天帝，而汉武帝崇奉太一和黄帝明显与其希望登天成仙的求仙活动有关。《史记・封禅书》记载当方士对武帝讲述黄帝乘龙登天的故事后，武帝感叹道：“嗟乎！吾诚得如黄帝，吾视去妻子如脱躧耳。”他推崇太一的目的，也是升仙登天。汉武帝在所造求仙意味浓厚的甘泉宫中“画天、地、太一诸鬼神，而致祭具以致天神”。

四、汉代墓葬画像与汉代早期宗教思想的关系

汉代墓葬绘画就是汉代民众对生与死的认识，尤其反映在汉代墓葬图像的特殊性上，汉代陵墓画像中“宴饮图”和“升仙图”，充分受到了中国早期宗教发展理论认识和民间信仰的影响。

“宴饮图”中的饮食在汉代生活中有如此重要的作用和地位，以至于人们在处理想象中的死后世界——墓葬的时候，在随葬器物的铺排上饮食器具占了相当大的比重。从早期大汶口文化随葬土陶碗、夏商周三代青铜重器，到汉代大量随葬的漆食器，乃至出现在墓室墙壁上笔触飞扬的宴饮绘画，无一不向我们昭示宴饮在死后世界的重要性。汉代人相信人死之后灵魂不灭，灵魂要像生前一样要有居所和饮食，故有“鬼犹求食”之说，所以在祠堂和墓葬里存储着应有尽有的食物、饮料和各种奢侈品，以保证死者死后生活能得到安逸。汉代墓室即为“理想家园”，是对“现实家园”的模拟和美化，“天堂”或“仙境”都是现实世界的延伸；为使死者在墓室中能够充分享受“理想家园”，在宴席上刻上美味佳肴和悦人耳目的歌舞女乐及丰富的随葬品，使死者灵魂“魂兮归来，反故居些”。[8] 这些图像充分反映了祖先只有在得到祭祀的同时，灵魂才能得到安息，才不会扰乱生人的生活，并保佑生人；死者只有在墓室中充分享受安逸，才不会变为厉鬼惊骇生人。[9]

“升仙图”表现的升仙场景是汉代陵墓中的主题。汉代铜镜上记述了这样的内容：“上有仙人不知老，渴饮玉泉饥食枣，浮游天下敖四海，徘徊神山采芝草。”追求成仙、长生不老的思想由来已久。仙人们长生不老，永葆青春，遨游世界，这种境界无疑是当时人们都憧憬不已的。汉武帝时期是神仙思想达到高潮的时期。在汉武帝身边有一大批著名的方士，如李少君、李少翁、栾大、公孙卿等人。《史记·孝武本纪》记载，李少君劝说汉武帝若想成仙，就要祠灶、封禅和化丹砂为黄金，黄帝成仙就是这样的，汉武帝果然就这样去做。公孙卿上书说黄帝铸鼎而成仙，现在宝鼎已出，只要封禅、炼丹即可成仙。《庄子》一书即充满了对仙人仙境的种种描绘，反映了古代人们对长生不老的追求。

在汉代陵墓图像中可以看出“宴饮”“升仙”信仰已演化成一种普通的民俗。早期道教经典《太平经》对死后生活世界表示出极大的关注，显示出民俗巨大的渗透力和张力，而最终出现了民间灵魂信仰盛行的局面。许多原始民族都相信人的病和死都是恶灵作祟，在世的亲人对死者既崇拜又害怕，用各种方法来讨好他们，以免

受害。《太平经》秉承了古老的传统观念，相信在生人世界外还存在一个灵魂世界。灵魂化鬼之后会不时地重返人间，或养护子孙，或作祟害人。这主要取决于葬地之善恶和能否依时祭献等因素。[10]这反映一种既希望先人保佑子孙，又恐惧死者为害生人的心理。

《太平经》认为，神鬼与凡人一样也需要饮食。他们所享之禄食，主要靠生人以祭祀的方式来提供。人们均有义务供奉那些有助养之功的天地“精神”，并以享食神祇多为荣，故《六罪十治诀》言：“救穷乏不止，凡天地增其算，百神皆得来食，此家莫不悦喜。”唯有如此，人们才能得到更多神祇的感恩和回报。又如《论衡·祀义》：“谓死人有知，鬼神饮食，犹相宾客，宾客悦喜，报主人恩矣。”反之，若为富不仁、不行祭祀将遭神灵报复，《六罪十治诀》言：“人可求以祭祀，尚不给与，百神恶之，欲使无世。”

《太平经》认为，人死后化成鬼，其食物来源则靠宗族后人的祭祀。这一观念带有浓厚的儒家色彩，在很大程度上继承了世俗宗庙祭祀之传统。《太平经》卷五十三《分别四治法》云：“以谢先祖宗庙，以享食之。”卷五十四《使能无争讼法》又云：“令宗庙重味而食，天下平安，无所疾苦……食不重味，宗庙饥渴，得天下愁苦。”[11]上述主要通过祭祀这种形式向先祖宗庙表达诚孝之意，借此感动天地，求得天下太平。其理念为“推生事死”，《论衡·讥日》曰：“夫祭者……推生事死，推人事鬼，见生人有饮食，死为鬼当能复饮食，感物思亲，故祭祀也。……死如事生，示不背亡。”[12]

太一信仰在太平道中颇为突出，黄巾军就曾自称其道为“中黄太一”[13]。在天师道早期文献《赤松子章历·驿马章亦云开度章》中更是有皇天上帝、五方天帝、北斗落死籍、南斗上生名的内容[14]，与麒麟岗画像可以全面对应。在道教的基本经典《太平经圣君秘旨》中屡屡讲到“一”：“天不守一，失其清。地不守一，失其宁。日不守一，失其明。月不守一，失其精。星不守一，失其行。山不守一，不免崩。水不守一，尘土生。神不守一，不生成。人不守一，不活生。一之为本，万事皆行。子知一，万事毕矣。”神像则是用视觉媒介物制成的图像来象征那样一种观念或信仰，从而使神现身。汉画“太一”图像是汉代太一神的象征图像。“太一”神左右怀抱象征阴阳的伏羲和女娲，四灵环绕其左右，象征着作为“天道”之化身的“太一”神揽撮阴阳，制驭四方。

另外，《太平经》特别关注超离此世而成仙，这种唯有通过修道登仙才能驱除死亡的威胁，从而获得生命永恒价值的不朽的成仙观念，不仅为东汉的民间思想所接受，而且在民间广泛传播，其中亦得到完善。升仙也是汉代思想与信仰中的特殊表达方式之一，尤其在汉代墓葬艺术中表现得淋漓尽致，民间思想中的求仙与升仙在当时占据主流，墓葬又是唯一表达的手段，所以用象征性的手法加以表达。

由此可见，在汉代，生命“继续”与“转化”升仙有了重要的发展，图像具有了一定的象征意义。“它们只是替代死者灵魂的一个符号，人们并不在乎图像与其原型之间有多少异同”，而主要表达的是通过生命“继续”到达理想世界——升仙。“宴饮”“升仙”这些相关性的图像组合，让我们看到汉代人对生死的理解。“宴饮”“升仙”的图像解释了生命从“继续”到“升仙”，这主要反映了汉代相当普遍的民间信仰观念。对汉代人来说，死亡只不过是灵魂离开肉身而已，是新生命的开始。

注释：

[1][英]马林诺夫斯基：《巫术科学宗教与神话》，李安宅译，中国民间文艺出版社1986年版，第33页。

[2]杨爱国：《汉画像石中的庖厨图》，《考古》1991年第11期。

[3]于秋伟：《汉代“庖厨图”画像分析》，载《大汉雄风——中国汉画学会第十一届年会论文集》，高等教育出版社2008年版，第317页。

[4][美]简·詹姆斯：《汉代西王母的图像志研究》，《美术研究》1997年第2期。

[5]过文英：《论汉墓绘画中的伏羲女娲神话》，博士学位论文，浙江大学，2007年。

[6]贺福顺：《〈高禖画像小考〉一文商榷》，《考古与文物》1992年第1期。

[7]石红艳：《汉画中的“抱持神”为炎帝说质疑》，《南都学坛》2012年第4期。

[8][美]巫鸿：《礼仪中的美术——巫鸿中国古代美术史文编》(上)，郑岩等译，生活·读书·新知三联书店2010年版，第244—245页。

[9]笔者曾着重提过该观点。详见郝利荣、杨孝军《论汉代墓葬中饮食图像的宗教意义与民俗信仰》，《文物世界》2012年第1期。

[10]姜守城：《〈太平经〉研究——以生命为中心的综合考察》，社会科学文献出版社2007年版，第465页。

[11]王明编：《太平经合校》，中华书局1960年版，第203—204页。

[12]黄晖：《论衡校释》，中华书局1990年版，第992页。

[13]丁培仁：《太一信仰与张角的中黄太一道》，《宗教学研究》1984年第S1期。

[14]《赤松子章历》，载《道藏》(第11册)，文物出版社、上海书店、天津古籍出版社1988年影印版，第204页。

反身考

——兼汉画百戏倒立图像辨正

庄小霞

内容摘要　汉代百戏繁荣昌盛，全国各地发现的汉代画像百戏表演场景中多见倒立图像，这些图像既包括作为独立表演项目的倒立，也包括融入倒立技巧的倒挈面、戏车、寻橦、安息五案等汉代百戏项目。作为独立表演项目的倒立是汉代百戏一项重要和常见的杂技。此前研究者指出汉代百戏中的倒立项目名为“倒植”“倒挈”，笔者通过辨别考究，认为汉代扬雄《法言·问道》所载的“反身”或应是汉代百戏倒立项目的正式名称，“倒植”和“倒挈”的名称值得商榷。此外，本文对汉画百戏中融入倒立技巧的一些表演项目的图像进行举例辨正。

关 键 词　汉画；百戏；杂技；反身；倒立

作者简介　庄小霞，女，中国社会科学院历史研究所助理研究员。

汉代百戏繁荣昌盛，百戏之中的杂技见于汉画中的就有飞剑、跳丸、弄壶、吐火、冲狭、鱼龙漫衍，等等。此外，汉画百戏表演中还常见倒立表演，如四川成都市羊子山1号墓出土东汉画像石的百戏表演场面，不仅有跳丸、飞剑、盘舞等表演项目，还可见到其中一表演者双手撑地、两脚向上，正在做倒立表演。（图1）此处表演者所进行的倒立表演是一个独立的百戏项目，与画面中其他百戏项目一起组成了一个汉代百戏表演的场景。全国各地发现的汉代画像石百戏表演场景中常见倒立图像，这些图像既包括作为独立表演项目的倒立，也包括融入倒立技巧的倒挈面、戏车、寻橦、安息五案等百戏项目。

图1　四川成都市羊子山1号墓出土画像石[1]

研究者大多认为倒立最早被记载为百戏表演项目是在汉代，当时被称为“倒植”“倒挈”[2]，还有学者直接称其为“倒立”[3]，这些都值得商榷。形容百戏表演的“倒立”，最早见于《三国志》卷二十九《魏书·方技传》南朝宋裴松之注：“设为女乐舞象，至令木人击鼓吹箫；作山岳，使木人跳丸掷剑，缘絙倒立，出入自在；百官行署，舂磨斗鸡，变巧百端。”[4]并没有直接证据说明作为汉代百戏表演项目的倒立在汉代就被称为“倒立”。“倒植”出自汉代贾谊《新书·威不信》：“天子者，天下之首也，何也？上也。蛮夷者，天下之足也，何也？下也。蛮夷征令，是主上之操也；天子共贡，是臣下之礼也。足反居上，首顾居下，是倒植之势也。天下之势倒植矣，莫之能理，犹为国有人乎？”[5]“倒挈”出自贾谊《新书·匈奴》：“上使乐府幸假之倡乐，吹箫鼓鞀，倒挈面者更进，舞者蹈者时作……”[6]“倒植”即“足反居上，首顾居下”，“倒挈”的“挈”字有“提”的意思，“倒挈”就是“倒提”，这似乎都是对倒立的解释，但细究起来，将“倒植”和“倒挈”作为汉代百戏倒立项目的正式名称，似乎也还不太准确稳妥。

首先说一下“倒植”。“倒植”，研究者多引贾谊《新书·威不信》[7]，更早的例子见于《庄子·外物》：“草木之倒植者过半而不知其然。”成玄英注疏：“植，生也。”[8]《淮南子》高诱注：“草木首地而生，故曰倒生。”何宁集释：“《庄子·外物篇》‘草木之倒植者过半而不知其然’，‘倒生’即‘到植’。诸本‘倒’作‘到’，古今字。”[9]所以这样再来看《新书·威不信》所载“足反居上，首顾居下，是倒植之势也”，其说的应是头足相反而生长，因此才有“天下之势倒植矣，莫之能理”。如果只是倒立，一个倒转就可以恢复了，不致情况严重如斯。故此，很难说“倒植”就是倒立。再者，“倒植”即使意同倒立，就以《新书·威不信》所见的例子也不能足证文中所说的“倒植”指的就是百戏杂技中的倒立项目，因为文中确实也没提到与百戏相关的内容，这点与下文要讲到的“倒挈”的情况还有所不同。

其次说一下“倒挈”，贾谊《新书·匈奴》中所载为“倒挈面者”，引用此条材料的研究者注意到了“倒挈”二字，而把“面”字给忽略了，实则“倒挈面”也属于汉代百戏之一种。济南无影山西汉早期彩绘陶乐舞杂技俑中就有“倒挈面者”正在进行表演，可以看到表演者将整个身体翻转团成圆状，双手握住足胫，头努力向上仰起置于两足之间，宛如“提着头（面）”。前面提到“挈”字有“提”的意思，“倒挈面”正是对这种表演非常形象生动的描述，这显然与直体的倒立表演是有区别的。“倒挈面”是一种非常有难度的柔术表演，作为一种比较新奇的杂技节目，贾谊《新书·匈奴》中记载了其在汉初时就被列于乐府，成为招徕胡人的百戏项目之一。[10]

图 2　济南无影山西汉早期彩绘陶乐舞杂技俑局部[11]

图 3　济南无影山西汉早期彩绘陶乐舞杂技俑

无影山西汉早期彩绘陶乐舞杂技俑中既有“倒挈面者”，同时又有一对倒立者正在进行倒立表演，表演者双手接地撑起全身，两脚在上，是标准的倒立动作。（图 2、图 3）这也更清楚地告诉我们，汉代百戏中的倒立与“倒挈面”是两种不同的杂技项目，因此只将“倒挈”二字单独提出来作为汉代百戏倒立项目的正式名称其实是不妥当的。

以上我们辨别了迄今为止研究者所认为的汉代百戏倒立项目的正式名称，那么传世文献中有无对汉代倒立项目正式名称的记载呢？答案是肯定的，但可以说一直被忽视。《法言·问道》载：“围棋、击剑、反目、眩形，亦皆自然也。”[12]其中“反目”当作“反身”，字形讹误多时。汪荣宝注疏：

> 音义：“反目眩形，一本作‘反自眩刑’。眩，音县。”按：当作“反身、眩形”。一本作“反自”，“自”即“身”之驳文。[13]

上文所引主要说明因为形近易误，又加上传写错误，自宋代以来“反身”即已误作“反自”“反目”，正确应为：“围棋、击剑、反身、眩形，亦皆自然也。”反身与围棋、击剑、眩形并列，其中围棋、击剑属于当时的休闲娱乐活动，击剑也可作为表演项目，而反身和眩形则应当属于百戏中的表演项目。

围棋，早在两汉以前就颇盛行，文献和考古材料则反映了两汉时期围棋运动比较普遍。扬雄《方言》载：“围棋谓之弈，自关而东，齐鲁之间皆谓之弈。”西汉时期“陈遵，字孟公，杜陵人也。祖父遂，字长子，宣帝微时与有故，相随博弈，数负进”。颜师古注：“博，六博。弈，围棋也。”[14]1952年河北望都1号汉墓出土一石围棋盘，应当是墓主人生前喜爱之物，死后被当作随葬品陪葬。

击剑是汉代常见的体育活动，“汉代学剑、击剑之风甚盛，时人自小学剑，以击剑为好”[15]。如司马相如“少时好读书，学击剑”[16]，《汉书》卷六十五《东方朔传》载东方朔自述“十五学击剑”[17]。击剑也是汉代宴席与百戏中重要的节目，如著名的鸿门宴中的项庄舞剑。汉画中亦有多幅击剑图像，图4即为汉画像石乐舞场景中的击剑图像。

眩形即幻术，眩，通“幻”，汪荣宝注疏：“眩，读为幻。”[19]《汉书·张骞李广利传》载：“而大宛诸国发使随汉使来，观汉广大，以大鸟卵及牦靬眩人献于汉，天子大悦。”颜师古注曰：“眩读与幻同，即今吞刀吐火、植瓜种树，屠人截马之术皆是也。本从西域来。”[20]眩形应是汉代人对幻术的称呼，属于百戏。

图4　汉画像石乐舞场景中的击剑图像[18]

《法言》的作者扬雄是西汉末年至东汉初年人，学问渊博，是当时的大学者，《法言·问道》所举四事中，“围棋、击剑、眩形”都已可知，那么“反身”是什么呢？“反”，《说文》载：“覆也。从又，厂反形。”[21]至于“覆”，《说文》载：“覆也。反覆者，倒易其上下。”[22]《梁书》卷三十九《羊侃传》载当时的杂技艺人技艺高超，“又有孙荆玉，能反腰帖地，衔得席上玉簪”[23]。是说杂技艺人孙荆玉能够倒立弯腰贴地，用嘴衔得席上的玉簪。此处“反腰”与“反身”中“反”的用法应当一致，因此，从字面意义上讲，“反身”就是身体头下脚上，也就是倒立。“反身”之词，先秦两汉文献少载，主要见于《周易》，如“《象》曰：‘威如之吉，反身之谓也。’虞注云：‘谓三动。坤为身，上之三，成既济定，故反身之谓。此家道正，正家而天下定矣。’”[24]是求诸于己、反躬自省之意，至于“反身”的现代意思“回转身”出现较晚，《法言·问道》则留下了当时“反身”作为百戏名称的记载。

汪荣宝注疏：“四者皆术之甚难，而为之既熟，则行所无事，故曰‘亦皆自然也’。”[25]可知“反身”也是需要技艺并且有一定难度的一项运动，需要长期练习才能熟练。福建省杂技团的林伟先生撰文指出：“在传统说法中，‘腰、腿、倒立、跟斗’是杂技演员的基本功，倒立是其中最重要的一项……‘倒立’一般是男演员表演，那时候会表演‘单臂倒立’的就算是首屈一指的杂技高手。”[26]考究《法言·问道》中语意，“反身”很可能就是与眩形也即幻术同属于百戏之一种；再从字面意思来看，“反身”有倒立之意，所以扬雄《法言·问道》中的“反身”极有可能就是汉代百戏中倒立表演项目的正式名称。

汉代百戏中的倒立表演项目即反身，文献记载很少，我们要对反身有更深入细致的了解，还得依赖大量汉画像石的图像资料。双手倒立对于一般人来讲已属不易，而单手倒立即使在现代社会也属技艺高超的杂技。[27]在图1、图5、图6等图像中，倒立表演者大多是两手接地，双脚向上。在图7中，左边倒立之人是双手倒立，右面一人则是单手倒立，反映了当时表演者的技艺已经非常高超。除了图1、图5、图6中的表演者单独表演反身项目，济南无影山西汉早期彩绘陶乐舞杂技俑中的反身表演者为两人相对

图5　山东画像石乐舞、建鼓、杂技画像[28]

图 6　山东出土乐舞图像[29]

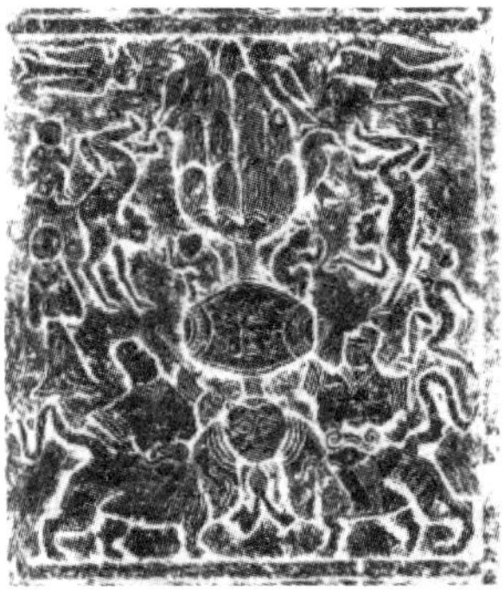

图 7　山东济宁出土乐舞画像石[30]

倒立，图 7 山东济宁出土乐舞画像石中的反身表演者亦为两人相对倒立，这都应当看作反身表演的节目特色。

汪荣宝认为“反身”就是张衡《西京赋》所载的“侲僮程材，上下翩翻，突倒投而跟絓，譬陨绝而复联”，“即此所谓反身”。[31] 将“反身”与汉代百戏表演联系起来是汪荣宝首先注意到的，但应当指出上述认识稍有偏差。以上张衡《西京赋》所引之文，更完整的应是：“尔乃建戏车，树修旃。侲僮程材，上下翩翻，突倒投而跟絓，譬陨绝而复联。百马同辔，骋足并驰。橦末之伎，态不可弥。”[32] 根据完整文字可知，《西京赋》此处所说的实际是汉代的戏车杂技，《汉书》卷六五《东方朔传》载东方朔言汉武帝的宫廷生活“设戏车，教驰逐，饰文采，聚珍怪”[33]。河南新野等地出土的汉代戏车画像砖可以让我们对汉代戏车杂技有更直观的认识，如图 8 表演者在车中竖立的高橦上悬空倒挂，图 9 中两辆车之间用绳索相连，表演者在绳索之上做各种技巧表演，其中就有倒立动作。从图像上就可看得出表演惊险刺激，非常精彩。

图 8　河南新野出土汉代戏车画像砖[34]

倒立从古至今都被作为一项独立的杂技项目，一直流传延续至今。倒立技巧又是许多杂技项目训练必备的基本功。在现代社会的体育、杂技、舞蹈、戏曲表演等领域中，倒立也是很重要的基本功。就以体育项目中的竞技体操为例，其中的双杠、吊环、平衡木、自由体操等项目都深深渗透

图 9　河南新野出土汉代戏车画像砖拓片[35]

着倒立技巧。同样的道理，汉代百戏表演节目丰富，倒立技艺也被表演者融入其他项目中。这点前辈学者也注意到了：“汉代的倒立技艺还常掺杂或糅合在其他杂技节目中表演。”[36]前文所述的倒挈面、戏车，很显然都运用到了倒立技巧，但这些百戏项目不能就此称其为倒立表演（反身）。除了倒挈面、戏车以外，汉代百戏中还有多项运用到倒立技巧的项目，它们与反身一起形成汉代丰富多彩的百戏文化，并流传和影响后世的体育、杂技、舞蹈、戏曲等领域。汉代百戏中比较深刻地融入了倒立技巧的百戏项目还有寻橦、安息五案等。

张衡《西京赋》载：“乌获扛鼎，都卢寻橦。”[37]《艺文类聚》卷六一引晋傅玄《正都赋》：“乃有材童妙妓，都卢迅足，缘修竿而上下，形既变而景属，忽跟挂而倒绝，若将坠而复续。”[38]以上文献中所描述的在汉画中亦多有反映，如图10的寻橦表演，其中就有表演者进行悬空倒挂表演。

图 10　山东出土寻橦戏画像石[39]

“安息五案”又被称为升五案、五案，《宋书・武三王传》载：“长蹻、透狭、舒丸剑、博山、缘大橦、升五案，自非正冬会奏舞曲，不得舞。”[40]《魏书・乐志五》载：“六年冬，诏太乐、总章、鼓吹增修杂伎，造五兵、角觝、麒麟、凤皇、仙人、长蛇、白象、白虎及诸畏兽、鱼龙、辟邪、鹿马仙车、高絙百尺、长趫、缘橦、跳丸、五案

图 11　和林格尔壁画墓乐舞百戏图[44]

图 12　河南唐河冯君孺人画像石墓乐舞百戏画像石[45]

图 13　重庆永川东汉杂技画像石[46]

以备百戏。”[41]《太平御览》卷五百六十九引《邺中记》载：“(石)虎正会，殿前作乐，高絙、龙鱼、凤凰、安息五案之属，莫不毕备。”[42]安息五案是一种案上倒立的杂技节目，其名称见于文献中虽较晚，但汉代已出现这项杂技表演。1971年出土于内蒙古和林格尔的东汉晚期壁画墓“乐舞百戏图”中有三项是涉及倒立的百戏表演：左侧一人双手倒立进行反身表演，右侧有两三人正在进行寻橦表演，右前一人正在表演安息五案。[43]汉画中又可见到一案倒立的图像，如图12、图13中表演者正单手或双手倒立于案上。

作为独立表演项目的倒立是汉代百戏中一项重要和常见的杂技，它的主要特点是不借助道具，而是靠双手或单手接地撑起全身，头脚相反，汉代正式名称或应为“反身”，文献记载见于扬雄《法言·问道》。汉画百戏场景中倒立表演（反身）与其他融入了倒立技巧的百戏项目常常同时出现，一起构成了内容丰富的汉代百戏表演。这些融入了倒立技巧的表演项目，如倒挈面、戏车、寻橦、安息五案等，透射着倒立的身影，但它们与反身属于不同的百戏项目。认识到这一点，对辨别汉画百戏中出现的各种倒立图像及辨别汉画百戏项目有很大帮助。

注释：

[1][30][45][46] 信立祥主编：《中国美术全集·画像石画像砖》，黄山书社 2010 年版，第 421、261、49、445 页。

[2][7] 韩顺发：《汉画像中的倒立分类及名称考释》，《中原文物》1993 年第 2 期；姜雪婷：《汉画像形体技巧倒立图像考释》，《体育文化导刊》2009 年第 6 期。

[3][10][36] 萧亢达：《汉代乐舞百戏艺术研究》，文物出版社 1991 年版，第 272、282、274 页。

[4]（晋）陈寿撰：《三国志》，中华书局 1959 年版，第 807 页。

[5][6]（汉）贾谊撰，阎振益、钟夏校注：《新书校注》，中华书局 2000 年版，第 136 页。

[8]（清）郭庆藩：《庄子集释》，中华书局 1961 年版，第 943 页。

[9]（汉）刘安撰，何宁集释：《淮南子集释》，中华书局 1998 年版，第 36 页。

[11] 济南市博物馆：《试谈济南无影山出土的西汉乐舞、杂技、宴饮陶俑》，《文物》1972 年第 5 期。

[12][13][19][25][31]（汉）扬雄撰，汪荣宝注疏，陈仲夫点校：《法言义疏》，中华书局 1987 年版，第 132、133、133、134、133 页。

[14][16][17][20][33]（汉）班固：《汉书》，中华书局 1962 年版，第 3709、2529、2841、2696、2858 页。

[15] 孙兆华：《两汉人带剑风习》，硕士学位论文，北京师范大学，2012 年，第 27 页。

[18][28][29][39]《中国画像石全集》第二卷《山东汉画像石》，山东美术出版社 2000 年版，图版第 80、119、121、48 页。

[21][22]（汉）许慎撰，（清）段玉裁注：《说文解字注》，上海古籍出版社 1981 年版，第 116、357 页。

[23]（唐）姚思廉：《梁书》，中华书局 1973 年版，第 561 页。

[24]（清）惠栋撰，郑万耕点校：《易例》，中华书局 2007 年版，第 698 页。

[26][27] 林伟：《倒立艺术在现代杂技中的应用探析》，《艺术科技》2015 年第 1 期。

[32][37]（清）严可均辑：《全上古三代秦汉三国六朝文》，中华书局 1958 年版，第 764、763 页。

[34] 魏忠策：《罕见的汉代戏车画像砖》，《中原文物》1981 年第 3 期。

[35] 南阳文物研究所编：《南阳汉代画像砖》，文物出版社 1990 年版，图 118。

[38]（唐）欧阳询等编：《艺文类聚》，上海古籍出版社 1965 年版，第 1110 页。

[40]（梁）沈约：《宋书》，中华书局 1974 年版，第 521 页。

[41]（北齐）魏收：《魏书》，中华书局 1974 年版，第 2828 页。

[42]（宋）李昉编：《太平御览》，河北教育出版社 1993 年版，第 495 页。

[43][44] 徐光冀主编：《中国出土壁画全集·3·内蒙古》，科学出版社 2012 年版，第 62 页。

民间信仰视域下的汉代祈财仪式图释读

郑先兴

内容摘要　汉代人对于财富的崇拜，一是体现在汉画像所绘制的大量的五铢钱形象，二是体现在四川等地发现了大量的青铜质的摇钱树，其所传达的财富、长寿、平安、幸福等可以生生不息、源源不断的诉求，可谓溢于言表。汉画像中的鱼则借助于读音的相谐，表明人们对财富的诉求；捕鱼的画面则表明了财富可以取之不尽，用之不竭；鱼与莲花绘制在一起，则是“连年有余”的象征。汉画像中的天仓体现了普通民众那种希望不劳而获、得天而食的愿望。而汉画像中的各种劳作场面，说明汉代人深刻地意识到，只有通过勤奋的劳作，才能够获得必需的粮食、财富。

关 键 词　汉画像；民间信仰；祈财；仪式图

作者简介　郑先兴，南阳师范学院历史文化学院院长，汉文化研究中心主任、教授，主要研究方向为文化史、史学史。

财富是人类生存和发展的基础，也是社会稳定和发展的依靠。司马迁说：“天下熙熙，皆为利来。天下攘攘，皆为利往。”由此，作为民间信仰的五福内容之一，当然也体现在汉画像中，其主要的形式是摇钱树、莲鱼和天仓，等等。

一、摇钱树：汉代祈财的时代特色

秦汉是中国历史上最为关键的转折时期，因为秦始皇统一中国，不仅在地域政治上，更重要的是在经济、文化方面实行了一体化。尤其是货币形态，统一采取了铜质与内方外圆的形制，即所谓的秦半两，汉承秦制，采用了五铢的形制。由此，汉代人对于财富的崇拜，集中体现在人们渴望拥有大量的五铢钱。今天能够看到的就是在汉墓中出土的大量的实用五铢钱、阴用冥钱。另外，在汉画像中，也绘制了大量的五铢钱形象。如图 1 为南阳汉画像砖，画面为模制图纹“大泉五十”，两两一组。如图 2 为南阳汉画像砖，画面为模制，上下各为菱形图案，中部为内方外圆的钱币，中间似乎有绳索串起，可谓“钱串”。[1] 显然，这两幅画像反映了汉代人对于财富的渴望与膜拜。

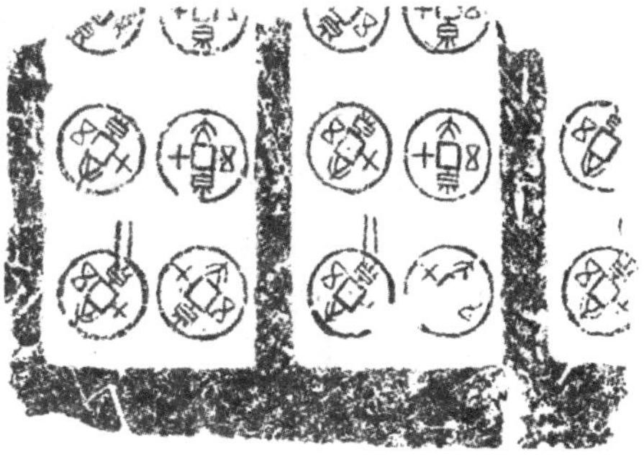

图 1　南阳汉画像砖“大泉五十”

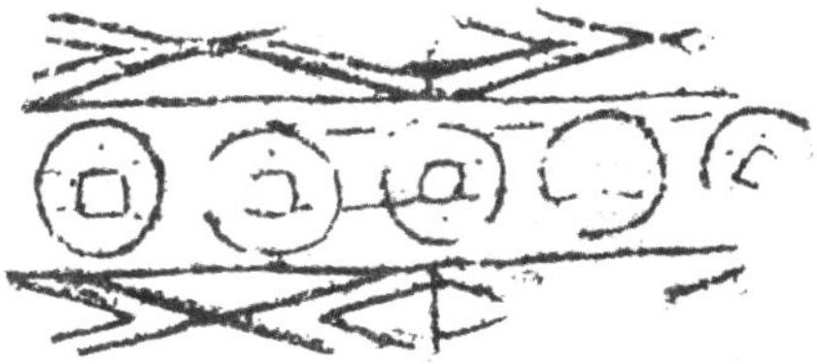

图 2　南阳汉画像砖“钱串”

当然，汉代对于财富的崇拜，最大的表现还是摇钱树的出现。根据考古发掘，在四川等地出现了大量的青铜质的摇钱树。如 1972 年彭山汉代崖墓出土一株 144 厘米高的摇钱树，1983 年广汉市东汉砖墓出土一株 152 厘米高的摇钱树，绵阳东汉崖墓出土一株 200 厘米高的摇钱树（图 3），等等。这些摇钱树的特征是青铜质地。图 4 的摇钱树叶片为五铢钱样，配置有西王母、朱雀、佛、乐舞百戏等神话和

图 3　四川绵阳出土摇钱树

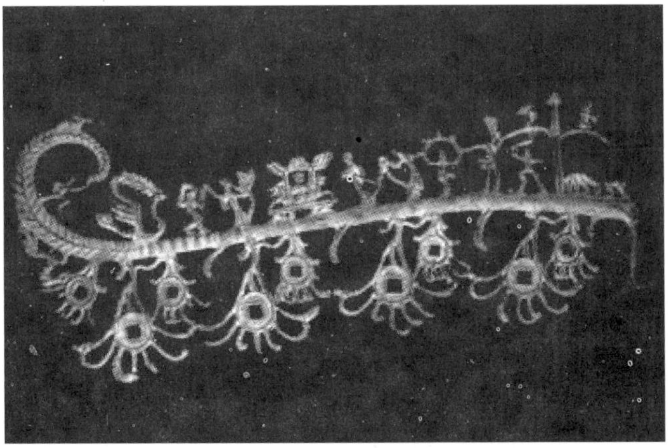

图 4　四川摇钱树叶片“西王母”“乐舞百戏”

生活场景。西王母是长寿的偶像，佛则是平安幸福的偶像，朱雀是汉代四灵的南方神，乐舞百戏是汉代娱乐生活，这一切都配在人们赖以生活的钱币叶片上，传达了财富、长寿、平安、幸福等的追求。

其实，摇钱树的祈财意旨在摇钱树座的画面上已经充分体现了出来。如图 5 为 1980 年四川宜宾汉代崖墓出土的摇钱树座，通体造型是仙人骑羊，下面绘制摇钱树一株，有人持棍敲下钱币，有人在采摘钱币；另一面，一株摇钱树下，一人采摘钱币，一人正在将钱币装入篮子，一人挑着装满钱币的担子将要离去。

图 5　四川宜宾汉代崖墓出土的摇钱树座

二、鱼与莲：汉代祈财的意向表征

鱼是餐桌上的美味，所以汉画像中多有所表现。如南阳汉画像石的宴饮图中就绘制了一条体量比较大的鱼。再如图 6 为徐州汉画像石“盘中鱼”，画面为祭案，有案足，画地为十字穿环，三只盘中各放有一鲤鱼。另外，在众多的汉画庖厨图中，如图 7、图 8 悬挂有鱼，再如徐州汉画像石艺术馆所藏庖厨图中，悬挂两条鱼。[2]

图 6　徐州汉画像石“盘中鱼”

图 7　徐州汉画像石“庖厨图”

图 8　徐州汉画像石“庖厨图”

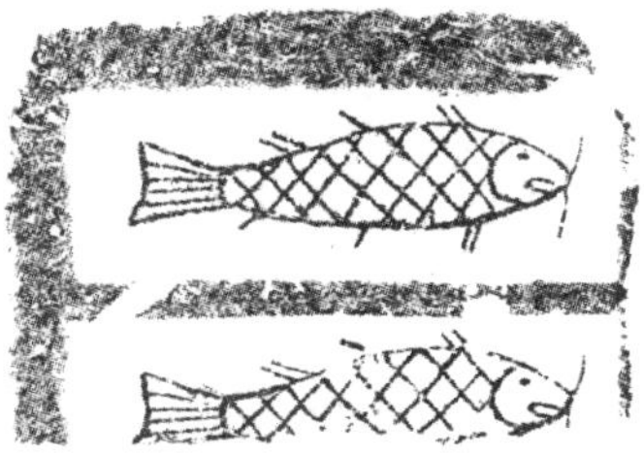

图 9　南阳汉画像砖“鱼”

可以说，餐桌上和庖厨图中的鱼是食用的；单独的鱼则借助于读音的相谐，表明人们对财富的诉求。如图 9 为南阳汉画像砖，画中有两条鱼，头、身、尾鳍等各部造型准确。[3] 如图 10 为山东邹城汉画像石局部，画面是蛟龙缠尾、人物、马、鸟等，其下格有两排鱼。[4] 鱼的读音与富裕的“裕”、盈余的“余”相似。所以，鱼画像的出现反映了汉代人的财富诉求。

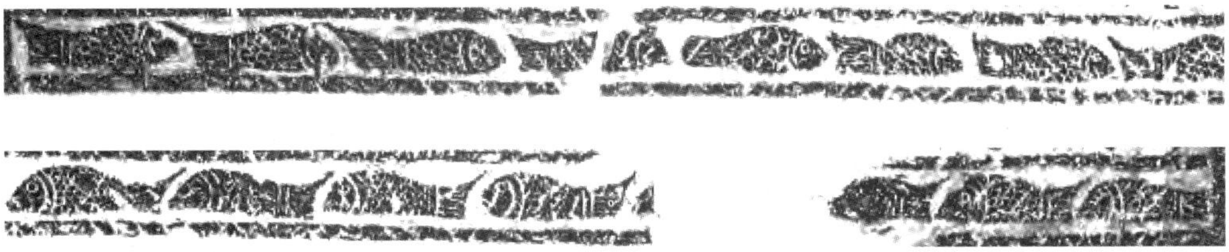

图 10　山东邹城汉画像石

如此说来，捕鱼的画面则表明了财富取之不尽，用之不竭。如图 11 为山东汉画像石，在庭院旁的池塘内，各种鱼游戏水底，有人用鱼叉插鱼，有人乘船用网捕鱼。图 12 为山东汉画像石，也是在庭院旁的池塘内，各种水产游戏水底，有二人用网捕鱼，有人徒手摸鱼。[5]

图 11　山东汉画像石“庭院池塘图”

图 12　山东汉画像石“庭院池塘图”

另外，鱼与莲花绘制在一起，则是“连年有余”的象征。如图 13 为安徽宿州汉画像石，画面中部为一朵盛开的莲花，花瓣铺展，莲子饱满，周边有八条鱼缠绕游戏。如图 14 为安徽萧县汉画像石，阴线刻，三朵莲花亭亭玉立，鱼儿戏于水中，两只鹤站立在莲花上，伸喙争抢一鱼。[6] 其意当为“连年有余”。

图 13　安徽宿州汉画像石“连年有余”

图 14　安徽萧县汉画像石“连年有余”

三、天仓与劳作：汉代祈财的理念与实践

图 15　郑州汉画像砖“粮仓”

图 16　四川简阳出土石棺画像“太仓”

所谓财富其实就是人们社会生活中必需的东西。《史记·货殖列传》记载，山西的材、竹、穀、纑、旄、玉石，山东的鱼、盐、漆、丝、声色，江南的楠、梓、姜、桂、金、锡、连、犀、玳瑁、珠玑、齿革，以及马、牛、羊、旃裘、筋角、铜、铁等，大都是人们生活所必需的。换句话说，这些东西都是人们所渴望的财富。在汉画像中，这些东西也有着不同的表现。但是，与《史记》不同，汉画像的财富观念，尚有着独自的特征。

一方面，汉画像体现了普通民众那种希望不劳而获、得天而食的思想。如图 15 郑州汉画像砖，画面是干栏式建筑，其形制为四面坡顶，前后出檐，前面有走廊。这幅画表示的是方形仓，是汉代专门存放粮食的。[7] 如图 16 四川简阳出土的石棺画像，画面也是干栏式建筑，房顶为长方形，屋顶分为两层，上层的较小，上面设有窗子为透气孔，右边站立一鸟，应为防虫护粮的，左边有榜题“太仓”二字。[8] 如图 17 山东安丘汉画像石，画面为阴线刻，分为三层。上层是车骑出行，有一导骑、二帷轺车、二侍从吹管执缨、二从骑、二帷軿车、一辎车。下层是乐舞百戏，中部一人跳丸、一人跳巾鼓舞，乐人抚琴、击鼓、吹竽，左右侍立观众。中层是男女主人分别端坐在榻内，男主人的屏风内有兵器，女主人的榻内有小孩。外有侍者，左边有连理树，一人拥彗，三人执笏拜谒，右边有榜题“此上人马皆食于天仓”。[9] 在这里，如果说郑州汉画像砖的粮仓是现实的，那么，四川汉画像粮仓与山东安丘汉画像的榜题，则反映了汉代人渴望得到苍天的保佑，永享食品。

图 17　山东安丘汉画像石“此上人马皆食于天仓”

图 18　山东汉画像石“耕作图”

另一方面，汉代人深刻地意识到，财富是不可能不劳而获的，只有通过勤奋的劳作，人们才能够获得必需的粮食。所以，汉画像中有着体现当时社会生产劳作的各种工艺环节。

如图 18 山东汉画像石的耕作图，从左至右依次为担挑、扛锸、二牛抬杠耕地、担挑、扛锄、牛拉车。[10]

图 19　陕北汉画像石“二牛抬杠耕地”

如图 19 陕北汉画像石，画面为二牛抬杠耕地，有人在后面撒种。图 20 陕北汉画像石，画面为成排的成熟的高粱，一人正拿镰收获。[11]

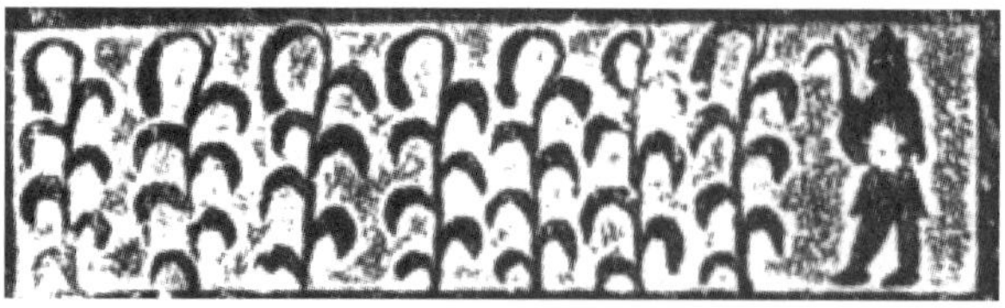

图 20　陕北汉画像石“收高粱”

图 21　山东汉画像石“纺织图”局部

图 22　山东汉画像石“纺织图”局部

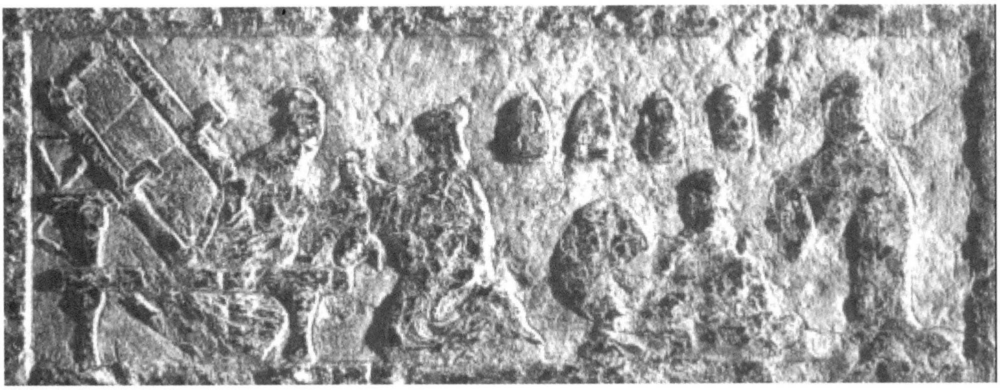

图 23　徐州出土的汉画像石“纺织图”局部

如图 21 山东汉画像石纺织图局部，画面中有织布机、纺线车，有七人在操作。如图 22 山东汉画像石纺织图局部，画面中有左右两架织布机，中间有纺线车，有织布的，纺线的，盘线的。[12] 如图 23 徐州出土的汉画像石纺织图局部，画面中有织布机，一妇女正在织布，一女子抱孩子递给织布女，让其喂孩子，一女子拿束丝，一女子抽络维。[13]

由上所述，田野中男子的耕作收获，家庭内女子的织布纺纱，构成了汉代生财的基本路径。正所谓“男耕女织”才是正道，才是所谓的传统“本业”。当然，在重庆汉画像砖中，有沽酒卖羊的街市，也有采矿晒盐的场景，说明汉代的生财之道，除了男耕女织外，还有商业和手工业等。

一方面是渴望天赐财富，另一方面是强调劳作以创造财富。由此，汉代的财富观念似乎存在着矛盾。其实，这不是矛盾，而恰恰说明汉代的财富观念充满着天命的色彩。《史记·佞幸列传》记载，邓通是蜀郡南安人，没有什么能耐，只是因为巧合了汉文帝的梦境，于是得到宠爱。但是算命的人认为，邓通面相带着饿死的迹象。文帝不相信，就赐以大量的财富，甚至准许其造钱，于是“邓氏钱”流布天下。邓通也为了回报文帝，用嘴巴吸吮其疮痈，谄媚太子，但是仍然被太子所嫉恨。文帝去世，景帝继位，没收了其家产和特权，最后邓通身无分文，真的饿死了。司马迁借用俗语说：“力田不如逢年，善仕不如遇合。”但是“遇合”也需要天命。即使贵为帝王的汉文帝，也不能改变其天命。也许由此观念，汉代人才特别讲究农耕，注重“务本”，认为依靠自身的劳作才能颐养天年。

注释：

[1] 南阳文物研究所编：《南阳汉代画像砖》，文物出版社 1990 年版，第 91、167 页。

[2]《中国画像石全集》第四卷《江苏、安徽、浙江汉画像石》，山东美术出版社 2000 年版，第 67、11—12 页。

[3] 南阳文物研究所编：《南阳汉代画像砖》，文物出版社 1990 年版，第 93 页。

[4]《中国画像石全集》第二卷《山东汉画像石》，山东美术出版社 2000 年版，第 62—63 页。

[5]《中国画像石全集》第二卷《山东汉画像石》，山东美术出版社 2000 年版，第 35、37 页。

[6]《中国画像石全集》第四卷《江苏、安徽、浙江汉画像石》，山东美术出版社 2000 年版，第 129、142 页。

[7] 薛文灿、刘松根编：《河南新郑汉代画像砖》，上海书画出版社 1993 年版，第 8 页。

[8]《中国画像石全集》第七卷《四川汉画像石》，河南美术出版社 2000 年版，第 76 页。

[9]《中国画像石全集》第三卷《山东汉画像石》，山东美术出版社 2000 年版，第 128—129 页。

[10]《中国画像石全集》第二卷《山东汉画像石》，山东美术出版社 2000 年版，第 57—58 页。

[11]《中国画像石全集》第五卷《陕西、山西汉画像石》，山东美术出版社 2000 年版，第 81 页。

[12]《中国画像石全集》第二卷《山东汉画像石》，山东美术出版社 2000 年版，第 154—155、156 页。

[13]《中国画像石全集》第四卷《江苏、安徽、浙江汉画像石》，山东美术出版社 2000 年版，第 65 页。

周汉时代军事主题音乐图像浅考释

李荣有

内容摘要　本文通过遗存周汉时代军事主题音乐图像和史料文献的互证研究，认为周代的军乐已形成了战阵用乐和军礼用乐两种类型。周代的“钟磬乐”和“干戚舞”不仅用于宫廷礼乐“雅乐”，而且也用于“五礼”之中的军礼用乐“军乐”。其次是周汉时代的军乐有着一脉相承的发展关系，其战阵用乐呈现由鼓角齐鸣到钟鼓铿锵为主体的发展路径，军礼用乐则呈现由“钟磬乐”向“鼓吹乐”的重大转型。汉代军乐在沿袭周代传统的基础上又进行了重大变革，特别是军礼用乐出现了常用乐器、组合模式、展演方式、乐用功能和音乐风格等方面的转型变化，且还作为“新雅乐”用于宫廷的祭祀、典礼等活动。周汉时代的军乐传统成为后世2000多年封建社会军乐传承与发展的理论与实践基础。

关 键 词　周汉时代；军乐图像；战阵用乐；军礼用乐

作者简介　李荣有，1956年生，浙江音乐学院艺术学研究中心主任，汉画乐舞艺术研究所所长，音乐学系教授，硕士研究生导师。

我国有关军事用乐的历史，从古文献中可追溯到黄帝时代。如《山海经·大荒东经》载：“东海中有流波山，入海七千里。其上有兽，状如牛，苍身而无角，一足，出入水则必风雨，其光如日月，其声如雷，其名曰夔。黄帝得之，以其皮为鼓，橛以雷兽之骨，声闻五百里，以威天下。”[1]史传在黄帝和炎帝联合抗拒异族侵略的涿鹿之战中，就是在狂风大作、尘沙漫天的有利气候条件下，巧妙地利用击雷霆之鼓这一当时本民族独有的军乐鼓舞士气，战胜了兵力雄厚、骁勇善战的蚩尤的军队，从而被誉为中国军事音乐历史的开端。夏商周三代以来，可能由于礼乐制度的逐步建立和宫廷“雅乐”备受推崇之缘故，史料文献中缺少有关军乐发展状况的系统著录。而事实上，由于春秋战国时期王权中落和诸侯之间征伐迭起，一直作为国之大事的“祀”与“戎”，则已更多地偏重于“戎”之一端，军事音乐受到高度重视和繁荣发展本在情理之中。幸运的是，在考古发现东周时期相关青铜器物表面的图案上，以及汉代画像石 / 砖等载体之上，镌刻描绘了许多相关军事主题音乐的画面，有效展现了该时期军乐的形式、形态、内容、内涵和音乐风格等原始的资料信息。本文试图通过对这些珍贵图像资料的梳理分析，并和史料文献进行互证，以期对这一重要历史衔接时期我国军事音乐发展演变历史的研究有所裨益。

一、青铜器物上的周代军乐图像

在所见新石器时代原始彩陶、崖画、壁画等载体之上，已有大量反映远古先民千姿百态乐舞文化活动的图像，而真正描绘与军事音乐活动相关的画面，最早见于春秋战国时代的青铜礼器如壶、豆、盘、鉴等表面的图案，一般以圈足、下腹、上腹、颈口等部位分段分区，上下以云纹划分为多层，左右以双耳为中心，前后中线为界，形成完全对称的结构布局。其画面的形式、形态和刻绘风格等大同小异，主要内容有与军事活动相关的习射、弋射，战争中的步战仰攻、水陆攻战，以及祭祀、典礼、狩猎、采桑和钟鼓乐舞等。特别是在几幅军事主题音乐图像中，画面内容、形式和使用乐器等方面均显现出较强的一致性，有效展示了在“礼乐制”背景下，各诸侯国之间有同有异的军事音乐的历史面貌。

图 1　河南卫辉山彪镇出土战国铜壶

如地处礼乐文化核心区域的河南卫辉山彪镇出土的战国宴乐渔猎纹铜壶（图 1），[2] 地处巴蜀边远地区的成都百花潭中学 10 号战国墓出土的宴乐渔猎纹铜壶

（图 2），[3] 北京故宫博物院藏传世战国宴乐渔猎纹铜壶 [4]，现藏于美国的战国水陆攻战纹军乐图像铜豆 [5]，江苏镇江谏壁王家山东周墓出土铜鉴 [6]，河南辉县赵固村 1 号墓出土的铜盘等 [7]，其中都刻绘有水陆攻战战阵中的军乐画面和祝捷庆典军乐画面等内容，足以反映出该时期我国军事音乐的发展已经产生了“实用型”和“礼仪型”两种不同的类型。

图 2　成都百花潭中学出土的战国铜壶

（一）战阵场面军乐图像

战阵中的军乐图像，即如上述“实用型”军事音乐的形态。在古文献有关古战场上使用军乐的描述，最早的是黄帝以夔皮制作雷霆之鼓用于战阵的记载，后世分别见有“大张旗鼓”“旗鼓相当”“鼓角齐鸣”“击鼓鸣金”和“钟鼓铿锵”等说法，前者应指人类早期的军乐形态，后者则是青铜器出现之后的产物，即在发展演变的过程中，古人除了用这些具有雷霆之威的军乐器激扬斗志外，并逐步建立了以鼓类乐器和金类乐器作为统领三军、攻守进退之号令的明确分工。在所见青铜器表面刻绘战阵中的军乐图像中，多以简约的方式勾勒描绘了建鼓和丁宁合体悬置的形象，从而成为战阵军乐存在于世的珍贵史料信息。

例 1，河南卫辉山彪镇出土战国铜壶水陆攻战纹军乐图像。壶身图案自上而下分为三层，第三层分别刻绘了水战和陆战的场面，画面有格斗、射杀、划船、犒赏等场景。图中人物众多，器物有旌、旗、鼓、丁宁、戈、戟、剑、车、船等。战船分上下两层，下层为击棹行船的划手，上层是参加战斗的士兵，船尾部各树立一架顶端悬戈的建鼓，底部斜插一枚丁宁，一人站立，双手各执一桴，分别击奏建鼓和丁宁。（图 3）

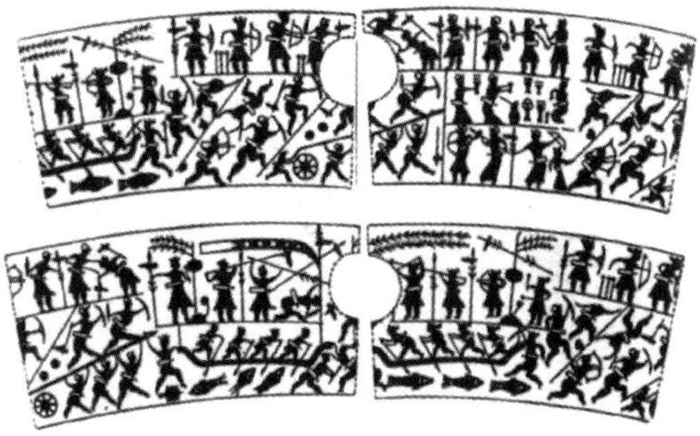

图 3　山彪镇铜壶水陆攻战纹军乐图（局部）

例 2，成都百花潭中学 10 号战国墓出土铜壶水陆攻战纹军乐图。壶身以三条横向凸纹从上往下分成四层图案，第三层描绘纷繁复杂的战场格斗画面，左侧为步战仰攻图，右侧为水陆攻占图，画面之间显要位置树立一架顶端悬戈的建鼓，底部鼓座之上斜插一枚丁宁，一人跽坐于地，双手各执一桴，左手击建鼓，右手击丁宁。（图 4）

图 4　百花潭铜壶水陆攻战纹军乐图（局部）

显然，上述两幅图像中刻绘的内容虽有一些差异，但主题思想却保持着高度的一致性，都属于以鼓类、金类军乐器在战场上鼓噪发威的真实写照。而这些资料信息的重要意义，首先是证明了“钟鼓铿锵”的军乐队在东周时代军事活动中的历史性存在；其次是由于图案空间所限，画面中的建鼓和丁宁应是“击鼓鸣金”之庞大乐队的缩写。

（二）祝捷庆典军乐图像

祝捷庆典军乐图像，即如上述“礼仪型”军事音乐的形态。西周“礼乐制”建成后，国家以金石类乐器为首的“乐悬”作为礼乐享受“等级制”的标准之一，并有“礼非乐不行，乐非礼不举”之操作规范，以至于文献中的“金石之乐”已成为宫廷雅乐的代名词。而多例出土铜壶、铜鉴等上刻绘的与战阵军乐图像相呼应的以大型金石乐悬为主体的乐舞图像，则为我们解读上古时代金石之乐的功能范围提供了新的思维途径。

例 1，河南卫辉山彪镇出土战国铜壶钟磬乐舞图。壶身第二层图案左侧为弋射图，右侧上部为宴饮，下部为钟磬乐舞图。簨虡架上左边悬挂 4 件编钟，右边悬挂 5 件编磬；簨虡架下有表演者 6 人，左起 2 人跽坐击钟，1 人跽坐吹竖笛，1 人立姿似吹笙，1 人立姿双手持槌，扭腰扬臂，击磬作舞。最右侧树立一架建鼓，1 人立姿，且击且舞。（图 5）

例2，成都百花潭中学出土铜壶乐舞图。壶身第二层画面栩栩如生地刻绘了钟鼓之乐与武舞的辉煌场面。画面左侧为宴乐图，堂上在宴饮，堂下为钟鼓乐舞。亭榭上6人敬酒如仪，姿态各异，榭栏左下有二圆鼎，二人作炊。堂下簨虡上左悬编钟一组4件，右悬编磬一组5件，4人立姿，双手执槌，张臂扭腰，分别边击钟磬边作舞。另4人跽坐，2人吹笙，2人吹排箫。簨虡右旁树立建鼓，鼓下插丁宁，一人双手执桴敲击鼓和丁宁。右上方见有4名舞者，分两行排列，皆右手前伸，左手执矛而舞。（图6）

图5 山彪镇铜壶钟磬乐舞图

图6 百花潭铜壶恺乐图（局部）

从对上述出土于不同区域二铜壶上镌刻的系列图像的综合分析，特别是以金石乐悬为主体乐舞图像的出现，足以说明周代的礼乐重器不但用于宫廷雅乐，而且用于各种军事礼仪活动之中。即周代的“金石之乐”和“干戚之舞”不仅用于宫廷雅乐，也用于“五礼”之中的“军礼”仪式，这也顺应了“礼非乐不行”的基本准则。因此，这些和战争画面呈现于同一载体上的乐舞图像，应属于战争胜利后举行祝捷庆典仪式的军乐。

二、画像石、砖上的汉代军乐图像

在考古发现风行于汉代广大社会的墓葬画像石和画像砖等图案之上，刻画展现了大量多姿多彩的有关汉代军事音乐的历史信息。经与周代青铜器上的军乐图像及史料文献中一些零星的记述进行互证研究可知，伴随着秦汉社会历史文化的巨大转型，汉代的军乐在继承前代传统的基础上也进行了重大革新，其中军事活动中的战阵用乐呈现以继承传统为主体的渐变，礼仪活动中的军礼用乐则展现出以革故鼎新为主体的巨大变化，即形成了脱离开金石乐悬的以鼓类和吹管类乐器为全新组合模式的军乐样态。

（一）战阵场面军乐图像

据考古发现的大量资料信息证明，西汉早期在帝王阶层流行“斩山作椁，穿石为藏”的崖墓，而土坑木椁墓、空心砖椁墓、石椁墓和画像石椁墓等也渐次兴起，画像石室墓则约产生于西汉中期。迄今所见最早的描绘汉代战阵军乐主题的图像是南阳新野樊集 37 号西汉晚期墓画像砖击鼓攻占图。[8] 另如山东肥城乐镇村出土建初八年画像石墓攻占图 [9]，山东邹城郭里镇黄路屯村胡汉战争画像石 [10]，陕西绥德白家山汉墓出土画像石交战图 [11] 等均各具特色。

例 1，南阳新野樊集 37 号西汉晚期墓出土战阵场面军乐图像。该墓画像砖位于墓门楣部位，被称为“击鼓攻占画像砖”。砖长 122 厘米，高 32.5 厘米，厚 12 厘米。画面刻绘了胡汉战争的场面。左边为胡人的部队，山峰上一人执杖端坐，似为胡军的指挥者，身边一侍者踞坐于地，一武士正以足开弩。中间是战马奔腾、搏击厮杀的场面，有骑射、格斗、献俘等情节。右边汉人阵地上，一身材高大的主帅站在高台之上，正拔剑发布命令。台前有人献功，其后放有 4 颗首级。主帅的身后一人呈立姿，正张臂跨步敲击建鼓，鼓身隐于画面之外，另一人也仅露出大半个身影，似为吹奏者。（图 7）

图 7　新野樊集击鼓攻占画像砖

例 2，山东邹城郭里镇黄路屯胡汉战争乐舞百戏画像石。[12] 该石为东汉晚期，于 1959 年在黄路屯村收集，现藏于邹城博物馆。石长 293 厘米，宽 113 厘米。画面分为三层，上层为胡汉战争图，左起山峰下有胡人的伏兵，中间为步兵厮杀、俘敌的场面，右方汉军骑列冲刺向前。第二、三层为乐舞百戏和庖厨图，左起数人似为歌唱表演者，中间悬挂鸡、鸭、鱼等，以及庖厨场面，右有 2 人持剑对舞，1 人

跳丸。下层中间树立建鼓，2 人自两侧骑虎击鼓，旁有吹笙、弹琴、吹排箫等乐人，另有杂技、象人等表演项目。（图 8）

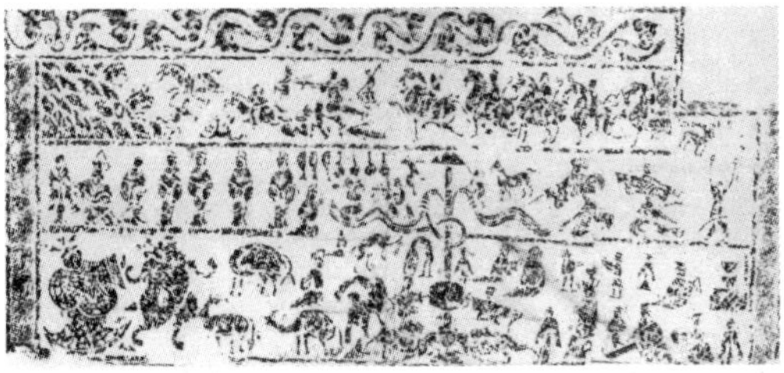

图 8　邹城郭里镇黄路屯胡汉战争乐舞百戏画像石

从对汉画所见战阵场面军乐图像的综合分析可知，汉代的军事音乐呈现了以继承前代传统为主体的特征。当然，在汉代这个充满着开拓进取精神的时期，军事音乐也根据社会音乐文化发展变化的主流趋势加入了一些全新的成分。如上述二图例所展示的内容，第一例建鼓置于画面一角，虽然看不到军乐队的全貌，但因为建鼓下方斜插丁宁在汉画中较为普遍，这足以显示其沿袭前代军乐“击鼓进军，鸣金收兵”这一主旨传统的特征。第二例图像是在战争场面的下方刻绘了汉代社会盛行的乐舞百戏的宏大场面。此图极有可能带有一定的象征性意义，如意味着战前鼓舞士气的演出活动，或预示着战役胜利后的盛大庆典活动，等等。

（二）军礼仪式用乐图像

在各地出土大量汉画像石 / 砖军礼用乐图像中，生动地再现了汉代军礼用乐“鼓吹乐”的组织结构、展演方式等直观信息，进一步印证了随着秦汉社会历史文化的全新转型，汉代的军礼用乐以鼓类和吹管类乐器为全新组合模式的基本特征。即如官史所记御用的立部鼓吹、行部鼓吹、骑吹、横吹等军乐类别，在汉画像中都展现着多彩亮丽的风姿声色，充分证明了汉代军乐“鼓吹乐”在广大社会所形成的巨大影响。举例如下。

1. 立姿鼓吹乐图像

1986 年，南阳新野樊集吊窑村 23 号西汉晚期画像砖墓出土“泗水取鼎”仪式军乐图。[13] 该墓由东、中、西三个墓室组成，墓室四壁和顶部均为小砖垒砌，墓门和门楣、门柱用实心大块浮雕画像砖。东室门楣画像砖长 120 厘米、高 34.5 厘米，主要描绘了秦始皇“泗水取鼎”的故事。据《史记》中记载，秦始皇统一中国后，东巡还都时路过彭城，曾派上千军人欲从泗水中打捞周鼎，但未成功。画面中一大型拱桥上左有车骑驶向桥面，中竖建鼓，2 人且击且舞，右侧 2 人各吹排箫兼播鼗鼓。桥两侧各人均执绳索用力拉鼎，桥下二舟上各有 2 人，皆执环状物，似准备提鼎。鼎已被绳索拉出水面，但一龙从水中跃起咬断绳索，复落水中。该图像除较为详细地记录了“泗水取鼎”的具体情节外，还展示了史料未曾记载的当时举行捞鼎仪式和使用军乐（鼓吹乐）这一信息。（图 9）

图 9　新野樊集吊窑村西汉墓出土鼓吹乐图

2. 骑吹乐图像

骑在马上演奏的“骑吹乐”，在四川出土汉代画像砖中多有发现。如四川成都站东青杠坡 3 号东汉墓出土骑吹乐画像砖[14]，成都羊子山 1 号东汉墓出土骑吹乐画像砖[15]，四川新都出土东汉墓骑吹乐画像砖等[16]，均各有其不同的特点。其中，成都站东青杠坡骑吹乐画像砖出土于 1952 年，砖高 38.5 厘米、宽 46.5 厘米，画面前排左起一骑插幢麾，骑者执笳吹奏；居中一马背上树鼓，骑者双手击鼓；另一骑者执排箫吹奏。后排左起一骑者执铙击奏，居中骑者吹笳，另一骑者吹排箫。（图 10）该画面有效展现了汉代军旅仪仗的威仪。

图 10　成都站东青杠坡 3 号东汉墓出土骑吹乐画像砖

3. 行进鼓吹乐图像

1958 年，南阳市邓县张村镇许庄村南朝墓出土彩色画像砖横吹乐行进演奏图。[17] 该墓是一座前有甬道的单室券顶砖墓，全长 9.8 米。墓室及甬道均用带莲花等纹饰的花纹砖砌成，并嵌砌模印加彩的画像砖，地面也用莲花图案小砖平铺。画像砖呈长方形，长38厘米、宽19厘米、厚6厘米，画面填涂红、黄、绿、蓝、棕、紫、黑7彩，色泽如新。34块画像砖镶砌于甬道和墓室壁面，其中9块画像砖上刻绘乐舞画面，2块砖上表现了“横吹”行进中演奏的行列，它们与墓内所出土的50多个仪仗陶俑相配合，表明墓主人生前是拥有部曲武装的人物。第一砖见有吹横笛1人、吹排箫1人、吹长角2人、吹胡笳1人；第二砖见有吹长角2人、击小鼓兼播鼗2人，形成了浩浩荡荡的横吹乐行进演奏场面。（图11）

图11　1958年南阳邓县南朝墓“横吹”画像砖

从上述诸图例可以看到，汉代的军礼用乐“鼓吹乐”呈现全新的时代特征。一是由先秦时代以礼乐重器为主体转变为以轻型乐器为主体，从而形成了多种不同的展现方式和功能作用。二是从以节律性乐器之钟磬乐为主体，到以旋律性乐器之吹管乐为主体的转变，无疑全面提升了汉代军乐多彩亮丽的歌唱性和旋律性。

三、图文互证周汉军乐发展脉络

通过对考古发现周汉时代军事主题音乐图像的具体考证，并与史料文献进行交验互证，我们认为，虽然先秦典籍中尚未见“军乐”一词，但并不足以说明先秦时代不存在相关军事音乐的实践活动。多种资料信息首先证明了周代的军乐已经在继承远古军乐的基础上，形成了战阵用乐和军礼用乐两种不同的类型，其次证明了周汉时代的军乐有着一脉相承的发展关系，再次证明了汉代的军乐在沿袭周代军乐传统基础上有了进一步创新发展，即在其常规乐器、展示方式、乐用功能等方面都产生了很大变化，尤其是形成了以鼓吹乐的多种形态为主体的后世军乐发展模式。分述如下：

（一）证明了周代战阵用乐和军礼用乐的历史性存在

上述多例东周时代铜壶上镌刻的图案，其主要内容均属于和军事活动相关的习射、弋射、狩猎和战争中的步战仰攻、水陆攻战，以及与祭祀、典礼有关的采桑和钟鼓乐舞等形象。这首先反映了当时军事活动在国家当局和人们社会生活中的重要地位。其次是通过图像方式勾勒出当时的军事音乐已经形成了战阵用乐和军礼用乐两种模式，它们之间存在着有同有异的用器标准和功能意义。

1. 上古时代的战阵用乐

关于上古时代的战阵用乐，除如前文献中对远古时代黄帝首次使用有简要的记述外，《荀子·议兵》说："闻鼓声而进，闻金声而退。"[18]《诗经》言："击鼓其镗，踊跃用兵。"这些信息则说明周代延续了远古人类军事音乐传统，并将鼓类乐器和钟类乐器进行明确分工，使二者共同承担指挥进退这一重要的功能。

从其物理属性而言，战鼓之声低沉浑厚，用于激战前的造势壮威非常适宜，金铜之声则以其脆响锐利的穿透性，用于号令激战之中的将士收兵回营。另据各种资料显示，上古时代的鼓类军乐器主要有楹鼓、悬鼓、建鼓和铜鼓等，钟类军乐器主要有丁宁、铙、钲、句镦镭、錞于、铎、铃等，故图像中所刻绘的建鼓和丁宁，应是有着庞大编制和动人心魄音效的钟鼓乐队的缩写。同时从二图中均出现建鼓顶端悬戈这一细节，也充分展现了当世浓烈的尚武之风。再者，由于考古发现中已见有上古时代成套的编铙、编句镭、编錞于等军乐器，这似乎还可说明，此时期战阵中的军乐也许已不仅仅限于以单一的音响发号施令，而是已经具有了一定的旋律性、审美性意义。从另一个角度来看，上述多种资料信息还共同证明了战阵军乐由远古时代的"鼓角齐鸣"到商周时代"钟鼓铿锵"的发展路径。

2. 上古时代的军礼用乐

古文献中"军乐"一词的出现，见于《后汉书·礼仪志》刘昭注引蔡邕《礼乐志》："汉乐四品……其短箫铙歌，军乐也。其《传》曰黄帝、岐伯所作，以建威扬德，风做劝士也。盖周官所谓王师大献则令凯乐，军大献则令凯歌也。"[19]显然在蔡邕的这则考述中，已经简约梳理了从皇帝时代"建威扬德"，到周代王师大捷的"凯乐"和军大献的"凯歌"这一上古时代军乐发展的历史路径。另据记载，西周礼仪分为"吉礼、凶礼、军礼、宾礼、嘉礼"五种，即所谓的"五礼"。其中军礼包括"大师之礼、大均之礼、大田之礼、大役之礼、大封之礼"五种。如《周礼》

说："大师之礼，用众也（指军队的征伐行动）；大均之礼，恤众也（指均土地，征赋税）；大田之礼，简众也（指定期狩猎，训练部队）；大役之礼，任众也（指营造、修建等土木工程）；大封之礼，合众也（指勘定封疆，树立界标）。"[20] 此外，军队的车马、旌旗、兵器、军容、营阵、行列、检阅、进退、击刺等无不依一定的仪节进行，战争胜利之后又要举行凯旋、告庙、献俘、受降、饮至等仪节，而上述各种礼仪活动必然都要使用军乐。

另如《周礼・春官・大师》："大师掌六律六同，以合阴阳之声。……大师，执同律以听军声，而诏吉凶。"[21] 此语中的"军声"则从另一个侧面揭示了当时的军中的礼仪音乐，在时人的心目中也和宫廷雅乐一样以"六律六同"合"阴阳五行"观念，有着沟通天地神灵之间关系和预卜吉凶方面的作用。

综上所述，铜壶等器物上的战阵用乐图像足以证明了周代战阵军乐"钟鼓铿锵"的基本特征。而对于多幅有着宏大气势的金石乐悬和持械舞蹈的图像，有学者曾从祭礼仪式的角度提出了"郊野桑中春社图""辟雍灵台歌舞祀神图"等概念，有人认为描绘的就是周武王时的乐舞"大武"，有人认为或许仅是用于军事的武舞。[22]

在此笔者认为，上述推测均有其一定的道理，因为《大武》最初应是描写战争场面的"武舞"，进而被纳入宫廷雅乐的序列。然从另一角度分析，由于《大武》已成为周代雅乐的代表作，那么，镌刻于铜壶、铜鉴等器物上的金石之乐与干戚之舞，则更有可能如《周礼・春官》教国子之"六小舞"中"干舞"的范畴，在军中则可能用于各种军礼仪式活动的"军乐"。即周代的金石乐悬，应是统一用于宫廷雅乐的"六大舞"和"六小舞"及各种"军乐"的演奏。

（二）证明了周汉时代的军乐在承袭基础上的创新发展

图像所见，周汉时代的军乐在承袭前代传统的基础上，又伴随着秦汉社会文化的历史性转折而有着一系列创新发展。具体来说，战阵场面的军事用乐呈现了以不变应万变的发展趋势，即仍然保持着"击鼓进军，鸣金收兵"的主旨目的。礼仪活动中的军礼用乐，一方面是以秦汉以来盛行的以简便易携、旋律优美、色彩亮丽的"鼓吹乐"取代了先秦"金石之乐"的传统地位，另一方面根据乐用场合、乐用目的等不同需求，呈现多姿多彩的形式与形态，有效展现了汉代封建帝国兼容并蓄、开拓进取、一往无前的时代精神。其主要特征可分为如下两个方面。

其一，沿袭传统的战阵用乐。所见周汉时代军事主题的战阵用乐图像，展现了以鼓类乐器建鼓和金类乐器钲（铙、丁宁）等为主的用器特征，首先证明了周代战阵用乐在承袭远古时代“鼓角齐鸣”[23]的基础上，以金类乐器取代了角类乐器，从而使得“击鼓鸣金”成为战阵用乐的全新时代特征。其次充分说明汉代的战阵用乐，依然延续了以“击鼓”和“鸣金”作为指挥部队进退这一恒定性目标定位。同时随着时代文化的发展更替，在战阵军乐的用器标准、编制结构、展演方式等方面，还是不断地产生着一定的变化。因此，这种征战活动中的军乐形式，在社会历史出现重大转型的周汉时代呈现的是以不变应万变的发展特征。也就是说，汉代的战阵用乐仍然沿袭了“击鼓进军，鸣金收兵”的前代传统。如孔子说：“殷因于夏礼，所损益可知也；周因于殷礼，所损益可知也。其或继周者，虽百世，可知也。”[24]当然，因受汉画像石/砖载体空间所限，画面所描绘的应仅为战场上排列庞大的钟鼓军乐队的缩影，而其中击建鼓图像较多呈现边击边舞的姿态，则反映出汉代战阵军乐中增添了以舞仪鼓舞士气的时代特征。

其二，转型变化的军礼用乐。鉴于中国三代就形成了礼和乐互为表里、相须为用的治国理念及其制度，纳入“五礼”之中的“军礼”活动也始终离不开乐的伴随。如《汉书·礼乐志》哀帝诏罢乐府：“罢其乐府官。郊祭乐及古兵法武乐，在经非郑卫之乐者，条奏，别属它官。”[25]此处所提“古兵法武乐”，应指上古时期流传至汉代的军礼用乐“军乐”。同时说明，西汉乐府并非如表面上的分工那样仅领“新乐”（俗乐）之职，而是统领了汉代宫廷礼乐“郊祭乐”“军礼用乐”“武乐”和娱乐性音乐，即实际上是由乐府创制的“新雅乐”取代了人主“不常御”的先秦“雅乐”的诸多功能，鼓吹乐这一别开生面的“军乐”乐种正充当了这一角色。正如《史记·乐书》说：“五帝殊时，不相沿乐，三王异世，不相袭礼。乐极则忧，礼粗则偏矣。”[26]故从所见周汉时代军事主题的音乐图像上可以看到，周汉时代的军乐出现了由以钜为美的钟磬乐向以简约为美的鼓吹乐转型发展的历史潮流；从微观的角度则呈现出其在常规乐器、组合方式、展演形式、乐用功能和音乐风格等方面均不断发生转型变化。这完全符合汉代这样一个国力强盛、开拓进取、艺术文化发达历史时期的基本情况。

1. 常用乐器的转型变化

在所见周汉时代军事主题音乐图像上，这两个重要历史时期的军礼用乐常规使用乐器的变化，均一目了然地展现在画面之中。即在东周时代青铜器物上的军礼用乐图像上，常规乐器为编钟、编磬等击奏类金石礼乐重器和笙、排箫等吹奏类乐器，较为明确地反映了以“钟磬乐”为主体的先秦军乐的基本特征。经过对画像石/砖之上所见鼓吹乐图像进行梳理辨析，盛行于两汉时期的鼓吹乐在乐器的使用方面也不断出现一些变化。如在西汉中后期和东汉早期墓葬出土的立姿或坐姿演奏的鼓吹乐，一般多用建鼓（附丁宁）、排箫、埙、笙等华夏传统乐器；东汉中晚期以后墓葬出土的骑在马上演奏的“骑吹”，一般使用小树鼓、铙、胡笳、排箫等乐器；行进中演奏的鼓吹乐，一般使用横笛、排箫、角、胡笳、小鼓等乐器。这也从一个侧面证明，两汉时代前期的鼓吹乐，一般使用中原华夏民族传统的鼓吹乐器，如建鼓、丁宁、排箫、埙、笙等；东汉中后期的鼓吹乐，则较多地加入了胡笳、胡角和筚篥等北方游牧民族和西域诸国（统称“胡”）传入的乐器。这些十分珍贵的资料信息，无疑成为我们深入探研阐释周汉时代军礼音乐发展历史的重要依据。

2.组合模式的转型变化

图像所见先秦时代的军礼音乐以钟磬乐悬的组合为主体，汉代画像石/砖等载体上镌刻的鼓吹乐，则呈现出多种不同类型的组合模式。即如前述一种是以建鼓、丁宁、排箫、埙、笙等华夏传统乐器为主体的组合模式，另一种是华夏传统乐器融入北方和西域诸民族的笳、角、筚篥等乐器的组合模式。总体而言，一是证明了周汉时代军礼用乐出现了钟磬乐悬组合模式向鼓架吹管组合模式的转型。二是证明了汉代的鼓吹乐存在着华夏民族传统组合模式和胡汉民族交织融合模式两种不同的类型。

之前由于相关史料文献的缺乏和简略，学人对于汉代鼓吹乐这一代表时代风貌之乐种的认知，一般均按蔡邕短箫铙歌作为军乐的说法，而所谓的黄门鼓吹、骑吹、横吹等，则因曾用于宫廷宴飨、伴行帝王车驾等因素，被误认为属于超出军乐范畴的另类音乐，造成了长期以来基本概念的错位和失解。殊不知盛行于汉代社会的鼓吹乐，首先源于先秦时代华夏民族的“鼓乐”和“吹乐”，其次是融入了秦末至西汉班氏家族称雄西北时期所使用的军乐“鼓吹乐”和北方游牧民族等的乐素，还有汉武帝时张骞出使西域带回之军乐“横吹”的乐素，等等。在此，我们认为，晋崔豹《古今注》“短箫铙歌，鼓吹之一章尔”的说法，无疑更具历史文化的本真和普适性意义。那么，汉代宫廷御用之黄门鼓吹和伴随帝王车驾出行的骑部、行部鼓吹等，则均应解释为当时的宫廷和帝王在不同的场合使用了喜闻乐见的军乐“鼓吹乐”而已。

3. 展演方式的转型变化

据各种资料显示，以金石乐悬为主体的周代军礼用乐，由于礼乐重器体积庞大和不便移动，从而决定了其必然有着相对稳定的展演方式。汉代的军礼用乐，弃礼乐重器而改用轻型易携的击奏类和吹管类乐器，使得这一时期的军乐“鼓吹乐”，可以根据不同的社会需求改变其不同的展演方式，既可以在辉煌的宫殿中坐姿演奏（坐部鼓吹），也可以在威武之师的队列前立姿演奏（立部鼓吹），又可以纳入骑兵的序列演奏马上之乐（骑吹），还可以在行进的队列中进行演奏（行部鼓吹），等等。因此，我们认为，汉代画像石 / 砖上镌刻的各类鼓吹乐的形象，正是汉代军乐“鼓吹乐”以多种不同的展演方式蔓延于广大社会的真实写照。

4. 乐用功能的转型变化

由于汉代的军乐“鼓吹乐”渐渐分化演变成上述多种展演方式，加之其具有简便易携、雄浑嘹亮和华丽多彩的风姿声色等独有品格，从而很快成为宫廷贵族用的音乐品种。除用于军礼活动外，还可用于朝廷的宴乐、社庙、郊祀、元会、卤簿、校猎等盛大活动。然而，汉代画像石 / 砖上刻绘的军乐图像，展现的应是蔓延至宫廷以外的地方官宦富豪阶层的效仿行为。一是由于中央集权制下的汉代封建王朝实施了“与民同乐”的艺术文化政策，如武帝时在长安平乐观广场上多次举行乐舞百戏的演出，曾形成“三百里内皆来观”的巨大社会效应，以至于之后凡在宫廷贵族阶层流行的演艺形式，很快就能风靡全国各地并渗透到民俗活动之中。二是汉代的鼓吹乐除用于上述宫廷祭祀、典礼和军事礼仪活动外，还沿袭传统用于朝廷奖赏万人将军和三品以上官员的“给赐”。如《后汉书 · 百官志》载：“长史、司马皆一人，千石。从事中郎二人，六百石。……令史及御属三十一人，又赐官骑三十人，及鼓吹。”[27]《后汉书 · 东夷传》说：“武帝灭朝鲜，以高句丽为县，使属玄菟。赐鼓吹伎人。”[28]《宋书 · 乐志》说：“魏、晋之世，给鼓吹甚轻，牙门督将五校，悉有鼓吹。”[29] 汉代画像石 / 砖上的军礼用乐图像，即揭示展现了汉代军乐“鼓吹乐”除服务于宫廷的祭祀、典礼、仪仗、宴飨等活动外，还在社会各阶层上行下效风气的推动下不断生发拓展着新的功能作用。

5. 音乐风格的转型变化

如上图文资料显示，由于周汉时代的军礼用乐出现了常规乐器、组合模式、展演方式、乐用功能等方面的巨大变化，那么，根据社会学、文化学和阐释学的基本原理，我们推测认为，汉代以轻型乐器为主体组成的军乐队“鼓吹乐”，相比周代以金石乐悬为主体组成的军乐队"钟磬乐"而言，必然引发了音乐本体的旋律、音调、音响、音质、音色、节奏及音乐风格等方面的变化。具体来说，汉代军乐的音乐风格，也和新时代的其他乐种一样，出现了"由先秦时以钟鼓击乐为主的点型节奏音响，向以吹管乐器为主的线条旋律形态的转变"[30]。

综上，通过对出土周汉时代直观逼真的军事主题音乐图像资料的综合考证，我们对中国社会发展史上两个十分重要历史时期军乐演变的状况有了一个全新的体悟和初步认知，特别是经与典籍史料中一些只言片语的相关信息进行互证，使许多长期以来众说纷纭、莫衷一是的模糊概念，渐渐地露出了历史面目的冰山一角，是为不幸中之大幸。当然，所见遗存周汉时代相关军乐图像资料所呈现的史料学信息是有限的，不可能解决所有的问题，况且笔者对该领域的探讨研究也仅仅处在初始阶段，文中必然存在着认知粗浅和挂一漏万等不足之处，在此期待着有更多的学者介入，通过大家不断努力，逐步厘清我国古代军乐传承发展的历史脉络。

注释：

[1] 方韬译注：《山海经·大荒东经》，中华书局 2009 年版，第 236 页。

[2] 董锡玖、刘峻骧主编：《中国舞蹈艺术史图鉴》，湖南教育出版社 1997 年版，第 34 页。

[3] 四川省博物馆：《成都百花潭中学十号墓发掘记》，《文物》1976 年第 3 期。

[4] 袁荃猷主编：《中国音乐文物大系·北京卷》，大象出版社 1996 年版，第 168 页。

[5] Martin D.Powers,The Dialectic of Classicism in Early Imperial China,*Art Journal*,Spring 1988,Vol.47,Ho.1,pp.20-21.

[6] 镇江博物馆：《江苏镇江谏壁王家山东周墓》，《文物》1987 年第 12 期。

[7] 中国科学院考古研究所编著：《辉县发掘报告》，科学出版社 1956 年版。

[8] 王褒祥：《河南新野出土的画像砖》，《考古》1964 年第 2 期。

[9] 王思礼：《山东肥城汉画像石墓调查》，《文物参考资料》1958 年第 4 期。

[10] 胡立新主编：《邹城汉画像石》，文物出版社 2008 年版，第 66—67 页。

[11] 李贵龙、王建勤主编：《绥德汉代画像石》，陕西人民美术出版社 2001 年版，第 66 页。

[12] 周昌富、温增源主编：《中国音乐文物大系·山东卷》，大象出版社 2001 年版，第 284 页。

[13] 赵世刚主编：《中国音乐文物大系·河南卷》，大象出版社 1996 年版，第 190 页。

[14][15][16] 严福昌、肖宗弟主编：《中国音乐文物大系·四川卷》，大象出版社 1996 年版，第 174、175、176 页。

[17] 袁荃猷主编：《中国音乐文物大系·北京卷》，大象出版社 1996 年版，第 184 页。

[18]（清）王先谦：《荀子集解》，中华书局1998年版，第278页。

[19]（南朝宋）范晔撰，刘昭注引：《后汉书·礼仪志第五》，上海古籍出版社1995年版，第50页。

[20][21]（清）阮元校刻：《十三经注疏·周礼·春官》，中华书局2003年版，第760、795—796页。

[22]吴钊：《追寻逝去的音乐踪迹——图说中国音乐史》，东方出版社1999年版，第68页。

[23]《晋书·乐志》说："角，说者云，蚩尤氏帅魑魅与黄帝战于涿鹿，帝乃始命吹角为龙鸣以御之。"

[24]（清）阮元校刻：《十三经注疏·论语·为政》，中华书局2003年版，第2463页。

[25]（汉）班固：《汉书·礼乐志》，中华书局1983年版，第1073页。

[26]（汉）司马迁：《史记·乐书》，中华书局2010年版，第1193页。

[27]（南朝宋）范晔：《后汉书·百官一·将军》，中华书局2010年版，第3564页。

[28]（南朝宋）范晔：《后汉书·东夷列传》，中华书局2010年版，第2812页。

[29]（梁）沈约：《宋书·乐志》，中华书局2010年版，第559页。

[30]童忠良：《从先秦编钟乐队到现代交响化民族乐队——兼论中西管弦乐队音响的"点、线、面"特征》，《人民音乐》1997年第7期。

安丘董家庄汉画像石墓“狩猎升仙图”浅析

付万刚

内容摘要 本文通过对山东省安丘市董家庄汉画像石墓后室西壁“狩猎升仙图”的研究，分析汉代丧葬习俗、狩猎制度、宗教信仰及祥瑞思想对死后升仙观念的影响，揭示墓主死后通过树木射鸟以示神射，然后展开大规模的田猎活动，到达蓬莱仙山，通过东方神句芒和山神强良的导引进入仙境，羽化升仙，从此过上衣食无忧、不死不灭的一种理想生活。因此，该墓中狩猎图的作用是为墓主死后升仙做铺垫，是其升仙的前奏，具有一定的引导升仙意义。

关 键 词 画像石；丧葬；狩猎图；升仙

作者简介 付万刚，男，1978 年生，安丘市博物馆文博馆员。

山东省安丘市董家庄汉画像石墓（以下简称安丘汉墓），是我国迄今科学发掘的规模最大的汉画像石墓，其年代为东汉晚期。该墓由甬道和前、中、后三室及中室东耳室、后室北耳室组成。南北长 14.30 米，东西宽 7.91 米，为盝顶多室墓。甬道以砖铺地，墓室用 224 块预制石材构筑，其中 103 块刻有画像，组成画面 69 幅，面积 147 平方米。画像内容丰富，题材多样，以祥禽瑞兽居多，神话传说、社会生活、生殖崇拜及历史故事也较丰富；构图复杂，雕刻技法多样，集汉画像石艺术之大成，被誉为罕见的汉代艺术杰作，是研究汉代经济、政治、文化等方面的珍贵资料。

一、汉代的厚葬之风、狩猎制度及祥瑞、升仙思想对丧葬的影响

中国的丧葬习俗由来已久，山东地区的丧葬也随着整个社会各方面的发展而发展。孙机认为："汉代统治阶级讲究养生送死、慎终追远，丧事办得很隆重。"[1] 从上到下普遍奉行厚葬。从汉初的砖椁墓，到西汉晚期、东汉早期的石椁墓，再发展到东汉中晚期的石室墓，在石室墓石壁上刻壁画，即为画像石墓。墓葬形制与当时社会人们的思想、意识形态和宗教信仰有关。宗教是国家宗教与民间信仰的结合，孙敬明认为："宗教又有高出人文与自然作用的无穷魅力，故其在人类社会发展的演进过程中有着重要甚至决定性作用。"[2] 同时，宗教也深深地影响着丧葬制度的发展。西汉早中期，自上而下广泛信奉黄老无为而治、道家升仙思想，人死后一是希望肉体不腐，二是希望元神不死，而后升仙。到汉武帝时"罢黜百家，独尊儒术"，但思想的改变并不是一蹴而就的，毕竟原来的道家思想的影响已经根深蒂固，在西汉时一直居主导地位。东汉中晚期，随着社会和豪强望族厚葬之风的发展，丧家大受赙赠，墓也就越建越大、越豪华，墓内刻画内容越来越丰富，雕刻技法的运用也渐多，刻工亦越来越精细。此时，汉画像石墓的发展也达到了顶点，而画像内容仍多以道家思想为主，以儒家思想为辅，安丘汉墓就是这个时期的画像石墓代表性杰作之一。

狩猎是原始社会人类的主要谋生手段，也是人类最早掌握的技能之一。奴隶社会形成后，农业和畜牧业逐步满足了人们基本的生活需求，狩猎在生产领域便退而次之，但仍是一种补充手段，其传统一直延续下来。周朝时形成了春蒐、夏苗、秋狝、冬狩的田猎制度。但狩猎有严格的礼法规定，《周礼·地官·迹人》："凡田猎者受令焉，禁麛卵者，与其毒矢射者。"即不捕幼兽，不采鸟卵，不用有毒之箭。《礼记·曲礼下》："国君春田不围泽，大夫不掩群，士不取麛、卵。"国君围猎捕杀要围而不合，留有余地，不能一网打尽，赶尽杀绝；大臣们打猎不能把成群动物捉光；一般贵族打猎不打幼兽和鸟卵，以备以后狩猎。狩猎的主要目的一是宣扬狩猎者能力，以示其武功；二是为田除害，减少禽兽对农作物的糟蹋；三是用所猎之物祭祀，与先人、神灵进行沟通，《谷梁传》载，"四时之田皆为宗庙之事也"；四是军事、体育训练，以保持熟练的军事技能和良好的身体素质，朱存明就认为狩猎首先是一种军事训练，是一种与祭祀与军事相关的礼制活动[3]；五是满足口腹之欲，享用所猎山珍野味。这样，狩猎就成为扬武力、练强兵、健体魄、谋收获的一项重

要活动，从君主到贵族均习而好之，但也耗费大量的民力、物力、财力，尤其帝王将相们大规模的狩猎，花费国家财富，扰乱地方政府和劳动人民的正常生产生活。《汉书·东方朔传》就曾明确指出狩猎活动的弊端："上乏国家之用，下夺农桑之业。"厚葬之风盛行，为慰藉逝者的灵魂，满足其在彼岸世界的需求，促使了狩猎图出现在汉画像石上，并成为一种常见图像。

祥瑞思想在原始社会就已萌芽，到汉代形成了一个完整的体系，形成自上而下重视祥瑞的社会现象。董仲舒的《春秋繁露》、班固的《白虎通义》等就介绍了有关祥瑞及其思想，两汉至南北朝尤其盛行且达到高峰，李发林认为："从广度看，信奉祥瑞的人数，在社会上达到空前的数量。从深度看，祥瑞思想深入到人们的精神生活深处。"[4] 嘉禾、羊、鱼等祥瑞的出现与汉代祥瑞思想的发展、完善紧密相连，其形象展示于帛画、壁画、铜镜、瓦当等之上，但大部分还是在画像石、画像砖之上。汉代四灵（麟、凤、龟、龙）和四神（青龙、白虎、朱雀、玄武）等就是汉代祥瑞思想的集中体现。祥瑞是与灾异相对立的，无论谁都不希望灾异的发生，这是当时整个社会思想意识所追求的。帝王将相希望政治清明，太平盛世，以标榜其德政，巩固其统治，实现世袭罔替，永远居于统治地位；平民百姓则希望风调雨顺，五谷丰登，天下太平，安居乐业，这也是祥瑞思想产生、发展的潜在动力。从而形成了社会各阶层从生到死、从人间到冥间对祥瑞狂热的期盼和追求。同时，汉代崇尚厚葬，期望死者灵魂能升仙后依然享受安乐生活，因此追求升仙成为汉代人们的时尚。他们把神话传说中具有神异力量的龙、虎、鹿、鱼、羊等作为升天的运载工具，以羽人、神怪、祥瑞作为导引，到达仙境，达到升仙的目的。这其实也是当时整个社会的最高追求和终极目的，并深深地影响着汉画像石的每一步发展，因此升仙题材在画像石中占有相当大的比例。神怪、祥瑞等就是这种思想的产物。这一思想在安丘汉墓"狩猎升仙图"中也得到了充分体现。

二、安丘汉墓狩猎升仙图概述

安丘汉墓画像石上大部分祥禽瑞兽的排列、所有的车马出行图、雷神出行图及孔子见老子图等均按原石从左向右前行，因此笔者的释读也以原石的左右为基准。杨爱国亦指出："为了尊重汉代人的习惯，我们认为应当以原石的左右为基准来释读图像。"[5] 安丘汉墓"狩猎升仙图"位于后室西间西壁上石，由树木射鸟、田间狩猎、到达仙山和升入仙境四部分组成，每部分约占画像石内容的四分之一。该石纵 82 厘米，横 356 厘米。上边六道凸棱，由外及里依次为云龙纹、斜线纹、水波纹、垂帐纹、三角纹；左边七道凸棱，为卷云纹、斜线纹、回形纹、水波纹、垂帐纹、三角纹。画像左边为一株大树，树枝弯曲交叉，枝端结双葩，八只小鸟栖息枝间，左侧两羽人向右奔跑，树下蹲坐一犬，卧一雉；右侧一鸟衔物飞向大树，一人引弓射向树上之鸟，但未见所射之箭，树下拴一马，背向大树，左前蹄与右后蹄间系有一绳状物，马后有一篼挂于树枝上。向右为一狩猎场面，一犬回头观望，下部一人左肩荷毕向前疾驰，前有两人，右手牵犬，左手一人持毕，一人持“T”形器，前有一奔跑猛虎回头向狩猎者怒吼。中间有一株交枝小树，一猴爬向小树。上部一人左手举一短棍，右手牵一猎犬，一人左手牵一猎犬 ，右手持一“T”形器追赶虎、鹿、兔等动物。所追动物跑向山中，山中重峦叠嶂，草木茂盛，禽兽隐现其中，山峰间云气缭绕。左侧山刻两站立人面鸟身兽，两奔跑的犬，一回首张嘴的狼，一兔，山顶立一鹗。中部山中有两兽，一对面对面的雌雄小鹿，一虎首，一小兽，山下两只相对面向外的长角卧鹿；右侧山一前行的虎首人身怪，一卧虎、卧兔、走兽，两立鸟；山的右侧，两羽人、三犬、一虎向右前行，其中一羽人手举嘉禾。一豕、凤鸟、五只瑞兽与之对行，上方一只体型颀长的瑞兽回头观望，下方排列一大一小两只卧鹿，右侧六只瑞兽嬉戏，上部一飞鸟，下部一鱼，整幅画面从左到右连贯有序，内容丰富，寓意深刻。

三、合欢树象征墓主阴阳相合

汉画像石中的大树多有发现，在山东微山两城镇永和二年（137）祠堂侧壁、嘉祥武氏祠左石室后壁小龛、嘉祥武梁祠后壁等均刻有此类大树。但到底为何树，至今争论不一，有扶桑、柳树、松树、柏树、银杏等之说。安丘汉墓后室由立柱分为两间，是墓主夫妇棺椁放置之处，为夫妻合葬墓。狩猎引导升仙图就位于西壁之上，所刻大树应是为墓主夫妇的丧葬和祭祀服务的。信立祥就指出：“在本质意义上汉画像石是一种祭祀性丧葬艺术。”[6] 此大树，笔者认为应为合欢树。合欢为欢聚、联欢之意，《礼记·乐记》：“故酒食者所以合欢也。”后多指男女相结合。合欢树又称马缨花、绒花树、扁担树、芙蓉树等，古代称榕夜合树。属豆科，落叶乔木，叶纤细似羽，偶数互生，昼开夜合，且成对相合；花为头状花序，多数，伞房状排列，顶生或腋生，艳丽、清香袭人。传舜帝南巡苍梧而死，其妃娥皇、女英寻遍湘江，终未见。二妃恸哭，泪尽泣血，血尽而死。其魂魄与虞舜的魂魄合二为一，遂成合欢树。唐朝花间派词人韦庄曾作《合欢》：“虞舜南巡去不归，二妃相誓死江湄。空留万古得魂在，结作双葩合一枝。江湄波涛，千年万载，合欢繁衍，几多春秋。”对合欢树的由来、象征意义做了充分的想象和描述，使其具有了浪漫主义色彩。安丘汉墓狩猎引导升仙图中的大树树枝相互缠绕交叉，枝端结十伞形双葩，花冠丝状排列，与前面所述合欢花形状、词中所记双葩合枝无不一一契合。而其内涵意义更为丰富，合欢树首先代表墓主夫妇情投意合、白头偕老。其次合欢树阴阳有别，叶昼开夜合的习性喻指墓主夫妇在阳间恩爱一生，相合相欢。再次则代表了夫妇交媾合欢，阴阳相合之意，并永远延续，不死不灭。

四、无矢射鸟显示墓主神射

树下射鸟、射猴题材的画像石一般命名为“树木射鸟图”，其共同点为均刻有一交枝大树，枝端结葩或果，枝间有鸟，间或有猴，并有引弓射者，但很少见所射之箭。树下有犬、马等，多有篼挂于树枝。而马蹄间所系绳状物在嘉祥满硐宋山出土的一块画像石（现藏于山东石刻艺术博物馆）上亦有发现[7]，但并不多见，是为防止马跑掉而采取的措施，或者有其他作用，还有待进一步研究。（图 1）

不少专家学者认为是“射爵射侯”之意，取其谐音，鸟即雀（爵），猴即侯，象征加官晋爵，高官厚禄；有的认为与风俗习惯、宗教仪式有关；有的认为就是简单的射猎图。《搜神记》载：“楚王游于苑，白猿在焉。王令善射者射之。矢数发，猿搏矢而笑，乃命由基。由基抚弓，猿即抱木而号。及六国时，更嬴谓魏王曰：‘臣能为虚发而下鸟。’魏王曰：‘然则射可至于此乎？’嬴曰：‘可。’有顷，闻雁从东方来，更嬴虚发而鸟下焉。”虽然《搜神记》成书于晋时，但所记故事为春秋战国之事，在秦汉之时可能就已流传开来，其所记故事中也是射猿猴和鸟，且也没有用到箭，射者抚弓、虚发就能射之，体现了射者的

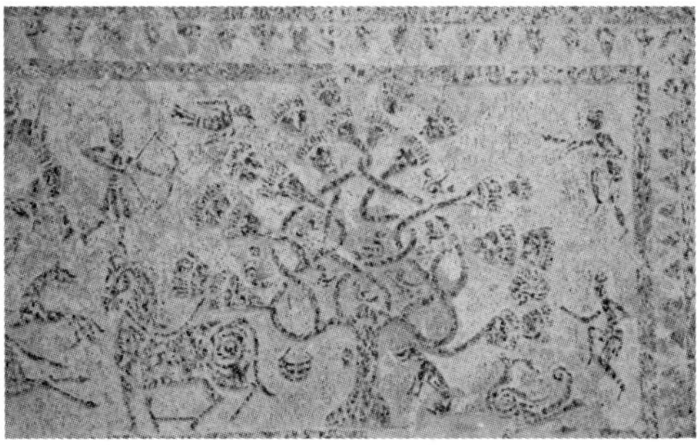

图 1 安丘汉墓树木射鸟图（笔者摄）

神射之技，与“树木射鸟图”中的射鸟、射猴及射之无矢等内容相合。对于墓主在人世间享受不到的东西，自己所不具有的能力，在汉画像石的雕刻内容上充分发挥想象力，使其在死后不仅要享用到，具备超凡的能力，而且要生活得更好、更加丰富多彩，以满足墓主的物质与精神需要，以致所修墓葬宏大，陪葬丰厚。在汉画像石上，狩猎庖厨、珍禽异兽、日月星辰、车马出行及羽化升仙等图比比皆是，蒋英炬就指出：“这些画像在一定程度上所起的作用，就是随葬品的代替、扩展或延伸。”[8] 根据树下的鸟、犬、马、箙等现实生活中存在的物品，笔者认为这就是在举行一个射猎仪式，以此来体现墓主像由基、更羸一样善射，表现其勇武之意，然后再开展大规模的田猎活动。

五、狩猎是升仙的铺垫

狩猎图在汉画像石中占有一定的比重，所见公开发表的有160幅左右，其中陕西70余幅，山东50余幅，河南、江苏30幅。狩猎图多表现为禽兽狂奔，猎者或持戈执戟、引弓射箭对其刺杀、射杀；或纵马牵犬、执毕荷毕在后追击，形成一个惊险刺激的狩猎画面。

安丘汉墓中的狩猎场面中（图2），有人牵犬对兔、鹿、虎等紧追不舍，此犬为田犬，专为田猎所用。《礼记·少仪》注曰：“犬有三种，一曰守犬，守御宅舍

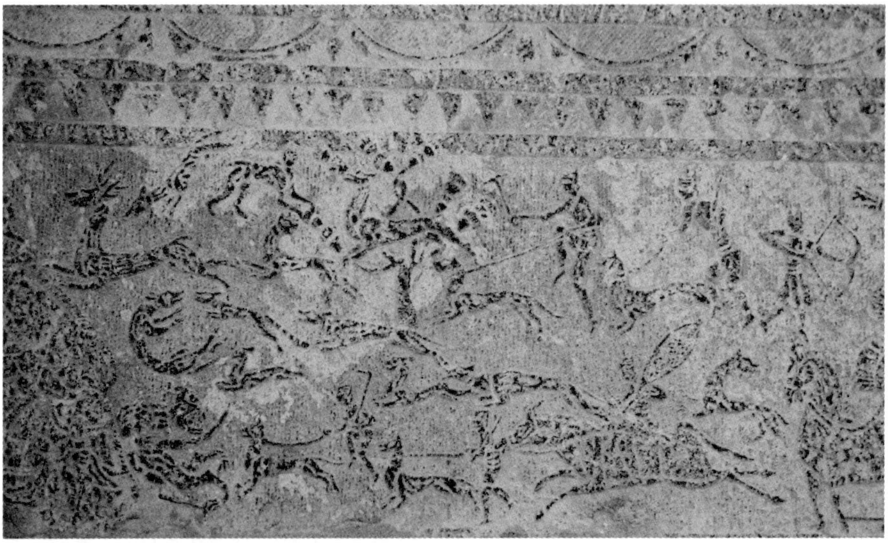

图2　安丘汉墓狩猎图（笔者摄）

者也；二曰田犬，田猎所用也；三曰食犬，充君子庖厨庶羞用也。”前面所写大树下蹲坐一犬，竖耳凝听，当为守犬，而食犬在安丘汉墓中未见。除此之外，犬还有祭祀之用，如从《周礼·地官·槁人》“掌豢祭祀之犬”可知槁人管理豢养祭祀犬。《周礼·地官·犬人》：“犬人掌犬牲。凡祭祀，共犬牲，用牷物。伏瘗亦如之。”可见犬人管祭祀时所用犬牲事宜。汉画像石中辅助主人追捕猎物的除田犬外，还有鹰，《后汉书·袁术传》说“数与诸公子飞鹰走狗”，当指狩猎之鹰、犬。田猎所用戈、矛、弓、弩、剑、斧、刀、盾等兵器均出现过。毕、网等专用猎具出现得更多，本图中所出现的长柄小网即为毕。毕为田猎时用的网。《礼记》郑注：“小而柄长谓之毕。”明确说明毕为长柄小网。《国语·齐语》韦注：“毕，掩雉、兔之网也。”对毕的用途做了解释，即用于捕野鸡和兔。通过以上器具的帮助可以猎取更多禽兽，以满足自己物质和精神等方面的需求。整体上说，狩猎场面中所出现的这些动物及器具大部分都是现实生活中所存在和常见的，属墓主生前所见和所用生活用品的一部分，把它们刻画在画像石上，是希望死后将其带入另一个世界，继续为墓主人服务。可以说整个狩猎过程实际上是在为到达仙山做铺垫，是后一步升仙的前奏。

六、仙山是墓主升仙过渡之处

升仙图在汉画像石中也占有重要的地位，也是丧葬活动中最想表达出来的基本观念。像车马升仙、驱疫升仙、羽人导引升仙、祥瑞导引升仙等，其基本的形式就是导引＋升仙：或以羽人、祥瑞在前导引，或以车马祥禽瑞兽作为载体，引导逝者的灵魂升天，成为仙人，但基本上都是独立存在的。而安丘汉墓却将树木射鸟、狩猎、神怪导引和升仙图巧妙地结合在一起，组成一幅狩猎升仙图，这在画像石中是极少见的。

汉画像石包含了汉代天界、仙界、人界和冥界中现实与虚幻、理想与浪漫、物质与精神相结合的内容，是为营建墓穴这个空间服务的，以作为墓主与冥间甚至仙界的联系通道，是其死后重生、羽化成仙的过渡所在。蒋英炬、杨爱国指出了画像石艺术的功能：“表现在它密切联系着并从属于那些人死后所在及祭祀之处的墓葬建筑。其题材内容的选择和位置的经营等，都是从为建立与死者和冥世间的联系的角度而考虑的。试图通过这一手段，达到一种超自然的目的，再造出一个死后所能达到的神奇世界。”[9]

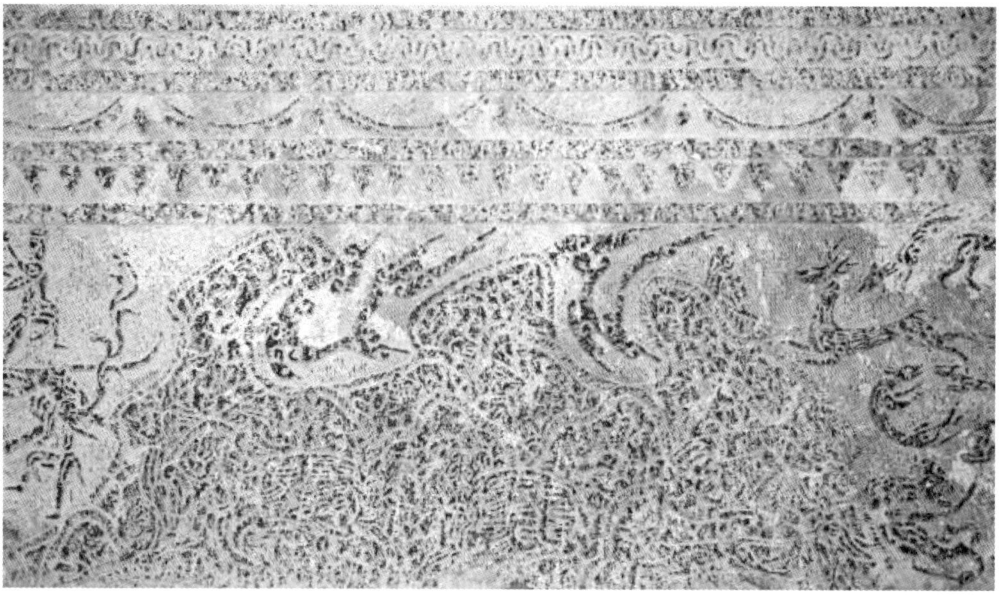

图 3　安丘汉墓三仙山图（笔者摄）

天界在天上，遥不可及，凡人无法升天，仙人则可以，仙人居住在仙山上，仙山是连接天地的纽带。人们寄希望于死后通过各种方式到达仙山，羽化升仙，这样就促成了汉代人崇尚仙山的信仰。汉代有两大仙山系统，一个是西方昆仑山，西王母居住其上，掌管不死神药，为中国古代西方神话的源头，另一个是东海之中的蓬莱、方丈、瀛洲三座仙山，上住仙人，亦有不死药，秦皇汉武都曾派人寻访蓬莱仙山，求长生不老之药，以致其他阶层也纷纷效仿，促使其成为中国古代东方神话的源头。一般汉画像石刻西王母代表昆仑山，刻“山”字形代表蓬莱三仙山。安丘汉墓“狩猎升仙图”的三座山峰应代表了蓬莱、方丈、瀛洲三仙山。（图 3）山的刻画层次分明，远近不同，山间杂草丛生，山中多种动物栖息、活动，或立或卧，或走或跑，形态各异。其中的人面鸟身神，或称人面鸟，在汉画像石中也常见。《山海经·中山经》：“其神皆人面而鸟身。”《山海经·大荒东经》：“东方句芒，鸟面人身，乘两龙。”《山海经·大荒东经》：“东海之渚中，有神，人面鸟身，珥两黄蛇，践两黄蛇。名曰禺虢。黄帝生禺虢，禺虢生禺京。禺京处北海，禺虢处东海，是为海神。”从以上记载的人面鸟看，一是东方神句芒，二是山神、海神。《尚书大传》：“东方之极，自碣石东至日出榑木之野，帝太皞神句芒司之。”可知句芒辅佐太皞氏，为太皞时的东方之神。《白虎通义·五行》：“其神勾芒者，物之始生，其精青龙。”句芒可作勾芒，为主东方之木神，按五行木、火、水、土、金算起，木位于首，是东方万物之初，当说明句芒主生，在墓穴中出现，亦含有墓主重生之意。在湖北鄂州出土的建安六年（201）铜镜上，人面鸟句芒与诸多神像罗列于一起，说明其地位很高。结合其他汉画像石及安丘汉墓中所刻画的内容，安丘汉墓的人面鸟身神当为东方神句芒。山中还有一个行走中的虎首人身兽，根据《山海经·大荒北经》"又有神，衔蛇操蛇，其状虎首人身，四蹄长肘，名曰强良"，知其应为山神强良。汉画像石墓中诸神和奇禽异兽的出现，是期望死者不是死去，而是死后升仙。汉代人相信死后灵魂不灭，在另一个世界继续生活，巫鸿认为墓室是为死者准备的在阴间生活的"理想家园"[10]。这样便通过画像石中的田猎过程，期盼到达仙山，由句芒、强良等诸神导引到达仙境。

七、墓主追求祥瑞导引升仙

画像石中的天降祥瑞或灾祸的征兆、日月星辰及太一、风伯等天神是表现天界的图像。[11]祥瑞是上天对人们的恩赐，在画像石中出现得非常多，安丘汉墓狩猎升仙图的仙山右侧一羽人手持嘉禾即为祥瑞之一。嘉禾，古代为祥瑞吉祥之兆，明君将兴邦之瑞。《史记·鲁周公世家》载："天降祉福，唐叔得禾，异母同颖，献之成王，成王命唐叔以餽周公于东土，作《餽禾》。周公既受命禾，嘉天子命，作《嘉禾》。"《宋书·符瑞志》载："嘉禾，五谷之长，王者德盛，则二苗共秀。"甘肃成县《西狭颂》碑上刻"黄龙、白鹿、甘露、嘉禾、木连理"五瑞。可见嘉禾在古代是被视为天降福祉、政通人和的祥瑞之兆，是祥瑞思想发展下的产物，也是墓主所追求和期盼的。

仙境中两羽人与虎、犬等从仙山走出向右前行进入天界，凤鸟、豕等禽兽与之对行，像前来迎接两位羽人的到来，虎、凤鸟拾足前行，小鸟振翅飞翔，以及画面中的其他瑞兽腾挪跳跃嬉戏，身姿多变，动态十足，富有律动感。而右下角一鱼，安静祥和，从鱼的头、身、尾、鳞看当为鲤鱼。（图4）鲁昭公曾赐鲤鱼给孔子，孔子倍感荣幸，将其子名曰"鲤"，字伯鱼，可见鲤为鱼中之贵。鲤鱼中又以黄河鲤鱼最为有名，在《三秦记》中鲤鱼跳龙门化身为龙，此神话传说家喻户晓。《诗经·陈风·衡门》亦载："岂其食鱼，必河之鲤？"讲的亦是黄河鲤鱼。画像石的密集区就位于或者临近黄河两岸，画像石中所见鲤鱼大部分亦可谓之黄河鲤鱼。此鲤鱼与羽人及其他瑞兽同时出现，当为越过龙门在仙界的龙，也象征了墓主人像这

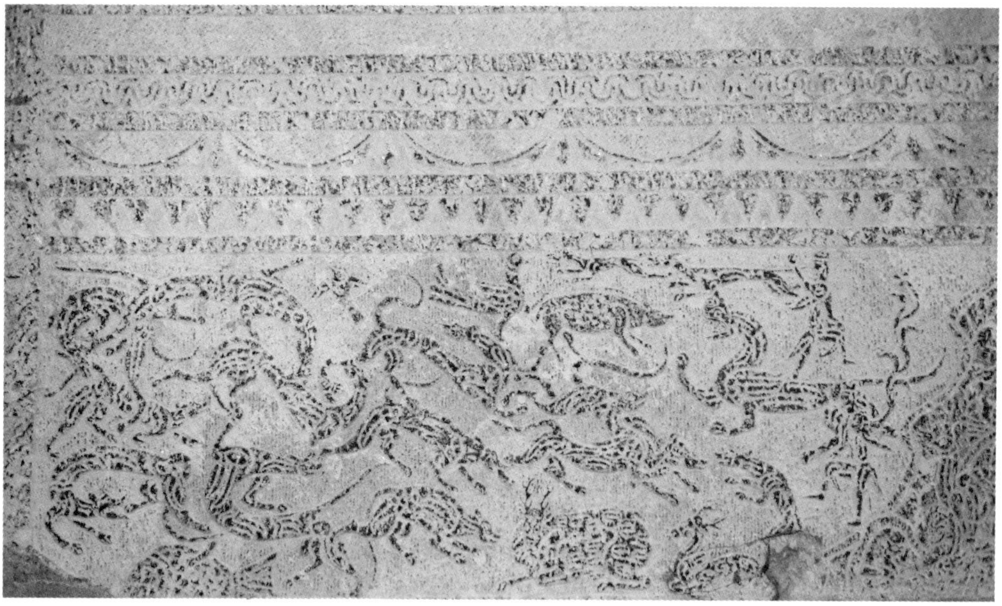

图 4　安丘汉墓仙境图（笔者摄）

黄河鲤鱼跃龙门一样，通过仙山羽化成仙，然后更加幸福地生活。在汉代的杂技表演中亦有鱼化龙的鱼龙戏，称为“鱼龙曼延”，在《西京赋》中就记载了乌获扛鼎、都卢寻橦、鱼龙曼延等表演形式，“海鳞变而成龙，状蜿蜿以蝹蝹”，即为鱼变为龙，形状蜿蜒之意。鱼可化为龙，亦为祥瑞，也是人们祥瑞思想的产物，反映了汉代人的进取精神，表达了人们追求美好生活的愿望。这也是逝者想通过祥瑞导引升仙，使灵魂获得重生，成为仙人，在仙境过上衣食无忧的生活。

八、墓主升仙过上理想生活

安丘汉墓中“狩猎升仙图”的整幅画面，从左往右通过树木射鸟举行的一个射猎仪式，显示墓主的神射，以示其勇武，然后驾犬策马进行大规模的田猎活动，进而到达蓬莱仙山，并由仙山中的句芒、强良等神引导进入天界，成为仙人（羽人），从此过上衣食无忧、不死不灭的生活。整幅画面形成一个由人界向天界的行进方向，构成一个连贯的整体画面。尤其是仙山两侧人界中的凡人、飞禽走兽与仙界中的羽人、祥禽瑞兽在形象上的鲜明对比，表现出逝者灵魂升仙前后明显的变化，这也是汉代人升仙思想的最高体现。狩猎升仙图的狩猎部分是为墓主死后升仙做铺垫，是升仙的前奏，具有一定的升仙引导意义。曾蓝莹认为："这些画像位于棺椁所在的后室，似乎暗示了墓室犹如云山，为死后灵魂转化成仙的过渡之处。"[12] 通过画像石所雕刻的内容，寄托丧家希望死者不是简单的逝去，而是通过各种方式和途径羽化成仙，在天界过上更加美好的生活，并且成为仙人，保佑并恩荫后人。而丧家则可以通过修建豪华的墓圹和丰厚的陪葬来炫耀本家的财力、物力，标榜自己的仁孝，得到统治阶级和普通民众的褒扬和赞誉，进一步促进当时厚葬之风。

安丘汉墓就是汉代厚葬之风达到顶峰时的产物，同时也为我们留下了一笔珍贵的文化遗产。其中的"狩猎升仙图"又是最有代表性的画像石，不仅具有升仙导引意义，而且"这幅画像中作为衬景出现的山峦，虽未完全摆脱装饰的风格，但也表现出生动的气韵，是研究山水画起源的珍贵资料"[13]。这就使安丘汉墓"狩猎升仙图"成为研究汉代田猎、宗教信仰、雕刻等方面的珍贵资料，亦成为研究古代山水画起源的物证之一。因此加强对其保护、研究和利用，具有重要的历史意义和现实意义。

注释：

[1] 孙机：《汉代物质文化资料图说》，文物出版社 1991 年版，第 409 页。

[2] 孙敬明：《潍坊古代文化通论》，齐鲁书社 2009 年版，第 26 页。

[3] 朱存明：《汉画像之美》，商务印书馆 2011 年版，第 172 页。

[4] 李发林：《汉画考释和研究》，中国文联出版社 2000 年版，第 259 页。

[5] 杨爱国：《幽冥两界：纪年汉代画像石研究》，陕西人民美术出版社 2006 年版，第 15—16 页。

[6] 信立祥：《汉代画像石综合研究》，文物出版社 2000 年版，第 4 页。

[7] 王培永编：《孔子汉画像集》，西泠印社出版社 2014 年版，第 25 页。

[8] 蒋英炬：《关于汉画像石产生背景与艺术功能的思考》，《考古》1998 年第 11 期，第 92 页。

[9] 蒋英炬、杨爱国：《汉代画像石与画像砖》，文物出版社 2001 年版，第 163 页。

[10][美] 巫鸿：《汉代艺术中的"天堂"图像和"天堂"观》，《历史文物》1996 年第 6 期，第 6—25 页。

[11] 杨波、王斌主编：《走进山东博物馆·石刻艺术》，青岛出版社 2011 年版，第 11、12 页。

[12] 曾蓝莹：《作坊、格套与地域子传统：从山东安丘董家庄汉墓的制作痕迹谈起》，台湾大学《美术史研究集刊》2000 年第 8 期，第 40、41 页。

[13] 安丘县文化局、安丘县博物馆编：《安丘董家庄汉画像石墓》，济南出版社 1992 年版，第 28、29 页。

浅谈汉画像石中的人物肖像

刘姝妹

内容摘要　两汉时期是中国早期人物肖像画兴起与发展的时期。它继承了先秦肖像画的绘画风格，从“写意”到“写实”及独特的写真、传神写照的艺术传统，形成“以形写神”的描写。汉代肖像画创作已有相当的水平，人物造型独特，面部细节的刻画尤为细腻，从中反映出不同社会背景的人物特征。汉代肖像画浓缩与概括性的造像风格和理念，影响了魏晋南北朝时期的人物肖像画，标志着中国肖像画逐渐进入风格成熟的“形神”时代。

关 键 词　汉代；画像石；人物肖像

作者简介　刘姝妹，徐州汉画像石艺术馆馆员。

肖像画是人物画的一个门类或分科，既与人物画有很多共性，也具备独特的个性。肖像画是描绘具体人物形象的绘画，古时称肖像画为“写真”“写照”“传影”，寓意对照真人写生。中国人物画历史悠久，早在新石器时期，在彩陶和岩画上就有人物绘画。战国时期，出现了真正意义上的人物肖像画。

汉代绘画包括帛画、壁画、漆画、画像石、画像砖等，这些材质上都有人物肖像画。画像石人物肖像主要采用先白描后镌刻的方法，“以刀代笔”，用“线”作为造型的手段。画像石中的人物肖像，造型准确、线条流畅、作风写实，表现出非常高超的艺术水平，在中国人物肖像绘画史中，上承战国绘画之风，下开魏晋人物画之先河，起到了承前启后的重要作用。

一、汉代人物肖像画产生的原因

《历代名画记》曰："图画之妙，爰自秦汉。"战国到两汉时期是中国早期人物肖像画兴起与发展的时期。汉代画师有非常高超的写实技艺，当时在没有照相技术的情况下，人物画像常被作为接近真实的视觉传达手段。汉高祖刘邦第一次知道张良的真实形象是在图像中获得的："余以为其人计魁梧奇伟，至见其图，状貌如妇人好女。"[1]汉元帝"以图选美""按图召见"所依据的就是写真肖像作品："元帝后宫既多，不得常见，乃使画工图形，案图召幸之。"据《历代名画记》载，画工毛延寿擅长写真，画人"老少美恶皆得其真"。汉武帝时，"李夫人少而蚤卒，上怜闵焉，图画其形于甘泉宫"[2]。东汉时期，桓帝为了知道隐士姜肱的样子，专门派出画工给姜肱画像："桓帝乃下彭城使画工图其形状。肱卧于幽暗，以被韬面，言患眩疾，不欲出风。工竟不得见之。"[3]

汉代功臣都是以图像留形的。为表彰功臣，汉武帝在未央宫建麒麟阁，宣帝甘露三年（前51）将霍光、张安世、韩增、赵充国、魏相、丙吉、杜延年、刘德、梁丘贺、萧望之、苏武十一人画像置于麒麟阁。《汉书·苏武传》云："宣帝甘露三年，单于始入朝。上思股肱之美，乃图其人于麒麟阁，法其形貌，署其官爵姓名。"东汉时期继承了这一文化传统。汉明帝永平年间，明帝追忆当年随其父皇打下东汉江山的功臣宿将，命绘28位功臣的画像于洛阳南宫的云台，称"云台二十八将"。灵帝画乐松等32人像，以及各州郡画大儒、名贤、孝女等，"尚方为鸿都文学乐松、江览等三十二人图象立赞，以劝学者"[4]。

汉代还为古代圣贤作画，《后汉书》载："光和元年，遂置鸿都门学，画孔子及七十二弟子像。"各处太学图画孔子及其门人的肖像，与汉画像石中雕刻孔子及其弟子形象相吻合。

汉代的人物肖像画已经具备了写真的水平，《西京杂记》论长安的画工写人形，可以"好丑老少，必得其真"。汉代肖像画除了写形存真的功能外，主要是作为政治教化的辅助手段逐渐发展起来的，"夫画者，成教化、助人伦、穷神变、测幽微，与六籍同功"。"恶以戒世，善以示后"是汉代肖像画向成熟发展的政治原因。

二、汉画像石中的人物肖像

汉画像石起源于西汉，兴盛于东汉，是绘画与雕刻结合的艺术形式，人物肖像一直是画像石描摹的主要对象。汉画像石基本是一种叙事性写实图像，人物是图像中的主体，围绕人物来“叙述”画面故事，带有明确的叙事情节。画像石中的人物肖像主要包括墓主、祠主像，帝王先贤像，烈士列女像，宗教人物像，异域胡人像五类。

(一)墓主、祠主肖像

汉画像石中常刻有写实性的墓主、祠主像，这一文化传统来自战国时期的楚国文化，《楚辞·招魂》:“天地四方，多贼奸些;像设君室，静闲安些。”朱熹注云:“盖楚俗，人死则设其形貌于室而祠之也。”[5] 湖南长沙出土两幅战国楚墓帛画《人物夔凤图》和《人物御龙图》，是现存最早的绘在丝织品上的独幅人物画作。《人物夔凤图》中女子恬静飘逸，所勾墨线挺劲有力，在口唇和衣袖处施以朱色。(图1)《人物御龙图》以流畅的单线勾勒为主，绘一个男子身着长袍，侧身直立，手挽缰绳，驾龙腾游。这两幅帛画中的人物被认为是目前发现的最早人物肖像画。1972年，马王堆1号汉墓出土了一幅“T”形帛画，画面的中间是一位拄杖而立的老妪，左侧有两个男子手捧简册跪迎，右侧三个侍女拱手而立。中间的老妪为墓主人轪侯夫人的肖像画，老妪的发髻上插有长簪，簪首的白珠垂于额前。(图2)1975年，马王堆3号墓出土帛画上的中心人物是男子像，学术界认为是墓主利豨的肖像。尽管学术界对帛画的性质仍有不同的看法，但是对帛画中的人物为墓主肖像的认识没有异议。

图1　战国帛画《人物夔凤图》(采自陈锽《古代帛画》)

图2　帛画老妪画像(采自《长沙马王堆一号汉墓》)

汉代装饰墓葬中往往也刻有墓主肖像。《后汉书·赵岐传》云："赵岐字邠卿，京兆长陵人。多才艺，善画，自为寿藏于郢城中，画季札、子产、晏婴、叔向四人居宾位，自居主位，各为赞颂。"赵岐将自画像刻于墓室中，说明当时有这种习俗。2000年发现的陕西省旬邑县百子村东汉壁画墓，墓主人榜题自称"邠王"，旁边还有其夫人画像。2005年，陕西省靖边县杨桥畔1号墓后室北壁上，也绘有墓主人的形象。

1978年，山东诸城县博物馆在该县凉台村发现一座东汉晚期的画像石墓[6]，由石刻题铭"汉故汉阳太守青州北海高密都乡安持里孙琮字威石之郭藏"[7]知墓主为汉阳太守孙琮。墓室画像中有一幅"拜谒议事"画像，纵151厘米、横75厘米，下面部分为庭院的三层楼阁，刻众多人物在楼内议事，其中坐在榻上，身前有凭几，身后有屏风的人物即为孙琮的画像。（图3）

在画像石祠堂的配置中，祠堂后壁一般都刻画祠主的形象，表现"祠主受祭"的主题。山东嘉祥焦城村出土祠堂后壁画像石上，画面上层为二层楼阁，楼阁的下层刻拜谒的场面，一位谒者向端坐的主人跪拜，主人身后的榜题为"此斋主也"。1981年，山东嘉祥五老洼发现的一块"楼阁拜谒图"中，被拜谒者身上刻有"故太守"三字，太守凭几而坐，面有胡髭，表现为耄耋之年的形象，当是祠主的肖像。（图4）

山东金乡朱鲔祠堂是一座保存完好的祠堂，祠堂内刻有祠主生前生活的场景，在4号石横枋下面站立一位男子，气宇轩昂，长须虬髯，头戴爵弁（图5），旁边有"朱长舒之墓"题刻。有学者认为此为祠主肖像，也有学者认为这是一个武职的门吏，朱鲔祠堂为祠主缺位的画像。[8]从该人物的形象及服饰来看，他是整个祠堂画像中身份最高的人物，其旁又有铭文题刻，因此很有可能是祠主的肖像。

图3　山东诸城东汉汉阳太守孙琮画像（采自《文物》1981年第10期）

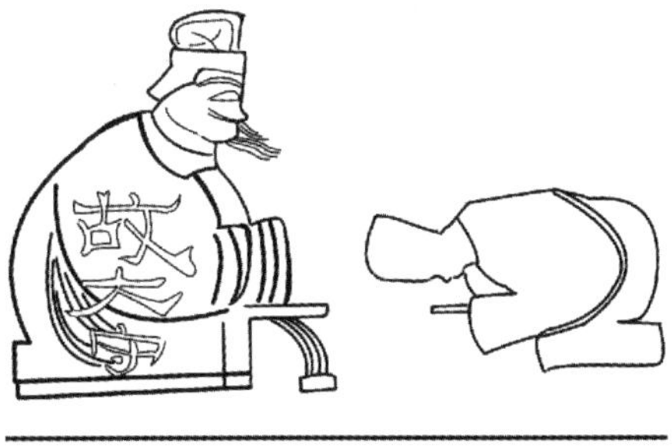

图4　山东嘉祥五老洼"故太守"画像（作者据《中国画像石全集》描图）

徐州汉画像石祠堂中也有祠主的画像，通常刻在祠堂的后壁。在小祠堂画像中，祠主表现为夫妇二人并排踞座，所面对的方向正是受拜者的位置，这种空间布局表明上面的画像为祠主。（图 6）

图 5　山东金乡朱鲔祠堂祠主画像（作者描图）

图 6　徐州壁龛小祠堂祠主夫妇画像（作者据徐州汉画像石艺术馆展品描图）

墓主、祠主画像石描写的是某一特定的人物，显然具备了肖像画的某些特征。对于这些肖像画的写实性，学术界有不同的看法。日本学者长广敏雄对汉代肖像画的写实水平有较高的估计，认为汉代的画师有这种写实的能力和水平。邢义田则认为，就目前可考的汉画像来说，还没有见到这样的作品。郑岩则认为，墓主画像作为死者灵魂的象征，并不要求对人物的面形、五官做细致入微的刻画；古代普遍存在的画像禁忌，使画家的创作与所描绘的对象分离开来；受宗教造像的影响，墓主画像也必然如神像一般，有程序化的倾向。[9] 从目前所发现的墓主、祠主画像来看，创作者力求接近墓主、祠主的真实形象，由于画像石是先画稿再镌刻，画稿到雕刻之间本身就存在失真的情况，因此在表现人物个性的时候，只能尽可能地表现写真。

（二）帝王先贤像

帝王先贤像是汉代宗庙、墓室祠堂的主要创作对象。古代常将贤明帝王及恶君刻在明堂上，《淮南子》载：“文王周观得失，遍览是非，尧舜所以昌，桀、纣所以亡者，皆著于明堂。”《孔子家语》也有类似的记载：“孔子观乎明堂，睹四门牖，有尧舜之容，桀纣之像，而各有善恶之状，兴废之戒焉。”[10]《汉书·杨恽传》载：“（杨）恽上观西阁上画人，指桀纣画谓乐昌侯王武曰：‘天子过此，一二问起过，可以得师矣。’画人有尧舜禹汤不称，而举桀纣。”[11] 汉画像石中的帝王先贤像，有善以示后、恶以诫世的作用。

画像石中的帝王像最典型的是嘉祥武梁祠中的“十帝王图”，他们是伏羲（女娲）、祝融、神农、黄帝、颛顼、帝喾、尧、舜、夏禹、夏桀。古代帝王的真实写影并不存在，武梁祠的十帝王像主要是以人物的服饰及榜题文字作为识别符号。在汉画像石中，大禹治水是出现最多的帝王题材画像。在大禹图中，耒耜、斗笠和蓑衣为大禹的身份标示物，《韩非子·五蠹篇》载：“禹之王天下也，身执耒臿，以为民先。”在人物肖像特征中，《太平广记》卷八十二引《帝王世纪》曰：“（禹）虎鼻大口，两耳参镂，首戴钩钤，胸有玉斗。”徐州汉画像石艺术馆藏的“大禹治水图”中（图7），在面相上突出了大禹“虎鼻”的特征，双目刻画得炯炯有神，双袖捋卷，持锸站立，一派顶天立地、虎虎生威的英雄形象。

画像石中的先贤像主要是周公辅成王、孔子见老子。周公辅成王是一幅有政治意义的叙事画像，《孔子家语·适周篇》记载，孔子曾在明堂见到过周公辅成王的画面：“又有周公相成王，抱之负斧扆，南面以朝诸侯之图焉。”汉武帝专门赐画“周公辅成王”给霍光。[12] 在“周公辅成王”的画像中，“华盖”“王冠”是一种图像符号，是“成王”身份的象征。嘉祥武氏祠左石室中的“周公辅成王”画像就是以图像符号确定肖像画人物的特殊身份。（图8）在这类题材中，画家强调的是人物的特殊象征“符号”和人物之间的“正确”关

图7　徐州汉画像石艺术馆藏“大禹治水图”

图 8　嘉祥武氏祠“周公辅成王”画像
（采自《山东汉画像石汇编》，陈志农描图）

图 9　沂南北寨汉墓“孔子见老子”画像
（采自《诉南古画像石墓发掘报告》）

系，“这种关系不仅是物理方位上的，更是政治伦理上的”[13]。

汉画像石历史故事中出现最多的是孔子的故事。汉代，孔子、老子还没有固定的肖像模式，文献中孔子、老子形象的描述或许成为当时人们创作的文本依据。有关孔子的形象，《论语·述而》载：孔子“温而厉，威而不猛，恭而安”。《史记·孔子世家》记载：孔子“生而首上圩顶，故因名丘云”，“孔子身长九尺六寸，人皆谓之‘长人’而异之”。司马贞索隐：“圩顶言顶上窳也，故孔子顶如反宇。反宇者，若屋宇之反，中低而四傍高也。”老子的形象，《史记·老子韩非列传》正义云：“（老子）身长八尺八寸，黄色美眉，长耳大目，广额疏齿，方口厚唇，额有三五达理，日角月悬，鼻有双柱，耳有三门，足蹈二五，手把十文。”孔子身高九尺六寸，合今2米有余，老子矮孔子约20厘米，因此画像中孔子形象都是伟岸高大的。画像石中最生动的“孔子见老子”肖像画是沂南北寨汉墓中室西壁南段的一幅“孔子见老子”画像。在这幅画像中，孔子头戴进贤冠，冠后有两条飘带，身穿宽袖深衣，腰佩环首刀，双手合抱作拜谒状；老子头戴高冠，眉毛为寿眉，腰佩长剑，左手抚摸腰间的玉佩，右手举起作回答问题状，老子的身后立有鸠杖，一副尊者的姿态。（图9）

（三）烈士列女像

汉代尚勇重义、崇尚名节的社会风气尤甚，烈士列女成为肖像画的创作对象。列女（烈女）是指性格刚烈、品行端正，并且有节操的女性。与列女相对而言，具有同样品行的男子则被称为烈士。《鲁灵光殿赋》曰：“忠臣孝子，烈士贞女。贤愚成败，靡不载叙。”汉代流传烈士的故事有蔺相如完璧归赵、聂政自屠、荆轲刺秦王、专诸刺吴王、曹沫劫桓公、要离刺庆异，司马迁在《史记》中对这些人物形象都有生动的描写，在画像石中也有生动的刻画。

蔺相如完璧归赵的故事非常有名。战国赵惠文王时，秦昭王写信给赵王，愿以十五个城池换取“和氏璧”，蔺相如奉命带“和氏璧”来到秦国，据理力争，机智周旋，终于“完璧归赵”。汉画像中蔺相如的画像很多，都是以《史记·廉颇蔺相如列传》为文本依据，着重表现蔺相如“持璧却立，倚柱，怒发上冲冠”的情节特征。如沂南北寨画像石墓中的蔺相如，整体轮廓用白描手法勾勒，人物性格刻画鲜明，横眉上扬，眼神刚毅，胡须飞扬，怒发冲冠，冠带飘扬，蔺相如左手持璧，举过头顶，斜视庭柱，欲撞向庭柱。（图 10）

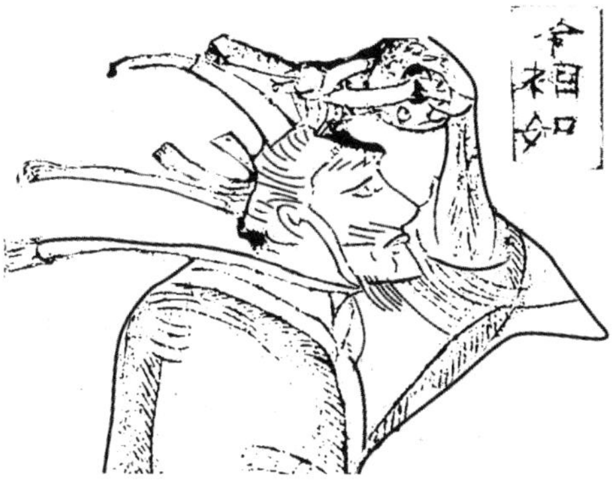

图 10　沂南北寨画像石墓“蔺相如”画像

图 11　沂南北寨画像石墓“孟贲”画像

汉画像石中勇猛武士的肖像都有夸张的刻画。如武士孟贲为秦武王时力士，《史记·秦本纪》载：“武王好多力之人，齐孟贲之徒并归焉。孟贲生拔牛角。”孟贲与成荆、王庆忌、夏育皆力大无比，成为门神画的原型。《淮南子·说林训》云：“规孟贲之目，大而不可畏，君形者亡焉。”意思是说画孟贲的眼睛不仅要大，而且要有神。沂南北寨画像石墓中的孟贲像浓眉圆目，阔口方鼻，长须虬髯，给人以望而生畏的感觉。（图 11）徐州汉画像石中有孟贲举鼎的画像，孟贲宽阔的鼻梁，长长的须髯，显然是夸张的描写。（图 12）

图 12　徐州汉画像石中“孟贲举鼎”画像（作者描图）

在烈士的画像中，荆轲刺秦王也是最常见的题材。

图 13　武氏祠“荆轲刺秦王”画像（作者描图）

图像以《史记·刺客列传》为文本依据。武氏祠左石室后壁小龛西侧“荆轲刺秦王”故事画像，人物面部是侧面刻画，神情坚定，眼神刚毅，身体扭曲，形态自然，整体线条流畅、紧密，形成“剪影”描述。（图 13）人物动作夸张，从生理角度显然是做不到的，只能从画面和构图需要去理解。这也是早期肖像画形神兼备的体现。

汉代的“孝子图”在民间广为流传。汉画像石中系列孝子图出现在东汉，其图形及文本依据是刘向的《列女传》。《列女传》在《汉书·艺文志》中被称为《列女传颂图》，本身是图文对应，汉画像石中列女图可能是《列女传颂图》的“传移模写”。在列女图中，列女的肖像特征是在故事情节中表现的。如“楚昭贞姜”的故事，“渐台”是故事的发生地点；昭王夫人贞姜是故事的主要人物，使者是重要人物；“符信”是故事的关键性符号元素。四川新津画像石棺中的 3 幅“楚昭贞姜图”的构图模式基本相同，人物的肢体语言及象征性的图像符号成为表现楚昭贞姜肖像特征的关键元素。（图 14）

1

2

3

图 14　四川石棺画像中的“楚昭贞姜”图

（采自林保尧主编《美术考古与文化资产》，陈秀慧描图）

（四）宗教人物像

宗教图像是汉画像石中的重要内容。汉代的宗教信仰主要是西王母，东汉中期以后，佛教图像在汉画像石中也有表现。宗教人物的重要特征就是正面率的“偶像”式构图。这种构图的特点是将人物造型的正面完整地表现给观众，没有角度与透视，给人以庄严肃穆的感受。

汉画像石中的西王母有显著的肖像画特征。成熟期的西王母肖像一般是“偶像”式图像，其特征是头戴胜饰，凭几而坐，拥有华盖，《山海经·海内北经》记载的“西王母梯几而戴胜杖”是西王母肖像创作的文本依据。不过《山海经》记载的西王母是“豹尾虎齿”半人半兽的样子，画像石中的西王母像显然是一位漂亮的妇人形象。《汉武内传》中的西王母形象是“文采鲜明，光仪淑穆……头上太华髻，戴太真晨婴之冠……视之可年三十许，修短得中，天姿掩蔼，容颜绝世”。尽管《汉武内传》托名班固所著，后人认为成书年代应当是魏晋时期，但是西王母的故事受着东汉以来人们传说的影响，其所描写的西王母应该是当时人们心目中的形象。山东微山两城镇出土的西王母画像石，图中西王母正面端坐，高冠，冠上有一鸟，左右肩各出祥云一朵，男女侍者分在左右，西王母右侧刻有铭文“西王母”，这是汉画像石中西王母最漂亮的肖像画。（图 15）

图 15 山东微山两城镇西王母画像（作者描图）

图 16　四川乐山崖墓享堂门楣石刻“佛像”（作者描图）

东汉初期，佛教已经传入中国。学术界多数认为，公元 1 世纪的时候，印度的佛像被希腊的艺术家在犍陀罗地区创造出来，因此早期的画像石中并没有佛像。根据早期印度佛像的特点，佛造像应该具备以下几方面的特点：一是肉髻；二是背光；三是手印；四是坐式样，佛的坐姿为结跏趺坐。四川乐山麻浩Ⅰ区1号崖墓后室享堂门楣上的石刻佛像，通高37厘米，高肉髻，头绕圆形顶光，身着通肩大衣，右手似作“施无畏印”，左手似握大衣衣角，结跏趺坐，应当是释迦牟尼肖像。（图16）

（五）异域胡人像

汉代，随着胡汉战争及丝绸之路开通以后，人们对胡人有了深刻的印象。汉代的“胡人”是一个宽泛的概念，既包括蒙古人种胡人，也包括深目高鼻的东伊朗语族高加索人种或希罗多德笔下的斯基泰人，贵霜、安息、罗马帝国等西域国家的人们也都被称为“胡人”。

汉代文学作品中有对“胡人”形象的描写，《鲁灵光殿赋》说：“胡人遥集于上楹，俨雅跽而相对，仡欺猥以雕䀇，鷓顤顟而睽睢，状若悲愁于危处。”“仡”在这里是勇猛雄壮的样子，“顤顟”为“大首深目之貌”。“顤”是高长头貌的意思，“睽睢”是眼眶凹陷的样子，王延寿对“胡人”形象做了准确生动的描写。[14] 汉繁钦《三胡赋》中写道：“莎车之胡，黄目深睛（黄眼球深陷），员耳狭颐（圆耳朵窄下巴）。康居之胡，焦头折頞（黄头发翘鼻梁），高辅陷无（高颧骨腮凹陷），眼无黑眸，颊无余肉。罽宾之胡，面象炙猬（胡髯焦硬），顶如持囊（帽子高顶如袋子），隈目赤眦（眼眶），洞頞仰鼻（高鼻梁大鼻孔）。”胡人的这些面貌特点被当时的艺术家敏锐地察觉到，汉代人将胡人的形象固定在深目高鼻、络腮胡须、颌部突出、颧骨微显、脸庞狭长的特征。

汉画像石中的胡人是针对特殊历史事件、特殊群体的人物相貌描写。画像石中胡人像较多，除了胡汉战争的题材外，乐舞百戏、家兵门吏、宗教图像及建筑上的托举者都有胡人的形象。为了识别的方便，胡人头部一般表现为侧面，除了眼睛大、鼻子高之外，翻卷的下颌、浓密的胡须、尖顶帽都是人物符号的识别码。河南南阳汉画像石中，有两幅“胡人阉牛图”[15]，胡人头戴尖顶帽，脸生络腮胡须，赤裸上身，裤管高挽。（图17）2006年，成都金堂李家梁子M23出土了一个胡人石座[16]，胡人坐于长

图17　河南南阳“胡人阉牛图”（采自《中国画像石全集》）

方形石板上，头戴尖帽，双眼圆睁，眼眶刻画突出，曲眉，隆鼻，高颧骨，络腮胡。（图 18）汉画像石中的胡人形象抓住了人物个性化的突出特征。

图 18　成都金堂李家梁子 M23 胡人石座（采自《考古与文物》2011 年第 5 期）

三、汉代肖像画的艺术特征

汉代肖像写真画生动、极具感染力，肖像画创作已达到相当的水平。西汉刘安在其《淮南子》论画一节中云：“寻常之外，画者谨毛而失貌。”指出了正确的观察和描绘方法，反对只重细部正确而失去整体精神的弊病。又云：“画西施之面，美而不可悦，规孟贲之目，大而不可畏，君形者亡焉。”[17] 在“形神”关系上，《淮南子》明确提出了“神”为上，“形”为下的思想，首次提出“君形者”说。所谓“君形”，就是说“神”为君主，“形”为臣仆，古人经常把君、臣一类的词借用来形容事物的主次关系。在人物的肖像上，形神兼备是重要的艺术特征。《荀子·天论》说：“形具而神生。”形神是对立统一，形神合一，互为生长，缺一不可。

汉代人物肖像画已经有写实性的倾向。形成这种倾向的原因是多方面的，“画工图形”是表达真实视觉感受的重要方法。汉灵帝时在洛阳设立了鸿都门学，以尺牍、小说、辞赋、书画为主要学习内容。理性美学的主导推动了人物肖像画的发展。汉代的写实性人物画呈现出注重人物形象个性和内心的刻画，重视细节描写，着力于人物思想精神的体现。

汉代人物画已经有了单线平涂、没骨法、白描勾勒等多种技法。帛画、壁画上表现的技法较多，用毛笔勾出人物轮廓线条，再用大笔渲染背景，加之色彩。而汉画像石表现人物肖像较困难，石材本身坚硬，只能用画笔白描勾出肖像轮廓，用刀刻画。画像石是用白描起稿，然后雕刻，铁线笔法如高古游丝。准确而又简洁的线条，使人物、场景的原貌得到强化和延伸，提高了人物肖像的表现力。

汉画像石十分注重用“线”来刻画形象，线条浑朴刚劲，有一种气贯神通的韵味。汉画像石的雕刻技法主要有阴线刻、浅浮雕两种形式。阴线刻是在凿平或打磨过的石面上，以细线刻出人物和物体的造型，滕固先生称为“拟绘画”。东汉后期的人物画多是在磨平的石面上作画，“铁线描”成为一种基本技法，在人物服饰衣褶的转折处，使用了“钉头鼠尾”的笔法，线条刚劲有力而又流畅自然。浅浮雕是将物象造型凸起，影像效果醒目突出、鲜明易辨，拥有一般绘画作品所不具备的强烈的视觉张力。汉画像石的浮雕手法不是靠体积的等比例压缩完成的，而是靠“线”的运用，滕固先生称为“拟浮雕”。它与“线刻”同为一种造型手段，只是“绘画”的表现方法不同。汉代肖像画风格或者说雕刻风格影响了魏晋南北朝的人物肖像画。

图 19　安徽亳州东汉亭长画像（作者描图）

唐代张彦远《历代名画记》引顾恺之的话说：“画人最难，次山水，次狗马。”画人难的原因是人物画有严格的比例标准，肖像画更需要掌握人体的结构比例。汉代肖像有准确的人物造型，五官比例和谐，“立七坐五”“三庭五眼”作为身高、五官与脸形相搭配的美学标准在画像中就可以看出。例如，安徽亳州董园村东汉甬道北壁亭长画像（图19），其面部的眼睛、鼻子、嘴、胡须刻画细腻清晰，头部和身体比例约为 1 ∶ 7，比例协调；身体前倾，形态自然、从容、庄重，抱盾应是恭迎宾客；衣服褶皱用工笔画线描形式勾勒，线条流畅、飘逸，虽然衣服包裹于身，然而刻绘者很好地表现了此肖像的“头面、手足、胸臆、肩背，无遗失尺度”[18]。

肖像画除了人物面部的表情是重点表现的对象外，人物的手势、衣冠也是表现人物个性的辅助手法。“画人难画手”，手姿是表达感情的重要手段，面部表情是由五官的变化而来的，手的“表情”是靠手指的姿势设定。画像石中的人物肖像非常重视“手姿”的刻画，如金乡朱鲔祠堂、沂南北寨画像石墓、密县打虎亭 1 号墓中的人物画，手姿样式多样，手指的关节和指甲都刻画出来，表现出画师对细节的观察和写实能力。（图 20）

汉画像石中的人物肖像画没有人物特写，而是将人物放置在特定的环境中加以描写，从而使配景肖像画成为中国肖像画的一个特殊形式。这种肖像画运用人物肖像画法表现人物形象神态，把背景中的图像和环境中的人物融合在一起，采用空间与画面、人物与背景的组合方式，画面表现采取空间分隔画面重组的方式，把人

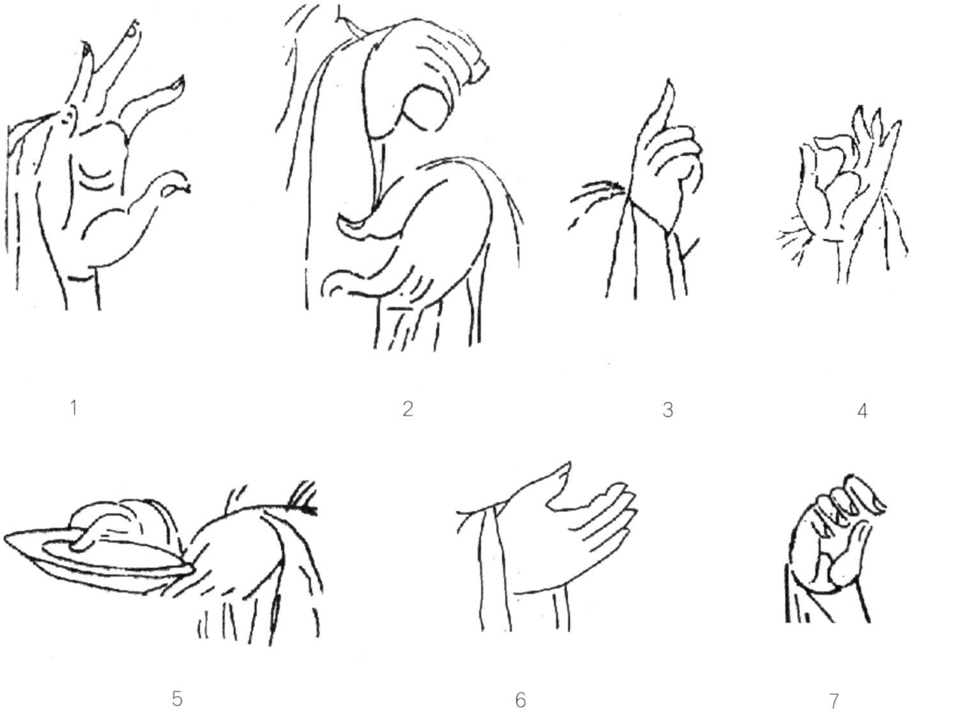

图 20　汉画像中的手势图

1—5. 密县打虎亭汉墓；6. 朱鲔祠堂；7. 沂南汉墓老子像

物、建筑、山水等组合在一起，进行空间与画面关系的新的组合，实现与人、与空间的自由转换。这种灵活自由的构图方式，给予表现主题更大的自由，更容易表达汉代“事死如生”的思想，把现实生活场景雕刻在墓室、祠堂之中。

汉代人物画有非常高的写实能力，但由于传统的观念与格套自始至终控制着人物肖像的写实性发展。郑岩认为：“不仅战国与两汉画像有着千篇一律的标准形式，即使魏晋以后有不少画像风格趋于精细，也仍与顾恺之等人提倡的写真传神有着较大的距离。”因此，汉画像石中的许多个性化人物仍需“榜题”的提示。汉画像很少精细雕琢，多是大处着笔，直接以最具有概括性的动作来烘托物象。汉画像的写意性，强调以简练的笔墨描绘出物象的形神，表达作者的意向。人物的造型并非刻意描绘细节，而重在神似，让人觉得既朴拙粗犷又灵动自然。

四、结论

汉代人物肖像画与中国早期人物画的故事画、情节性绘画、传记绘画一起构成古代人物画“以形写神”的传统。汉画像人物形象以最简洁的绘画语言，刻画出人物的形神，追求“形神兼备”的质朴之美。

（一）历史人物肖像的描写是有文本依据的，文学的描写是历史人物肖像个性化的依据。汉代画师用非常高超的写实技艺描绘人物画，人物画像常被作为接近真实的视觉传达手段。汉代肖像画在功能上是“成教化，助人伦”，但它在此时的审美功能增强，逐渐独立成为可供人欣赏的艺术品。肖像画在此时得到了极大的发展，后受士大夫阶层的影响，出现了“悟对神通”“览之若面”的双层要求。

（二）汉代肖像画技巧提高，绘画风格多样，在人物表现上有“张得其肉，陆得其骨，顾得其神”之分，在技法上又有疏密之分，着重表现人物的气质、风貌与神韵，写实性逐渐加强。汉代肖像画的技法可以分为白描、双钩淡彩、没骨法、勾勒法等多种方法，画像石主要采用了先白描后镌刻的方法，以线作为造型的手段，人物肖像造型准确，线条流畅，作风写实。

（三）汉代肖像画继承了古代肖像画的绘画风格，从“写意”到“写实”，形成了“以形写神”“形神兼备”的描写。汉代人物肖像画画面生动，极具感染力。在汉代画像石中，对面部、手部细节的刻画尤为细腻，从中反映出不同社会背景的人物特征，表现出非常高的艺术水平。

（四）汉画像石大部分人物肖像作品还是比较抽象的，这与赞助人对作品风格的要求及作品的功能作用有关，同时也与画师及刻工的艺术修养和水平有关。优秀的作品代表着时代的水平，画像石中优秀的人物肖像作品，引领着后世人像作品风格发展的方向。

汉代肖像画概括性的造像风格，以线造型的手段，在中国人物肖像绘画史中起到了承前启后的重要作用。汉代的肖像画对后世影响深远，是魏晋南北朝时期人物肖像绘画发展的先锋，为中国绘画走向成熟奠定了坚实的基础。

注释：

[1]（汉）司马迁：《史记·留侯世家》，中华书局1959年版，第2049页。

[2][11][12]（汉）班固：《汉书》，中华书局1962年版，第3951页，第2891页，第2932页。

[3][4]（南朝宋）范晔：《后汉书》，中华书局1965年版，第1749页，第2487页。

[5]（宋）朱熹：《楚辞集注》，上海古籍出版社1979年版，第133页。

[6]诸城县博物馆：《山东诸城汉墓画像石》，《文物》1981年第10期。

[7]王恩田：《诸城凉台孙琮画像石墓考》，《文物》1985年第3期。

[8]蒋英炬、杨爱国、蒋群：《朱鲔石室》，文物出版社2015年版，第90页。

[9]郑岩：《墓主画像研究》，载《刘敦愿先生纪念文集》，山东大学出版社1998年版，第462页。

[10]王肃注：《孔子家语》，上海古籍出版社1990年版，第29页。

[13]赵晨：《汉画"周公辅成王"中的叙事与象征》，《美术观察》2010年第9期。

[14]费振刚等校注：《全汉赋校注》，广东教育出版社2005年版，第859页。

[15]南阳地区文物工作队、方城县文化馆：《河南方城县城关镇汉画像石墓》，《文物》1984年第3期。

[16]索德浩、刘雨茂：《汉代胡人形象面具考——从成都金堂李家梁子M23出土一件胡人形象面具谈起》，《考古与文物》2011年第5期。

[17]刘文典：《淮南鸿烈集解·说山训》，中华书局1989年版，第522页。

[18]（唐）许嵩著，张忱石点校：《建康实录》，中华书局1986版，第242页。

滕州汉画中的建筑图像浅析

狄小卜

内容摘要 滕州汉代的建筑画像石有近200块，涵盖着殿宇、楼阁、台榭、阙观、桥梁等多种建筑样式。滕州汉画建筑图像在表现技法上突出主体建筑；在布局上注重中轴分布；在建筑规模上显示豪华壮观；在建筑理念上体现阴阳五行观念；在装饰风格上讲究华丽多彩。这些特色，一定程度上反映了滕州在两汉时期的建筑水平及社会经济状况。

关 键 词 滕州；汉代；建筑画像石；艺术形式

作者简介 狄小卜，1982年生，山东滕州汉画像石馆文博系列馆员。

滕州地处鲁南，南与徐州地区接壤，曾是汉高祖刘邦活动的地区之一。滕州汉画像石馆收藏汉画像石600余块，年代贯穿西汉、东汉，其中与建筑有关的画像石有近200块，涵盖着殿宇、楼阁、台榭、阙观、桥梁等多种建筑样式，形象生动，从不同角度展现了汉代建筑的真实风貌。

一、住宅楼阁建筑

住宅建筑水平的高低是衡量社会物质文化和精神文化的标志之一。西汉时期处于封建社会发展的上升阶段，作为经济支柱的农业和工商业获得了较快发展，特别是“文景之治”后，建筑技术和建筑水平不断跃上新台阶。汉武帝以后，权贵豪强为了炫耀富贵，大兴土木，建造豪室。到了东汉时期，此风愈演愈烈，几乎每处地主庄园都是当时建筑技术最高水平的体现。汉桓帝时，显贵和权宦“皆竞起第宅，楼观壮丽，穷极伎巧”[1]。从文献记载和出土的汉画像可以看出，汉代达官富贵和地主豪强的住宅竭力追求“坛宇显敞，高门纳驷”的博大气势。

从已发掘的汉画像石中可以看出，滕州早在西汉中期就已经有了多层建筑。并且，滕州的建筑画像在表现技法上有着自己的特点，它并不展现整个宅第院落布局，而是重点表现楼堂建筑。

图 1　大坞镇洪山口村染山汉墓门楣画像

2008 年考古发掘的大坞镇洪山口村染山汉墓，墓主为西汉郁郎侯刘骄。墓室门楣画像石画面共分三格，左格为三层楼阁，有二人在窗牖内向外观彩；右格为四层楼阁。（图 1）由此可知，早在西汉中期滕州就有高大雄伟的多层建筑了。[2]

如桑村镇西户口村出土的画像石（图 2），画面分两层，下层右部刻有车骑临门的盛大场面，左部为豪宅局部建筑。上层中间的楼阁为庑殿式，楼阁内宾朋满座，下有粗壮立柱栌斗支撑檐盖，楼堂内众人列队迎宾客；楼右侧有一座庑殿式高阁，阁上也有三人端坐，楼左侧为一水榭。

图 2　桑村镇西户口村出土的画像石

再如桑村镇大郭村楼阁建筑图像（图 3），画面分两层，下层为车马盈门的场景，上层中间部位为两层高楼，楼下两侧有迎客、拜客、跪客场面。楼上四人列坐，楼顶为庑殿式，脊顶

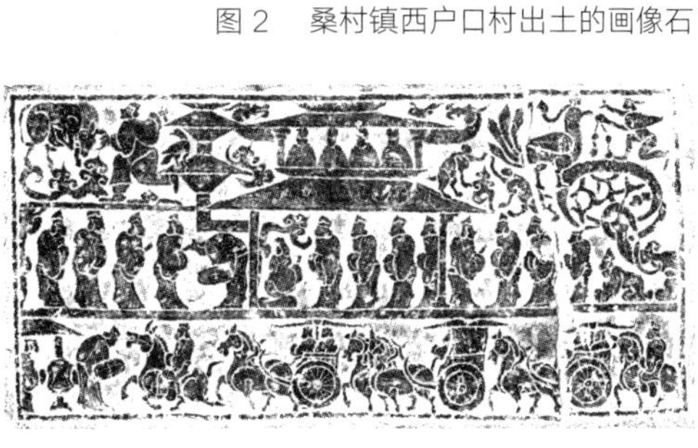

图 3　桑村镇大郭村出土的画像石

平直，十分大气。楼下立柱上端承托以栌斗。第一层坡檐上饰有一组象征富贵的钱纹，楼檐左饰祥云，右饰异兽；第二层楼檐饰有对称龙首，楼体左侧跨出一双层单阙。整座楼房显得简洁雄伟，富丽堂皇。

滕州汉画像石图像中还有一些小型的建筑，如一房、一室或一亭等。房内往往有两人对饮，或对弈，或迎来送往。建筑形制有的为悬山式，有的为歇山式，有的为干栏式，亭多为庑殿式。建筑风格简朴，应是民间常见的住房形式。

二、台榭建筑

台榭建筑属于古建筑中的高台建筑。先秦时期的台榭多构造于人工堆筑的高台之上，既可供王室和贵族登临游观和避暑，又具有军事瞭望作用。秦汉时期兴建园林之风盛行，上自皇家禁苑，下至权贵园林乃至豪强地主庄园，无不凿池构建水榭高台，以供平时消遣。原来建在土台上的台阁大都移至池苑，傍水而建，成为园林建筑的重要组成部分。榭，有顶无四壁，犹今之凉亭。《尔雅·释宫室》说："无室曰榭。"就是指这种四壁不设墙的轻巧别致的建筑。

滨湖镇西古村出土的祠堂画像石中，水榭为上、下两层，水中有一柱，柱旁有人抓鱼或罩鱼。一斗拱托起斜梁，斜柱上一斗二升，之上又承接三升拱顶，顶为庑殿式。左边一木梯，一层有人观赏，二层有人钓鱼。榭左边有主人凭几而坐，两边为侍者，旁边有人传菜，有的做饭，有的宰羊。（图 4）而大岩头出土的水榭图，则为三层，每层皆为一斗二升斗拱，每层各一人赏鱼，右侧有人上楼梯。

图 4　滨湖镇西古村出土的祠堂画像石

滕州汉画像石上的榭多为木结构，形状有方形或长方形，立于池边或水上。有的为一层，多数在二至三层。设有扶杆斜梯，视野开阔，有人登临，有人垂钓，有人观赏。它是私人园林或私人住宅的延伸部分或一所个人精心建造的娱乐活动场所，更是汉代园林建造艺术的真实写照。

三、阙观建筑

阙观建筑是秦汉时期流行的一种建筑形式，分别建于主体建筑前面的通道两侧。两汉时常在城门、宫殿、陵墓及豪室前构建，分为木结构和砖石筑砌两种。晋崔豹《古今注》云：“阙，观也，古每门树两观于其前，所以标表宫门也，其上可居，登之则可远观，故谓之观；人臣将至此则思其所阙，故谓之阙。”阙观的作用就是标表门第，用以别尊卑，明贵贱。双阙中间无门扉而“阙然为道”，故又称为阙门。阙顶正脊部常以凤鸟装饰，有祥瑞和辟邪之意，“凤阙”亦即因此而得名。多数鸟的画面为侧面，双足劲健，身体丰满，展翅欲飞，或呈行走鸣叫状，或呈站立得意姿。

从姜屯镇征集的元嘉三年（153）画像石（图5）中的双阙形制为重檐式，立檐较深，阙柱高大，“正脊和戗脊的尽端微微翘起，用筒瓦和瓦当予以强调……这是汉代建筑和后代建筑在形象方面的一个重要差别”[3]。右侧阙顶一凤鸟回首似在鸣叫，左侧阙顶凤鸟似在回应。阙后两层楼房，下层二人六博，上层四人端坐。柱外各有一侍者，房顶一人正在饲凤，表现了社会安定，人民安居乐业的太平盛世生活。

图5 姜屯镇征集的元嘉三年画像石

四、桥梁建筑

桥梁是道路设施的组成部分，在古代交通中起着重要的作用。滕州汉画像石中共发现4幅与桥梁有关的画面图像，可分为梁式、拱形、直线型三种形式。滕州出土的胡汉战争画像石，画面中央是一座两坡式六跨桥梁，中跨平直，没有护栏。桥中左侧立一高大表柱，柱左为深目高鼻的胡人手持弓箭，柱的右侧为汉军车骑、步卒、骑士。桥下中间立一大木柱，柱上有斗拱支撑中跨桥面，桥两端斜坡下立四根立柱承托桥体。桥下有鱼，有船，有人抓鱼和水蛇。

官桥镇后掌大村出土的汉画像石画面为捞鼎，图中桥梁为木结构弧形桥，单孔，跨度较大，弧座接近半圆形。桥上装有护栏，桥面中央树立柱滑轮，左右两侧各一人指挥，五人拉绳索升鼎。桥下水中有龙、鱼，有人划船。（图 6）在西户口出土的两块汉画石图像中，还发现一种平卧于水上的平直桥梁，桥面上车马前行，桥下有人和船。

图 6　官桥镇后掌大村出土的画像石

前两种桥有一个共同的特点：跨度大，承接力强，泄洪能力也强。《说文解字》云："桥，水梁也。"又解释说："用木跨水也，即今之桥也。"可见中国早期桥梁大都是木质结构。滕州附近的邹城、微山、枣庄及徐州地区出土的汉画像石也发现有桥梁的画面，说明汉代建桥技术早已成熟，并被广泛应用。在政治上，桥梁便捷了政令传递；在经济上，有利于郡国之间的商贸交易和交通运输；在军事上，大大缩短了行军路程。

五、滕州建筑画像的艺术形式及特点

从汉画像石中的建筑图像可以看出，汉代的屋顶有庑殿式、歇山式、悬山式、硬山式、攒尖式五种式样，而且建造技术已经娴熟。汉代匠师充分运用木结构的特点，创造了屋顶举折和屋面起翘、出翘，棱角和屋顶各部分运用了鸟翼伸展的柔和优美曲线，同时屋脊的脊端都加上了适当的雕饰，檐口的瓦当也加以装饰性处理。

滕州汉画像石中的建筑图像雕刻技法分为阴线刻、凸面雕和浅浮雕三种。阴线刻细腻真切，有阴柔之丽；凸面雕美观大方，赏心悦目；浅浮雕雄浑苍劲，显阳刚之气。在深厚的力度和质朴的画风中，我们清晰地看到汉代的各式建筑。它反映的不仅是科学技术，还是一种艺术的展示。汉代建筑经过长时间的发展，不断汲取中国其他传统艺术的养分，特别是绘画、雕刻、工艺美术等造型艺术，创造了丰富多彩的建筑艺术形象。

从汉画像石建筑图像的刀法运用来看，真可谓方圆并济，有的刀锋毕露，有的圆润流畅，刻画得淋漓尽致。画面物象依具体情况，该方则方，该圆则圆，方者骨力劲健，折如曲铁；圆者婀娜多姿，行云流水。早期的建筑画像石造型简单，比例不协调，刀法也相对拙劣；中期建筑画像石表现技法比较单调、粗糙；到了东汉中后期，雕刻技法逐渐成熟，达到了相当高的水平，特别是刀法传神，表现出各种建筑物像的意趣。汉画像石上的建筑图像不仅美观大方，装饰也十分豪华。汉代的厅堂前面没有门扇，则以帷幕绕于柱上，垂于檐下，当作装饰，使室内宽敞明亮。如需挡风御寒或有秘事相商，亦可放下帷幕，这种装饰达到了一举两得的效果。

在滕州诸多的汉画建筑图像中，不论是厅堂、楼阁，还是水榭及各种桥梁，都没有一幅完整的建筑群体布局及鸟瞰细部，只是其中一部分或一角。我们只能从浩瀚的汉代文献资料中去查找“亦有甲第，当衢向术，坛宇显敞，高门纳驷”（左思《蜀都赋》）的豪华建筑了。

综上所述，滕州汉画中的建筑图像，在表现技法上不追求完整的建筑群，却重点突出主体建筑；在布局上注重中轴分布，主次分明；在建筑规模上显示豪华壮观；在建筑理念上体现阴阳五行观念；在装饰风格上讲究华丽多彩。这些特色，在一定程度上反映了滕州在两汉时期的建筑水平及社会经济状况。

注释：

[1]（南朝宋）范晔：《后汉书·宦者列传》，中华书局2007年版，第739页。

[2] 滕州市汉画像石馆编：《染山汉墓》，齐鲁书社2010年版，第25页。

[3] 刘敦桢主编：《中国古代建筑史》，中国建筑工业出版社1984年版，第82页。

巴蜀地区汉画女性神仙形象研究

胡　蔚

内容摘要　女性神仙形象是汉画经常表现的对象，具有独特的审美与思想内涵，值得列为专门类型进行研究。本文通过对汉代巴蜀地区画像砖和石棺、崖棺上的女性神仙形象进行研究，更加深入地认识汉代人的思想观念，了解汉代巴蜀地区的社会状况。

关 键 词　巴蜀；汉画；女性；神仙

作者简介　胡蔚，女，1973 年生，四川博物院副研究员。

汉代画像以其分布广、历史悠久、包含的历史文化信息丰富而备受世人瞩目。四川地区是汉代中国南方唯一盛行画像的区域，画像种类丰富，包括石阙、石棺、石函、崖墓壁上的石刻图案及画像石墓、砖室墓中的画像石（砖）图案等。[1] 本文着重探讨巴蜀地区汉代画像石棺、崖棺和画像砖上的女性神仙形象。[2]

女性神仙在汉末道教产生以后，基本上是特指道教的女性神仙，有时也包括民间传说中的女神。而我们这里讨论的汉代女性神仙，包括远古神话、民间信仰及方仙道创造的所有具有超人类特征的女性神仙。

总的说来，汉画像砖和石棺中的女性神仙形象主要有以下几种。

一、主神西王母

西王母是巴蜀汉画中最重要、地位最高的一位神仙。目前已有许多论文、专著等指出，早在战国之时，《庄子》《山海经》等典籍就有关于西王母的记载。从战国到秦汉，西王母的形象逐渐从半兽半人的神人转变为长寿的老妇人，再变而成为端庄、美貌的女神，并被配之以东王公[3]，神格也由主灾厉刑杀之神转变为可予人福寿的吉神。在道教兴起后，西王母又被奉为重要的神祇。

1. 西王母在巴蜀汉画中占重要地位

在巴蜀汉画像中，西王母出现得非常多，占画面位置往往也非常突出，常处于画面的正中或醒目位置，或高居于墓室后壁中央。[4]《庄子·大宗师》载西王母得到了“道”，故“坐乎少广，莫知其始，莫知其终”[5]。可见，战国时期流传的西王母主要特征是长寿。《穆天子传》中西王母为穆王歌“将子无死，尚能复来”[6]，暗示了西王母的寿命一定超过一般人。

关于西王母掌握着“不死之药”的传说兴起的时间大约在汉代。汉代伪书《归藏》[7]及《淮南子·览冥训》、张衡《灵宪》[8]等均载羿请不死之药于西王母。汉画上的西王母时有玉兔捣药于侧，仙人立侍一旁，或有墓主在仙人指引下前来求药。

2. 西王母传说很可能起源于巴蜀地区

汉代国力强盛，人们的生活相对富庶，恋生惧死之情更为强烈。在道教形成、佛教传入之前，本土原有的传说、原始巫术等是人们的精神支柱。蜀地肥沃富庶，文明起源很早，三星堆遗址的发掘证明，蜀地巫风弥漫，巫文化盛行，其盛大的祭祀、降神场面在当时绝无仅有。虽然，之后的杜宇王朝及开明王朝宗教神权和政治权力不再如以三星堆文化为代表的鱼凫王朝那样集中，但巫觋之风仍较盛行。在开明王朝于公元前316年为秦所灭之后，巴蜀文化加快了和中原地区融合的速度，由于其特殊的、相对独立的地理环境，这种速度总是和中原文化的发展不尽一致。不语“怪、力、乱、神”的儒学，在蜀地的影响始终较薄弱。直到汉文翁兴学之后，蜀人的思想观念才有了较大的变化。其神仙信仰既和中原彼此影响，又有由来已久、自成体系的特点。罗二虎指出：“这一地区的画像石棺渊源于中原地区的汉代画像，其部分画像内容也源于中原地区，但这一地区的石棺画像却并非单纯是中原地区画像墓在地域上的直接延伸，因为二者在形式方面存在较大差异。……此外在内容方面，画像石棺也有一些不同于中原地区的区域性文化特色。”[9]

恶死而乐生，寻求长生不死是汉代人孜孜以求的目标。对于蜀人来说，寻求与天神沟通，以期具有非凡的神性乃至长生是其固有的传统信仰。三星堆的青铜面具夸张的纵目是具有神力的象征；青铜神树，即文献中所载“建木”，是通天之梯；金沙遗址出土的大量的象牙、玉璋等，是与神灵沟通的法器。而与神灵沟通的目的，除了希望获得超凡的神力，最重要的就是希望像神仙一样具有长生不死的能力。赵殿增提出："三星堆文化众多原始宗教文物，说明当时常有对天地神灵的祭祀活动，天门观念是古代蜀人的一种主题思想，其核心便是升天成仙。"[10]《山海经》关于西王母的记载当为今所见文献中最早者[11]，且记载较详尽，以四段文字描述了其外表、居处等。据蒙文通考证，《山海经》的《海内经》《大荒经》在战国时期成书于巴蜀地区。[12]何志国在此基础上进一步考证，认为四川本地从商代晚期以来的偶像传统是西王母图像志的渊源，从战国时期到西汉时期就存在一套流传有序的记载西王母形象的文献系统。从《山海经》到西汉时期巴蜀地区的司马相如《大人赋》和扬雄《甘泉赋》，都对西王母形象进行了具体描述。从战国到西汉，这里就已经存在流传有序的西王母形象的文献记载。由此他得出"四川西王母形象源于本地"[13]的结论。

另外，有学者考证，西王母所居的昆仑山实为蜀地岷山山系。[14]虽然昆仑山是神话传说中的地名，但神话中充满着现实的投影，不排除古人在创造这种神话时依据现实生活，正如古希腊奥林匹斯山被视为众神所居、泰山在古代被想象为地府之门一样。

从现有资料看，四川画像石出现的时间晚于河南、山东等地，流行于东汉中期至蜀汉时期。中原在东汉中期画像石刻已进入繁盛阶段，而四川地区石棺开凿时间目前所知上限是建初二年（77）[15]，画像石的雕刻技法、艺术风格可能都是受到中原地区的影响而发展起来的，甚至部分画像的内容也源于中原地区。但四川墓葬石刻画像又并非单纯是中原地区画像墓在地域上的直接延伸，而是有选择地吸纳。

从蜀地巫文化升仙传统极深厚、记载西王母的文献最早出于巴蜀地区、西王母地域有可能与蜀地相关这几方面看，不仅仅是"四川西王母形象源于本地"，西王母的传说本身有很大可能源自巴蜀地区。尽管有学者表示："不论文献上的记载如何，西南地区的西王母图像似乎不是全国西王母图像的源头。"[16]但并不能排除这样一种很大的可能性：西王母传说最早起源于巴蜀地区，后来传入中原地区，由语言向图像转化，其图像逐渐在中原地区成型，并在巴蜀地区和中原的文化交流中反过来影响了巴蜀文化中的西王母形象，今可见的表现形式和载体为汉画像砖、石、陶、镜等。而蜀地汉画在表现西王母时，并未全部吸收中原风格，仍保持了一些地域特色。

3. 巴蜀汉画中西王母仙境的特点

巴蜀地区西王母最典型的形象是：

第一，衣多宽袍博袖，少有披肩。西王母所着衣大部分为交领，少数圆领；多为宽袍博袖，显得威仪凛然。

第二，头多戴胜，肩多无翼。从笔者考察的32例图像看，约三分之二的西王母头戴胜，少于三分之一肩有翼。嘉祥地区汉画在中原具有代表性，有学者研究，其早期的西王母图像多戴胜，晚期渐不戴胜，早期无翼，后期有翼[17]，这一点在本地区图像分析上表现不明显。

第三，正面端坐于"龙虎座"上。在各地的画像石中，西王母图像出现最早的是在河南地区。河南地区西王母以侧坐为主，而本地区基本上是正面端坐。[18]在笔者所分析的图像中，只有南溪城郊长顺坡出土的一具石棺上有四分之三侧坐的图像。巫鸿、李凇等学者论证了西王母形象从早期到晚期经历了从侧坐到正面坐的形象转变的过程的观点，而从本地区看，并未经历这一转变期，可能图像传入之时已是正面端坐之形。

许多研究者指出，龙虎座为本地区特色，李凇说："龙虎座是四川汉代西王母图像的首要特征，绝大多数四川的西王母图像都坐在龙虎座上，正如陕北、晋西北的西王母都坐在天柱一样。"[19]本地区还有极少数西王母凭几的形象，而其他地区如山东沂南地区为"山"字座，嘉祥地区为"曲"形座。王苏琦提出，某些石棺上龙虎已不能称为"座"。"当然，这两类较为特别的西王母图像在四川地区的发现较少……并不构成对龙虎座主流形象的消解。"[20]因此，我们把各种变体在内的有龙虎存在的西王母身后之座统称为"龙虎座"。

第四，极少有东王公与之相配。西王母的传说最早见于战国文献，而其配偶东王公的产生迟至东汉时期。关于东王公的传说，文献最早出自魏晋南北朝人伪托东方朔的《神异经·东荒经》。汉人重阴阳相配，在东王公出现前与西王母相配的是人格化的箕星——风伯，代表为山东长清孝山堂石祠。[21]风伯的形象在巴蜀地区未见。东王公形象产生后，与西王母同时出现的格局在中原地区甚为普遍。如山东嘉祥武梁祠西壁画像顶上端坐着西王母，而东壁画像顶上端坐着东王公。很多研究者发现，本地区汉画极少见到东王公。如张利静认为："西王母与东王公的图像组合转变主要发生在我国东部，另一个画像石中心四川却在整个东汉时期很少见。而东王公流行于东部地区，主要原因是山东乃阴阳学派和儒学的发源地。"[22]可见，四川地区的文化有相对的独立性，即使在当时的强势文化影响下依然能保持诸多自身特色。

第五，最有代表性的西王母仙境图像。本地区代表性的图像如1955年四川省成都市新都区新繁镇清白乡出土的画像砖。这类画面有“三青鸟”“九尾狐”等神兽伴于侧，或有“蟾蜍”舞于前，仙人侍于侧，还有方士、求药者（或是墓主）等，或配以灵芝、华盖、仙山之类，极少有河南地区那种与凤鸟相配的图像，也无山东滕州常见的尾部相互缠绕的二位人首蛇身侍者。

有的画面中，只有西王母仙境的配角，如蟾、乌、狐、兔之类，而无主角西王母。由于西王母仙境已成格局，我们也可把它们称为西王母的世界。[23]

二、女娲神

1. 女娲的形象

在西王母的女性角色出现以前，上古神话中最为著名的女神是创世神女娲。[24]伏羲女娲本源于不同的古代神话，各自经历了一系列演变，由独立神转变为对偶神。女娲在转变中，神格由创世神变为理乾坤、主繁衍、调阴阳、主升仙、延寿命、降福祉等的女神。

早期记载女娲的文献有战国时期的《山海经·大荒西经》、屈原的《天问》及汉代的《淮南子》《说文解字》等，但都没有明确记载女娲的形象，仅从《大荒西经》中“肠”“横道而处”等可见后世将其描绘为蛇身的端倪。最早载其补天的是《淮南子·览冥训》，最早载其造人的是《太平御览》卷七八引《风俗通义》[25]。这些书产生的时间比传说产生的时间晚得多，它们保留了一些源于先秦的资料。从这些典籍中可见，女娲最显著的神力除了救世，还有“化万物”。她是一位创世女神，能化生万物。

上述典籍描写最生动、最具画面感的莫过于《淮南子·览冥训》中所载人类灾难日到来时，女娲力挽狂澜以补苍天的故事，但也未言明女娲本身的形象。旧题列御寇著、成书于战国到西汉末之间的《列子》一书载“庖牺氏、女娲氏、神农氏、夏后氏，蛇身人面，牛首虎鼻”，反映了女娲传说兴起早期人们对女娲形象的理解。

《列子》这段记载，把女娲与伏羲、神农、夏后氏并列为圣王。由于汉代五德终始之说的影响，产生了所谓的“三皇”“五帝”的古史系统，女娲被汉人列为“三皇”之一，这在《白虎通义》《潜夫论》《风俗通义》等书中皆有载。这种说法催生了女娲形象向人形转变。据早于应劭《风俗通义》的王充的《论衡》所载，当时民间已将女娲形象塑造为妇人。《论衡》卷十五《顺鼓》：“俗图画女娲之象为妇人之形，又其号曰‘女’。仲舒之意，殆谓女娲，古妇人帝王者也，男阳而女阴，阴气为害，故祭女娲求福祐也。”[26] 可见东汉初，在以董仲舒为首的儒学思想影响下，民间部分地区女娲形象已经转化为人形，但这并不妨碍人首蛇身的女娲形象同时大量存在，这在汉代砖石画像中相当常见。

在盛行阴阳五行观念的汉代，女娲与伏羲被并列为对偶神，因此现存的汉画像砖石上，最常见女娲人首蛇身、与伏羲相配的形象。

2. 女娲神格的演变

有一点非常明显的是，汉画中的女娲神不再作为创世纪的女神，而是一个与伏羲相配出现的掌管着升仙、降福、添子得嗣等权力，象征和合的女神，她或执规（伏羲执矩），或托月轮（伏羲则托日轮），或执芝草带给人祥福，或执排箫予人欢乐。不论是教人处事有原则，还是掌管天象的运行、向人间赐福，她都只有一半的权力。这不一定意味着她神格的降低，只是一种演变。[27] 这一演变证明了阴阳和合在汉代人观念中何其重要。

若无大量生动的画像砖石传世，仅从文献分析，有可能理解为东汉人眼中的女娲已由人首蛇身演变为妇人形象，就如西王母由兽身到人的演变一样。而大量汉画证明，人首蛇身的女娲形象在汉代人丰富的想象世界中才是主流形象。

3. 汉代巴蜀地区女娲神的特点

第一，大部分为人首蛇身，有足。此外，还有相当一部分女娲形象是人首蛇身，无足，另有极少人首人身的。重庆地区的两例人首人身，其中一例留着短尾巴，另一例画面上还结合了蛇的形象。可见，虽然极少数地区伏羲女娲形象有所改变，但人首蛇身是绝对的主流。同是蛇身，巴蜀地区对女娲蛇身的塑造与其他地区还有差异。过文英指出：“山东地区的伏羲女娲蛇尾大多是无足且蛇尾粗大；南阳地区蛇尾则大多有足；四川地区蛇尾之形状更接近于蜥蜴。实际上反映了各地对‘蛇（龙）’形象的不同理解。”[28]

第二，与西王母传说并行且有较重要地位。巴蜀画像中，少有伏羲、女娲和西王母在一起的画面，没有像山东画像（图 1）中那样陪侍在西王母或东王公两旁的。[29] 这说明巴蜀地区的伏羲、女娲并非是狭义上的西王母仙境（上文所述蟾、乌、狐、

图 1　滕州西王母画像砖

兔等）的组成部分，而与西王母相对独立地存在。但这并不意味着伏羲女娲的世界与西王母无关。罗二虎把四川汉代画像石棺分为三期，其中第二期约在东汉晚期的桓帝至灵帝时期，为成熟期，画像的内容和布局都已有逐渐格式化的倾向。例如，棺身两端的内容多为天门（双阙）和凤鸟，或天门和伏羲女娲，或凤鸟和伏羲女娲等；棺身两侧多为西王母和仙人等。[30] 可见，伏羲女娲与西王母虽不常处于同一画面中，但经常在同一画像石棺出现，且伏羲女娲常在棺的后档头，而西王母更多是在棺身。可以说，伏羲女娲是广义上的西王母仙境的构成要素。从图像排列的位置看，双阙为前档头，灵魂由此升天，即到了西王母仙境，得以游弋于神奇仙界，体验种种欢愉（棺身的各种神异刻画），并还能享受人世上的各种享乐（宴饮百戏、车马出行等），而伏羲女娲的后档则是广袤仙界的界限，二神手托日月，照鉴万物，驱除不祥，护佑天界，升仙之人由此得到保护。二神以其较高的神格充当了天国守护者的身份，若无非常神力，无法完成保护整个天国的使命。这种神格在其他地区也有体现。在河南画像石中，伏羲女娲多被刻画于墓门中柱、侧柱，由于墓门的作用在于阻挡疫鬼的侵扰，伏羲女娲充当了守护者的角色。而在本地区某些墓室门框上，同样刻有伏羲女娲图案，其功用相同，如长宁七个洞 M1、M6 崖墓墓门上。（图 2）

从位置安排上看，伏羲女娲虽不及西王母那样居于最上，但也是非常重要的神祇，在本地区不作为西王母的陪侍出现。1976 年金堂县杨柳乡步云村出土的一具石棺上，西王母左为朱雀，右为伏羲女娲，看起来这里的伏羲女娲是西王母的陪侍，但并非像山东地区那样面向西王母一左一右随侍，而是构图相对独立，神态动作并不与西王母发生关系，实为把朱雀从前档头、伏羲女娲图案从后档头移到棺身的一种变体。

第三，头饰富有地方特色。本地区伏羲多戴三山冠；女娲梳髻的较多，有双髻、高髻、三髻等，也有戴冠者，有些发式、冠式具有独特的地域特征，甚至还有光头者，今后可深入研究。

第四，手托多月，多执排箫，也有其他地区没有的各种物件。本地区的伏羲女娲少有执规矩者，绝大部分为单手擎日月，或者双手上举日月，没有山东画像中怀中抱日月的样式。

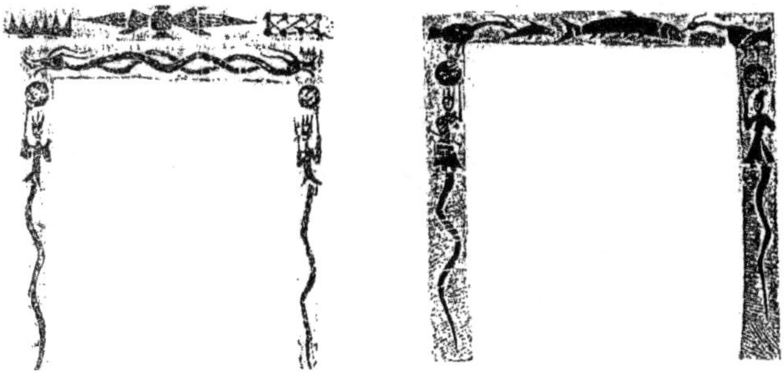

图 2　长宁七个洞崖墓 M1、M6 墓门伏羲女娲图

日月一般以圆轮代替，也有一部分画像在日月中刻画有金乌、蟾蜍、桂树，极少数有月为金钱样式的。[31] 另一手所执之物内容极为丰富，有乐器（女娲多执排箫，伏羲多执鼗鼓）、兵器（刀、剑）、巾带、嘉禾、仙草、便面等，还有一些奇怪之物有待研究。这些物件中，排箫较多，过去误认为是矩。[32] 之所以山东地区多执规矩，而本地区多为乐器，是因为汉代山东是极重儒家礼仪之地，神灵手中的规矩正是儒家思想中规天矩地、讲求法度的体现。而本地区虽在汉代受了一定儒学的影响，但由于地域原因，影响相对薄弱，更重视人世的欢乐。以音乐教化相比规矩约束，在巴蜀人心目中无疑更具趣味性，更易于接受。

第五，其他独特之处。巴蜀地区没有山东、河南南阳等地那种抱持神（高禖）将伏羲女娲二人撮合一起的图像。从场景上讲，巴蜀地区构图较单纯简洁，几乎没有河南南阳地区那样有灵芝、华盖及云气缭绕的情形。少数时候会有朱雀、玄武等与二神相配，还有少数特殊情况，如蝙蝠状的小羽人、两小人如其子女（有研究者认为是象征繁衍）及长宁七个洞中左托药小人和右倒立小人。

倒立小人反映了古人对仙境的观念：倒景（“景”与“影”通）。《汉书·司马相如传》载其作《大人赋》，写大人轻举而远游的游仙举动，有“贯列缺之倒景兮”一句。颜师古注引服虔曰：“人在天上，向下视日月，故景倒在下也。”《汉书·郊祀志》有“登遐倒景”句。颜师古注引如淳曰：“在日月之上，反从下照，故其景倒。”《汉书·扬雄传》载其《甘泉赋》，其中有“历倒景而绝飞梁”句，亦以“倒景”夸饰夏屋飞梁之高。[33] 特别是灵魂刚由天门飞举入仙境之时，未能适应时空的颠倒，而表现出人像倒立。

合江石棺之人双髻裸体，已经具有本地区典型仙人特征，证明其灵魂从天门入，已升仙。从这些画面我们可以看到，汉代人的世界观是奇特而丰富的。（图 3、图 4）

图 3　泸县石棺中的灵魂飞升颠倒状

图 4　合江石棺中的灵魂倒立飞入天门

另外，伏羲女娲之间还出现蹶张形象（一说为宗布神），有镇宅、守墓、辟邪的功能，而伏羲女娲也具有守护神的职责。蹶张之人当为二神所驱遣，是实施守护职责的小神。此外，乐山麻浩崖墓高度抽象的图像也是非常独特的。

伏羲女娲大量成对出现在本地区的现象让我们不禁思考：为什么西王母配东王公的模式并未被巴蜀地区广泛接纳，而女娲相配伏羲却在本地区大为流行？笔者认为，由于西王母信仰产生于巴蜀地区，这一信仰由来已久，具有不易撼动的深厚基础。在汉代巴蜀人心中，西王母是具有至高权力的能予人长生的神，其权威性不容他人染指。当西王母形象被中原塑造完成再传回本地区时，蜀人遂在自己原有的理解基础上予以选择性地吸收，将东王公滤去。女娲传说虽蜀地亦有，但不是作为具有极高权威的创世神存在，由《山海经·大荒西经》“有神十人，名曰女娲之肠，化为神，处栗广之野，横道而处”可见，女娲在巴蜀地区原是一个群像，非一神，自然不是具有至高地位以驭万物的最高神。当其逐渐演变为与伏羲相配后，以较盛之势传入本地区，而本区受道家及阴阳五行学说影响，具有较深的阴阳平衡观念[34]，接受伏羲女娲相配的观念也在情理之中。

三、嫦娥

上文提到，西王母仙境里，常有蟾蜍出现。汉代流传着嫦娥窃药奔月化为蟾蜍的传说。此说早见于《归藏》，此书早佚，见于《文选》谢庄《月赋》及王僧达《祭颜光禄文》所引，言嫦娥窃西王母不死药奔月化为“月精”（见注［7］）。1993 年，湖北省江陵县荆州镇王家台 15 号秦墓出土的秦简《归藏》307 号简文曰：“归妹曰：昔者恒我窃毋死之□。”201 号简文曰：“□□奔月，而支（枚）占

□□□。”[35] 此为迄今所存最早记录嫦娥奔月的文献。西汉《淮南子·览冥训》与东汉张衡《灵宪》记载了窃药奔月之事，增加了嫦娥为羿妻、奔月前占卜的情节，“月精”被演绎成蟾蜍（见注［8］）。这样，“恒我”由一个不知性别的神被标明为女神身份。可见在汉代，羿妻嫦娥窃药奔月化蟾的故事已定型。在汉代人观念中，嫦娥已经变为异类。在汉画中，我们见不到作为美女的嫦娥形象，所见者皆蟾蜍。（图 5）[36]

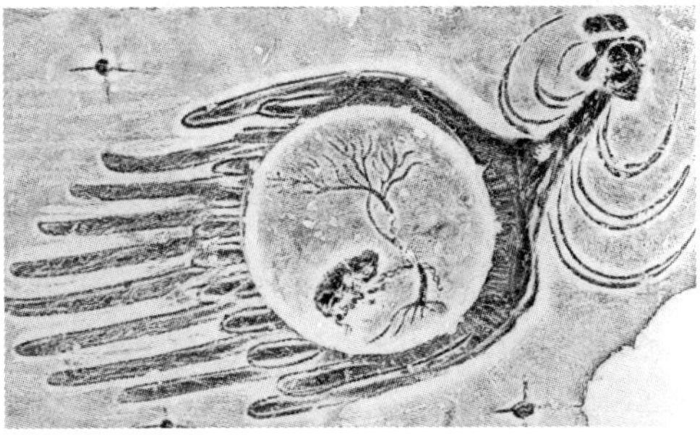

图 5　月神画像砖中被缚的蟾蜍

关于嫦娥化蟾蜍一事之褒贬，嫦娥故事的研究者提出了不同的观点。有的认为化蟾是对其叛夫行为的惩罚；有的举道家观点认为蟾蜍是吉祥物，化蟾全无惩罚之意。[37] 孰是孰非？巴蜀地区的汉画里给了我们一些启示。

曾繁模把本地区汉代蟾蜍形象归为作为舞者的蟾蜍、作为药工的蟾蜍、行为不轨被缚的蟾蜍三类，无论是哪一类，都可领略到时人对嫦娥盗食西王母仙药行为的贬斥态度，尤其是被铁链锁在桂树上的形象，其倾向性更为明显。[38]

可见，在汉代巴蜀地区流传的嫦娥是犯下大错、永生受罚的蟾蜍形象，虽已成仙，但其受罚的境遇还及不上凡人，可以说地位很低。

四、织女

牵牛织女的传说在先秦已经产生。《诗经·小雅·大东》描写了人们对牵牛织女星的想象。1975 年在湖北云梦县睡虎地 11 号秦墓出土战国末至秦始皇三十年竹简之中的《日书》甲种有两简写到牵牛织女的情节。其 155 简云：“丁丑·己酉取妻，不吉。戊申·己酉，牵牛以取织女，不果，三弃。”第 3 简简背云：“戊申·己酉，牵牛以取织女而不果，不出三岁，弃若亡。”[39] 折射出其婚姻的失败，可见当时流传的牵牛织女故事已经具有悲剧色彩。[40]

巴蜀地区最著名的牵牛织女图为 1973 年出土于郫县竹瓦铺的东汉石棺盖上的图像。在巨大的龙虎戏璧图相反的一方，牵牛织女形象较小，但很清晰。牵牛星头戴三山冠，织女星梳双髻，与本地区摇钱树上织女的发式近似，都是典型的仙人头饰。织女手执绕线板（从高文说），似遥望与召唤奋力牵牛而来的牵牛星。与龙虎戏璧图相配，寓意着汉代人想象中的仙境。[41]

与南阳地区相比较，本地区牵牛织女图没有绘星象，似更世俗化、生活化。

五、想象世界中的其他女仙形象

巴蜀地区汉代画像砖和石棺中的仙人图像很多，较特别的是，很多仙人明显为女性。主要有以下几类。

1. 侍奉西王母及其他仙人的女仙（图6、图7、图8、图9）

这一类包括西王母的近侍、天门的迎候者、天国建筑中半启门女仙、为西王母采药的女仙等。西王母的近侍多为女性。吴雪杉认为，四川地区的启门图像与西王母信仰关系密切，启门者为西王母使者。西王母是一切女仙的主宰，西王母的世界也是一个女仙的世界，那么开启西王母世界的大门、迎接死者灵魂的使者，自然也应是一位女子。[42] 本地区西王母身边立着近侍的图像不多，但在西王母世界里为其服务的女仙都可归入此类。这在后世演化为王子登、董双成、石公子、许飞琼等墉

图6　天门的迎候者（左为1958年四川金堂县杨柳乡步云村出土石棺，金堂县文管所藏；右为新津崖棺，四川大学博物馆藏）

图7　南溪石棺西王母及其侍女（南溪城郊长顺坡出土，棺已毁）

图 8　西王母的使者启门图（四川射洪崖墓出土崖棺）

图 9　制药、采药的女仙（左为重庆沙坪坝石棺，1937 年重庆沙坪坝出土；右为合江石棺，1999 年合江县合江镇黄溪村出土，合江县汉代画像石棺博物馆藏）

城群仙。据李丰楙研究，从汉代到魏晋南北朝以来，由于民间祠庙信仰的盛行，西王母作为很小就夭折的女孩子的养育者和保护者，广泛接受女儿。上清教派的道书中采用降诰的方法对在祠庙祭祀的女神进行收编和调整，以此完成这些女仙的规范化和系统化。[43]

很明显，神仙世界是现实世界的投影。人间尊贵者有人侍奉，仙界同样有侍女，虽然这些侍女也是仙女，仍逃不过等级较低的命运，正如上文成仙的嫦娥，仍逃不过处罚。除了西王母有大量侍女，其他女仙也有侍女，如从有些六博画面中就可看到仙人身后肩有羽翼的侍奉者，她们如人间侍奉小姐的下人一样，可知仙界体现着人间秩序。（图 10）

2. 自由欢娱的仙人

这一类数量既多，又是本地区女性仙人中最有特色的一类。常见的娱乐有六博，另有抚琴、骑兽（鹿、马，或其他神兽）等。宋艳萍说："四川画像中，有很多

图 10　六博的女仙和其侍女（1993 年四川富顺县邓关镇崖墓出土，富顺县文管所藏）

羽人六博的画面，而山东似乎没有此类画面。山东的羽人形象主要有几种：一、随侍在西王母或东王公周围。二、饲凤。三、引导亡灵升天……四川画像中，羽人直接引导亡魂的画面似乎没有羽人，大多数都在六博，或者在舞蹈，或者在骑鹿等，比较轻松自在，这或许反映了汉代巴蜀地区自由浪漫的社会风气。”[44] 曾繁模指出，六博图的仙人绝大多数为裸身女性，为巴蜀地区特有的题材类型，其他区域鲜见。[45] 六博图一般为两位裸体羽人或席地，或于高耸的仙山上对坐博弈，造型夸张，常常刻画为一人张口扬臂，异常兴奋，另一人则似一派无奈，生动传神，意态鲜活，似可闻其激动呼呐之声。这些内容刻画了本地区汉代人理想中的天国仙境无忧无虑的气氛。（图 11、图 12、图 13、图 14）

更重要的是，这些仙人以女性为多，侧面反映了本地区汉代女性的生活状况。虽然有学者提出，汉代女性地位不低[46]，但处于儒学思想阵地的中原地区，仍为女性设下了若干清规戒律，中原地区汉画中，历史题材比本地区多得多，其中盛行的列女故事，多是歌颂女子贞节的。本地区虽也有秋胡、梁高行的题材，但数量很少。班昭《女诫》(《后汉书》卷一百十四）特别反对女性显露生性活泼的一面，在短短的七篇中，两次提出要保持端庄严肃。“卑弱第一”奉劝妇女要“清静自守，无好戏笑”；“妇行第四”强调要“清闲贞静，守节整齐”“专心纺绩，不好戏笑”。女仙六博图至少有两点完全与之相悖：赤身裸体、张扬戏笑。可见，四川由于地理位置距中

图 11　仙人六博（四川新津县宝子山出土新津崖棺，四川博物院藏）

图 12　骑神兽与六博的女仙（1985 年四川彭山江口高山沟崖墓出土，彭山县博物馆藏）

原较远，儒学的影响相对薄弱，对礼仪制度的遵守也不如中原地区那般严谨，女性的活动也较为自由。

有些图式还夹杂了方仙道的神仙思想，为后来道教的形成打下了基础。

图 13　东汉仙人骑鹿画像砖（四川博物院藏）

如图 14 女仙六博图，二女仙处于相对封闭的空间中，山外有方士寻仙问道。一旦入山，其中独立的空间与时间系统会使人产生“世上已千年”的体验。这种图式实开启了道教的洞天福地思维模式。

图 14　四川新津石棺女仙六博图（民间收藏）

3. 已经成仙的墓主

有些图像中的人像从衣着体态等看与凡人无异，但身上生出了羽翼，笔者认为那是刻画的已经成仙的墓主人。

如上文所举合江石棺倒景图中的双髻裸女，已然具有仙人的特征。

总之，本地区仙人的主要特征有：生羽翼；裸体；生长耳；戴三山冠（或羽冠）；双髻——这种发髻除了在女性仙人头上之外，有时还在女娲头上出现；着燕尾袍。[47] 体生羽翼者是汉画像石中常见的仙人形象，《楚辞·远游》：“仍羽人于丹丘兮，留不死之旧乡。”王逸注：“人得道身生毛羽也。”洪兴祖《楚辞补注》：“羽人，飞仙也。”[48]《论衡·无形篇》：“图仙人之形，体生毛，臂变为翼，行于云则年增矣，千岁不死。”又《道虚篇》：“好道学仙，中生毛羽，终以飞升……故谓人能生毛羽，毛羽备具，能升天也。”[49]

仙人大都清瘦裸体，这与当时的升仙观念有关。《庄子》中姑射山神人是“不食五谷，吸风饮露”，《楚辞·远游》言“吸飞泉之微液兮，怀琬琰之华英……质销铄以汋约兮，神要眇以淫放”。可见，仙的饮食为风露、玉英之类，食之形体消瘦而精神矍铄。这与三星堆遗址出土的青铜立人体形相似。据专家考证，最大的青铜立人为群巫之长[50]，是集政权、神权于一身的古鱼凫王朝君主，他具有通天洞灵的神力，即使不是神仙，也是神仙的使者。他修长而细瘦、身着燕尾袍的形象，被汉代

图 15　三星堆青铜立人与着燕尾袍的女仙（1986 年长宁县古河乡晋王坟出土，长宁县博物馆藏）

蜀人移植到了女仙的身上，并进行了改造。图 15 可见长宁石棺女仙燕尾袍具有汉代深衣的特征，并夸张地将燕尾做成双层。

需要指出的是，有的图像中人物只要具备以上特征中之一或一部分，也可视为仙人，如王晖石棺半启门图像中的女仙和成仙的墓主人。

4. 人首鸟身羽人月神

人首鸟身的月神与《艺文类聚》卷二引《帝王世纪》所载助黄帝破蚩尤的九天玄女形象相同。古人认为，日、月由大鸟托载而行。《山海经·大荒东经》："汤谷上有扶木。一日方至，一日方出，皆载于乌。"所以画像上的日、月神是人首鸟身，头戴冠，腹部有一圆轮。日神、月神画像砖常常分别制作，不在一砖，这样可以在墓壁上左右分开配置，作为东、西方的标志和象征，如新繁清白墓室，日月神分别在西王母两边。此种"左右"构图形式，寓意"阴阳"相配，在墓室中构建出一个有秩序、有空间感的天国。而在石棺上，由于载体的限制，却往往将日月神刻在一处。（图 16、图 17）

本地区伏羲女娲往往手托日月，被视为日月神，另有人首鸟身羽人充当专职日月神，与伏羲女娲并列而行。这是因为他们各司其职，并不重复。日月鸟身羽人主要负责日月的运行，其形象象征着天界，等级较伏羲女娲为低。而伏羲女娲是主宰与掌管日月的，他们有调度日月运行的权力。日月在他们手中还有诸多功用：照

图 16　简阳石棺画像（1987 年四川简阳董家埂深洞村鬼头山崖墓出土，简阳市文管所藏）

图 17　新津石棺画像（2000 年四川新津邓双镇龙岩村出土，新津县文管所藏）[51]

天地、生万物、驱鬼疠、佑下民等。在简阳石棺上可见，日月神在棺身一侧，与白雉、离利、柱铢、车马、仙人骑、仙人博、鱼、龙在一起构成欢乐奇异的仙境，而伏羲女娲则在棺的后档头，守护着天界。

之所以本地区高度重视日月神，在日月神功能分配上如此细化，是因为此地有崇拜光明的传统。从三星堆的太阳轮到金沙遗址出土的太阳神鸟，蜀地自古以来就崇拜太阳神，而随着汉代阴阳五行学说的盛行，日神又被配以月神，同时普照在蜀人灵魂的天国上空。

本地区女仙类别主要为以上几类，相较其他区域，本地区未见风伯、电母等角色。[52]

综上所述，本地区女性神仙与其他地区的差异主要体现在西王母地位重要、单一出现，强调伏羲女娲司掌日月，仙人中女性很多，且欢乐自在等。这些差异体现了巴蜀地区汉代画像的一些自身特点。我们从汉代巴蜀地区西王母“一统天下”，其权力不被东王公这个新的角色分担这一点可以窥见，当时女性的地位相对中原地区要高。虽然有学者认为，西王母配东王公，不代表女性地位的下降[53]，但其神权被分担，仍意味着其至高神角色的衰变。神话折射着世俗的生活，如果一个社会男权到达相当的高度，是很难把女性神祇当作最高神来供奉的。结合西王母被奉为主神、女仙们自由自在的画面，我们可以判断，在汉代，巴蜀地区的女性处于一个相对宽松的环境中。中原地区有相对浓重的儒家文化思想因素，在此影响下产生了许多历史题材的汉画，也限制了女性神仙的自由状态，而巴蜀地区的画像则常见与道、巫相关的内容，其中女性神仙地位既高，数量亦多。这与巴蜀地区神仙巫术信仰相当深厚及儒家礼教相对宽松的环境分不开，这种氛围下孕育了重视女仙信仰的道教，使其最终在四川地区诞生。

注释：

[1] 罗二虎：《巴蜀文物考古图》，《文史知识》2001 年第 7 期。

[2] 由于资料掌握的诸多限制等各种原因，目前笔者统计甚不完整，但本文分析的资料已经很具有典型性与代表性。

[3] 关于东王公的传说，文献最早出处是魏晋南北朝人伪托东方朔的《神异经·东荒经》。东王公在汉代画像中出现至少也是在东汉中期以后。信立祥认为东王公大概产生于东汉章帝、和帝之间（76—105）（信立祥：《论汉代的墓上祠堂及其画像》，载《汉代画像石研究》，文物出版社 1987 年版，第 198 页）。

[4] 赵殿增、袁曙光：《“天门”是汉画神仙思想的集中体现》，载《中国汉画学会第十二届年会论文集》，中国国际文化出版社 2010 年版，第 20 页。罗二虎《汉代画像石棺研究》亦言：“在成都市郊昭觉寺画像墓、新繁清白乡画像墓中，西王母画像砖居内壁正中，并高于其他画像砖。由此也可窥见西王母在汉代人们心目中的地位。”《考古学报》2000 年第 1 期。

[5]（清）郭庆藩撰，王孝鱼点校：《庄子集释》，中华书局 1961 年版，第 247 页。

[6] 王贻梁、陈建敏选：《穆天子传汇校集释》，华东师范大学出版社 1994 年版，第 161 页。

[7]（南朝梁）萧统《文选·王僧达·祭颜光禄文》“凉阴掩轩，娥月寝耀”句李善注引《归藏》言：“昔嫦娥以西王母不死之药服之，遂奔月为月精。”

[8] 刘文典：《淮南鸿烈集解》：“姮娥窃以奔月，托身于月，是为蟾蜍，而为月精。”中华书局 1989 年版，第 217 页。张衡《灵宪》：“羿请不死之药于西王母，姮娥窃之以奔月。将往，枚筮之于有黄，有黄占之曰：‘吉。翩翩归妹，独将西行，逢天晦芒，毋惊毋恐，后且大昌。’姮娥遂托身于月，是为蟾蜍。”

[9] 罗二虎：《汉代画像石棺研究》，《考古学报》2000 年第 1 期。

[10] 赵殿增、袁曙光：《略论三星堆文化与四川汉画的渊源》，载《中国汉画学会第十届年会论文集》，湖北人民出版社 2006 年版，第 429 页。

[11] 陈梦家、丁山、张光直等都认为商朝卜辞“壬申卜，贞，侑于东母、西母，若”中的“东母”“西母”分别为后世的东王公和西王母，是最早的日月之神（参见陈梦家《殷墟卜辞综述》，中华书局 1988 年版，第 574 页）。西周青铜器亦有“王母”字样，但这些说法未被广泛认可。

[12] 蒙文通：《略论〈山海经〉的写作时代及其产生地域》，载《中华文史论丛》（第 1 辑），中华书局 1962 年版，第 43 页。

[13] 何志国：《论四川汉代西王母图像的起源》，《中华文化论坛》2007 年第 2 期。

[14] 王家祐：《西王母昆仑山与西域古族的文化》，《中华文化论坛》1996 年第 2 期；贾雯鹤：《昆仑原型为岷山考》，《四川大学学报（哲学社会科学版）》2009 年第 2 期。

[15] 罗二虎《西南汉代画像与画像墓研究》提出，四川地区石棺的出现大约在东汉早期或早、

中期之际。目前所见年代最早的纪年石棺为永元八年（96）。黄乐生《四川汉代画像石棺相关问题研究》提出，据洪适《隶释》记载的彭山崖墓资料及其题记《张宾公妻穿中二柱文》推断，四川地区崖棺开凿时间应早于公元77年。

[16] 仝涛：《东汉“西王母+佛教图像”模式的初步考察》，《四川文物》2003年第6期。

[17] 张利静：《汉代画像石中西王母图像的流变及特征》，硕士学位论文，华中师范大学，2009年，第20页。

[18] 何志国《论汉代西王母图像的两个系统——兼谈四川西王母图像的特点和起源》说：“李凇对四川西王母图像进行了统计：画像砖22例，石棺和石阙19例，摇钱树、灯座和西王母俑18例，漆绘西王母像1例，共计60例，均为正面；周静统计了四川西王母图像54例，有画像砖、石，摇钱树，俑，铜牌，铜镜等载体，其中，可以明确为正面的有50例。”《民族艺术》2007年第1期。

[19] 李凇：《汉代龙虎座图像的含义》，《西北美术》2000年第1期。

[20] 王苏琦：《四川汉代“龙虎座”西王母图像初步研究》，《四川文物》2005年第2期。

[21] 张利静：《汉代画像石中西王母图像的流变及特征》，硕士学位论文，华中师范大学，2009年，第35页。另，张富泉《论东王公、西王母图像的流变及特征》认为，风伯吹屋图是东王公形象出现前的替代图像，东王公形象在画像石中出现的时间约为公元2世纪初，其中在鲁南苏北区东王公形象出现的年代应当不早于公元88年；在陕北晋西北区东王公形象出现的年代应在公元107—150年。

[22] 张利静：《汉代画像石中西王母图像的流变及特征》，硕士学位论文，华中师范大学，2009年，第40页。

[23] 例如，四川合江4号石棺、15号石棺、31号石棺等，见高文编《中国画像石棺全集》，三晋出版社2011年版，第340、347、371页。

[24] 杜文平：《西王母故事的文本演变及文化内涵》，博士学位论文，南开大学，2014年，第141页。闫红艳《西王母神话的流变及其民俗文化的形态》提到，古文献中无西王母创世的神话，但四川羌族、陇东地区的民间传说中，有把西王母作为创世神的说法。笔者认为，这些说法产生很晚，女娲才是先秦的创世神。

[25] 今本未见，盖亡佚。《四库提要》言：“《隋书·经籍志》：‘《风俗通义》三十一卷’……《唐书·艺文志》：‘应劭《风俗通义》三十卷。’《崇文总目·读书志》《书录解题》皆作十卷，与今本同。明吴管刻《古今逸史》又删其半，则更缺略矣。”

[26]（东汉）王充：《论衡》，上海人民出版社1974年版，第243页。

[27] 刘勤：《女娲降格辨》，《民族文学研究》2008年第2期。

[28] 过文英：《论汉墓绘画中的伏羲女娲神话》，博士学位论文，浙江大学，2007年，第149页。

[29] 陈金文：《东汉画像石中西王母与伏羲、女娲共同构图的解读》，《青海社会科学》2011年第1期。

[30] 罗二虎：《汉代画像石棺研究》，《考古学报》2000年第1期。

[31] 如泸州大驿坝2号墓石棺，泸州12号石棺，过文英认为是四分之一玉璧纹。见《论汉墓绘画中的伏羲女娲神话》，博士学位论文，浙江大学，2007年，第82页。

[32] 牛天伟：《四川“伏羲女娲执乐器”画像略考》，《音乐探索》2006年第2期。

[33] 周裕锴：《“灭没倒景”辨》，《读书》1998年第3期。

[34] 重视阴阳平衡的道教产生于四川地区，产生前期应有一定的酝酿期，道家学说中的阴阳和谐、相互化生等思想应该较为流行。汉代有名的学者严君平即蜀人，三国的古朴说：“严君平见

黄老，作《指归》。”能产生出高水平的学者，可见黄老思想在蜀地影响之大。

[35] 王明钦：《王家台秦墓竹简概述》，载《新出简帛研究》，文物出版社 2004 年版，第 28 页。

[36] 过文英：《论汉墓绘画中的伏羲女娲神话》论证了南阳西关、英庄等地出土一直被公认为“嫦娥奔月”的画像石实为“女娲伴月”图像。

[37] 陈梦雷编《古今图书集成·博物汇编·草木典·第五十卷·芝部纪事》：“道家者流谓蟾蜍万岁，背生芝草，出为世之嘉祥。”晋葛洪《抱朴子》：“仙药一曰蟾蜍，即肉芝也。”“肉芝者，谓万岁蟾蜍。”《太平御览》引《玄中记》云：“蟾蜍头生角，得而食之，寿千岁，又能食山精。”

[38] 曾繁模：《嫦娥奔月神话原始意蕴初探》，《四川文物》2010 年第 3 期。

[39] 睡虎地秦墓竹简整理小组编：《睡虎地秦墓竹简》，文物出版社 2001 年版，第 206—208 页。

[40] 宋艳萍：《汉代画像所见“牵牛织女”星象图试析》，载《中国汉画学会第十三届年会论文集》，中州古籍出版社 2011 年版，第 127 页。

[41] 罗二虎《汉代画像石棺研究》认为，龙虎衔璧图寓意墓主以璧礼天，璧象征天国，而龙虎载之升天，其意图是祈求墓主能顺利升入天界仙境。姜彦文《四川汉代石棺六博画像艺术初步研究》认为，巫鸿把该图画理解为“天空的场景”，称为“仙境”更为合理。

[42] 吴雪杉：《汉代启门图像性别含义释读》，《文艺研究》2007 年第 2 期。

[43] 李丰楙：《误入与谪降：六朝隋唐道教文学论集》，台湾学生书局 1996 年版，第 154 页。

[44] 宋艳萍：《四川与山东汉代画像比较研究》，载《中国汉画学会第十二届年会论文集》，中国国际文化出版社 2010 年版，第 249 页。

[45] 曾繁模：《巴蜀汉画像仙人图式的初步研究》，载《中国汉画学会第十二届年会论文集》，中国国际文化出版社 2010 年版，第 72 页。

[46] 梁方晓《汉画中西王母题材盛行原因探析》认为，汉代女权显现，女子地位较高。《肇庆学院学报》2009 年第 1 期。

[47] 参见罗二虎《汉代画像石棺研究》、姜彦文《四川汉代石棺六博画像艺术初步研究》，载《中国汉画学会第十二届年会论文集》，中国国际文化出版社 2010 年版。

[48]（宋）洪兴祖：《楚辞补注》，中华书局 1985 年版，第 100、126、128 页。

[49]（东汉）王充：《论衡》，上海人民出版社 1974 年版，第 24、107 页。

[50] 段渝：《四川通史》，四川人民出版社 2010 年版，第 122 页。

[51] 此图高文认为是羽蒙，即《山海经》中羽民，但视其怀中日月轮，应为日、月神，而中央三个小羽人待考。

[52] 风伯如山东邹城郭里石椁画像；电母如武梁祠后石室第四石第二层图像雷公电母图。

[53] 刘勤：《西王母神格升降之再探讨》，《四川师范大学学报（社会科学版）》2008 年第 3 期。

从图文叙述的视野看汉画中"太一"形象的空缺

董雨莹

内容摘要 陕西定边郝滩汉墓中的"西王母宴乐图"中出现了"太一坐"字样，首次为"太一"信仰的图像表达做出明确的指示，类似的图式还出现在靖边杨桥畔汉墓中。然而，"太一坐"字样所指示的部分却没有刻画出太一的形象，反而用一种"遮掩"的方式表达出隐含的空间。追溯文献中对"太一"的记载，可以发现其中存在不同的叙述"视野"，再对应不同艺术形式的、不同汉墓出土的太一图像，可为"太一"形象空缺的问题找到一种新的研究视角。

关 键 词 汉画像；太一；空缺；图文视野

作者简介 董雨莹，女，1990 年生，江苏师范大学文学院艺术学理论硕士研究生。

2003 年和 2005 年，陕西定边郝滩、靖边杨桥畔先后发现两座东汉时期壁画墓。其中，定边郝滩东汉墓发现一幅标有"太一坐"字样的"西王母宴乐图"，靖边杨桥畔东汉墓则发现一幅相同模式的升仙图——"太一华盖图"。这两幅壁画十分珍贵，一是首次发现"太一坐"字样，确定了太一信仰的图像化表现；二是两座汉墓出现了形式十分类似的太一图像，为我们的研究提供了"双重保障"，使得相关结论更具有说服力；三是结合文献中的描述，为太一崇拜从文献到图像的转化提供了一种新的研究视角。同时，也带给我们新的疑问——两幅壁画中都没有直接表现"太一"的形象。这种形象的空缺当然与诸多因素相关，但有一点是不应忽视的，那便是一种信仰在转化成"文"或"图"时往往不能够被"均匀地"转化，每种"文"或

“图”常常各有其侧重之处。我们注意到了文献中这种不同的叙述视野，却忽略了图像的叙述视野及相同叙述视野下的图文对应。通过研究这其中的微妙之处，可以为两幅东汉壁画中“太一”形象的空缺提供一个思考和研究的角度。

一、“太一坐”“太一华盖图”图像考

“太一坐”图像出现在定边郝滩汉墓西王母宴乐图中（图 1），整个壁画位于墓室西壁的红色长方形框内，画面内容十分丰富，主要包括昆仑仙境、“太一坐”、神兽乐舞和仙人云车等内容。

具体来看，首先是对昆仑仙境和西王母的描绘。壁画的左下方有五个竹笋状的图案，上面均绘有螺旋形纹样，并分别用白、蓝、浅灰、淡灰、粉红五种颜色间隔开来[1]，其中又生出三朵蘑菇状的植物和七朵红茎黑蕊的仙草，应该象征着昆仑山。三朵蘑菇状植物应是灵芝仙草的一种表现方式。其中，在最高的一朵上坐着三位仙人，中间一位头戴玉胜，身着红粉色的左衽长袍，双手置于腹前，身后有红色的长尾，两侧各有一位仙女。其左侧的灵芝上立一仙人，手持华盖，华盖的左边则有一只黑色的三足乌。其右侧的仙人则站立在一朵彩云之上，右手伸向右侧，呈接物状，手捧酒杯。位于最右边灵芝上的是两个神兽，隐约可见左边为蟾蜍捣药，右边可见一条长长的尾巴，并画有九条羽饰，应是九尾狐的表现。从这一组仙人图像来看，中间蘑菇状植物上中间的人物可以确定是西王母，从文献中的记载也可以确定这一点：“西王母梯几而戴胜杖。其南有三青鸟，为西王母取食。在昆仑虚北。”[2]

其次是占据面积最大的神兽乐舞图案。最醒目的是处于整个画面中央的一条彩龙，在一只蟾蜍的引领下在红色的飞盘中跳跃起舞。龙身饰有红、黑、绿三种颜色的不同纹饰，十分华美。在这条龙的下方，并列两架乐器，分别有神兽奏乐，虽然右边一架乐器图案已破损，但基本可以断定是击钟和击磬的场面。龙的右边有两列神兽乐队，并排演奏不同的乐器。

图 1　定边郝滩汉墓西王母宴乐图

两队神兽之右为建鼓的场面（图2），虽然建鼓的下方画面已残，但上方华丽的羽葆仍清晰可见。华盖为黑顶朱缨，两侧还有明旗状的白色羽葆。建鼓的下方有一只白虎，从残留的图案判断，其身前倾，尾巴向后直挺，前爪一前一后各执一鼓桴，正在奋力击鼓。

图2　定边郝滩汉墓西王母宴乐图（局部一）

最后一部分是升仙图。其中包括鱼云车、鹿云车和龙云车，云车上处于主位的仙人均身着圆领黑衽朱红色长衣，黑发高髻。而居于整个壁画最上端的便是写有“太一坐”三字的大型云气船。此云气船可分为上下两层，上层有葆盖，其下为朱红色门状物，上书“大一坐”三字。“大”即“太”，“大一坐”即“太一坐”。朱红色门的下方饰有流水状纹饰，好似瀑布或泉水倾泻而下，两旁有梯形类似门楼的建筑部件，将朱红色大门和云气船的下方连接起来。云气船的下方坐有四位仙人，其中两位着朱红色上衣，第二位和第四位仙人分别着青色和浅灰色上衣，四人均黑发高髻，神态自如，应在交谈对语。船的两侧绵延出形状飘逸的彩云，好似在风中飞舞，凭风飞扬。

图3　靖边杨桥畔东汉壁画墓升仙图

无独有偶，类似的画面同样出现在了陕西省靖边县杨桥畔的一座东汉壁画墓中。（图3）画面中描述了多个仙人乘车或乘船的图像，包括蓐收、虎云车、象云车、龙云车、仙人骑鹤、仙人骑龙及仙人骑鹿等。另外，最为引人注目的便是位于画面右上端的“华盖云气船”。此云气船与郝滩汉墓中的“太一坐”云气船形制十分相近，相比较之下，云气船的上层稍有不同。后者用一较为华丽的华盖代替了前者醒目的红色大门图案，但仔细观察不难发现，华盖之下仍有水纹形的线条，并隐约可辨其色彩也为朱红色。“华盖云气船”的下部构造可以说与“太一坐”云气船完全相同，三位仙人端坐在船的底部，彩云如飘带般向两侧飘散开来。另外，结合整个画面来看，仙兽拉云车、仙人骑仙兽的图案与郝滩汉墓“太一坐”壁画中的升仙图部分内容十分相似，都是通过描述各种祥禽瑞兽以拉云车的方式带领仙人升仙。因此，可以说这两座壁画墓中的壁画带有共同的表现主题，两艘“云气船”应属于同一种象征，至于其中“太一坐”之所指，便是下文要详细探讨的内容。

二、图文追溯——不同叙述视野下的“太一”

太一，也作大一、天一，是汉代的最高天帝。《楚辞·九歌》开篇第一部分便是《东皇太一》，足见太一作为最高天帝的地位。关于“太一”的描述，更是不乏文献记载，最早可以追溯到战国晚期的文献，如《庄子·天下》《荀子·理论》《吕氏春秋》《尚书》等。但多是只言片语，探不清“太一”的真实面目。例如：

《吕氏春秋·大乐》云：“万物所出，造于太一，化于阴阳。”[3]

《吕氏春秋·勿躬》云：“神合乎太一，生无所屈，而意不可障；精通乎鬼神，深微玄妙，而莫见其形。”[4]

《尚书·舜典》马融注：“上帝，太一神，在紫微宫，天之最尊者。”[5]

而到了汉代，文献中关于“太一”的描述则更为丰富，且逐渐清晰起来。这些记述主要存在于《史记》《汉书》《淮南子》及汉代的一些纬书当中。举例如下：

《史记·天官书》云：“中宫天极星，其一明者，太一常居也。”[6]

《史记·乐书》云：“汉家常以正月上辛祠太一甘泉，以昏时夜祠，到明而终……又尝得神马渥洼水中，复次以为《太一之歌》。歌曲曰：太一贡兮天马下。”[7]

《汉书·天文志》云：“中宫天极星，其一明者，泰一之常居也，旁三星三公，或曰子属。”[8]

《淮南子·诠言》云：“洞同天地，浑沌为朴，未造而成物，谓之太一。”[9]

《礼记·礼运》云：“是故夫礼，必本于大一，分而为天地，转而为阴阳，变而为四时，列而为鬼神。其降曰命，其官于天也。”[10]

《易纬乾凿度》卷下郑玄注："太一者，北辰之神名也。居其所曰太一。常行于八卦日辰之间，曰天一，或曰太一。出入所游，息于紫宫之内外，其星因以为名焉。故《星经》曰：'天一、太一，主气之神'。"[11]

《汉书·郊祀志》云："亳人谬忌奏祠泰一方，曰：'天神贵者泰一，泰一佐曰五帝。古者天子以春秋祭泰一东南郊。日一太牢，七日为坛开八通之鬼道。'于是，天子令太祝立其祠长安城东南郊，常奉祠如忌方。"[12]

《史记·封禅书》云："为伐南越，告祷太一，以牡荆画幡日月北斗登龙，以象天一三星，为泰一锋。"[13]

《淮南子·本经训》云："秉太一者，牢笼天地，弹压山川，含吐阴阳，伸曳四时，纪纲八极，经纬六合。"[14]

从上述文献可以看出，汉代以前，人们对于"太一"的认识还停留在遥不可及、说不清道不明的层次上。文献所述，一则将太一上升到哲学层面，认为太一是万物之初始；二则突出太一高不可及之意，认为其地位是至高无上的。但最终描述的都是抽象的，很难从中得到具体的形象。汉代以后，人们对于"太一"有了新的理解。从汉代的文献中可以看出，汉人一是将太一与北极星辰相联系，认为它所处的地方便是北极星，它所休息或居住的地方为紫宫，此则说法将太一和星宿联系在一起，意指其作为宇宙之中心；二是赋予太一创造万物之意，认为太一造化天地，划分阴阳，有创世神之意；三是明确对太一的拜祭，认为太一为天神中的至高神，拜祭太一乃是祭祀中的大事，尤其是对战事的祷告和占祭，都与太一密切相关。综上所述，到了汉代，"太一"仍在一定层面上是不可捉摸的，但已经逐渐有了具象的描写，如"息于紫宫""含吐阴阳""为伐南越，告祷太一"，等等。但仍缺乏类似于西王母"披发戴胜，虎齿豹尾"的更为具象的描述，以至于我们对于太一的形象毫无所知。

文献中的空白往往需要图像来填补，定边汉墓中的"太一坐"三个字似乎为我们指明了太一的形象——题字之处应该就是太一。然而，"太一坐"三个字似乎又没有为我们指明什么——题字之处为一朱红色门状物。那么，"太一坐"三个字可以为我们指明什么呢？太一究竟是什么样的形象？为何在壁画中用文字来指明太一而不用图像来描绘？

诸多疑问，还要从古代遗存的文献中找寻答案。首先，可以明确的是文献中对

图 4　南阳麒麟岗汉画像石墓前室墓顶画像

太一的描述是从不同的角度、不同的侧重点进行的，我们不应小觑这其中的区别，而应该将相同层面的文与图对应起来。取南阳麒麟岗汉画像石中的太一图为例（图4），根据学者的考据，处于画面正中央的大神便是太一，其四周为青龙、白虎、朱雀、玄武四神，两侧为伏羲女娲，最边上还饰有北斗七星的图像，整个画面空白处均饰有云气纹，生动描绘了汉人心中的宇宙和天地。很明显，此画像侧重的是宇宙星空的表达，汉代人将未知的浩瀚银河化作阴阳统筹、天地四方及北极太一的组合形式，以表达他们对宇宙的理解：宇宙之中分阴阳两极，天地之间有四方，宇宙的尽头也是它的源头要“归一”——至高无上的太一。而在文献中也不乏符合此图的记载，《春秋文耀钩》云：

> 东宫苍帝，其精为青龙。南宫赤帝，其精为朱鸟。西宫白帝，其精为白虎。北宫黑帝，其精为玄武。黄帝含枢纽之精，其体璇玑，中宿之分也。中宫大帝，其精北极星，含元出气，流精生一也。[15]

参照此文献的描述，麒麟岗汉画像石上的内容顿时更加明了：以四象为四帝的化身环绕在中宫大帝太一的周围，或者说是四方天地夹辅中宫大帝太一。此一例可以告诉我们：不仅文献在描述太一时存在不同的层面和侧重点，图像亦是如此。在研究太一的形象和这种信仰时，必然需要文献和图像的结合观照。过去我们总是难以确定一些意象组合在一起时的象征意义，或者难以辨别形象之所指，往往是由于我们忽略了“文—图”之间的对应关系。这种对应并不是我们今天用一种“生拉硬套”的方式联系起来的，而是文献和图像之间主动的对应联系。南阳麒麟岗汉画像石的整个画面都处于宇宙星空之中，无任何现实意象的影子，若我们从《郊祀志》《封禅书》《礼运》等侧重于现实祭祀、礼仪等文献中寻找关于太一的记述，就不能够准确确定此画像石中央的大神就是太一。也就是说，虽然从先秦以来，不乏各类文献对太一的记载，但正如前文提到的那样，这些资料对太一的描述并不都是处于同一视角下的，当然这也说明了“太一”作为至高天神复杂而综合的多重神性。但我们也应注意到，这种多角度的视野也存在于图像当中，这便是为什么至今我们也很难给“太一”的形象下一个定论。不过，这并不妨碍我们确定“何为太一”。正如上文的例子，在文和图的对比之下，“何为太一”便清晰地呈现在我们面前了。这种复杂的视角还提醒我们，“太一”形象的表述并不如西王母、伏羲女娲等神灵形象那般具有一个明确的“特征”，因此，我们不能用一幅确定的“太一”图像去推断另一幅“太一”图像。也就是说，尽管图像描述的同样是“太一”，但由于表述的视野不同，其形象也不尽相同。

通过上文的分析，我们对“太一”神的文献与图像表述和对应有了一个初步的概念，并了解了这种复杂的表述视野会带来的一些影响。再来看定边、靖边两座汉墓中的“太一云气船”图像，便可用同样的方法解读其中的隐喻。

首先，单从字面上理解“太一坐”三字，可知其指向的是一种空间或处所，此空间或处所归属于太一，这点不难理解。但令人迷惑的是，“太一坐”并没有刻画太一，而用一朱红色似门似帷幔状物代替，无论它究竟代表着什么，显然它起到“遮掩”的作用，类似古代宫廷中使用的屏风。在一些身份高贵者的面前，往往放置一扇屏风，拜谒者只得低头弓背，远远瞧着屏风背后的影子，毕恭毕敬地叩头。而太一作为宇宙至高神，自然配得上也须得“遮掩”着真容，平凡之人不可见其真身。这并不只是一种推测，文献记载便可提供一种可信的证据：

> 寿宫神君最贵者太一，其佐曰大禁、司命之属，皆从之。非可得见，闻其言，言与人音等。时去时来，来则风肃然。居室帷中。时昼言，然常以夜。[16]

人们只能听闻太一言语，却不得见其真身，其面容样貌更是不得而知了。而端坐在云气船下部的几位仙人，很有可能就是这段描述中提到的“大禁、司命之属”。朱红色矩形下的水形纹饰有可能是水的象征，也很有可能是“帷”的象征，和朱红色“大门”一起构成“室”的空间，又配合文字“太一坐”指明空间的所属和意义。从图到文，再从文到图，对“太一坐”太一形象的空缺有了一个完整的考据。

三、小结

“太一”作为汉人心中的至高天神，无论是文献还是图像都不乏对这种崇拜的表现，然而当有文字出现在图像上时，不仅没有为我们指明图像，反而出现了形象的空缺。要解释这种“形象的空缺”，必然需要对“太一”的神性进行进一步探讨，这种探讨不仅需要追溯文献，还要联系文献叙述中的不同视角。通过整理先秦至汉代的文献，不难发现其中对“太一”的描述存在分层和侧重。另外，图像对“太一”的描述也具有这种情况。联系图和文的叙述视野，找到相同视野下的图与文，为我们解读“形象的空缺”提供一定的帮助。这种研究方法还源于“太一”神本身的特性——没有“标准式”的形象记载。基于此，我们也不应用“形象”去确定“太一”，而对“形象的空缺”的研究正好说明了这一点。

[本文系2014年江苏师范大学研究生科研创新一般项目“汉画像石中‘东皇太一’形象之考辨”(2014YYB006)结项论文；亦是朱存明教授主持的国家社科基金项目“汉代谶纬的图像美学研究”(编号11BZX081)成果的一部分]

注释：

[1] 吕智荣：《郝滩东汉壁画墓升天图考释》，《中原文物》2014年第2期。

[2]（汉）刘向、（汉）刘歆：《山海经·海内北经》，凤凰出版社2012年版，第278页。

[3][4] 陆玖译注：《吕氏春秋》，中华书局2011年版，第132、595页。

[5]（清）阮元校刻：《十三经注疏》（一），中华书局2009年版，第266页。

[6][7][13]（汉）司马迁：《史记》，中华书局2000年版，第1115、1039、1189页。

[8][12]（汉）班固：《汉书》，中华书局2000年版，第1052、1013页。

[9][14] 国学整理社编：《诸子集成》（第七册），中华书局2006年版，第235、119页。

[10]（清）阮元校刻：《十三经注疏》（三），中华书局2009年版，第3087页。

[11][15][日]安居香山、[日]中村璋八辑：《纬书集成》，河北人民出版社1994年版，第32、662页。

[16]（汉）司马迁：《史记·封禅书》，中华书局2000年版，第1184页。

汉画像“二龙穿璧”的图像意义

刘 澍

内容摘要 龙与玉在中华文化中占据着十分重要的位置，二龙交缠穿过玉璧组合成的图像通常被称为“二龙穿璧”。以“二龙穿璧”为主题的图像常见于汉代墓室的画像石、画像砖、壁画中。以其为原型而演变出的龙与其他祥瑞图像戏璧、穿璧的图案形式更是丰富了汉画像的内容，也对我们探究图像背后蕴含的丧葬仪式与文化内涵提供了新的视角，由此对汉画像艺术发展历史的普遍性和特殊性形成更为复杂和丰富的理解。

关 键 词 二龙穿璧；汉画像石；十字穿环

作者简介 刘澍，女，1991 年生，江苏师范大学文学院艺术学理论硕士研究生。

一、乘龙御天与以璧礼天

秦汉之际，人们通常把人生置于宇宙之中进行探究，这种定位观念随着巫术宗教的发展潜移默化地改变着人们对于人与宇宙关系的认识。随着王朝的更迭，先民们由最初的畏“天”演变成通“天”，渴望以巫术的力量与“天”展开对话，而“通天”的结果往往是治世、理纲、安民、兴兵等事务的重要指向。在追求天人感应的同时，统治者又引领了升“天”的修仙思潮。这就直接影响到汉代的丧葬仪式与墓葬装饰，“二龙穿璧”图式的发展与演变也从侧面折射出当时的理念思潮与民众心理。

龙作为中国古代图腾文化的代表，有关的神话传说也相当丰富。龙作为“欲上则凌于云气，欲下则入于深泉”[1]的神兽，多与神仙坐骑相关，如《周易·彖传》

载："云行雨施，品物流行。大明终始，六位时成。时乘六龙以御天。"[2]我们不仅可以在《山海经》中看到四方之神乘两龙、珥两蛇或践两蛇的记载，也可从《庄子·逍遥游》中找到与乘龙御天相关的描述："藐姑射之山，有神人居焉。肌肤若冰雪，绰约若处子；不食五谷，吸风饮露；乘云气，御飞龙，而游乎四海之外。"[3]在《山海经·海外北经》载有钟山之神烛阴的神话，其"视为昼，瞑为夜，吹为冬，呼为夏"[4]。《史记·高祖本纪》载："刘媪尝息大泽之陂……太公往视，则见蛟龙于其上，已而有身，遂产高祖。"[5]这两则神话故事将人类的孕育至四时节气的产生全部囊括在内，龙的感生意义也就由此奠定了基础。龙作为汉民族几千年来传承的瑞兽，在中国众多的神话中都是以生命创造者的身份出现的。龙的这种创生的属性则源于人们赋予龙的阴阳和合的哲学内涵。龙这一混合式图腾在经历了漫长的功能内涵与外延的发展、演变后，其存在意义开始从天上神秘的星象图式向降雨、化生等祥瑞意象发展，继而演变成通往汉画像中所描绘的美好安乐的昆仑仙境的媒介，龙的引魂升天功用愈加凸显出来。

人类在长期的生存繁衍过程中，受制于对自然、人生、社会的有限认知，从而产生出"万物有灵"的宗教观念。这一时期，图腾崇拜、自然崇拜、祖先崇拜往往叠合，进而促进了巫术的兴盛。玉不仅是图腾徽识或文化象征，还是祭祀活动中非常重要的礼天工具。原始先民企图通过向天神供奉祭品来祈求庇佑，并认为越是珍贵的献祭越能使天神得到感应，从而了解人间的诉求予以赐福。随着人们对于天象的观察与认知，天象与祥瑞征兆产生联系，关于"天"的神话传说也是层出不穷。在宗教神秘主义与神话传说的影响下，玉璧作为女娲补天的灵石并存有大洪水神话的印记。汉代人对于神秘莫测的星空抱有诸多幻想，玉石作为女娲补天的灵石被视为天赐祥物，先民由此产生了玉石为天的神话观。玉不仅是财富、地位的象征，除去装饰审美、祥瑞意蕴，其最为重要的特征体现在丧葬文化中的应用。在汉代，人们认为通过灵石的力量才可以与上天沟通。《抱朴子》载："金玉在九窍，则死人为之不朽。"玉作为天地之精华，在古人的世界观中可以为死者提供"精气"，并对死者的灵魂飞升提供帮助。汉代崇尚厚葬，这也间接使玉与丧葬文化有了紧密联系，如贵族墓葬有口含玉或玉璧陪葬。人有九窍，玉便制成九窍塞，与此相对应的便是独特的用玉殓葬以保护尸身的金缕玉衣仪制。这一切祭祀、墓葬仪制产生的目的便是使人与"天"建立起联系。"天"在宗教想象中具有重要的作用，在被神话化的过程中逐渐演变为王权建构的符号象征，在《周礼》中即有关于以"璧、琮、圭、璋、琥、璜”六器祭祀天地四方的说法。玉璧此时就成为天人沟通的工具，并具有神圣的不可代替性。

玉璧从“灵石信仰”到配饰的发展也体现出文化的转移与再造，龙与璧所承载的独特精神内核影响着中国主流文化乃至民间文化艺术的发展演变，也展现出独特的民族文化心理与生命体验。龙与璧在既相似又不同的背景之下融合在一起，其意义便不再是两个单纯意象的简单叠加，而是在此基础上产生了新的意象和意义，折射出文化的迁移与民族心理的转变。

首先，二者所交会的祥瑞品质得以放大，玉是女娲补天的灵石，是上天赐予的祥瑞之物，更是祭祀之时礼天、通天的重要组成部分。龙在古代具有踏云聚雨的雨神属性，水生万物，风调雨顺的天气是以农业为主的先民过好生活的最大保障，因而自周朝开始，每逢龙星升于地平线之时，国家都要举行以祈雨为目的的雩祭。《左传·桓公五年》曾有关于祈雨的记载：“凡祀，启蛰而郊，龙见而雩，始杀而尝，闭蛰而烝，过则书。”服虔注云：“大雩，夏祭天名。雩，远也；远为百谷求膏雨也。龙见而雩。龙，角、亢也。谓四月昏，龙星体见，万物始盛，待雨而大，故雩祭以求雨也。”[6] 在汉画像中即有虎食鬼魅的图像，其中的鬼魅就代表着旱魃。由于“云从龙、风从虎”的特质，在汉画“龙虎争璧”图像中也能侧面反映出其祥瑞属性。

其次，玉璧与龙各自独有的个性在文化迁移中演化成共同的属性，并在时代发展中成为主流。譬如，古人以苍璧礼天，玉璧是通天的媒介，甚至玉璧中心的孔洞在一定意义上代表了天门。而龙作为农业生产中掌管雨水的神兽，其本身就具备着上能通天、下能潜渊的能力，于是“二龙穿璧”图式就产生了引魂升天的重要作用，有了使故去人的灵魂在龙的保护与引导下顺利到达天门并由此进入仙界的意义。

再次，两个意象的叠加不可避免地产生文化意义的再造，“二龙穿璧”图像的表现形态、构图方式与汉墓中常出现的“伏羲女娲”图像有着一定的传承关系。在发展过程中，“二龙穿璧”为主题的图像，逐渐将龙这一元素置换或抽离，形成了以“璧”为主，辅之以其他祥瑞元素的各种图像，甚至出现了以玉璧单一形式为展现的“十字穿环”图式。

二、墓葬中的“二龙穿璧”图像

玉璧是墓葬中常见的随葬品，除实物外它还成为汉画像艺术中特殊的符号存在，意义指向丰富，其中尤以代表“天门”而为人熟知。在汉墓中，“二龙穿璧”图像往往被置于门楣、立柱、棺椁之上，由于龙的通天媒介功用，所以将龙刻于墓室立柱之上不仅佐证了文献中乘龙飞升的记载，更是从侧面展现了汉代生者对死者的祝福与事死如生的墓葬仪制。

（一）帛画中的“二龙穿璧”图像

在汉画“二龙穿璧”图像中龙有种类与状态的区别。在古代，龙与星象密不可分，天空中就有苍龙星座，这也间接使龙与祭天活动产生关联。董仲舒在《春秋繁露》中将汉代求雨仪式分成“四时”，分别为“甲乙日”“丙丁日”“庚辛日”和“壬癸日”，对应着“大苍龙”“大赤龙”“大白龙”和“大黑龙”。原始的巫术目的是与天沟通，其方式往往通过“模仿”来展现，汉代求雨需要辅以人“服青衣而舞之”“服赤衣而舞之”“服白衣而舞之”和“服黑衣而舞之”的仪式。董仲舒认为祈求要顺乎天道，即与四时、阴阳相匹配，受应求之龙才会施福人间，“应龙”展现的正是“天人感应”。

许多汉画像石在雕刻之初是有颜色的，由于时间久远，大部分颜色已经脱落，但是出土的帛画、墓室壁画填补了这一缺憾。马王堆 1 号汉墓可以从侧面反映出龙在不同墓葬位置中的不同应用。该墓设有四重深漆套棺，其中第二、三重棺上绘有图像，第三重棺是朱底彩绘漆棺，棺盖上绘二龙二虎。头档正中绘有“山”形符号与麒麟。足档正中有悬起的玉璧，玉璧刻有谷纹，璧左右两侧各有一龙，二龙穿璧而过并不交缠，昂首吐舌相对。（图 1）朱地彩绘棺左侧板也绘有一火焰或山形图案，两侧各有一龙，龙身盘曲处绘有凤鸟、麒麟等图案。内棺上则覆盖着“T”形帛画。（图 2）帛画中有“二龙穿璧”图像。此图像联系着帛画中下部。帛画上方也有二龙相对，占据重要位置，而帛画盖于棺椁之上。该墓的考古报告写道：“帛画下部的图像，最显著的是两条青色和赤色的龙分列左右，而交互穿过画面中部的谷纹巨璧。”[7] 而帛画上方即处于“天界”里

图 1　马王堆 1 号汉墓出土第三重棺足档

的两条龙却为青白色，其外观形象与穿璧的二龙非常类似。而在第三重棺上发现的“二龙穿璧”之龙与棺侧面仙界图像中的龙形象皆为青白色。根据考古报告，椁室头箱的屏风背面所画的龙有着红色的鳞甲。赤龙传说为神仙所乘，也被附会为以火德王者的祥瑞，《淮南子·修务训》：“尧眉八彩。”汉高诱注：“尧母庆都，盖天帝之女，寄伊长孺家，年二十无夫，出观于河。有赤龙负图而至……赤龙与庆都合而生尧。”赤龙也比喻太阳，清魏源《道中杂言》诗之四有言：“羲和鞭赤龙，夙驾扶桑巅。”青龙则是古代“四象”之一，东方为青色，所以五行之中归属东方之神，在二十八星宿中是东方七星“角、亢、氐、房、心、尾、箕”的合称，也称苍龙，属木。在汉代祈雨仪式中“服青衣而舞”“服赤衣而舞”对应着“大苍龙”与“大赤龙”，这里的对应关系可以整理为：青龙—苍龙星象—木德；赤龙—太阳—火德。在帛画中，青色、赤色龙交叠于玉璧的孔洞，其所在位置上接仙界下至冥府。龙是沟通天地的神兽，玉璧是天人感应的媒介，神仙、瑞兽以玉为食，玉璧在这里更像是起到一种稳定、转化的作用。青龙、赤龙属性不同，而玉璧的导引可以平衡这两种属性，并控制两种不同属性交会产生的力量，护送墓主人的灵魂升天。帛画上方也绘有二龙相对，左方青龙之上绘有月，右方青龙之上绘有日，日月既是天界的象征，又从侧面反映出阴阳和合的意蕴，也与帛画下方青赤二龙所代表的星辰及太阳的阴阳二气相吻合。

图 2　马王堆西汉墓出土帛画

（二）龙与璧的连接方式——“自由”与“封闭”

汉画像中的“二龙穿璧”图像常见的有横式穿璧和竖式穿璧两种，其中以横式居多。严格上可将穿璧图像分为自由式和封闭式，以龙璧中心有无空间及二龙是否

图 3　洛阳金谷园新莽墓壁画

图 4　二龙穿璧图像

扭叠为主要区分。自由式在二龙穿单璧或是戏璧图像中多有呈现，两条龙于玉璧穿过而不交叠，实际上为玉璧中心留出了空间。特殊情况见于洛阳金谷园新莽墓中的二龙穿璧图像（图 3），融合了穿璧与戏璧的元素。二龙各自穿过左右二璧，龙头张口相对，中有一璧，龙尾处共同穿过一璧而不交叠，二龙各有一爪覆于该玉璧上。 画面中的玉璧呈现上下左右式四方分布，均刻有谷纹，其中以最上方的二龙所争之玉璧最为独特。该玉璧中心为红色，龙四周也布满了红色的火焰纹，包括龙身上的鳞片也用红色来装饰，但勾勒龙之外形的线条颜色却为青色，青色与赤色的共同运用与上文帛画相似，隐喻有阴阳和合之意。封闭式的“二龙穿璧”图像在汉画像中多展现于二龙穿多璧模式，特殊的穿单璧情况见于马王堆 1 号墓帛画中。该类封闭式图像表现为玉璧中心被二龙交叠封死。[8] 在汉画像石中，如图 4 二龙龙身从两个玉璧中穿梭，龙首相接，龙尾相交。仔细观察，从龙首开始，我们会发现：左龙呈弧状拱起，其上覆有玉璧，而右龙从左龙与玉璧交会处，先压覆玉璧，从左龙身下穿过，又从玉璧上方穿出；至第二个玉璧处，玉璧覆于右龙上，左龙从右龙与玉璧形成的封闭空间内穿出。在“二龙穿璧”图像中往往将玉璧视为主体，图像充满了动感，图像中，二龙以玉璧为中心缠绕，构图造型沿袭一贯的对偶模式，二龙在与玉璧纠缠过程中形成交叠的状态，这种特定的“扭结”状态仿佛将运动状态凝固，龙为扭结所限随即静止动作。玉璧与二龙呈现的扭结状态之细节图与马王堆1号汉墓帛画中二龙穿璧图像呈现一致性（图5），这也反映出玉璧在“二龙穿璧”图像中的主导地位。因此，玉璧是“二龙穿璧”图像的核心，其存在可以控制二龙并使两种力量得以平衡。

（三）龙与璧的造型特征

在“二龙穿璧”图像中龙与璧呈现出各自的特性，龙除了扭结交叠状态外，还出现了吐舌、衔尾、对脚、颈部纹饰等区别，而玉璧的特征则主要体现为数量关系的变换。汉画像石中最常见的吐舌仙兽有龙与熊，熊多与辟邪相关。在“二龙穿璧”图像中，龙的吐舌状态常伴有戏璧、衔尾或对爪等动作，这些动作或单独出现，或以多种组合呈现于图像中，为我们研究“二龙穿璧”的图像意义提供了支撑。龙作为通天的神兽，在人们心中龙不仅具有引魂升天的功能，更与雨水相关，这种雨神属性可见于汉画像石中的虹霓图，其实质是有阴阳媾精的符号意义。[9] 如红山文化中常见“C”形龙与玉猪龙（图6），这种造型的龙首尾衔接，但留有缺口，使首尾分开或相互衔接于一点，这种造型在一定程度上影响了汉画像艺术中的“二龙穿璧”图式，对后世龙吐舌、衔尾的造型具有先导性意义。如洛阳金谷园新莽墓中的“二龙穿璧”图像，右方的龙即张口吐舌，图4二龙穿二璧中，龙首及二爪相对，龙尾相交。龙的这种造型源于先民对于自然的观察，随着时代变迁，图像造型的反复归根结底是先民将自我生活实践认知的无意识流露或是有意识地运用于图像创作中，其实质都是原始崇拜、图腾信仰的衍化物。在汉画像“二龙穿璧”图

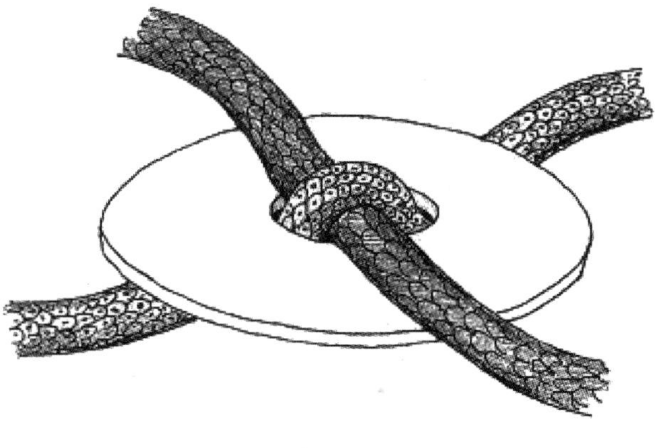

图5　帛画龙、璧关系示意图（巫鸿：《马王堆一号汉墓中的龙、璧图像》，《文物》2015年第1期）

图6　红山文化玉龙

像中，二龙常常分列左右，躯体交缠，四爪相对，左龙含右龙尾，右龙与其相对应含左龙尾，这便包含了阴阳相生、周而复始、循环往复的意象。龙本身就是多种图腾的叠加，汉人想象中的神仙世界具有丰富多彩的人间生活气息，汉画像“二龙穿璧”图像的诸多特点在传统的舞龙表演中都有体现，双龙吐舌、戏璧是一种典型状态，暗含了祥瑞意象，而衔尾、对爪和龙璧扭结在一起则体现出龙化生的功能。无论是原始的“C”形龙还是汉画像中扭结在一起的龙，其蜷曲、对偶之状都是阴阳概念的扩大化，汉画像对这些状态的描摹刻画无不展现出先民丰富的想象力与对死者的美好祝福，希望仙兽可以庇佑死者，赐福子孙。

在“二龙穿璧”图像中，龙与璧都与数字有着特定的关系。龙往往是两条对偶式构图，而玉璧的数量则有一、二、三、五、九等区别。数量的多寡变化在汉代的丧葬仪式乃至整个社会的等级划分中都有着不同的意义，而数字也与《易经》紧密关联在一起。由于乾卦“时乘六龙以御天”，有学者认为乾卦即是六龙历。《左传·昭公十七年》：“大皞氏以龙纪，故为龙师而龙名。”借助日月五星视运动天象图（图7），我们可以看到乾卦与六龙历之间的联系。图中冬至日出点处于东方青龙七宿的第一宿角宿上，太阳右行，青龙左行，太阳右行一周回到冬至原点，青龙也左行一周回到原点，这就是《易经》以龙为历纪之源。[10] 而“二龙穿璧”图像中的龙是对偶式构图，玉璧数量却为奇数，古人十分崇尚对称式审美，奇数的出现值得我们深究。中国古代有三首异兽形象，这是生殖崇拜的衍化物，《老子》四十二章指出：“一生二，二生三，三生万物。”《周易·系辞》郑康成注：“天三生木于东。”《黄帝内经·素问·三部九候论》：“三而成天，三而成地，三而成人，三而三之，合则为九。”古代神话中的“九”同“六”一样，都是关于“三”的神性强化。“三”原本联系于“三青鸟”“三足乌”等东方的生命之神，“九”则联系于胚胎、永恒等西方生命的观念；“三”被看作阳的象征和生命发动的象征，“九”则被看作天之数、“老阳之数”和生命的极数。[11] 玉璧是“二

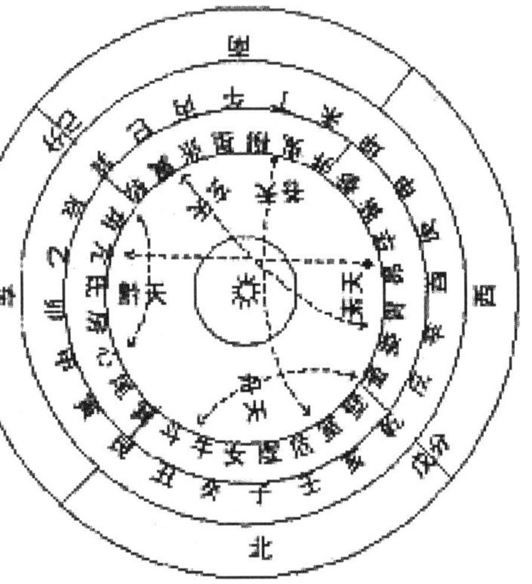

图7　日月五星视运动天象图（田合禄、田峰《周易与日月崇拜——周易·神话·科学》）

龙穿璧”图像的主体，其数量的变化反映了图像文化意义的转移与再造，其形式也在图像演变过程中逐渐简化。“二龙穿璧”图像的意义由对“和”式的细节形式的审美追求，转向对“缺”式的意象隐喻的审美想象。

（四）“二龙穿璧”的变体：“十字穿环”和“菱格纹”

“二龙穿璧”系列图像有着化育万物、阴阳合气的意蕴，在其由繁复向简洁再向抽象的演变过程中，它所包含的具体意蕴逐渐变得繁杂与模糊，玉璧的主体位置得以保留，龙作为玉璧灵力的附属象征逐渐被重组、替换乃至消失，但图像整体之于天地交感的母题意义却没有丧失，反而定型为一种符号象征，这种抽象图案的代表即“十字穿环”。“十字穿环”图案并非“二龙穿璧”图像简变之后的完整保留，但它必然承接了“二龙穿璧”的母题意义，即在其抽象形式中表达了古代先民的思想观念。

汉画像“十字穿环”图像不同于早期“二龙穿璧”图像的主体地位，往往构图于矩形边框内。（图 8）其位置有墓门楣、棺盖、墓室壁画等，图像模式大致为：在矩形四角分别画有四分之一璧，在矩形上方和下方的边框线上等距绘有相对的半璧，上方似帷幔，下方凸起，在矩形中央有全璧，以全璧为中心用十字线串联，形成“十字穿环”。图 8 相较于以往的图案形式，四角无璧，但无论是将圆环串联起来的十字线条还是矩形线上的半璧，这些应当是取半璧以象无穷之意，以封闭的空间线条表现出时间的永恒与无限，用化整为零的“缺”式审美表达出“和”的理念。在西汉时期，“十字穿环”图像常居于矩形框内的三格画像中，或上下或左右排列，其中绘有武士对练、铺首衔环、车马出行、仙人等图案。到了东汉，菱格纹开始发展并丰富起来，以直线构成的菱格纹通常出现在汉画像主图案边框的上方，被看作装饰纹饰，但是在东汉晚期的安丘汉墓中室封顶石的汉画像中我们却可以看到它的特殊性。（图 9）画面左右分别刻有月轮与日轮，刻有三足乌的日轮居于“菱格纹”之上，刻有蟾蜍与玉兔捣药的

图 8　十字穿环图像（作者摄于徐州汉画像石艺术馆）

图 9　安丘汉墓中室封顶石画像

月轮则居于“十字穿环”中央，日与月本就代表阴阳相合，这样，“十字穿环”和“菱格纹”就有了青龙与赤龙一样的阴阳属性。另一点值得注意的是，早期“二龙穿璧”图像中玉璧常刻有谷纹，而在“十字穿环”图像中已无谷纹，玉璧特征开始显现为圆环中央有圆点。这一点是否和古代祭祀中逐渐兴起的“纸钱”文化相关联值得进一步探讨。

结　语

李泽厚在探讨仰韶文化的某些几何纹样时曾写道：“某些几何纹样已经比较清楚地表明，它们是由动物形象的写实逐渐变为抽象化、符号化纹样的。由再现（模拟）到表现（抽象化），由写实到符号化。这正是一个由内容到形式的积淀过程，也正是美作为有意味的形式的原始形成过程。”[12] 汉画像中的“二龙穿璧”图像向我们展示的正是古人神话思维中美的形式与意味，在龙璧图像的发展、演变乃至简化的过程中，其所承载的宗教思想与丧葬文化内涵却更加复杂起来。“二龙穿璧”图像的符号化过程体现了汉代人升仙的理想与追求祥瑞的心理情感，这种总体倾向与汉画像石艺术的创作追求是吻合的。礼天之玉璧与通天之瑞兽相组合形成的龙璧图像模式也正是对汉代“天人感应”思想的一种体现。

［本文系参与朱存明教授主持的国家社科基金项目“汉代谶纬的图像美学研究”（编号 11BZX081）成果的一部分］

注释：

［1］周瀚光等：《管子直解》，复旦大学出版社2000年版，第341页。

［2］黄寿祺、张善文：《周易译注》，上海古籍出版社2004年版，第5页。

［3］（战国）庄周：《庄子·逍遥游》，辽宁民族出版社1996年版，第3页。

［4］袁珂：《山海经校注》，上海古籍出版社1985年版，第200页。

［5］（西汉）司马迁：《史记》，中华书局1982年版，第341页。

［6］沈玉成译：《左传译文》，中华书局1981年版，第26页。

［7］湖南省博物馆、中国科学院考古研究所编：《长沙马王堆一号汉墓》，文物出版社1973年版，第42页。

［8］巫鸿：《马王堆一号汉墓中的龙、璧图像》，《文物》2015年第1期。

［9］［11］王小盾：《中国早期思想与符号研究——关于四神的起源及其体系形成》，上海人民出版社2008年版，第605—607页。

［10］田合禄、田峰：《周易与日月崇拜——周易·神话·科学》，光明日报出版社2004年版，第77页。

［12］李泽厚：《美的历程》，生活·读书·新知三联书店2009年版，第18页。

汉画像中“金马碧鸡”图像研究

黄亚甜

内容摘要 本文通过对文献中记载的关于金马碧鸡神的信息进行辨析和溯源，来寻找汉画像中金马碧鸡神的图像，并根据对图像的分析予以确证。汉画像有一个完整的象征世界，没有一个图像是孤立的符号。金马碧鸡神所象征的祥瑞文化与汉代西南地区的文化风貌和汉代人的信仰有着密切的关系。

关 键 字 汉画像；金马碧鸡；祥瑞；雄性崇拜

作者简介 黄亚甜，女，1991 年生，江苏师范大学文学院美学硕士研究生。

金马碧鸡是西南地区一个著名的神话传说，最早的文字记载见于《汉书·郊祀志》云：“或言益州有金马碧鸡之神，可醮祭而致，于是遣谏大夫王褒使持节而求之。”[1]《汉书·王褒传》云：“方士言益州有金马碧鸡之宝，可祭祀致也，宣帝使褒往祀焉。褒于道病死，上闵惜之。”[2] 虽然王褒并未成功请回金马碧鸡神，但是经过这次事件金马碧鸡神的影响不断扩大。在汉代最重要的艺术形式——汉画像中也出现了金马碧鸡神的图像。在天、地、人、神共同构建的汉画世界之中为什么会出现金马碧鸡神的形象？它究竟有怎样的文化内涵？本文将从三个方面对此进行探讨。

一、金马碧鸡神话的溯源

根据文献记载，金马碧鸡的传说起源于益州。虽然益州范围非常广，但是金马碧鸡的出处是可以确定的。《汉书·地理志》载：“越嶲郡……属益州……仆水出徼外，东南至来惟入劳，过郡二……有禺同山，有金马碧鸡。”[3] 越嶲郡是汉武帝征服西南夷所建立的，到汉宣帝的时候金马碧鸡的传说在当地已经广为流传，可以推断它应该不是在越嶲郡建立之后才出现的，它的出现时间应该更早，植根于少数民族的文化之中。

经学界考证，汉代禺同山一带居住的少数民族应该是彝族先民，那么金马碧鸡神的出现和彝族的文化信仰应当是有关系的。彝族把马作为图腾崇拜由来已久，《后汉书·西羌传》载：“子孙分别、各自为种，任随所之；或为牦牛种，越嶲羌是也；或为白马种，广汉羌是也；或为参狼种，武都羌是也。”彝族祖先古羌人就曾以马作为重要的图腾，至今彝族仍然保留着马图腾。越嶲所产的“笮马”在汉代是与内地交易的著名土产，还有许多关于马的传说在当地广为流传，虽然因年代久远又是口口相传无法考证其与金马碧鸡神传说的先后，但是以此可以佐证马崇拜在当地文化背景中的渊源和重要地位。碧鸡一说，则与越嶲郡盛产名鸡有关，《西京杂记》有云：“成帝时，交趾越嶲郡献长鸣鸡，伺鸡晨，即下漏验之，晷刻无差，鸡长鸣则一食顷不绝，长距善斗。”[4]

汉代民间信仰的神灵大多与日常生活息息相关，人们往往把一些看似神奇的现象和常见并喜爱的事物相联系，当地优良品种的鸡为人们生活带来便利和趣味，同时其精神抖擞的形貌有祥瑞之相，所以当人们看到一些奇异的自然景观时就会和鸡联系在一起。从文化背景分析，金马碧鸡神应该是两个神，但应是两个成对出现的神，否则就和当地原本的图腾崇拜没有区别了，也就失去了金马碧鸡神的特性。同时，金马碧鸡的修辞也佐证了这一点，在《华阳国志·南中志》中有这样的记载：“蜻蛉县，有盐官，濮水出。禺同山有碧鸡金马，光影倏忽，民多见之。有山神……”[5] 以此推断，金马碧鸡的说法与光芒有关。无论这种光芒是来自矿石，还是源于某种自然巧合形成的光学现象[6]，“金”“碧”都是形容亮光闪烁的样子，这种互文的修辞在古语中十分常见，说明了马、鸡二者的并列关系。而且“金”“碧”也具有吉祥的象征意义，“金”是古代对金属的统称，而黄金为金属中最贵重的，所以黄金可以单独称“金”；“碧”是石之青美者，从玉、石，白声[7]，可知“碧”

即指玉或漂亮的石头。《宋书·符瑞志》中记载的符瑞中就有与金或玉有关的条目。如“金车”“金人”“玉羊”“玉鸡”等。

二、金马碧鸡神图像的判定

目前为止，汉画像中并未发现与金马碧鸡有关的碑文或题记，那么汉画像中究竟有没有金马碧鸡神的图像？如果有，判断其为金马碧鸡神的依据又是什么呢？

首先，金马碧鸡神在《汉书》《后汉书》中都有记载，迎请金马碧鸡神是一次皇帝亲自下令的官方活动。而且在迎请的事件发生之后，金马碧鸡神在整个西南地区都产生了巨大的影响，许多坊名、山名、台名都是以金马碧鸡神命名的，也有不少文人骚客笔下都出现了金马碧鸡神的形象。在汉代多神崇拜的信仰背景之下，加之谶纬神学盛行，这样一个获得朝廷关注、有文字记载、在民间有信仰基础并且极具祥瑞意义的神的形象，在汉画像中是有表现的。

其次，汉画像中西王母或东王公的侍者之中鸡首人身神和马首人身神的身份不明，又有金马碧鸡神之说，我们可将其与之相对应，依据有三。

其一，在汉代及汉代以前，除了金马碧鸡之外没有其他把马和鸡并列在一起的神怪形象。

其二，汉画像中金马碧鸡都是作为西王母或者东王公的侍者形象出现，是随侍的神仙，通常与其一同出现的有牛首人身神、人首蛇身神。综合比较这类图像可以发现，鸡首人身神和马首人身神总是一起出现，位置相邻。如江苏徐州沛县栖山出土的西王母、弋射、建鼓图（图 1），其画面内容自左而右分为三组。第一组

图 1　西王母、弋射、建鼓图（图片来源：江苏师范大学特色数据库）

刻西王母的故事，西王母在楼上凭几端坐，楼下有青鸟献食，楼外有二仙人捣药，接着为人首蛇身、马首人身、鸡首人身、人首人身的四位仙人拜见西王母。第二组刻一大树，树上有鸟，树下有一人射鸟。第三组画像刻建鼓舞、比武图。其中马首人身神和鸡首人身神是一前一后位置相邻的。同样，在山东嘉祥县武山出土的东王公、庖厨、车骑出行图中也是这样的情况。（图 2）画面分四层。第一层，东王公于正中端坐，左侧一人身蛇尾带翼神人，手捧碗，其后是人首鸟身者；右侧一长发仙人手持珠果，后有马首人身、鸡首人身、犬首人身者各一。第二层，奏乐场面。左有三女子，一人抚琴，二人以掌击节；右有四男子，一人吹排箫，一人吹管，一人吹竽，一人吹埙。第三层，庖厨。自左而右有烧灶者一人，和面者一人，杀鱼者一人，汲水者二人，宰狗者一人。墙上挂满猪头、猪腿、鸡、鱼、兔。第四层，车骑出行。马首人身神和鸡首人身神同样前后相邻。

图 2　东王公、庖厨、车骑出行图（图片来源：江苏师范大学特色数据库）

图 3 是山东省微山县微山岛出土的西王母、车马、除虫图。画面分三格，左格

图 3　西王母、车马、除虫图（图片来源：江苏师范大学特色数据库）

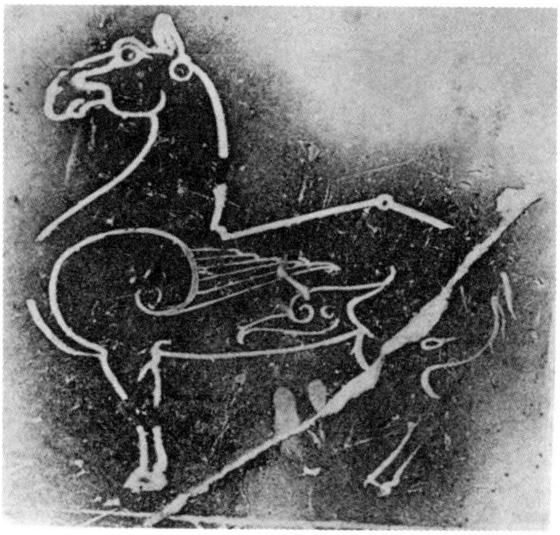

图 4　天马图（图片来源：江苏师范大学特色数据库）

的庙堂内有西王母，两旁有立侍者，堂外有两棵树。堂前有五神人，鸡首人身神、马首人身神、蛇首人身神，还有两神人蛇尾蜷曲，左边有一犬前扑。可以看到，鸡首人身和马首人身神也是左右相邻而立。

类似这样的已出土画像共有8幅。虽然蛇首人身或牛首人身的形象位置不固定，几位侍者横向或纵向的排列方式不固定，但是画像中马首人身和鸡首人身图像的构图都是相邻出现的。这种构图方式不是偶然的，不是简单的以马首或鸡首代表这种动物象征的图腾崇拜，二者的这种组合是符合金马碧鸡神相携出现的特点的。另一个时间佐证是这类有马首人身神和鸡首人身神并列的图像都出现在汉宣帝遣王褒迎请金马碧鸡神之后。

其三，在金马碧鸡神产生影响之前，汉画像中的马一般都是以动物的形象来表现的，如神马或者天马都是作为灵兽的形象出现的（图4），而没有半人半兽这样的神怪形象。汉代及汉代以前记载的鸡神，除了金马碧鸡神，比较有影响的还有“陈宝”。《汉书·郊祀志》有云：“作鄜畤后九年，文公获若石云，于陈仓北阪城祠之。其神或岁不至，或岁数。来也常以夜，光辉若流星，从东方来，集于祠城，若雄雉，其声殷殷云，野鸡夜鸣。以一牢祠之，名曰陈宝。”[8]汉代有祭祀“陈宝祠”的记载：“及陈宝祠，自秦文公至今七百余岁矣，汉兴世世常来……”[9]汉画像中也有陈宝的形象，日本学者林巳奈夫认为，画像石中像雄雉一样长着长尾巴和沉甸甸的肉冠的凤凰就是陈宝的形象。可见，鸡首人身的形象应该不是陈宝。所以从目前已经发现的文献来看，基本可以排除马首人身神和鸡首人身神来源于其他神话传说的可能，那么这种两神并列、一马一鸡、半人半兽的形象便只有金马碧鸡神的记载与之相符了。

三、金马碧鸡神图像的文化内涵

虽然在汉代及汉代以前没有其他把马和鸡并列在一起的神的组合，但是二者相结合不是偶然的，马和鸡的图腾文化内涵是有深层联系的。

《礼记》记载周代就有祭祀马神的活动。《说文解字》载："马，怒也，武也。"[10] 在冷兵器时代，马和战争是联系在一起的。马的数量和品种优劣是战争胜利的重要条件之一。马是力量和雄性的象征，也是权力和财富的象征。《说卦》曰："乾为马，坤为牛……"[11] 正如通常将"牛"的形象与母神崇拜、生殖崇拜及月亮联系在一起，"马"的形象与男性、王权和太阳是相互联系的，马是乾和雄性崇拜的象征。另外，因为鸡鸣可以报时，所以鸡被古人认为是"知时畜"。鸡鸣则日升，于是人们就把鸡与太阳联系在一起，鸡在民俗文化中也常常作为太阳神的物化形象。与此同时，根据"陈宝"的故事，"得雄者王天下，得雌者霸天下"显示了鸡的崇拜与王权的关系。综上，因为共同的象征意义和内涵的关联性，马与鸡被联系到了一起。这种联系不仅不是偶然的，而且它们的象征意义对于王权是极具祥瑞意义的，"金、玉"又加重了这种祥瑞意义。所以，金马碧鸡是可以显示德的符瑞。这可能也是汉宣帝远请金马碧鸡神的重要原因。

金马碧鸡神在汉画像中的文化内涵要从它的形象的变化来分析。金马碧鸡神最初的形象是动物。王褒《碧鸡颂》中有云"金精神马，縹縹碧鸡"，金马碧鸡就是精神抖擞、毛色光亮的马和鸡，在汉画像中却成了马首人身和鸡首人身的神仙。其中，牛首人身象征母性崇拜，鸡首人身和马首人身则象征雄性崇拜、太阳神崇拜。从一般的动物到人兽结合形象的变化反映了一个从实物崇拜转化为神灵崇拜的过程。上文提到金马碧鸡的传说来源于彝族的古老文化，民族的原始文化总是充溢着相当浓烈的原始宗教氛围和巫术祭祀色彩，人们把宇宙万物都想象成像自己一样有感情，所以才有了这些神话传说。这些神怪不再是普通的动物，在进一步发展过程中人们又会根据自己的需求和期许不断对其进行神化和异化。在汉画像这个天、地、人、神共同构建的象征世界中，人们创造出一个神仙的世界，其中很多神被塑造为半人半兽的形态。汉代人用怪诞形象来表现神异性，寄托祥瑞的观念。这种神话思维和艺术手法体现了中国文化的传统和古老艺术的魅力。

结　语

通过金马碧鸡神话的溯源和对汉画像中马首人身及鸡首人身图像的对比和分析，基本确认汉画像中并列出现的马首人身神和鸡首人身神就是文献中所记载的源于西南地区的金马碧鸡神。它所象征的是雄性崇拜和太阳神崇拜的观念，极富祥瑞意义。从汉画像中出现的金马碧鸡神可以看到，汉代存在多神崇拜的信仰观、谶纬神学的盛行、民族文化的融合等多方面的情况。文化中没有孤立的符号，一个图像、一则神话仿佛是通向古老文明的窗口，透过它们可以领略到令人惊叹的大汉文明。

［本文系参与朱存明教授主持的国家社科基金项目“汉代谶纬的图像美学研究”（编号 11BZX081）成果的一部分］

注释：

［1］［2］［3］［8］［9］（汉）班固撰，（唐）颜师古注：《汉书》，中华书局 1999 年版，第 1035、2135、1283、997、1041 页。

［4］（晋）葛洪：《西京杂记》，中华书局 1985 年版，第 30 页。

［5］（晋）常璩撰，刘琳校注：《华阳国志校注》，巴蜀书社 1984 年版，第 447 页。

［6］苑利：《“白马”“白鸡”现瑞与“金马碧鸡”之谜——韩半岛新罗神话与中国白族神话现瑞母题的比较研究》，《民族文学研究》1996 年第 6 期，第 41 页。

［7］［11］（魏）王弼撰，楼宇烈校释：《周易注校释》，中华书局 2012 年版，第 15、260 页。

［10］（汉）许慎：《说文解字》，上海古籍出版社 2007 年版，第 475 页。

汉画像中熊吐舌露阴图像研究

李　新

内容摘要　汉画像作为汉代典型的艺术形式，是中国艺术史上的一朵“奇葩”。汉代人用生动活泼的车马出行、仙人拜谒、珍禽异兽、祥瑞怪物等形象，记录了汉代丰富多彩的文化信仰。熊图像在汉画像中大量出现，证明了熊在汉代文化中的重要地位。汉画像中的熊或手执五兵，或手舞足蹈，或角斗龙虎等，每一个形象都有其特殊的文化内涵。徐州和四川作为汉画像的重要出土地，出土了大量代表地方特色的画像。但是异中有同，在徐州和四川出土了两幅极其相似的熊图像——位于门楣的蹲踞、吐舌露阴形象。这两幅图像对于研究汉代熊文化具有非常重大的意义。

关 键 词　熊；汉画像；吐舌露阴；蹲踞

作者简介　李新，男，1990 年生，江苏师范大学文学院艺术学理论硕士研究生。

泱泱汉画，承载了两汉 400 多年的历史文化和思想信仰，为我们研究汉代提供了远比文字记载更加丰富多彩、生动真实的图像证据。汉初盛行黄老之学，汉武帝追求升仙长生之术对汉代信仰产生了重要的影响。王母圣境、玉兔捣药、祥云瑞兽等生动活泼的图像，体现了汉代人求仙问道、向往长生的思想。汉画像中，还有一类驱傩辟邪的题材。一方面打鬼驱邪为墓主人升仙扫清道路；另一方面又保护墓主人不受鬼怪的侵害。熊罴傩舞，手执五兵，打鬼驱邪，无不栩栩如生。

汉画像刻画了大量辟邪驱邪的图像。这与汉代重视傩戏的习俗有关。作为汉代典型的艺术形式，作为驱傩头目的方相氏在汉画像中是重点表现的对象。根据汉画

图 1　徐州汉画像艺术馆藏蹲熊（作者摄）

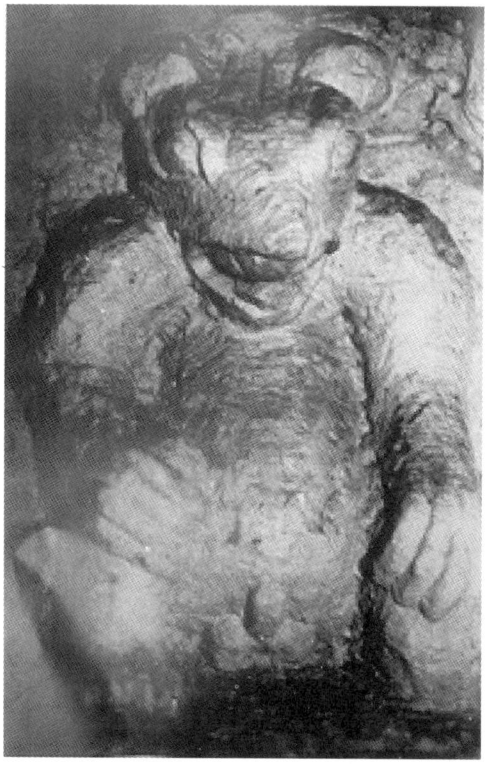

图 2　四川蹲熊（《中国汉画像全集》第七卷）

像的象征手法，“蒙熊皮”的形象在汉画像中表现为熊首人身的形象。这类图像或在墓门楣、门柱上，或在车马出行队列中等，它们一般被刻画成手舞足蹈傩舞状，或手拿斧钺打鬼。但在徐州发现了一幅特殊的熊图像：熊位于门楣中间，龙虎居于两旁，蹲坐，双爪上举作托举状，吐舌，露阴。（图1）无独有偶，在四川彭山双江崖墓三号墓崖也发现了一幅相类似的图像。熊位于门楣中层，蹲坐，双爪放在双腿上，吐舌，露阴。（图 2）

一、吐舌的象征

在中国，吐舌形象多见于镇墓兽。顾名思义，镇墓兽就是镇守墓穴，保护墓主人的兽形器物。早期人类相信死后肉体和灵魂会受到鬼怪邪恶的侵害，肉体在墓穴中可能遭到蛇虫侵蚀，所以他们用镇墓兽避邪去恶、吃蛇吞蛊，保护墓主人。镇墓兽至迟出现在战国初期，中期逐渐衰落，后期逐渐消失。这一时期，楚国的镇墓兽发现最多，且多以鹿角、蹲兽、虎头等形象出现。例如，最具代表性的是楚国曾乙侯墓发现的一件大型木质镇墓兽，鹿角、兽头、吐长舌。河南信阳 1 号楚墓出土了一件镇墓兽，鹿角，两耳翘起，头部似兽，双目圆大，张口吐舌至腹部。秦汉时期镇墓兽很少见，这应该与汉代特殊的艺术形式——汉画像的出现有关。汉人可能将镇墓兽形象雕刻成画像以取代俑雕，所以秦汉时期的俑雕镇墓兽鲜有出土。汉以后俑形镇墓兽又大量出现，多为石头或金属材料制成，形象也更加丰富，但仍然有很多兽身吐舌的形象。吐舌俑雕并不是中国独有，在东南亚、新西兰、墨西哥等地原始文化中经常可以看到吐长舌、形态怪异的形象。原始人一般在图腾柱最上层突出吐长舌的形象，这与原始人的思维信仰有关。他们认为长舌是神力的表现，可以吞噬邪恶，保护本族不受邪恶的侵害。原始人创造他们的“圣物”，多运用变形重组的手法突出该圣兽的超能力。他们或把圣兽的形象塑造成几种典型生物某身体部分的拼合，以寓意圣兽兼有这几类生物的强大力量。例如，龙凤、麒麟、斯芬克斯、狮身人面兽等都是这种手法。或是夸大某一生物的某一部位，用来突出该部位的能力。根据这种思想，将吐舌夸大化，是为了增强镇墓兽的啖食能力——噬鬼、吃蛇、驱魔、辟邪。镇墓兽吐长舌就是这一思想的体现。

汉画像中有许多吐舌的形象，如龙虎吐舌、怪兽吐舌。如何确定熊吐舌与辟邪驱傩有关呢？这与熊的文化意义有关。熊在汉代与驱傩习俗联系密切。《后汉书·礼仪志》记载，汉代有大傩的风俗：

> 先腊一日，大傩，谓之逐疫。……方相氏，黄金四目，蒙熊皮，玄衣朱裳，执戈扬盾。十二兽有衣毛角。中黄门行之，冗从仆射将之，以逐恶鬼禁中。[1]

方相氏驱傩早在周朝就有记载，《周礼·夏官》曰：

> 方相氏掌蒙熊皮，黄金四目，玄衣朱裳，执戈扬盾，帅百吏而时傩，以索室驱疫。[2]

汉人将方相氏蒙熊皮表现在汉画像中，有些就是熊首人身的熊形象。所以汉画像中的熊形象也就有了驱傩的含义。

傩是驱除瘟疫的大神，驱傩就是驱除疫鬼。汉代人尤其重视“大傩”活动。《后汉书·礼仪志》载：

> ……其仪：选中黄门子弟年十岁以上，十二以下，百二十人为侲子。皆赤帻皂制，执大鼗。……中黄门行之，冗从仆射将之，以逐恶鬼于禁中。夜漏上水，朝臣会，侍中、尚书、御史、谒者、虎贲、羽林郎将执事，皆赤帻陛卫。乘舆御前殿。……百官官府各

以木面兽能，为傩人。师讫，设桃梗、郁櫑、苇茭毕，执事陛者罢。苇戟、桃杖以赐公、卿、将军、特侯、诸侯云。[3]

张衡《东京赋》说：

尔乃卒岁大傩，驱除群厉。方相秉钺，巫觋操茢，侲子万童，丹首悬制……[4]

选侲子万人，皇亲贵族等都参加，足见驱傩活动在汉代甚为壮观，也甚为重要。作为大傩的“领导者”——方相氏的地位非常高。表现在汉画像中，代表方相氏的熊自然就会被刻画在重要的位置。我们常见到汉画像中熊位于龙虎之间，可能也有这方面的原因。其实在古代，熊与龙虎地位不分伯仲，都是瑞兽的形象。《周礼·春官·司常》曰：

司常掌九旗之物名，各有属，以待国事。日月为常，交龙为旂，通帛为旜，杂帛为物，熊虎为旗，鸟隼为旟，龟蛇为旐，全羽为旞，析羽为旌。[5]

由此可见，熊的吉祥寓意在周朝就存在了。龙、虎、凤凰、玄武自古就被看作四大神兽，守护大地四方。其实在周朝乃至在秦汉时期，熊仍然有神兽的光环。甚至在汉代，熊还被加强，地位高于龙虎。

熊在汉画像中辟邪驱鬼，就吉去恶的瑞兽形象并不是今人凭文本猜测的。除了方相氏的文本外，已发现的汉画像中的题榜也为我们提供了确凿的证据。例如，山东武梁祠石刻祥瑞图中有“赤熊，仁，奸息”的题铭；和林格尔汉墓有题榜“赤罴”的熊图。这些都证明了熊（罴）的吉祥意义。

方相氏“玄衣朱裳，执戈扬盾”，那么如何确定“空手”蹲熊形象代表驱傩呢？在“大傩”活动中，方相氏作为驱傩的首领，率领十二兽追凶恶。《后汉书·礼仪志》有关于十二兽的记载：

……甲作食凶，胇胃食虎，雄伯食魅，腾简食不详，揽诸食咎，伯奇食梦，强梁、祖明共食磔死寄生，委随食观，错断食巨，穷奇、腾根共食蛊。凡使十二神追恶凶，赫女躯，拉女干，节解女肉，抽女肺肠。女不急去，后者为粮。[6]

十二兽各有所长，名称、形态、作用各不相同。但它们统一归于方相氏率领。汉人也可能统一以熊的形象表现驱傩者或者十二兽。洛阳老城西北方发现的汉墓中就有一幅驱傩壁画，画中有四只熊的形象，虽形态不一，手拿五兵，但表现的都是驱傩的“人物”。根据早期人类的思维，方相氏作为十二兽的头目，应具有十二兽的神力，可以更好地保护墓主人。由此可见，熊在汉画像中代表不同的驱傩兽的形象，表现为不同的形态，或是食凶食魖，或是噬鬼驱怪，或是吞蛇食蛊。所以处于门楣、门柱等起到驱傩辟邪作用的熊图像兼具镇墓兽的作用，以保护墓主人不受侵害。

二、蹲踞露阴的象征意义

徐州和四川发现的两幅熊图像，都呈现踞坐露阴的形态，这绝对不是巧合，应与当时的文化有关。世界各地各民族都有过形式各异的生殖崇拜。在原始人看来，生殖活动是极其庄严和神圣的，这是产生和延续的活动。最开始他们崇拜赤裸裸的生殖行为及生殖器。后来由于历史和文化的发展，人类转而运用抽象和象征的手法表现生殖崇拜。“东方所强调和崇敬的往往是自然界的普遍的生命力，不是思想意识的精神性和威力而是生殖方面的创造力……更具体地说，对自然界普遍的生殖力的看法是用雌雄生殖器的形状来表现和崇拜的。”[7] 在中国也不例外，中国的早期也盛行生殖崇拜。《周易 · 系辞下》曰：“天地氤氲，万物化醇；男女媾精，万物化生。”[8]

汉时边远地区仍有早期生殖崇拜的遗留，如四川新都区新龙出土的“社日野合画像砖”[9]、云南大理出土的汉代陶盆《盆景》都是生殖崇拜的反映。汉时中原地带由于儒教的兴盛，这种原始的对生殖行为和生殖器的崇拜逐渐演变为对象征生殖的神的崇拜。例如，汉画像中的伏羲女娲就代表阴阳，伏羲女娲交尾也是生殖活动的变形；汉画像中刻画很多掌管婚姻的大神高媒神的图像。这些都反映出汉代生殖崇拜仍然很兴盛。

原始人认为生殖器是生命的通道，具有非常强大的力量，除了可以繁育后代外，也可以用来辟邪。所以在原始时期母系社会的墓穴入口处，发现大量刻画有类似女阴的图像，用以辟邪驱恶。在中国古代社会礼仪中非常忌讳两腿叉开，踞坐见客，他们认为这是一种极不礼貌的行为。但这种踞坐的行为表现在墓穴或者巫术仪式中却是神圣的。商代就有蹲踞仪式，这与早期人类的蛙图腾崇拜有关。原始人看到蛙的生殖力非常强大，就把它当作生殖神物来崇拜。例如，马家窑文化的蛙纹陶器，说明中国早期人类就有蛙崇拜。由于蹲踞似蛙人折曲，因此蹲踞也成为生育力的象征符号。在殷墟5号墓还出土有羊头、蹲坐抱膝熊和猴子等。徐州和四川出土的熊首人身蹲坐图像代表的是人熊之间的生殖力量的传递。这两幅明显的蹲坐露阴的图像是生命力的象征。《诗经・小雅・鸿雁之什・斯干》曰：

> 吉梦维何，维熊维罴，维虺维蛇。大人占之。维熊维罴，男子之祥；维虺维蛇，女子之祥。[10]

意思是说，熊罴在山，是阳的象征，是生男的象征；虺蛇在穴，是阴的象征，是生女的象征。

汉武帝实行独尊儒术，儒教观念深入人心。儒家的根本思想生发于生殖崇拜[11]，传宗接代的观念影响深远。如此，在家族观念深重的封建社会中，寓意着生男的熊罴就更加受人推崇。由此，熊在古代也包含了褒义、大吉的象征，寓意着子孙繁衍，人丁兴旺。

另外，在原始人观念中，相信人死后灵魂不死，通过某种形式可以死而复生。早期人类不理解熊的“冬眠”行为，认为熊冬伏夏出是死而复活，便把它们奉为神物。《山海经・中山经》记载：

> 熊山，有穴焉，熊之穴，恒出神人。夏启而冬闭；是穴也，冬启乃必有兵。[12]

熊穴的夏启冬闭实际上代表的是熊的冬眠，冬去春来，熊又从洞穴里出来活动，所以熊又兼具重生的寓意。

三、小结

综上所述，徐州和四川出土的这两幅吐舌露阴的蹲熊形象是综合文化因素影响的结果。一方面代表了方相氏，用来驱傩打鬼，起到镇墓兽的作用，保护墓主人不受鬼怪蛇蛊的侵害。徐州汉画像中的熊位于龙虎之间，根据汉画像的排列规律，表明熊的崇高地位。同时，表现为熊吐舌是在熊本身具有瑞兽辟邪驱傩寓意的基础上，增强熊吞食鬼魅蛇蛊的强大力量，震慑妖魔，使其远离墓主人。另一方面，又融入蹲踞露阴的仪式动作，增强巫术力量，同时祈求墓主人早日重生。

这两幅图像渗透着丰富的原始巫术思想，代表了汉代对于原始禁忌及原始宗教的继承、融合、发展。同时，从这两幅图中可以看出汉代思想观念对于中国的思想文化有着重大影响。

［本文系参与朱存明教授主持的国家社科基金项目“汉代谶纬的图像美学研究”（编号 11BZX081）成果的一部分］

注释：

［1］［3］［6］（南朝宋）范晔撰，（唐）李贤等注：《后汉书·礼仪志》，中华书局 2000 年版，第 1221、1222、1221 页。

［2］［5］（汉）郑玄著，（唐）贾公彦疏：《周礼注疏》，载《十三经注疏》，北京大学出版社 2000 年版，第 971、859 页。

［4］费振刚等辑校：《全汉赋》，北京大学出版社 1993 年版，第 444 页。

［7］［德］黑格尔：《美学》（第三卷上册），商务印书馆 1979 年版，第 40 页。

［8］黄寿祺、张善文：《周易译注》，中华书局 2016 年版，第 519 页。

［9］《中国画像砖全集》编辑委员会编：《中国画像砖全集·四川汉画像砖》，四川美术出版社 2005 年版，第 150 页。

［10］程俊英译注：《诗经译注》，上海古籍出版社 1985 年版，第 353—354 页。

［11］朱维铮编：《周予同经学史论著选集》，上海人民出版社 1983 年版，第 70—91 页。

［12］袁珂校注：《山海经校注》，巴蜀书社 1993 年版，第 194 页。

汉画像孝子图与《孝子传》的图文间隙研究

——以丁兰事木人为例

张晓慧

内容摘要　汉画像孝子图结合《孝子传》与孝子传说，形成了新的绘图体系，图与文相互渗透，使影响范围扩大，效果加强。本文从文学意义和审美方式上分析了《孝子传·丁兰事木人》与丁兰事木人图像的图文间隙；从图文本身存在的差异、图像对文字的补充和流变、图像主旨的单一性和社会背景的差异四个方面说明孝子图的教化作用、视觉美感和时代特征，并探索出各自的特点。

关 键 词　汉画像；孝子传；孝子图；图文间隙；丁兰事木人

作者简介　张晓慧，女，江苏师范大学文学院艺术学理论硕士研究生，现任职于滕州汉画像石馆。

一、图文本身存在的差异

对于图像学与艺术、文本之间的关系，图像学研究的代表人物——潘诺夫斯基认为，图像可以从三个层次进行理解，以达到与艺术之间的对应关系："第一个层次是对前图像学的描述"[1]，这是对图像进行解读的基础，图像观察必须要具备"对不同历史条件下使用各种形式来表现对象和事件的方法和洞察力"[2]的能力。"第二个层次是进行严格意义上的图像学分析"[3]，这是结合特定的创作背景和历史事件，对图像主题进行明确的表述。第三个层次是对图像进行研究和解释，通过图像与文本、阶层、民族、时代乃至宗教的关系和图像的"本质意义"，找到它们之间的对接点。对于图像的研究，可以使文化的价值具体化，又能使图像、文本及艺术紧密联系在一起。在对图像的分析中，贡布里希将人类绘制图像的初衷所具有的视觉效果和社会意义[4]用“模仿物”“替代物”和“象征物”来表现，便把视觉心理学引入图像分析。这样的研究视角为研究《孝子传·丁兰事木人》与汉画像丁兰事木人的不同提供了新的切入点和研究基础。

汉代《孝子传》与丁兰事木人图像分别是文本与图像两种完全不同的表达方式，文本与图像本身就具有不同的表达效果。文本以文字为载体，把文字编排成语言，作用于人类集体所产生的具有固定意义的社会认知心里。文字具有书写的无限制性，在时间与空间中具有自由性。在《孝子传·丁兰事木人》的文本叙述中，“少丧考妣，不及供养，乃刻木为人，仿佛亲形，事之若生，朝夕定省”，使故事有了时间与空间、纵向与横向的变化。同时，文本可以通过不同的写作手法对人物的动作、神态、心理进行细致的描写。相较于文本的这些优势，图像则在表达中有了很多局限性，一般故事只用单幅图像或多幅图像表现，受制于篇幅。现在发现的汉画像丁兰事木人主要以单幅图像表现为主，对场景的展现不如文本详细，即使图像中配上了题榜进行辅助解释，阅读者仍然需要在对故事了解以后进行解读，这使得丁兰事木人图像必须依赖民间传说或《孝子传》才能达到传达“孝”的目的。

武梁祠丁兰事木人图像（图 1）的左上方配有“丁兰二亲终殁，立木为父，邻人假物，报乃借与”的字样，来说明人物身份和故事情节，所以没有借助外部故事的图像，便无法产生艺术感染力。除此之外，文本的表达还具有强烈的感情色彩，在文本中，主要通过对事件叙述后的“颂”来表达感情的取舍，如“至孝通于神

1　　　　　　　　　　2

图 1　武梁祠丁兰事木人图像

（1. 作者摄；2. 采自《山东汉画像石汇编》）

明”表现出作者对丁兰孝行的赞扬。这种具有评论式的、有感情取舍倾向和感情色彩的表达是图像无法达到的。

对文本的表述，图像则具有鲜明的画面感。文字与图像的共同点在于表达思想情感，根据格式塔心理学分析，我们看到的图像、文字、颜色、意象都是“形”，它们共同具备格式塔的特点，都属于自然而然地获得的经验。每个格式塔都是一个独立的结构或组织，不同水平的格式塔也就伴随着不同水平的感受。丁兰事木人图像相较于《孝子传·丁兰事木人》，具有鲜明的形象性、简明的形式和直观的效果，属于“优格式塔”。丁兰事木人图像通过视觉而产生的对形象的记忆要高于文本，也就是说，通过对丁兰事木人图像的观察，阅读者对丁兰的了解、感知与记忆要高于纯文本的阅读。

从整体上看，图像与文本在描述过程中各有优势，文本侧重于对形象思维的描述，图像侧重于对视觉效果的表达。在丁兰事木人图像与文本的差异中，文本是“肌理”，图像则是“外形”。文本的表述具有建构认知体系的优点，但不能提供给阅读者直观可见的形象；图像则在此基础上可以深入刻画文本中描述的缺失形象，以直观的视觉效果呈现在阅读者面前，却存在依附性和单一性的缺点。

二、文字对图像的补充和流变

从整体上看，在事件的阐述方式上图像和文本是两种截然不同的方式。图像是对文本的绘画，具有强烈的视觉冲击效果，而文本则是对故事的内容和意义进行系统的刻画，能够揭示出事件中最细微的感情色彩。[5]图像是对文本的表述，并在其基础上具有衍生和流变的能力，这是因为图像不仅具有强烈的视觉冲击力，还可以使一个人在已经获得经验的基础上，联系个人的心理状态和个人需求，并由此产生新的意义，这就是视觉主动性和创造力的无意识表达。[6]

汉画像丁兰事木人图像在此理论下，以《孝子传·丁兰事木人》为基础进行创作，对其整体意义的描述离不开《孝子传·丁兰事木人》所提供的故事背景，但其图像所传达的视觉冲击效果在文本的基础上，加入阅读者自身的心理感受，由此产生新的解读。在大时代背景下，这种解读逐渐进入公众所认知的范畴，图像则形成了其自身的并超越于文本之外的意义和价值。

丁兰事木人图像取材于刘向的《孝子传》，后收录于《太平御览》：

丁兰者，河内人也，少丧考妣，不及供养，乃刻木为人，仿佛亲形，事之若生，朝夕定省。后邻人张叔妻，从兰妻借，看兰妻跪投木人，木人不悦，不以借之，叔醉疾来，酣骂木人，杖击其头，兰还，见木人色泽不悦，乃问其妻，具以告之，即奋剑杀张叔，吏捕兰，兰辞木人去，木人见之，为之垂泪。郡县嘉其至孝通于神明，图其形象于云台也。[7]

文本主要以语言描述及动作描写的方式，表达了丁兰孝亲的故事。大致内容是：丁兰的父母都去世了，丁兰便刻木人，像对待自己的亲生父母一样对待木人，他和他的妻子都对木人敬爱有加。文本表达的重点在于邻人来借物，丁兰请示木人的内容。

武氏祠中丁兰事木人图像与书中记载的很相似，在图像的左侧是坐在木榻上的木人，也就是丁兰的父亲。木人的形象刻画得非常逼真，对衣服、头饰等细节的刻画和常人并无区别。图像中间跪着的是丁兰本人，他双手作揖，好像在向木人请示事情。图像的右侧跪着的是丁兰的妻子，同样对木人毕恭毕敬。在木人上方是榜题，图像的刻画与文本的记载是非常吻合的。

从图像的选景来看，刻画的是最能展现故事情节的典型画面和故事高潮的瞬间场景，有很浓的人情味，显得更加朴拙厚重。构图上平易近人而寓意深刻，运用人物的肢体语言来表现其细腻的心理活动，再加上作者个人的想象和经验的总结，使图像内容更加丰富。文本中木人感应人事为之垂泪，在丁兰事木人图像中并没有表现出来，只是截取了最能表现丁兰孝行的瞬间场景。武氏祠左右石室中的丁兰事木

1

2

图2　武氏祠左右石室丁兰事木人图像

（1. 作者摄；2. 采自《山东汉画像石汇编》）

1

2

图3　武氏祠前石室丁兰事木人图像
（1. 作者摄；2. 采自《山东汉画像石汇编》）

图4　乐浪彩箧丁兰事木人图（采自《乐浪彩箧冢》）

人图像中缺少丁兰妻子和榜题（图2），其丁兰的形象和武梁祠中的丁兰形象完全一致，这便是作者在创作时把自身经验部分加入图像刻画之中。武氏祠前石室中的丁兰事木人画像（图3）与武梁祠中的画像很相似，但是在构图和场景上完全相反。木人在图像的右边，丁兰和他的妻子在左边，丁兰跪在木人前面双手作揖，像在请示事情，而丁兰妻子却是站立的，身体微微前倾。这幅图像中的木人形象稍稍抽象一些，轮廓细节上没有前两幅清晰。东汉乐浪彩箧的丁兰事木人图像（图4），榜题为“木丈人”“丁兰”。图像中的“木丈人”与画像中的其他人物形象稍有差别。

三、图像主旨的单一性

汉代孝子图的创作，并不是要满足于人们的审美需求，重要的是其所具有的教化意义。汉代对于绘画存在忽视，无从考据图像制作者是谁，而图像制作本身也没有像今天一样可以作为独立的艺术形式。所以，对于图像的分析还要借助于对文本资料的解读。[8] 在分析孝子图时，要结合人类学的方法，既要对图像上的人物进行分析，又要对图像背后的人物进行分析；既要看到一幅或者多幅图像所表达的意义，又要结合图像所处时代的思想观念进行分析，在双重关系中寻找历史与艺术的轨迹。

对艺术与现实的关系研究，柏拉图认为：图像是对客观现实的模仿，艺术家所模仿的对象是客观存在的事物，并不是“理式”本身，因此艺术家也是对“外形的制造者”。客观存在的事物具有不同的外形，而“理式”却只有一个，这使得艺术家只有通过对现实世界的模仿来实现对于“理式”的表达，也就是从对不同景物的“殊像”研究总结出“理式”所表现的“共像”。[9]

汉画像丁兰事木人图像就是各具特点的“殊像”，通过对“共像”的研究可以总结出“殊像”背后的单一“理式”，即创作主旨。

孝子图的创作主旨是汉代循吏教养人民、推行孝道的载体，以发挥典型孝子的标榜与教化作用。[10] 丁兰事木人图像表现的是丁兰刻木事父的情节，供养如生，画像上的主要人物有两人或三人（丁兰妻）。丁兰的动作都是跪着、双手作揖，对木人毕恭毕敬。从每幅图像中都可以看到它所传达的具体感知，将其放置于时代背景及现实中，可以看出每一幅图像都在表现同一主题，即宣传孝道。

教化意义是《孝子传》及孝子图的共同主题。孝子图具有主旨单一性的特征，在现实需要的情况下表现最能突出主旨的特征，对不同文本的选择及其图像绘制，共同表现出对孝道的提倡和推行，并对以孝治国的思想提供了可能和依据。

四、社会背景的差异

如果想要挖掘艺术创作中具有的文化特征和真实的历史环境，应该从那些被进化论的模式所排斥，同时又被以往的美术史所忽略的重大现象中着手研究。[11] 中国传统艺术思维在对绘画的起源这个问题进行研究时，通常采用书画同源的方式，研究重点在于书画的艺术特征，却忽略了其所处的社会环境。《孝子传》作为西汉时期的作品，具有一定的时代意义，而孝子画像伴随着画像石的产生而产生，是画像石的重要题材之一。《孝子传・丁兰事木人》是汉画像丁兰事木人的内容来源，而汉画像丁兰事木人则是《孝子传・丁兰事木人》的图像展现。它的产生有着深刻的社会背景，体现了汉代社会浓烈的厚葬之风和发达的经济。

刘向的《孝子传》是最早专门为孝子所作传记的书籍，此时的汉代“孝”的观念已体现在政治与经济的各个方面。《汉书・惠书・惠帝纪》颜师古注曰：“孝子善述父之志，故汉家之溢，自惠帝以下皆称孝也。”体现了汉代统治者对孝道的重视。统治者率先行孝，并通过奖惩制度来推行孝文化。对全民行孝影响最大的当属“举孝廉”制度的推行。此时的西汉在经济上实行休养生息政策，社会经济得以恢复；在政治上周边与汉王朝保持相对的和谐状态；在思想上儒家学说与道家学说占主流地位，谶纬思想盛行。在这种社会背景下，孝的观念渐渐深入人们的日常生活，从而达到了“教民以善”的目的，所以《孝子传》所记载的孝子是当时评价孝行的体现。

东汉晚期的社会变得更为复杂，在经济上，战争的破坏和统治者重农抑商政策的实施，束缚了经济的发展；在政治上，政权分割严重，统治者对国家的掌控削弱，周边国家趁机骚扰；在思想上，统治者为了巩固政权，加强了对思想的束缚。在这种背景下产生的汉画像孝子图在取材上不如《孝子传》广泛，表现方式具有模式化倾向，体现了时代所赋予的束缚性特征。

［本文系参与朱存明教授主持的国家社科基金项目“汉代谶纬的图像美学研究”(编号 11BZX081)成果的一部分］

注释：

［1］［3］［美］E. 潘诺夫斯基：《视觉艺术的含义》，傅志强译，辽宁人民出版社 1987 年版，第 48 页。

［2］［英］彼得·伯克：《图像证史》，杨豫译，北京大学出版社 2008 版，第 43 页。

［4］范景中编选：《艺术与人文科学·贡布里希文选》，浙江摄影出版社 1989 年版，第 45—57 页。

［5］［美］大卫·卡里尔：《艺术史写作原理》，吴啸雷等译，中国人民大学出版社 2004 年版，第 7—10 页。

［6］［美］鲁道夫·阿恩海姆：《艺术与视知觉》，滕守尧译，中国社会科学出版社 1984 年版，第 58—61 页。

［7］(宋）李昉等：《太平御览》，中华书局 1969 年版，第 1909 页。

［8］胡绍宗：《中国早期制像艺术》，人民美术出版社 2011 年版，第 15—17 页。

［9］［古希腊］柏拉图：《柏拉图文艺对话集》，朱光潜译，人民文学出版社 2007 年版，第 80—83 页。

［10］肖群忠：《孝与中国文化》，人民出版社 2001 年版，第 64 页。

［11］［美］巫鸿：《美术史十议》，生活·读书·新知三联书店 2008 年版，第 114、115 页。

艺术研究

汉画图像的中国艺术史研究特点初探

黄雅峰

内容摘要 汉画图像构成了汉代的图像艺术史：汉画图像之于汉画像石、画像砖墓与石祠、石阙等汉代建筑，表现了木构架建筑特点，形成了生动的汉代图像建筑史；汉画像的雕刻塑作存在于汉代墓葬装饰与陪葬物中，汉画像石有线刻、凸凹面刻、隐起刻、起突刻，汉画像砖主要用印模印制和翻倒脱模的方法，它们与石雕、铸铜、堆塑等制作方法一起汇集成系统的汉画雕刻塑作史；汉代遗存和汉画图像反映的漆器工艺、织造工艺、陶瓷工艺昌盛，冶铁铸造、制盐酿酒、器物制作技艺讲究，可以总结出翔实的汉代工艺美术与传统技艺史；汉墓壁画勾勒用线、设色渲染、内容丰富，汉墓帛画形式完美、色彩厚重，与其他绘画艺术组合成形象的汉代绘画史。汉画图像尚需深入研究，以建立中国的艺术史体系。

关 键 词 汉画；图像；艺术史；研究特点

作者简介 黄雅峰，男，1947 年生，中国汉画学会理事，杭州师范大学汉画艺术研究所所长、教授。

汉画图像博大精深，其研究积淀丰厚，从汉代至今，一直在绵延发展中。汉画图像表现历史与社会，对三皇五帝、三代至汉代时期的历史进行记载与表现。同时，汉画图像对于现实社会生活也进行了艺术再现。汉画像石、画像砖、汉代铜镜、汉墓壁画数量众多、图像丰富，汉代漆器、瓷器及堆塑罐形象别致、内涵特殊，汉代帛画内容精练、含义深长。汉画图像的理论研究对中国艺术史的深入研究有一定的意义。

把题材内容与表现形式联系起来进行分析，是图像学的科学研究方法。潘诺夫斯基把图像认识与表现的三种工作层次分别为前肖像学描述、肖像学分析与圣像学解释。[1] 前肖像学描述、肖像学分析是对图像的风格与特点进行艺术分析，圣像学解释是对图像的意义进行释读。前一个层次是图像志分类，后一个层次是图像学研究。在图像的表现过程中，由线条、色彩描述到形象特点研究，再到对构成形象的特点进行解释，这是一个有机联系、不能分离的艺术过程。汉画图像对于形象的形式和意义，从古代金石学研究到近现代考古学与其他学科的研究，已有完整的状态。山东嘉祥的武梁祠，自宋代起，其图像所表现的人类历史、神仙与宇宙世界的完整性，成为古代画像研究的传统经典。巫鸿在研究武梁祠时认为："通过几个世纪以来的连续著录和讨论，武梁祠的意义已经远远超越了这个小小祠堂本身所限定的范围。可以说，对它的研究已使它变成各种相互补充或对立的理论及方法论的竞技场。"[2] 武梁祠成为"中国艺术史上最精彩的一部'图像历史'"[3]。在建筑、雕刻塑作、工艺美术与传统技艺、绘画等方面，汉画图像形成了汉代的艺术史。

一、生动的图像建筑史

汉画图像存在于汉画像石、画像砖墓与石祠、石阙等汉代建筑。

汉画图像比较直观地再现了汉代的木构架建筑，成为汉代建筑研究重要的形象资料。西汉画像石多表现单体建筑图像：如河南南阳唐河石灰窑汉画像石墓图像刻有三层楼阁建筑；河南南阳针织厂汉画像石墓图像刻有两层楼阁建筑，其下面一层以双柱及斗拱相承屋顶，上面一层有两个单柱飞托两个屋顶，建筑以框架支撑。东汉画像石多表现群体建筑，四川郫县（今郫都区）汉代石棺图像刻饰宴客乐舞杂技的场面。其中部为高大的两层楼阁建筑，下层敞宇，上层以木构分成不同的空间。江苏徐州铜山茅村汉画像石墓图像表现了东汉建筑的丰富式样，有门楼、阙、廊、厅堂、楼阁等。它们皆为敞宇，用木构架支撑。图像还着重刻画各种部件，如柱、斗拱、门、门额、楼梯、栏杆等，表现了日趋成熟的木构架建筑技术，如竖向的柱斗结构、梁架的榫卯承垂，初步形成了木构架的建筑方法。

汉代建筑已出现屋顶坡面反宇现象，这在汉代石阙、石祠、明器及汉画图像中已有表现。斗拱出现在梁架构造上，如山东平邑东汉皇圣卿石阙檐下雕刻有清晰的一斗三升斗拱形式，河南三门峡刘家渠 73 号墓出土的东汉陶楼檐下有一斗三升斗拱的样式，江苏徐州汉画像石有悬臂外挑以数层斗拱承重楼阁的图像。“结重栾以相承”[4]，较为直观地表现出汉代屋顶坡面的外部与内部情况，说明在汉代前后左右出挑的成组斗拱已经使用。《景福殿赋》云：“飞昂鸟踊。”昂斜下放置，起杠杆作用。它无须抬高檐口，在檐口保持原位的状况下加大出檐。昂的形成，由商周大叉手始，从汉初之“櫼”而演化得来，至东汉加入斗拱的组合体中，湖北当阳刘家冢子 M2 墓出土的东汉陶楼，以昂和斗拱的组合使用来承托檐头的出挑。河南南阳淅川夏湾出土的汉画像砖图像，画面中部是房屋的地平面，下面以柱与栌斗承支，上面中部有四角攒尖顶的门楼，左右是竖梁支托的院围，两旁是简易的双阙。门楼与双阙没有设计拱，没有纹饰，画像展现了一个普通民宅院落的场景。它的建筑空间分布合理、建筑形体穿插得当。河南南阳方城出土的汉画像砖图像，画面表现出民宅的柱梁结构形式：有柱上架梁、梁上立短柱、短柱上再架梁的抬梁式结构，也有柱头承檩、穿枋连接柱子的穿斗式结构。

汉画像石、画像砖图像表现了桥梁建筑特点。河南南阳新野樊集 M35 墓泗水捞鼎图像中，拱桥身以网状线饰，有两层栏杆，桥下有四柱，分别以一斗二升拱承托桥身。山东邹城李村出土的汉画像石泗水捞鼎图像中的桥为拱形，由一层层拱券砌筑，桥头有亭。汉代人已经能从力学角度来掌握桥身的跨度及柱栌荷载情况，桥端设有阙，桥已有桥身、栏杆、支柱、斗拱等成部件，这些构件都成为以后各种桥梁建筑的重要组成部分。

汉代的地面建筑，尚遗有山东长清孝堂山石祠及少量的石阙，它们与散存的石祠构件一起成为汉代建筑研究的直接资料。汉代的建筑遗址也有重要的研究价值。今河南偃师岗上村和大郊寨之间的东汉灵台遗址，气势宏大，显示了建筑和环境的高度统一，是我国早期成功的空间建筑作品。

汉代园林呈现与自然和谐的特点。西汉园林由出土的南越国宫苑番池和曲水流渠可见其形式。东汉宫苑和私家园林都有一定的规模。东汉洛阳临洛、谷二水，北依邙山，给造园提供了便利的条件，开始运用了园林的空间功能。此时较多地出现了自然山水园和人工山水园，园林建筑有初步表现。

汉代建筑追求审美功能，完善营造技术，形成了中国土木建筑体系。汉代建筑“是中国建筑史上第一座高峰，它具有的建筑思想和创作手法在以后两千年的建筑活动中一直显示出至关重要的作用，并深藏在中华民族的思想意识中”[5]。汉画图像与汉代建筑遗存的构造及图形组成了汉代的建筑史。

二、系统的图像雕刻塑作史

汉画图像的雕刻与塑作多存在于汉代墓葬装饰与陪葬物中，它是画像石建筑装饰、画像砖建筑装饰，以及铜镜、铜雕、石雕、堆塑罐等陪葬物制造过程中的艺术活动。

在祠堂的题记中可以看到汉代工匠雕刻的过程："褰帷反月，各有文章。雕文刻画。交龙委蛇，猛虎延视，玄猿登高，狮熊嗥戏，众禽群冢，万兽云布。"[6]其步骤为先进行构思，然后运用"刻画"的制作方法。北魏郦道元《水经注·济水》记叙：李刚墓用"隐起刻"的方法制作。由此我们看到古人对汉画像石已经有"刻画"与"隐起"两类不同的方法进行分类。宋李诫《营造法式》对中国石刻的雕镌方法进行了具体的总结，认为雕镌制作有四等，"一曰剔地起突，二曰压地隐起华，三曰减地平钑，四曰素平"[7]。前三项有"剔地""压地""减地"的提法。"地"是石材的表面，是平面的。"平钑""素平"的刻法，是指雕琢后的画面是平面的，应属于"刻画"系统。"起突"与"隐起华"也是相对于石材平面而言的，是建立在平面基础上的"起突"与"隐起"，应属于"隐起"系统。雕镌分类是基于"刻画"与"隐起"两种类型的，汉代建筑装饰图像雕刻方式应该包括在内。以此分析，汉画像石的雕刻方法有线刻、凸凹面刻、隐起刻、起突刻等方面。四种雕刻技法前两种属于刻画类，后两种属于隐起类。刻画类是先有阴线刻，又在阴线刻的基础上形成凹面刻，然后又发展了凸面刻。隐起类相对于刻画类的凸凹面刻，是根据物象的凸起高度而形成的，因此它的隐起刻凸起度高于凸凹刻，而起突刻又高于隐起刻。刻画类较早于隐起类出现，刻画类中的线刻是产生各种刻法的基础，丰富多样的雕刻方法组成了琳琅满目的汉画像石的外在形式。

汉画像砖可分为空心砖与实心砖两种类型。西汉时期，河南洛阳、郑州画像砖墓使用空心砖，河南南阳空心砖与实心砖同时使用。东汉时期南阳画像砖在墓葬中得到更为广泛的使用，范围扩大到四川，画像砖为实心砖。空心砖的制造，一般要经过原料选择、制泥拉坯、花纹印制的过程。砖面的质地与平整均与泥土质地和制作工艺有关，最后在细腻平整的砖面上以木制的物象图案印模连续印制，组成画像，这是郑州、洛阳、南阳汉画像砖的常用方法。南阳汉画像砖还使用了翻倒脱模法与直接刻阴线法，翻倒脱模法即木模上刻有图形，然后制模，画像在制作泥坯的过程中同步产生；刻阴线法用阴线在泥坯上直接刻出图形。[8]实心砖制作时先将泥拍打成厚片制成泥坯，再把泥坯放入刻有画像的木模内，经拍打抹平后倒出，入窑烧制成砖。[9]

西汉的青铜铸造技术有了新的突破，出现了世界上最早的水法冶金法——“胆水浸铜法”。青铜的铸造技术应用于铜雕和铜镜的制作。甘肃武威雷台汉墓出土的铜奔马，精美矫健，昂首嘶鸣，三足腾空，一足踏着飞鸟。铜奔马精确地把握了力学平衡原理，反映了汉代高超的艺术与技术水平。河北满城汉墓出土的长信宫灯、广东广州南越王墓出土的铜人器座、云南晋宁石寨山出土的铜贝器等造型奇特，技艺精美。汉代铜镜精心表现图像内容，铸造技术达到了新的水平。

汉代墓葬地面上的雕刻，如陕西西安霍去病墓石雕和墓中心祁连山形之石保持和谐统一，采用循石造型的概括手法，象征性地表现了马踏匈奴、跃马、卧虎、卧象、野猪、蝙蝠、怪人、牛、熊、蟾、蛙、鱼等形象，呈现了深沉雄大的气魄，造就了森然秩序的肃穆气氛。汉代墓葬出土的陪葬物雕刻塑作生动，堆塑罐用不同的捏塑手法，在主体罐上制作出人物、动物、楼台亭阁建筑模型，图像丰富多彩。

三、翔实的工艺美术与传统技艺史

汉代遗存器物有精美的造型和图像，它们反映出的漆器工艺、织造工艺、陶瓷工艺、青铜工艺、玉器工艺、金银器工艺形成了奇丽的汉代工艺美术世界。

湖南长沙马王堆汉墓与其他汉墓出土有大量精美漆器，图形和图案完美结合，既有实用功能又有形式美感。彩色漆绘是将生漆制成半透明的漆液后调入各种不同的颜料绘制，有色彩光亮，不易剥落的效果。油彩画作是用朱砂、石绿、石青、白粉等矿物粉状颜料调桐油后画在髹漆的器物上，增加其厚重感。针刻是用针尖在已经涂漆的器物上刺刻花纹，使质地更为华美。刺刻的线缝内填入金彩，达到铜器上金银错的花纹效果。金银箔贴是用金箔或银箔制成各种图纹，贴在器物的漆面上，呈现“金银平脱”的效果。

湖南长沙马王堆汉墓出土的“T”形帛画，实际为非衣。非衣虽然“性质和意义不在于生前穿着，而在于死后助丧”[10]，但是非衣“具有与衣服相仿的织料（丝织品），与衣服相似的形状（“T”形），与衣服相近的作用（覆盖）”[11]。因此，非衣帛画应是衣服上的装饰图案。马王堆汉墓墓主人尸体上有22层丝麻衣衾穿着与覆盖。还出土有单幅丝绸布料46卷，单衣夹袍、单裙及手套、鞋子、袜子等成品50

多件。这些衣物质地大多为轻纱、纺罗、素娟等面料，也多以染色、印花及刺绣加以装饰，具有华贵奇丽的艺术效果。汉代具有完整的服饰制度体系，使用了冠、深衣、上衣、下衣、履等丰富多样的服饰。它们独特的造型特点，反映了当时服饰的艺术风格和审美观念。汉代服饰图案将具象的图形提炼，施以艳丽明快的色彩，构成了具有象征意义的符号体系，表现了肃穆凝重、质朴大方、制作精美的服饰特点。

陶瓷艺术在西汉时仿青铜礼器，造型端庄，讲究规整，制作工艺比较精美。东汉时风格简约，质朴大方，器型讲究规整和对称，注重实用和审美的结合。河南洛阳出土的西汉彩绘陶瓷罐，器形庄重大方，彩绘神秘华贵。浙江上虞东汉墓出土的黑釉胡俑头，形象生动夸张，色釉纯正厚实。

汉代的工艺美术丰厚博大，顾森认为："著名的秦砖汉瓦也从另一个侧面反映了陶埴工艺的成就；印染刺绣工艺的高度发展，丝绸之路的开通，在工艺文化的交流史上写下了光辉的一页。"[12] 汉代遗存和汉画图像为中国的工艺美术发展奠定了基础。

汉画图像表现了汉代传统技艺的鲜明特色和高超水平。在冶铁铸造、纺织、农业生产、制盐、酿酒等手工业，以及天文地理、机械、建筑与器物制作诸多方面，汉画图像都有具体而详细的表现。

汉代的冶铁业得到发展，河南南阳的瓦房庄铸铁遗址发掘面积4864平方米，其出土的遗物反映了汉代铁器铸造和锻造加工的精湛技艺。冶铁铸造业的兴盛，带来了生产工具的革新。农业与手工业、机械、器物制作与建筑业进一步发展起来。作为表现汉代社会与生产活动的汉画图像，形象性地表现了冶铁、铸造、农耕、制盐、酿酒、纺织等科技生产活动的场景，同时也再现了建筑、园林、家具、器皿的生动形象，还清晰地绘制了天文地理的具体情况。

山东滕州宏道院出土的汉画像石的冶铁图像，画面表现了一个冶铁作坊，有三人操皮橐鼓风，三人锻打，一人执钳，还有许多人在打造、试作各种工具。操橐的三人一人在橐前压橐取风，一人躺在橐下将橐推回原处，可见以橐鼓风的费力程度。孙机对橐进行了考证："它是一个内部装撑环，两端装挡板的皮囊，前挡板有进气口，后挡板上的排气口外连接着通向炼炉的风管。橐顶装有活动吊杆，使用时需不断推拉，即《管子·揆度篇》所称之'摇炉橐'。"[13]

天文地理以对天象的观察为基础。河南南阳许多汉画像石日月星相图像，把日和月刻在一幅画面上，常同向而行。如果画面一行排列，则朝一方向，或月在前，或日在前，中间以星座饰同一方向的运动。如果是两行排列，下排和上排逆向，两排作一回复，表现了汉代人对天文地理的认识。

四、形象的绘画史

汉代壁画场面宏大，汉代帛画画面生动，汉画像石、画像砖图像丰富。宗白华指出：“商周的钟鼎彝器及盘鉴上图案花纹进展而为汉代壁画，人物、禽兽已渐从花纹图案的包围中解放。”[14]汉代壁画、帛画、汉画像石、画像砖的绘画艺术精心表现主题，形成中国绘画史上的一个高峰。

汉墓壁画题材广泛，图像丰富。在绘制时，以毛笔为工具，以墨为主要材料。基本方法为先勾勒用线，后设色渲染，以后发展为没骨法和白描法。在形象描绘时，勾线表现物象轮廓与本身的骨架、体积，显现物象的本质特点。设色用朱、绿、黄、橙、紫、青、白等色。构图场面宏大，形象刻画精细入微。汉墓壁画的情节展现、置陈布势、勾勒用线、设色渲染，均对后代绘画产生影响。河南洛阳汉墓壁画勾线与设色有五种表现技法：勾线填色法，西汉烧沟 61 号壁画墓神虎食女魃图像，勾线为黑色，底面为黄色，以青、黄饰其间；色彩渲染法，西汉洛阳卜千秋壁画墓的女娲图像，面部细眉樱唇，脸庞勾线，圆润细腻，在额、颧、下颌等骨点高起处用红色渲染体积，用线与设色自然柔和；勾线与渲染结合法，西汉八里台壁画墓的人物图像，除外部勾线较深入完整外，在身体其他部分大胆运用勾线与渲染手法。如大面积的衣服处用渲染，肘、膝等关节与领口、衣服边缘处用勾勒，出现虚与实、面与线的生动对比，描绘出感人的艺术形象；没骨法，东汉洛阳东郊机车工厂壁画墓的车骑出行图像中，各种动势的马运用黑与青调和的颜色随意大胆地描绘，或大笔涂抹或小笔收拾，力图表现马的运动姿态；色彩对比法，新莽的金谷园壁画墓前室穹窿顶上以流动祥云布满天空，与象征极昼的白色底面形成对比。后室顶脊的月像图底面的红色，与不同面积的青色图像形成对比。汉墓壁画给我们描绘出一个五彩缤纷的汉代世界，为研究汉代绘画提供了可贵的实物资料。

汉代帛画集中出土在湖南长沙马王堆汉墓，其线条生动，色彩斑斓。而山东临沂金雀山汉墓帛画则线条纯朴，色彩厚重。

汉画像石、画像砖的图像需先在石面上用墨与笔画底稿，确定物象的位置与轮廓。在南阳杨官寺汉画像石墓画像中有“人像的头部没有雕出，而隐约可见帽顶；在发掘时发现人头是用墨画的”[15]，山东平阴新屯汉画像石墓主室隔墙正面的人面部有“额、脸框及眉须有墨勾涂的痕迹”[16]，图像雕刻后要敷彩。绘画是汉画像石、画像砖艺术表现的关键步骤，丰富的图像展示了汉代绘画的辉煌成就。

汉墓壁画、帛画、汉画像石、画像砖图像充满艺术形式表现，它们确立了或横或竖的长条幅的中国画款式，一幅画面有连贯的内容，形成了完整的装饰形式。典型的汉画像石墓中，墓门的铺首衔环，墓前室及中室的宴饮、歌舞，后室的日常起居生活，墓顶的天文星象，基本上是一种格式化的画面。汉画中生动多变的画面、深邃浪漫的意境、飞动流放的线条“成一体特殊风格，非晋唐所能企及”[17]。汉代已经完成了中国绘画的基本表现形式，出现了帛画、壁画、木篦画、木板画、木简画、漆棺画、木牍画、陶画、纸画等类别，绘画工具、材料使用了毛笔、墨、纸、绢和壁面，选择了矿物和植物颜料，运用了漆彩、油彩、色彩、墨绘等方法，讲究笔墨与审美情趣、勾线的线形变化，进行了人物画、山水画和花鸟画的实践，形成了生动的汉代绘画史。

对中国艺术史的研究现状，学界已开始进行了思考。西方艺术史由于起步较早，在研究中尚能较全面地看待历史问题，重视社会各要素的相互作用，所以形成的艺术史较为系统。中国艺术史研究需要进行这些方面的进一步努力。汉画图像对社会与历史、建筑与雕刻、绘画与工艺、生产与技艺进行了深刻和生动的表现，形成了汉代的艺术史。学者在各自学科的实践中，已对这个图像艺术史进行了初步的理论研究，但是任重道远，汉画图像的形式和意义尚待深入分析，汉画图像的中国艺术史研究体系的建立还需长期的努力。

注释：

[1][美]E.潘诺夫斯基：《视觉艺术的含义》，傅志强译，辽宁人民出版社1987年版，第39—40页。

[2][3][美]巫鸿：《武梁祠——中国古代画像艺术的思想性》，柳扬、岑河译，生活·读书·新知三联书店2006年版，第5、230页。

[4]（汉）张衡：《西京赋》，载《经史百家杂钞》，西苑出版社2008年版，第118页。

[5][12] 顾森主编:《中国美术史·秦汉卷》，齐鲁书社、明天出版社 2000 年版，第 304、349 页。

[6] 济宁地区文物组、嘉祥县文管所:《山东嘉祥宋山 1980 年出土的汉画像石》,《文物》1982 年第 5 期。

[7](宋) 李诫撰，邹其昌点校:《营造法式》，人民出版社 2006 年版，第 21 页。

[8] 南阳文物研究所编:《南阳汉代画像砖》，文物出版社 1990 年版，第 35 页。

[9]《中国画像砖全集》编辑委员会编:《中国画像砖全集·河南画像砖》，四川美术出版社 2006 年版，第 24—25 页。

[10][11] 刘晓路:《中国帛画》，中国书店 1994 年版，第 48 页。

[13] 孙机:《汉代物质文化资料图说》，文物出版社 1990 年版，第 40 页。

[14] 宗白华:《美学散步》，上海人民出版社 1981 年版，第 103 页。

[15] 河南省文化局文物工作队:《河南南阳杨官寺汉代画象石墓发掘报告》,《考古学报》1963 年第 1 期。

[16] 济南文化局文物处、平阴博物馆筹建处:《山东平阴新屯汉画像石墓》,《考古》1988 年第 1 期。

[17] 潘天寿:《中国绘画史》，上海人民美术出版社 1980 年版，第 22 页。

四川汉墓中所反映的南传早期佛像艺术

范小平

内容摘要 随着当代史学界对“一带一路”的研究深入进行，学术界对“丝绸之路”文化传播路径的研究逐渐向纵深发展。“南方丝绸之路”的研究再次引起学术界的关注。作为“南方丝绸之路”的重要文化载体之一，四川早期佛像艺术展示了四川汉代对外进行文化交流、融合、发展、传播的事实。

关 键 词 四川；汉画；佛教；艺术；印度；影响

作者简介 范小平，男，中国汉画学会理事，德阳市文联主席。

公元前539年波斯人征服美索不达米亚，标志着美索不达米亚文明的终结。美索不达米亚当地各民族和王朝从此再也未能战胜古波斯帝国，波斯帝国所涉及的北非、西亚、南亚、中亚地区成为宗教的大熔炉。在多种文化背景下，波斯帝国的琐罗亚斯德教、摩尼教、景教、佛教等宗教思想应运而生。中国早期佛像艺术在西汉时期（前202—8）正处萌芽阶段，当时正是印度与波斯、希腊文化融合的孔雀王朝时代（约前324—约前185）末期，受波斯王朝宗教思想影响，更多地融入了印度本土佛教文化倾向的佛像艺术，在贵霜王朝时期已经在印度北部的秣菟罗和西北犍陀罗地区广为盛行。在此期间，来自印度的佛像艺术通过缅甸、云南传入四川地区。这条由印度通往中国西南的陆路通道被称为“南方丝绸之路”。

东汉永平十二年（69）蜀五尺道、滇博南道、滇缅永昌道，由川西、川南进入云南、缅甸，经印度再到波斯，这是中国南方最早的贸易通道之一。汉武帝梦寐以求的“通蜀、身毒国道”及波斯的“南方丝绸之路”业已形成。[1] 在四川汉代崖墓、砖石墓出土文物中发现的画像砖、画像石、画像石棺的装饰或陪葬品中，确有西南亚佛像艺术的痕迹。

一、佛教南传的通道为考古工作所证实

1986 年，广汉三星堆遗址 1、2 号祭祀坑均发现来自印度洋暖海地区的背磨式和穿孔式海贝成千上万枚。这些海贝在四川西昌的墓葬中，在云南江川、晋宁的墓葬或古遗址中，出土多达数以万计。据钱币专家考证，这种海贝产于印度洋和西太平洋。四川的海贝主要是从印度、巴基斯坦、缅甸输入的。[2] 海贝的输入势必伴随文化的传播和渗透，学术界认为在中国殷商时期，“南亚文化可能已流入西南”[3]。

根据近年来学术界对四川汉墓中的陪葬品摇钱树、汉墓佛像及汉画（石刻浮雕、俑）的深入研究，发现这类带有早期佛教色彩的汉代艺术品与西南亚佛教艺术具有密切的关联，这种关联是通过一种“佛教南传系统”，经过南方丝绸之路向中国西南传播的。[4] 张同标在《中印佛教造像探源》中明确提出四川摇钱树渊源于古印度的劫树。[5] 一条比较清晰的佛教文化传播路线由此展现。

树崇拜在北非、西亚地区的古埃及文明、两河文明中是可以找到踪迹的。古埃及就有崇拜“天树”的历史。古埃及人认为，天是一棵大树，诸神栖息在树枝上，星辰则为树枝上的果实或叶，天树，实指苍穹。北非腓尼基发现的圆筒形印章上刻有圣树与太阳；西亚美索不达米亚时期纳齐尔国王尼姆鲁德西北宫殿也大量采用刻有魔法精灵和树木图案的装饰，精灵右边是一棵圣树，在亚述地区代表大地肥沃和丰收。在美索不达米亚出土的一棵西亚石梳上画着圣树和圣鸟。在古埃及中王国时期，喜兹斯多利斯二世时的霍姆荷太普王子墓中有一幅壁画，几只鸟栖息在繁茂的树枝上，其中“戴胜鸟”刻画得细致入微。这些鸟和树出现在墓室壁画中，已经具有“圣树”“圣鸟”祈福压胜的宗教寓意。[6]

在加尔各答的印度博物馆有一件公元前 2 世纪题为“如意树”的石刻。该馆的陈列说明为“Kalpadruma：Pillar Capital”。“Kalpadruma”通常译为“如意树”，也译为“劫树”或“劫波树”，是一个音译兼意译的术语，按字义应为“永恒之树”。古印度的圣树信仰是由来已久的，所见的相关文物也难以计数。就文化的整体态势来看，圣树崇拜是以古印度为核心的，我们暂时不去研究北非、西亚的“圣树”和

古印度的“劫树”的相互关系，但祈求和平的“圣树”与“劫树”所传达的社会内容是一致的。

比较古印度的劫树与四川地区的摇钱树，两者之间有两点共同因素：一是树与钱的关系。祈福纳祥是圣树、“劫树”、摇钱树所直接显示的艺术语言，只不过经历了由比较含蓄到直截了当的过程，从象征和平、美好、平安的寓意最终演变为财富的象征。二是树与佛像之间联系。圣树、“劫树”、摇钱树也经历了从隐喻的佛教主题到佛像直接摆上树干的过程。佛像起源于古印度，因此，摇钱树与佛教造像相伴传入中国四川应当是情理之中的。

由北印度的秣菟罗和西北犍陀罗地区，佛教艺术一路向中国西南传播。从年代顺序和艺术风格上来看，四川与印度之间确实存在着早期的佛教文化传播的途径。在中国西南四川地区的东汉墓葬中，出现了钱树和佛像的组合图像。其中最重要的节点在云南与四川的交界处，四川凉山州汉墓先后发现了摇钱树及摇钱树残片。这些摇钱树残片传达了佛教艺术的信息。

西昌桑坡出土了有西王母的摇钱树残片，手持莲花的侍从出现在西王母两侧，和印度佛教中常见的“一佛二立侍”有着相似之处[7]，只不过西昌的摇钱树融入了道家思想。1976 年冬，西昌高草发现了摇钱树残片，其画像的主要内容为西王母的神话故事。1996 年，西昌市马道镇的一座东汉砖室墓中出土了一株摇钱树，全树由树冠、树干、树枝和树枝上的插饰四部分组成。

佛教题材的汉墓俑是滇川地区发现的早期佛教艺术文物之一。2000 年 9 月，云南省考古研究所与昭通市文物管理所联合对水富县楼坝镇乌龟石湾东汉崖墓进行抢救性发掘，共发掘东汉崖墓 14 座。其中 2 号墓随葬有一件胡人像，证明我国早期佛像曾在五尺道上的昭通出现过。这是一件陶佛像，残高 22 厘米，呈坐姿，头顶髻较肥大，眉毛修长，双眼微合，面部表情略带微笑，上唇有胡须，长垂耳，身穿通肩衣，圆领，衣袖皱纹明显，右手曲掌，掌心向外，左手握衣角，衣角较长。结合昭通市文管所馆藏文物中的四件与早期佛教造像有关的文物，均和印度同时期佛像艺术相似。胡人装扮、佛教人像的坐姿和手印，这些均显示出在佛像南传过程中，印度的佛教文化逐步与各地方文化相融合。

可见，昭通汉墓发现的陶人像应属中国早期佛像。昭通发现早期佛像，说明印度佛教艺术是通过南方丝绸之路上的国际贸易，以商旅往来的形式北上传入中国西南地区的。

图 1　公元前 2300 年美索不达米亚圣树

图 2　古埃及霍姆荷太普王子墓壁画圣树、圣鸟

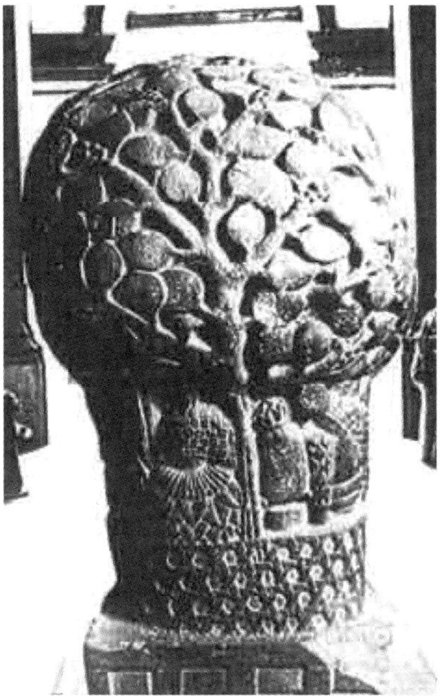

图 3　印度博物馆公元前 2 世纪劫树

图 4　公元前 2 世纪印度的树崇拜（石刻浮雕）

云南昭通发现东汉陶佛像具有螺发、高鼻、身穿通肩大衣、U 形衣纹、右手施无畏印等佛像仪轨特征，受到了印度初期秣菟罗和犍陀罗佛像的影响，对长江中下游吴晋时期陶瓷佛像和北方魏晋十六国时期铜佛像产生了影响。它提供了印度早期

图 5　公元前 2 世纪石刻浮雕白象（印度新德里博物馆藏）

图 6　云南昭通出土佛坐像俑

图 7　四川乐山崖墓门楣上的佛像

佛教艺术从滇缅道传入四川的实物证据，对我国佛教艺术的产生和传播的研究具有重要意义。[8]

印度佛像艺术由印度的秣菟罗和犍陀罗地区经过云南，传入四川，继而进入成都平原。考古材料显示，印度佛教艺术在四川汉代崖墓、砖室墓的装饰及其明器中忽隐忽现地表现出来。印度佛教艺术中的白象、莲花、带有背光的佛坐像在乐山崖墓、广汉崖墓中也有出现。在西南地区的 12 处确切出土地点共发现早期佛像 30 尊以上。四川乐山麻浩 1 号崖墓的佛像石刻、乐山柿子湾 1 号崖墓的佛像石刻、彭山豆芽坊沟 166 号崖墓出土的摇钱树座、绵阳何家山 1 号崖墓出土的摇钱树、重庆忠县涂井 5 号崖墓出土的摇钱树、忠县涂井 14 号崖墓出土的摇钱树、开县红华崖墓出土的摇钱树、梓潼宏仁羊头山东汉砖石墓中出土的摇钱树树干、四川安州文管所收藏的东汉摇钱树树干、什邡皂角镇白果村东汉墓出土的画像砖、乐山西湖塘崖墓出土的右手作施无畏印的陶俑、重庆丰都槽房沟东汉墓中出土的摇钱树等出土文物中，均发现有佛教题材的踪迹。以四川汉墓文化中佛像题材为代表的中国西南早期佛教艺术正是受中亚、南亚佛教文化影响所形成的。

二、四川崖墓中的佛像艺术

在四川汉代崖墓石刻艺术中，南亚的佛教艺术也能找到踪迹，突出表现在墓葬中的一些佛教题材的人物、动植物及摇钱树装饰。四川地区发现不少东汉晚期的佛教造像，如绵阳何家山 1 号崖墓出土的摇钱树上有 5 尊佛像，乐山柿子湾 1 号崖墓和麻浩 1 号崖墓的石刻佛像，什邡皂角镇东汉砖石墓出土的画像砖上的佛塔与菩提树，宜宾黄塔山东汉墓出土的一尊坐于青狮上的佛像，彭山东汉崖墓中的摇钱树陶座上的坐佛与侍者，乐山西湖塘出土的施无畏印陶俑。此外，绵阳何家山 1 号墓的钱树枝上饰有大象及象奴，广汉连山崖墓出土的钱树座上也彩绘浮雕大象及象奴的形象。[9] 其中，摇钱树中蕴藏的佛教艺术思想尤为突出。

1981 年 5 月，重庆忠县涂井发掘了一批蜀汉时期的崖墓，出土文物 3000 余件，这是当时该地区三国考古的重要发现。在这批崖墓中，有三座墓出土了 4 株钱树，其中 5 号墓、7 号墓、14 号墓出土的钱树树干上有浮雕佛像 14 尊，佛像位于每节树干中部，为双范合铸的圆雕人像，与树干连成一体。佛像为坐式，高 5.6 厘米，肩宽 3.5 厘米，有高肉髻，着通肩宽袖大衣，右手施无畏印，左手握衣角，结跏趺坐。佛像两侧从树干向外伸出两片钱纹屏饰，上有方孔圆钱 6 枚，左右各 3 枚，其间用条状云气纹相连，边缘有羽毛状飞翅，构成了一个高 9.2 厘米、宽 8.4 厘米的长方形背光屏。涂井蜀汉崖墓共出土陶俑 100 多件，在舞俑、乐俑和武士俑中，有的额前眉际间有白毫。“白毫相”属于佛陀“三十二相”之一。据《太子瑞应本起经》介绍：白毫相“躯体金色，顶有肉髻，甘发绀青，眉间白毫，顶出日光”[10]。

绵阳何家山崖墓摇钱树树干上有 5 尊坐佛像，重庆忠县出土的摇钱树也有 14 尊坐佛像，这些坐佛均顶有肉髻，着通肩宽袖大衣，右手施无畏印，左手握衣角，结跏趺坐，背有顶光。绵阳双碑白虎嘴 19 号墓钱树上有 1 尊佛像，49 号墓的残树树干上有 3 尊佛像，绵阳市永兴镇至安县界牌镇一带崖墓出土的钱树树干上有 5 尊佛像，其中树枝顶端有 1 尊坐佛像。重庆丰都一东汉砖室墓出土的残钱树上也有佛像。据《佛教初传南方之路文物图录》一书刊载，日本收藏的钱树残件上有 4 尊佛像，这些残件被认为是四川汉墓出土，而后流传到日本的。[11]

图 8　佛陀坐像（印度国家博物馆藏）

图 9　四川彭山江口钱树树座上的佛像（一佛二立侍）

除了佛像以外，还有

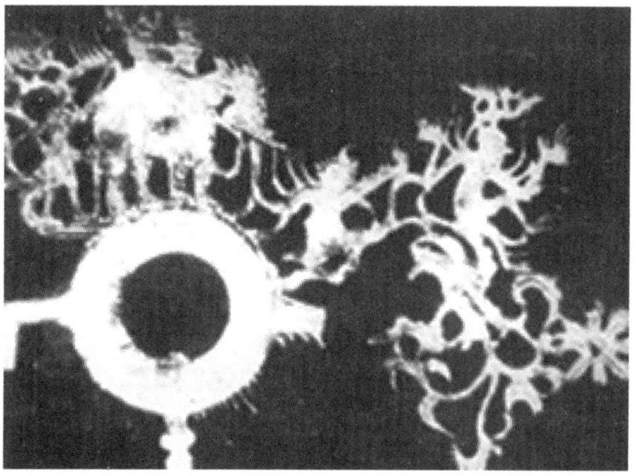

图 10　四川绵阳何家山钱树树枝上的白象及象奴

一些与佛教有关的造像，如西昌及绵阳何家山 2 号崖墓出土的摇钱树西王母额中有小圆圈，似为佛教白毫相特征。摇钱树与崖墓装饰中常见的莲花、羽人与西王母（中江崖墓）相伴，这是佛教传入初期仙佛相混的特征。乐山麻浩崖墓门楣上刻有一坐佛，有头光，着普通披肩袈裟，右手施无畏印，左手执衣角。彭山江口崖墓出土的陶钱树树座上有一坐佛，右手施无畏印，旁边立有二随从，即“一佛二立侍”。中亚、南亚的佛教造像中，“一佛二立侍”是常见的基本造像式样之一。印度国家博物馆藏“佛陀坐像”就是比较具有代表意义的公元前 2 世纪的“一佛二立侍”石刻浮雕。[12]

无论是钱树、俑，还是石刻浮雕，四川东汉崖墓发现的佛像一般为坐式，头顶有肉髻，面部丰腴，圆眼高鼻，两眼平视，神态端庄。佛像一般都身着佛袍，结跏趺坐，右手前伸，手掌直立，五指并拢，掌心向外，施无畏印，均有背光。这类佛

图 11　四川绵阳何家山钱树上的佛像

图 12　重庆丰都钱树上的佛像

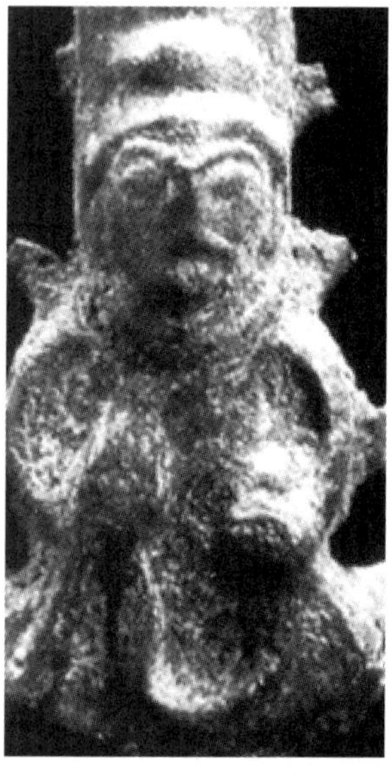

图 13　重庆忠县钱树上的佛像

像文物就是比较典型的中亚、南亚佛像式样。

西昌市郊桑坡东汉墓出土的有西王母、莲花的摇钱树与绵阳何家山1号墓出土的摇钱树又大相径庭。再一次证明了东汉时期“钱树”文化在西南地区普遍存在。而印度佛教艺术正是通过滇缅传入四川地区的。因为在被称为“南方丝绸之路”的通道上，东汉时期，个旧、大理、昭通、西昌、内江、乐山、中江、绵阳均发现了有印度佛像痕迹或中亚“胡人”痕迹的出土文物。中国西南发现的早期佛教题材文物证明，早在东汉时期，来自印度的佛教艺术已经流传到中国。

三、四川画像砖中的佛像艺术

四川汉画像砖中，佛像题材并不多见，比较具有代表性的是有关佛经故事和佛塔、莲花题材的图像砖。佛经故事是可以图解的，如四川射洪出土的关于“仙人溺水”佛经故事的画像砖，这是佛教经典中比较有名的，表现了九色鹿舍己救人，展示出其佛教本生的故事画：一天，九色鹿正在河边悠闲地散步，突然听到一阵急促的呼救声，原来是有人掉到了河里，即将被水淹死，九色鹿便奋不顾身跳到水里把溺水人驮上了岸。在敦煌石窟257窟中还保留了该佛经故事的壁画。画像砖中出现此类型题材，表明佛教艺术在东汉时期已经在成都地区的民俗艺术中能找到其踪影。“鹿王本生”故事，也很有名。被神鹿救起的溺水人为答谢恩情，要当九色鹿的奴仆，九色鹿说只要别去告诉别人它在哪儿就行了。溺水者发誓不说，否则就满身长疮。王后欲取鹿皮，于是国王下令重赏知情者。溺水人背信弃义，贪财卖友，并带人去指认九色鹿。其结果就像壁画上描绘的那样，溺水人满身长出了疥疮，而

图14　四川射洪出土的仙人溺水画像砖

九色鹿当面指出溺水者的忘恩负义，国王为之震动，严令禁止猎鹿。画像砖中佛经故事一般见于条形砖，这类条形砖便于图解式的说明，比较直观。

佛塔、莲花、菩提树题材的画像砖是四川汉画佛教艺术的典型代表。1986 年 6 月，文物工作者在什邡皂角镇白果树马堆子东汉墓中发现一块画像砖，厚 7.5 厘米，残长 21 厘米，残宽 15 厘米，现藏四川省博物馆。画像中有三座佛塔。砖正中为一佛塔，左右两侧有莲花。佛塔为重檐五节，塔后有一棵菩提树，树上有菩提果。佛塔具有中国木结构塔楼风格，这是有图可证的中国早期塔楼式样。莲花亭亭玉立，花朵为三瓣开放式样，有花蕊和荷叶。两侧各立佛塔一座（已残），并有菩提树相伴。菩提树枝叶繁茂，显示出清新素雅、佛法庄严的气氛。[13] 佛塔、莲花、菩提树都是佛教国家重要的礼拜物，而佛塔与菩提树的搭配很少同时出现。佛塔最早用来供奉和安置舍利、经卷和各种法器。佛塔的造型起源于印度。根据佛教文献记载，佛陀涅槃后火化形成舍利，被当地八个国王收取，分别建塔加以供奉。莲花，又称荷花，它是佛教经典和佛教艺术经常提到和见到的象征物。莲花与佛教有着不解之缘，因为它与释迦牟尼的许多传说联系在一起。传说中，释迦牟尼觉悟成道后，起座向北，绕树而行，“观树经行”，当时就是一步一莲花，共 18 朵莲花。每当他传教说法时，坐的是“莲花座”，坐姿也呈“莲花坐姿”，即两腿交叠，足心向上。菩提树是一种桑科榕属的大型乔木，幼时附生于其他树上，菩提花柱纤细，柱头狭窄，花期 3—4 月，果期 5—6 月。菩提树常见于日本、马来西亚、泰国、越南、不丹、锡金、尼泊尔、巴基斯坦及印度，是印度的国树。可见，什邡出土的佛塔画像砖具有极其重要的研究价值，是佛教由中亚、南亚南

图 15　四川什邡皂角镇出土佛塔、莲花、菩提树画像砖（残）

图 16　佛塔、莲花、菩提树画像砖（拓片）

传的最直接的实物证据。

四、四川汉画像中的“胡人”题材

1978年在新都马家乡出土了一块“骑吏”画像砖，其中“二骑吏”深目高鼻，络腮胡子，呈胡人装束。2002年在中江县塔梁子1号墓中发现了刻在墓壁上的一组胡人浮雕，这组胡人共有五位，络腮胡子，深目高鼻，着长袍，穿靴子，手拉手呈舞蹈状。这类胡人是来自北方游牧民族，还是来自南亚外来民族，的确值得深入讨论。但有一点是明确的，四川汉墓中的胡人是在外来文化或异域文化的影响下产生的。

“胡人”佣作为陪葬品，在西南汉墓中出现不是个别现象。在四川、云南交界的凉山州、宜宾市出土的汉墓文物中，其陪葬品里不乏胡人形象，在成都平原地区，广汉市文馆所、绵阳市博物馆所收藏的汉墓俑中胡人俑是比较常见的。胡人俑已经成为四川汉墓陪葬品中代表性类型。云南大理汉墓出土的吹箫俑、四川省博物馆收藏的吹箫俑、四川内江大梁崖墓墓壁发现的吹箫浮雕，均是胡人装束。一方面，可以看出滇文化和巴蜀文化的交流与融合；另一方面，又显示出中亚或南亚游牧民族的外来文化对川滇墓葬艺术的影响。

“胡”是古代北方游牧渔猎民族的自称。狭义的胡人也就是指匈奴人，后泛指北方游牧民族。后来，匈奴人的一支由中亚进入南亚，和印度文化融合。今天的印

图17　四川中江塔梁子M1墓壁上的彩绘胡人浮雕

度拉杰普特人正是白匈奴人的后裔。两汉及五代中亚胡人通过南亚进入印缅，经过云南传入四川。从云南发现的胡人俑可见一斑。1990 年 11 月，云南大理制药厂技改工地在施工中发现了一座东汉熹平年间的砖室墓。考古人员稍经清理共发掘了 30 余件器物。其器物有两类，陶质类有吹箫的胡俑，还出土了立人像俑、武士俑、羊形壶、狗、鸡、鹅、灯、异型盒、房屋模型、水田模型、莲花等；铜质类有马、鸭、针、案足等。除此，还有少量“熹平年十二月造”铭文残砖。其中，吹箫胡俑及陶质莲花等器物引起了国内外学者的重视，对其属性十分关注。尤其是大理地区是古永昌郡故地，是蜀身毒道上的咽喉要冲，也是古代中国陆上通往南亚、印度、西亚及欧洲的海关门户。[14]1989 年，云南省个旧市黑马井村出土一件东汉铜俑灯。[15] 其人物高 40.5 厘米，裸体坐状，尖脸大眼，高额骨，连鬓胡，高鼻深目，头上用斜格纹带束发。此俑双手各平举一灯盘，头亦顶一灯盘。其长相“独特”，学术界一般把该造像定义为“胡人”。个旧出土的胡人俑是比较典型的中亚、南亚游牧民族人物造型，它从一个侧面也证明了中亚、南亚的佛像艺术南传通道的存在。和四川汉代“胡俑”比较，云南“胡俑”基本上维持了中国汉文化的审美习俗。不过，个旧出土的铜俑灯具有浓郁的地域特色，受南亚、中亚造像艺术的影响较大。

五、结语

中亚、南亚佛像艺术经印度、缅甸、云南传入四川后，在传播过程中被融入沿

图 18　云南个旧市黑马井出土的东汉铜俑灯

线的地方文化。加上中国儒家、道家思想的渗透，在西南文化中形成了多元宗教文化体系，一种具有中国因素的新的佛教艺术思想在魏晋以后逐步明朗，在南北朝、唐宋时期得到飞跃发展，并传播到中国各地。来自印度的佛教思想在中国迅速发展，与中国传统文化有了更大的交流。这种交流不仅对中国思想史的发展有重大意义，而且对中国美术和雕塑艺术的发展也起了极大的促进作用。从四川汉崖墓、砖室墓中出土的带有印度佛教艺术痕迹的陪葬器物充分证明了这一点。

注释：

[1] 李东红：《博南古道考说》，载《南方丝绸之路文化论》，云南民族出版社 1991 年版，第 83 页。

[2] 屈小强：《三星堆的海贝和铜贝》，《寻根》1997 年第 4 期；江玉祥：《关于考古出土的"摇钱树"研究中的几个问题》，《四川文物》2000 年第 4 期。

[3] 贺西林：《东汉钱树的图像及意义——兼论秦汉神仙思想的发展、流变》，《故宫博物院院刊》1998 年第 3 期。

[4] 阮荣春：《"早期佛教造像南传系统"研究概说》，《东南文化》1991 年第 3 期。

[5] 张同标：《中印佛教造像探源》，东南大学出版社 2011 年版，第 9 页。

[6] [埃及] 尼阿玛特・伊斯梅尔・阿拉姆：《中东艺术史》，朱威烈、郭黎译，上海人民美术出版社 1985 年版，第 78 页。

[7] 范小平：《四川汉画及摇钱树所反映的中国早期佛教艺术》，《中华文化论坛》1998 年第 4 期。

[8] 何志国、李莎：《从昭通东汉佛像看中国早期佛像的来源》，《民族艺术》2008 年第 4 期。

[9] 袁曙光、赵殿增：《四川三国时期的画像与佛像》，《四川文物》2003 年第 4 期。

[10] 范小平：《四川崖墓艺术》，巴蜀书社 2006 年版，第 110—111 页。

[11] 潘绍棠编：《世界雕塑全集》(东方部分，上册)，河南美术出版社 1991 年版，第 226 页。

[12] 四川省文物考古研究所、德阳市文物考古研究所、中江县文物保护管理所：《四川中江塔梁子崖墓发掘简报》，《文物》2004 年第 4 期。

[13] 谢志成：《四川汉代画像砖上的佛塔图像》，《四川文物》1987 年第 4 期。

[14] 李朝真：《云南大理出土胡俑及其相关问题之探讨》，《东南文化》1991 年第 6 期 。

[15] 苏奎：《汉代胡人灯初探》，《四川大学学报（哲学社会科学版）》2004 年增刊。

汉画艺术种类分析研究

杨絮飞

内容摘要 汉画并不是常人顾名思义所理解的汉代绘画，而是具有丰富的文化内涵和历史文化传承因素。若要实现对于汉画概念相对“正确”、完整的理解，就必须要探讨、分析汉画的具体造型种类划分。反过来说，也只有实现对汉画造型艺术种类的科学划分，才能使人们对汉画的认知、研究、探索及运用富有条理化和系统化。

关 键 词 汉画艺术；概念；种类

作者简介 杨絮飞，浙江农林大学副教授、硕士研究生导师，汉画造型语言研究所副所长，中国汉画学会理事。

一、汉画概念释义

(一)汉画非画

初识“汉画”之人，难免望文生义：“汉画”——按照思维惯例，常容易被理解为汉代的绘画作品。而“绘画”毋庸置疑是以纸张、画布乃至墙壁等平面化的二维空间为载体，以点、线、面、色等造型因素为主的造型艺术形式。如果以较为“标准”的绘画观念来界定的话，汉代的壁画、帛画、漆画及木器画、石板画等艺术形式可能会被率先归为汉画之列；全国各地所出土的此类艺术作品也以其炫目的光彩显示了它们的艺术魅力和艺术价值，似乎也无愧于“汉画”之称。然而，这样的观念显然有些狭隘，“正宗的汉画”除了以上艺术形式，还以其博大的胸怀囊括了画像石、画像砖、汉瓦当、汉铜镜，以及汉代陶瓷、玉雕等诸多艺术形式。汉画就像它产生的时代一样雄强、博大、开放，以这种兼容并蓄的理念来界定“汉画”，不仅没有削弱对汉画概念的精准度，而是更为立体地、宏观地、系统而又贴切地诠释了汉画，使其与雄强博大的汉代艺术精神更为契合。

在学术界的惯性印象中，“汉画”往往指的是汉画像石和画像砖艺术（有一些专家认为专指汉画像石艺术）。事实上，画像石、画像砖乃至汉代铜镜、汉代瓦当及汉代陶瓷作品的制作，更多为雕刻、模印等雕塑技法塑造出来的，其艺术形式也是多以浮雕和雕塑的面貌展现的，这些艺术形式似乎与现代人所理解的绘画大相径庭。刘凤君的《美术考古学导论》中，也认为汉画像石属于雕塑艺术形式。那么，为什么这些本应该属于“雕塑”意义上的造型艺术作品却会被称作“汉画”呢？

（二）“汉画”词语渊源

从历史的角度追溯，汉代就有专门术语“画像”一词，它主要指的是一种象征意义的刑法，即“象刑”。《汉书·武帝纪》中有：“朕闻，昔在唐虞，画象而民不犯。”《汉书·赵充国传》中有：“初充国以功德与霍光等，列画未央宫。”这里面就有图画其形象的含义。

而现代意义上的“画像”一词最早源于宋代兴起的金石学，如赵明诚在《金石录》、洪适在《隶释》和《隶续》等书中都屡用此词。后来的明、清等金石学者延续使用，直至现在，考古界、美术界中也普遍使用这一用语。其实，究其“画像”本意而言，在宋代的记载中，并非指原砖原石的图像，而是指其浮雕形式图像之上的拓片形象，即平面上的画面。我们都知道，画像砖和画像石多为浮雕艺术形式，本属于三维空间的艺术形式。我们今天仍用“画像石”和“画像砖”来命名这种似乎绝对应该称之为石雕和砖雕的艺术形式，一是对前人金石学研究成果的肯定，二是画像石和画像砖的“身上”的确具备太多的绘画造型语言。

（三）汉画的现代释解

当我们以“汉画”为关键词进行搜索时，便会出现多种多样的解释形式。试举几例，以观学者对于“汉画”概念的多重理解。

顾森在《秦汉绘画史》中这样解释："画像砖、画像石，是指汉代建筑壁面上、棺椁表面上镌刻及窑烧出来的画面。这些画面主要包括线刻和浮雕。"[1]他在给郑先兴的《汉画像的社会学研究》序言中这样说道："汉画是两百多年的岁月留给我们的一笔重要遗产。不算文献记载，仅存史可见的汉画材料（画像石、画像砖、壁画、帛画、各种器绘等），就是一个数量惊人的图像宝库。"

陈江风在《汉画与民俗——汉画像研究的历史与方法》中如此说："汉画，在当今学术界，已经成为一个为人熟知的专有名词，指的是现存的汉代画像石、画像砖、墓室壁画、帛画、器物画，等等。"[2]

黄剑华在《从汉代画像看两汉时期的社会生活》一文中说道："汉画作为中国历史上一个伟大时代的产物，其内容包罗万象，极其丰富，几乎涉及了汉代社会的各个领域。……汉画是雕塑与绘画相融合的艺术，在表象形式与反映的内涵方面，既有丰富的形象力，更有生动逼真的写实性。"

常任侠在为《中国美术全集·绘画编·画像石画像砖》写的序言《汉代画像石与画像砖艺术的发展与成就》一文中论述道："汉画艺术是多样发展的，有下列各种：一为绘在绢帛上的；二为绘在粉壁上的；三为绘在各种工艺品上的，如铜盘、漆盘、漆奁、玳瑁制的小盒、竹编的小箧等；四为刻在石材建筑物上的；五为印在墓砖上的。其他丝毛织品，镜鉴、带钩，和画在雕器上的与镶嵌在金银铜器的图案，暂置不论。"

郑先兴在《汉画像的社会学研究》中这样解释："汉画像是指汉代人雕绘在砖、石、壁、帛、瓦当、铜镜和漆器等材质上的图像。"

牛天伟、金爱秀的《汉画神灵图像考述》认为："汉画是指汉代遗留下来的雕绘在石、砖、壁、帛、镜、陶、漆等器物上的画像。"

综上，我们不难看出："汉画"应该是以"雕、印、画相济"等造型技法创造的以画像石与画像砖为主体，以汉代帛画、壁画、漆画，以及青铜文化、陶瓷文化、瓦当文化等历史遗存为辅的造型艺术品。它不是纯粹意义上的绘画作品，也不是纯粹意义上的雕塑作品，而是集绘画、雕塑、工艺美术、建筑等于一体的造型艺术。

有了相对统一的认识，我们要对汉画造型艺术的种类进行系统的分类和归纳，只有这样才能使我们对于汉画的认识更加条理化、科学化和具体化。

二、汉画艺术分类方法探索

（一）蝴蝶式的汉画分类结构

郑午昌在《中国画学全史》中谈道："中国明确之画史，实始于汉。盖汉以前之历史，尚不免有一部分之传疑；入汉而关于图画之记录，翔实可靠者较多云。"[3]不难看出，秦汉以前的美术还处于艺术特征与实用性相混合的状态，而正是汉代结束了自原始社会以来的美术附属于工艺的混交局面。汉代的美术不仅对原始社会以来的美术从观念乃至造型技法都进行了整理和总结，并在继承的基础上有了长足的发展。

按照人们对于汉画的认知程度及重视程度，可以大体分成两大类，而每一类又可以分成两个部分。组合起来，这种分类的形式与一只蝴蝶的结构相似。主翅一对——①汉画像石；②汉画像砖。这是汉画的主要艺术种类，也是人们习惯认识上的汉画，狭义上的汉画艺术。副翅一对——①壁画、帛画、漆画等以平面绘画为主的造型模式作品；②青铜艺术及其陶瓷等以立体造型模式的作品，具体结构如图例：

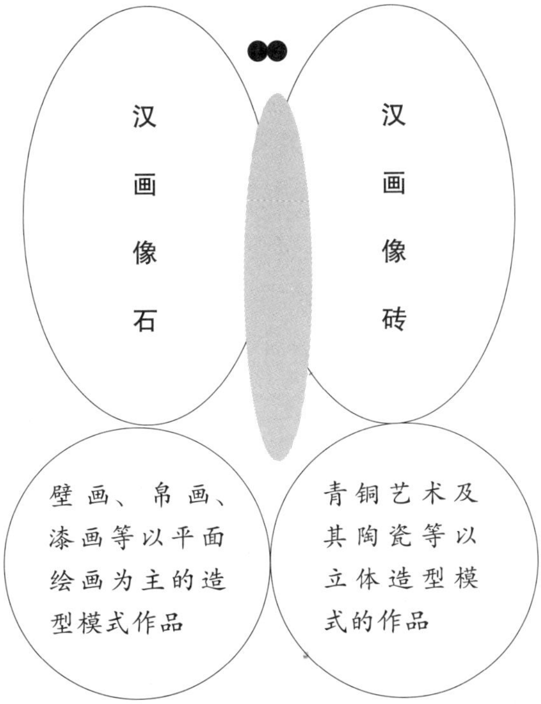

（二）依据造型艺术手法的汉画分类

如果按照造型手法进行分类，汉画艺术则可以分成四大部分。

一是以雕绘相结合造型方式创造出的作品，如画像石艺术、汉代玉器及汉代肖形印类的篆刻艺术形式等作品。玉器和肖形印类艺术之所以归为此类，因为它们也是以雕刻手法创造出来的造型作品。

二是以模印造型方式创造出的作品，如汉画像砖、瓦当、泥封、铜镜、摇钱树及部分陶灶等艺术作品。

三是以绘画造型方式创造出的作品，如帛画、壁画和漆画等。

四是以塑绘相结合的造型方式创造出的作品，如陶楼与陶俑等。

三、汉画艺术具体种类划分

（一）雕绘相结合的造型方式创造出的汉画作品

1. 汉画像石

汉画像石是一种雕绘相济的造型艺术形式，西汉早期就已经出现，盛行于东汉，至汉末三国时期趋于没落，魏晋时期几乎消失。所以，我们不妨称其是我国汉代独有的艺术形式。鲁迅先生曾概括其艺术风貌为“深沉雄大”。就目前所见，汉画像石主要是用于墓葬的装饰，因为其本身的体量特征，它们也是墓室、石阙等建筑的建材。信立祥在《汉代画像石综合研究》中曾指出：“所谓汉画像石，实际上是汉代地下墓室、墓地祠堂、墓阙和庙阙等建筑上雕刻画像的建筑构石。其所属建筑，绝大多数为丧葬礼制性建筑，因此，在本质意义上汉画像石是一种祭祀性丧葬艺术。”[4] 这段话基本上概括了汉画像石的基本种类。

墓室画像石。墓室画像石其实就是刻绘有画像的墓室建筑石材。这类画像石占我们所有发现的画像石的大部分。

祠堂画像石。祠堂主要用作祭祀先人。在汉代，很多墓地的旁边设立有用于祭祀墓主人的祠堂，祠堂墙壁上刻画着或宣扬逝者的“功德”、教化子孙等内容的画像。由于石质材料较之土木易于保护，一些石祠堂得以保存至今。统计发现，汉代的石祠堂多集中分布在今山东西南部、江苏的徐州地区及安徽省的北部地区。

石阙画像石。阙是我国古代设置在城垣、宫殿、祠庙、陵园等建筑大门两侧的高层建筑物，故而又称为“门阙”，是我国具有民族特色的建筑形式之一。目前存留于世的汉阙多为石结构。据不完全统计，我国目前发现汉石阙28处。在石结构阙上，一般都刻有精美的画像，这便是石阙画像石。

石棺椁画像石。用画像装饰棺椁的形式，源于商周，盛行于汉代。厚葬之风使巴蜀的石棺椁雕刻艺术在汉代进入了全盛时期。综观石棺艺术发展史，可以发现，四川石棺画像艺术在形式和内容的统一上已经达到完美结合的境界。另外，在山东曲阜、邹城、滕州，江苏徐州等地也有精美的石棺椁画像存世。

摩崖画像石。摩崖雕刻的历史可以追溯到原始社会时期。然而，用汉画像石这一概念来搜寻摩崖画像石，目前我国发现的并不多。其中，艺术成就较高者当数江苏连云港孔望山摩崖画像。

崖墓画像石。崖墓，顾名思义，是建在悬崖上的墓室。崖墓画像石是在事先磨平的崖墓石壁上的雕画结合的产物，既与墓石画像石的艺术特点基本一致，但也有自身独特的艺术规律。中国距今发现最早的汉代崖墓是建设于景帝年间的河南永城梁孝王墓。

2.汉代玉器艺术

从制造工艺上看，雕刻显然是玉器最主要的造型方式，该方面与汉画像石创作除最后彩绘外几乎完全一样。况且我们现在所见的汉画像石色彩多已剥落，因此，汉代的玉器与汉画像石的艺术面貌应该是基本相同的，只不过是在雕刻的材料上有所差异而已。因此，我们不妨称汉代的玉器为以玉材为质、不施色彩而以自身色泽展示的汉画像石。

西汉时期，玉器的种类增多，其纹饰从先前的以抽象为主变成以写实为主。从造型面貌上看，高浮雕、圆雕及透雕的品种变得更加丰富多彩，在立体刻件的表面再以精细线条表现雕、线结合形式较为多见。汉代玉器的材料除了有绿色和黄褐色外，还增加了大量乳白色的羊脂玉，显得更加高雅。

汉代的玉器或为纯装饰的“工艺品”，或为实用品，或用作礼器。用作礼器的玉器主要有玉璧和玉圭。我们现在看到的汉玉主要是用于丧葬。汉代人的观念里不仅保留着“君子比德于玉”的思维，而且还坚信玉具有保存尸体不朽，防止尸体“精气”外泄的功能。尽管汉代的玉器雕刻技术比起以往有了很大的提高，其艺术表现手段几乎可以用异彩纷呈来形容，如用典型的“汉八刀”雕刻出的形象，显得准确而简练。但整体来看，汉代玉器的艺术面貌与汉画像石一样，粗犷中蕴含着夺人的沉雄和大气。

3. 汉代的肖形印艺术

肖形印，指的是带有图像的印玺。这种印玺在战国时期就已经出现，其纹饰多为动物形象，其造型一般为浮雕形式。到了汉代特别是东汉时期，肖形印的内容题材变得丰富多了，有人物、建筑、鸟兽、四神、龙与朱雀及鱼虫等，基本上反映出汉代的时代风貌和审美情趣。肖形印的“模子”功用也逐渐逝去。

就肖形印本身而言，无论是用石、玉等雕刻而成的石质印，还是用模范浇铸的金属印，最先都是以雕刻手法来完成。其艺术面貌基本上如近平面化的“雕版”范模，与画像石的制作技法大同小异。

（二）模印彩绘相结合造型方式创造出的汉画作品

1. 汉画像砖艺术

西汉时期，在陕西茂陵附近的瓦渣沟发现了汉代早期的画像砖，为汉代画像砖拉开了序幕。在西汉中后期，河南洛阳、陕西咸阳紧接着也发现了空心画像砖，使画像砖的规模进一步扩大。在这一时期，还出现了一种另类的画像砖——壁画空心砖。这种在洛阳新安出土的砖上没有普通画像砖压印和刻画的痕迹，而是把多块空心砖拼合在一起，然后在砖面上刷一层油画一样的“白”底子，然后在其上绘制成壁画，这不能说不是画像砖发展历程中的一个特例。到了西汉晚期，画像砖的规模几乎遍布整个河南地区，还波及周边的鲁西、冀南、晋南、鄂北、皖北等地。西汉晚期和东汉早期是模印画像砖发展的巅峰，众多的印模、多样的印制手法、丰富多彩的砖面排版模式，以及模印和手塑、阴线刻画诸技法相结合手法的出现，也使河南郑州和许昌这两个地区凸显出来，成为画像砖艺术承前启后的时代和区域的立体交汇点。

东汉时期，画像砖艺术发展到了最高峰，范围也投射得更广，南达云贵、北抵大漠，东至大海、西到青海，这么一个广大的疆域都可寻见画像砖的影子，并在河南南阳和巴蜀地区形成两大高峰区。画像砖艺术更加丰富，艺术手法和制作工艺也有不小的改变。大画面、小花纹，实心、空心，普通型、方形、长条形，大型、中型、小型，手塑、模制、直接刻画，浅浮雕、高浮雕，平面、凸面、凹面……如此多的画像砖载体形式和多渠道、多容量的信息传达，使我们不难理解东汉画像砖艺术的空前繁盛。

2. 汉代铜镜艺术

“当窗理云鬓，对镜贴花黄。”在玻璃镜未发明之前，铜镜是古人用作照容的主要器具。早在殷商时期便有铜镜出现，到战国时期已经能够制作出轻薄精巧的铜镜。

西汉时期的铜镜在保存战国式镜的基础上又有了进一步发展，如铭文的加入，蟠螭纹与规矩纹的结合等。到汉武帝时期，普遍流行半球状钮，花纹严格对称分布，一般分为四个区，铭文有所增加。西汉后期，则有“日光镜”和“昭明镜”流行。王莽时期，“方格规矩镜”流行于世，有瑞兽、灵禽和四神的形象，并有子、丑、寅、卯等十二时辰的文字。东汉时期，铜镜制作水平又有了巨大飞跃，画面的内容更加丰富，东王公、西王母等神灵，历史人物故事，车马与百戏及龙虎等灵异形象纷纷出现。总之，汉代的铜镜艺术达到了鼎盛时期，基本上代表了中国铜镜的最高水平。

从造型工艺上看，汉代的铜镜属于模范铸造工艺，因此可以归于汉代模印艺术的范畴。从纹饰上看，汉代的铜镜纹饰较之于前世则显得更加丰富多彩，比起后世，也堪称波澜壮阔。

3. 汉代摇钱树艺术

摇钱树，顾名思义乃结满金钱，摇之即可纷纷下落的神奇之树。如此不费吹灰之力便可发财致富的摇钱树似乎永远存在于神话传说中，现实中的人们是难以寻觅的。确切地说，“客观真实”的摇钱树是一种丧葬用品。

从整体意义上看，汉代的摇钱树是一种比较奇特的文物，它形体硕大，一般高度在 1.5 米以上，高者几近 2 米。从制作工艺上看，它又是一种综合技艺的艺术精品。一株完整的摇钱树由树座、树干、枝叶组成。树干和枝叶为青铜铸造，树座则由陶质或石材雕塑而成。从摇钱树的主体树干和枝叶的造型方式来看，属于模范艺术，与汉画像砖、汉代铜镜的造型方式、艺术风格有很多神似之处；而底座的雕刻或塑造方式更接近于画像石或手工塑造的画像砖的制作方法。因为摇钱树的主体是树干和枝叶，故而归类于模印艺术是比较合适的。

4. 汉代瓦当艺术

瓦当俗称筒瓦头，是古代建筑屋檐顶端的盖瓦头，它的功能主要是防雨、固瓦、护檐等，但在视觉上起到装饰建筑的作用。现有史料表明，瓦当的使用可能始于西周，至战国时期发展迅速，完全可以称得上是中国建筑装饰的独创。

汉代瓦当发现的很多，在全国范围内几乎均有出土，尤其以西汉国都长安附近较为突出。瓦当的制作技术与一般常见的砖瓦制作相近，只不过是在瓦当的形象塑造中使用了模印艺术。从这一点上看，它与汉画像砖甚至汉代的铜镜制作工艺是一致的——同为以模范造型模式生产的艺术产品。汉瓦当的形制主要为圆形和半圆形。从纹饰上区分，汉瓦当可分为画像纹瓦当、文字瓦当和几何纹瓦当三大类型。

5. 汉代陶灶艺术

灶，用以烧饭的重要工具，就灶的起源来说，早在原始社会时期能够固定，高效使用火做饭的地方就应该是灶的雏形。至汉代，中国的烹饪技术发展迅速，灶台无论是从功能上还是“审美”上都有了质的变化。难得的是，汉代墓葬中的无数陶灶真实而客观地展现出了汉代不俗的烹饪技术及精美的饮食文化形象。

汉代的陶灶在全国均有出土，其中以河南、陕西、山西等地数量众多、造型精美。从形制上看，汉代陶灶主要有长方形、方形、圆形、马蹄形及拱形等形状，还有船形的汉灶。从质地上看，主要有灰陶、红陶、黑陶、釉色陶等。

从制作工艺流程上看，汉代陶灶的制作过程是这样的：先制作出泥板，然后按照陶灶结构“拼装”组合成型，加印或刻画、堆塑纹饰，安装陶锅最后烧制成型（加釉色者先施釉）。因此，陶灶的成型工艺与画像砖的制作几乎是相同的。

（三）绘画的造型方式创造出的汉画作品

1. 汉代壁画艺术

壁画，顾名思义是施绘于墙壁上的绘画，是建筑的重要装饰手段。从历史记载来看，汉之前壁画艺术就已经现世，到了汉代，壁画艺术已相当繁盛，造型技法也日趋成熟。

汉代的壁画艺术分地上建筑壁画和地下墓室壁画两种，两者交相辉映。东汉文学家班固在《西都赋》中曰：“屋不呈材，墙不露形。裛以藻绣，络以纶连。”生动地描述了汉代宫室壁画的盛行。可惜随着朝代的变更，战乱频发，岁月变迁，汉代宫室灰飞烟灭，那些精美的壁画也随之消逝。好在汉代人有“事死如生”的信念，地上豪华宫室之美也会在地下被“复制”出来。借助考古学者的工作，汉代壁画的辉煌面貌今天在一座座汉墓的墙壁上被发掘出来，从而再次展现在世人面前。还有一种墓室壁画是在素面的石或砖上施彩，是完全画出来的画像石和画像砖，也属于墓室壁画的一种形式，或许可以说是一种改良后的墓室壁画艺术。据目前考古资料，出土的汉代墓室壁画主要分布于中国的北方地区，如甘肃、内蒙古、山西、陕西、河南、河北、山东、辽宁等省。位于南方的广州南越王墓亦有壁画，为一特例。汉代墓室壁画所反映出来的艺术形象和文化内容与汉画像石、汉画像砖基本一致，主要有神话和天象、历史故事及生平威仪、家居娱乐、生产劳动等社会生活场景。

先用墨线勾勒出形象，然后平涂上色是汉代墓室壁画的基本表现技法。前期的壁画色彩艳丽，笔法细致工整。至东汉晚期，出现新的壁画艺术表现手法，如笔墨奔放的“写意”技法，不先以墨线描绘直接施彩的“没骨画法”，还有单色勾勒形象的“白描”技法及具有质感效果、色彩明度渐变的“晕染法”。顾森曾如此高度评价汉代的墓室壁画艺术：“甚至可以极言：以后中国画的各种技法都可以在汉墓壁画中找到渊源。”

2.汉代帛画艺术

帛画，即绘制于丝上的绘画作品。在造纸术没有发明之前或纸张没能普及使用之前，帛画应该是一种主要的绘画艺术形式。帛画历史悠久，目前所见的中国早期绘画作品《人物龙凤图》和《人物御龙图》就是帛画形式。

初步统计，迄今共出土汉代帛画20幅，其中甘肃武威东郊磨咀子一带出土西汉帛画3幅；20世纪70年代在湖南长沙马王堆西汉墓群共发现帛画13幅，其中1号木棺盖上的“T”形帛画造型精美、内容丰富；在山东临沂金雀山西汉墓出土帛画3幅；1981年广州南越王墓出土有帛画残片。从造型技法上看，帛画明显体现出一种工整、细致、秀丽的艺术特征。与其他汉画艺术形式相比，帛画显得至工至细，堪称中国传统工笔画的一个高起点。

3.汉代漆画艺术

漆画是以漆为主要材料的绘画作品，这种艺术表现形式在我国原始社会时期就已经进行实践。以漆作画，往往以油为媒介剂进行调色，从这个角度上看，“油画”艺术应该起源于中国。中国传统的漆艺往往用于器物的装饰，在工艺品种中则称为漆器。在继承漆器优秀传统的基础上，汉代的漆艺又有了创新和发展，并取得了辉煌成就。其中以漆器中出现大量人物等艺术形象，造型风貌相对自由，趋近绘画，背离工艺美术常规等特征，较为突出。

4.汉代其他器物上的绘画

木器画。在木材制成的器具上的绘画装饰作品。因为木材的独特性能，其艺术面貌自然别具一格。

汉代的木器画主要有甘肃居延金关遗址出土的《骏马·官吏》、出土于居延遗址的《飞虎图》、出土于武威磨咀子7号墓的《羌人图》、出土于武威磨咀子地区5号墓的《主婢图》、出土于武威汉墓的《朱雀图》等。

铜器画。1963年西安红庙坡出土彩绘《车马人物图》铜镜。该铜镜的彩绘画面丰富多彩，共有19个人物、10匹马、1辆车和6棵树木。因为受铜镜形状的影响，在形象的构成上则采用类似填充纹样的图案构成法则，画面整体具有一种强烈的秩序感。无图案的呆板感，却有几分绘画形象生动的灵动之气，着实难得。

彩绘石枕。1955年，在河北省望都2号墓出土一件彩绘石枕，为东汉时期的作品。石枕的平面为长方形，横断面为六角形。整个石面几乎布满图画，以墨线勾勒形象并用朱红或贴金装饰，整体感觉端庄华丽。

汉代染织装饰艺术。染织是印染和纺织的合称。汉代染织工艺品种很多，因其形象成型于平面物之上，我们不妨称之为“装饰意味浓郁的特异绘画造型形式”。

汉代的丝织品种类繁多，如锦、绫、罗、纱……足见汉代丝织纹饰的丰富。汉代丝织品的装饰纹样主要有云气纹、几何纹、鸟兽纹及文字等。

在汉代，已有官方的专门管理染色机构，还出现非常成熟的蜡染技术。在长沙马王堆1号汉墓中还发现两件金银印花纱，以涂料色浆多版分色印花方式加工而成，可谓目前所知最早的彩色套印技术产物，无论是从染织工艺还是雕版印刷方面都堪称创举。

汉代的刺绣技艺也十分发达，著名的产地有山东、河南、湖南和新疆等地。从目前所知的汉代刺绣遗存来看，汉代刺绣的针法非常丰富和成熟。

（四）塑绘相结合的造型方式创造出的汉画作品

两汉时期的陶器出土很多，几乎遍布全国各地，其种类也非常丰富，有陶楼、陶俑、陶井、陶厕及各种器皿等。有些陶器表面上还有色釉装饰，几近瓷器。从这些陶器的成型技术上看，主体塑造显然是最为重要的造型手段。因为很多陶器表面多有彩绘，我们称这些陶器为塑绘相结合的方式创造出的作品。

1. 汉代陶楼艺术

陶楼，即陶质的楼房，其体积高度虽没有真实楼房那样高大，但建筑的结构关系却并没有丝毫减弱，很多陶楼上还有精美的彩绘，其精美程度甚至会胜过现实建筑。汉代的这些陶楼属于随葬用品。陶楼的出土范围很大，几乎遍布全国，其中河南、甘肃、山东、陕西、广东、湖南、四川等地出土较多。以河南洛阳、郑州、三门峡等地区出土的陶楼较为壮观。

2.汉代陶俑艺术

一谈到陶俑艺术，大家会立刻想到威猛高大、阵容整齐的秦始皇陵兵马俑。其实，汉代出土的陶俑数量更多，虽不及秦俑形制高大，却极富生活情趣和艺术魅力。

西汉早期，如汉帝王、诸侯陪葬俑像的性质与秦兵马俑相似，用军阵模拟送葬，整齐划一，但规格、体量较秦俑小。还有一些彩绘女侍俑色彩鲜艳、线条描绘流畅。至东汉，乐舞俑和侍仆俑逐渐成为主流，西汉时期数量众多的兵马军阵不复出现。也正是这些乐舞俑和侍仆俑以极为传神、夸张和浪漫的神态震撼着现今人们的眼睛。除了人物俑外，汉代的动物俑也很丰富，主要有犬、马、牛、猪、鸡、鸭、鹅、鱼，等等。这些陶俑，或工整、或随意，或精致、或粗犷，神形兼备，情趣盎然。它们大则1米有余，小则仅数厘米，艺术装饰上有直接彩绘和上色釉装饰两种。

3.汉代陶瓷器皿艺术

汉代灰陶的制作水平大大提高，生产区域明显扩大，从中原至边塞，制陶业繁荣昌盛。以长安、洛阳国家政治中心为例，日常用品除壶、罐、盘、碗以外，奁、瓿、洗、灯、博山炉及盘口壶等已成为新型产品，它们的造型和装饰逐步摆脱了青铜器的“影子”。这些陶器上面的精美纹饰主要通过三种造型手段来实现：一是泥塑形式的塑造，二是纯彩绘形式装饰，三是先塑造再彩绘装饰。

印制硬陶和原始瓷器的制作技术在战国时期已经达到一定的高度，至汉代，制瓷技术逐渐成熟。铅釉的发明和东汉晚期在浙江创造性地烧成了青瓷，标志着中国制瓷技术的一个大飞跃。瓷器以新的姿态跃居主导地位，并以浙江作为青瓷的发源地，一直繁荣了1800多年，且经久不衰。

正如王朝闻先生在参观南阳汉画馆时所言：“（南阳）汉画像石是难以匆匆理解的文化现象”，对于汉画概念的理解不可能是简单的一蹴而就。因为汉画艺术中具有丰富的文化内涵和久远的历史文化传承因素。若实现对于汉画概念相对完整而正确的理解，就必须要探讨、分析汉画的具体种类划分、归纳。反过来说，也只有实现对汉画造型艺术种类的科学划分，才能使得人们对于汉画的认知、研究、探索及运用富有条理化和系统化。

［本文系国家哲学社会科学基金项目“汉画学的构建及研究”（项目编号 13BZX091）阶段成果］

注释：

［1］顾森：《秦汉绘画史》，人民美术出版社 2000 版，第 104 页。

［2］陈江风：《汉画与民俗——汉画像研究的历史与方法》，吉林人民出版社 2002 版，第 3 页。

［3］郑午昌：《中国画学全史》，中华书局 1929 版，第 18 页。

［4］信立祥：《汉代画像石综合研究》，文物出版社 2000 版，第 4 页。

带榜题画像的图像学研究

——以河南力士画像榜题为例

练春海

内容摘要 带榜题画像是画像石、画像砖及壁画中较为罕见的类型，其文献与史料价值都非常高。充分利用画像中图文之间的可靠联系，可以破解汉代文化史上的不解之谜和增进我们对汉代的认识。

关 键 词 榜题；画像；研究

作者简介 练春海，男，1975 年生，中国艺术研究院工艺美术研究所副研究员。

即使在今天，利用图像进行文化研究已经成为国际学界非常重要的一种方法的情况下，历史学家仍然担心他们的同行会对频繁使用图像稍有微词。这种现象实际上包含了这样的事实：那些保守的学者们对利用图像进行文化研究仍然心存疑虑。固然，彼得·伯克在《图像证史》中也揭露了图像在证史过程中存在的陷阱，但我们却不能因此裹足不前，并贬抑图像的学术价值和可能的贡献，它其实可以成为王国维所倡导的二重证据法的印证与补充。当然，一个可喜的转变是，近年来，许多历史学、考古学研究者，日渐重视在史料文献之外的图像证据，对图像学研究方法极为重视。而相反的情况也依旧存在，艺术史或图像学的研究者们很少像历史学、考古学研究者那样重视对文字（此处即榜题）的分析与利用。比如，对徐州狮子山兵马俑坑出土的骑兵俑的艺术史研究中，对于骑俑马腹中的“飞骑”二字的释读从没有人提出疑问（图 1），如果研究者稍微认真一点，可能对骑马俑的身份就会有新的认识，因此对于这个群体乃至其所属阶层和文化的认识都会发生改变。

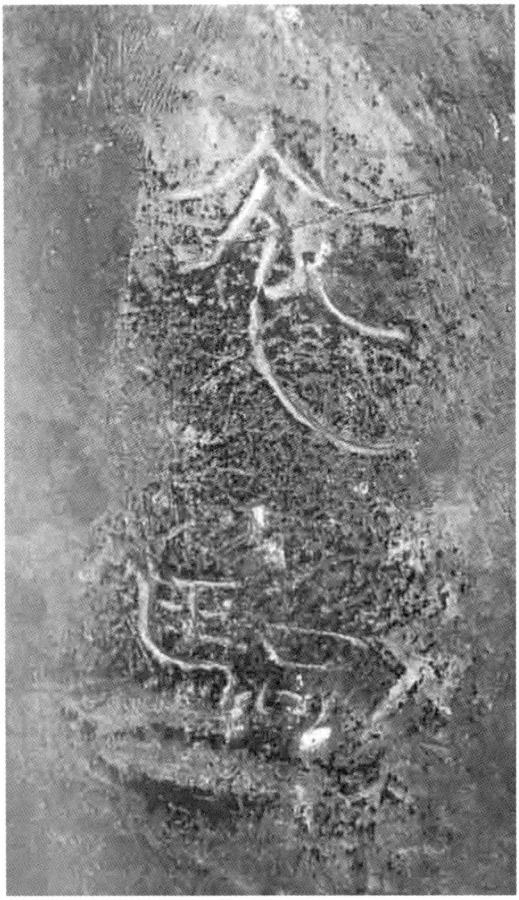

图1　徐州狮子山兵马俑坑骑兵俑“飞骑”题记

下文拟举一个比较典型的例子，通过它来理解文字释读的重要意义。我们要讨论的例子来自河南阅汉堂所藏的画像砖，因为它来自郭大刀的个人收藏，大多数征收自民间，所以往往真伪混杂。但是笔者所要讨论的这件画像砖却可以肯定不是伪造之物，后文的讨论也将证明这点，毕竟造假者不会为画像添加一个连自己都没听说过的名字。

据图录，河南周口地区所出土的这块画像砖带有铭文（图2），其制作年代不详，因为残断，所以砖的长度亦不详。从残余的部分来看，砖的表面尚留存有两幅完整的模印力士形象，人物毛发浓密，瞋目张口，髭须飞扬，皆宽袍大袖，戴冠着履。靠左侧的一个模印人物（人物甲）动作夸张，一手持斧（或椎）高举过头顶，朝右作行走状，人物形象的右上角有铭文；靠右侧的一个模印人物（人物乙）正面朝前，抱手蹲踞，人物形象的左上角亦有铭文，右上角有疑似野猪局部的图像。收藏者郭大刀把两处铭文分别释读为“电转”和“夏育”。[1]

图2　河南周口出土画像砖（河南阅汉堂藏）

图 3　河南扶沟县出土画像砖

图 4　图 3 局部武士形象

另有一件出自河南扶沟县的画像砖（图 3、图 4），砖面中部为四组人物形象（人物丙）与三组阙间隔排列。人物造型相同，是使用模印手法产生的图像。四人均单腿左向跪立，头戴力士冠，身着短衣大绔（出处详见下文），右手上举，左手扬斧。阙有三层，首层檐上长两株树，二、三层各立两只鹳鸟。顶部和底部印棱形纹，其余部位填充以夔纹。原砖残余尺寸高 29 厘米，宽 72 厘米，系西汉晚期作品。[2] 此砖被命名为《持斧武士、建筑》，砖中榜题郭大刀未予释读。类似的画像砖还有河南荥阳出土的一对门柱（图 5、图 6），年代不详，尺寸均为高 77.5 厘米，宽 18.5 厘米，厚 18.5 厘米，现藏于山东青岛崇汉轩汉画像砖博物馆。这对门柱保存相对完好，每件门柱正面均用同一个模子印五个人物形象，其余部位饰以同心圆纹和斜线纹。其中右侧开口的门柱（左门柱）上所印人物形象（人物丁）的构图与人物甲有

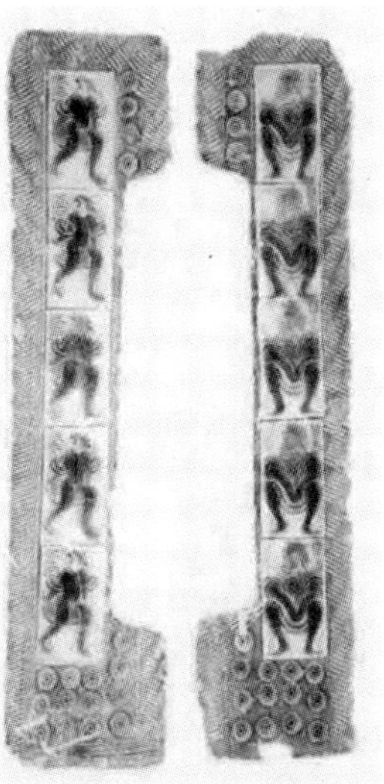

图 5　河南荥阳出土门柱

图 6　图 5 局部人物形象

相似之处，亦为脸朝右侧，作行走状；不同之处在于持斧（或锥）的右手没有上举过头顶，但因脸部朝向的问题，面部表情不是很清楚，同时下蹲的程度也没有人物甲那么明显。画幅左上角有铭文“成荆”二字。左侧开口门柱（右门柱）上的人物造型（人物戊）与人物乙相近，瞋目张口，作蹲踞姿势，两手亦相抱于腹前，头朝左前方。画幅右上角有“夏育”二字。两门柱上的人物均表现出毛发浓密的特点。

显然，这几件画像砖作品所表现的人物形象有一定的内在关联性。现将有关文献摘录如下：

《史记·范雎蔡泽列传》：“乌获、任鄙之力焉而死，成荆、孟贲、王庆忌、夏育之勇焉而死。死者，人之所必不免也。”许慎曰：“成荆，古勇士。”集解引《汉书音义》曰：“或云夏育，卫人，力举千钧。”[3]

《抱朴子·辨问》：“夏育、杜回，筋力之圣也。荆轲、聂政，勇敢之圣也。”注：“夏育，周时卫人，大力士，能举千钧，见《史记·范雎传》及注。杜回，秦之力士，见《左传·宣公十五年》。”[4]

《汉书·司马相如传》：“臣闻物有同类而殊能者，故力称乌获，捷言庆忌，勇期贲育。”师古曰：“孟贲，古之勇士也，水行不避蛟龙，陆行不避豺狼，发怒吐气，声响动天。夏育，亦猛士也。”[5]

《韩非子·守道》：“战士出死，而愿为贲育。……贲育不量敌则无勇名。……故能禁贲育之所不能犯。”[6]

《战国策·韩策二》：“勇哉！气矜之隆。是其轶贲、育而高成荆矣。”[7]

《孟子·滕文公上》：“成覸谓齐景公曰：‘彼，丈夫也；我，丈夫也；吾何畏彼哉？’”[8]

《淮南子·齐俗训》：“孟贲、成荆无所行其威。”高诱注：“成荆，古勇士也。”何宁案：“荆卿又称庆卿，为荆、庆古通之证。”[9]

《汉书·广川惠王刘越传》：“其殿门有成庆画，短衣大绔长剑，去好之，作七尺五寸剑，被服皆效焉。”颜师古注：“‘晋灼曰：成庆，荆轲也，卫人谓之庆卿，燕人谓之荆卿。’师古曰：‘成庆，古之勇士也，事见《淮南子》，非荆卿也。’”[10]

以上文献大致反映了如下情况：夏育是春秋战国时期卫国的力士，成荆亦名成覸或成庆，春秋齐国的勇士。与乌获、任鄙、孟贲、王庆忌等人一样，他们都是当时家喻户晓的勇士，他们的画像甚至还被人们当作门神来使用。当然，文献显示汉代还有另一个夏育，此人是东汉后期著名的将领，灵帝时任护羌校尉[11]、北地太守[12]，以假司马随段颎大败羌人[13]，后来担任护乌丸校尉，与田宴、臧旻等一起出击鲜卑，大败而返，士兵死伤十之八九，下狱后贬为庶人[14]。该夏育是汉末极有军事才能的一个将领，但文献上找不到他孔武有力的记录。作为军人身体会比较强壮，但这种强壮与前面提到的那些力士相比恐怕还是有很大差距的。同时，上文所提到的画像砖有些是制作于西汉晚期的，因此力士画像中的夏育为东汉人之说可以排除。

与“电转”图像相关的人物画像都是力士，那么这个“电转”也是一个力士吗？我们可以比较一下汉代画像中力士（或猛士）形象的图像特征。

一类比较常见的汉代力士形象是材官蹶张。如成都出土的一块东汉时期的蹶张画像砖（图7），画像中人物正踏弩张弓，怒目圆睁，眼角上吊，张口瞠目，须发张扬。还有辟车伍伯，也是在画像中比较常见的一类力士。河北安平县逯家庄东汉墓出土的壁画较有代表性。该墓中室北壁上的伍伯个个都强调了须发怒放的特征。（图8）另外，在山东沂南汉墓中室四壁上的一些武士和勇士的画像也都有髭须张扬，张口瞠目，甚至为了配合现场的气氛，连帽子上系的缚带也是飘扬着的。以上几种画像都表现了这样的特点：一是髭须张扬，二是毛发浓密，三是瞋目张口。

通过对文献和图像的分析，我们可以确定关于成荆和夏育二人的图像与释文基本可靠。而且，包括人物甲和人物丙在内的人物也是具有汉代力士画像基本特征的图像，但在所能够收集到的文献中，笔者没有找到关于“电转”的只语片言。通常

图7　成都出土东汉蹶张画像砖

图8　河北安平逯家庄东汉墓壁画

这只有两种情况：其一是释名正确，但是出于各种原因，“电转”其人在历史中失载；其二是释文有误。如果是前者，那么我们的讨论到这里就结束了。因此我们能做的，就是假设释读有误，并返回到图像本身，寻找新的突破。

我们先从“电转”的姓氏释读入手。我们把两组画像砖放在一起比较发现图2中铭文的首字确实与简化字中的“电”字较为接近，而在图3中，铭文中的首字（除第二个榜题之外）都比较接近“申”字，即文字中的末笔是“丨”而不是“乚”，第二个榜题首字的末笔似“乚”而向左弯曲。当然，现在“电”的繁体形式一般写作“電”，但在汉代也有把“電”字写成“电”的情况，如汉代出土的印文（图9）[15]和镜铭（图10）[16]中就可以找到类似的写法。“电”其实是一个比“電”字更早出现的字形，前者是一个会意字，而后者已经是形声字了。因此不存在释读时混淆繁简字体的问题。从姓氏的角度来讲，汉代确实存在电姓。该姓氏源自秦朝商鞅所设置的霆刑，霆鞭、霆杖（亦称电鞭、电杖）是执掌该刑法的官吏，执行者称“霆吏”“霆人”，他们多为彪形大汉，冷酷而机械。在霆吏的后裔中，有以先祖官职为姓氏者，称霆氏、电氏。[17]但我们若将几件铭文画像砖与我们可以看到的同时期作品（图11）相比，两个疑为“电转”的形象都是持斧或者椎之类的带柄工具，而不是执鞭，鞭子在图像上应该表现成一个抛物线型的弧线，尾部不会另外画（或刻塑）出一个块面结构，因此基本可以排除电姓后代。如此，我们只能考虑铭文中的字为“申”字。《说文解字》载：“申，电也。”[18]它表明了汉代铭文中的“电”字也可以释读为“申”字。在汉代出土竹简中，我们的确也可以见到其中“申”字末笔拐弯的情况。（图12）

图9　汉印中的“电”字

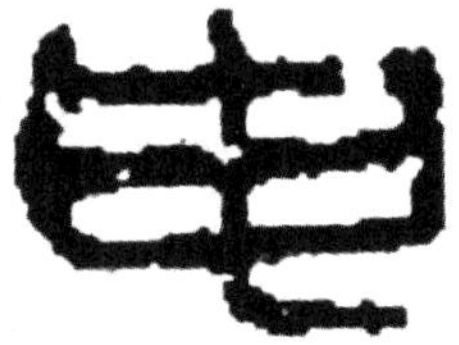

图10　汉镜铭文中的“电”字

图11　汉代画像砖

图12　汉简中的“申”字

再看“转”字的释读。图2中铭文的字迹比较清晰，确为一个“转”字。但在图3中，我们所见到的铭文偏旁却不常见，既不像“车”字旁，也不似“韦”字旁，笔者以为它是一个别字，系因制作画像砖的工匠文化水平低，仿书和凭记忆书写时造成的讹误。

通过如上分析，我们初步判定这个与夏育一同被模印在画像砖上的猛士应该姓“申”，其名字中应有声旁“尃”，可能为“转”字，亦可能为“輴”“䩱”“抟”“博”“榑”或“赙”等字。但是在古代文献中，我们没有见到申輴、申䩱、申抟、申榑或申赙等，但可以找到申转与申博。

两汉期间确有“申转”其人。据《后汉书·济北惠王寿传》载：“济北惠王寿，母申贵人，颍川人也，世吏二千石。……永初元年（107），邓太后封寿舅申转为新亭侯。”[19] 尽管申转是东汉中期颍川郡（即今河南境内）人，距离画像砖出土地不远，但图 2 所示乃西汉晚期的画像砖，因此，此“申转”非彼“申转”，即使不能完全排除断代有误的情况，但在墓葬中使用同时代人物形象的可能性也是很低的。

至于“申博”，我们则可以在《史记·范雎蔡泽列传》和陆机的《夏育赞》中找到他与夏育之间的关系。据《史记·范雎蔡泽列传》记载：“夏育、太史噭叱呼骇三军，然而身死于庸夫。”《索隐》引高诱云：“夏育为田搏所杀。”[20] 西晋陆机《夏育赞》亦载：“夏育之猛，千载所希；申博角勇，临额奋椎。”[21] 申博即田搏，“田”字与“申”字，“博”字与“搏”字因形近乃至传抄讹误。两段史料所呈现的大意是：夏育有千载难遇之勇猛（可叱呼骇三军），而庸夫申博却提出要和他进行角力，在角力的过程中，申博用大铁锥出其不意地在夏育的额部施以致命的一击，夏育最终为申博所杀。但这个结论又因为高诱作注时的不严谨而横生枝节，根据《史记·袁盎传》中《索隐》引高诱言曰：“育为申繻所杀。”申繻的出现，使我们不得不重新思考其中的几重困惑：其一，何以一个“庸人”居然能够把一个“千载所希”的猛士杀死？其二，申博与申繻有什么关系？

我们先了解一下申繻。历史上我们所熟知的申繻是鲁国大夫。繻为其名，申或为其氏。申繻见诸文献的事迹不多，历鲁桓公、庄公两朝（前 711—前 662），凡三处。（1）论取名。《桓公六年》：“公问名于申繻。对曰：‘名有五：有信，有义，有象，有假，有类。以名生为信，以德命为义，以类命为象，取于物为假，取于父为类。不以国，不以官，不以山川，不以隐疾，不以畜牲，不以器币。周人以讳事神，名，终将讳之。故以国则废名，以官则废职，以山川则废主，以畜牲则废祀，以器币则废礼。晋以僖侯废司徒，宋以武公废司空，先君献武废二山，是以大物不可以命。’公曰：‘是其生也，与吾同物，命之曰同。’”[22]（2）谏桓公如齐。《桓公十八年》：“传十八年，春。公将有行，遂与姜氏如齐。申繻曰：‘女有家，男有室，无相渎也，谓之有礼。易此必败。’公会齐侯于泺，遂及文姜如齐，齐侯通焉，公谪之。以告。夏，四月，丙子，享公。使公子彭生乘公，公薨于车。”[23]（3）论内外蛇斗于郑南门。《庄公十四年》：“初，内蛇与外蛇斗于郑南门中，内蛇死。六年而厉公入。公闻之，问于申繻曰：‘犹有妖乎？’对曰：‘人之所忌，其气焰以取之，妖由人兴也。人无衅焉，妖不自作。人弃常，则妖兴，故有妖。’”[24]这三则记载均反映了本文中的申繻作为文人士大夫的睿智与博学，与庸夫无关，亦与猛士无关。实际上，春秋时期可能存在两个申繻，前文所提的申繻约为鲁桓公、庄公时人，另一个疑为鲁昭公（前541—前510）时人，这个申繻文献失载，《古今同名录》怀疑二者是同一个人[25]。这个推论还有待于考证，但是高诱之注显然也是有所根据的。至于申繻是否为田摶的别名，或者以武勇闻名于先汉时期，则需要更多的证据来支持。

而作为一个能够击杀神勇无比的夏育的申博，他需要具备什么样的条件呢。首先是身体上的条件，申博虽然不必与夏育旗鼓相当，但也必须去之不远，否则是不敢与之角力的。但申博之所以会被呼为“庸人”，是因为他的对手是一个被视为“筋力之圣”的人。庸人在这里应该是一个中性的评判，即平常或平庸之人，与志向远大者相区别，在这一点上，夏育等实际上都是庸人。还有一个可能干扰我们得出画像人物甲、丙为申博的原因是高诱的注释，他的表述让我们觉得夏育是一个受害者，其实不然。申博很有可能是在角力的过程中杀死夏育的，二者即便有仇恨关系，夏育也是死于一场基于公平的角力。

其实，汉代也存在夏育与申博并称的情况。西汉宣帝时人王褒就曾在他所撰的《洞箫赋》中写道：“嚚顽朱、均惕复惠兮，桀、跖、鬻、博、儡以顿悴。”李善注：“鬻，夏育也，古字同；博，申博也。未详其始。”[26]可见申博与夏育一样，都是人们所熟悉的勇士。从有关申博的文献来看，他所使用的武器应该是椎，但工匠在制作申博画像时，通常不自己创作，而是临摹其他力士图像，而在当时力士一般使用的武器除了椎之外还有斧子，这两种武器的形状差别不是太大，故在实际的画像中申博所使用的武器可能是椎，也有可能是斧。

如此，我们可知画像砖上所谓的“电转”，其实是“申博”，其名常被讹写为田摶。申博应当是春秋时期一个知名的力士，他可能另有一个名字为申繻，申繻也可能是另一个勇士，二者在汉代被混淆了。在汉代，申博被人们视为与夏育、成荆等人一样的勇者，他曾与夏育角力，过程中他椎杀了后者。当然这件事情并没有影响他的勇士形象。有关申博的画像可能会被汉人当成门神之类的辟邪图像，也被用于墓室。由于造墓工匠文化水平较低，他们通常是通过模仿现成图像来制作申博画像，这造成了榜题文字的错误及图像细节与文献不一定吻合的情况。这件作品很重要的一个层面在于，它复活了申博在历史中的光辉形象。如果没有这件作品，我们不能确定李善所提到的申博就是陆机所指的申博，更不敢想象他是汉代广泛地被民间张贴于门上的神勇形象之一。从深层次来讲，这件作品反映的是汉代任侠之风再度盛行在墓葬美术上的投射。它告诉我们，汉代墓葬中的那些勇士形象可能不是随意描绘的，而是有所指涉，是作为（墓主）精神楷模的游侠形象。这是典型的汉代文化现象，从司马迁在《史记》中专门辟出章节为他们树碑立传可见一斑。

注释：

[1] 郭大刀：《阅汉堂藏两汉画像砖》，新华出版社 2009 年版，第 123 页，图 194。

[2] 郭大刀：《阅汉堂藏两汉画像砖》，新华出版社 2009 年版，第 25 页，图 21。

[3]（汉）司马迁撰，（宋）裴骃集解，（唐）司马贞索隐，（唐）张守节正义：《史记》卷七十九《范雎蔡泽列传第十九》，中华书局 1982 年版，第 2407—2408 页。

[4]（晋）葛洪：《抱朴子·内篇》卷十二《辨问》，载王明《抱朴子内篇校释》，中华书局 1985 年版，第 225、232 页。

[5]（汉）班固撰，（唐）颜师古注：《汉书》卷五十七下《司马相如传第二十七下》，中华书局 1962 年版，第 2589—2590 页。

[6]（清）王先慎撰，钟哲点校：《韩非子集解》，中华书局 1998 年版，第 202 页。“贲育”几乎成了指力士或猛士一个专有词汇，如《后汉书·冯衍传》所载的“勇冠乎贲、育，名高乎太山”句；唐代元稹《批刘悟谢上表》有“况以克融、廷凑之狂脆小贱，比朱滔、田悦之炽大结连，是犹以孩婴而校贲育也”句；宋苏轼《留侯论》中亦有“虽有贲、育，无所复施”的说法；清黄遵宪《赤穗四十七义士歌》云“况复五百年来，武门尚武，国多贲育俦”；等等。

[7] 何建章注释：《战国策注释》卷二十七《韩策二》，中华书局 1990 年版，第 1036 页。

[8]（清）阮元校刻：《十三经注疏（附校勘记）》，中华书局 1980 年版，第 2701 页。

[9]《淮南子·齐俗训》，载何宁《淮南子集释》，中华书局 1998 年版，第 821—822 页。

[10]（汉）班固撰，（唐）颜师古注：《汉书》卷五十三《景十三王传第二十三》，中华书局 1962 年版，第 2428 页。

[11]（南朝宋）范晔撰，（唐）李贤等注：《后汉书》卷五十八《虞傅盖臧列传第四十八》，中华书局 1965 年版，第 1880 页。

[12]（南朝宋）范晔撰，（唐）李贤等注：《后汉书》卷八《孝灵帝纪第八》，中华书局 1965 年版，第 336 页。

[13](南朝宋)范晔撰,(唐)李贤等注:《后汉书》卷六十五《皇甫张段列传第五十五》,中华书局1965年版,第2150页。

[14](南朝宋)范晔撰,(唐)李贤等注:《后汉书》卷八《孝灵帝纪第八》,中华书局1965年版,第339页。

[15]出自"申通之印"。详见孙隽主编《中国篆刻大字典》(中卷),江西美术出版社2012年版,第1430页。除此之外,汉代还有许多印文中的申字亦作此写法,如"申世之印""申就之印"等。详见(清)赵之谦辑:《搗叔考藏秦汉印存》卷二,第4a页。

[16]出自"尚方镜三"。详见孙隽主编《中国篆刻大字典》(中卷),江西美术出版社2012年版,第1429页。

[17]袁义达、邱家儒编:《中国姓氏大辞典》,江西人民出版社2010年版,第1337页。

[18]见《说文解字·虫部》"虹"字条。(汉)许慎撰,(清)段玉裁注:《说文解字注》,上海古籍出版社1988年版,第673页。

[19](南朝宋)范晔撰,(唐)李贤等注:《后汉书》卷五十五《章帝八王传第四十五》,中华书局1965年版,第1806页。

[20](汉)司马迁撰,(宋)裴骃集解,(唐)司马贞索隐,(唐)张守节正义:《史记》卷七十九《范睢蔡泽列传第十九》,中华书局1982年版,第2422—2424页。

[21](梁)萧统编,(唐)李善注:《文选》,上海古籍出版社1986年版,第788页。

[22]《春秋左传正义》卷六,载(清)阮元校刻《十三经注疏(附校勘记)》,中华书局1980年版,第1751页。

[23]《春秋左传正义》卷七,载(清)阮元校刻《十三经注疏(附校勘记)》,中华书局1980年版,第1759页。

[24]《春秋左传正义》卷九,载(清)阮元校刻《十三经注疏(附校勘记)》,中华书局1980年版,第1771页。

[25]"二申繻,一鲁桓公时、一鲁昭公时,疑一人。"(梁)梁元帝(萧绎)撰,(唐)陆善经续,(元)叶森补:《古今同姓名录》,载《景印文渊阁四库全书》(子部第877册),台湾商务印书馆1986年版。

[26](梁)萧统编,(唐)李善注:《文选·王子渊洞箫赋》,上海古籍出版社1986年版,第788页。

片石千秋

——浅谈鲁迅收藏的汉画像石拓本

夏晓静

内容摘要　鲁迅不仅创作了 700 万字的文章和译著，而且还为后人留下了很多宝贵的遗产——手稿、藏书、拓本、中外版画原拓作品等，汉画像石拓本是其中的一种。他不同于一些靠财势的收藏者，他有很高的鉴赏力。汉画像是鲁迅一生都很钟爱的一种艺术，他不仅收集、整理、考据，还把这种艺术植入到中国的书籍装帧、新兴版画艺术中。他认为，如果把“汉人刻石”“取入木刻”，版画艺术“或可另辟一境界”。

关 键 词　鲁迅；汉画像；拓本；收藏

作者简介　夏晓静，女，1962 年生，北京鲁迅博物馆（北京新文化运动纪念馆）副研究馆员。

我已经确切的相信：将来的光明，必将证明我们不但是文艺上的遗产的保存者，而且也是开拓者和建设者。

鲁迅：《引玉集·后记》

鲁迅之所以至今不能让人忘怀，是因为他不仅创作了 700 万字的文章和译著，而且还为后人留下了很多宝贵的遗产——手稿、藏书、中外版画原拓作品、拓本等，汉画像石拓本是其中的一种。鲁迅不同于一些靠财势的收藏者，在当时，他只是一个很普通的收藏爱好者，但却有很高的鉴赏力。汉画像是鲁迅倾其毕生来钟爱的一种艺术，他不仅收集、整理、考据，还把这种艺术植入到中国的书籍装帧、新兴版画艺术中。他认为，如果把“汉人刻石”“取入木刻”，版画艺术“或可另辟一境界”。

出版汉画像石拓本是鲁迅生前的一个夙愿。1934 年 3 月 24 日，鲁迅在给姚克的信中表达想出版汉画像的心愿：“汉唐画象石刻，我历来收得不少，惜是模胡者多，颇欲择其有关风俗者，印成一本，但尚无暇，无力为此。”同年 4 月 9 日，鲁迅又在给姚克的信中说极想出版汉唐画像：“汉唐画象极拟一选，因为不然，则数年来收集之工，亦殊可惜。”还是在这年的 6 月 9 日，鲁迅在给台静农信中除了委托台静农继续帮他收购汉画像，还表达了出版汉画像的想法：“对于印图，尚有二小野心。一、拟印德国版画集，此事不难，只要有印费即可。二、即印汉至唐画象，但唯取其可见当时风俗者，如游猎，卤簿，宴饮之类，而著手则大不易。五六年前，所收不可谓少，而颇有拓工不佳者，如《武梁祠画象》《孝堂山画象》《朱鲔石室画象》等，虽具有，而不中用；后来出土之拓本，则皆无之，上海又是商场，不可得。兄不知能代我补收否？即一面收新拓，一面则觅旧拓（如上述之三种），虽重出不妨，可选其较精者付印也。”鲁迅准备编印出版汉画像的愿望终因事务繁忙和资金不足等原因未能实现。 现存鲁迅收藏的汉画像石拓本 690 余张完好地保存在北京鲁迅博物馆。2014 年 10 月，北京鲁迅博物馆和西泠印社出版社联手，共同合作出版了《鲁迅藏拓本全集 · 汉画像Ⅰ》《鲁迅藏拓本全集 · 汉画像Ⅱ》，完成了鲁迅这一遗愿。书中的亮点一是将鲁迅收藏的所有汉画像石拓本，无论品相好坏，全部收齐；二是将鲁迅抄录的汉画像石资料全部进行整理，附在《鲁迅藏拓本全集 · 汉画像Ⅱ》书后，填补了鲁迅汉画像研究上的空白。

一、山东汉画像石拓本的搜集

汉画像石拓本的搜集可以说伴随了鲁迅的一生。1913 年，也就是鲁迅到教育部工作的第二年，便开始收藏汉画像石拓本，直到他去世的前两个月。鲁迅一生主要收藏的是山东和河南汉画像，还有很少一部分是甘肃、四川等地的汉画像拓本。鲁迅最早接触的是山东汉画像石拓本，共收藏了 358 幅，重复者 60 幅。

山东是我国遗存汉画像石较多的地区之一，且出现的时间比较早，延续的时间也很长，从西汉文景帝时期出现，到东汉末达到鼎盛，长达 300 余年；分布在全省

130个县市区中，这些县市区地下有装饰豪华的画像石墓，地上有雕刻精美的画像石祠和画像石阙。

汉墓的建筑形式多种多样，有石椁、墓、祠、阙等；题材内容也非常广泛，有庖厨、出行、历史故事等。汉代墓前石祠画像有金乡朱鲔祠、济宁戴氏享堂、嘉祥武氏祠等，都保存了下来。汶上县天凤三年路公食堂、微山两城永建五年食堂、鱼台文叔阳食堂也是墓前建筑，但均已倒塌，原来的位置已经动乱，有的已经残缺不齐。

山东汉画像石的雕刻技法比较全面，有阴线刻、凹面线刻、减地平面线刻、浅浮雕、高浮雕、透雕，它们除了被单独使用外，还经常组合使用；构图方式以分层分格为突出特点，但也有单纯图案的大制作，堪称“深沉雄大”。

鲁迅收藏的拓本有沂水的凤皇（凤凰）画像、鱼台的文叔阳食堂画像、邹城的白杨树村画像、平邑的南武阳皇圣卿阙画像、嘉祥的武氏祠画像、肥城（今属济南市长清区）的孝堂山石祠画像、济宁的晋阳山慈云寺画像、曲阜的阳三老食堂画像、微山的两城山画像、金乡的朱鲔石室画像、汶上的路公食堂画像等10多个地方的汉画像石拓本。鲁迅认为拓本相对比较好的就都钤上了自己的鉴赏印“善”，藏书印“会稽周氏收藏”“会稽周氏藏本”“俟堂石墨”等，如：

凤皇画像	钤“周树所藏”印
文叔阳食堂画像	钤“会稽周氏收藏”印
南武阳皇圣卿阙画像（之一）	钤“俟堂石墨”印
武氏祠画像·皋陶陈子禽	钤“会稽周氏收藏”印
嘉祥洪家庙画像	钤“会稽周氏”印
隋家庄关庙画像（之三）	钤“周氏”印
嘉祥郗家庄画像	钤“周氏”印
嘉祥村画像（之一）	钤“会稽周氏”“善”印
嘉祥村画像（之三）	钤“周氏”印
孝堂山石祠画像（之十一）	钤“会稽周氏收藏”印
普照寺画像（之一）	钤“会稽周氏藏本”印
济宁画像（之一）	钤“俟堂石墨”印
白杨店画像	钤“俟堂石墨”印

元圣庙画像	钤“周树所藏”印
师旷墓画像（之一）	钤“周树”印
师旷墓画像（之三）	钤“俟堂”印
李夫人墓门画像	钤“周氏”印
白杨树村画像	钤“会稽周氏收藏”印
南武阳功曹阙画像（之一）	钤“周”印
武氏祠左石室画像（之二）	钤“会稽周氏收藏”印
武氏祠画像·何馈程婴柳惠	钤“俟堂”印
武氏祠画像·钩骑四人	钤“周树”印
嘉祥村画像（之二）	钤“俟堂石墨”印
竹园画像	钤“周氏”印
郭泰碑阴画像	钤“会稽周氏收藏”“俟堂”印
永建五年食堂画像	钤“会稽周氏收藏”印
济宁画像（之二）	钤“会稽周氏”印
阳三老食堂画像	钤“周树”印
师旷墓画像（之二）	钤“会稽周氏收藏”印
师旷墓画像（之四）	钤“俟堂石墨”印
成武画像	钤“周树所藏”印
山东画像·戴掾君石堂画像	钤“会稽周氏收藏”印
山东画像·重屋画像	钤“周树所藏”印

拓本上的一方方印章，让我们进入了鲁迅对汉画像的审美世界，领略了鲁迅的鉴赏眼光。

二、河南汉画像石拓本的搜集

河南汉画像石最早著录于欧阳修的《集古录》，北宋时期出土。但在很长的一段时间里没有得到应有的重视，或弃之荒野，或派为他用。1927年，南阳张中孚在南阳近郊寻访汉画像石，并拓印41幅，由时任河南省博物馆的关百益汇编成《南阳汉画像集》，于1930年由上海中华书局影印。此书是介绍南阳汉画像石的第一本图集，由此南阳汉画像为世人所重视。1932年南阳草店村汉画像石墓被掘，孙文青写了《南阳草店汉墓画像石》一文，发表在1932年10月6日的《国闻周报》上。1936年又编辑出版《南阳汉画像石汇存》。从此，引起了国内外考古界和美术界的广泛关注。

南阳汉画像石以其丰富的藏量和独特的艺术风格著称于世。有很多学者开始意识到这一地区画像石的价值，鲁迅就是其中的一位，他托学生、朋友帮助购买、拓印汉画像石拓本：

1935年12月21日	“得南阳汉画像石拓本65枚”。
1936年1月28日	“得南阳汉画像拓本50枚”。
1936年4月9日	“得汉画像石拓本49枚”。
1936年8月17日	“得南阳汉画像石67枚”。

以上拓本都是由当时在南阳工作的杨廷宾、王正朔、王正今帮助鲁迅拓印、代购的。

鲁迅收藏河南汉画像石拓本290余幅，主要为南阳和中岳汉三阙拓本，重复者42幅。汉画像石拓本内容丰富，题材广泛。民间雕刻艺术家用刀和石，创作出了很多栩栩如生的人物形象和汉代的社会生活场景，形象地再现了当时人们的社会生活。鲁迅收藏的汉画像石拓本从具体内容上看，主要有以下几类：一是社会现实生活，如车骑出行、宴飨、讲学、田猎、楼阁建筑、武库、六博、斗鸡、走犬，以及各种门吏；二是远古神话，如伏羲、女娲、西王母、东王公、羿射十日、嫦娥奔月等；三是历史故事，如孔子见老子、二桃杀三士，荆轲刺秦王等；四是天文图像，如日月图像、日月合璧、苍龙、白虎等；五是舞乐百戏，如建鼓舞、长袖舞等。

南阳汉画像石的显著特点是每幅画面大都只表现一个内容，主题突出，画像单纯饱满，为我国后来的独幅绘画构图形式开辟了道路。在雕刻技法上，主要用的是平面阴线刻、凹面阴线刻、剔地浅浮雕、横竖线衬地浅浮雕。有的画像还将线条和浅浮雕进行巧妙组合，轻重各异的刀法，加强了雕塑感和美的永恒性。

河南登封嵩山的太室阙、少室阙、启母阙称为“中岳汉三阙”，是汉代建筑的重要遗产，均建于东汉安帝年间（107—125），距今1900多年的历史，它反映了汉代建筑艺术具有极高的历史价值。其建筑形式和结构基本相同，由阙基、阙身、阙顶三部分组成，均由琢制整齐的青石垒砌，东西对称。它是我国现存最古老的庙阙，为国内外金石学家所推崇。“三阙”的拓本鲁迅都有收藏。1916年4月23日，鲁迅从琉璃厂买回《嵩山三阙》一套，大小11幅；1918年5月31日，鲁迅从琉璃厂德古斋借《嵩山三阙》全拓一卷；同年6月4日，鲁迅从琉璃厂德古斋买回《嵩山三阙画像》拓本一份，大小34幅；1920年4月8日，鲁迅又收到许寿裳所寄的《嵩山三阙》拓本5幅。

北京鲁迅博物馆现存“三阙”拓本41幅：太室阙拓本15幅，画面内容主要有百戏、狩猎、神话故事、奇禽怪兽及贵族生活等；少室阙拓本10幅，主要内容有马戏、狩猎、蹴鞠等；启母阙拓本16幅，主要内容有幻术、虎逐鹿、夏禹化熊、斗鸡图等。除了收藏，鲁迅还手绘了6幅“三阙图”，现完好地保存在国家图书馆。除了“中岳汉三阙”画像石拓本，鲁迅还收有四川雅安的高颐阙画像石拓本32幅，手绘高颐阙图1幅，现也完好地保存在国家图书馆。另外，他还收藏有甘肃、江苏等地的几幅零星画像石拓本。鲁迅曾想将自己收藏的阙拓本编辑出版，但终未实现。

三、汉画像石的考据与研究

鲁迅较早关注、购买、考据的是武氏祠画像，存有拓本64幅，是所有汉画像石拓本中收藏最多的一种。1915年4月28日，鲁迅从京师图书借《小蓬莱阁金石文字》，影写家藏本所缺一页，此书为清代黄易著。黄易（1744—1801或1802），浙江钱塘人，字大易，号小松、秋盦等。黄易于“乾隆五十一年（1786）在山东嘉祥发现武氏祠”[1]。鲁迅在《说胡须》中道：“清乾隆中，黄易掘出汉武梁祠石刻画象来，男子的胡须多翘上；我们现在所见北魏至唐的佛教造像中的信士像，凡有胡子的也多翘上，直到元明的画像，则胡子大抵受了地心的吸力作用，向下面拖下去了。”[2]同年5月1日，鲁迅从琉璃厂购得“武梁祠画象并题记拓本等五十一枚”。他在《朝花夕拾·后记》中道：“汉朝人在宫殿和墓前的石室里，多喜欢绘画或雕刻古来的帝王、孔子弟子、列士、列女、孝子之类的图。宫殿当然一椽不存了；石室却偶然还有，而最完全的是山东嘉祥县的武氏石室。我仿佛记得那上面就刻着老莱子的故事。但现在手头既没有拓本，也没有《金石萃编》，不能查考了；否则，将现时的和约一千八百年前的图画比较起来，也是一种颇有趣味的事。”鲁迅记得没错，黄易在《小蓬莱阁金石文字》中“分别摹录了伏羲女娲、祝融（诵）、神农、黄帝、颛顼、帝喾、尧、舜、禹、桀、曾母投杼、闵子骞御车失棰、老莱子娱亲、丁兰供木人等 14 幅图像”[3]。他手绘老莱子图的灵感应该是来源于这套书。

鲁迅收藏的另一种比较完整的画像石拓本就是朱鲔石室画像了，共 52 幅，22 幅是重复的。山东省金乡朱鲔石室画像石“早在北魏郦道元《水经注》、北宋沈括《梦溪笔谈》等书中”[4]就有著录，是我国保存下来的著名汉代石祠画像之一。现存金乡朱鲔石室画像石 11 块，第 8 块、第 9 块漫漶严重，鲁迅也没有收藏。鲁迅十分关注朱鲔石室画像石，在他的日记、书信和抄录的汉画像石手稿中，多处提到和记录了购买拓本和对朱鲔石室画像石的研究情况：

1916 年 5 月 7 日　买《朱鲔石室画象》十五枚。

1919 年 6 月 6 日　购得《朱鲔石室画象》残拓十四枚。

1934 年 3 月 6 日，鲁迅在给姚克的信中说：“汉画象模胡的居多，倘是初拓，可比较的清晰，但不易得。我在北平时，曾陆续搜得一大箱，曾拟摘取其关于生活状况者，印以传世，而为时间与财力所限，至今未能，他日倘有机会，还想做一做。汉画象中，有所谓《朱鲔石室画象》者，我看实是晋石，上绘宴会之状，非常生动，与一般汉石不同，但极难得，我有一点而不全，先生倘能遇到，万不可放过也。”他在 4 月 22 日的信中又说：“石刻画象印起来，是要加一点说明的，先生肯给我译成英文，更好。但做起来颇不易，青年也未必肯看，聊尽自已的心而已。《朱鲔石室画象》我有两套，凑合起来似乎还不全，倘碑帖店送有数套来，则除先生自己所要的之外，其余的请替我买下，庶几可以凑成全图。这石室，四五年前用泥塞起来了（古怪之至，不知何意），未塞之前，拓了一次，闻张继委员有一套，曾托人转辗去借，而亦不肯借，可笑。”鲁迅除了购买《朱鲔石室画象》拓本，还写下了考据文字：

朱鲔墓石室画象

右朱鲔墓石室画象。在金乡县西三里。皆画男女燕飨杯盘尊勺帷屏之属，朱长舒之墓并鲔字四行题字，《山左金石志》记之详矣，以此本谛视之，一幅尚有朱字，极分明。（洪颐煊《平津读碑记一》）

金乡朱鲔石室画象

在城西三里。不知几石。市上所有拓本皆只就清晰处零星拓之，今欲得全石整张拓本。

1934年6月9日，鲁迅在给台静农的信中又提到了朱鲔石室画像，总是不满意他收藏的那些拓本。

鲁迅为了考证他收藏的汉画像石拓本，先后查阅了很多有关汉画像的书籍，以及相关地的县志，抄录了汉画像石的发现地、存放处、发掘情况等。他翻阅的书籍有黄易的《小蓬莱阁金石文字》、王昶的《金石萃编》、端方的《匋斋藏石记》、王懿荣的《汉石存目》、洪适的《隶释》、洪颐煊的《平津读碑记一》，购买的画像集有《南阳汉画像集》《南阳汉画象访拓记》《武梁祠画象考》和《汉画第一辑》，抄录的县志有《续修郯城县志》《临沂县志》《鱼台县志》等。从鲁迅对汉画像石的考据与研究的文献看，鲁迅采用了金石学、考古学、文化学和艺术学四种方法。

拓本中的鲍宅山凤凰画像是自晚清以来备受学者关注，且最具争议的一幅画像，主要焦点在于画像石的断代上。李发林认为："此画像石被确认为中国有纪年的最早的画像石。"[5] 蒋英炬不同意这种说法，他说："'鲍宅山凤凰画像'最早的仅有《汉画像全集》一书"[6]，"不属于汉画像石"[7]。其实不然，鲁迅不但收藏有凤凰画像拓本，还在抄录汉画像信息时多处抄录了"鲍宅山凤凰画像"的相关资料。1916年7月16日，鲁迅从琉璃厂买回凤凰画像拓本两幅，现存三幅，其中带"凤皇"二字的一张拓本上还钤有"周树所藏"印，鲁迅对这一画像进行了详细的考证：

凤皇画象

摩崖刻计三处。一刻高一尺，广一尺六寸，画一凤鸟，左方题"凤皇"二字，隶书。一刻高广各一尺八寸，作一凤，较小于前。又一凤首左上方题小字一行，云："三月壬日凤。"右方大字一行，云："东安王钦元。"均隶书。一刻高五寸，广三寸，有元二字可辨，隶书。在山东沂水西南七十里鲍宅山。

沂水凤皇画象

二石，均有题字，一署凤皇，一署东安王钦元题名，山东沂水西南鲍家山。

凤皇画象

八分书，在山东沂水西南鲍宅山。

以上拓本和考据文字分别收录在2014年西泠印社出版社出版的《鲁迅藏拓本全集·汉画像卷Ⅰ》和《鲁迅藏拓本全集·汉画像卷Ⅱ》中。鲁迅收藏的记录鲍宅山凤凰画像的书籍有赵之谦的《补寰宇访碑录》(第一册上钤有“会稽周氏”印)、陆增祥的《八琼室金石过眼录》(第一册上钤有“鲁迅”印)，可见鲁迅对该画像的重视和喜爱。这些材料的面世，为鲍宅山凤凰画像的进一步研究提供了珍贵的资料。

鲁迅收藏的汉画像拓本原石，有些已经流到国外，如武氏祠左石室画像第一石、武氏祠画像（之一）、武氏祠画像（之二）、武氏祠画像（之三）、郭家庄画像、隋家庄关庙画像（之三）右半块、沂州府画像（之八）[8]等，原石现存日本东京国立博物馆、苏黎世瑞士国家博物馆。因此，这些拓本就变得弥足珍贵了。

四、植入书籍装帧、新兴版画艺术的汉画像石艺术

鲁迅到上海后，为了促进他所倡导的新木刻运动，自费办展览、出书，指导木刻青年们努力创作出具有中国特色，即具有民族特色的版画作品，故而他对汉代画像石刻产生极大兴趣。1935年9月9日，他在给青年木刻家李桦的信中说：“先生之作，一面未脱十九世纪末德国的桥梁派影响，一面则欲发扬东方技巧，这两者尚未能调和，如《老渔翁》中坐在船头的，其实仍不是东方人物。但以全局而论，则是东方的，不过又是明人色采甚重；我以为明木刻大有发扬，但大抵趋于超世间的，否则即有纤巧之憾。惟汉人石刻，气魄深沉雄大，唐人线画，流利如生，倘取入木刻，或可另辟一境界也。”从延安鲁艺木刻工作团里走出了一批富有战斗力的木刻青年，他们逐渐摆脱模仿西方版画的阶段，大踏步地创作出具有民族特色的木刻。鲁迅教导青年要把西方技巧和东方神韵完美结合起来。他曾委托友人着手搜集传拓河南汉画像石拓本，拟编写一本精选图册。然而，事业未果，病魔便夺去了他宝贵的生命，此后，河南汉画像石的研究告一段落。

鲁迅是中国书籍装帧的拓荒人，帮助了很多青年艺术家，如陶元庆、孙福熙、钱君匋等。后来成为著名的装帧艺术家的钱君匋在《我对鲁迅的回忆》中描述了鲁

迅接待他和陶元庆的情景："元庆说是不是可以运用一些中国古代的铜器和石刻上的纹样到封面图案中去，鲁迅对这个意见，非常赞成，很感兴趣，认为可以试一下。因此，他就想到所搜集的许多汉唐画像石的拓本，说：'我所搜集的汉唐画像石的拓本，其中颇有一些好东西，可以作为这方面的部分借鉴，现在时间还早，不妨拿出来大家看看。'说着，便端出一大叠拓本来，由于幅面很大，必须铺在地上才能看到全貌，楼上地位较窄，铺不了多少，便改到楼下客堂里，把这些拓本铺了一地，随铺随作解释，娓娓动听，铺了一层又铺一层，我们一时目不暇接，只能浮浅地浏览过去。时间很快，一眨眼已经将近十二点钟，只好匆匆结束，道谢辞去。"鲁迅翻译、设计的俄罗斯作家爱罗先珂的童话剧《桃色的云》的封面就吸取了汉画像中云纹的图案元素。

鲁迅对汉代画像的研究，主要是放在画像的美学价值上。蔡元培在《记鲁迅先生轶事》里说："从前纪录汉碑的书，注重文字，对于碑上雕刻的花纹，毫不注意。先生特别搜辑，已获得数百种。"据许寿裳回忆，鲁迅曾对他说过："汉画像的图案，美妙无伦，为日本艺术家所采取。即使是一鳞一爪，已被西洋名家交口赞许，说日本的图案，如何了不得，了不得。而不知其渊源固出于我国的汉画呢。"[9]可见，鲁迅很早就认识到了汉画像石的史学价值和艺术价值。

注释：

[1][3] 杨爱国：《黄易对金石学的贡献》，载《中国汉画学会第十届年会论文集》，湖北人民出版社2006年版，第477—485页。

[2] 鲁迅：《坟·说胡须》，载《鲁迅全集》第一卷，人民文学出版社1981年版，第173页。

[4] 蒋英炬、杨爱国、蒋群：《朱鲔石室》，文物出版社2015年版，第7页。

[5] 傅惜华：《汉代画像全集》，1950年巴黎大学北京汉学研究所图谱丛刊，图219。

[6][7] 蒋英炬：《关于"鲍宅山凤凰画像"的考察与管见》，《文物》1997年第8期，第37—42页。

[8] 北京鲁迅博物馆编：《鲁迅藏拓本全集·汉画像卷Ⅰ》，西泠印社出版社2014年版。

[9] 许寿裳：《亡友鲁迅印象记·提倡美术》，载《鲁迅回忆录》，北京出版社1999年版，第242页。

简述彩绘汉画像石的色彩运用

李真玉

内容摘要 彩绘画像石是汉代墓葬建筑和装饰材料，其色彩的运用和当时社会流行的丧葬习俗、色彩审美观念和社会意识形态都有密不可分的关系。本文通过对南阳及其他地区的汉代彩绘画像石墓中的色彩种类、施色部位和施色内容的整理，总结分析出彩绘画像石色彩运用的几个特点及产生的原因。

关 键 词 汉代；画像石；彩绘；色彩

作者简介 李真玉，女，南阳汉画馆考古研究部副研究馆员，主要从事汉画像石的研究及其相关的博物馆业务工作。

彩绘画像石墓是一种墓葬的建筑装饰形式。在秦汉时期的各种墓葬形式中，画像石墓是最晚兴起的一种，它是我国墓葬形制在砖椁、砖室和石椁墓葬发展到了一定阶段，人们对建墓用材有了新的构想和认识的基础上，将砖石结构和当时社会流行的墓室装饰相结合的产物。彩绘画像石是在刻好的画像上进行施色（也有部分画面或画面的局部直接在石面上彩绘），使单调的画像石画面变得五颜六色，改变了画像石的单一色调。同壁画相比，彩绘画像石除了用于起稿的材质不同外，彩绘画像石多了雕刻的工序，其后各种施色的手法和壁画基本无异，因此具有壁画的特色。而且，壁画容易脱落，而彩绘画像石即使失色也改变不了物象的面貌，因此更具永久保存的价值。同一般的画像石相比，彩绘画像石是在刻石为像的基础上，在画像上用多种颜色进行彩绘处理，使原有的画像增加了色彩的装饰，使其更富有表现力。所以，彩绘画像石在原始物象的保存上优于壁画，而在装饰效果上又胜于一般画像石。所以，彩绘画像石几乎是在画像石墓出现的同时就出现了，最迟在西汉中期就已使用。到了东汉，随着画像石墓的兴盛，彩绘画像石也得到了广泛的运用，在全国汉画像石分布的四大集中区域（河南南阳、鄂北区，山东、苏北、皖北、豫东区，陕北及晋西北区，四川、滇北区）几乎都有彩绘画像石墓的发掘。下面仅对南阳及其他各地的彩绘画像石施色的种类和内容、施色部分在墓葬中的位置做一简单的梳理。

南阳目前发掘的彩绘汉画像石墓共有 12 座，它们主要分布在南阳的两个区域：今南阳市和唐河县，其余县市区则至今没有发现彩绘汉画像石墓，只在今新野发现有彩绘汉画像砖墓。现将南阳发掘的 12 座彩绘汉画像石墓的彩绘情况列举如下（表 1）：

表 1　南阳发掘的 12 座彩绘汉画像石墓的彩绘情况

墓葬名称	年代	施彩部位及内容	色彩种类	备注
南阳赵寨砖瓦厂画像石墓[1]	西汉中期	门柱（五个门柱上皆刻门阙建筑图，画面上皆有彩绘）	朱、黑	
南阳杨官寺汉画像石墓[2]	西汉晚期	墓门中柱石、两侧柱石内侧面、两门框横额石外侧面等（建筑图、人物、几何图纹饰等）	黑、白、红	
南阳唐河电厂汉画像石墓[3]	西汉晚期	墓门门楣石（车骑出行图，马身皆涂朱砂）；两门扉石（刻白虎铺首衔环，虎耳、目、口、躯体、尾及铺首皆用朱笔勾画边线）	红	
南阳市八一路汉画像石墓[4]	西汉晚期	门楣、门柱（建鼓鼓身等）	红、黑	该墓发掘报告略简，部分由亲历者描述
南阳唐河汉郁平大尹汉画像石墓[5]	新莽时期	墓大门门楣（二龙穿璧饰朱彩）；大门南柱（题记文字皆刻后朱描）；该墓出土画像石 35 块大多经过朱彩描绘	红	
南阳唐河针织厂汉画像石墓[6]	东汉	墓门门楣上辅石（骑马图，均涂红色）	红	
南阳辛店熊营汉画像石墓[7]	东汉	门柱、门楣、过梁（出土 40 余幅画像皆有彩绘，内容有人物、铺首衔环、仙禽瑞兽、日月星辰等）	红	

（续表）

南阳陈棚汉画像石墓[8]	东汉	门楣、门柱、门扉、前室梁柱、前室门柱和过梁的正面、后室门柱正面等（人物、动物、龙首和图案等）	红、黑、白、紫红、粉红、粉绿、土黄等	
河南襄城茨沟汉画像石墓[9]	东汉	左前室门楣（背面有朱彩描绘痕迹）后室藻井画像描红	红	襄城茨沟在汉代属南阳郡，今属河南许昌
南阳唐河针织厂二号画像石墓[10]	东汉	墓门门楣（逐疫升仙图，涂朱）	红	
南阳军帐营画像石墓[11]	东汉	前室门楣、墓门侧柱、中柱、石梁及后室中柱和门槛石（伏羲女娲、伎乐、人物、升仙等）	红、白	
南阳石桥汉画像石墓[12]	东汉	墓门门楣正面、墓门中柱（斗兽、人物等）；北主室顶部及周壁（用土黄色绘制宽8厘米的带条及菱形纹）	红、黑、土黄	该墓为南阳彩绘画像石墓中唯一兼有壁画和彩绘画像石的墓葬

南阳以外其他地区的彩绘汉画像石也十分丰富，尤其在陕北及晋西北区，出土了数量很多的彩绘画像石。现将全国其他地方的部分彩绘画像石施彩情况做一粗略的统计（表2）：

表2　全国其他地方部分彩绘画像石施彩情况

墓葬名称	年代	施彩部位及内容	色彩种类	备注
山东沂南汉画像石墓[13]	东汉	后室藻井画像石(花瓣"尖上涂朱",两侧边上饰彩)	朱、绿、黑	
山东淄博张庄汉画像石墓[14]	东汉	墓门门楣正面、门柱、门扉（羊头、马嘴、缰绳、白虎嘴舌、人物等）	朱	
山东金乡鱼山汉画像石墓[15]	汉	墓室上槛石(阴刻图案施朱砂彩绘);门扉石(人物)	朱、白	
江苏徐州青山泉白集汉画像石墓[16]	东汉	画像有关部位填绘朱红色（瓜棱石柱凹入处、月亮里圈、衣服等）	红	绘画、雕刻和设色三者结合

（续表）

陕西绥德黄家塔画像石墓[17]	东汉	门扉（朱雀羽毛、独角兽羽翼等） 门框（图案朱彩勾绘）；门楣石（日、月）	黑、红、白	
陕西绥德延家岔画像石墓[18]	东汉	墓大门（朱雀铺首衔环细部）；前室西壁门楣（车、马、人物、衣服细部）；前室顶部（日轮及阳乌）	红、黑、绿	
陕西神木大保当11号画像石墓[19]	汉	墓门左、右门柱（建筑、人物、日、月、龙、虎等）	红、褐红、粉红、黑、白、绿等	
陕西神木大保当23号画像石墓[20]	汉	墓门门楣、门扉、门柱（车马、人物、虎、日轮等）	黑、红、白、褐红	
陕西绥德黄家塔8号画像石墓[21]	汉	顶心石（日轮、阳乌、星辰等）	黑、红等	
陕西绥德四十里铺画像石墓[22]	汉	墓门扉（朱雀羽毛、龙虎口、人物衣服等）	红、黑、黄	
山西离石马茂庄3号画像石墓[23]	东汉	可能为顶心石（日轮、人物）	红、白	彩绘而成
山西离石马茂庄4号画像石墓[24]	东汉	墓顶石（日轮）	白	彩绘而成
河南南乐宋耿洛1号汉墓[25]	东汉	墓门门楣正面（两朱雀）	红	
河南禹县东十里村画像石墓[26]	东汉	墓门门楣石（双虎）	朱	
重庆合川沙坪坝画像石墓[27]	东汉	墓室左门柱（朱雀）	朱	刻、绘结合

彩绘画像石的色彩作用不像其他的美术作品，色彩兼具成像和施色的双重功用，画像石的色彩则没有成像的要求，因为彩绘画像石的物象早在施色前就已经刻画成形（部分在石面上的绘画例外），故而彩绘画像石的色彩运用过渡性较少，施色种类清楚明了。因此，彩绘画像石的色彩品种容易辨别，色彩的应用就是为了渲染画面，寄托文化寓意。下面仅从列表中的用色种类和用色的画像内容简要概述彩绘画像石的色彩运用。

一、红色占绝大部分，为彩绘画像石的主要用色

在以上统计的南阳和其他地区的27座彩绘画像石墓中，除了山西离石马茂庄4号画像石墓发掘时仅见白色外，其余彩绘墓葬中都有红色，这和中华民族悠久的历史中对红色的认知及由此而形成的早期宗教意识密不可分。

首先，红色代表着生命和温暖。中国人原始的色彩观有一定的观念性和象征性，这是一个隐喻和象征的符号世界。人类初始对红色的认识是与火、血液和太阳相联系的，红色成为人们生活当中最直接接触的色彩。因此，在人类早期的原始信仰中，它成了生命和温暖的象征。在山顶洞人的时代，人们就赋予了红色十分神秘的宗教寓意，他们在死者尸骨旁涂撒红色的矿石粉末，一些装饰品的穿孔也残留红色，这种用红色饰终的形式显然超出了人们对色彩的感官刺激和在生活中的装饰作用，具有巫术的礼仪作用，是对生命的呼唤或对逝者的祝福。有学者则认为，红色给人的直观感受是太阳的温暖和光辉，有永生不灭的象征意义，是一种太阳崇拜。[28]古人最早对红色的认识和运用是同灵魂不灭、生命崇拜、光明和温暖联系在一起的。马王堆汉墓的四重彩绘套棺上用红色和黑色绘制精美图像[29]，这些图像形象地表现了墓主人死亡—重生—升仙的整个经过。其中，红色就是代表生命的色彩，隐喻着阳、南方、生命和不死。[30]在全国各地发掘的彩绘汉画像石墓中，红色被大量使用，几乎所有的墓葬可以没有其他任何一种颜色，但红色必不可少（山西离石马茂庄4号墓为一残墓，发掘时仅见墓顶石用白色绘一圆轮）。许多墓葬只用红色，这种超乎寻常的偏爱，应该和红色这种寓意生命和温暖的观念相关。在墓葬这个阴冷黑暗的所在，人类要经历其生命整个过程中最强烈的恐惧——死亡。在这种状况下，渴求温暖、生命的复归和延续应该是此时最强烈的期盼，所以在墓葬中我们可以看到大量可以帮助升仙（超越死亡）、生活（延续生命）的图像、器物等。而作为颜色中可以给予生命和温暖寓意的红色被大量使用也就不足为奇了。

其次，红色有辟邪祈福的寓意。在中华民族传统文化中，红色是具有辟邪和沟通神灵的功能，在吉祥文化兴起后，又兼具象征吉祥和喜庆的作用。这种颜色功能传承至今，成为具有民族特征的民俗现象。汉代葬俗认为，墓门是连接墓室与外部世界的唯一通道，是容易被魑魅魍魉侵入的要道，所以在墓门区域，包括门楣、门扉、门柱这些位置，多以辟邪驱疫和升仙的内容为主。在彩绘画像石墓中，许多墓葬在这一区域用朱砂彩绘，有的把辟邪的画面涂红或用红线勾勒，在墓门区域和

辟邪升仙内容的画面上大量使用红色，应该暗含红色有辟邪升仙、沟通神灵功能的寓意。在南阳彩绘墓中，有许多辟邪升仙类的动物涂成红色：唐河郁平大尹冯君孺人墓大门门楣刻有表示升仙的二龙穿璧画像，饰朱彩；唐河针织厂汉墓门楣石的上辅石刻画的马全部涂红；唐河针织厂2号画像石墓门楣上刻逐疫升仙图，东半部为逐疫辟邪，西半部为升仙图，画面皆涂红。在河南禹县东十里村画像石墓的门楣石上，将双虎“间隔涂朱”，使虎的形象更加凶猛。虎在汉代有辟邪和升仙的双重功用，将其涂成红色应是增加其辟邪作用。

再次，红色是汉代社会崇尚的色彩。汉代色彩的风尚随着统治阶级的倡导和爱好也经历了一个演变过程。汉初高祖刘邦称帝后，自以为始立黑帝祠而居水德，水德定服色为黑色，所以汉初继承秦人尚黑的传统崇尚黑色。到了东汉，光武帝刘秀定都洛阳，相信谶纬迷信，按照图谶推五运又正为火德，认为红色为火焰的象征，色尚赤，以红色为至尊。

二、五大正色都有应用

在我们统计的27座彩绘画像石墓中，五大主色都已出现，除红色占绝对多数（26座）外，黑色运用于12座墓葬，9座墓葬使用了白色，有绿色4座和黄色3座。由此可以看出，在彩绘画像石的色彩运用上，同其他种类的墓葬出土美术作品一样，都受当时社会色彩观的影响。

人类对于色彩的认知，应该在蒙昧时期就已经开始，从旧石器时代的山顶洞人的红色饰终现象，到新石器时代大量彩陶的出现。可以看到，先民们从最初的直观感受色彩认知到隐喻象征事物，中国传统色彩从具象的感知到抽象的比附经过漫长的发展过程，最后归类为红、黑、白、蓝、黄五大类。西周时期，已经提出了“正色”和“间色”的概念，出现了专管染织的官员，而且这种色彩的不同和社会的等级观念相连。

汉代流行五色审美观，这和汉代社会盛行阴阳五行思想是分不开的。阴阳五行观念是我国先秦时期哲学思想中朴素的唯物主义自然观。阴阳是企图用阴阳两气的相互矛盾和变化来解释自然界所有事物的运行规律和变化根源，五行是由试图把所有物质世界中纷繁的各种形态归纳为金、木、水、火、土五种元素所构成。阴阳五行思想本来是一种朴素的唯物观，在两汉政权一统的大背景下，极大地促进了文化的交融和发展，尤其是董仲舒融合诸子百家，继承传统文化理念，构筑起自己的思想体系，将阴阳五行纳入自己的儒家思想体系，经过这种吸纳整合的儒家思想成为汉代的正统思想。五行之说以木、火、土、金、水五种物质与其各自的作用统辖时令、方向、神灵、音律、颜色、食物、味道、道德等，乃至帝王系统和国家制度。而在五行框架下的色彩观也渗透在汉代社会生活的方方面面。

汉武帝时在甘泉立泰畤坛祭祀五方神祇，即青、赤、白、黑、黄五帝，按五行说的五方祭祀，掌祭五帝的分穿同其相对应的方位色彩衣服。[31] 武帝以后，阴阳五行说更加兴盛。到了王莽时期，王莽笃信阴阳五行，按五行之说制定群神的祭祀，分为五帝，而这五帝便是五行相生说下的古史系统中的帝王；又将群神以类相从分为五部。到了东汉明帝永平二年（59），下诏祀光武帝于明堂以配五帝，又颁发时令，迎气于五郊。这样，神灵、季节、方位、服色、音律等有了统一规定。自此以后，“顺时令”一义遂成为帝王施政的总纲。[32] 当以国家的意志祭祀五方之神时，其对应的方位、音律、色彩、时令等也理所当然成为膜拜的对象。而当色彩和时空相连，时空的意义赋予了色彩，色彩也就更加系统而紧密地进入人们的生活，五大主色都各自找到了自己的位置和价值，融入人们的日常生活，发挥自己的作用。

人们现实生活风尚不可避免地折射到葬俗，汉代色彩观也影响到了汉代墓室装饰和随葬物品。有学者研究，在汉代数量众多的壁画墓、彩绘铜镜、帛画、陶器的色彩使用上，都出现了一定的共性，即朱、黄、青、白、黑五种颜色被大量地、相对固定地使用，同时还出现了五色之外的其他间色。这五种颜色就是五行色彩学中的正色，五行色彩学的体系正是在汉代总结传统五行学说的基础上形成的。[33] 彩绘画像石墓在色彩的使用上比较灵活，并没有一定的规范和规律。有的墓葬只用一种色彩（大多为红色），有的墓葬也只使用两种或几种颜色，而有的墓葬则使用了多种颜色。如南阳陈棚彩绘画像石墓使用颜色达 7 种之多（红、黑、白、紫红、粉红、粉绿、土黄）；陕西神木大保当 11 号画像石墓用了 6 种（红、褐红、粉红、黑、白、绿）。这种墓葬着色的差别应该和造墓者的经济能力、认知及追求目标的不同有一定关系，同时也和汉代社会的用色风尚密不可分。

三、正色和间色缤纷呈现

在已知的汉代彩绘画像石墓的色彩种类上，可以说是正色和间色共处一墓一室一石，共同营造出了人们寄托哀思、蕴含寓意、表达希望的灵魂归宿。这种多色并用营造的墓室环境是当时人们竭力饰终的重要表现。正色和间色在墓葬中广泛使用应该是当时人们“事死如生”的丧葬观念的折射，建造者希望多种色彩能起到如下作用。

首先，装饰墓葬。冥宅的装饰用色是和现实世界的色彩观紧密相连的，在墓室没有建筑装饰的情况下，墓室黑暗阴冷，没有色彩和图案，墓室内只有冷寂的葬具陪伴在亡者的四周。到了汉代，流行五行色彩观，随着人们的社会生活实践，对色彩的认识和运用更进一步，通过正色相互混杂，千变万化中幻化出许多间色，极大地丰富了人们的社会生活和各种美术作品。所以，汉代地面建筑出现了富丽多彩的大型壁画，漆器、丝织品、陶器等物品上的彩绘工艺都已达到一定的水平，各种绘画作品广泛运用于人们的生活中。这种现世的缤纷色彩也影响到丧葬习俗，在墓室装饰上出现壁画装饰形式。作为建墓用材的画像石（砖），不仅是墓葬建筑材料，还是墓室的装饰材料。彩绘画像石作为墓室建筑用材，实用性和装饰性融合到了一起，依据汉墓的整体结构进行合理的、立体的、有寓意的装饰，从而使墓室整体的实用价值和思想价值都得到提升。经过了色彩处理的画像石的装饰效果是显而易见的，就如同黑白世界与彩色世界给人们的视觉效果有很大的反差一样，施彩使画像石上所刻画的物像更加突出、灵动、传神，这样就在保持了石刻艺术的厚重古朴特点的基础上，又增加了绘画施彩所给人带来的富丽鲜活的效果。

其次，模拟现实世界。在汉代，灵魂不灭的观念普遍存在，人们认为“人死辄为鬼神而有知”。在儒家思想的影响下，社会“事死如生”的观念更是广泛流行，人们都认为人死后与活着的时候是一样的，活着的时候所需的生活必需品在死后照样需要，世间的审美需求在阴间也不可或缺，故而人们在建造冥宅时就极力仿照现世。长沙马王堆汉墓是一座未被盗掘的汉代墓葬，为我们科学地认识汉代的丧葬习俗提供了难得的依据。1972 年，考古工作者对该墓进行了科学发掘，其中 1 号墓出土大量的陪葬品，可谓应有尽有，包括食物、衣服、锦缎、乐器等……[34] 说明汉代人把在人间生活所需的一切全部搬到了冥宅地府。汉代室墓代替木椁墓就是人们仿照世间宅第建造冥宅的一种倾向。南阳唐河郁平大尹冯君孺人画像石墓是一座十足的“仿生”墓葬，墓葬的结构仿照世人的宅第建筑，石刻题记“车库”“大门”“藏阁”“内门”等，与其说是冥宅的建筑名称，不如说是现实生活中房屋的建筑名称。[35] 现实世界的缤纷也是冥宅不可缺少的，所以在条件允许的时候，人们就会把世间的色彩搬到墓室之中，尽力为死者营建一个完整的、逼真的“现世世界”。这种多层次、多种类的色彩系统则更加接近大自然的真实，正色和间色互相搭配，扩大了色彩之间的对比种类，让画面的色调更加和谐。在南阳陈棚画像石墓彩绘画像中，使用了多种正色和间色，除了一些有寓意的画面，许多图像的着色是仿照现实，追求逼真的效果，如大部分人物的衣服和帽子、帽带，面部、颈部等，都采用了写实的手法，使人物的形象栩栩如生。而家具设施沿用了现实生活的用色习惯，和当时人们的装饰用色基本相同。

综上所述，汉代彩绘画像石墓中用于绘制图像的色彩已经十分丰富，这是当时科学技术发展的结果，同时也和当时社会的用色风尚、丧葬习俗密不可分。这些色彩的使用不仅起到装饰死后居所的作用，同时也反映了当时人们对死后世界的恐惧、对灵魂不灭的渴求和对世间生活的眷恋。

注释：

[1] 南阳市博物馆:《南阳县赵寨砖瓦厂汉画像石墓》,《中原文物》1982年1期，第1—4页。

[2] 河南省文化局文物工作队:《河南南阳杨官寺汉画象石墓发掘报告》,《考古学报》1963年第1期，第111—139页。

[3]《南阳汉画像石》编委会:《唐河县电厂汉画像石墓》,《中原文物》1982年第1期，第5—11页。

[4] 南阳市文物考古研究所等:《河南南阳市八一路汉代画像石墓》,《考古》2012年第6期，第14—25页。

[5][35] 南阳地区文物队、南阳博物馆:《唐河汉郁平大尹冯君孺人画象石墓》,《考古学报》1980年第2期，第239—262页。

[6] 周到、李京华:《唐河针织厂汉画像石墓的发掘》,《文物》1973年第6期，第26—40页。

[7] 南阳市文物研究所:《河南省南阳县辛店乡熊营画像石墓》,《中原文物》1996年第3期，第8—17页。

[8] 蒋宏杰等:《河南南阳陈棚汉代彩绘画像石墓》,《考古学报》2007年第2期，第233—266页。

[9] 河南省文化局文物工作队:《河南襄城茨沟汉画象石墓》,《考古学报》1964年第1期，第111—131页。

[10] 南阳地区文物工作队、唐河县文化馆:《唐河县针织厂二号汉画像石墓》,《中原文物》1985年第3期，第14—20页。

[11] 南阳博物馆:《河南南阳军帐营汉画像石墓》,《考古与文物》1982年第1期，第40—

43页。

［12］南阳博物馆：《河南南阳石桥汉画像石墓》，《考古与文物》1982年第1期，第33—39页。

［13］南京博物院、山东省文物管理处编：《沂南古画像石墓发掘报告》，文化部文物管理局1956年，第8—9页。

［14］淄博市博物馆：《山东淄博张庄东汉画像石墓》，《考古》1986年第8期，第717—725页。

［15］顾承银等：《山东金乡鱼山发现两座汉墓》，《考古》1995年第5期，第385页。

［16］南京博物院：《徐州青山泉白集东汉画象石墓》，《考古》1981年第2期，第137—150页。

［17］戴应新、魏遂志：《陕西绥德黄家塔东汉画像石墓群发掘简报》，《考古与文物》1988年第5—6期，第251页。

［18］戴应新、李仲煊：《陕西绥德县延家岔东汉画像石墓》，《考古》1983年第3期，第233—237页。

［19］［20］陕西省考古研究所、榆林地区文物管理委员会：《陕西神木大保当第11号、第23号汉画像石墓发掘简报》，《文物》1997年第9期，第26—35页。

［21］李林：《陕西绥德县黄家塔汉代画像石墓群》，《考古学集刊》（第14集），文物出版社2004年版，第66页。

［22］榆林地区文管会、绥德县博物馆：《陕西绥德四十里铺画像石墓调查简报》，《考古与文物》2002年第3期，19—26页。

［23］［24］山西省考古研究所等：《山西离石马茂庄东汉画像石墓》，《文物》1992年第4期，第14—40页。

［25］安阳地区文管会、南乐县文化馆：《南乐宋耿洛一号汉墓发掘简报》，《中原文物》1981年第2期，第4—10页。

［26］河南省文物研究所：《禹县东十里村东汉画像石墓发掘简报》，《中原文物》1985年第3期，第51—55页。

［27］重庆市博物馆等：《合川东汉画象石墓》，《文物》1977年第2期，第65页。

［28］蒋书庆：《破译天书——远古彩陶花纹揭秘》，上海文化出版社2001年版，第40页。

［29］［34］湖南省博物馆、中国科学院考古研究所编：《长沙马王堆一号汉墓》，文物出版社1973年版，第13—27页。

［30］［美］巫鸿：《礼仪中的美术：巫鸿中国古代美术史文编》，郑岩等译，生活·读书·新知三联书店2005年版，第111—117页。

［31］［32］顾颉刚：《秦汉的方士与儒生》，上海古籍出版社2005年版，第15、85—86页。

［33］周跃西：《略论五色审美观在汉代的发展》，《中原文物》2003年第5期，第73—78页。

汉代石碑中的画像艺术

杨子墨

内容摘要 一直以来，人们研究汉代画像，主要取材于祠堂、石阙、石棺、墓室等石刻作品的装饰图案，而就石碑则鲜有关注。石碑作为中国古代祭祀的重要石刻作品，不仅有其特定的功能要求，而且在画像内容选择、装饰形式和雕刻技法上具有固定的配置形式。本文从汉代石碑之画像内容、布局、功用三方面，具体分析了石碑画像的存在状态及其文化内涵，总结出石碑画像的地域选择、装饰形式和雕刻技法的规律。

关 键 词 汉代石碑；画像；内容；布局；功用

作者简介 杨子墨，女，任职于淄博师范高等专科学校。

汉代祠堂、石阙、石柱、墓室等石刻作品上装饰有丰富的画像，这些图案在石刻作品中起着装饰的作用，并具有深刻的文化内涵。矗立于道陌街旁、墓冢坟前、祠堂内外的石碑，也饰有相应的画像。依据历代金石文献著录、地方志及中华人民共和国成立后的考古新发现，目前汉代石碑可考可见者390多件，现存实物88件，装饰画像者只有20件。[1]这些装饰有画像的石碑虽数量有限，但其画像具有独特的内容主题、布局形式及功用要求。

一、汉代石碑的画像内容

依据现存汉代石碑实物来看，碑身装饰图案主要有蛇、龙、虎、凤、龟等内容，主要集中于巴蜀、山东、河北等地。其中，巴蜀石碑画像装饰最为丰富，以龙、凤、虎、龟及人物画像为主；山东石碑多为凤、蛇、龙图案；河北石碑装饰图案多为龙。石碑上的装饰图案与汉代各地尊奉的祥瑞紧密相关。细细品味这些石碑上盘叠交结的龙身、婉转遒劲的白虎、展翅欲飞的朱雀、雄强宽博的龟趺，我们可以想见汉代各地区人们对于诸类吉祥图像的热情与虔诚。

（一）石碑装饰中的龙

龙是汉民族传统的崇拜神物，也是苗、壮、彝、侗、黎等少数民族的信奉图腾，还是华夏民族的集体象征与标志。它是古人想象出的一种神兽，其最初原型是蛇。闻一多《伏羲考》曰："现存所谓龙便是因原始的龙（一种蛇）图腾兼并了许多旁的图腾，而形成一种综合式的虚构的生物。"[2]《左传》曰："太皞氏以龙纪。"[3]"太皞"是目前文献记录最早崇拜龙的民族，"太皞族的发源地在今所发现的以泰山为中心的大汶口文化的地域范围之内"[4]，即今山东境内。现存曲阜孔庙的《乙瑛碑》(图 1)，碑侧阴线刻蛇纹图案，体现了此地对蛇崇拜的原始性。蛇在上古先民信仰中占有非常重要的地位，它主要流行于中国沿海和华南地区，信奉者多为从事稻作种植的民族。据考古发现证明，在河姆渡文化、崧泽文化和良渚文化陶器上发现诸多蛇形几何图案。"河姆渡时期稻作农业已到了大批量生产的阶段，对生活起着重要作用。对于危害水稻种植的田鼠来说，蛇是其天敌，因而大大地激起了人们崇拜的感情。在杭嘉湖地区，民间除了种植水稻之外，还普遍养蚕缫丝。养蚕人也怕鼠害，因而建立起蛇为保护神的意识。"[5]当然，发展到东汉，人们早已由崇拜蛇延伸到龙。东汉《王舍人碑》《衡方碑》《三老赵宽碑》《白石神君碑》《鲜于璜碑》和《张迁碑》等石碑中均有龙的造型。建宁元年（168）的《衡方碑》(图 2）碑首顶梁盘叠七段兽身，无首无麟；光和年间的《王舍人碑》(图 3)、《三老赵宽碑》(图 4）碑首残毁，但仍可辨清龙身盘叠于碑首顶梁。此三者碑首取材龙身造型，体态排叠有序，状如绳纹，为汉代固有绳纹装饰原则。《白石神君碑》(图 5)"圭首左右刻两兽，两兽中间一人以两臂拄兽腹，很像当时画像石中常见的斗兽图"[6]。《张迁碑》(图 6）碑首刻双凤戏珠，碑侧有龙虎盘缠升至碑首顶端。

西南四川地区是太皞族后裔，《山海经·海内经》云："西南有巴国。太皞生咸鸟，咸鸟生乘厘，乘厘生后照，后照是始为巴人。"[7]巴人信奉蛇图腾。自秦以后，荆楚文化渗入西南，荆楚之地崇拜龙。《离骚》曰："吾令凤鸟飞腾兮，继之以日夜……驾八龙之蜿蜿兮，载云旗之委蛇。"《春秋握图》又录刘邦之父"刘媪梦赤鸟

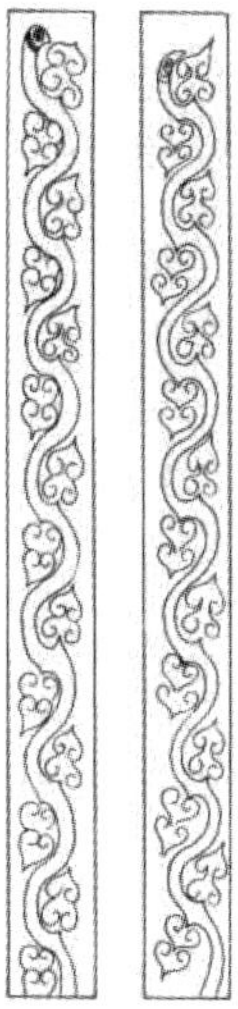

图1　乙瑛碑碑侧花纹

图2　衡方碑

图3　王舍人碑

图4　三老赵宽碑

图5　白石神君碑

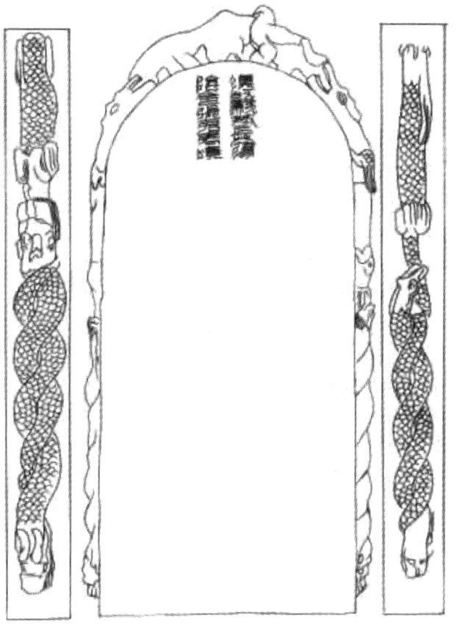

图6　张迁碑

如龙，戏己，生执嘉”。汉代西南巴蜀地区人们也以龙为崇拜对象，石碑多饰有龙的图案。郫县（郫都区）《王孝渊碑》（图7）碑阴龙躯波折，状如蟒蛇，肥硕稚拙；芦山《樊敏碑》（图8）和雅安《高颐碑》（图9）碑首兽身沿碑晕弧线纹走势布置，兽头下垂，位居碑首左右两端。这种兽叫作“螭”，《说文解字》释“螭”曰：“若龙而黄，北方谓之地蝼，从虫，离声，或无角为螭。”《汉书·司马相如传》谓：“蛟

图 7　王孝渊碑

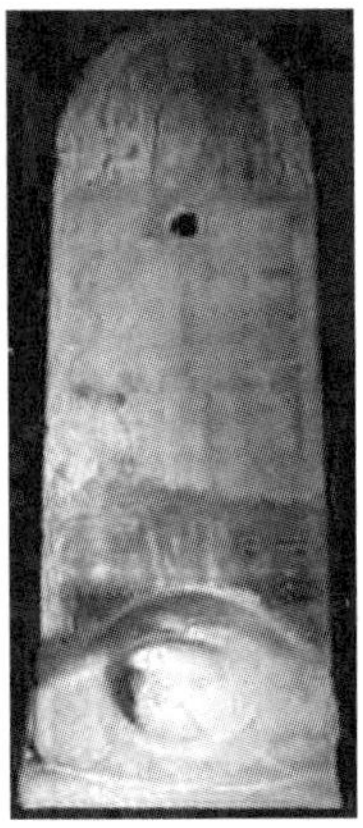

图 8　樊敏碑

图 9　高颐碑

龙赤螭。”孔颖达疏：“龙子为螭……赤螭，雌龙也。”如淳曰：“螭，山神，兽形。”它是古人想象出的一种神兽，凡是龙形有角无鳞者称虬，无角无鳞者为螭。[8] 虬、螭为同类异体，故古人皆以虬螭并用，或以螭代虬，为龙的变体。

（二）石碑装饰中的凤

龙凤文化是华夏民族的精神象征。凤是一种特殊的鸟，它“出于东方君子之国，翱翔于四海之外”。此“东方君子之国”为今山东曲阜。据文献著录，曲阜是上古少皞墟址。《说文解字》杜预注曰：“少皞虚，曲阜也，在鲁城内。”此地鸟类众多，以信奉鸟图腾。《左传·昭公十七年》：“我高祖少皞挚之立也，凤鸟适至，故纪于鸟，为鸟师而鸟名。”[9] 另外，“凤是原始夏、殷人的图腾”[10]。越人和秦朝人也以凤鸟为祖先，标榜其为该族崇拜图腾。在我国汉代石碑中，山东、河北、四川、云南、重庆等地碑面装饰多有凤鸟图案，其中，山东《麃孝禹碑》（图 10）出现时间较早，开石碑凤鸟装饰先河。

凤鸟是古代社会祥瑞之物，它代表天命，被视为上天的使者。孔子作为鲁国圣贤，商族后裔，对凤鸟具有较浓的崇拜意识。《论语·子罕》曰：“子曰：凤鸟不至，河不出图，吾已矣夫！”《麃孝禹碑》《凤碑》《王孝渊碑》《朐忍令景云碑》《柳敏碑》（图 11）、《鲜于璜碑》（图 12）、《五曹诏书碑》等碑面凤鸟图像位于碑首上部，引领众画像，以取其天命祥瑞之意，作引魂升天之用。

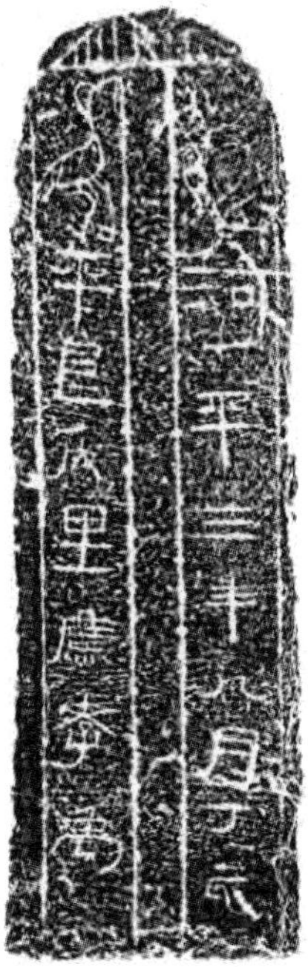

图 10　麃孝禹碑

图 11　柳敏碑

图 12　鲜于璜碑

（三）石碑装饰中的虎

我国一些少数民族信奉自己是虎的后裔："'巴氏祭其祖，击鼓而祭，白虎之后也。'按《夔州图经》云：'夷事道，蛮事鬼。'初丧，鼙鼓以为道哀，其歌必号，其众必跳，此乃盘瓠白虎之勇也。"[11] 又《后汉书·南蛮西南夷列传》云："廪君死，魂魄世为白虎，巴氏以虎饮人血，遂以人祠焉。"[12] 可见，在我国西南地区的白族、土家族等少数民族崇拜白虎。在古代，虎既是先民崇拜之神灵，也是死亡之神，还是再生之神。西南诸地的建筑、器物、服饰及雕塑等各种物件内装饰白虎纹，部分石碑碑面也雕饰白虎，如《樊敏碑》《高颐碑》《王孝渊碑》《朐忍令景云碑》《孟孝琚残碑》等。作为与青龙相对的白虎图像，它们主要装饰于碑侧或碑座，取其"至信之德"[13] 的内涵，以护卫故者，引魂升天。

虎是兽中之王，它威猛雄壮，一般兽类见了它都逃之夭夭或成为虎口美餐，所以自古人们视虎为除灾驱邪的祥瑞。白虎作为祥瑞的代表，被赋予了美好的寓意，它被尊为仁兽，《宋书·符瑞志》曰："白虎，王者不暴虐，则白虎仁，不害物。"[14]《诗经·召南·驺虞》释曰："嗟乎驺虞。"疏："驺虞，义兽也。白虎黑文，不食生物，有至信之德，则应之而来。”[15] 自远古时期，白虎纹大量运用于墓葬之中，以取镇墓守灵、驱鬼辟邪之意，如河南濮阳西水坡遗址古墓中出土的蚌壳拼成的虎形纹。汉代，白虎纹仍广泛运用于墓冢内外，已知汉代饰有白虎的石碑皆为墓碑。

（四）石碑装饰中的龟

在汉代石碑中，西南地区的《柳敏碑》《王孝渊碑》《孟孝琚碑》等石碑上皆减地阳刻玄武图像，诸多圆首碑下常置龟趺石座。这些龟的图案和造型常见于碑身下侧，是汉代重要的装饰图像之一。据生物学资料可知，中国是产龟较早的国家之一。早在上古时期，龟就作为食物遍及中国东部沿海及近海地区，并且在这些地区还有龟甲骨出土，这些龟甲上的卜兆成为占卜凶吉的重要决定因素。当时它们被大量使用，表现出先人对于乌龟神明通天的信赖，影响后人的文化意识。

龟具有极强的耐压力和生命力。在各种动物中，龟具有坚硬的甲壳，可免受其他动物的伤害，并且它的寿命绵长，明显超过人类。《史记·龟策列传》曰：“南方老人用龟支床足，行二十余岁，老人死，移床，龟尚生不死。”[16] 所以，在负荷千斤的碑身下常配置龟趺，这既形象地表现了龟强大的承载力，也意喻其绵远流长、永传后世，还寄托了世人迫切通过龟达到天人相通的愿望。王小盾在《中国早期思想与符号研究——关于四神的起源及其体系形成》中说：“龟被看作祖灵的象征；龟是冥神和地神；龟是黑暗之神和北方之神。”[17] 在殷人的观念里，祖先居住在大地之下，日落之处。这一居处在古代神话中称为“幽都”，而“幽”是黑暗的意思，故龟自然成为幽都之神，即冥神、地神和黑暗之神。

（五）石碑装饰中的人物画

汉代石碑还装饰有人物画像，重庆《朐忍令景云碑》（图 13）碑文四周饰阴线缠枝蔓草纹[18]，碑侧有日、月、青龙和白虎。碑首饰有三道晕纹，晕内自右至左分别镌朱雀、妇人启门及玉兔。其中妇女高盘发髻、半倚门廊、翘首眺望、面含思绪，真实生动地表达了妻子守家盼夫的殷切之情。此类题材在四川和山东画像石中多有存在，而在石碑中的使用仅在西南地区有发现。《王孝渊碑》碑阳的夫妇仕女图、荥经东汉石棺的秘戏图、芦山王晖石棺的东汉石刻楼房、山东苍山的妇人启门图等，寓意着墓主夫妇之间真挚的爱情，寄托了遗孀对亡夫的思念之情，充分流露了古代民众的

图 13　朐忍令景云碑

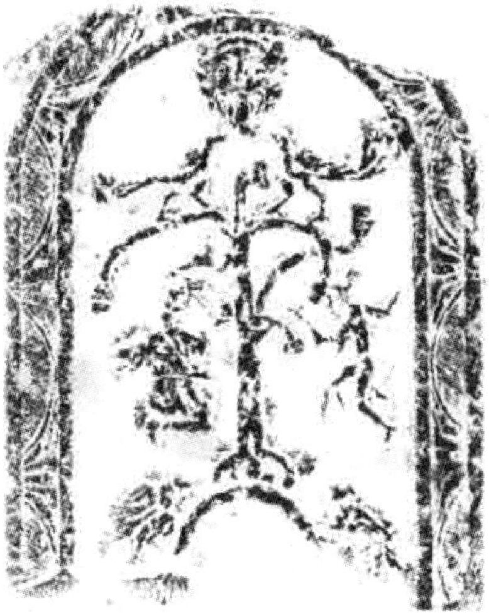

图 14　梧台里石社碑额

浪漫主义情怀。在奉行以儒家思想治国的汉代，任何公开张扬男女之事的行为都不容于社会，这种反映男女“秘戏”的画像有违汉代社会常理，应当另有所指。“作为夫妻这种特殊的男女亲密关系的‘长相思’形象或情节，相拥相吻是最确切和最值得留恋的表现形式。这种刻于墓葬中的形象，表面是表达‘死当长相思’的内容，实际上更是表达一种生死吻别之情……将夫妻生活场景刻于墓上作为一种思念的形式，并不是汉代所独有。与汉代同时期的古罗马的一些墓碑上，也往往刻了一些当时人的生活图像。有死者生前的一些生活情节，也有如父子之情、母子之情、夫妻亲情等场景，均使用这些可视形象准确表达对死者的怀念（长相思）。”[19]

另外，祭祀之碑《梧台里石社碑额》（图 14）和《白石神君碑》也装饰有类似操持祭祀的神人。前者碑首阴面减地阳刻大梧社神，似人似梧树，两旁分设鸟兽。后者“圭首左右刻两兽，两兽中间一人以两臂拄兽腹，很像当时画像石中常见的斗兽图”[20]。

二、汉代石碑的画像布局

一件规范的石碑，无论大小样式如何，它都具有严格的制作要求及具体的表现形式。从形制上看，石碑因碑首差异可分为圆首、圭首、方首三种类型。圆首类碑首装饰多样，根据雕刻技法及图形又细分为平面、晕纹、蟠龙三个亚类。依据目前

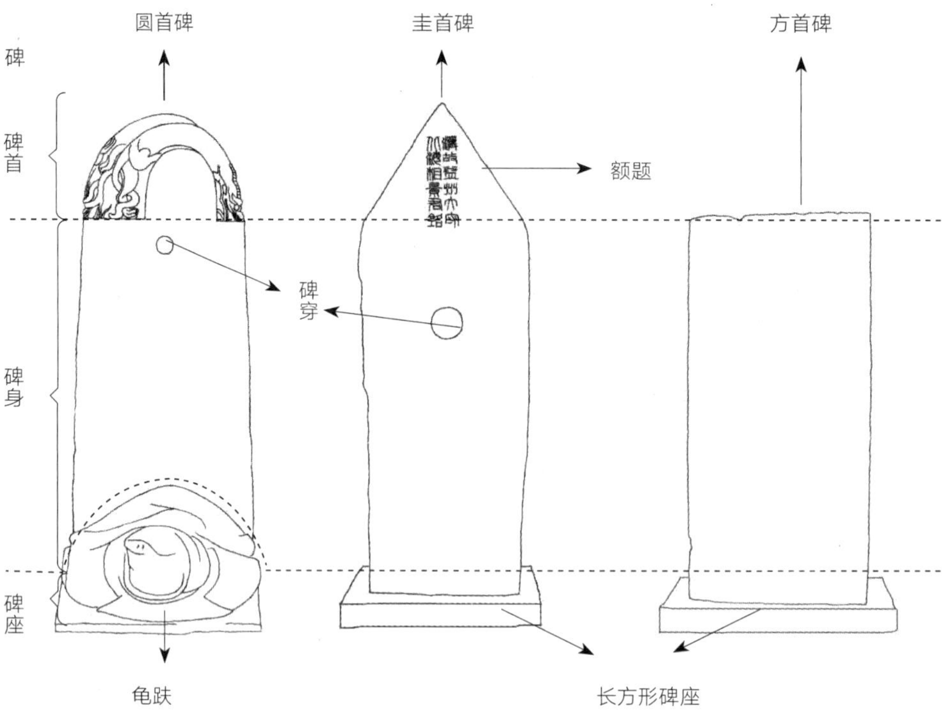

图 15　汉代石碑形制示意图

保存较为完整的石碑来看，两汉石碑形制结构由三部分组成：碑首、碑身、碑座。凿刻于碑面上的画像依据石碑特定的形式要求，以及碑体（碑首、碑身、碑侧）位置不同，具有风格迥异的雕刻内容、雕刻技法及艺术表现形式。

在汉代石碑中，圆首碑和方首碑装饰最为繁复，圭首碑很少装饰。圭首碑较为朴素，装饰画像者仅有《鲜于璜碑》《柳敏碑》和《行事渡君碑》；早期方首碑多装饰画像，如《凤碑》《王孝渊碑》《乙瑛碑》等；圆首碑装饰画像最多，分别有《麃孝禹碑》《孔君墓碑》《梧台里石社碑额》《白石神君碑》《樊敏碑》《高颐碑》《衡方碑》《王舍人碑》《三老赵宽碑》《朐忍令景云碑》《张迁碑》等。

从雕刻技法上看，石碑装饰画像以阴线刻、减地阳刻、高浮雕为主。其中，圆首碑之碑首盘龙、碑侧青龙白虎和龟趺多高浮雕，《白石神君碑》和《张迁碑》碑首盘龙甚至采用透雕。外形简洁的圭首碑和方首碑主要以阴线刻和减地阳刻为主，《孔君墓碑》碑首周边饰减地阳刻锯齿纹，与众不同。从整体上看，凡画像涉及石碑形制者多采用高浮雕，而画像作为石碑碑面装饰内容的则多为阴线刻或者减地阳刻，主要体现在碑首、碑座与碑身雕刻技法的差别上。石碑的碑首和碑座决定其基本形制结构，故在画像取材及雕刻上以造型圆浑为主要原则。碑面装饰为了与石碑外形形成主次疏密的呼应，在画像取材及雕刻上多以阴线刻和减地阳刻为主。

根据上文介绍，我国汉代石碑中最为常见的装饰图案是青龙、白虎、朱雀、玄武，它们是古代的四灵神兽。最早记录“四灵”一词的是先秦《礼记·礼运》：“何谓四灵？麟、凤、龟、龙，谓之四灵。”[21]“四灵”本为指示四方的星辰，《论衡·物势论》曰：“东方，木也，其星仓龙也；西方，金也，其星白虎也；南方，火也，其星朱鸟也；北方，水也，其星玄武也。”[22]可见，“四灵”观念与先民崇尚天象有直接关系。围绕天象，先秦人们将“四灵”与四季和阴阳结合在一起，《鹖冠子·天权篇》云：“春用苍龙，夏用赤鸟，秋用白虎，冬用玄武。”[23]《度万篇》则称：“凤凰者，鹑火之禽，阳之精也；骐麟者，玄枵之兽，阴之精也。”[24]到汉代，由于时代崇尚谶纬神学和黄老之说，“四灵”观念基本定型，它们与方位、“阴阳五行”和辟邪求福直接相关。据考古发现，汉代四灵画像是按照东、西、南、北四个方位分别排置装饰的。就墓室而言，青龙石置于东壁，白虎石置于西壁，朱雀石置于南壁，玄武石置于北壁。[25]在墓门上，常常是门额刻朱雀，左侧门刻白虎衔环，右侧门刻青龙衔环，下方刻墓道或者玄武；对于建筑构件瓦当，也有专门的四灵瓦当分别建置于东、西、南、北四阙上。而在石碑上，经常是遵循上朱雀、下玄武、左青龙、右白虎的位置排列，即碑首为朱雀、碑侧为青龙和白虎、碑座为玄武，以代表四方之神，象征着天地的交通与阴阳的和合。

当然，汉代石碑“四灵”的排列位置并非那么绝对，尤其是龙、凤图案表现出鲜明的更替变化现象。桓帝之前以凤鸟为主，其占据石碑的主要位置，突出醒目。已知桓帝以前装饰画像的石碑有《麃孝禹碑》《凤碑》《王孝渊碑》，三者皆为墓碑。生者寄希望于一切祥瑞神灵，使逝者魂魄升入上天神仙世界，以守望生者平安。带着这种浪漫的愿望，代表天命的凤鸟首先进入人们的视野，成为早期石碑的主要装饰图案。汉王朝崇尚龙，《史记·高祖本纪》云：“（高祖）母曰刘媪。其先刘媪尝息大泽之陂，梦与神遇。是时雷电晦冥，太公往视，则见蛟龙于其上。已而有身，遂产高祖。”[26]民间也崇拜龙，他们相信“乘龙升天”的传说，相信真龙天子的谎言，龙成为汉家王朝的主要崇拜对象。石碑发展到桓灵帝时期形制产生圆首蟠龙碑，并且在碑身、碑座上也多施龙纹图案。这里的盘龙装饰，既不是“四灵”的方位象征，也非“引魂升天”的作用，而应为皇权和实力的象征。

三、汉代石碑的画像功用

在汉代石碑中，各类石碑形制也因其功用类别的差异表现出不同的特点，从某种意义上说，石碑功用是影响其形制演变和画像装饰的重要因素。清末以来，诸多金石学家著录石碑时，常以功用对其进行分类研究。叶昌炽《语石》概括了石碑的四大功用类别：述德、名功、纪事、纂言。[27] 当代赵超则把石碑细分为墓碑、功德碑、纪事碑、典籍碑、造像碑、题名碑、宗教碑、地图碑、书画碑九种类型。[28] 综观汉代石碑碑文内容及用途，石碑形制、装饰画像有着特殊的墓祭文化内涵。

汉代董仲舒的“天人感应”思想理念贯穿于汉代社会生活的各个方面，人们形成了“天圆地方”的宇宙观，由此产生了“天圆地方”的设计模式。这种设计理念被广泛运用于建筑、雕塑等各种器物中，班固《西都赋》云：“其宫室也，体象乎天地，经纬乎阴阳。据坤灵之正位，仿太紫之圆方。”李贤注：“圆象天，方象地。”[29] 上圆下方的圆首碑是这一思想的产物。在代表苍穹的石碑外形下，石面上的装饰画像也含有宇宙之意。古人认为：“四方皆有七宿，各成一形。东方成龙形，西方成虎形，皆南首而北尾。南方成鸟形，北方成龟形，皆西首而东尾。”[30] 于是，二十八宿每七宿构成一动物，这四个动物即为前文介绍的“四灵”，它们是主管七宿的天神，当“四灵”集中在一起，便暗含了宇宙苍穹所在。

值得注意的是，重庆《朐忍令景云碑》碑首晕纹内自右至左分别浅浮雕朱雀、妇人启门及玉兔像。前文介绍，这与表达夫妻之间对亡者的思念有关。而如果从天界的角度考虑，是否也可以呢？近年来，对于“妇人启门”画的研究引起诸多学者的关注。[31] 从此碑碑首的朱雀和玉兔图像来看，妇人开启的门很有可能是“魂门”和“天门”。立于门缝之间的这位兔首人身的妇人也许正打开天门引领亡灵进入天界，或她已将亡灵引入天界，正在关闭这扇天界之门。

石碑作为汉代墓地冢前的石刻作品，并非孤立于冢前。据考古实物、历史遗物及文献记录，汉代墓上石刻作品具有完善的配套组合制度，石柱、石兽、石人、石阙等与石碑形成完整的墓上石刻体系。在排列次序上，石柱居首，然后依次为石兽、石人、石阙，最后是置于冢前的石碑和祠堂。在四川巫山、简阳等地出土的饰有“阙”的石棺、铜牌文物上，在门阙上都用隶书刻有“天门”二字。可见，置于墓上的石刻建筑也具有升天意义，冢前的石柱、石兽、石人、石阙、石碑分别承载着引导墓主人灵魂升天的作用。在对亡灵寄托升入天国的期盼外，汉代人还希望亡灵可以重生不朽。

生命是人类最为重视的事，上古先民围绕生命主题创造了诸多象征物象，日、月便是其中最为重要的一种象征。因为日、月是人类赖以生存的一切资源的来源，它们决定了人类生存的气候条件，也决定了世间万物的生殖条件。可以说，一切世间生命的活动都是在日、月控制之下进行的。因此日、月产生的时间和空间是生命的直接尺度。石碑作为汉代文化符号，也被赋予了生命价值。英国哲学家维特根斯坦曾言："符号自身似乎是死的。是什么给了它生命？它在使用中有了生命。它在使用中注入了生命的气息——抑或使用就是它的生命？"[32] 汉代石碑被人们赋予了对生命和日月的意义。

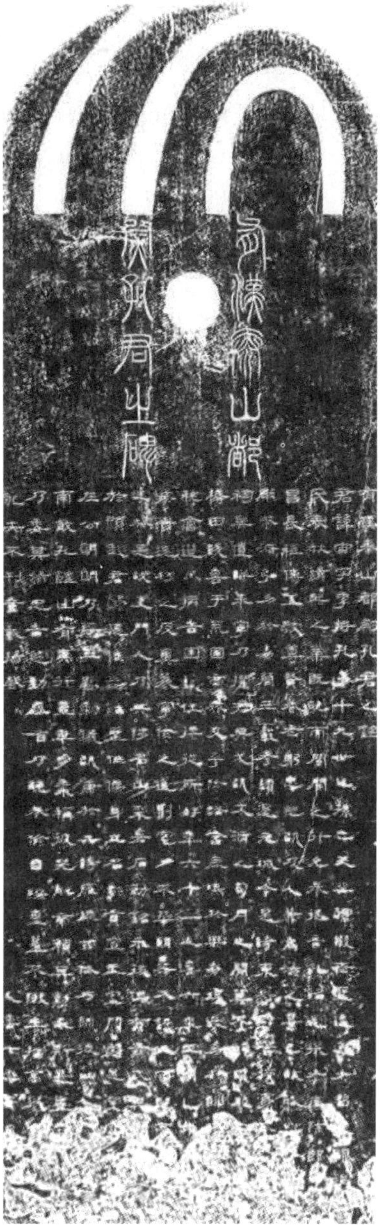

图 16　孔宙碑

在汉代石碑中有三个非常特殊的形制：晕纹、穿孔和圭首。"穿"常与圆首晕纹碑和圭首碑同时存在，具有象征太阳的内涵。《孔宙碑》为圆首晕纹碑，中晕为日、月、和三气的象征，穿是产生三气的日月。（图 16）洪适《隶释》就《老子铭》有这样的记录："老子离合于混沌之气，与三光为始终。观天作谶，升降斗星。随日九变，与时消息。规矩三光，四灵在旁。"这里的"规矩三光，四灵在旁"正与该类石碑碑首晕纹三道，碑面龙、虎、雀、玄武布局的结构相吻合。从《道德经》"道生一，一生二，二生三，三生万物。万物负阴而抱阳，冲气以为和"到《黄帝内经太素·知针石》"万物负阴抱阳，冲气以为和，万物尽从三气而生"的诠释，这种"三生万物"的"三"即代表阴、阳、和三气。并且《说文解字》有"晕，日月气也"，故晕纹便是此三气的抽象表现。而位于晕下的穿则很容易使我们联想到它是产生三气的日月，这样《孔宙碑》便呈现"气在外卷结之也，日月俱然”的景象。这种形式设计满足了汉代民众“与天地同寿，与日月齐光”的夙愿，成为墓祭石碑的首选。由此，我们得出“穿”为日、月象征的结论。

对于圭首碑来说，碑身上的穿孔是否真的具有日月的内涵呢？约公元前 2133—公元前 1786 年，古埃及法老在大赦之年或炫耀胜利之时，便在神庙塔门前的两旁竖立方尖碑，它们是古埃及崇拜太阳的纪念碑。方尖碑外形呈尖顶方柱状，由下而上逐渐缩小，顶端形似金字塔尖，塔尖常以金、铜或金银合金包裹，当旭日东升照到碑尖时，它像耀眼的太阳一样闪闪发光。古埃及方尖碑早于汉代圭首碑 2000 多年，在外形上却有诸多相似之处。圭首碑碑首汇集一点的尖顶恰与方尖碑方柱尖顶相似，我们是否可以理解为圭首碑上的“穿”象征太阳，其顶尖为太阳产生光芒的凝聚点呢？可见，这些矗立于墓地冢前的石碑，在纪念亡灵的同时，也许更多的是对亡灵重生的精神寄托。

综上所述，汉代石碑的装饰图案数量有限，但在画像的内容选择、装饰形式和雕刻技法上都极为讲究。一直以来，人们研究汉代画像，集中取材于祠堂、石阙、石棺、石砖、墓室等石刻作品上的装饰图案，而石碑则鲜有关注。石碑作为中国古代祭祀的重要石刻作品，不仅有其特定的功能要求，而且具有固定的配置形式。从形式上看，一件件冰冷的石碑似乎造型简洁，但背后也隐含着深层的文化价值与时代内涵，需要我们进行审视观照。

注释：

[1] 汉代石碑装饰画像的石碑有：《麃孝禹碑》《王孝渊碑》《乙瑛碑》《孔君墓碑》《孟孝琚残碑》《鲜于璜碑》《衡方碑》《朐忍令景云碑》《梧台里石社碑额》《五曹诏书碑》《白石神君碑》《王舍人碑》《张迁碑》《樊敏碑》《高颐碑》《是邦雄桀碑》《行事渡君碑》《柳敏碑》《凤碑》《三老赵宽碑》。

[2][10] 闻一多：《伏羲考》，上海古籍出版社 2006 年版，第 32、69 页。

[3] 李梦生：《左传译注》，上海古籍出版社 2004 年版，第 1079 页。

[4] 王维堤：《龙凤文化》，上海古籍出版社 2000 年版，第 6 页。

[5][17] 王小盾：《中国早期思想与符号研究——关于四神的起源及其体系形成》，上海人民出版社 2008 年版，第 249—250、267 页。

[6] 赵超：《中国古代石刻概论》，上海古籍出版社 2006 年版，第 15 页。

[7] 方韬译注：《山海经》，中华书局 2011 年版，第 345 页。

[8] 任乃强《辨王晖石棺浮雕》曰："《说文》谓龙子有角者曰虬，又曰无角曰螭。而两汉文，每谓虬螭可乘，可升于天。是用以虬螭为龙类也。其不同者，似在龙有鳞而此无鳞。……《光武纪》亦云'攀龙鳞'，古代绘铸虬螭，则率无鳞。大约古人即以有鳞无鳞，为龙与虬螭之区别。"见雅安地区文物管理所编《牦牛道考古研究》。

[9] 李梦生:《左传译注》，上海古籍出版社 2004 年版，第 1079 页。

[11]（唐）樊绰著，赵吕甫校释:《云南志校释》，中国社会科学出版社 1985 年版，第 362—363 页。

[12]（南朝宋）范晔撰，（唐）李贤等注:《后汉书》，中华书局 2011 年版，第 2840 页。

[13]《诗经 · 召南 · 驺虞》疏："驺虞义兽也。白虎黑文，不食生物，有至信之德，则应之而来。"

[14] 许嘉璐主编:《二十四史全译 · 宋书》，汉语大词典出版社 2004 年版，第 677 页。

[15] 李发林:《汉画考释和研究》，中国文联出版社 2000 年版，第 233 页。

[16]（汉）司马迁:《史记》，中华书局 1982 年版。

[18] 赵超:《古代墓志通论》，上海古籍出版社 2006 年版，第 150 页。

[19] 顾森:《渴望生命的图式——汉代西王母图像研究之一》，载《中国汉画学会第十届年会论文集》，湖北人民出版社 2006 年版，第 11 页。

[20] 赵超:《中国古代石刻概论》，上海古籍出版社 2006 年版，第 15 页。

[21] 李学勤主编:《十三经注疏 · 礼记正义》，北京大学出版社 1999 年版，第 702 页。

[22] 黄晖:《论衡校释》，中华书局 1990 年版，第 150—151 页。

[23][24] 黄怀信:《鹖冠子汇校集注》，中华书局 2004 年版，第 355，151 页。

[25] 山东省博物馆:《山东苍山元嘉元年画象石墓》，《考古》1975 年第 2 期，第 127 页。

[26] 韩兆琦:《史记笺证》，江西人民出版社 2004 年版，第 648 页。

[27] 叶昌炽撰，柯昌泗评:《语石 · 语石异同评》，中华书局 1994 年版，第 180—181 页。

[28] 赵超:《中国古代石刻概论》，上海古籍出版社 2006 年版，第 17—31 页。

[29] 陈宏天等主编:《昭明文选译注》，吉林文史出版社 1988 年版，第 20 页。

[30] 李学勤主编:《十三经注疏 · 尚书正义》，北京大学出版社 1999 年版，第 36 页。

[31] 郑岩:《论"半启门"》，《故宫博物院院刊》2012 年第 3 期，第 16—36 页。

[32][英] 维特根斯坦:《哲学研究》，陈嘉映译，上海人民出版社 2001 年版，第 150 页。

综合研究

白发的西王母

马　怡

内容摘要　西王母图像之特征与其形象之演化是学者们的重要关注对象。但既往的研究大多是对西王母图像的具体内容和特征的考辨，而对其时代与政治背景着力不多，以至忽略了一个重要的细节：在西王母崇拜大兴之初，其形象是一位白发老妇，与当时的太皇太后王政君相似。王莽为了取得民众的拥护和王政君的支持，遂借势进行造神宣传，声称西王母是王政君的瑞应。本文拟就此稍加考补，并在汉代画像中寻求证据。

关 键 词　汉代画像；西王母；王政君；王莽

作者简介　马怡，女，中国社会科学院历史研究所研究员、中国社会科学院研究生院教授，中国汉画学会理事。

在今存的汉代画像中，西王母是一个常见的题材，有众多中外学者进行过研究。[1] 其中，西王母图像的特征和其形象的演化是重要的关注点，成果也很可观。例如，对于西王母图像的特征，鲁惟一总结为 10 项，包括戴胜、龙虎座、捣药之玉兔、神龟、三足乌、执兵器之侍卫、祈福者、九尾狐、六博戏和昆仑山。[2] 李凇加以扩充，增添了凤凰、绕线架、建鼓舞、交尾侍者、兽首人身侍者、华盖、天柱、天门等，并纳入了与西王母相对应的东王公图像系统的诸项。[3] 又如，对西王母形象的演化，巫鸿指出，约从公元 1 世纪起，西王母逐渐取代女娲而成为阴的象征，身份由普通神祇变为威力强大的宗教偶像，其形象则由全侧面或四分之三侧面（情节型）变为正面（偶像型）；到公元 2 世纪左右，西王母与昆仑山融合，最终取代了天帝，光荣达于顶点。[4]施爱东则在分析《山海经》《大人赋》《论衡》《博物志》《汉武故事》《汉武帝内传》《墉城集仙录》等文献后指出，随着西王母地位的演进，其居所、仪容、座驾、侍从等也在提升，也越来越年轻；当西王母加冠之时，也是其摘胜之时，在“层累造史”的过程中，加法固然重要，但减法亦不可忽视。[5]学者们的研究可谓周详，但大抵是对西王母图像的具体内容和特征的考辨，而对其时代背景与政治因素尚着力不多[6]，以至忽略了一个较为重要的细节。这个细节是：在西王母崇拜大兴之初，其形象乃是一位白发的老妇。为此，本文拟稍做考补，并尝试进一步的讨论。

一

研究西王母的学者，都会注意到发生在西汉末年的一场与西王母有关的大事件。该事件屡见于《汉书》，记载或详或略，至少有8处[7]，足证其影响之巨：

> 哀帝建平四年正月，民惊走，持稿或棷一枚，传相付与，曰行诏筹。道中相过逢多至千数，或被发徒践，或夜折关，或逾墙入，或乘车骑奔驰，以置驿传行，经历郡国二十六，至京师。其夏，京师郡国民聚会里巷仟佰，设（祭）张博具，歌舞祠西王母，又传书曰：“母告百姓，佩此书者不死。不信我言，视门枢下，当有白发。”至秋止。
>
> ——《汉书·五行志》
>
> （建平）四年春，大旱。关东民传行西王母筹。【颜师古曰：“西王母，元后寿考之象。行筹，又言执国家筹策行于天下。”】经历郡国，西入关至京师。民又会聚祠西王母，或夜持火上屋，【李奇曰：“皆阴为阳之象。”】击鼓号呼相惊恐。
>
> ——《汉书·哀帝纪》
>
> （建平）四年正月、二月、三月，民相惊动，欢哗奔走，传行诏筹祠西王母。
>
> ——《汉书·天文志》
>
> 因建言：“往年荧惑守心，太白高而芒光，又角星茀于河鼓，其法为有兵乱。是后讹言行诏筹，经历郡国，天下骚动，恐必有非常之变。”
>
> ——《汉书·息夫躬传》
>
> 是时郡国地震，民讹言行筹。明年正月朔日蚀，上乃征孔光，免孙宠、息夫躬，罢侍中诸曹黄门郎数十人。

——《汉书·鲍宣传》

日食，诏举方正直言。扶阳侯韦育举（杜）邺方正，邺对曰："……然嘉瑞未应，而日食地震，民讹言行筹，传相惊恐。案春秋灾异，以指象为言语，故在于得一类而达之也。"

——《汉书·杜邺传》

（王）嘉复奏封事曰："……奢僭放纵，变乱阴阳，灾异众多，百姓讹言，持筹相惊，【颜师古曰："言行西王母筹也。"】被发徒跣而走，乘马者驰，天惑其意，不能自止。或以为筹者策失之戒也。"

——《汉书·王嘉传》

（王）莽乃下诏曰："……更命太皇太后为'新室文母太皇太后'，协于新故交代之际，信于汉氏。哀帝之代，世传行诏筹，为西王母共具之祥，当为历代母，昭然著明。"

——《汉书·元后传》

建平四年（前3）在王莽"居摄"以前3年，称帝以前6年。当时出现了大旱、地震等灾异，民众惊惶奔走，为西王母"传行诏筹"，经过20余郡国而到京师，聚集于里巷，设置博具，用歌舞来祠拜西王母。这场骚动起于正月，至秋乃止，历时约大半年。那么，当民众群集，狂热地为西王母行诏筹，用歌舞等奉祠的时候，他们心目中的西王母是什么样的形象？

上引《汉书·五行志》记载的民众所传之"书"为我们透露了一点消息。该书曰："母告百姓，佩此书者不死。不信我言，视门枢下，当有白发。"要注意的是，这段文字用的是西王母的口吻，其中提到了"白发"。此"白发"应与西王母有直接的关联，应是来自西王母的白发。

据记载，西王母有蓬发。《山海经·西山经》曰："西王母其状如人，豹尾虎齿而善啸，蓬发戴胜。"[8]《山海经》是记载西王母较早的文献，约成书于先秦，少部分作于汉初。西王母蓬发而戴胜，知其当有较繁密的头发。西汉武帝时，司马相如所撰《大人赋》曰："吾乃今日睹西王母，皓然白首戴胜而穴处兮，亦幸有三足乌为之使。"[9]该文未提到西王母"豹尾虎齿"，而说她是"皓然白首戴胜"。"皓"为白、洁白的意思。按此，其时的西王母已无"豹尾虎齿"，而是白发、戴胜，形象为老年女性。

对于这个推测，还有图像为证。我们现今所见到的西王母图像，以东汉时期的

图 1　洛阳偃师辛村壁画墓西王母像，新莽时期

图 2　陕西定边郝滩壁画墓西王母像，新莽至东汉早期

画像石、画像砖为主，而这些图像大多是非彩色的或是色彩模糊、脱落了的。但幸运的是，东汉以前和东汉早期的西王母图像虽存留不多，却有一些是彩色的。其中有两例较为完整清晰，如下。

图 1 出自河南洛阳偃师市高龙镇辛村壁画墓，1991 年发现。考古工作者根据该墓的形制和出土器物，判断其年代为新莽时期。[10] 画面中，西王母略微侧面，拱手笼袖，跽坐于云头。其面相丰满，白发蓬松（在该墓壁画中，唯独西王母是白发，而其他男女都是黑发，可与之对照）[11]，戴胜，胜为玉色或白色。其身旁有一按扶杯状容器的白兔，应是捣药之玉兔。

图 2 出自陕西定边县郝滩壁画墓，2003 年发现。该墓缺少随葬品，但作为郝滩墓葬群的一部分，考古工作者判定其年代为新莽至东汉早期。[12] 画面中，西王母略微侧面，拱手笼袖，着红色衣缘之袍，坐于昆仑山。其面相丰满，白发蓬松（可与其身后两陪侍女子的黑发对照），戴胜，胜为玉色或白色。画面中可见龙和三足乌、蟾蜍等瑞兽。

以上两图的主题都与升仙有关。画面中，居于主位的女性皆戴胜，坐在云头或昆仑山，有玉兔或三足乌、蟾蜍等相伴，可确知是西王母像。而这两例西王母像皆未见"豹尾虎齿"。应当指出的是，上述两座墓葬的年代都在新莽时期（或东汉早期），与前面提到的"行西王母诏筹"事件的发生时间相当接近。因此，这两图中的西王母的样貌——雍容端坐的老妇，面相丰满，白发而戴胜，大概就是当时民众心目中的西王母形象。

该样貌也恰与当时的太皇太后王政君的形象相合。王政君是中国历史上身居后位（含皇后、皇太后、太皇太后）时间最久的女性，前后共 61 年，几乎覆盖了整个西汉晚期。她又是王莽的姑母，有重要的权势与影响，其生平事迹见《汉书·元后传》。据记载，王政君之父曾为廷尉史，其母李氏梦月入怀，遂有身孕，诞下王政君。王政君18岁时（五凤四年，前54年）入宫，后为太子妃。21岁时（甘露三年，前51年）生成帝。23岁时（黄龙元年，前49年）元帝即位，为皇后。39岁时（竟宁元年，前33年）成帝即位，为皇太后。65岁时（绥和二年，前7年），哀帝即位，为太皇太后。后历平帝、孺子婴。78岁时（始建国元年，9年）王莽称帝，为“新室文母太皇太后”。当那场“行西王母诏筹”事件发生时，她69岁，正是白发老妇的年龄。故前引《汉书·哀帝纪》“关东民传行西王母筹”条颜师古注曰：“西王母，元后寿考之象。”

据文献记载，汉代的太皇太后、皇太后亦戴胜。胜，头饰名，即华胜。《释名·释首饰》：“华胜：华象草木华也；胜，言人形容正等，一人著之则胜，蔽发前为饰也。”[13]《后汉书·舆服志》载：

> 太皇太后、皇太后入庙服，绀上皂下；蚕，青上缥下，皆深衣制……剪牦蔮，簪珥。珥，耳珰垂珠也。簪以瑇瑁为擿，长一尺，端为华胜，上为凤皇爵，以翡翠为毛羽，下有白珠，垂黄金镊。左右一横簪之，以安蔮结。诸簪珥皆同制，其擿有等级焉。
>
> 皇后谒庙服，绀上皂下，蚕，青上缥下，皆深衣制……假结，步摇，簪珥……贵人助蚕服，纯缥上下，深衣制。大手结，墨瑇瑁，又加簪珥。长公主见会衣服，加步摇。公主大手结，皆有簪珥，衣服同制。[14]

按此，知簪一尺之擿、擿的两端加华胜的头饰，汉时为太皇太后和皇太后所专有，是帝室辈分最高的女家长的标志，用于入宗庙、行先蚕礼这样的隆重场合。皇后、贵人、长公主、公主等皆无，而只有“结”及其他头饰，唯簪珥同制。“结”即发髻。《说文解字》释“髻”：“总发也。从吉声。古通用结。”又《汉书·陆贾传》：“尉佗魋结箕踞见（陆）贾。”颜师古注：“结读曰髻。”[15]

胜，即“縢”。《说文解字·木部》释“縢”：“机持经者。”段玉裁注：“胜者，縢之假借字。”有学者指出，胜的原型是织机卷经轴两端的机牙，俗称“縢花”[16]，显示出它同纺织有密切的关系。旧题东汉郭宪撰《洞冥记》曰：“（东方）朔以元封中游蒙鸿之泽，忽见王母采桑于白海之滨。”[17]则古人认为西王母从事养蚕纺织。而据上引《后汉书·舆服志》，知人间的礼仪性采桑亦由高贵的女性主持。[18]

又“王母”亦指祖母。《礼记正义·曲礼下》：“祭王父曰‘皇祖考’，王母曰

‘皇祖妣’。”孔颖达疏：“王父，祖父也……王母，祖母也。”[19]《尔雅·释亲》曰：“父为考，母为妣。父之考为王父，父之妣为王母。王父之考为曾祖王父，王父之妣为曾祖王母。曾祖王父之考为高祖王父，曾祖王父之妣为高祖王母。”郝懿行义疏：“祖父母而曰王者，王，大也，君也，尊上之称，故王父母亦曰大父母也。”[20]据此，“王母”的本义就是祖母，或崇高之母、始祖母[21]，而太后、太皇太后正可当之。

不过，当“行西王母诏筹”事件发生之际，论者并没有立即将该事件同太皇太后王政君相联系，而以为是骄盛乱政的哀帝祖母傅氏、母亲丁氏之应。汉时，士人和帝王皆重阴阳灾异，他们往往把异常的灾害或某些奇特的现象同社会人事相联系，认为是天人感应、天戒。[22]《汉书·五行志》将“行西王母诏筹”这一惊动天下的突发事件归入“五行皆失·人痾”类中，并引用杜邺的奏对来解释：“是时帝祖母傅太后骄，与政事，故杜邺对曰：‘《春秋》灾异，以指象为言语……西王母，妇人之称。博弈，男子之事。于街巷仟佰，明离闑内，与疆外。临事盘乐，炕阳之意。白发，衰年之象，体尊性弱，难理易乱……今外家丁、傅并侍帷幄，布于列位，有罪恶者不坐辜罚，亡功能者毕受官爵……指象昭昭，以觉圣朝。’”[23]杜邺尖锐地揭示了“西王母”“白发”等征兆的含义，认为是“妇人之称”，是“衰年之象，体尊性弱，难理易乱”等。但是，早在哀帝即位之初，王政君即诏命大司马王莽就第，以避帝外家，故该事件发生时王莽未在朝中，王氏家族亦未受指涉。

然而，傅氏、丁氏乱政并不会对下层的民众有直接的影响，民众也不大可能对上层的权力变化有多少了解和关心。他们所以惊惶奔走，是因为惧怕巨大劫难的来临，祈求西王母的庇护，盼她来救世。自西汉中期以后，汉家气数已尽的说法渐渐流行。经历了武帝时的连年征战和巫蛊之祸，国家财富大量消耗，社会开始呈现衰颓之象。昭帝时，眭弘根据大石自立等灾异，推论汉家“有传国之运”，汉帝当“求索贤人，禅以帝位”。成帝、哀帝之际，李寻亦认为“汉家有中衰阸会之象”，甘忠可、夏贺良更提出“汉家逢天地之大终，当更受命于天”。哀帝为了摆脱危机，曾“再受命”，一度易号为“陈圣刘太平皇帝”，甚至有意将帝位禅让给男宠董贤。[24]加之严重的天旱、地震等灾害出现，致使全社会陷于一种末世的恐慌之中。

元寿二年（前1），哀帝崩，王政君复召王莽为大司马，此时她71岁。从王莽重新掌权、继而摄政、随后称帝的过程看，他着重从两个方面来经营与王政君的关系：一方面，他想方设法地取悦、谄媚王政君，表示感谢并谋求其继续支持；另一方面，他意识到西王母在民众中的巨大影响，因而就势利用，对“行西王母诏筹”

事件做了新的解释。[25] 以上两方面中，后者尤其重要。居摄二年（7），王莽发布《大诰》曰：

太皇太后肇有元城沙鹿之右，【张晏曰："沙鹿在元城县。春秋时沙鹿崩，王莽以为元后之祥，语在《元后传》。"】阴精女主圣明之祥，【李奇曰："李亲怀元后，梦月入怀，阴精女主之祥。"】配元生成，以兴我天下之符，遂获西王母之应，【孟康曰："民传祀西王母之应也。"】神灵之征，以佑我帝室，以安我大宗，以绍我后嗣，以继我汉功……太皇太后临政，有龟龙麟凤之应，五德嘉符，相因而备。《河图》《洛书》远自昆仑，出于重野。古谶著言，肆今享实。此乃皇天上帝所以安我帝室，俾我成就洪烈也。[26]

《大诰》宣称王政君"有元城沙鹿之右，阴精女主圣明之祥"，以其祖父在魏郡元城时，曾有老者说"昔春秋沙麓崩，晋史卜之曰……后六百四十五年，宜有圣女兴"[27]，且以其母受孕时曾梦月入怀，故将王政君奉为阴精、圣女；又进而将民众行诏筹事件解释为王政君"获西王母之应，神灵之征"，说她是安佑帝室的女主。

王莽称帝后，即奉王政君为"新室文母太皇太后"。其诏曰："予伏念皇天命予为子，更命太皇太后为'新室文母太皇太后'，协于新故交代之际，信于汉氏。哀帝之代，世传行诏筹，为西王母共具之祥，当为历代母，昭然著明……谨以令月吉日，亲率群公诸侯卿士，奉上皇太后玺绂。"[28] 王莽"奉上皇太后玺绂"，就是尊王政君为其嫡母；说"世传行诏筹，为西王母共具之祥"是王政君的瑞应，昭示其"当为历代母"，则是将此作为自己代汉称帝的依据。

此外，王莽还鼓动王政君走出深宫，巡狩四郊，同民众见面，施以恩惠。《汉书·元后传》载：

（王）莽又知太后妇人厌居深宫中，莽欲虞乐以市其权，乃令太后四时车驾巡狩四郊，存见孤寡贞妇。春幸茧馆，率皇后列侯夫人桑，遵霸水而祓除；夏游籞宿、鄠、杜之间；秋历东馆，望昆明，集黄山宫；冬飨饮飞羽，校猎上兰，登长平馆，临泾水而览焉。太后所至属县，辄施恩惠，赐民钱帛牛酒，岁以为常。[29]

从上述记载看，当时王政君虽然年老（按其时代来说，已是罕有的高龄），却喜活动，乐于出面，行事高调。她春夏秋冬皆乘车巡游，并“存见孤寡贞妇”，所到之处“辄施恩惠，赐民钱帛牛酒，岁以为常”。王莽的这一手段颇为高明：让王政君外出活动并施惠于民众，既可获取王政君的欢心，让她少问政事，购其权力；又可为王政君扩大影响，使民众认识她，拥戴她，最终则宣传了王莽本人，有利于巩固自身的地位。当太皇太后巡狩四郊时，应穿着正服，其头饰则庄严而华美，略如《舆服志》所记载。而那些以往从未有机会瞻仰过深宫太皇太后的下层民众，他们所见到的王政君就是这样一位尊贵、仁慈、长寿、头上戴胜的白发老妇，与传说中的西王母似相仿佛。

在王莽称帝后的第 5 年（始建国五年，13 年），王政君去世，享年 84 岁。从王莽复为大司马重新掌权开始，他就大力为王政君宣传，把她和西王母联系在一起，至此已达 10 余年。这一造神宣传扩大了王政君的影响，也推动了西王母信仰的进一步传播。又过了 10 年之后（地皇四年，23 年），王莽败亡，新朝覆灭。

二

在东汉时期，白发的西王母像可能依然存在。如前所述，由于我们所见到的东汉画像大多是非彩色的，或是色彩模糊、脱落了的，故今存的东汉西王母像中有一些不太容易确认的“疑似白发像”。今略举数例，以供考辨。

图 3 是朝鲜平壤市郊东汉乐浪郡王盱墓所出漆盘西王母画像，1925 年发现。该盘背面有铭文：“永平十二年蜀郡西工綀纻行三丸治千二百卢氏作宜子孙牢。”[30] 永平为汉明帝年号，永平十二年是公元 69 年，东汉早期。画面中，西王母为正面，拱手笼袖坐于昆仑山上，身下铺有红色的杂花坐垫。其肩有双翼，头上戴玉色或白色之胜、红色之帼（疑即《后汉书·舆服志》所载太皇太后、皇太后的“剪牦

图 3　乐浪郡王盱墓漆盘西王母像，东汉早期

帼”）[31]，帼下依稀露出白发（可与其身旁陪侍女子的黑发对照）。图中未见东王公。

图4是陕西神木大保当16号汉墓墓门楣的画像，1996年发现。其年代约公元100年前后，东汉中期。[32]画面中，西王母为正面，拱手坐于云头。头上似有帼，或为白发（可与此图下栏中人物的黑发对照），戴胜。身旁有玉兔、羽人、侍者等。图中未见东王公。

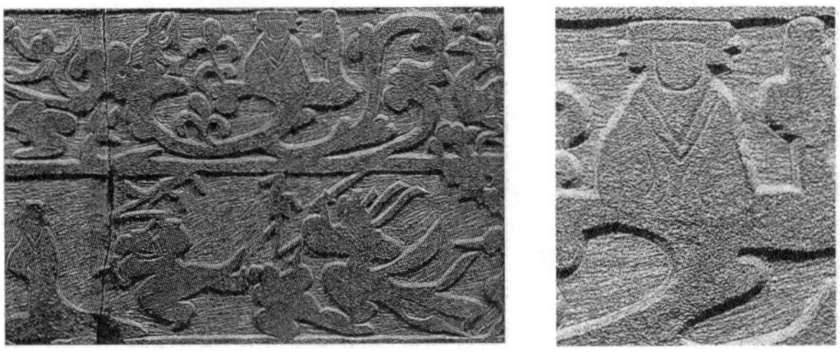

图4　陕西神木大保当画像石西王母像，东汉中期

图5　四川成都画像砖西王母像，东汉[33]

图5是四川成都市新都区新繁镇清白乡的画像砖，1955年发现。其年代为东汉。[34]画面中，西王母为正面，拱手凭几坐于龙虎座。其头发浓密，疑为白发，戴胜。身旁有九尾狐、三足乌、蟾蜍、玉兔、侍卫和拜谒者等。图中未见东王公。

图6　山东嘉祥东汉晚期画像石西王母像[35]

图6是山东嘉祥满硐宋山的画像石，1978年发现。其年代为东汉晚期。[36] 画面中，西王母为正面，拱手笼袖，凭几坐于昆仑山。其额前有白发或皱纹，头上有冠，戴胜。身旁有羽人、捣药玉兔和蟾蜍等。未知是否另有东王公像，待考。

以上这些“疑似白发像”，倘若真能确认，那么它们应是来自后人的历史记忆或旧画稿的孑遗。从总体上看，东汉时期的西王母像已与前有较大不同。新莽的败亡是重要的因素之一。当往昔的造神宣传和动乱远去，世事趋向稳定，人们渐渐抛弃了原来的想法，心态和追求都发生了变化。对西王母的崇拜则演进得更为成熟和完备，西王母的形象也随之改变。在西汉晚期，西王母像多为微侧或侧面之型（可能多是老妇形象，如图1、图2）；而从东汉早期开始，西王母像出现了正面端坐的偶像之型，后来又添加了配偶东王公。[37]

既然有东王公相伴，西王母原来的形象（略同于太皇太后和太后，无配偶）就显得不合宜了。因为如前所述，汉朝戴胜的女性是太皇太后和太后，而太皇太后和太后都是丧夫的寡妇，且大多年老。于是，西王母的形象就转换为较年轻的女性（略同于皇后，有配偶），并渐渐不戴胜。不过，由于今存的东汉画像石、画像砖多是无色彩的，加之变动进程较为迟缓，各地区的情况又有不同，旧貌与新容往往混杂并存（例如，年代偏早的与东王公相配的西王母也往往戴胜），故这一转换不易为人觉察。

但是，在一些年代较晚的彩图中，却显现了明确的迹象。

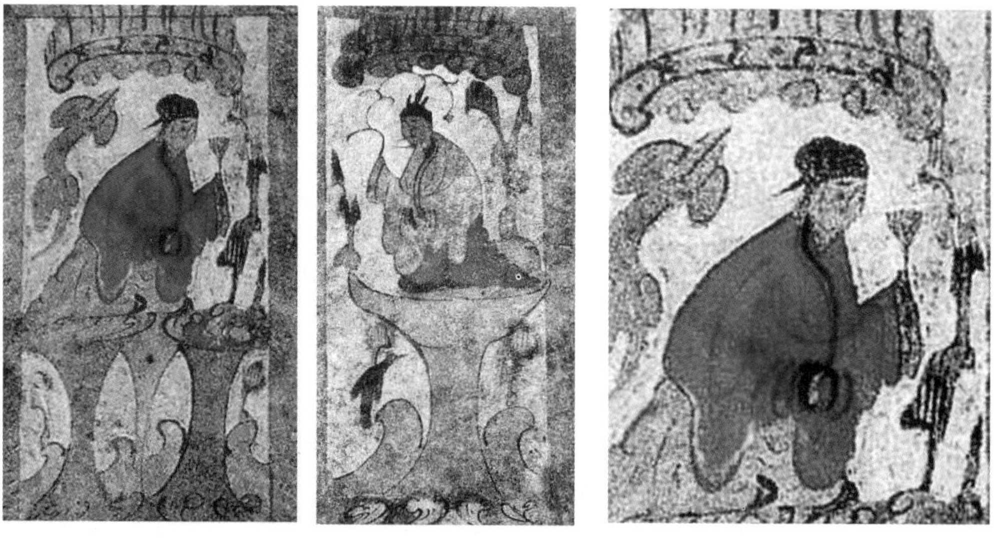

图7　山西吕梁画像石东汉晚期西王母、东王公像

图 7 是山西吕梁市离石区石盘村的画像石，1997 年发现。其年代为东汉晚期（桓帝和平元年至灵帝熹平四年，即公元 150—175 年）。[38] 左为西王母，约四分之三侧面，着红衣，跽坐于云柱悬圃。黑发，高髻，手持不死药。右为东王公像。在吕梁地区发现的汉画像石中，与此图类似的西王母像还有多例，都是黑发形象，不赘举。[39]

图 8 是甘肃敦煌市佛爷庙湾西晋墓的彩绘砖，1999 年发现。[40] 画面中，西王母为正面，拱手笼袖端坐。其肩有双翼，黑发，梳髻。其身旁为手持华盖的羽人。

图 9 是甘肃酒泉果园丁家闸 5 号墓的壁画，1977 年发现。其年代为后凉至北凉之间（公元 386—441 年）。[41] 左为西王母，正面，拱手笼袖坐于云柱座，头顶有月。其肩有双翼。黑发，梳髻簪擿。其身旁为手持华盖的侍女，并可见三足乌、九尾狐等。右为东王公像。

图 8　甘肃敦煌佛爷庙湾西晋墓彩绘砖西王母像

图 9　甘肃酒泉丁家闸 5 号墓壁画西王母、东王公像，十六国

图 10　宁夏固原北魏漆棺画（摹本）东王公、西王母像

图 10 是宁夏固原雷祖庙村北魏墓所出彩绘漆棺棺盖上部的漆画，1981 年发现。其年代为北魏孝文帝太和十年（486）左右。[42] 画面中有两座垂幔的房屋，房屋之间为金色的天河。左屋内，一男性拱手端坐，着橙黄色袍，黑发，高冠，屋外左侧有墨书榜题“东王父”。右屋内，一女子端坐，着红色袍，亦黑发，高冠。因漆皮脱落，屋外右侧的榜题已失。但依据左屋的“东王父”（即东王公）榜题，可推知右屋内的女性为西王母。

上述几例彩图（图 7、图 8、图 9、图 10）的年代为 2 世纪中叶至 5 世纪末叶。图中的西王母皆与东王公结伴出现，是其配偶（唯图 8 是单独的西王母像，未知是否有绘在另一砖上的东王公像与之相匹[43]）。他们都是黑发，为中年人模样。特别应注意的是，这些彩图中的西王母都不戴胜。“黑发而不戴胜”的西王母形象，自东汉晚期以后或许逐渐成为人们的通识。

旧题汉班固撰，实为魏晋间士人所作的《汉武帝内传》曾这样描述西王母的模样：

王母上殿，东向坐，著黄金褡襡，文采鲜明，光仪淑穆。带灵飞大绶，腰佩分景之剑。头上太华髻，戴太真晨婴之冠，履玄璚凤文之舄。视之可年三十许，修短得中，天姿掩蔼，容颜绝世，真灵人也。[44]

文中说西王母“头上太华髻，戴太真晨婴之冠”，知其头上有“髻”（即“结”）、有“冠”，而未戴胜；又说她“可年三十许”，知是较年轻的女性。这些描述，或可与上面几例年代较晚的彩图中的黑发的西王母形象呼应。

（附记：本文初稿完成后，承蒙邢义田先生赐教，谨此致谢）

注释：

［1］如于豪亮、小南一郎、袁珂、曾布川宽、简·詹姆斯、顾森、朱存明等人的研究。分见于豪亮：《几块画像砖的说明》，《考古通讯》1957年第4期；［日］小南一郎：《中国的神话传说与古小说》第一章《西王母与七夕文化传承》，孙昌武译，中华书局1993年版，第1—141页；袁珂：《中国神话通论》，巴蜀书社1993年版，第236—240页；［日］曾布川宽：《汉·三国佛教遗物的图像学——西王母和佛》，《东南文化》1995年第2期；［美］简·詹姆斯：《汉代西王母的图像志研究》，《美术研究》1997年第2、3期；顾森：《渴望生命的图式——汉代西王母图像研究之一》，载《中国汉画学会第十届年会论文集》，湖北人民出版社2006年版，第3—23页；朱存明、朱婷：《汉画像西王母的图文互释研究》，《徐州师范大学学报（哲学社会科学版）》2010年第6期。相关的研究成果甚多，不备举。

［2］转引自［美］巫鸿《武梁祠——中国古代画像艺术的思想性》，柳扬、岑河译，生活·读书·新知三联书店2006年版，第157页。

［3］李凇：《论汉代艺术中的西王母图像》，湖南教育出版社2000年版，第248—270页。

［4］［美］巫鸿：《武梁祠——中国古代画像艺术的思想性》，柳扬、岑河译，生活·读书·新知三联书店2006年版，第125—157页。

［5］施爱东：《"弃胜加冠"西王母——兼论顾颉刚"层累造史说"的加法与减法》，《青海社会科学》2011年第5期，第194—201页。

［6］仅有个别学者在不同程度上关注过西王母崇拜在新莽时期的政治因素。如缪哲：《浪井和西王母——与王莽有关的四种画像石主题》，《艺术考古》2007年第1期；曾祥旭：《试论汉代墓葬艺术中西王母图像发达的原因》，《青海社会科学》2011年第3期；赵宗福：《西王母的始祖母神格考论》，《青海社会科学》2011年第6期。

［7］分见《汉书》卷二七下之上《五行志》，第1476页；卷十一《哀帝纪》，第342页；卷二六《天文志》，第1311—1312页；卷四五《息夫躬传》，第2184页；卷七二《鲍宣传》，第3091页；卷八五《杜邺传》，第3476页；卷八六《王嘉传》，第3496页；卷九八《元后传》，第4033页。注：本文所引《汉书》，皆中华书局标点本，下不注明。

［8］方韬译注：《山海经》，中华书局2009年版，第41页。

［9］《汉书》卷五七下《司马相如传下》，第2596页。"皓然白首戴胜"，《史记》卷一一七《司马相如列传》作"曜然白首载胜"。

［10］洛阳市文物管理局、洛阳古代艺术博物馆：《洛阳古代墓葬壁画》（上卷），中州古籍出版社2010年版，第104页、第112页图14。

［11］李凇说，辛村西王母像"头上仅用一些墨线勾出头发，底色与肤色相同，而画面其他地方都填有颜色……同墓壁画中的男女形象都填有黑发，惟西王母像填以白色"。参见李凇《论汉代

艺术中的西王母图像》，湖南教育出版社 2000 年版，第 42—43 页。

[12] 陕西省考古研究院：《壁上丹青：陕西出土壁画集》(上)，科学出版社 2009 年版，第 47 页、第 76 页图 28。

[13](汉) 刘熙著、(清) 王先谦撰集：《释名疏证补》，上海古籍出版社 1984 年版，第 240 页。

[14]《后汉书》志三〇《舆服下・后夫人服》，第 3676—3677 页。本文所引《后汉书》，皆中华书局标点本，下不注明。

[15]《汉书》卷四三《陆贾传》，第 2111 页。

[16] 郭宝钧：《古玉新诠》，载《中研院历史语言研究所集刊论文类编》(考古编一)，中华书局 2009 年版，第 258 页(出自该集刊第二十本下，1948 年 12 月，第 30 页)。郭氏并说此物是璇玑(即旋机，意为旋转机轴)。

[17](汉) 郭宪：《洞冥记》卷一，载《景印文渊阁四库全书》(第 1042 册)，台湾商务印书馆 1986 年版，第 301 页上栏。案：或疑本书实为六朝人之伪托，非汉人所撰。

[18][日] 小南一郎，前引书，第 58—62 页。王孖也指出，汉代太后、太皇太后盛妆时戴胜，“犹保留着远古以织机经轴华胜为饰表示对于权贵妇女的尊重意义”。王孖：《八角星纹与史前织机》，载《王孖与纺织考古》，艺纱堂 / 服饰工作队(香港)出版 2001 年版，第 40 页。

[19]《礼记正义》卷五《曲礼下第二》，载《十三经注疏》，中华书局 1980 年影印本，第 1269 页下栏。

[20](清) 郝懿行：《尔雅义疏》，上海古籍出版社 1983 年版，第 505—506 页。

[21] 刘宗迪：《西王母信仰的本土文化背景和民俗渊源》，《杭州师范学院学报(社会科学版)》2005 年第 3 期，第 84 页。

[22]《汉书》卷八《宣帝纪》载汉宣帝诏曰：“盖灾异者，天地之戒也。”

[23]《汉书》卷二七下之上《五行志下之上・五行皆失・人疴》，第 1476—1477 页；并参见前引《汉书》卷八五《杜邺传》。《汉书・五行志》又曰：“一曰丁、傅所乱者小，此异乃王太后、莽之应云。”此应是后话。

[24]《汉书》卷七五《眭两夏侯京翼李传》，第 3153—3154 页、第 3179—3193 页；卷九三《佞幸传》，第 3738 页。并参见邢义田《母权・外戚・儒生——王莽篡汉的几点解释》，载《天下一家：皇帝、官僚与社会》，中华书局 2011 年版，第 174—175 页。

[25] 缪哲认为，民间似把这一“恶兆”的说法转到王政君头上，故王莽“启动宣传的机器，对这哀帝朝的旧事，做了新解释”。见缪哲，前引文，第 106 页。曾祥旭认为，王莽为了求得王政君的帮助，以实现其代汉自立的梦想，故将西王母作为“元后”之应加以宣扬。见曾祥旭，前引文，第 182 页。赵宗福认为，“王母”具有祖母的原始含义，王政君被说成是月神降世，她更是新朝的“始祖母”，又姓“王”，因而被顺理成章地与西王母对应。见赵宗福，前引文，第 221—222 页。

[26]《汉书》卷八四《翟方进传》，第 3432 页。

[27]《汉书》卷九八《元后传》，第 4014 页。

[28]《汉书》卷九八《元后传》，第 4033 页。

[29]《汉书》卷九八《元后传》，第 4030 页。

[30][日] 原田淑人、田泽金吾：《乐浪：五官掾王旴的坟墓》，刀江书院 1930 年版，图版 56、图版 58。承蒙黎明钊先生、陈秀慧女士提供此图的照片和相关资料，谨致谢意。

[31] 西王母戴红色之帼的例子，亦见于四川广汉市连山镇杜家嘴崖墓出土的彩绘西王母摇钱树陶座(1994 年发现)。该陶座现藏四川省广汉市文管所。

[32] 陕西省考古研究所编:《陕西神木大保当汉彩绘画像石》，重庆出版社 2000 年版，图 73。

[33] 此局部图系对原图反色处理而得。

[34]《中国画像砖全集・四川画像砖》，四川美术出版社 2006 年版，第 116 页，图 157；图版说明第 67 页。

[35] 此局部图系对原图反色处理而得。

[36]《中国画像石全集》第二卷《山东画像石》，山东美术出版社 2000 年版，第 89 页，图 96。

[37] 参见李淞，前引书，第 6 页。

[38] 王金元、刘晋平、王双斌:《吕梁汉代画像石选》，山西人民出版社 2013 年版，前言第 2 页、图版第 12 页。

[39] 参见王金元、刘晋平、王双斌，前引书，第 16 页、第 22 页、第 25 页、第 26 页、第 46 页、第 51 页等。

[40] 俄军、郑炳林、高国祥主编:《甘肃出土魏晋唐墓壁画》(中)，兰州大学出版社 2009 年版，第 554 页。

[41] 甘肃省文物考古研究所:《酒泉十六国墓壁画》，文物出版社 1989 年版，第 1 页、第 11 页及“图版”部分。

[42] 宁夏固原博物馆编:《固原北魏墓漆棺画》，宁夏人民出版社 1988 年版，第 1 页、第 15 页及“漆棺画摹本、原件”部分。

[43]《甘肃出土魏晋唐墓壁画》一书中编号为 DH5・065［2276—2］的东王公像彩绘砖可能是与其相匹者。参见俄军、郑炳林、高国祥，前引书，第 555 页。

[44](汉) 班固:《汉武帝内传》，载《景印文渊阁四库全书》，台湾商务印书馆 1986 年版，第 1042 册，第 290 页上栏。

汉画与汉代养生术的初步研究

曾宪波

内容摘要 汉代画像中有一部分表现升仙、炼丹、秘戏等与养生术有密切关系的图像，此类画像在湖南、四川、重庆、江苏、河南等地多有发现。本文结合汉画、长沙马王堆出土的帛书、帛画与古文献，对汉代的养生术、预防疾病等方面进行探讨和初步研究。

关 键 词 汉画像；汉代养生术；初步研究

作者简介 曾宪波，男，1966 年生，南阳汉画馆汉画研究室副主任。

一、仙境图汉画像的养生意蕴

“生年不满百，常怀千岁忧。”西汉中后期，“化去不解”“体解成仙”等说法流行。东汉时期，升仙思想更加盛行。东汉中后期，道教正式成为宗教团体后，修道成仙思想得到更大的发展。神仙可分为“天仙”“地仙”“尸解仙”。“天仙”是那些乘云升入天堂的神仙；地仙可任意逍遥于森林，遨游于名山；尸解仙较天仙和地仙为低，是那些脱去尸骸、变化成仙的人。汉画中得道升仙的仙人基本上可归纳入天仙、地仙、尸解仙三类中。汉画中的升仙主要有借助方士道士升仙，深山操琴或静坐修炼成仙，炼丹与服丹，求长生不死之药于西王母等。

（一）深山操琴或静坐修炼画像

河南南阳十里铺汉代画像石墓出土有一块“操琴”汉画像石。[1] 画面中刻有突兀的高山、茂盛的森林，其间有鸟儿飞转歌唱，瑞兽出没山林；一人端坐操琴，似有琴弦之音，飘向天际，与山林共鸣。该画像中的操琴者已经达到一种心旷神怡的境界，他应是汉代人心目中仰慕的地仙。

在山东济宁城南张村汉画像石墓[2]中出土一块弹琴听琴画像石。该石画面分四层：第一层刻四位正襟端坐的多头人，由左至右分别为三头、七头、五头和二头，应为神界人物；第二层刻白虎，前后各有一羽人与白虎嬉戏；第三层为铺首衔环，左刻一人站立，一人跪拜，右刻五女子，中为弹琴者，其余三人跽坐，一人站立，皆为听琴姿态；第四层刻一人执戟，一人持桃茢，有二仙人引二鸡相斗。画像中的抚琴听琴者，应为修道求仙的女子。汉画中的这些抚琴听琴者、吹箫引凤者、静坐云端者，都是以摆脱外界的纷扰为手段，清心静养，以求达到长生成仙的目的。这类仙人属于地仙。

（二）炼丹、金鼎、金丹画像

四川泸州大驿坝 1 号墓石棺有一幅“炼丹图”[3]，其画面有一个硕大的鼎和一个站立持节杖人物。这个鼎身的上部有一圈云气纹，当与升仙有关。旁边有一个道士类的人物。炼丹画像在四川新都东汉画像砖墓中也有出土[4]，其画面正中为一个特大的鼎，表面饰有卷云纹、云气纹和柿蒂纹等，当与升仙有关。旁边的两个人物宽衣长袍，这两幅汉画像表现的应是道士之类人物用鼎炼丹的内容。

以鼎为中心的画面还见于四川泸州石棺画像中部的“升鼎图”[5]。画面为两个赤裸上身的男子正在用力升吊鼎，表现内容与用鼎炼丹相关。另外，泸州大驿坝 2 号墓石棺的“虎鸟衔鼎图”[6]也是以鼎为中心，但两侧衔鼎的却是虎和凤鸟。在古人的观念中，神兽、神鸟都是能够帮助人们升仙的。这种画面内容也表达了祈求墓主升仙的愿望。值得注意的是，这两幅画像中鼎的上方还着意刻画了珠形物，应该是有意识地突出表现炼出的金丹。

在长宁七个洞 5 号崖墓[7]门外岩壁上方画像中，有一戴尖顶冠的道士之类的人物，其冠上和两手都有一光芒四射的圆珠，此珠可能就是道教中所说的“金液九丹”之丹丸。

服食术是早期道教中仙术的一种。这一派认为：服用草根树皮、金属岩石之类东西制成的药物可以使人长生不老或成仙。这些药物分为上、中、下三品：上品药能使人长寿，变成天仙驱使万物，来往天地之间；中品药可以养性；下品药可以治病、驱恶除鬼等。在所有这些药物中，金丹是上品中的上品，服后可以长寿成仙。

二、秘戏与房中图的养生寓意

在四川地区东汉后期画像中，出现有“欢戏”“秘戏”和“房中”等内容。如川西平原东汉墓出土的“欢戏”画像砖[8]主要表现男女拥抱、爱抚的场面。四川荥经陶家拐东汉晚期墓石棺上的“秘戏”画像[9]则是通过男女接吻来表现当时流行的秘戏。德阳黄浒镇东汉晚期墓的房中秘戏画像砖[10]则直接表现男女在房中性交的场面。河南南阳方城汉画中也有“秘戏”汉画像石。[11]此类画像都应当与汉代盛行的房中术有关。房中术是一种以保持内气不泄为目的的养生方法。

《汉书·艺文志》中列出当时流传的有关房中术的著作就有八家一百八十卷。东汉后期的早期民间道教出现后，房中术为道教吸收，能行此术的道士大有人在。《后汉书·方术列传》中载善行房中术的有冷寿光、甘始、东郭延年、封君达等人。

汉代流行房中术与当时人们对其认识有关，董仲舒、班固等名人也认为房中术是一种养生之道。在众多祈求长寿的方法中，汉代人认为房中术是切实有效的方法之一。班固在《汉书·艺文志》中说：“乐而有节，则和平寿考。”范晔在《后汉书·方术列传》中提到的能行房中术的道士多是长寿之人，如“冷寿光年可百五六十岁，行容成公御妇人之法”，“甘始、东郭延年、封君达三人者，皆方士也。率能行容成公御妇人术……凡此数人皆百余岁及二百岁也”。关于其重要性，葛洪在《抱朴子·释滞》中更有具体的阐述：“或以补救伤损，或以攻治众病，或以采阴益阳，或以增年延寿”，若不懂房中要术，“虽然名药，亦不得长生也”，故“求志不死者，宜勤行求之”。他在《极言》中又说：“或但知服草药，而不知还年之要术，则终无久生之理也。”

房中术在汉代的巴蜀地区相当流行。如东汉中期，创立天师道的张陵在蜀地传道时，就利用房中术为民治病，深得民心。

在汉代墓葬画像中出现这类画像，其目的仍然是追求养生。而用这种方式祈求养生的背后表明汉代的道士在养生活动中的重要性。

三、马王堆帛书与帛画中的养生

就目前资料看，较早而又比较系统的古代房中术文物资料是1973年底从长沙马王堆3号汉墓出土的一些简牍、帛书。其中涉及或专门论述房中术的有《十问》《合阴阳》《天下至道谈》《养生方》和《杂疗方》。

前三书主要讨论的是怎样通过导气（气功）、药物和性活动以加强男性性功能，以及怎样通过男女性活动并辅以导气以求得男性健身延寿的养生方法和理论。《养生方》记载了33种疾病或事项的90余个养生与治疗方，其中有食疗、食养方，有内治方，有外用、外治方，绝大部分是房中养生方，即通过药物的摄养与治疗以消除男性的某些性功能障碍的方法，也有少量房中导引养生理论的内容附于全卷之末。《杂疗方》的内容比较复杂，主要部分为房中药养及药治，兼有一些禁咒之法等。

同墓出土的《导引图》和《却谷食气》当为前者的配套用书。其一，通过食用一些药物与食物以治疗某些性功能障碍的疾病，恢复并加强性功能，以便更好地进行房中养生。《养生方》和《杂禁方》中的内服药方多属此类。其二，运用一些药物或经过药物制作的器物外用于男女性器官，以刺激性欲，引起性冲动，激发性高潮，以利于进行和完成性养生活动，并提高其质量。《养生方》和《杂禁方》中的外用方多属此类。其三，讲究性交的动作与技巧。认为动作与技巧若合符节则可强身健体，否则相反。“房中术”者，“房中”之技巧与术式也。不管人们愿不愿意承认，这是房中术的主要内容，离开了性活动，房中术便不复存在。其四，讲究御女多多益善，少了反而有害身体。如《养生方》说：“食脯一寸胜一人，十寸胜十人。”“胜”者，战而胜之；“御”者，驾御，如君御臣、男御女之类。

长沙马王堆出土的14种医书中的帛书经脉四种（《足臂十一脉灸经》《阴阳十一脉灸经》《脉法》《阴阳脉死候》）等，是汉代养生健身理论的渊源。《足臂十一脉灸经》《阴阳十一脉灸经》主要论述人体十一条经脉的走向及所主的疾病，其内容较《黄帝内经·灵枢》关于经脉的论述更古朴，因此，很有可能是《灵枢·经脉》的祖本。而且两书中脏腑的概念还极不完整，五行学说亦未渗透到医学领域之中，仅有较系统的十一脉学说及阴阳观念，它是古代医家解释生理、病理，并指导诊断、治疗（也包括药物治疗）的理论依据。

《脉法》出土时缺损过半，后由江陵张家山汉墓出土《脉书》的内容将缺文基本补齐。观其文字，精练简略，篇幅不足400字，是在《足臂十一脉灸经》与《阴阳十一脉灸经》之后简明地向初学者介绍有关导脉、启脉、相脉的几项重要法则，从中反映了古代医家对经脉的重视和丰富的认识。此外，《脉法》还提出环灸、寒头暖足、取有余补不足等治疗学法则和经验。

《阴阳脉死候》内容更简洁，仅4行，100余字，属于诊断学的内容。内容虽简，但从中可窥测当时医家对病症尤其是危重病症的诊察水平。如文中提出三阴三阳脉与预后的关系，认为三阳脉病一般不死人，其中只有躯体严重外伤（唯折骨裂肤）才例外；三阴脉病则预后不良，其死症有五，即肉、骨、血、气、筋五死之候。这一内容后来在《灵枢·经脉》中发展成大段论述，而且三阴三阳脉还被医圣张仲景所借鉴，发展为三阴三阳证治系统，即流传至今仍魅力不减的《伤寒论》辨证论治体系。此外，《阴阳脉死候》中对患者危象的观察也十分细微，如提到面黑、目环视衰、汗出如丝、舌陷卵卷等。

马王堆帛书《脉书》是非常重要的古医学文献，可惜残损严重。张家山竹简中的《脉书》则弥补了这一缺憾，首先叙述人体各种疾病的名称，约有60余种，包括体表肌肤的疮痈，脏器功能的失常，五官、乳房等器官的病症及温、疟等以全身症状为主的疾患。其主题内容相当于马王堆帛书中的《阴阳十一脉灸经》《脉法》《阴阳脉死候》三种，也是讲人体经脉走向和所对应的病症。帛书的缺字，由竹简的出现基本上能够补足。竹简的《脉书》比帛书文字还多一些，最重要的是有很多病名，依从头到足的次第叙述，其间也有属于全身的疾病，有的病名可以在中医古代文献中找到。

马王堆出土医书14种，其中竹简《十问》《合阴阳》《天下至道谈》是专论房中养生的，帛书《养生方》《杂疗方》亦有部分涉及性保健。

竹简《十问》假托黄帝与天师、大成、曹熬、容成分别对问，以及尧与舜、王子巧父与彭祖、帝盘庚与耇老、禹与师癸等互相问答，共同讨论房中养生。其中有些是房中养生的原则规律，如黄帝与天师讨论如何顺从天地自然法则以养阴扶阳，防止阴精亏损，但更多的内容是房中保健的具体方法。如黄帝与曹熬的对话讨论了如何巩固精关，做到交接而不泻精，认为“玉闭坚精”，可使“百疾弗婴，故能长生”。文中还详列了交合而不泻精的九大好处（耳目聪明、意气高阳、脊胠不伤、百脉通行、通于神明等）。黄帝与容成的对话主要谈及房中气功导引的原则与方法。尧与舜的问答主要谈及节制房事问题，提出性生活不能太频繁、太匆忙，应使之“坚强而缓事之”，努力做到“必乐矣而勿泻”。王子巧父与彭祖的对话也是论及保养阴精的问题。盘庚与耇老的对话还提出房事中可吞服舌下津液，认为这样可使“精神日怡”。

《合阴阳》全文600多字，集中讨论了阴阳交合即男女交媾之事。其基本观点是提倡房中术应与导引术相结合。书中描述在两性交合时当模仿动物的动作来操练房中导引。如“十节：一曰虎游、二曰蝉柎、三曰斥（尺）蠖、四曰囷桷、五曰蝗磔、六曰爰（猿）据（踞）、七曰瞻诸（蟾蜍）、八曰兔骛、九曰青（蜻）令（蛉）、十曰鱼嘬”。这是古代仿生气功在房中术中的运用。尤为可贵的是，汉代人们对性兴奋过程的观察是十分细致的，如女性性兴奋时会出现“乳坚鼻汗”“下汐股湿”，并提出许多性诱导的方法，如“相吻相抱（亲吻拥抱）”、抚摩颈项、胸、乳等。特别是《合阴阳》还提出了性交时女子阴部气味的变化特征：“一已而清凉出，再已而臭如燔骨，三已而澡（臊），四已而膏（质稠），五已而芗（谷香）……”此外，还对两性交合时的动作姿态、频率、高下、深浅、左右等做了入微的描述，并归纳成“十修”“八动”等法则。这证明汉代人对性技巧已有深入的剖析。

竹简《天下至道谈》将房中术喻为高深的养生之道，并对两性生活中的损益做了系统论述，总结为“七损八益”，即有八种操作程式有益身心，而有七种程式会损害健康。八益为“一曰治气、二曰致沫（吞服舌下津液）、三曰智时（选择适当的交媾时机）、四曰畜（蓄）气、五曰和沫（亲吻而吸其津液）、六曰窃气、七曰寺（待）赢（盈）、八曰定顷（倾）”。“七损：一曰闭，二曰泄，三曰渴（竭），四曰勿，五曰烦，六曰绝，七曰费。”该篇有关性技巧的内容与《合阴阳》大致相同，都是强调将房中术与气功导引相结合。书中同样采用了许多仿生动作，所模仿的动物与《合阴阳》所述基本相同。此外，该篇对女性性欲着墨较多，有所谓“五征”“五欲”“五音”特征。

帛书《养生方》与《杂疗方》中有许多内容涉及性治疗，主要论述阳痿（“老不起”）的治疗及如何补益与调节男女性功能等。其所述药物大致有两类：一是雄性动物的组织（如雄性动物血、雄鸡、春鸟卵、蜂蜇后的犬肝、大脯等）；二是辛香温燥类药物（肉桂、干姜、蛇床、细辛、乌喙、术、椒等）。从用药特点看，以食疗者居多。值得注意的是，两篇所述对性功能障碍的治疗不限于内服方，还有许多外治方，这些治疗方法构思精妙，方便实用。

在马王堆出土医书中，与房中内容并行且部分交叉的另一脉是神仙术。所谓

“神仙者，所以保性命之真而游求于其外者也”，即养生长寿之道。马王堆出土医书中涉及神仙术的内容并不系统，散见于《养生方》《十问》等竹简中，另有帛书《却谷食气》与帛画《导引图》是古代先民从事气功导引锻炼的珍贵资料。其中，《养生方》《十问》等竹简中的养生思想与手段有顺应四时阴阳变化规律、食疗健身补益与房中补益的作用。至于帛书《却谷食气》与帛画《导引图》则专门论及气功、导引之术，是古代民众追求长生的重要手段。

帛书《却谷食气》原文近500字，惜因残损太甚，现今可辨认者仅270字。从其残篇内容来看，主要记载导引行气的方法和食气的宜忌，提出要根据月朔望晦、时辰早晚及不同的年龄特征来行气，还要顺应四时阴阳变化的规律。

帛画《导引图》经复原后长约100厘米，宽约50厘米[12]，描绘了44位不同性别、年龄的人在做各种导引动作。44人分成四列，每列11人，人高9—12厘米。所绘人物形态逼真、姿态各异，一个个都在凝神习功。据专家分析，图中44人的动作姿态可分为三类：一为呼吸运动；二为躯干、肢体运动；三为持械运动（也可能是硬气功）。如图中有一幅标明“以丈（杖）通阴阳”，所绘是一位穿裙子的女子，手持长棍，俯身弯腰，用棍棒使上肢努力扩展，并使上半身右侧屈，左臂上抬，以使全身气血流畅，达到调和阴阳的目的。另一幅标有“卬罅（仰呼）”二字，描绘一男子挺胸直立，双臂举向后上方，正在做仰天长啸的深呼吸运动。值得注意的是，图中还标明了许多通过导引可以防治的某些疾病的名称，这表明当时气功导引术除了作为健身长寿的手段之外，还可以医治疾病。

帛画《导引图》中，还有许多模仿动物动作的导引术式。[13]如“熊经”“倍（鸟伸）”“蚕（龙）登”“沐猴灌（即猕猴喧呼）”“爰滹（猿呼）”“鹞北（鹞背）”等，被模仿的动作有八九种之多。后来华佗的“五禽戏”正是在继承了这一仿生导引术式而编排设计的。可见，要追溯仿生气功的源头，帛画《导引图》自然是值得称道的早期文献。这说明古代先民的想象力和创造力为气功导引及医疗体操的发展做出了重要的贡献。

张家山汉墓出土的《引书》对马王堆帛书《引书》有很好的诠注。《引书》书名题写于首简的背面，每一独立段落之首简上端都书圆点，无小标题。《引书》也与马王堆帛书有一定关系。

马王堆帛画中的《导引图》被认为是我国最早的健身图谱，在医学史、体育史上有重要意义。《导引图》绘有生动的人物形象44个。原来都有题记，不幸半数残缺。人物形象虽各具姿态，但究竟怎样运动，只凭单个图像仍难表达。

《引书》是用文字讲述导引的专门著作，书中详细描述了导引的各种单个动作及治疗诸般疾病的导引方法，对动作的解说相当细致，并且有些简文可与《导引图》对照参看。根据整理后的顺序，《引书》大致由以下五方面内容构成：①介绍四时养生要点；②对 38 个导引术式进行解说；③记述 40 余种疾患的导疗方法，其中也有几条养生保健的内容；④各种术式效用的解说，计有术式名称 24 种。其中有的与第二段中进行解说的术式名称相同，有的则不同，两种解说的术式名称有明显的差异，说明《引书》的内容很可能是融会不同的原始著作而成；⑤与第一段内容相似的理论性解说，强调四时养生之道，导引为“利身之道”。《引书》还有一部分内容讨论疾病的原因，颇为重要。

四、医圣张仲景的预防疾病和“治未病”思想

在西汉时期，我国就已经有《内经》《难经》《本草经》等医药典籍。医学发展到东汉时期，“辨证施治”的法则及治法中的“八法”等，都已经被具体地运用到当时的临床医疗实践活动中。方药知识到汉代已相当丰富，仅《汉书·艺文志》所载古经方就多达 290 余卷，方剂数量之多，恐怕是我们后人无法料想的。

正是在这样的历史背景下，东汉张仲景在前人“辨证施治”运用方剂的基础上，升华为“观其脉症，知犯何逆，随证治之”这一垂世名言，继承了《内经》等医学基本理论和丰富的药剂学、方剂学等医药知识，结合自己的实践，总结了汉以前的医学成就和宝贵经验，写成了《伤寒论》，并提出了“治未病”思想。

（一）未病先防

《金匮要略》第一章《脏腑经络先后病脉证》指出：“夫人禀五常，因风气而生长，风气虽能生万物，亦能害万物。”说明人体的生理活动和病理变化与自然界息息相关，自然界正常的气候能生长万物，异常的气候则伤害万物，对人体亦不例外。但是，如果人们能够顺应四时气候的变化，调养精神形体，并能预先避免异气的侵袭，便可防止疾病的发生，所以又说：“若五脏元贞通畅，人即安和……若人能养慎，不令邪风干忤经络，适中经络，未流传腑脏，即医治之……病则无由入其腠理。”

《伤寒论》第十三章《伤寒例》亦指出：“春气温和，夏气暑热，秋气清凉，冬气冰列，此则四时正气之序也。冬时严寒，万类深藏，君子固密，则不伤于寒，触冒之者，乃名伤寒耳。”北宋大医学家庞安时以善医伤寒著名，人谓“庞安时能与伤寒说话”。他在《伤寒总病论·叙论》中首先引用了这节内容，并加以阐发：“君子善知摄生，当严寒之时，周密居室，而不犯寒毒，其有奔驰荷重劳力之人，皆辛苦之徒也，当阳气闭藏，反扰动之，令郁发腠理，津液强清，为寒所搏。腠理反密，寒毒与荣卫相浑。当是之时，勇者气行则已，怯者则著而成病矣。”他指出：“君子春夏养阳，秋冬养阴，顺天地之刚柔也。谓时当温，必将理以凉，时当暑，必将理以冷，凉冷合宜，不可太过，故能扶阴气以养阳气也。时当凉，必将理以温，时当寒，必将理以热，温热和宜，不可太过，故能扶阳气以养阴气也。阴阳相养，则人气和平。有人好摄生者，盛夏仍复衣避风，饮食必热，而成发黄脱血者多矣。盛寒之时云井暖，当服以凉药，而成吐利腹痛者多矣。”庞安时不愧是研究伤寒的大家，他不仅继承了前人养生防病的理论，而且提出了药物预防的观点和方法。

（二）有病早治

大凡外邪侵犯人体，多有一个由表入里、由浅到深、由皮毛肌腠到经络，进而入脏腑的传变规律。张仲景认为，人若患病，必须尽早治疗，及时服药，切忌隐瞒忍耐，抱侥幸获愈的心理。如《伤寒论》第十三章《伤寒例》云：“凡人有疾，不时即治，隐忍冀差，以成痼疾，小儿女子，益以滋甚。时气不和，便当早言，寻其邪由，及在腠理，以时治之，罕有不愈者。患人忍之，数日乃说，邪气入藏，则难可制。此为家有患，备虑之要。凡作汤药，不可避晨夜，时日吉凶，觉病须臾，即宜便治，不等早晚，则易愈矣。若或差池，病即传变，虽欲除治，必难为力。”告诫患者要尽早求医，明述病情，及时服药，以免小病养成大患。同时也向医者提示了早期诊断、早期治疗的重要意义。

有些疾病，早期可能在患者身上没有什么症状，或有症状亦不甚显露，这就要求医生细心观察，见微知著，果断采取措施。如《伤寒论》有急下、急温的例证，便是张仲景留给后人的启示。

（三）既病防病

在治疗疾病的过程中，要时刻注意病情的发展变化，掌握主动权，以防病邪深入传变。这是张仲景“治未病”学术思想的又一重要内容。张仲景在《金匮要略》第一章《脏腑经络先后病脉证》中提出的“夫治未病者，见肝之病，知肝传脾，当先实脾”，就是运用五行预测病情的传变和转归，培土健脾，先安未受邪之地，防止病情深入。他还提出：“适中经络，未流传脏腑，即医治之。四肢才觉重滞，即导引吐纳，针灸膏摩，勿令九窍闭塞。”这是根据经络学说的理论，及时疏通气血，不使邪气内结，阻碍脏腑功能而加重病情。

此外，根据经气运行的规律，采用针刺的方法以截断传经，在《伤寒论》中亦不乏其例。第八条说：“太阳病，头痛，至七日以上自愈者，以行其经尽故也；若欲作再经者，针足阳明，使经不传自愈。”针足阳明，庞安时认为是针刺足三里以实阳明胃气，阻邪内传。此与《金匮要略》“当先实脾”的观点互为呼应，也符合张仲景所谓“四季脾王不受邪”，“阳明居中，属土也，万物所归，无所复传”的学术思想。现代研究证明，针刺或艾灸足三里，确有增强机体免疫系统功能，起到抗衰老、养生防病的作用。

（四）先病服药

在疾病尚未发作之前预先服药，以助正祛邪，则是张仲景对“治未病”的创造性运作。如《伤寒论》第五十四条：“病人藏无他病，时发热自汗出而不愈者，此卫气不和也。先其时发汗则愈，宜桂枝汤。”这里的“先其时”，乃指发热汗出在疾症出现之前，先其时亦可在卫气开始运行于太阳经脉之时，所谓“目张则气上行”，即于平旦服药，以使卫气与营气谐和。

又如《金匮要略》第四章《疟病脉证并治》蜀漆散方后注云：“未发前以浆水服半钱；温疟加蜀漆半分，临发时服一钱匕。”张仲景认识到疟病的服药时间对疗效有重大的影响，提出了预先服药的方法，时至今日仍有很高的科学价值和指导意义。张仲景对某些病症提出在未发之前服药，实开后世“截断疗法”之先河。

对一些慢性、季节性多发病，根据人与自然相应的规律（如五运六气），采取适当的治疗和调养措施，在病气未发或缓解之时先安脏腑，护正气，亦可收到预期的疗效。如冬季水寒当令，若在夏季调治肺、脾、肾，实其脏气，可使冬季易发的寒饮喘咳症易于控制或根治，此为“冬病夏治”；夏季火热上炎，若在冬季滋养肝、脾、肾，实其脏气，又可防止肝病在春夏复发或加重，此为“夏病冬治”。

结　语

本文对汉代画像中表现升仙、炼丹、秘戏、导引等图像进行了分析，对长沙马王堆出土的帛书、帛画中的养生进行了探讨，对东汉张仲景的疾病预防和“治未病”思想进行了初步研究。古为今用，吸收汉代养生术的精华，加强疾病预防，为提升当今人们的身体素质服务。

注释：

[1] 南阳汉画馆编：《南阳汉代画像石墓发掘报告集》，中州古籍出版社 2012 年版，第 285 页，图 19。

[2] 山东省博物馆、山东省文物考古研究所编：《山东汉画像石选集》，齐鲁书社 1982 年版，第 147 页，图 219。

[3] 罗二虎：《汉代画像石棺》，巴蜀书社 2002 年版，第 118 页，图 120。

[4] 罗二虎：《汉代画像石棺》，巴蜀书社 2002 年版，第 126 页，图 136。

[5] 罗二虎：《汉代画像石棺》，巴蜀书社 2002 年版，第 126 页，图 137。

[6] 罗二虎：《汉代画像石棺》，巴蜀书社 2002 年版，第 129 页，图 140。

[7] 罗二虎：《中国汉代的画像与画像墓》，日本友庆社 2002 年版，第 34 页，图 98。

[8] 高文、王锦生：《中国巴蜀汉代画像砖大全》，国际港澳出版社 2002 年版，第 66 页，图 66。

[9] 高文、王锦生：《中国巴蜀汉代画像砖大全》，国际港澳出版社 2002 年版，第 67 页，图 67。

[10] 李晓鸣：《四川荥经东汉石棺画像》，《文物》1987 年第 1 期，第 95 页。

[11] 刘玉生编著：《方城汉画》，香港天马图书有限公司 2003 年版，第 29 页，图 74。

[12] 湖南省博物馆、湖南省文物考古研究所编：《长沙马王堆汉墓二、三号汉墓》，文物出版社 2004 年版，第 56 页。

[13] 中医研究院医史文献研究室：《马王堆三号汉墓帛画导引图的初步研究》，《文物》1975 年第 6 期，第 7 页。

石椁之门

——从汉代石椁墓形制的变化谈起

于秋伟

内容摘要　汉代石椁墓指的是西汉时期流行于山东、江苏、安徽、河南等地的平民墓葬，尤其在山东地区分布十分广泛，根据笔者统计，目前除莱芜、德州、聊城外，其他 14 个地市均有石椁墓的发现。这充分说明，汉代尤其是西汉时期，石椁墓是山东地区平民墓葬的常见形式之一。石椁板上有的雕刻画像，其中在挡板上可见阙门的画像，这里的阙门象征天门，即墓主人升仙的方向，是抽象化的表现。西汉晚期，石椁墓出现了形制的改变，石椁一端出现了可以打开的门户：一端的挡板形成了门户的形制，可以打开，这就改变了石椁墓的形制，也反映出抽象的天门具象为门户的过程。同时，平民墓葬形制也发生了重大改变，即从竖穴墓到横穴墓的改变。这种改变究竟是在怎样的背景下发生的？反映了当时社会发生了哪些重大改变？本文就此进行了初步的探讨。

关 键 词　汉代；石椁墓；石门；丧葬观念；葬俗

作者简介　于秋伟，男，1969 年生，山东博物馆典藏部副研究馆员，中国汉画学会理事。

一、引言

汉代石椁墓指的是存在于山东、江苏北部、安徽北部、河南西部等地的西汉小型平民墓葬，这种小型墓中使用的石质葬具，被称为石椁，石椁结构简单，多在作坊中预先加工而成，呈长方形，由底板、边板、挡板、盖板组合而成，此前也有学者形象地称之为“石匣”。在实际的考古发现中，这些石椁存在着个性差异，并没有严格的定制，在椁板的数量、石材的来源、随葬品放置等方面有所差别，呈现出统一性下的多样化面貌。

在目前的考古发现中，虽然石椁墓在汉代山东地区平民墓葬中占有相当大的比例，但是也有其他形制的墓葬（土坑墓、木椁墓、砖椁墓、砖室墓、石室墓）存在。在石椁墓分布的中心区域——山东枣庄、济宁、临沂等地，墓地中石椁墓的比例也不一致，即使在石椁墓中，雕刻精美、制作精致的石椁也较为罕见，这主要与墓主人的财力密切相关。以梁山薛垓墓地为例，7号墓所用石椁的石材经过科学鉴定，为距其50千米外的嘉祥运输而来，加上画像加工的费用，这具石椁应该价值不菲。西汉平民为什么要耗费如此的财力来建造这样的椁室呢？而且这种椁室在中国传统中并不存在。从临沂月亮湾社区发现的木椁、石椁并存的墓葬中，我们可以清晰地看到这种演化的真实证据（资料尚未正式发表）。传统的木椁墓遇到了怎样的思想支撑，从而发生了这样的变化？

如同中国传统上的其他变化一样，这种变化也是自上而下的，典籍中记录了汉文帝以“北山石为椁”[1]，墓室稳固坚实的梦想（实际上，这些石椁墓被盗现象非常严重，均为盖板的损毁，不仅贵重随葬品被盗一空[2]，而且棺木和尸骨也遭到破坏，与当初寿比金石、永固万年的理想相差甚远）。贵为天子，他的想法一定不是空穴来风。我们可以向上追溯，秦始皇派徐福东渡的画面犹在眼前，秦始皇屡屡东巡，除了炫耀武功外，最重要的目的就是寻仙，即寻求长生不老之术。东巡无果，汉代人将目光投向了山峦密布、人迹罕至的西方，相信在张骞通西域之前，汉代与西方的文化交流就已经存在。正是在这样的文化交流中，穿石为椁的理念逐渐深入人心，汉文帝才会发出上面的感叹。虽然汉代帝陵因为地貌限制，没有采用这种方式，但是在各地分封的诸侯王陵中，这种以山营造陵墓的方式非常普遍，著名的如中山靖王刘胜墓、鲁王墓、梁王墓、楚王墓等均为穿山为陵的典型例子。这种在上层社会流行的习俗很快影响了平民，受制于制度和财力，以石为建材的石椁墓作为平民墓葬的形式出现了。

二、石椁之门的出现

终西汉一世，平民墓葬的形式都未发生大的变化，石椁墓在山东地区平民墓葬中贯穿始终（虽然石椁墓画像位置和画像内容在西汉中晚期有较大的改变，这些改变与社会及思想变化存在着较为密切的关系，需要继续研究）。从目前的出土资料看，虽然石椁墓从最初的独立土圹的夫妻异穴合葬逐步发展为同穴的并穴合葬，西汉晚期还出现了多椁并列合葬的形式，出现了夫妻合葬墓石椁共用隔板的情形[3]，其中一些石椁墓共同隔板上还开有大小不一的窗口，但是直到石椁之门出现之前，这种椁室的布局都没有大的改变。

石椁墓原是密闭的空间，在很多加工良好的石椁墓椁板上，为了坚固，还预先制作了可以扣合的榫卯结构，保证椁板之间紧密结合。在石椁出现的早期阶段，尚遗存画像模仿木棺刻画在外部的情况，但是在西汉中期以后，画像均刻制在石椁内壁，明确其功能就是为墓主人的封闭空间服务的，从这种形制出现到石椁之门出现经历了约200年的时间。到西汉晚期或王莽时期，山东地区石椁墓形制出现了改变，这就是石椁之门的出现。石椁上的画像也从阙门改变为铺首，铺首是门上铜环的写照，至此，石椁之门正式出现。（图1）石椁之门的出现促进了墓葬形制的重大改变，西汉时期流行的石椁墓逐步消亡，被其他的墓葬形式代替。石椁从西汉早期偏晚阶段使用，在相当长的一段时间内未发生大的改变[4]，这种局面最终因为石椁之门的出现而被打破。目前可以见到出现石椁之门的墓葬，主要分布在鲁中南地区。如梁山薛垓176号墓（图2）、邹城龙虎山汉墓、兖州汉墓（图3）、成武汉墓等都发现了挡板演变为门户的石椁。这些石椁之门的共同点是：石椁一端的挡板可以开启，如同门户，在挡板之前出现了斜坡墓道，有的墓葬前还发现了墓祭的遗迹。

门，东汉许慎《说文解字》释为："闻也。从二户。象形。凡门之属皆从门。"门的组成主要有三大部分：门框、轴枢和门户，这是定义为门的三大要素，门最初

图1　画像石椁门

图2　薛垓176号墓椁室石门

图3　兖州石椁墓，挡板出现象征门户的轴头

具有供人进出、封闭保护的作用，作为建筑物的门户普遍存在。石椁之门作为门的原始形态，其门框尚不具备，但是挡板上下出现了用以开启的轴头，挡板演变为门户，具备了门的基本形态。石椁之门作为建筑功能重要组成部分的门户第一次出现在平民墓葬中，并且具备了基本的功能。

石椁之门出现后，石椁的挡板可以开启，木棺无须吊装下葬，长方形竖穴因此改变，并且在一端出现了斜坡墓道，木棺可以从墓道里放入椁室。竖穴墓圹下葬时，墓圹是敞开的，石椁内无法放置的生活用品可以放置在器物箱（龛、坑）内，从墓道放置木棺，随葬品只能放置在墓室中，这就对墓室提出了增加面积的要求。石椁之门的出现不仅对石椁墓的结构改变产生影响，而且从根本上动摇了石椁墓的形制。在石椁之门出现之后，山东东平等地出现了石椁、砖室并存，其前方设横式石质长方形客厅的墓葬形制[5]，山东梁山等地出现了石椁墓的变形：墓室隔板高度加高、出现仿木抬梁的梁架结构[6]。正是在墓葬发展的过程中，石椁之门的结构不断完善，从最初的简单结构向三要素具备的门户发展，这一过程也是石椁墓最终发展为石室墓的过程。在墓葬空间从逼仄的石椁向宽敞的石室发展过程中，墓葬中模仿地上建筑的结构样式表明这一时期的丧葬观念发生了改变。这种改变许多学者做过研究，最重要的原因目前看应该是东西方交流的结果。从考古资料看，这种变化发生在西汉晚期或王莽时期，分析其中的几个原因：第一，西汉晚期政治上出现了外戚、宦官专权，中央集权大大削弱了，出现了“礼崩乐坏”的局面，未能获得官职的平民只要财力足够，也可以修造更为豪华的墓室。第二，孝廉制度的实行导致厚葬现象愈演愈烈。简单的石椁墓显然无法再满足彰显孝道的丧葬要求了。第三，西域文化的流行导致人们追求一种更为新奇的形式，希腊、罗马还有波斯的文化元素通过西域传入中国，在这一时期产生重大影响。在这个思想观念变化的过程中，墓葬形式作为丧葬习俗的一部分同样也发生了改变，石椁之门只是表象，重大改变在于墓葬从竖穴墓改为横穴墓，这就为墓葬发展开拓了更为广阔的空间，从而在东汉时期出现了大型的多室画像石墓。

三、石椁之门的演变

汉代时期的平民建筑多采用木构架结构，墙壁用夯土筑造，房屋一面的中间或一旁设门，窗的形式有正方形、长方形、圆形多种。屋顶多采用悬山式顶或囤顶。[7]

结合这一时期的地面建筑形式，可以看到石椁与平民地面建筑木构架的形制存在明显差异[8]，既然存在差异，那么这种墓葬的形式来源在哪里？因此才有了上面我们所分析的外来因素的影响，正是在这种影响下，石椁墓的建造逐渐演变，这种演变在山东滕州官桥发掘的汉代石椁墓中表现得非常清楚。[9]从随葬器物看，这种变化正是在西汉末到东汉早期发生的，这种改变又具有地域特色，出现了大型的砖室墓和石室墓的差别。从滕州官桥汉墓看，石椁墓的各种形制在这片墓地中均有发现，从最初简单的石椁到双石椁，到简单的石室墓，再到复杂一些的中型画像石墓。从这样的演化中可以看到，石椁之门的出现虽然是细节，但是非常重要。

首先，石椁之门具有门户功能。虽然在石椁墓埋藏之后，门不复开启，但是在下葬时，这扇门起着十分重要的作用。这扇门表现出这一时期墓葬形制的变化，即竖穴墓向横穴墓的演变。竖穴是指墓穴为封闭的长方形，是一种古老的埋藏方式，掘土为圹，斫木为棺。西汉时期虽然出现了大型的王陵墓，已经出现了崖洞[10]等墓葬形式，但是在普通平民的小型墓葬中继续沿用了竖穴形式，虽有石椁、砖椁、木椁之分，但都属于竖穴，棺木垂直下葬。石椁为墓地组装[11]，形成长方形闭合的墓室后，吊入木棺，最后盖石板形成石椁。在汉代缺少机械辅助的条件下，只能用人力和绳索完成棺木的下葬，非常复杂和烦琐，花费也浩大。在长期的实践中，这种状况在西汉晚期得以改变，这就是横穴的出现。在横穴中，石椁的改变体现在石椁之门的出现，解决了封闭的墓穴只能吊装下葬的问题。在石椁之门设置后，沉重的棺木可以沿着斜坡墓道，进入三面成形的石椁内，最后关闭石椁之门。

其次，石椁之门存在着一定的象征功能。石椁挡板上的阙门画像和捧盾侍者，使其成了门户的象征。虽然这扇门无法打开，古人仍然相信，死者的魂魄可以通过阙门到达另外一个世界。这种象征在西汉晚期出现了变化，通过儒家思想和道家思想的共同影响，人们对于另外一个世界的生活不再是未知的，而是人间美好生活的继续，在这样的思想背景下，随葬品悉如生时，对墓葬的面积和结构也仿照生前的居室建造，这样，简单逼仄的石椁就无法达到丧家的要求了。石椁之门在这时应运而生，门的出现，表明了椁墓向室墓的转化。在这样的背景下，石椁之门存在的时间很短，在石椁失去了存在的基础后，石室墓逐渐流行，墓门正式出现，墓门的画像从此固定为铺首衔环，直到两汉时代终结都没有改变。

墓门的形制在石室墓出现后基本确定下来，一直延续后世，铺首衔环的形制也延续了相当长的时间，直到明清时期仍然沿用。从这一点来说，石椁之门的开启实际上是开启了一个新纪元，从石椁之门开启后，横穴墓成为随后各个朝代的主流。

四、石椁之门的画像

西汉时期的夫妻合葬墓多采用异穴分椁并列合葬形式，在石椁之门出现之前，石椁呈现封闭状态。在密闭的石椁空间里，石椁挡板上的画像有悬璧、穿璧、常青树、楼阙、凤鸟等题材。悬璧和穿璧画像证明这种装饰与楚汉地域同时期上层社会流行的镶玉木棺有着一定的关联。（图 4）在枣庄小山、临沂庆云山、曲阜柴峪等地发现的石椁画像中，多见穿璧画像，未发现阙门等其他题材，正是延续木椁装饰的内容的证据，甚至有的学者认为石椁画像边框的几何三角纹也是木棺装饰的描摹的继承。[12]

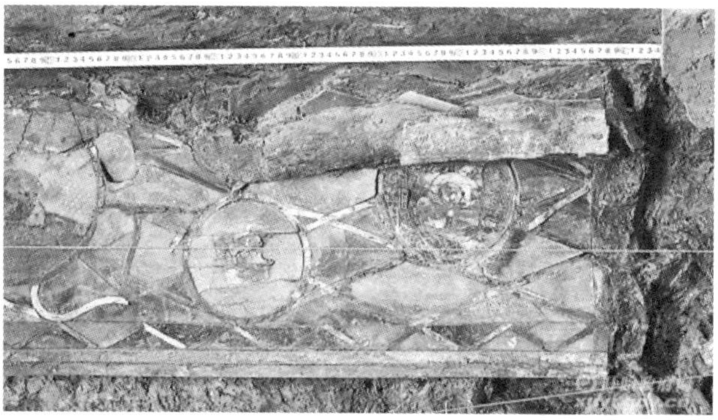

图 4　马王堆 1 号汉墓木棺玉璧装饰、镶玉木棺

在密闭的空间里，这种画像的装饰意义较为狭隘，因此西汉时期的石椁上雕刻画像的比例并不高。以梁山薛垓墓地为例，该墓地共发现石椁墓 51 座，其中雕刻画像的石椁墓只有 4 座，不到 8%。

画像的单纯装饰意义在西汉中期以后发生了改变：在梁山薛垓墓地 7 号墓出土石椁中，我们找到了天门的形象。画像采用凿纹地凹面线刻，画像位于挡板的外侧，画面相近，均为树木双阙，阙门中有拱手而立的守门人。（图 5）石椁画像的位置也经历了从外而内的过程，7 号墓的年代约为西汉中期，其画像位于石椁板外侧。同时，还有内、外侧均雕刻画像的情况，也有在内侧雕刻画像的情况，但到了西汉中晚期以后，画像多雕刻于椁板内侧，其他情况不多见（具体研究待另文发

图 5　石椁挡板画像

图 6　马王堆 1 号汉墓帛画上的天门

表）。这种画像内容延续的现象在西汉中期以后也发生了改变，在济宁师专、梁山薛垓、微山两城等地发现的石椁墓的挡板上出现了双阙的画像。阙在汉代是门的标志，《说文解字》："阙，门观也。"晋崔豹《古今注》："阙，观也。古者每门树两观于前，所以标表宫门也。"阙门在石椁挡板上出现，表明在西汉中期以后，受到道教思想的影响，石椁和棺木不再是死者最终的驻留之地。此时出现了魂魄观念，肉身（魄）存于棺椁，而魂则通过阙门离开棺椁，前往天上的神仙世界。在梁山薛垓 7 号墓发现的石椁画像上，挡板画像为双阙对称分布，中间有一人捧盾正面站立。在汉代，捧盾是迎谒的象征，捧盾的侍者在等待墓主人，通过阙门，前往仙界。从精神层面上看，此处的阙门应该不是现实世界中的宫阙之门，而是有着特定的含义。在学者的研究文章中，多有将此处之阙命名为"天门"者[13]，也有的学者认为阙门上有凤凰者为天门，未刻凤凰者则没有天门的象征意义。本人赞同挡板的阙门画像有着特定的含义，但是凤凰的有无与天门是否有关联尚待继续研究。阙门出现在墓葬中其实不是石椁墓的画像创意，在西汉早期的诸侯王陵墓中，如徐州狮子山楚王陵中就发现过对称的石墩，象征阙门。[14] 在湖南马王堆 1 号汉墓出土的帛画中，也有阙门象征天门的形象。（图 6）阙门更多地表现出一种象征的意义，梁山薛垓墓地 7 号墓石椁挡板的阙门画像出现在石椁板的外侧，说明阙门进出的方向为从里向外，表明了阙门是墓主人灵魂的升天之门。

这种阙门画像布置在挡板上是有着明确的象征意义的，在目前公布的石椁墓发掘资料中，山东地区的石椁墓在东汉中期基本消失。[15] 与之相对应，石椁之门出现之后，也只是存在了相当短的时间，因此出现石椁之门的石椁数量不多，目前见诸报道的在邹城卧虎山[16]、兖州、梁山、微山等地有少量发现，说明石椁之门虽然稀少，但是意义重大。石椁之门出现后，原来的阙门画像是否也发生了变化？

梁山薛垓墓地7号石椁墓和出现石椁之门的176号墓画像就生动地说明了这一点。7号墓挡板上画像为双阙，其中有侍者捧盾站立。在176号墓的石椁之门上，画像则为铺首衔环。邹城龙虎山2号墓石椁之门上的画像也是铺首衔环，画像更为精美，铺首上分别有龙、虎盘踞，铺首下还有犬蹲伏。（图7）兖州石椁为双石椁，石椁之门的内外双面都有画像（这种双面画像的石椁在山东虽然发现不多，但是在多地均有发现，详情另文论述），内侧画像均为三棵常青树，外侧画像一个是白虎

图7　邹城龙虎山石椁挡板画像

纹样，另外一个是方相氏和青龙。可以看到，青龙、白虎显然是守护门户的，兖州石椁之门上的方相氏画像在其他地方不多见，更多的是铺首衔环画像。石椁画像尤其是变为门户的挡板上的画像内容发生的变化，从阙门到铺首衔环，从象征意义上的天门到真正的门户出现，其画像的变化同样反映了石椁之门出现后所包含的象征意义依然存在，只是从形式到内容都有了根本的改变。

五、结语

汉代以前的墓葬形制基本为土坑竖穴墓，洞室墓在中原地区出现后，山东在西汉中期以后才逐步完成了这种转变，石椁之门就是这种转变出现时的代表性现象。由此可见，这种墓葬形制的改变首先是受到汉代中央所在的中原地区葬俗的影响而出现的。其次，石椁之门的出现正当两汉之交，在西汉时期，受到政治、经济、思想等诸多思想的限制，平民墓葬形制较为单一，多为土坑竖穴的土坑墓、木椁墓、砖椁墓和石椁墓等，其他墓葬形制非常少见。西汉末年和王莽时期，汉代社会政治腐败、思想变革，原来束缚平民的一些政治制度名存实亡，出身和地位不再是衡量社会生活水平的唯一标准，新的地主豪强通过聚敛取得了大量田产和财富，通过买官鬻爵取得了一定的社会地位。在这样的情形下，僭越的现象屡屡出现，形制逼仄的石椁墓无法满足这些社会上新兴地主的要求，这种突破最早从石椁之门表现出来。出现了门户，木棺可以从门户中进入墓室，出现了“椁墓”到“室墓”的演变[17]，这种演变最早就是从石椁之门开始的。

石椁之门的出现还有思想上的背景。儒家思想在西汉中期以后成为社会的主流思想，儒家重视和强调现实社会，其忠孝狭义思想也逐渐深入人心；同时，黄老学说和西汉末年流行的谶纬阴阳同时作用；东汉时期传入的佛教元素也已经进入普通平民阶层。这些思想反映到墓葬习俗上，促进了墓葬在石椁之门出现以后加速向多室、大型化演进，使得东汉晚期的墓葬建筑形式与现实中的庭院样式相同，墓葬所在的世界成为人生命的另一种延续。作为这种延续的保障，随葬品中不仅有各种各样的生活用具，还有各种食物；同时，墓祭现象产生了。墓祭不仅是对逝去亲人的怀念，同时还具有实际的用途，继续为逝去的亲人提供酒食。那么，这些酒食如何传递到亲人的居所？汉代人继续沿用了燔祭的形式，墓前的祭祀需要场所，地面祠堂也在这一时期出现了。

石椁之门的开启，彻底改变了中国史前时期就流行的土坑竖穴的墓葬形制，在西汉中期家族墓地出现后，墓门无疑为墓室的重复开启提供了便利（在山东地区，这种重复开启的例子不多，但是在另外一个汉画像流行区重庆峡江地区的汉墓中，这种现象非常普遍）。在实际的丧葬习俗中，夫妻合葬墓的同时建造，相比西汉时期的异穴合葬，使用起来无疑更为便利。

石椁之门的存在时间虽然很短暂，东汉早期砖石室墓流行以后，墓门成为固定形制，石椁之门消失，但是石椁之门开启了新的墓葬形制，汉代的厚葬之风也由此奠基。墓门样式固定以后，影响十分深远。由此看来，石椁之门的开启具有划时代的意义。

注释：

[1]《汉书·张冯汲郑传》："（汉文帝）顾谓群臣曰：'嗟乎！以北山石为椁，用紵絮斮陈，蕠漆其间，岂可动哉！'左右皆曰：'善。'（张）释之前进曰：'使其中有可欲者，虽锢南山犹有隙；使其中无可欲者，虽无石椁，又何戚焉！'文帝称善。"此处的文献记载表明，在汉文帝时期，已经出现了石椁的概念，表明了人们对于石材坚固程度的向往。虽然张释之劝说文帝薄葬，但至少证明这样的思想在西汉早期开始流行，成为石椁墓其后普遍流传民间的思想基础。

[2] 梁山薛垓墓地发现汉墓126座，其中石椁墓51座，被盗者占90%以上，椁内随葬品被洗劫一空，仅剩余铁剑、钱币等零星随葬品，尸骨保存较差，只有放置陶器的器物箱未被扰乱。（山东省文物局、山东省南水北调工程建设管理局编：《梁山薛垓墓地》，文物出版社2013年版）

[3] 梁山薛垓M191为双石椁并列，但是长度略为不同，各有独立的隔板。（《梁山薛垓墓地》，文物出版社2013年版）滕州东郑庄M76为双石椁并列，共用中间隔板。（山东省文物考古研究所编著：《鲁中南汉墓》（上），文物出版社2009年版）

[4] 这种现象是否与西汉社会稳定、礼制约束有关联，西汉对平民的管理比较严格，即使在上层的诸侯王中，僭越事件也较少发生。在西汉社会发展到一定阶段后，这种简单的石椁形制仍然未有改变，甚至没有扩大的迹象，充分说明西汉社会的控制力和影响力较为强势，从而确定了这一平民墓葬形制延续时间长而稳定。

[5] 山东省文物考古研究所、东平县文物管理所编著：《东平后屯汉代壁画墓》，文物出版社2010年版，第19页。

[6] 薛垓墓地M97中，石椁板加厚，出现了抬梁结构，已经不再属于石椁墓的范畴了，应该属于石室墓。（《梁山薛垓墓地》，文物出版社2013年版）

[7] 刘敦桢主编：《中国古代建筑史》（第二版），中国建筑工业出版社1984年版，第50页。

[8] 刘敦桢主编：《中国古代建筑史》（第二版），中国建筑工业出版社1984年版，第50页。无论平面是一字形或曲尺形，平房或楼房，都以墙垣构成一个院落。也有三合式与日字形平面的住宅。石椁构建简单，与地面建筑关联不大。这说明在西汉时期，在地下构建房屋的思想尚未

普及，或者有财力不逮的情形，或者是严格的封建礼法受限所致。

［9］滕州官桥汉墓资料尚在整理中，原址计划修建遗址博物馆，可以供学者现场研究。

［10］河北满城汉墓、曲阜九龙山鲁王墓、徐州狮子山楚王墓等均为崖洞墓形制，工程建筑浩大，平民阶层根本无力承担高昂的费用，加之西汉等级制度严格，逾制的情形很少。

［11］梁山薛垓墓地发现的石椁墓中，存在石椁板上墨书编号的情况，可以看到是为了组合拼装的方便而做的记号，这种编号应该是在作坊中加工时已经书写完成。

［12］刘尊志：《徐州地区早期汉画像石的产生及相关问题》，《中原文物》2008 年第 4 期。

［13］赵殿增、袁曙光：《“天门”考——兼论四川汉画像砖（石）的组合与主题》，《四川文物》1990 年第 6 期。

［14］韦正等：《江苏省徐州市狮子山西汉墓的发掘与收获》，《考古》1998 年第 8 期。

［15］滕州一地据考古报告尚存东汉晚期的石椁墓，其具体情况依据笔者 2015 年春天在滕州官桥镇石椁墓群的观察看，石椁墓情形确实较为复杂，但是与梁山薛垓墓地中的石椁墓比较，其发展脉络还是清晰可辨的。石椁墓经历了异穴—并穴—同穴的发展过程，形制从独立—共用中椁板（中有相通的孔、石椁之门出现）—中椁板架高（形成联通的两室、斜坡墓道和石门出现）—前堂出现（石门正式形成），在一座墓地中均有发现（滕州官桥与梁山薛垓墓地一样均未发现东汉晚期的大型石室墓，这说明东汉中期以后，随着世家大族、豪强势力的不断增强，从西汉时期一直延续的平等的平民家族墓地趋向分化，墓地中出现了结构复杂的大型画像石墓）。石椁墓的年代下限究竟如何确定，还需要更多和更科学的考古发现来最终确定，从目前的发现看，暂时确定为东汉中期应该是比较合理的。

［16］邹城市文物管理局：《山东邹城市卧虎山汉画像石墓》，《考古》1999 年第 6 期。原报告绘图不清晰，看不出石椁之门的位置，蒙邹城文物局胡新立提供清晰照片和拓片，得以反映这一重要现象，谨此致谢。

［17］杨爱国：《从石椁到石室》，载《齐鲁文物》（第二辑），科学出版社 2013 年版，第 14—16 页。

从汉画的游艺图像看汉代人的精神面貌

黄　芬

内容摘要　汉画中包含大量角力竞技、乐舞百戏、博弈与赛巧等的游艺场景，其表现手法既有真实的刻画，又有大胆的艺术想象。两汉时期，随着经济的发展、商业的繁荣和国家的强盛，促进了汉代游艺的发展和繁荣，汉画中大量的游艺图像反映了汉代博大包容、刚健勇猛的时代特征，也印证了汉代人崇尚享乐、重礼守节的精神面貌，体现了汉代人追求长寿、永生的神仙信仰。

关 键 词　游艺；汉代；精神面貌；汉画像

作者简介　黄芬，女，浙江农林大学艺术设计学院教师。

游艺，即游戏的艺术，是各种游戏或娱乐活动的总称，是人们以娱怀取乐、消闲遣兴为主要目的而进行的一种精神文化活动。游艺源于一般的人类活动，包括劳作、社交、竞争等。两汉时期，政治统一，经济发展，人民生活安定，这些因素都促进了游艺活动的发展与盛行。《淮南子·原道》中说："游于江浔海裔，驰要褭，建翠盖，目观《掉羽》《武象》之乐，耳听滔朗奇丽激抮之音，扬郑卫之浩乐，结激楚之遗风，射沼滨之高鸟，逐苑囿之走兽，此齐民（凡民）之所以淫泆流湎。"[1] 由此可知，早在西汉时期民众即已热衷赏乐、射猎等游艺活动，汉画像中大量角戏、博戏、百戏场景充分反映了当时游艺活动的盛况。本文中汉画的游艺图像，源于画像砖、画像石，墓室壁画，帛画等，这些图像与墓葬相关，是特殊丧葬礼仪的产物。

游艺活动通常是人们精神风貌最直接的写照。近代学者林语堂曾说过："若不知道人民日常的娱乐方法，便不能认识一个民族，好像对于个人，我们若不知道他怎样消遣闲暇的方法，我们便不算熟悉了这个人。"汉画游艺形式丰富多样，既有对真实场景的刻画，也有大胆的艺术想象，汉画中的游艺图像反映了汉代博大包容、刚健勇猛的时代特征，也印证了汉代人崇尚享乐、重礼守节的精神面貌，体现了汉代人对"生"的无比热情，对仙境的无限向往。

一、刚健勇猛

汉代诞生于秦末战乱，汉代人自然延续了前代的尚武精神，视角力竞技为习武的重要形式。角力主要包括格斗、斗兽、驯兽等力量型的活动，源于先秦的角抵戏；竞技包括马戏、骑射、田猎、蹴鞠等力量与技巧混合型的角逐活动。不管是角力还是角逐，游戏者除了凭借力量外，还需以不同程度的技巧和战术来取胜。汉画通常还通过对角力双方大胆夸张的变形，表现其刚健的力量感和运动感，同时通过点线面快节奏的转换，表现竞技活动的娱乐性、戏剧性、技巧性。

汉王朝与罗马帝国几乎在同一时期，巧合的是两者都盛行角斗竞技。通过角斗竞技，可使帝国保持亢奋的备战状态，大规模竞技活动还有军事检阅和演习的意义。汉朝的角斗活动注重的是娱乐性和技巧性，强调的是自身体会，无论老少强弱，都可以身体力行。罗马更是以角斗闻名于世，在一堵古罗马残壁上，至今仍可以依稀见到"打猎、进浴场、看角斗，寻欢作乐，这就是人生"。但是古罗马角斗士一直由奴隶充任，人与人斗是主要题材。[2]

武士角抵见于临沂金雀山汉墓帛画。（图 1）图中间一人戴长冠，着宽大罩衫，腰系红带，两个角抵者怒目逼视，摩拳擦掌，正处于"引而未发"的紧张时刻。画面左侧旁观者，拱袖肃立，当为裁判，其神态与武士形成鲜明对比。角力比赛后来逐步演变为娱乐性的杂技艺术，这在南阳陇西寨格斗画像中可见一斑。（图 2）画面中二人击剑，其中一人展肢作水袖舞，另一人扬剑似在

图 1　临沂金雀山汉墓帛画角抵图

图 2　南阳陇西寨东汉格斗画像石

图 3　罗马角斗场面

图 4　方城出土东汉画像石虎口观牙

轻轻地点击；左侧二人在旁观战，右侧一人执剑，另一人执槌盾倒地。对比之下，古罗马角斗士刻意追求超乎常态的体格与体能，角斗规则更严，规模更大，需要专职裁判。[3]（图 3）

从西汉到东汉，斗兽的习俗逐步向驯兽演变，前者借力、恃勇，后者凭技、用智，反映了汉代社会风尚的演变。“虎口观牙”画像记录了原生态的角力游艺。（图 4）图中胡人腰佩长剑，只身斗双虎。他赤裸上身，跨步弓腰，一脚踹虎，双手前伸，掰开另一只猛虎之口，似乎在观察其牙口，显示出一种超凡的力量。在西汉后期的汉画游艺图中，斗兽场景中的猛兽或饰以缭绕的祥云，或饰以柔蔓的瑞草，或有羽人嬉戏其间，逐步扫去三代以来以饕餮为代表的狞厉面目，呈现祥瑞、温润的征兆，体现了人与兽、兽与兽之间共生依存、共同协作的关系。南阳麒麟岗汉画像石墓中的一幅斗兽图，将驯兽的场景刻画得栩栩如生。画中一男子袒胸露腹，下着短裤，赤足，徒手与一怪兽搏斗，怪兽头部及前肢被男子的左手及左腿按伏于地，瞪目露牙，作痛苦的挣扎状，而背景中饰以祥云图案，使整个残酷的争斗场面多了些戏剧化的效果。

马戏，大约起源于夏、商时代，汉代的马戏已发展得相当成熟，从汉代画像石及其他汉画资料中可以看出，汉代马戏技艺已具有很高的水准。马戏图见于已经残破的陕西咸阳出土的西汉漆奁上（图 5），在向右奔驰的马上，一人正单腿平衡立于疾驰的马背上，展示着精彩的技艺，动作从容而稳健，身躯前倾，长袖飘拂。山东临淄出土的“众伎戏马图”中（图 6），一人高举两手，骑在奔驰的马背上，一人执

图 5　西汉漆奁马戏图

图 6　众伎戏马图

马尾作滑翔状，一人于马尾上方飞翔；后面另有一马拖车紧随其后，一人平衡站立在马背上，一人执马鬃，似在飞行。

图 7　嵩山汉启母阙女子奏乐蹴鞠图

骑射在汉代民间也较为盛行，常常成为人们狩猎的重要手段和体育娱乐的主要形式。在这样的社会背景之下，汉画像石中以田猎为题材的图像极多。河南郑州出土的骑马射鹿图画像砖运用了写实的手法，图中鹿在前方飞速奔跑，四肢与身体几乎拉成了直线，而射手稳坐在急驰的马背上，上身前倾，左手握弓，右手已将弓拉满，显示了高超的骑技和射技。

蹴鞠是一种球类游戏，鞠系革制球体，内实以毛。该游戏可由单人或多人共同参与，可伴有音乐，可有杂技相随，展现高度的技巧与柔美，是舞乐百戏的组成部分，或为竞技比赛，接近现代足球。汉代的蹴鞠游戏无论南方北方，上自皇室贵族，下至平民百姓皆为喜好，正如桓宽《盐铁论》中所云："康庄驰逐，穷巷蹋鞠。"更有甚者，蹴鞠在军队和后备军的训练中广泛开展，是秋日军队大检阅的内容之一。典型的蹴鞠图见于河南嵩山启母庙的东阙南面（图 7），图中一个头挽高髻的女子，双足跳起，正在凌空跳起踢球，舞动的长袖轻盈飘扬，两旁各站立一人击鼓伴奏，造型栩栩如生，呼之欲出。

二、博大包容

汉代的文化有明显通俗化、平民化、娱乐化的倾向，开启了官民融合、雅俗杂糅的新局面。这是因为汉初的上层社会精英多平民出身，与底层有千丝万缕的联系。加之汉代开疆扩土，多民族文化纷至沓来。而且，汉代设立乐府机构，更使大量的民间乐舞有机会通往庙堂，正如《乐府诗集》卷五十三说："盖自周有缦乐散乐，秦汉因之增广，宴会所奏，率非雅舞。"这种情形下，汉代百戏在前代角抵戏的基础上加入娱乐内容，空前扩容发展，成为博大包容的游艺形式。汉代百戏包括角力较武、歌舞杂奏、杂技幻术、装扮人物、滑稽表演等。值得注意的是，汉代百戏内容纷杂、节目繁复、艺种多样，但都以乐舞表演贯穿始终。

鲁迅先生在《坟·看镜有感》中写道："汉唐……取用外来事物的时候，就如将彼俘来一样，自由驱使，决不介怀。"汉代实行开放政策，除继承发展本土传统游艺外，还兼收并蓄了安息（波斯）、大秦（罗马）、身毒（印度）、都卢（南洋诸国）等大量的外来杂技艺术，如都卢寻橦（爬竿）、陵高索履（近似现代的走钢丝），还有安息五案（重叠道具攀高而上）等。在沂南北寨村出土画像石中（图8），演出形式有拿大顶、柔术、飞丸、跳剑、耍坛、旋盘、绳技、扛鼎等杂技，还有寻橦、陵高索履外来杂技，同时还包括了戏马、戏龙、戏豹、戏鱼等项目。值得特别提出的是，此汉画中到处可见人兽共处同乐、人与动物竞技娱乐的图像，50余人与祥禽瑞兽同台演出，龙、凤、豹、鱼等动物多达10余种。其场面之热烈，规模之宏大，在现实生活中少见，是万物和谐相处的典型例证。

汉代乐舞以宽阔的胸怀，广泛吸收西域、西南和朝鲜等少数民族的艺术精华，将不同民族、不同区域的形式风格熔于一炉，构成了汉代庞杂的乐舞体系。胡旋舞就是吸收西域舞蹈艺术而产生的，少数民族传来的乐舞以《巴渝舞》最为著名，后来广为流传，发展为有名的宫廷节目。除了吸收外来舞蹈的种类，汉代还广泛引进外来的舞蹈技巧，汉代的舞蹈突出表现袖、腰，追求轻盈、飘逸，融合西域舞蹈衣裤紧束，讲究腿部动作，呈现激烈明快的特色。柔美轻盈、生动活泼的舞蹈洋溢着

图8　山东沂南北寨村乐舞百戏画像石

汉代积极向上的时代气息，也体现了观众的审美追求。

三、重礼守节

汉代是礼制与风俗统一的时代，这种礼制与风俗的融合是上层文化和下层文化交流发展的结果。汉代自元帝起就提倡恢复古礼，确立“三纲五常”为封建秩序和社会伦理的最高准则，明确尊卑有别、贵贱有分、长幼有序。为了适应新的封建统一王朝，汉代制定了一系列礼制，如朝仪、宗庙仪法、封禅、明堂、舆服等。上行下效，汉代民间风俗也受上层社会的影响，冠礼、婚礼、葬礼等都依循着“礼”的核心。

汉代游艺画像中体现了这种重礼守节的民间风尚。两汉时期寓教于乐的特点，也能看出儒家礼教文化的广泛影响。“行必正直，合道中也；趋隅方折，礼之容也；迭往迭来，刚柔通也”[4]，即强调在游艺活动中的各种礼节，体现出高深的道德修养。东汉时的棋艺包括弹棋、围棋、六博、塞棋等几种，在汉儒眼里他们与经文一样包含着儒家经义，棋艺中蕴含了儒家的礼教、修养及中庸之道。如班固《奕旨》中所言：“局必方正，象地则也。道必正直，神明德也。棋有白黑，阴阳分也。骈罗列布，效天文也。四象既陈，行之在人，盖王政也。成败臧否，为仁由己，危之正也。”围棋的出现与古代战争有关。围棋盘原本是用来扮演布阵、研究战略战术的器具，象征着天文地象。东汉桓谭最早将汉代流行的“性三品”说，即人性论和人才论学说中的三分法运用到了围棋领域，以区别棋艺的高下差别。曹魏时期，“性三品”说经曹氏父子的规范，逐渐形成为九品中正制的选举制度。九品中正制品第人物的方法又很快被弈坛人士移植过来，创立了棋品等级。[5]塞棋为一项先秦时期已有的游戏，边韶《塞赋》中介绍了塞棋的游戏规则，下棋之法行必正直，行棋之法与阴阳、乾坤、刚柔融通，契合于礼，并且盛赞“塞之为义，盛矣大矣，广矣博矣”。这种具有益智特点的盘上棋类游戏，讲究身心和谐、内外兼修。六博图见于陕

图9　陕西米脂出土六博图

西出土的东汉画像石，其中六幅画面将落座、投箸、对博、欢饮全过程刻画得活灵活现。（图9）

投壶源于射礼，郑注《礼记》云："投壶，射之细也。"作为礼仪的一种，投壶不仅继承了射礼的仪节，还继承了射礼正己修身的礼仪。秦汉以后废除了射礼，投壶便成为一种宴宾的娱乐。南阳汉画像石中有投壶图，图中间是主宾两人对坐投壶，旁有侍者三人。投壶虽然已不是正规的礼仪，但仍是一种高雅的活动。据《东观汉记》记载，东汉的大将祭遵，"取士皆用儒术，对酒娱乐，必雅歌投壶"。投壶和雅歌连在一起，成为儒士生活的特征。投壶，是汉代宴饮宾客时一种流行的表现技能。"投壶者，以其记主人与客燕饮，讲论才艺之礼。"[6]

中国传统的儒家思想也影响了汉代乐舞的审美趣味，《礼记·乐记》认为："礼者为同，乐者为异。同则相亲，异则相敬。"[7]《礼记·乐记》曰："丝声哀，哀以立廉，廉以立志。君子听琴瑟之声，则思志义之臣。"[8]在儒家经典中，音乐的根本作用是立志和移风易俗治理天下的。汉代人也认为乐舞有教化和内修的作用，认为礼和乐是天与地的精神的象征，如《史记·乐书》中说："乐者，天地之和也；礼者，天地之序也。"所以，用乐舞来表达德和爱，就可以移风易俗，整齐民心。[9]汉画中诸多舞乐百戏图，正是对乐舞这种教化功能的阐释，汉人借乐舞传达情感，也反映出人们对幸福生活的追求与积极乐观的精神面貌。

四、神仙信仰

汉初，由于连年战乱，社会经济凋敝，统治者推行黄老思想，采取"无为而治，予民休息"的政策，道家思想遂成为官方的统治思想。东汉末年，"黄老"一词开始与神仙崇拜观念结合起来，进而发展成了早期的道教。道教是老庄思想在民间流传、改造的宗教，它是以道家思想为理论基础，追求长生不老、修炼成仙。汉画中写实的游艺图不胜其数，也有一些因为艺术的处理，与现实若即若离，更有一大批因深受道家思想的影响，其题材上自神仙下至人间，以及各种鬼怪、神兽，其中的寓意与原初游艺本义渐行渐远，最后蜕变为构建融通天地、古今、人神、虚实的绚丽仙境。道家认为，人通过养生、修炼可以长生不老，在仙境中过仙人的生活。在道教影响下，汉代人曾狂热推崇升仙说，兴起轰轰烈烈的造仙运动。当士人与贵族今生升仙失败，便妄想死后升仙，因此不惜重金建造豪华墓室，在墓中逐一刻绘生前的显赫经历或臆想的图景，希望延续生前的荣华富贵，或是直接表达升仙的愿望。

图10　四川新津出土画像石仙人六博

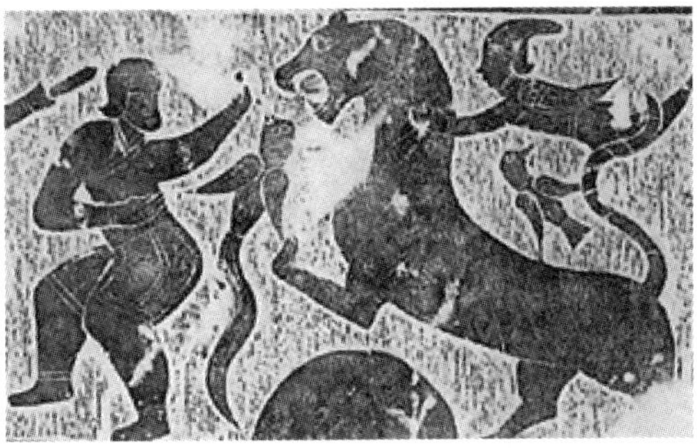

图11　勇士徒手搏虎画像石

羽人即汉代信仰的仙人，古谓仙人均有翼，故曰羽人。《论衡·无形篇》说："图仙人之形，体生毛，臂变为翼，行于云。则年增矣，千岁不死。"汉代羽人形象的流行与神仙思想中的羽化登仙观念密不可分。古人称"成仙"为"羽化"，也就是说人要成仙，就要经过身生羽翼的过程。整个汉代神仙思想甚嚣尘上，成为风靡于整个社会的一股神学思潮。各地汉画像石中都有身生羽毛或翅膀的羽人，他们或飞翔，或与神灵异兽嬉戏。羽人形象也一再出现于以竞技、百戏、赛巧游戏为主题的汉画中。如南阳出土的一方汉画像石，画面右刻翼虎，张口怒目，尾翘扬；后有羽人，双翼张开、臂前伸，正在追逐翼虎。四川新津画像石仙人六博画面中（图10），仙人跪坐于地，上身袒露，头生角状物，肩披纤羽。一位向上挥舞手臂，似在抱怨；另一位摊开双臂，似在辩解。画面中置大小盛具，都搁长勺，似在暗示仙人欢饮；上部有仙鸟飞过，右边是仙草灵芝。观看画面，仙气扑面而来，如遁入仙山。此外，羽人形象还体现了古人"死后升天"的丧葬观念。汉代墓葬中大量出现的羽人图像，其功能就是为了帮助和引导墓主游魂，使之顺利到达天界，汉代对羽人的描写大都表现了世俗化、人性化的特征。

武士搏虎画像表现的正是这种图景（图11），画面中羽人手挽虎颈，凌空于虎背上，之间有凤鸟展翅。该画像呈现在眼前的是人与兽亲密相伴，丝毫没有惊慌失措之态，反而有嬉戏的安闲，体现了道家"天人合一"思想。

正如日本学者塞德忠所言，神仙说这样特异思想的根基是对生命无限延长并永远享受快乐的想象。汉画图像中反映的神仙信仰具有道家思想浪漫主义的因素。画家借助神仙传说，将现实世界与虚幻的神仙世界结合，创造缥缈瑰奇的艺术世界。

图 12 陕西郝滩壁画墓船行天界图

希冀长生不老、永享荣华，大约是人类固有的普遍意愿，这种思想在汉代表现得尤为突出。然而人固有一死，羽化登仙之说实为虚妄，蓬莱、瀛洲终归渺茫，于是汉代人将浮世遨游嬉戏的想法刻在石头上，欲借此在冥界继续夙享富贵，游戏享乐。船行天界图中描绘了一幅生动的昆仑山西王母仙境，神船和鱼车乘着云气载人升仙，画面上布满奏乐和舞蹈的神灵异兽，营造了一个人与神和谐共处的极乐世界。（图 12）

五、崇尚享乐

两汉时期，随着经济的发展、社会的稳定和国家的强盛，加之两汉时期商业的发展与商人阶层的兴起，不但促进了城市的繁荣，也给人们带来了生活方式与观念的改变，对财富的追逐、崇尚奢侈逐渐成为汉代人的风尚，春秋战国以来就被新兴地主阶级强化了的享乐意识在汉代得到进一步的张扬，于是恣情享乐蔚然成风。王符的《潜夫论・浮侈篇》言：“今民奢衣服，侈饮食，事口舌，而习调欺，以相诈给，比肩是也。或以谋奸合任为业，或以游敖博弈为事，或丁夫世不传犁锄，怀丸挟弹，携手遨游。”[10]《史记・苏秦列传》载苏秦语：“临淄甚富而实，其民无不吹竽鼓瑟，弹琴击筑，斗鸡走狗，六博蹋鞠者。”这些记载无不说明了汉代民间游艺娱乐之风的盛行。在汉画游艺图像中，场面规模巨大的乐舞娱乐表演种类的丰富与多样都说明娱乐歌舞的蓬勃发展，也刺激着汉人的娱乐消费欲望。汉代社会的娱乐性取决于统治者的需要，反映在社会各个阶层游艺风俗的盛行，追求感官的刺激，促进了汉代娱乐的发达。统治者直接或间接地参与娱乐活动催生了大规模的娱乐性艺术创作。同时，官吏富豪也是推动娱乐发展的重要力量，这一阶层的形成源于商业的发展及土地的兼并。除此之外，以娱乐谋生的下层倡优也是推动汉代娱乐繁荣的重要阶层。

汉代画像中众多的奏乐、杂技、狩猎、歌舞、博戏、扛鼎、击剑等场景的画面，充分反映了汉代社会尚奢的风俗。一方面是土豪劣绅、贵族官吏穷奢极欲、淫乐恣肆的享乐生活，鲜衣丽饰、淫声艳色、走马驰逐、田猎游遨等；另一方面是百姓民众知足享乐的观念，丰衣足食、家室平安、休闲娱乐等。这种从上至下蔓延的享乐之风，张扬着汉代人极富生活气息的现实理想，也表明汉代人对全面的感官享受的审美追求。内蒙古和林格尔汉墓百戏壁画描绘了墓主人从举孝廉到仕途巅峰任校尉的仕宦经历。其中的宴乐百戏图（图 13）描绘主人在庄园中宴饮宾客，席前有各种表演，舞蹈、飞剑、吹角、耍棍、跳丸、舞轮等，不一而足。河南南阳市郊出土的一块鼓舞宴飨画像石，下部为一方案，案上放置烹调好的鱼、鸭、肉串等美味佳肴，还有两只饮酒用的耳杯；上端为建鼓舞，宾主一边饮酒，一边观赏舞蹈，反映了贵族阶层“钟鸣鼎食”“酒池肉林”的生活。[11]

图 13　内蒙古和林格尔汉墓宴乐百戏壁画

汉画像中诸多表现了人们对长生的渴望和对神仙世界向往的意愿，从某种意义上来说，不过是他们世俗享乐观念的延伸。《抱朴子・对俗》云：“笃而论之，求长生者，正惜今日之所欲耳。”[12] 汉画中的仙境生活实则是墓主生前享乐生活的延续和扩大。如山东沂南出土的一块汉画像石上有一幅乐舞宴饮图，宴会于楼阁中举行，楼顶有凤鸟、神兽和神树，暗示墓主人已经升仙。[13] 四川长宁七个洞墓群崖棺上画着一人骑马，在“戴胜”凤鸟导引下向左边楼阙（天门）方向行进，门楼内有二人表演百戏，其中一人舞三短剑，一人跳三丸；又有男女二人相偎立于天门旁。[14] 表面上看，这些画面的场景描绘的是天上宴乐，但实际是人间盛宴的反映，体现了那些要到天界享受的奢欲及对长生的渴求。

崔寔《政论》云：“夫人之情，莫不乐富贵荣华，美服丽饰，铿锵眩燿，芬芳嘉味者也。昼则思之，夜则梦焉。”[15] 在衣、食、住、行、游艺等生活领域，我们都不难发现汉人追欢逐乐的影子。追求享乐的时代风气和扩散性极强的享乐观念不可避免地要影响到汉画的艺术创作。 汉画中诸多游艺图像与其说是汉代人对世俗生活的享乐，不如说是汉代人在人生短暂的压力下对生命的焦灼。汉乐府《西门行》

所言的“今日不作乐，当待何时”，在洒脱的态度间实际上流露出内心无法消解的苦闷，难以把握生命的忧虑。看似言其乐，实则表达了他们对现实人生的执着。卡西尔认为，艺术“不是对实在的模仿，而是对现实的发现”，汉画像塑造了汉代人的“理想世界”，寄予了人们对生活和生命的美好愿景。这种及时享乐的思想是当时普遍的社会心理，汉代人对人生的思考重在现实享受而不重精神意义，体现了对现世人生的尊重及对个体生命的及时把握。

注释：

[1] 何宁：《淮南子集释》，中华书局 1998 年版，第 74—75 页。

[2] 程瑶：《古罗马角斗士》，《科学大观园》2009 年第 10 期。

[3] 韩志芳：《角斗士古：罗马体育的异化》，《体育文化导刊》2004 年第 2 期。

[4]（清）严可均辑：《全后汉文》，商务印书馆 1999 年版，第 892 页。

[5] 崔乐泉：《纹枰上的战争——围棋》，《光明日报》2012 年 3 月 7 日。

[6][8]（清）阮元校刻：《十三经注疏》（上册），中华书局 1980 年版，第 1665、1541 页。

[7] 杨伯峻等校注：《礼记·乐记》，载《四书五经》，天津古籍出版社 1998 年版，第 208 页。

[9] 顾森：《秦汉绘画史》，人民美术出版社 2000 年版，第 216 页。

[10]（汉）王符撰，（清）汪继培笺：《潜夫论笺校正》，中华书局 1985 年版，第 123 页。

[11] 韩玉祥、李成广主编：《南阳汉代画像石墓》，河南美术出版社 1998 年版，第 25 页。

[12] 王明：《抱朴子内篇校释》，中华书局 1985 年版，第 53 页。

[13] 赵文俊、于秋伟：《山东沂南县近年来发现的汉画像石》，《考古》1998 年第 4 期，第 54 页。

[14] 罗二虎：《长宁七个洞崖墓群汉画像研究》，《考古学报》2005 年第 3 期，第 306 页。

[15]（汉）崔寔：《政论》，载《全上古三代秦汉三国六朝文》，中华书局 1958 年版，第 728 页。

东汉《王孝渊碑》的形制与画像探析

赵宠亮

内容摘要 《王孝渊碑》是目前发现的极为重要的汉代画像石碑，其形制和画像在汉碑发展史中占有重要的地位。我们推测它原有类似《蜀郡太守李君碑》《蜀郡太守裴君碑》的屋顶式碑首，碑座亦应为方形碑座。《王孝渊碑》是目前唯一发现的将四神刻于一身的汉碑实物，也是唯一存世的刻有六玉的汉碑。该碑对于汉碑的发展演变史、蜀地思想文化史、蜀地葬俗等研究具有极高的价值。

关 键 词 王孝渊碑；墓碑形制；汉画像；六玉

作者简介 赵宠亮，男，1982 年生，《四川文物》编辑部副研究馆员，研究方向为秦汉史、秦汉考古。

一、绪论

1966 年 4 月，四川郫县犀浦公社（今犀浦镇）二门桥发现 5 座残墓，其中一座残砖券墓出土的石碑及左扇墓门上刻有文字和图像。石碑被用作护壁石，横立置于墓室后墙外，碑阳向着墓室。该碑高 255 厘米，上宽 91 厘米，下宽 96 厘米，厚 23 厘米。碑阳上部浮雕朱雀、男女、跪女，下部刻隶书碑文。碑阴上部浮雕伏羲、女娲、蟾蜍，下部浮雕朱雀、玄武、牛首、鹿、圭、璧、璜。碑两侧分别浮雕龙、虎各一。碑文 13 行，剥蚀严重。据碑文，可知该碑为东汉永建三年（128）所立的县功曹、郡掾王孝渊的墓碑。（图 1）该墓的左墓门利用旧碑改作，碑文内容为田舍、

图 1 《王孝渊碑》(采自《汉魏晋南北朝石碑形制研究》，略有调整)
1. 碑右侧 2. 碑阳 3. 碑左侧 4. 碑阴

土地、奴婢、牲畜等的价值。种种迹象表明，该墓的年代应为蜀汉或稍后时期。[1] 两碑今均藏于四川博物院。

两碑公布后，学界对于改作墓门的残碑多有关注。关于该残碑的性质有不同的认识，有"簿书""资簿"及分家析产的"分书""财产簿"等观点；[2] 另有学者就该碑的记载探讨了汉代蜀地农村的社会状况；[3] 也有学者对《王孝渊碑》碑文所反映的"汉徙豪杰"政策进行了探讨。[4]《王孝渊碑》形制较为特别，碑身四面均浮雕有图像，这些都很值得深入研究。袁曙光曾讨论了该碑在汉碑和汉画像石发展中的地位及其相关问题，很有启发意义。[5]

我们拟在袁曙光研究的基础上，亦从墓碑形制、碑身图像两方面着手，联系金石学论著及新发现的相关汉碑资料，再对《王孝渊碑》进行较为深入的探索。希望通过这样的工作，我们对《王孝渊碑》在汉碑和汉画像石发展史中的地位的认识得以加深，相关研究也可以得到一定程度的推进。

二、《王孝渊碑》的形制

碑一般可分为碑首、碑身、碑趺（碑座）三部分，其中碑首有圆首、圭首、方首等形制。通常汉碑的碑首与碑身相连为一整体，碑身大多等宽，呈长方形。从图1可以很明显地看出，《王孝渊碑》形制较为特殊：碑身为梯形，碑身上端有一方形榫头，虽然谢雁翔《四川郫县犀浦出土的东汉残碑》一文未提及《王孝渊碑》碑身上端有榫口，但据藏于四川博物院的实物来看，碑身上端有榫口确凿无疑。袁曙光介绍说："上端正中有一长17、宽12、高9厘米的榫头。下端有一长26、宽16厘米凹进的浅窝，显然是榫头被破损后留下的痕迹。"因此，她认为："此碑上端应有碑额（或称碑首），下端有基座。"2010年11月，成都市天府广场东御街出土的《蜀郡太守李君碑》[简称《李君碑》，阳嘉二年（133）立，本初元年（146）重立]、《蜀郡太守裴君碑》[简称《裴君碑》，汉安三年（144）立，元嘉二年（152）重立]为此提供了绝佳的例证，证明袁曙光的推测是正确的。

《李君碑》《裴君碑》两碑形制基本相同，均由碑首、碑身、碑座三部分组成；碑首均为“迭落式四阿顶”，内有方形卯口。《李君碑》碑首面阔154厘米、进深97厘米、高60厘米。《裴君碑》碑首面阔242厘米、进深135厘米、高58厘米。碑身均呈上小下大、上薄下厚的梯形，碑身上下两端各有一方形榫口。《李君碑》碑身上宽84厘米、下宽97厘米、上厚27厘米、下厚33厘米。《裴君碑》碑身上宽98厘米、下宽128厘米、上厚33厘米、下厚46厘米。《李君碑》碑座佚失。《裴君碑》碑座呈方形，内有方形卯口，碑座边长101厘米、厚28厘米。[6]（图2、图3）

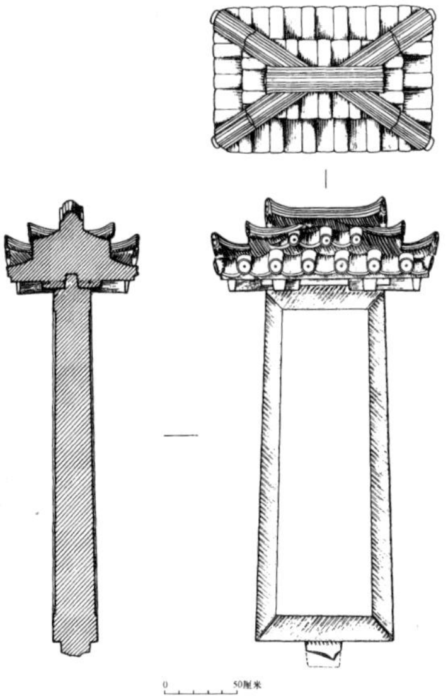

图2 《蜀郡太守李君碑》
（采自《南方民族考古》第8辑）

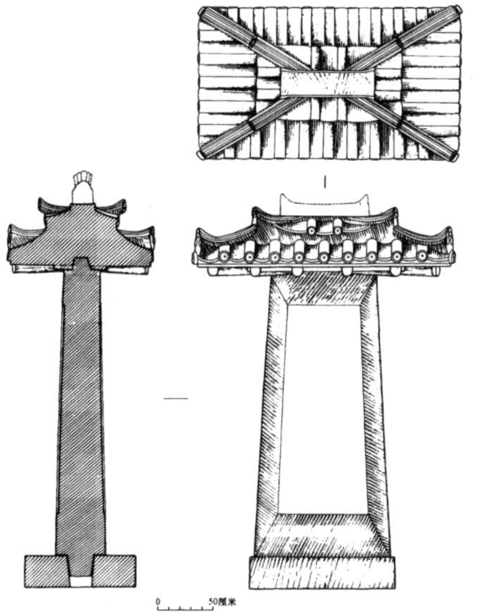

图3 《蜀郡太守裴君碑》
（采自《南方民族考古》第8辑）

《李君碑》《裴君碑》两碑的碑首为“迭落式四阿顶”形制，这种碑首与汉阙的阙顶极为相似，应当是模仿了当时建筑的屋顶形式。《王孝渊碑》（永建三年，128年）与《李君碑》《裴君碑》所立时间较为接近，较《李君碑》的初立时间（133年）仅早了5年。三者的碑身上端均有方形榫口。因此，我们推测《王孝渊碑》已散佚的碑首很有可能也是类似的特殊碑首。若此说成立，则《王孝渊碑》是目前已知最早的屋顶式碑首的汉碑。而这种屋顶式碑首对于石碑的保护作用是不言而喻的，可惜除这三碑和汉阙外，以后很少见到类似的碑首。

关于《王孝渊碑》碑身的尺寸，谢雁翔、袁曙光的介绍并不一致，我们以袁曙光的文章所记为准，即高 255 厘米、上宽 91 厘米、下宽 96 厘米、上厚 24.5 厘米、下厚 27.5 厘米。这与《李君碑》《裴君碑》的碑身一样，均为上宽下窄、上薄下厚的梯形。这和汉阙阙身的设计有异曲同工之妙。有学者指出："此类石碑上窄下宽，这种'收分'的建筑处理，既增加了石碑的稳定性，又增添了'崇高'的视觉美感。"[7] 这种设计在增加稳定性的同时，又提升了视觉美感。这种设计远较同时代及以后时代等宽的石碑要好很多。

《王孝渊碑》的碑座，联系《裴君碑》，似也应为方形或长方形。

三、《王孝渊碑》的画像

《王孝渊碑》四面浮雕了大量画像，袁曙光认为该碑为"一通画像碑"。这些画像有朱雀、墓主夫妇、侍女、伏羲、女娲、蟾蜍、玄武、牛首、鹿、圭、璧、璜、青龙、白虎。按内容可将其分为"墓主燕居图"、四神、伏羲女娲、六玉等祥瑞四类。

（一）"墓主燕居图"

《王孝渊碑》碑阳以一带分割为上下两部分，上部为朱雀、墓主燕居，下部为碑文。朱雀下浮雕一男二女，袁曙光描述道："男者戴冠着长服，可能是墓主王孝渊的形象；女者梳髻长裙拖地，应是王的家室。二人相对而立，正在交谈，很有生活气息。女者身后跪一侍者，双手捧物敬奉。此图描绘的是墓主生前内室生活的情景，位于墓碑主图位置，表现了该墓碑纪念墓主、保佑墓主平安升仙的主题。……该图有内室生活的气息，所以我们将它定名为'墓主燕居图'。"

我们同意"墓主燕居图"的命名。将墓主形象刻绘在墓室壁画、画像石中并不鲜见，但在石碑上确实不多。《蜀郡属国辛通达、李仲曾造桥碑》（延熹七年，164 年）为一德政碑，释文见于《隶释》卷一五[8]，碑样式见于《隶续》卷五。（图 4）对于该碑，洪适跋曰：

> 右《蜀郡属国辛、李二君造桥碑》，今在雅州。碑首刻二人冠带相向而坐，一器居中，如豆登之状。后有二人，折腰低首，双垂其袖，若胡舞者，其上横行有数字，惟

"府卿明府"四字不毁。二人之下，又横刻二十有六字。

在《隶续》卷五中，洪适曰：

> 右《广汉属国造桥碑》，有二人坐于上，若宾主之容，盖辛、李二君也。中有一器，其后各有使令者一人，上有题字已磨灭，所余"府卿明府"四字。画像之下横刻二君官氏，凡二十六字。[9]

洪适指出了碑首居中两位即该碑歌颂的辛通达、李仲曾，画面反映的应为这两位官员相聚的场景。

此外，《金恭阙》的资料也可资参看。《金恭阙》样式见于《隶续》卷五。（图5）[10] 洪适曰：

图4 《蜀郡属国辛通达、李仲曾造桥碑》碑阳（采自《隶续》卷五）

> 右《金恭阙》，上刻一禽，三足。次刻金君姓名，次刻一人执扇乘马，似是金君也。旁有龙虎衔环，其下断裂。[11]

三足之禽即三足乌，执扇乘马的人应为处士金恭，阙上描绘的当是金恭生前的情形。《金恭阙》的年代不明，联系其母的《纪产碑》的时代（光和元年，178年）[12]，《金恭阙》的年代当与此相隔不远。

图5 《金恭阙》（采自《隶续》卷五）

（二）四神

四神，又称"四灵"，即朱雀、玄武、青龙、白虎，表方位。《王孝渊碑》一碑

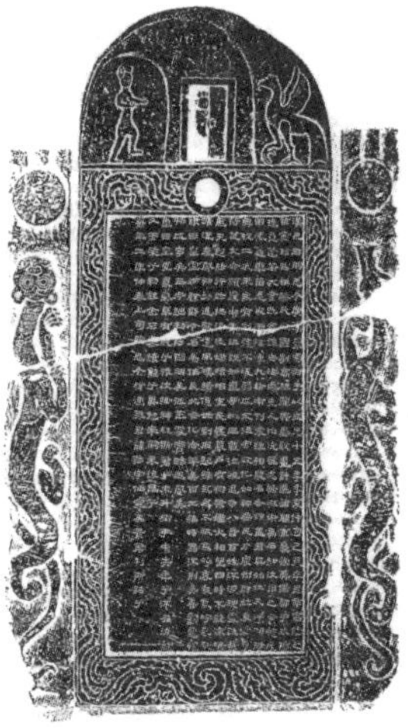

图 6 《巴郡朐忍令景云碑》（采自《文物》2008 年第 1 期）

图 7 《金广延母徐氏纪产碑》（采自《隶续》卷五）

集合了朱雀、玄武、青龙、白虎四神，这在汉碑中是较为罕见的。刻有四灵的汉碑，大致可分为六种。

1. 碑两侧刻有青龙、白虎。如《巴郡朐忍令景云碑》（熹平二年，173 年）[13]、《金广延母徐氏纪产碑》（光和元年，178 年）[14] 等，均为以碑阳为准，左侧刻青龙，右侧刻白虎。（图 6、图 7）

1　　2

图 8 《是邦雄桀碑》（采自《隶续》卷五）
1. 碑阳　2. 碑阴

2. 在碑阳或碑阴上部刻朱雀，下部刻玄武。如《是邦雄桀碑》（缺年月）在碑阴上下分刻朱雀、玄武。（图 8）[15]

3. 碑额左右刻青龙、白虎各一，碑阴额刻朱雀一。如《鲜于璜碑》。[16] 这种碑额两侧刻龙虎的做法当为碑两侧刻龙虎的变体。

4. 碑两侧刻龙，碑趺刻玄武。如《孟孝琚碑》（永寿二年、三年，156、157 年）[17] 等。

5. 碑阳上部刻朱雀，在碑趺上刻玄武。如《孝廉柳敏碑》（建宁二年，169 年）（图 9）等。[18]

在碑趺刻玄武的做法，应为在碑阴、碑阳下部刻玄武的变通方式。

6. 碑上集刻了全部四神。类似《王孝渊碑》这样将四神集于一身的汉碑，还有《益州太守无名碑》（永寿元年，155 年）。该碑碑阳上部刻朱雀，下部刻玄武，左右两侧分刻青龙、白虎。（图 10）[19]《王孝渊碑》的玄武原应刻于碑阳下部，因需要刻写碑文，则移至碑阴的下部。这说明，汉碑上四神的位置大致固定，但特殊情况下亦可有所变通。

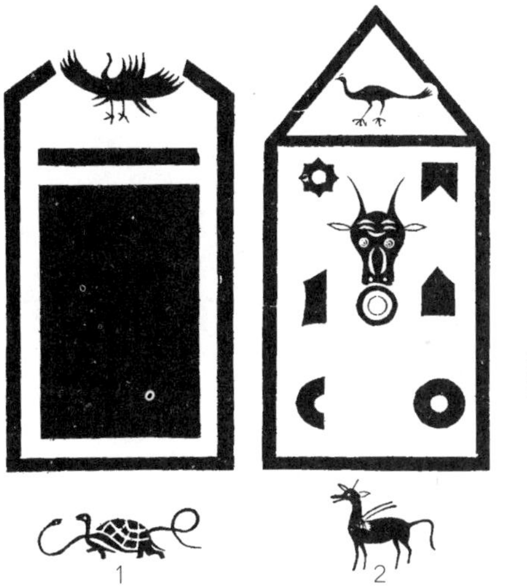

图 9 《孝廉柳敏碑》（采自《隶续》卷五）
1. 碑阳　2. 碑阴

图 10 《益州太守无名碑》（采自《隶续》卷五）
1. 碑阳　2. 碑阴

（三）伏羲女娲

在碑阴上部刻有伏羲女娲、蟾蜍。（图 11）对于伏羲女娲，袁曙光描述说："所刻伏羲、女娲均为人首人身蛇尾。两尾缠绕相交。伏羲冠山形冠，左手持规，右手举日轮；女娲头梳双髻，右手持矩，左手举月轮。两人长袖飒纚，状似舞者，形象生动优美。"

需要更正的是，所谓"伏羲冠山形冠，左手持规，右手举日轮；女娲头梳双髻，右手持矩，左手举月轮"，不确。伏羲、女娲均呈双手托举日、月轮状。"冠山形冠""头梳双髻"也有待再认真观察。碑阴右部日轮中有一只三足乌，碑阴左部月轮中有一只蟾蜍，标明日月。袁曙光指出："伏羲

图 11 《王孝渊碑》碑阴上部伏羲女娲、蟾蜍浮雕

女娲画像在四川汉画像中比较多，并占有重要位置。表明汉代人不仅把伏羲女娲作为人类的始祖，同时也认为它们是人们死后的保护神。”此说可从。

在伏羲、女娲之间靠近女娲处有一只面向女娲呈站立行走状的蟾蜍。我们知道，在汉画像中，蟾蜍常与玉兔、九尾狐等作为侍从出现于西王母的场景里。“在汉代画像石的西王母仙境中，蟾蜍成了一个重要的升仙物象，成了汉代人企盼进入仙境、不老长生的重要印证。”[20] 大概出于这样的考虑，蟾蜍被安排在了作为“死后的保护神”的伏羲女娲的画面里。

（四）六玉等祥瑞

在《王孝渊碑》众多浮雕中，需特别注意的是碑阴下部的图像。除玄武外，尚有仙鹿、凤凰浮雕（图 12）及牛首、圭、璧、璜等。

与蟾蜍一样，鹿因常与升仙有关，在汉代人心目中有较高的地位。汉画像中常见仙鹿、仙人骑鹿，汉乐府《长歌行》也有“仙人骑白鹿”的文字，而“‘骑鹿’被后人看作前往神仙世界的交通方式”[21]。

与仙鹿相向而立的是一只振翅的凤凰。谢雁翔、袁曙光等认为是朱雀，我们认为它应为凤凰。一、因为碑阳上部重要位置已雕刻有作为四神之一的朱雀，这里不应再出现；二、《孝廉柳敏碑》碑阳的朱雀可以断定，其形象与碑阴的凤凰明显不同，说明凤凰与朱雀在汉代是不同的；三、蜀地汉碑常将一些祥禽瑞兽置于同一碑面。既然与仙鹿相对，那自然也属于瑞禽，不应再是四神。而凤凰为百鸟之首，为象征幸福吉祥的灵物，与仙鹿等均为汉代人心目中的瑞兽。

仙鹿、凤凰浮雕下刻有六玉及牛首。（图 13）六玉，又称“六器”，即祭天地四方神所用的六种玉器。六玉具体所指，文献记载不一。《周礼·春官·大宗伯》载：“以玉作六器，以礼天地四方：以苍璧礼天，以黄琮礼地，以青圭礼东方，以赤璋礼南方，以白琥礼西方，以玄璜礼北方。”即璧、琮、圭、璋、琥、璜六种玉器。而《仪礼·觐礼》则这样写道：“方明者，木也，方四尺设六玉：上圭，下璧，南方璋，西方琥，北

图 12 《王孝渊碑》碑阴下部仙鹿、凤凰浮雕

方璜，东方圭。”认为六玉为圭、璧、璋、琥、璜、圭。

六玉的形象也见于蜀地的其他汉碑，如《孝廉柳敏碑》《益州太守无名碑》《单排六玉碑》（图 14）[22]、冯绲墓道《双排六玉碑》（图 15）[23]，说明这种图像设计应为蜀地人的特色。洪适对《孝廉柳敏碑》碑阴的图像有所说明：

图 13 《王孝渊碑》碑阴下部六玉、牛首浮雕

> 右《柳敏碑阴》。其上刻一禽若凤，其下则麟也。中有牛首衔环，两旁凡六玉：其右则瑁、圭、璧，其左则琮、璋、璜。[24]

他认为《孝廉柳敏碑》碑阴刻有瑁、圭、璧、琮、璋、璜这六种玉器。这与文献所载不同。

谢雁翔、袁曙光均认为《王孝渊碑》碑阴均只刻有圭、璧、璜。但当我们仔细观察《王孝渊碑》碑阴下部时，就会得出不一样的结论来。经细致观察，除牛首外，确实只有璧、璜保存完好，而圭浮雕的中下部已脱落，但基本轮廓仍可看出。然而，还有三处浮雕的残留或痕迹不能忽视：（1）位于牛首之上、圭首左侧有个不规则的圆形浮雕轮廓，其下部还残留有一处浮雕，我们推测应为琮；（2）璜之上有一处长方形浮雕痕迹，底部约与圭底部等高，在底部左下角尚残留一小处浮雕，推测应为璋；（3）在牛首之上，琮之下有块低凹的脱落痕迹，我们猜测其原为瑁。这样，《王孝渊碑》碑阴也是刻有瑁、圭、璧、琮、璋、璜等六玉的。

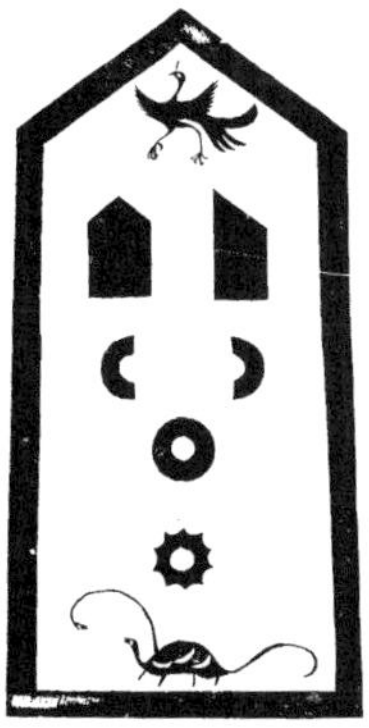

图 14 《单排六玉碑》（采自《隶续》）

图 15 《双排六玉碑》（采自《隶续》卷五） 1. 碑阳 2. 碑阴

除《单排六玉碑》之外，《王孝渊碑》碑阴的牛首元素也见于刻有六玉的《孝廉柳敏碑》《益州太守无名碑》及《双排六玉碑》，而《是邦雄桀碑》的碑阳上刻麒麟，下刻牛首，未见六玉（图 8）。

将六玉刻于碑上，袁曙光认为是“表示祥瑞”，可从。另外，联系碑上出现的凤凰、仙鹿、九尾狐、蟾蜍等，特别是牛首，包括六玉这些图像似乎也有祭祀神仙、希冀墓主人升天的功用。

六玉、牛首等图案的位置并不固定，组合也较为随意，一般只置于同一画面即可；“祥瑞”的数量也不一致，这些均说明对于六玉、牛首等“祥瑞”图案并无特别的要求。具体碑上“祥瑞”图案的数量、组合、位置等，应与建造的工匠、出资丧家的喜好有关。

四、结语

由“工人张伯严”主持建造的《王孝渊碑》是目前发现的重要的汉代画像石碑，是少数几种知晓制造者或书丹者的汉碑，其形制和画像在汉碑发展史中占有重要的地位。我们推测它原有类似《李君碑》《裴君碑》的屋顶式碑首，碑座亦应为方形碑座。《王孝渊碑》也是目前唯一发现的将四神刻于一身的汉碑实物。其碑阴所刻六玉、牛首等，可与实物久已不存的、形制仅见于金石学论著的蜀地汉碑相互印证，代表了汉碑图像的一种地方特色。《王孝渊碑》对于研究汉碑的发展演变、蜀地的思想文化、蜀地葬俗等都有不可替代的价值，值得相关研究者予以充分的关注。

注释：

[1] 谢雁翔：《四川郫县犀浦出土的东汉残碑》，《文物》1974 年第 4 期，第 67—71 页。以下引用此文观点，不再一一注出。作者推测该墓或为东汉王孝渊墓，或为蜀汉或稍后时期的墓。虽然该墓的发掘简报未公布，但从《王孝渊碑》出土状况、墓中出土的直百五铢等，可以肯定的是，该墓不是王孝渊墓，而应为蜀汉或稍后时期的墓。

[2] 张勋燎、刘磐石：《四川郫县东汉残碑的性质和年代》，《文物》1980 年第 4 期，第 72—73、22 页；蒙默：《犀浦出土东汉残碑是泐石“资簿”说》，《文物》1980 年第 4 期，第 68—71 页；

[日] 好并隆司：《关于四川郫县犀浦出土的东汉残碑》，《四川文物》1984 年第 2 期，第 60—64 页。

[3] 秦晖：《郫县汉代残碑与汉代蜀地农村社会》，《陕西师范大学学报（哲学社会科学版）》1987 年第 2 期，第 90—96 页。

[4] 张勋燎、刘磐石：《〈王孝渊碑〉中的“汉徙豪杰”和汉初的法家路线》，《四川大学学报（哲学社会科学版）》1975 年第 1 期，第 63—65 页。

[5] 袁曙光：《王孝渊墓碑画像石历史地位》，载《汉代画像石研究》，文物出版社 1987 年版，第 266—269 页。以下引用此文观点，不再一一注出。

[6] 成都文物考古研究所：《成都天府广场东御街汉代石碑发掘简报》，载《南方民族考古》（第 8 辑），科学出版社 2012 年版，第 1—8 页。

[7] 杨子墨：《两汉西南地区石碑形制及其特点》，《大众文艺》2011 年第 9 期，第 274 页。

[8]（宋）洪适：《隶释　隶续》卷一五，中华书局 1986 年版，第 159—160 页。

[9]（宋）洪适：《隶释　隶续》卷五，中华书局 1986 年版，第 328 页。

[10]（宋）洪适：《隶释　隶续》卷五，中华书局 1986 年版，第 364 页。

[11]（宋）洪适：《隶释　隶续》卷五，中华书局 1986 年版，第 328 页。

[12]（宋）洪适：《隶释　隶续》卷一五，中华书局 1986 年版，第 162 页。

[13] 王洪峰：《重庆云阳旧县坪遗址发掘获新突破》，《中国文物报》2004 年 12 月 15 日第 1 版；重庆市文物局、吉林省文物考古研究所：《汉晋朐忍县城多年发掘屡结硕果——专家谈重庆市云阳县旧县坪遗址发掘的意义》，《中国文物报》2005 年 3 月 23 日第 4 版；吉林省文物考古研究所、云阳县文物管理所：《重庆云阳旧县坪台基建筑发掘简报》，《文物》2008 年第 1 期，第 22—31 页。

[14]（宋）洪适：《隶释　隶续》卷一五，中华书局 1986 年版，第 162、326 页。

[15]（宋）洪适：《隶释　隶续》卷五，中华书局 1986 年版，第 329—330 页。

[16] 天津市文物管理处、武清县文化馆：《武清县发现东汉鲜于璜墓碑》，《文物》1974 年第 8 期，第 68—72 页；天津市文物管理处考古队：《武清东汉鲜于璜墓》，《考古学报》1982 年第 3 期，第 351—366 页。

[17] 高文：《汉碑集释》，河南大学出版社 1997 年版，第 15 页；徐玉立主编：《汉碑全集》（三），河南美术出版社 2006 年版，第 833 页。

[18]（宋）洪适：《隶释　隶续》卷五，中华书局 1986 年版，第 319—320 页。

[19]（宋）洪适：《隶释　隶续》卷五，中华书局 1986 年版，第 321 页。

[20] 孙昕姣：《汉画像石西王母仙境图中的蟾蜍图像探析》，《淮海工学院学报（人文社会科学版）》2013 年第 17 期，第 85 页。

[21] 王子今：《论渠县汉阙骑乘画面》，载《汉阙与秦汉文明学术研讨会论文集》，中国文史出版社 2014 年版，第 131 页。

[22]（宋）洪适：《隶释　隶续》卷五，中华书局 1986 年版，第 325 页。

[23]（宋）洪适：《隶释　隶续》卷五，中华书局 1986 年版，第 323—324 页。

[24]（宋）洪适：《隶释　隶续》卷五，中华书局 1986 年版，第 320 页。

从"伍子胥铜镜"看汉代画像镜的叙事性

武　耕

内容摘要　汉代铜镜是中国铜镜发展史上的一个高峰，汉镜制作精良、镜背纹饰丰富，反映出图像在日常用品领域中的应用情况。汉代画像镜题材丰富、图像精致，是汉画大家庭的主要成员之一。伍子胥画像镜是汉代画像镜中的杰出代表，图像构成如连环画一样，以文本故事为依托，表现出图像叙事的基本特征。

关 键 词　汉画；画像镜；图像叙事

作者简介　武耕，徐州博物馆助理馆员。

铜镜收藏与研究在我国由来已久，在考古学引入中国前，人们把它归入金石学，人们较多关注铜镜中的铭文。在考古学引入中国以后，铜镜多作为考古类型学的断代标尺进行研究。在以往的美术史或艺术史领域，铜镜中的图像更多的作为图案的构成部分，较少关注汉代画像镜中的叙事内容。在汉画研究领域，铜镜是汉画中的主要门类之一，特别是东汉时期，画像镜受时代潮流的影响，出现了许多与画像石相同的题材内容，如西王母镜、伏羲女娲镜、胡汉战争镜、历史人物镜、五帝天皇镜等，这些铜镜的内容与表现形式，对汉代画像的研究都是重要的补充。

一、画像镜的发展脉络

中国古代铜镜起源甚早，新石器时代的齐家文化中就发现两面铜镜，其中一面为七角星纹镜。商代铜镜目前共发现5面，主要纹饰为叶脉纹镜、多圈凸弦纹镜和平行线纹镜。西周晚期，镜背的纹饰发生了变化，新出现了动物纹饰，河南三门峡虢国墓出土的“虎鹿鸟纹镜”代表了这一时期的风格。战国时期，铜镜进入一个全面发展的时期，种类繁多，有花叶镜、山字镜、菱纹镜、禽兽纹镜、蟠螭纹镜、连弧纹镜、金银错纹镜、彩绘镜等。先秦时期铜镜图案的构成体现了由几何纹向动物鸟兽纹的方向发展。

西汉铜镜以图案型画像为主，包括几何纹和动物鸟兽纹，同时开始出现了人物画像镜。1963年9月陕西西安红庙坡村西汉墓出土的彩绘人物车马镜，1983年广州西汉南越王墓出土的三面彩绘人物画像镜，1994年徐州市北郊西汉宛朐侯刘埶墓人物画像镜，这几面人物画像镜时代都是西汉早期，打破了铜镜图案化对称式构图的传统，开创了人物故事叙事的先河。

“画像镜”有广义和狭义两种不同的概念，广义的画像镜是相对于几何装饰纹饰的铜镜而言，狭义的画像镜是铜镜研究中的专有名词。“画像镜”是东汉时期新出现的镜种。画像镜是以平面浮雕式手法表现神像、历史人物、车马、乐舞、龙虎、瑞兽等纹饰题材的铜镜，可以组成完整的画面，有图像叙事的特点，蕴含的文化信息丰富。孔祥星、刘一曼在《中国古代铜镜》一书中将汉代铜镜单独划分出“画像镜”一类：“画像镜的纹饰布局多以四乳分成四区环绕式排列，钮座外有联珠纹圈或围以方格者，边缘饰以三角锯齿纹、流云纹、禽兽纹等。”[1]孔祥星根据画像镜的内容及纹饰分为历史人物画像镜，神人车马画像镜，神人禽兽画像镜，四神、禽兽画像镜四类。[2]管维良将画像镜分为三类：神人画像镜、神禽瑞兽画像镜、人物画像镜。[3]日本学者时雨彰根据画像镜有无神仙像分为两类九式，第一类无二神仙像者：Ⅰ式：表现历史故事者；Ⅱ式：表现四神、禽兽图像者；Ⅲ式：表现特殊图像者。第二类有二神像者：Ⅳ式：神人龙虎图；Ⅴ式：神人禽兽图；Ⅵ式：神人骑马图；Ⅶ式：神人车马图；Ⅷ式：神人歌舞杂技图；Ⅸ式：神人楼阁图。[4]时氏的分类法大体上包含了画像镜中的所有内容。

画像镜是东汉时期最常见的镜种，它的延续时间很长，从东汉中期以后开始，一直延续到东汉晚期。画像镜上面有周圈铭文和人物榜题铭文，但很少有纪年铭文。因此有许多学者认为：出土发掘品和传世品不见有绝对纪年的画像镜，因而画像镜产生的年代及延续的准确时间不甚明朗，但根据出土画像镜墓葬的年代可知其一般流行于东汉中期，流行的年代较规矩镜为晚。杨玉彬在《汉神兽画像镜中的西王母演变：兼论神兽画像镜流行的年代关系》一文中说，由于画像镜缺少具体的纪年铭文，它的兴衰时代很难推断。[5]

西汉早期虽然已经出现了人物画像镜，但它的叙事情节并不清楚，很难发现它的叙事主题。目前发现最早的有叙事情节的画像镜为故宫博物院藏的“博局人物升仙画像镜”，最早对此镜的图像志描述是梁上椿，他称此镜为“渔畋文规矩镜”，“此镜宽边，边缘平滑没有花纹，整面镜子铸造鲜明而完整，图案花样与汉代狩猎花样的图案石类似。虽有玄武和白虎，其排列却完全超出普通规矩式镜样，特别是三鱼并排在规矩镜中极为少见”。[6]《故宫藏镜》沿用这一观点，将此镜的画面看作弯弓射虎、张网捕鱼，主题理解为描绘了古人田园诗般的渔猎生活。[7] 如果将这四组图案联系在一起，结合画像石有关的题材分析，就会发现这是一组围绕着进入月宫仙界、祈求得到西王母庇护有步骤的升仙祥瑞图。（图 1）与普通的博局镜不同的是，“博局人物升仙画像镜”在构图上打破了汉代铜镜追求对称式的构图；在题材内容上突破了传统的图案题材，选择了有叙事故事内容的画面。这面铜镜的时代应为东汉早期，图像内容反映出汉代铜镜由图案构成向叙事故事方向发展的趋势。

东汉中期以后，画像镜成为专门的铜镜类型，画面题材明显受到了画像石的影响，以西王母画像镜出现最多，在历史故事的题材中，有胡汉战争画像、周公辅成王画像、“贞夫”画像、“宋王”画像、伍子胥画像等内容。画像镜题材新颖，构图多变，深受人们的喜爱。

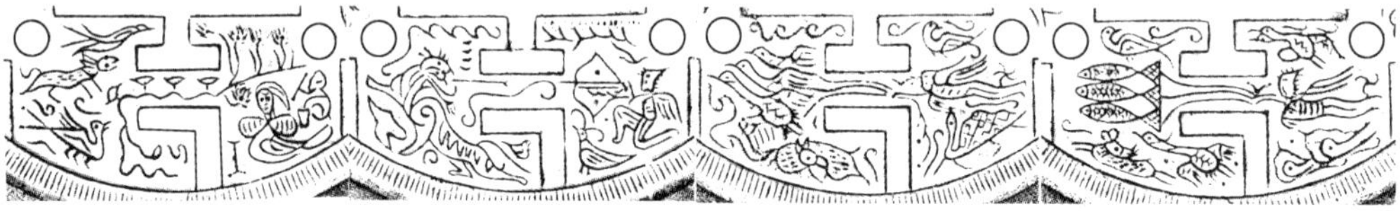

图 1 “博局人物升仙画像镜”展开图（拓片摹本）

二、伍子胥画像镜

伍子胥画像镜是汉代画像镜中叙述忠臣故事的铜镜。关于伍子胥画像镜，在两宋之际即有文献记载。姚宽《西溪丛语》卷上载：“近得一夹镜，大鼻，叩之中虚。有冠剑四人，一题忠臣伍子胥，一吴王，一越王，一范蠡；又二妇人，云越王二女。皆小隶字，制作奇古。沈存中云：‘夹镜最难得。’”[8]

伍子胥画像镜发现多面，20 世纪 50 年代在江苏省扬州地区邗江凤凰河出土一面[9]，此外在浙江绍兴出土多面[10]，上海博物馆藏有两面[11]。可见的伍子胥画像镜实物共计 5 面以上。

扬州邗江湾头区凤凰河工地出土的“伍子胥画像镜”（图 2），直径 21 厘米，圆钮座。该镜主要纹饰以四乳分成四区：一区为两人对坐，铭文“越王、范蠡”；一区为二女着曳地长裙对立，铭文“越王二女”；一区为一人坐在帐幔中，铭文“吴王”；一区为一人坐在席上，双手上举，左上侧有一长剑，铭文“忠臣伍子胥”。外圈铭文为：“驺氏作镜四夷服，多贺国家人民息，胡虏殄灭天下复，风雨时节五谷熟，长保二亲得天力，传告后世乐无极。”

上海博物馆收藏的一面伍子胥铜镜（图 3），直径 19.6 厘米，圆钮座，以四乳间隔四区，外圈没有铭文，除玉女二人外，其他人物都有榜题，与扬州出土伍子胥的铭文相同，只是“范蠡”写作“范池”。

绍兴出土伍子胥画像镜两面。一面传为绍兴出土（图 4），直径 20 厘米，以四乳间隔四区，内容为吴王、伍子胥、越王、范蠡、玉女二人，榜题为“吴王”“忠臣伍子胥”“范蠡、越王”“玉女二人”。外圈铭文为：“吴向里柏氏作镜四夷服，多贺国家人民，胡虏殄灭天下复，风雨时节五谷熟，长保二亲得天力，传告后世乐无极兮。”外圈铭文与扬州出土伍子胥铜镜基本相同，只是作镜者名字不同。

绍兴出土的另一面伍子胥画像镜为绍兴漓渚出土（图 5），直径 20.5 厘米，莲峰式钮座。该镜主要纹饰以四乳分成四区：一区为两人对坐，铭文“越王、范蠡”；一区为二女着曳地长裙对立，铭文“越王二女”；一区为一人坐在帐幔中，铭文“吴王”；一区为一人坐在席上，双手上举，左上侧有一长剑，铭文“忠臣伍子胥”。

图 2　扬州邗江出土伍子胥铜镜

图 3　上海博物馆藏伍子胥铜镜

图 4　浙江绍兴出土伍子胥画像镜

图 5　浙江绍兴漓渚出土伍子胥画像镜

外圈铭文为："邹氏作镜四夷服……"

以上伍子胥画像镜的构图大体相同。镜面构图方法为典型的四分布置法，每个区间隔一枚乳钮。第一组为越王和范蠡，越王为站立状，手持两层麾重置在一起的幢节，范蠡为跪拜陈谏状。其旁皆有铭文"越王、范蠡"；第二组为"越王二女"，也有写作"玉女二人"，一女子身边有提梁卣，为盛放酒食等日常用品；第三组为吴王阖闾，高冠博带，居于床榻中，面部向右，左手举起，床榻上角铭文为"吴王"；第四组画面是主人公伍子胥，怒目切齿，须发舞动，衣袖飘飞，作拔剑自刎状，其旁铭文为"忠臣伍子胥"。

伍子胥画像镜是一组有文本依据的内容相连的历史故事，故事叙事的顺序是：

大臣范蠡向越王勾践进言，如何能够灭掉吴国，文本故事是："夫差遂不诛越王，令驾车养马，秘于宫室之中"[12]，"（勾践）卑事夫差，宦士三百人于吴，其身亲为夫差前马"[13]。这是越王勾践被俘吴国时的情景，范蠡向越王进言，作复仇长远之计。画面表现越王手持幢节，以侍从的身份侍候吴王。（图 6：1）

勾践听从范蠡之计向吴国进献两位美女——西施和郑旦，文本故事是："乃使相者国中，得苎萝山鬻薪之女，曰西施、郑旦。饰以罗縠，教以容步，习于土城，临于都巷。三年学服，而献于吴。乃使相国范蠡进曰：'越王勾践窃有二遗女，越国洿下困迫，不敢稽留。谨使臣蠡献之大王，不以鄙陋寝容，愿纳以供箕帚之用。'吴王大悦，曰：'越贡二女，乃勾践之尽忠于吴之证也！'"[14] 这时越王勾践已经被特赦回国，以美人贿赂吴王。画面表现是"越王二女"亭亭玉立，上身着交颈宽袖上衣，下穿曳地长裙。美女身旁的酒器提梁卣是"美女宝器"的象征符号。（图 6：2）

吴王夫差拒不听从伍子胥的纳言，执意接受越国的性贿赂。文本故事是："子胥谏曰：'不可，王勿受也！臣闻五色令人目盲，五音令人耳聋……'吴王不听，遂受其女。"[15] 画面表现的是吴王居于床榻中，面部向右，左手举起，似在接纳美女，表现出吴王贪恋女色与专横刚愎的神态。（图 6：3）

吴王听信谗言，赐死伍子胥。伍子胥被赐死有两种文本，一是《越绝书》的记载，伍子胥劝吴王不要接受越国美女："美女邦之咎也，夏亡于末喜，殷亡于妲己，周亡于褒姒。吴王不听，遂受其女；以申胥为不忠而杀之。"[16] 二是《史记·伍子胥列传》："吴太宰嚭既与子胥有隙，因谗曰：'子胥为人刚暴，少恩，猜贼，其怨望恐为深祸也。……夫为人臣，内不得意，外倚诸侯，自以为先王之谋臣，今不见用，常鞅鞅怨望。愿王早图之。'吴王曰：'微子之言，吾亦疑之。'乃使使赐伍子胥属镂之剑，曰：‘子以此死。’”[17]画面表现伍子胥免冠着袍，怒发冲天，须髯飘举，头颈斜侧，右手仗剑，置于颈间，右边榜题“忠臣伍子胥”，再现了伍子胥以身殉国的悲壮情景。（图6：4）

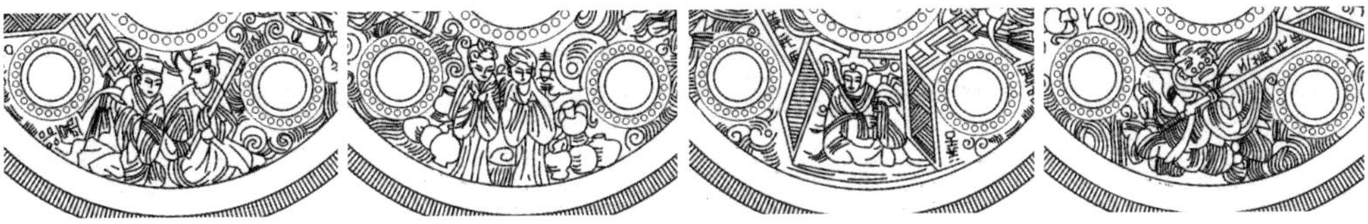

1　　2　　3　　4

图6　伍子胥画像镜叙事结构图

1. 范蠡向越王纳言；2. 进献的越国女子；3. 吴王坐在帐中；4. 伍子胥拔剑自刎

伍子胥画像镜描述了吴越两国的恩怨情仇、兴衰存亡的故事，伍子胥是这段历史故事的主角。画像镜榜题中的“忠臣”已经明确地告诉人们，该镜突出赞颂的就是伍子胥。为了表现伍子胥忠君爱国的情节，画像镜采用的是连环画式的叙事表现方式，作者巧妙地运用了铜镜的四分式，按照故事时间发展顺序，层层递进地将伍子胥拔剑自刎、以身殉国的壮举表现出来。为了将故事的人物与文本故事相结合，画像镜采用了“榜题”的形式，将画面中的人物做了提示。榜题是古人为了图像的读者准确地理解图像内容及其象征意义的助读方法。图像学家陈怀恩在《图像学——视觉艺术的意义与解释》中说：“图像象征有时候是根据确切的图像志传统可以被认识到的，但是有些时候却必须依据画面或画框上的文字说明，才能够知道它们也具有象征意义。”[18]榜题是图像的说明文字，也是图像的自我解释。汉画像石中常见以榜题参与叙事的例子。青岛崇汉轩汉画像砖博物馆收藏的画像砖上有伍子胥的形象，但缺少连贯的故事叙事情节，表现为单一的伍子胥像。为了准确识别伍子胥的身份，伍子胥的左上方有“伍子胥”三字的榜题。（图7）

图7　青岛崇汉轩汉画像砖博物馆藏伍子胥画像砖

三、伍子胥画像镜的艺术性

伍子胥画像镜属于浮雕画像镜，这与西汉时期的铜镜有很大的区别。西汉铜镜的纹饰是以“线”造型，东汉时期画像镜的浮雕已经出现了等比例压缩的立体造型。虽然铜镜的面积不大，但是画像中的人物形象刻画得栩栩如生，表现出当时画师的高超水平。伍子胥画像镜中的伍子胥刻画得最为生动，浅浮雕的轮廓准确地表达出伍子胥威武的身躯，有很强的立体感；面部五官以线勾勒，夸张的眉目表现出伍子胥威武不屈的形象。（图 8）

汉代画像镜已经出现了专门塑型的艺术家，与铸镜师有了明确的分工。鄂州曾发现一面三国时代对置式神兽镜，铭文中记载了塑型和铸造分工的情况：“太平三年，造作明镜，服者万年，师大朱仁李氏□□□□王孙朔（塑），十三日□者师朱武世造三湅明镜，吴有服者用兮。”[19] 太平三年为公元 258 年，铭文中记述了塑型师的姓氏，说明造型艺术在铜镜制造中的重要性。

汉代画像镜的阳模制作分为小模具粘贴和整体雕塑两种方法。伍子胥画像镜是先用泥料雕塑好单独的人物形象，再将这些单独的模具形象粘贴到潮湿的泥镜坯上去。画像中的吴王、越王、范蠡、玉女、伍子胥都是单独的形象，然后可以自由组合，形成一种整体统一、局部变化，变化中求整体、平中求奇的艺术风格。由于是模具化的生产，所发现的 5 面伍子胥画像镜的人物造型基本一致，而外圈的铭文则不同。外圈铭文基本上采用东汉时期比较流行的“胡虏殄灭天下复，风雨时节五谷熟”的句式，上海博物馆藏的“伍子胥画像镜”上省略了外圈铭文。

汉代画像镜是一种模件化的生产，每个图像单元都有一个模板，这些图像单元模板组成了装饰母题库，其中的动物图案、人物图案、花纹图案独立存在，称为

图 8　伍子胥画像镜（局部）

"图形元素"，这些图形元素又可以组合在特定的区域内，成为变化无穷的复杂图案，形成一种装饰体系。"模件化"带来的是艺术创作的"程式化"，一般来说，程式是和创作相对的概念。程式对于艺术创作是十分必要的，是艺术创作的基础和艺术成熟到某一阶段的标志。

伍子胥画像镜出土于南方地区，铜镜中有"吴向里柏氏作镜"的铭文，应是吴地生产的铜镜。伍子胥画像镜直径均在20厘米左右，显然属于大镜，半圆钮较大、镜背无厚缘或三角形凸棱、纹饰浅浮雕、镜面凸起，均是当时铜镜铸造工艺的特征。伍子胥画像镜的铸造工艺更为精湛，属于内部空虚的双层"夹镜"。姚宽《西溪丛语》记载的伍子胥画像镜为夹镜："近得一夹镜，大鼻，叩之中虚。"汉代确有"夹镜"铸造工艺，沈括《梦溪笔谈·异事》载："予于谯亳得一古镜，以手循之，当其中心，则摘然如灼龟之声。人或曰，此夹镜也。"蒋缵初先生介绍上海博物馆藏伍子胥铜镜说："上海文管会所藏伍子胥画像镜，叩之声甚响，中空，确系夹镜。"[20]"夹镜"的铸造方法非常复杂，需要分别铸成"镜面部分"和"镜背部分"；再将铸好的"镜背""镜面"两部分金属分别进行一次淬火、回火处理，趁热以强力使镜背与镜面紧密黏合在一起；最后把接合部位磨平。[21]伍子胥画像镜尺寸较大，又采用浮雕的方法铸造，"夹镜"可以减轻铜镜本身的重量，方便持镜者的使用和欣赏画像内容。

四、结论

铜镜是日常生活用品，也是传播图像的最佳途径。铜镜除了"察容貌、正衣冠"的实用功能之外，背面的图像也具有深刻的意义。画像镜的题材受观念文化的影响，东汉时期的画像镜有许多历史故事的内容，伍子胥画像镜是其中的一例。

铜镜画像中的历史故事起到"成人伦，助教化，穷神变，测幽微"的记史和德化教育作用，内容取材于民间广泛流传的历史故事，画像的叙事方法以文本为依据，主要人物采用了"榜题"的形式，故事中的人物与文本故事有紧密的贴合。伍子胥画像镜采用的正是这种叙事方法。

伍子胥汉代画像镜有鲜明的地方特色。伍子胥的故事发生在吴国，《史记·伍子胥列传》载：伍子胥被害以后，"吴人怜之，为立祠于江上，因命曰胥山"。伍子胥画像镜主要流行于我国南方吴地，以浙江绍兴出土最多。伍子胥画像镜反映出汉代吴地高超的铸镜水平。

注释：

[1][2]孔祥星、刘一曼：《中国古代铜镜》，文物出版社1984年版，第68、52页。

[3]管维良：《中国铜镜史》，重庆出版社2006年版，第122页。

[4][日]时雨彰：《画文带神兽镜的系谱》，雄山阁出版1991年版。

[5]杨玉彬：《汉神兽画像镜中的西王母演变：兼论神兽画像镜流行的年代关系》，《收藏家》2006年第9期。

[6]梁上椿编：《岩窟藏镜》，育华印刷所、蕴华印刷所、大业印刷局1941年版。

[7]郭玉海：《故宫藏镜》，紫禁城出版社1996年版。

[8]（宋）姚宽：《西溪丛语》，载《全宋笔记·第四编》（3），大象出版社2008年版，第17页。

[9][20]蒋缵初：《扬州地区出土的铜镜》，《文物参考资料》1957年第8期。

[10]王士伦编：《浙江出土铜镜选集》，文物出版社1958年版，第10页。

[11]陈佩芬编：《上海博物馆藏青铜镜》，上海书画出版社1987年版，第50、52页。

[12]（东汉）赵晔：《吴越春秋》卷四，中华书局1985年版，第149页。

[13]（春秋）左丘明：《国语》卷二十，上海古籍出版社1978年版，第634页。

[14][15]（东汉）赵晔：《吴越春秋》卷五，中华书局1985年版，第187、188页。

[16]（东汉）袁康、吴平辑录：《越绝书·越绝内经九术第十四》，上海古籍出版社1985年版，第84页。

[17]（汉）司马迁：《史记·伍子胥列传》，中华书局1959年版，第2179—2180页。

[18]陈怀恩：《图像学——视觉艺术的意义与解释》，河北美术出版社2011年版，第100页。

[19]丁堂华主编：《鄂州铜镜》，中国文学出版社2002年版，第137页。

[21]何堂坤编著：《中国古代铜镜的技术研究》，中国科学技术出版社1992年版，第118页。

朱鲔石室特征考察

王海玉

内容摘要　在目前已发现的汉代墓地石祠堂中，朱鲔石室无论从建筑形制、画像题材内容、画像艺术特征还是建筑体量等方面来看都是特征鲜明、独树一帜的。这里可能有时代的原因，也可能与工匠团队的技术风格、墓主身份地位等因素有关。但结合东、西山墙上刻画的东王公、西王母画像，以及与同时期其他画像石中相似的女性人物形象等，我们认为朱鲔石室的画像风格仍是对典型汉代社会风俗的继承，个性中蕴含着时代的共性观念。朱鲔石室的画像艺术对当时其他地区的画像石制作产生了一定影响，在后世墓葬画像艺术及绘画风格中也能看到其影响，具有重要的历史和艺术价值，值得我们进一步深入展开相关研究。

关 键 词　朱鲔石室；建筑形制；画像内容及艺术特征；年代；祠主

作者简介　王海玉，女，1986 年生，山东省石刻艺术博物馆助理馆员，主要研究方向为山东汉画像石、两汉历史考古等。

金乡朱鲔石室出自今山东省济宁市金乡县城西 3 里的李庄村东，因这一祠堂古迹的存在，当地紧邻的两个村庄一直俗称“石屋李庄”“石屋李楼”（图 1）。大概在未被拆解之前，该石室曾长期以一座“石屋子”的样子屹立在当地。

朱鲔石室画像是我国保存下来的著名汉代石祠画像石，早在北魏郦道元的《水经注》中就记录了石室的位置；北宋沈括在其《梦溪笔谈》中首次提及了该石室的画像内容；至清代，以黄易为代表的金石学家又对石祠的形制、画像内容和画像题刻等有初步著录阐释；近代也有傅惜华、沙畹、费慰梅等中外学者对其进行过考

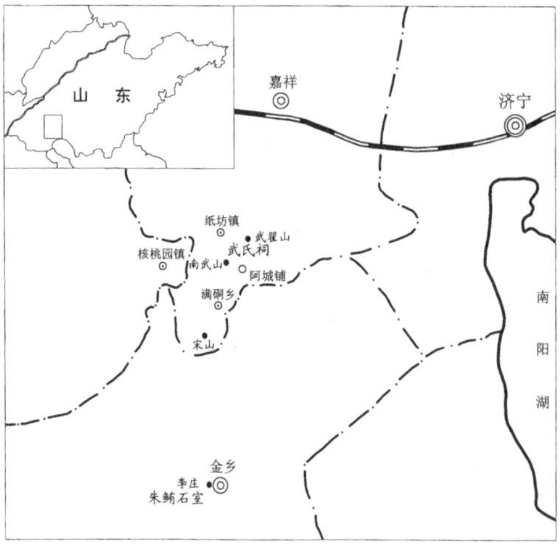

图 1　朱鲔石室位置示意图
（采自蒋英炬、杨爱国、蒋群《朱鲔石室》）

察、研究。[1] 但对朱鲔石室一直缺乏较为全面完整的梳理著录，也缺乏较为明确系统的认识。直到朱鲔石室的现存画像石被运到山东省石刻艺术博物馆，经由馆内专家蒋英炬、杨爱国、蒋群测量、记录、复原及系统整理以往的研究著录，整理出版了《朱鲔石室》一书。

本文试图通过在认真研读此书的基础上，结合其他学者的相关研究成果，并对比孝堂山石祠、武氏祠等经典汉代石祠堂的资料，从建筑形制、画像布局与题材内容、画像艺术特征、石室年代及石室主人等方面对朱鲔石室进行考察、梳理。

一、建筑结构与形制

图 2　沙畹 1907 年拍摄的朱鲔石室
（采自 Wilma Fairbank, A Structural Key to Han Mural Art, fig. 5a）

朱鲔石室画像石现存大小共计 17 块，经辨认和拼对，确认实际属于 11 块画像石，其中个别石块有残损，分别属于石室的东壁、西壁各 3 块，北壁 5 块，缺少东山墙的南二石和西山墙的北三石，与 1934 年美国学者费慰梅实地考察复原的石室三壁基本对应 [2]，但缺少屋顶石和地基石等。

东、西壁 6 块画像石的上顶边（面）呈斜坡状，可以判断为悬山顶的石室山墙。现存的每个石块的一个侧面或两个侧面都有刻成凹凸各半的平槽，以此牢固衔接各面墙壁上的各个石块，而且可以根据凹凸平槽的情况判断每个石块的排列位置。左右山墙最前面的石块上部各有一直角形的槽口，说明存在承托室顶前檐下的承檐枋石。左右山墙最中间的石块中间分别有一个曲尺形的凹槽，应该是为承托屋顶檩石的。后壁5块石刻中最中间的一石顶部有下凹的槽口，应该是承托建筑的三角隔梁石，有隔梁石说明石室前面必有立柱，由此可知石室是双开间的建筑。而根据沙畹等拍摄的石室照片来看（图2），石室的屋顶是由呈长条状的石板并列覆盖其上，后壁各石的顶部都有两个半圆形凹槽，推测这些石板内侧可能存在半圆的椽形棱，以便扣合在凹槽内，以牢固屋顶石。[3]

如此可知，朱鲔石室是一座双开间单檐悬山顶式建筑，室内面阔3.96米，进深约3.3米，高3米，室外面阔4.36米，高约3.4米（含屋顶石和脊石的厚度）。形制与孝堂山石祠[4]、江苏铜山洪楼祠堂[5]相同，与武氏祠的前石室和左石室基本相同[6]。

孝堂山石祠作为我国现存最早的地面房屋式建筑，其室内面阔3.805米，进深2.08米，高1.4米，算上三角隔梁石的高度是2.18米[7]，体量明显小于朱鲔石室。洪楼祠堂面阔5.74米，进深2.24米，高约2.67米，面积体量略小于朱鲔石室。由此可知，朱鲔石室是目前已发现并保存下来的最高大的东汉石祠堂。[8]

与形制相同、保存较完好的孝堂山石祠相比，朱鲔石室雕刻出平面凸起的仿木结构的斗拱、立柱和横枋，石块之间有凹凸各半的凹槽精密衔接。孝堂山石祠的三壁面石块要么整石为一个壁面，要么整石堆砌成一个壁面，武氏三祠大致也如孝堂山石祠一般的石材结构，皆没有朱鲔石室的石材结构严谨。

郑岩把祠堂与墓葬的位置关系大致分为两种：第一种是祠堂作为单体建筑独立于墓葬之外，与墓室、封土有一定距离，石祠建筑可以绕行观瞻。第二种是祠堂后半部被掩埋在墓葬封土中，祠堂建筑没有完整呈现，而为了节省工时和财力，被掩埋部分的外壁一般不做精细打磨。[9]山东地区已

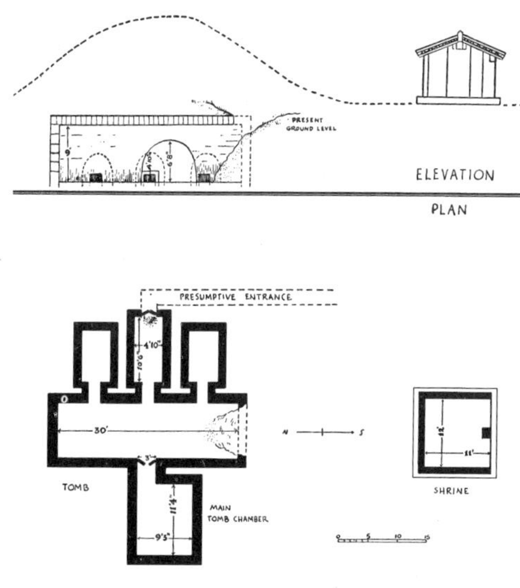

图3　费慰梅绘石室与墓室关系图（采自蒋英炬、杨爱国、蒋群《朱鲔石室》）

图 4　嘉祥武氏祠左石室与封土组合示意图（采自郑岩《山东临淄东汉王阿命刻石的形制及其他》）

知的孝堂山石祠、武梁祠、朱鲔石室都是独立于墓葬之外的单体建筑。根据费慰梅的调查，当时朱鲔石室在墓葬南面，前后相距约 8.2 米（图 3）。而嘉祥宋山小祠堂、武氏祠前石室、左石室（图 4）等属于后者。

前者为了迎合观者的视线，祠堂三壁外壁往往有不同程度的打磨，并刻有简单的花纹。朱鲔石室所有墙壁内外皆磨光，内壁还刻出平面凸起的仿木结构的斗拱、立柱和横枋；外壁不仅精细磨光，还刻有通贯、精美的花纹装饰带。这在目前发现的画像石祠堂中独树一帜，足见祠主或其家人对该石室建筑的重视，也足以体面地向后世观瞻者展示祠主及其后人的用心和孝心。

二、画像布局与画像题材内容

朱鲔石室的墙壁由几个石板左右拼接而成，画像石的画面构图也是以整面墙壁为背景而跨石面构图雕刻的。每面墙壁的画像巧妙地利用了墙壁中央雕刻的斗拱、横枋、立柱而分为上、下、左、右四区，以此显示出楼上、楼下及室内不同部位的空间意义，左右两侧的画像对称，共刻画了 14 幅画像。这明显不同于山东地区东汉时期孝堂山石祠、武氏三祠及经复原配置的嘉祥宋山小祠堂[10]等上下分层、分格的画像布局。

除 14 幅画像之外，石室的横枋上下两侧、立柱和斗拱拱眼内都刻有图像和花纹，如东壁、西壁斗拱中间的东王公、西王母形象，后壁中间立柱上的羽人形象，以及刻在立柱和横枋上的卷云纹、瑞草状花纹等。在石室外壁同样经磨光并加工平整，刻有立柱、横枋，三壁中、下部刻两道花纹带，在立柱和花纹带上雕刻有花纹，花纹带上、下雕刻有已漫漶不清的图像。[11]

朱鲔石室画像题材内容相对较为单一，以屏风、帷幔下人物宴饮场面为主题。题材内容明显不同于以孝堂山石祠、嘉祥武氏祠和宋山小祠堂等为代表的墓地祠堂或其他一些零散石祠画像石，这些石祠画像内容一般是天上与人间“人神杂糅”的故事，天界、仙界、楼阁拜谒图[12]、历史故事、车马出行图等，这些基本不见于朱鲔石室画像内容中。朱鲔石室利用仿木构建筑的横枋将画像分为上下两层，形成了楼上、楼下的视觉空间，上层（楼上）是头饰精美的女主、宾客及侍女敬奉食物的场面，下层（楼下）则主要是姿态各异的男侍及宾客。蒋英炬等认为朱鲔石室刻画的楼阁上下男女的奉食、宴饮场面和人物排列方式等，是对类似武氏祠后壁“楼阁拜谒图”的放大特写，都展现了祠主生前的生活场景。[13]

图5 沂南北寨村汉墓中室擎天柱东面上部东王公画像（采自蒋英炬、杨爱国、蒋群《朱鲔石室》）

图6 沂南北寨村汉墓后室南侧隔墙东面画像拓本

图7 密县打虎亭1号墓北耳室东壁画像摹本（采自河南省文物研究所《密县打虎亭汉墓》）

从具体画像内容来看，朱鲔石室画像与已发现的沂南北寨汉墓[14]、密县打虎亭1号墓[15]、诸城前凉台画像石墓[16]的画像都存在相似之处，尤其是与密县打虎亭1号墓极为相似。首先，朱鲔石室东、西山墙上的东王公、西王母与沂南北寨汉墓一样，皆肩生双翼，还有倒飞的羽人，立柱和横枋上的“S”形卷云纹，侍女的多笄头饰形象和几的形象都与北寨汉墓画像十分相似。（图5、图6）其次，朱鲔石室与密县打虎亭1号墓在雕刻技法和画像布局等方面有许多相似之处。特别是在画像人物服饰方面，打虎亭汉墓的妇女发型、服饰与朱鲔石室中头插多笄头饰的侍女（图7）及折弯腿的案几，甚至宴饮的场景也极为相似，立柱和画像石边缘装饰的“S”形卷云纹及画像顶部的垂幛纹几乎完全一致，说明二者即使不属于同一批画像工匠集团，也至少体现了两者之间互相有很深的技术交流和影响。朱鲔石室的平面阴线刻技法，也见于诸城前凉台汉墓画像。[17] 由此推测，朱鲔石室的画像风格应是当时山东至河南地区一种重要的石刻艺术流派。

在人物宴饮场面之外，朱鲔石室的东、西山墙顶部位置精心刻画的东王公、西王母画像，以及后壁中立柱上刻的倒飞羽人形象，再次印证了汉代人尤其是东汉以来对西王母和东王公的崇拜、信仰，是民间升仙思想的又一具体体现。如此配置画像内容，可保证祠主过世之后，在地下的世界既可以有美酒佳肴、荣华富贵的生活享受，又可以在西王母等神仙庇佑下，灵魂不灭，羽化升仙，达成长生不老的美好愿景。

三、画像艺术特征

朱鲔石室产生于汉代画像石极为兴盛的东汉鲁西南地区，是工匠技师们将建筑艺术和绘画、雕刻、装饰艺术等有机结合的典型石刻建筑艺术品。

在石室内部雕刻出凸起的仿木结构的斗拱、立柱和横枋等建筑构件的做法，是迄今所见的汉代画像石祠堂中绝无仅有的，“显示出一种刻意追求仿造现实生活的居住建筑的意向”。画像采用全部阴线刻的雕刻技法，在仔细磨光的内外壁石面上用线条刻画物象，是“典型的以刀代笔的刻画作品”。雕刻技法娴熟，线条极为流畅、细致、圆润。雕刻的人物等物象本身具有较强的立体感和透视效果，显示出华丽的画像风格，表现出中国传统绘画的某些特点，明显属于“拟绘画”[18] 类的画像石。画像线条流畅、华丽，在东汉晚期达到最成熟的地步，且不似稍早时孝堂山石祠等，难免有些拘谨朴拙。朱鲔石室的画像线条表现更像流畅用笔，有“笔断意不断”的感觉。其画像制作的方法也接近于壁画的创作，画像的三维透视效果及精妙的线刻都是对彩绘壁画的模仿[19]，有着很强的画面布局意识，构图非常接近壁画，画师应是受当时壁画绘制的影响，技法十分高明[20]。

同属于东汉山阳郡地区，朱鲔石室的画像风格明显不同于周围临近地区的武氏祠三祠、嘉祥宋山小祠堂、孝堂山祠堂，表现出比后者进步的特征，推测可能不属于已发现的山阳高平工匠集团，使用了不同的画像粉本，可能属于当时新发展出来的一派工匠队伍，是东汉晚期画像石工匠对前人继承发展的结果。

朱鲔石室与密县打虎亭 1 号墓在画像石的石材拼接、画像布局、雕刻技法、雕刻画像水平等方面都十分接近，或许说明这是当时东汉晚期山东、河南等地流行的画像石艺术风格和技法，两者即使不是同一批工匠集团创作的，也是利用了相似粉本制作的，体现了当时社会石刻画像文化的交流和传播。

朱鲔石室画像石的这种雕刻绘画之法对后代雕刻绘画也产生了一定的影响，“可以说它为后代的雕刻绘画打下了基础”。山东青州傅家北齐墓石刻画像[21]（图 8）明显继承了这一风格，并在线条和人物造型等方面表现出更为进步的特点，可以与后来唐宋的绘画相衔接。而朱鲔石室画像中的“人物衣冠萧疏生动，颇类唐宋人画法”[22]，一定程度上也说明其画像艺术风格对唐宋时期的绘画有一定的影响力。

图 8　青州傅家北齐墓画像拓本
（采自蒋英炬、杨爱国、蒋群《朱鲔石室》）

四、石室的年代

北魏郦道元《水经注》卷八载：“菏水又东迳汉平狄将军扶沟侯淮阳朱鲔冢。墓北有石庙。”[23] 由此可知，朱鲔石室年代应早于北魏时期。而清代毕沅、阮元依据画像中人物衣冠“颇类唐宋人画法”，借以推测为唐宋时期，这一说法明显忽略了相关史料证据。

从朱鲔石室的画像内容布局看，该石室画像中有东西对立的东王公和西王母这一对偶神形象，一般认为东汉桓灵帝以后才固定下这一组合。而孝堂山石祠所处的东汉早期画像中与西王母形象对应的往往是风伯吹屋的画像，再加上建筑规模、结构形制、石材加工及雕刻技法等都明显看出朱鲔石室相对孝堂山石祠是晚出而进步的。[24]

沂南北寨汉墓、密县打虎亭 1 号墓和诸城前凉台汉墓虽然都没有直接的纪年证据，但目前已有的相关研究都基本确定三者属于东汉晚期。根据与三者相似的画像艺术风格推测，朱鲔石室应与其时代相当。邢义田更是根据密县打虎亭汉墓的资料，比较确定地推测朱鲔石室的时代是东汉晚期或 3 世纪初。[25]

五、石室的主人

从北魏郦道元的《水经注》开始，“朱鲔”石室的主人即被推断为朱鲔，其后历代基本沿用该说法。宋代及清代的大部分金石学家又根据石室西壁近门边的“朱长舒之墓”（图9）及当时残存的“汉”“鲔”等字样的题刻，进一步推定石室主人（即祠主）为生活在两汉之际至东汉早期的扶沟侯朱鲔。但是，从清代翁方纲等人开始就对祠主身份产生了质疑。

首先，从石室的建筑形制、画像艺术特征等来看，明显比东汉早期的孝堂山石祠晚出进步。同时，画像中东西对立的东王公和西王母形象是东汉中晚期以后才固定兴起的图像配置，与文献记载的朱鲔时代明显相悖。

其次，从画像题刻文字来看，清代学者翁方纲观察石刻画像拓片，认为“朱长舒之墓”五字字体多“夭斜不工”[26]，虽然仿东汉的隶书，但字迹刻画浅细，且题刻文字位于西壁靠门的石板上，与一般祠堂祠主题刻位置不符。加之“朱长舒之墓”这样的措辞基本不符合汉代题刻的习惯，因而应该是魏晋以后的人根据附会的传说增刻的榜题[27]，与原墓主无关。

图9 “朱长舒之墓”题刻拓本
（采自蒋英炬、杨爱国、蒋群《朱鲔石室》）

因此，现在基本确定祠堂的主人不是史书中记载的东汉早期的朱鲔，所以该祠堂的名字似乎称为“金乡祠堂”或者“金乡李庄（楼）祠堂”更为妥当。[28] 至于祠主身份，目前只能根据现有的资料做一些初步的推测。

信立祥曾指出，墓地石祠堂形制和规模上的差别，有祠主及子孙后人贫富差异的影响，最主要的原因应该是祠主身份等级即社会地位的悬殊。[29] 如嘉祥宋山东汉桓帝永寿三年许安国祠堂，祠主许安国生前职位是卒史，一个“斗食小吏”，类似于县级政府中最低级的公务员，属于很普通的地方小吏。[30]武梁祠的祠主武梁，生前虽担任过“豫州从事”这样的普通官吏，但早已退职闲居。武氏祠前石室的主人，学术界一般认为是武梁胞弟之子、东汉灵帝建宁元年死于执金吾丞任上的武荣，汉代的执金吾丞官秩一千石，高于一般的县、令长官。左石室的主人，蒋英炬等人推测为武梁的胞弟武开明，武开明官至吴郡府丞，属于六百石的官秩，地位与其子武荣相差无几，因而两座祠堂的规模形制比较一致，画像内容也很相近。[31]蒋英炬等人经研究推测，孝堂山石祠的祠主应为一位死于东汉早中期的“二千石”高级官吏。[32]

根据这些情况，再结合朱鲔石室本身形制高大壮阔，雕刻精美流畅，可以推测石室主人可能是东汉晚期一位至少两千石级别的中高级官吏，在当时有较高的身份地位。又或者非贵即富，是当地富极一时的人家，祠主及其家人希望其死后仍能享受一众仆从侍奉的富贵享乐生活。从石室画像内容来看，人物宴饮类的场景有很强的生活写实性，没有传统墓上祠堂刻有帝王贤相、忠臣义士、孝子列女等带有政治教化色彩的历史故事。除了在西王母等庇佑下羽化升仙的愿望外，似乎祠主更希望死后仍能享受美味佳肴、荣华富贵的物质生活，由此推测，祠主有可能非朝廷官吏，而只是一方富豪。

此外，还有一种可能。我国古代一直有一种禁忌，即生人的形象不能随意刻画在丧葬建筑中，以免遭受诅咒或有其他不幸遭遇。郑岩曾注意到，在朱鲔石室画像盛大的宴饮场面中，以后壁为例，其上部人物为宾主杂坐、侍者进酒奉食的场面，下部则几乎只刻画了忙碌的侍者，主要的席位上却是大片空白，两侧壁上也有这种空白现象，再结合费慰梅早期调查的墓葬情况，推测石室内画像空位是为当时的死者预留的，有可能是预作寿藏。墓主（祠主）可能是夫妇或者是几代人，等到有新人去世葬入时，再以绘画的形式将人物形象增补进祠堂画像中。若这种推测成立的话，祠主可能代表了家族前后好几个人。[33]

结　语

在目前已发现的汉代墓地石祠堂中，朱鲔石室无论从建筑形制、画像题材内容、画像艺术特征及建筑体量等方面来看都是特征鲜明、独树一帜的。这里可能有时代的原因，也可能与工匠团队的技术风格、墓主身份地位等因素有关。但结合东、西山墙上刻画的东王公、西王母画像，以及与同时期其他画像石中相似的女性人物形象等，我们认为朱鲔石室的画像风格仍是对典型汉代社会风俗的继承，个性中蕴含着时代的共性观念。朱鲔石室的画像艺术对当时其他地区的画像石制作产生了一定影响，在后世墓葬画像艺术及绘画风格中也能看到其影响，感受到它的遗风，具有重要的历史和艺术价值，值得我们进一步深入开展相关研究。

但是，我们也应该看到，除了石室之外，墓葬（即所谓的“朱鲔冢”）已经消失不见，我们对与石室对应的墓葬情况知之甚少，这也成为了解墓主身份的一大阻碍，使我们很难进一步判定墓主身份。而且，由于缺少纪年题刻或其他较为直接的纪年材料，我们目前对石室的年代仍是一个大致推测，对其具体年代的判断还需进一步寻找有力证据。希望能有更多相关新发现为我们的研究提供有利线索。

注释：

[1] 转引自蒋英炬、杨爱国、蒋群《朱鲔石室》，文物出版社 2015 年版，第 7—9 页。

[2] Wilma Fairbank，A Structural Key to Han Mural Art，*Harvard Journal of Asiatic Studies*，Vol.7，No.1（1942），pp.52–88.

[3] 蒋英炬、杨爱国、蒋群：《朱鲔石室》，文物出版社 2015 年版，第 23—55 页。

[4] 罗哲文：《孝堂山郭氏墓石祠》，《文物》1961 年第 4、5 期合刊，第 44—51 页。

[5] 陈秀慧：《滕州祠堂画像石空间配置复原及其地域子传统》，硕士学位论文，台北艺术大学，2002 年，第 24—35 页。

[6] 蒋英炬、吴文祺：《武氏祠画象石建筑配置考》，《考古学报》1981 年第 2 期，第 165—184 页。前石室和左石室这两座祠堂也是双开间悬山顶式建筑，只是在后壁下部凸出一个石质小龛，略不同于朱鲔石室等石祠。

[7] 同［4］。高度是根据文中立柱高度、隔梁石高度推算出的。

[8] 根据《水经注》的记载推测，汉代应该存在一类比朱鲔石室体量更为高大的石祠堂，只是未得以保存下来。如《水经注》卷八载：“黄水东南流，水南有汉荆州刺史李刚墓。刚字叔毅，山阳高平人，熹平元年卒。见其碑。有石阙、祠堂、石室三间，椽架高丈余，镂石作椽，瓦屋施平天造，方井侧荷梁柱……作制工丽，不甚伤毁。”（北魏）郦道元著，陈桥驿校证：《水经注校证》，中华书局 2013 年版，第 206 页。

[9] 郑岩：《山东临淄东汉王阿命刻石的形制及其他》，载《艺术史研究》（第 10 辑），中山大学出版社 2008 年版，第 275—298 页。

[10] 蒋英炬：《汉代的小祠堂——嘉祥宋山汉画像石的建筑复原》，《考古》1983 年第 8 期，第 741—751 页。

[11] 蒋英炬、杨爱国、蒋群：《朱鲔石室》，文物出版社 2015 年版，第 56—76 页。

[12] 蒋英炬：《汉代画像“楼阁拜谒图”中的大树方位与诸图像意义》，载《艺术史研究》（第 6

辑），中山大学出版社 2004 年版，第 149—171 页。此文中，蒋英炬将该类图又称为“祠主受祭画像”或“祠主画像”。

[13] 蒋英炬、杨爱国、蒋群：《朱鲔石室》，文物出版社 2015 年版，第 90 页。

[14] 曾昭燏、蒋宝庚、黎忠义：《沂南古画像石墓发掘报告》，文化部文物管理局 1956 年。

[15] 河南省文物研究所：《密县打虎亭汉墓》，文物出版社 1993 年版。

[16] 任日新：《山东诸城汉墓画像石》，《文物》1981 年第 10 期，第 14—21 页。

[17] 蒋英炬、杨爱国、蒋群：《朱鲔石室》，文物出版社 2015 年版，第 79—84 页。

[18] 滕固：《南阳汉画像石刻之历史的及风格的考察》，载《张菊生先生七十生日纪念论文集》，商务印书馆 1937 年版，第 508—538 页。

[19] 转引自郑岩《费慰梅的一个侧影》，《读书》2003 年第 2 期，第 105—112 页。

[20] 蒋英炬、杨爱国、蒋群：《朱鲔石室》，文物出版社 2015 年版，第 84—88 页。

[21] 转引自蒋英炬、杨爱国、蒋群《朱鲔石室》，文物出版社 2015 年版，第 87—88 页。

[22]（清）毕沅、阮元：《山左金石志》卷八，载《石刻资料新编》（第一辑第 19 册），新文丰出版社 1982 年版，第 14456 页。

[23]（北魏）郦道元著，陈桥驿校证：《水经注校证》，中华书局 2013 年版，第 205 页。

[24] 蒋英炬、杨爱国、蒋群：《朱鲔石室》，文物出版社 2015 年版，第 78 页。

[25][27] 邢义田：《汉代画像内容与榜题的关系》，载《画为心声：画像石、画像砖与壁画》，中华书局 2012 年版，第 69—89 页。

[26] 翁方纲：《两汉金石记》卷十四，载《石刻资料新编》（第一辑第 10 册），新文丰出版社 1982 年版，第 7401—7402 页。

[28] 陈秀慧：《滕州祠堂画像石空间配置复原及其地域子传统》，硕士学位论文，台北艺术大学，2002 年，第 16—19 页。

[29] 信立祥：《汉代画像石综合研究》，文物出版社 2000 年版，第 75—83 页。

[30] 济宁地区文物组、嘉祥县文管所：《山东嘉祥宋山 1980 年出土的汉画像石》，《文物》1982 年第 5 期，第 60—70 页。

[31] 蒋英炬、吴文琪：《武氏祠画像石建筑配置考》，《考古学报》1981 年第 2 期，第 165—184 页。

[32] 蒋英炬：《孝堂山石祠管见》，载《汉代画像石研究》，文物出版社 1987 年版，第 204—218 页。

[33] 郑岩：《墓主画像研究》，载《刘敦愿先生纪念文集》，山东大学出版社 1998 年版，第 450—468 页。

汉代画像中的鼎

武　玮

内容摘要　本文通过对汉画中鼎图像的释读，结合文献及考古资料，汉代鼎虽较商周时期社会地位有所下降，但作为礼器仍然被用在祭祀、庙堂、丧葬等礼仪活动中。特别是汉代统治者为宣扬王权正统的合法地位，强化鼎与王权的联系，使“泗水捞鼎”故事在各地广泛流行。随着谶纬学说的流行，鼎进而成为统治者贤明、政治清明的符瑞。西汉晚期后神仙信仰的流行，鼎与祈福及长生升仙相关联。而在民间百戏杂耍中，鼎又成为展示力量、娱乐世俗的表演道具。对汉代鼎的多重社会文化角色的解读，有助于我们研究汉代丰富的社会思想文化。

关 键 词　汉画；鼎；王权；神仙信仰；扛鼎

作者简介　武玮，河南博物院研究馆员，主要研究方向为战国秦汉考古，中国汉画学会理事。

在新石器时代作为炊食器的陶鼎就已出现。铜鼎是在继承陶鼎形制和功能的基础上，随着铜器冶铸技术发展而出现的。文献记载最早的铜鼎出现于夏代初期或黄帝时代，从诞生之日起，便在青铜时代占据青铜礼器的核心地位。铜鼎的形制与造型不断变化，但始终作为维护社会等级秩序的重要礼器。自东周时期，随着旧社会结构的逐渐解体，用于“明尊卑、别上下”的周代用鼎制度遭到破坏。

秦汉以降，特别是西汉中晚期以后，作为庙堂和祭祀用器的铜鼎虽仍在使用，但已趋于衰落，表现出更多的日用化趋势，然而鼎作为身份权力的标志与国家政权的象征仍影响着整个两汉社会。目前在各地出土的汉画中也可见到不少关于鼎的图像，它与其他图像结合共同表达着丰富的社会与思想内涵。基于此，本文试对汉画中的鼎做一梳理归纳，希冀对研究汉代的社会文化、丧葬习俗、思想信仰等有所裨益。

一

汉代，鼎作为礼器仍然被用在祭祀、庙堂、丧葬等礼仪活动中。湖南长沙马王堆1号汉墓遣策记载漆（陶）鼎制仍沿用了先秦的上卿之礼。从记录看，其用鼎制度虽与前代接近，但也有出入。如盛白羹的“大牢七鼎”中，出现了“鹿肉鲍鱼笋白羹”之类的异味，与礼制规定的七羹之制不合。[1] 据《后汉书·礼仪志上》记载，东汉皇帝死后行“大葬”礼时，太常要实行“太牢奠”，这仍是沿用了西周以来的用鼎制度。皇帝死后的随葬明器有“瓦鼎十二”，即用正鼎九和陪鼎三，也是用太牢旧制。但鼎的质地由铜变为陶。[2] 考古资料也表明，两汉早期在诸侯王及列侯墓中仍随葬铜鼎，但列鼎的组合与数目已不再严格遵循周代用鼎制度。西汉中期以后，大中型墓葬中随葬铜鼎数目更是随意，像武帝时期山东长清双乳山1号墓内随葬完整的9件列鼎则非常少见。[3] 而在一般的中小型墓葬中少见或没有铜鼎陪葬。至东汉，鼎的衰落态势更为明显，铜鼎极少陪葬，陶鼎也大多为等级相对较高墓葬的陪葬品。

图1　湖南长沙马王堆1号汉墓帛画中鼎

祭祀墓主的用鼎组合在湖南长沙马王堆1号汉墓帛画中也有表现。图中的鼎与壶、耳杯等祭祀器物置于案上，画面上鼎为扁圆球腹，双附耳，瘦长的三蹄形足，圆形盖。鼎素面无纹，已不见商周时期繁芜神秘的装饰花纹。[4]（图1）这一特点也与同时期出土的铜鼎特点相同，鼎作为贵族阶层仍在使用的祭祀礼器，在形制上更加重视实用性，铜器铭文上多为年份、用途、重量、容量、批次、建造者及制造者等内容。

西汉中期以后用鼎逐渐走向衰落，作为丧葬、庙堂祭祀之用的鼎图像在各地汉画中已经很少见到。在四川东汉时期汉画像石棺上的图像中出现有鼎放置于西王母前，学者认为鼎是作为供奉西王母的器具。[5]西王母为两汉时期流行的神仙形象，为社会各阶层崇拜。《汉书》等文献多次记载民众大规模"祠西王母"以求富贵长生升仙的活动，"设张博具，歌舞祠西王母"。作为汉代仍在使用的庙堂祭祀的礼器，鼎是可以作为祭祀西王母的礼器。不过笔者认为这幅鼎与西王母的图像更与汉代神仙信仰有关，在本文后面将做进一步的阐述。

二

另外，由鼎的礼仪功能进而延伸至国家政权的象征在两汉流行。鼎不再出现在礼仪器具组合中，而是进入"泗水捞鼎"和"神鼎"的故事语境中，成为汉王朝王权神化的物象符号。

"泗水捞鼎"是汉画中流传甚广的题材，已知今山东、江苏、河南、四川等地均有发现。目前学者对"泗水捞鼎"画像研究比较深入。[6]最早收录"泗水捞鼎"文献者为《史记·秦始皇本纪》："始皇还，过彭城，斋戒祷祠，欲出周鼎泗水。使千人没水求之，弗得。"这里的周鼎当为王权象征——九鼎。九鼎的功能与象征意义见于《左传》"宣公三年"王孙满对九鼎的解释：

> 远方图物，贡金九牧，铸鼎象物，百物而为之备。使民知神奸。故民入川泽山林，不逢不若。螭魅罔两，莫能逢之。用能协于上下，以承天休。

故九鼎作为传国重器，"鼎之轻重，未可问也"。其他文献也有类似记载。如《墨子·耕柱》："九鼎既成，迁于三国。"《逸周书》讲武王伐纣之后说："乃命南宫百达、史佚迁九鼎三巫。"《史记·张仪列传》也有"据九鼎，案图籍，挟天子以令于天下，天下莫敢不听，此王业也"之说。鼎喻王权，唯有德者居之。秦代周后，九鼎的下落不明。《史记·封禅书》一说秦灭周后，周之九鼎入秦；一说宋太丘社亡，而鼎没于泗水彭城下。不过汉朝统治者出于维护自身统治的目的，大力宣扬秦失鼎于泗水的版本。我们在"泗水捞鼎"图像中也可以看到对《史记》《汉书》等文

图 2　河南南阳新野樊集画像石泗水捞鼎图（河南博物院藏）

献记载的秦始皇过彭城捞鼎这段模糊不清的历史所做的进一步重构。根据图像，曾经遗失在泗水的周鼎重被发现，秦始皇派人打捞，就在周鼎浮出水面即将打捞上来时，从水中或鼎中跃出一龙，咬断绳索使鼎再次沉入水中，捞鼎以失败告终。这个明显神化的故事在北魏时期郦道元的《水经注》中仍有记载。多数的“泗水捞鼎”图像截取了众人合力打捞铜鼎出水时，一龙（或其他神兽）跃出咬断绳索，使鼎再次沉入泗水的情节画面。（图 2、图 3）神龙咬断绳索，是以龙喻指汉高祖刘邦及汉朝，刘氏王朝秉承天命，截断秦始皇对象征国家权力周鼎的拥有，宣扬汉代王权正统的合法地位。而暴秦无道，终失王权于泗水。这也正是汉代“泗水捞鼎”故事所积极宣扬的政治内涵。

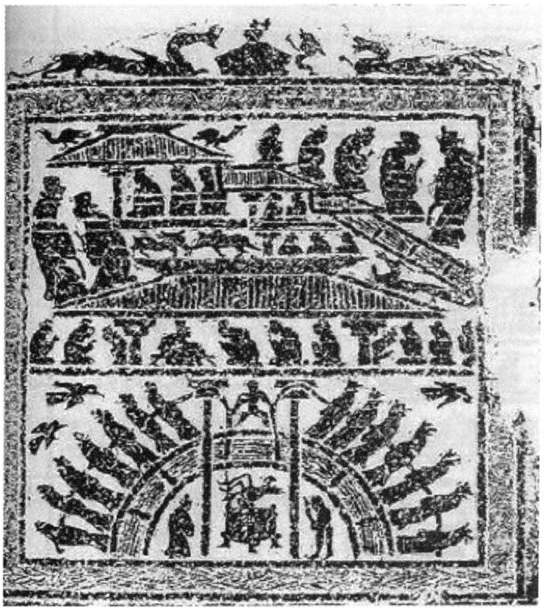

图 3　江苏徐州大庙晋汉画像石墓泗水捞鼎图（采自徐州博物馆《江苏徐州大庙晋汉画像石墓》）

“泗水捞鼎”终以秦失国之重器而结束。九鼎最后虽不知所踪，但汉代统治者始终将古鼎的出现作为祥瑞。汉武帝时汾阴出古鼎，当时虽有九鼎、黄帝铸鼎、汉鼎不同的解释，但不妨碍武帝将鼎的出现作为汉王朝接受天命的征兆，于是武帝荐鼎于宗庙，并改元“元鼎”。东汉时更多古鼎的出现都被认为是王者贤明的征兆，随着谶纬学说的流行，鼎的出现与王者贤明及盛世清明进一步相联系。山东嘉祥武氏祠画像石上的征兆图像中就有“神鼎”，并有“神鼎，□炊自孰，五（味）自□”的榜题。[7] 正如刘宋孙柔之《瑞应图》中对“神鼎”的解释：“质文精也。知吉凶存亡。能轻能重，能息能行。不灼而沸，不汲自盈，中生五味。……王者兴则出，衰则去。”如果说在“泗水捞鼎”的故事中，鼎仅是王权的象征，与捞鼎人、观者、桥、龙等共同组成了完整的叙事情节，到了“神鼎”阶段，鼎则被赋予神奇的超自然特质和更加明确的政治含义。鼎不需要借助“泗水捞鼎”的故事语境，而是完全独立出来，成为汉代乃至后世统治者推崇的符瑞图像。

从汉画中我们可以看到这一变化。在东汉中晚期后出现不少鼎图像，特别是在四川地区，很难看到早期完整的泗水捞鼎故事场面。图像中以鼎居中，鼎的双附耳各穿有绳索，两侧有人或瑞兽如龙、凤鸟、虎等口衔绳索将鼎升出。（图 4、图 5）正如一些学者所注意的那样，图像中的龙不再是噬咬绳索使鼎隐没的破坏者，而是成为升鼎或出鼎的协助者。与“泗水捞鼎”的故事结局完全不同，这里应是表现“王者兴，神鼎出”的画面，太平盛世下，遂有瑞兽升神鼎而出，以应吉瑞征兆。“神鼎出”表达了人们对太平盛世的祈祷与向往，也是生者希冀死者所在的世界仍

图 4　四川泸州四号石棺的鼎图像（采自高文《四川汉代石棺画像集》）

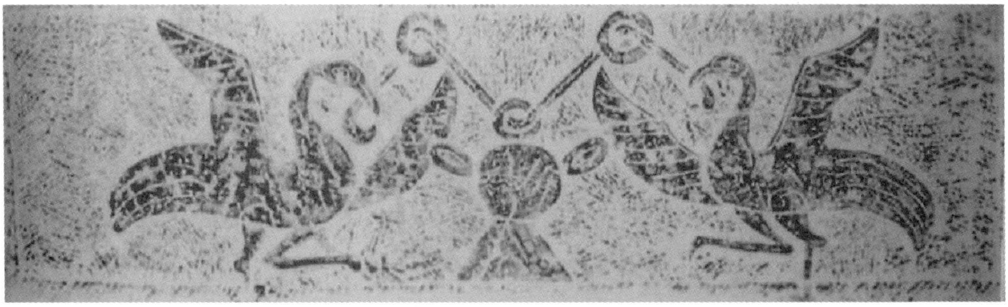

图 5　四川泸州麻柳湾崖墓石棺的鼎图像（采自高文《四川汉代石棺画像集》）

是一个像现实盛世一样的美好世界。

三

从“泗水捞鼎”故事阐释天命归汉，到“王者兴”而“神鼎出”的符瑞图像，鼎始终与王权、国家联系在一起。汉代鼎在日常生活中虽逐渐淡出人们的视野，但用鼎者仍被视为权贵豪门的象征，以鼎区别阶层等级的先秦遗风被不同程度地因袭和继承。张衡《西京赋》中描绘的“击钟鼎食，连骑相过”为权贵们奢华生活的写照。陕西华县的一件汉代绿釉陶鼎的鼎盖上刻有铭文“用此器葬者后世富贵宜子孙”，是通过鼎来祈福子孙过上富贵的生活。特别是在汉代长生及神仙信仰的影响下，鼎作为富贵门第的象征，也与长生升仙及汉人追求的神仙世界联系起来。

长寿、考终命是人类一直所追求的目标。古人认为天地是永恒的，而人与天地同源，故人可仿效天地，顺理阴阳，获得长生，并进而使生命得到永恒。[8]随着神仙信仰的流行，至战国以后人们更是在渴求生命永恒的基础上，希冀像仙人一样永恒自由。秦皇汉武皆痴迷于求仙，推动了神仙信仰的发展。《汉书·郊祀志》载：“元鼎、元封之际，燕、齐之间方士瞋目扼腕，言有神仙祭祀致福之术者以万数。”西汉中期以后神仙思想逐渐世俗化。先秦时期所描绘的仙人抛弃世间荣华富贵，独居深山不食人间烟火。至西汉中期，为迎合贵族阶层永享荣华富贵的心态，升仙故事如黄帝封禅不死升天、举家飞升等仙话产生。[9]《史记·封禅书》载：“黄帝采首山铜，铸鼎于荆山下。鼎既成，有龙垂胡髯下迎黄帝。黄帝上骑，群臣后宫从上者七十余人，龙乃上去。”《仙人唐公房碑则》记录了生活在新莽时期的唐公房在服食丹药后，与妻子甚至包括自家的房屋和家畜等财产一同飞升的故事。[10]汉代方士所描述的神仙世界是富贵逍遥的生活，对贵族及平民极具诱惑力，使神仙思想受到社会各阶层的广泛信仰。长生求仙也与富贵享乐的物质生活联系起来，特别是西汉晚期以后对神仙世界的描绘中更多地出现了世俗享乐题材。[11]

现世对成仙的向往也同样折射在墓葬中。汉代社会崇尚富贵，对富贵的追求更激发了世俗的享乐观念，“世以侈靡相竞”。受先秦两汉逐利求富贵思想的影响，汉代印章、玉器、铜镜、铜钱等器物上多有“日利”“日倍利”“富贵吉羊”“安乐富贵”“家常富贵”“君高迁”“宜官”“位至公侯”等祈福求贵的吉语。世俗贵族的荣华富贵生活与神仙信仰相结合，在汉画中描绘的神仙世界中就会看到大量存在于现实

图 6　江苏睢宁九女墩东汉墓出土“双犀护鼎”画像

图 7　“双犀护鼎”画像中的鼎

生活中象征身份地位的事物也出现在其中：有权贵豪门居住的豪宅庄园、食俸禄于太仓、歌舞宴乐、犬马游弋、车骑出行等。这些内容的画像表达了生者祈求死者死后到达神仙世界，得以享受富贵逍遥的生活。

江苏睢宁东汉晚期九女墩汉墓出土的“双犀护鼎”画像石上格图像中心刻一鼎，其他物像也基本是围绕该鼎展开。鼎旁有两只玉兔守护，两只背生羽翼的神犀头部相向拱卫鼎。鼎上有九穗嘉禾，嘉禾旁有一对凤凰，左上角刻一九尾狐，右上角刻一麒麟。画面左右还刻有祥瑞符号。（图 6）[12] 鼎上不再出现“泗水捞鼎”与“出神鼎”图像中所见的绳索、滑轮，反而在鼎周围出现大量的物象，如玉兔、神犀、嘉禾、凤鸟、九尾狐、麒麟等。这些物像常见于汉画中居住在西方昆仑山上的西王母仙境中。我们也注意到该鼎的形制也与上述鼎图像略有不同，鼎盖做成博山形状，中部突出。（图 7）正如学者指出，汉代博山装饰的流行与汉代求仙思想有密切关系。博山最初模拟的应是东方齐鲁地区神仙信仰中所提到的蓬莱、方丈、瀛洲等仙山的造型。这类带有博山盖鼎的实物也见于汉墓中，如河南南阳新野樊集汉画像砖墓出土有博山盖陶鼎。[13] 此外，东汉时期不少墓葬随葬的陶质明器上也都装饰有博山盖，如陶樽、陶仓、陶炉等，当是汉代神仙信仰在墓葬中的反映。在神仙信仰的强烈影响下，鼎和其他代表世俗富贵生活的事物出现在神仙世界中，成为汉代祈福、追求长生升仙的物象。

四

汉代的鼎除作为礼器外，还出现在百戏之中，成为展示力量、娱乐世俗的举重表演，汉代多称为“乌获扛鼎”，在张衡《西京赋》和李尤《平乐观赋》中都有记载。这种力技竞赛在战国秦汉比较盛行，最初是训练个人的体能与力量。著名的秦武王与勇士孟说比赛举鼎，以秦武王举鼎折骨断胫而死结局。战国秦汉时“扛鼎”项目非常流行，能否举鼎成功成为判断勇士气力的标准，史书上也多称神力勇猛者为“力能扛鼎”之辈。到汉代，这种力技竞赛已经变成了表演节目，与倒立、弄壶、蹶张和顶竿等皆归入百戏表演节目。

“扛鼎”表演图像出土不多。在江苏铜山洪楼祠堂“七力士画像”中，其中一力士两腿分立，挽袖，两手紧抓鼎之两耳，将鼎举过头并倒扣头顶。图像中的鼎为圆球形，腹倒扣，三足上竖。[14]（图 8）这幅作品将画面定格在力士举鼎过头，力量勃发的那一瞬间，场面惊险刺激，给人留下难以磨灭的印象。

图 8　江苏铜山洪楼祠堂举鼎力士图

综上，通过对汉画中鼎图像的释读，结合文献及考古资料可知，汉代的鼎虽较商周时期的社会地位有所下降，但作为礼器仍然被用在祭祀、庙堂、丧葬等礼仪活动中。特别是汉代统治者为宣扬王权正统的合法地位，强化鼎与王权的联系，“泗水捞鼎”故事在汉代大一统的政体制度下在各地广泛流行。随着谶纬学说的流行，鼎又被赋予了神奇的自然特质，进而成为统治者贤明、政治清明的符瑞。而汉代长生升仙信仰的流行，又使代表权贵门第的鼎加入神仙世界图像中，成为仙境中富贵逍遥生活的物象代表。除此之外，鼎又出现在百戏之中，成为展示力量、娱乐世俗的举重表演的道具。对汉代鼎多重社会文化角色的解读，也是对汉代丰富的社会思想文化的一次探索。

注释：

[1] 俞伟超：《关于用鼎制度问题》，《文物》1972年第9期。

[2] 俞伟超：《秦汉青铜器概论》，载《中国青铜器全集·秦汉》，文物出版社1998年版。

[3] 山东大学考古系等：《山东长清县双乳山一号汉墓发掘简报》，《考古》1997年第3期。

[4] 湖南省博物馆、中国科学院考古研究所编：《长沙马王堆一号汉墓》，文物出版社1973年版。

[5] 罗二虎：《汉代画像石棺研究》，《考古学报》2000年第1期。

[6] 邢义田：《画为心声：画像石、画像砖与壁画》，中华书局2011年版，第398—439页；罗二虎：《汉代画像石棺》，巴蜀书社2002年版，第197页；蒋英炬、杨爱国：《汉代画像石与画像砖》，文物出版社2001年版，第62页；[美] 巫鸿：《武梁祠——中国古代画像艺术的思想性》，柳扬、岑河译，生活·读书·新知三联书店2006年版，第108—112页；武利华：《汉画"泗水升鼎图"考评》，载孙厚兴、郭海林主编《两汉文化研究》(第三辑)，文化艺术出版社2004年版。

[7] [美] 巫鸿：《武梁祠——中国古代画像艺术的思想性》，柳扬、岑河译，生活·读书·新知三联书店2006年版，第108—112页。

[8] 葛兆光：《宇宙、身体、气与"假求于外物以自坚固"——道教的生命理论》，《中国哲学史》1999年第2期。

[9] [美] 余英时：《东汉生死观》，侯旭东译，上海古籍出版社2005年版，第27—38页。

[10] 陈显远：《汉"仙人唐公房碑"考》，《文博》1996年第2期。

[11] 武玮：《汉代模型明器所见的丧葬观念》，《中原文物》2014年第4期。

[12]《中国画像石全集》第四卷，山东美术出版社2000年版，图112。

[13] 河南省南阳地区文物研究所：《新野樊集汉画像砖墓》，《考古学报》1990年第4期。

[14]《中国画像石全集》第四卷，山东美术出版社2000年版，图44。

论贵霜钱币与汉画像艺术的关联

朱 浒

内容摘要 本文是从比较图像学角度对以贵霜钱币为代表的贵霜艺术同以汉画像为代表的汉代艺术的研究。贵霜帝国钱币正面是国王像，背面是希腊、印度、伊朗的诸多神祇。随着丝绸之路的繁荣，贵霜人入华传播佛教，贵霜钱币图像所承载的中亚艺术因子也由此进入中国，为汉画像艺术带来了新风。文章从佛像、国王像和神祇像三个角度出发，对其互动的艺术元素逐一进行分析、比较与驳斥。结合文献与考古材料发现，汉画像艺术发达的地区恰与贵霜人寓华的主要分布区重合。本文认为，贵霜钱币与汉画像艺术关联的主要载体是东汉入华的贵霜胡僧。

关 键 词 贵霜；汉代；汉画像石；中外交流

作者简介 朱浒，艺术学博士，历史学博士后，华东师范大学艺术研究所副教授，《中国美术研究》编辑部副主任。

在世界艺术史的视野中，贵霜钱币[1]所代表的“印度—希腊”艺术在研究古中亚艺术和早期佛教艺术中占有重要的位置。但国内研究者至今对其尚缺乏深入细致的专题研究，研究的深度和广度都远逊于欧美、日本甚至印巴学者，仅在涉及汉代艺术的中外交流及佛教初传华夏等问题的时候，一些学者才略有提及，但尚未形成系统的研究脉络，这是很遗憾的。贵霜帝国是同东汉、罗马、安息并列的世界四大帝国之一，在世界文明史中占有重要地位；作为同中国毗邻的西域大国，汉代文献对其多有记载，使我们能够以汉代人的视野去审视西部强邻的隐晦历史。本文是从中外艺术交流视野对以贵霜钱币为代表的贵霜艺术同以汉画像为代表的汉代艺术的比较研究。一方面，希望学术界对汉画像的研究置于全球艺术史的视野加以重新审视；另一方面，希望通过对贵霜钱币和汉画像艺术的关联研究，重塑我们对汉代艺术开放态度的理解，深入了解以佛教为代表的外来宗教对中国艺术的影响和本土化进程。

一、学术脉络

早期美术史家虽然关注了“印度—希腊”艺术同汉代艺术的关系，但研究的大都比较宽泛，尚未涉及钱币图像细节。例如，林风眠认为，汉画技法简单粗拙，“希腊的艺术输入印度，形成希腊印度化的艺术，再由印度输入中国”[2]。傅抱石则盛赞汉代艺术“愈臻优美”，提出了汉代艺术的三期说[3]，进而认为一些汉代器物造型、织物图样也受到了西方的影响。深受德国西方艺术史学传统影响的滕固，从霍去病墓石迹、东汉的翼兽、南阳画像石野兽图像、神道石柱等个案出发，从中外文化交流的视角说明了汉代美术对外来文化的引入。[4]

学者们正式将贵霜钱币图像引入汉代艺术研究，是20世纪90年代以后的事情。邢义田在对汉画像中胡人形象的研究中指出，“在贵霜及贵霜建立王朝以前中亚的钱币上有许多统治者的肖像或骑马像。这些人物装束上的一大特色就是身穿和上述石刻人物同式的衣服，头上戴着尖顶帽”[5]，并将尖顶帽细分成“帽后有二飘带”的人像，称一例贵霜铜币中的骑马人像上“刻画的帽形十分明晰。而有这样戴飘带的尖帽人物的钱币可以推到贵霜入主印度的早期”[6]。

北京大学林梅村在论述汉元帝渭陵发现的仙人骑马玉雕时指出，其与贵霜迦腻色伽钱币背面带有大夏文铭文“Lrooaspo”的骑马人物关联，他是波斯神话中掌管动物健康的守护神，意为“健康的杜马”。[7]另外，林梅村对1959年尼雅遗址出土的印花棉布上的袒胸、手持丰饶角的女神像进行解读，将其同贵霜钱币上的吉祥天女进行比较，认为“两者可能根据同一题材创作了这个模式的女神像”[8]。李淞在研究西王母图像时，将贵霜金币国王头上的火焰纹与四川和沂南的西王母图像对比，认为“火焰肩佛像与中国的西王母简式翼像相较，两者形式非常接近”[9]。

缪哲从方法论上将西方钱币同汉代艺术构建起关联，指出了汉代外来母题研究的四个原则，其中之一是“与汉代的雷同、或貌如弟兄的外来母题，不宜仅见于纪念碑性的‘大件’（如罗马神庙等），还应见于可移动、可贸易、可交流的商品，如钱币、地毯、金属器等”[10]，其论文“将广泛征引西方的钱币为证据，因它是最易流动，也最易发生影响的一种载体”[11]。但其在希腊、罗马和大夏钱币上着力颇深，贵霜钱币涉及并不多。美国学者麦伊莲·M. 丽艾在对连云港孔望山摩崖石刻上的胡人和佛陀图像进行解读时，将其与贵霜钱币上的贵霜王像与佛像进行了比较。她指出，被定为胡人像的X74、X75、X81同著名的贵霜“佛陀”铭文金币和“释迦牟尼佛陀”铭文铜币正面的迦腻色伽一世肖像有密切关联，而X71就是贵霜钱币上的佛陀立像，颇具新意。[12]

总的来说，目前学术界已经注意到贵霜钱币与汉画像有一定的联系，并试图运用部分图像对比来分析、解决问题，但材料比较零碎，缺乏全局意识。在前人的基础上，本文拟对汉画像同贵霜钱币图像关联诸问题做系统梳理和比较，并完善其成因。

二、汉画像与贵霜钱币艺术关联试例

汉画像与贵霜钱币这两种看似相距千里的艺术究竟如何产生关联是一个非常严肃的话题。滕固指出，这种时空差距很遥远的类比并不可靠，“即使有渊源的关联，而其间层次和细节又若何？这都是应该要考虑到的。学问所贵乎平实，在证物未充分以前，急于要找寻连带关系（Zusammenhang），亦过为当”[13]。这段话可以作为研究中西美术关系的基本论调。

范晔在《后汉书·西域传》中较为详细地记录了贵霜王朝的崛起及其早期王位的更迭和势力范围。其主要依据为东汉将军、西域都护班勇在公元125年前后呈给汉廷的报告：

> 初，月氏为匈奴所灭，遂迁于大夏，分其国为休密、双靡、贵霜、肸顿、都密，凡五部翖侯。后百余岁，贵霜翖侯丘就却攻灭四翖侯，自立为王，国号贵霜王。侵安息，取高附地，又灭濮达、罽宾，悉有其国。丘就却年八十余死，子阎膏珍代为王。复灭天竺，置将一人监领之。月氏自此之后，最为富盛，诸国称之皆曰贵霜王。汉本其故号，言大月氏云。

从时间上出发，前几位贵霜王在位时间几乎与东汉同时。贵霜王丘就却

（Kujula Kadphises）、阎膏珍（Vima Kadphises，一说 Vima Takto）[14]、迦腻色伽一世（Kanishka I）、胡维色伽（Huvishka）、波调一世（Vasudeva Ⅰ）的统治年代虽然尚有争议，但基本相当于东汉时期（表 1）。尤其迦腻色伽统治时，班勇已经退出西域，汉朝逐渐失去对西域的控制，贵霜帝国的信息也缺失，只能从后世《高僧传》等文献中看到东汉后期佛教徒大量入华的记载。但可以肯定的是，贵霜帝国的强大崛起，促进了其艺术和宗教的对外传播，其军事、经济力量的空前凝聚，使佛教可以迅速从犍陀罗等地区经由陆上丝绸之路传至西域和中国内地，从而对中国艺术产生了深远的影响。

表 1　东汉时期贵霜王朝诸王年表[15]

贵霜王	年代	东汉帝王世系
丘就却	约公元 30—80 年	光武帝、明帝、章帝
阎膏珍	约公元 80—110 年	章帝、和帝、殇帝、安帝
威玛·卡德菲赛斯	约公元 110—127 年	安帝、顺帝
迦腻色伽一世	约公元 127—152 年	顺帝、冲帝、质帝、桓帝
胡维色伽	约公元 152—192 年	桓帝、灵帝、献帝
波调一世	约公元 192—237 年	献帝

以下，本文拟从几例贵霜钱币中的典型图像出发，论述贵霜钱币艺术与汉画像之间的关联。[16]

（一）佛像

迦腻色伽金币与铜币上打制有最早的佛陀形象，这一点已经为学术界所公认。这些珍贵的钱币主要分为两种材质，金与铜。其中，金币面值有一第纳尔与四分之一第纳尔两种，铜币的面值有一德拉克马与四德拉克马两种。金币上的佛像均为立佛，而铜币上又增加了坐佛。其中，金币立佛的左侧一般标记有希腊文“佛陀”铭文，而铜币立佛的四周标记有“释迦牟尼·佛陀”（Sakamono Boudo）的铭文。铜币上的坐佛采用结跏趺坐的姿势，大英博物馆中亚钱币专家乔·克里布（Joe Cribb）辨认出“弥勒”（Metrago Boudo）字样。[17] 笔者从贵霜钱币数据库中遴选了三幅图像清晰的贵霜钱币中的佛像，可以看出立佛与坐佛的图像志特征的区别。

我们先看立佛。金币（图 1:1）与铜币（图 1:2）上的立佛图像志特征几乎一

1　　2　　3

图 1　贵霜钱币中的佛像

1. 迦腻色伽金币《站立的佛陀》，铭文“Boddo”，一第纳尔；

2. 迦腻色伽铜币《站立的佛陀》，铭文“Sakamono Boudo”，四德拉克马；

3. 迦腻色伽铜币《结跏趺坐的弥勒》，铭文“Metrago Boudo”，四德拉克马

致：正面站立，发髻高耸，五官模糊，左手握住袈裟的一角，右手向前伸出施无畏印，衣服主要表现为“U”字形衣纹，脚呈“八”字伸向左右。二者的区别仅在头光和身光的不同。金币上的立佛具有双圈头光和单圈身光，而铜币上的立佛则仅有单圈头光。金币上立佛的铭文位于左侧，而贵霜徽记位于右侧；铜币上中贵霜徽记位于左侧，而铭文由于长度原因围绕整个钱币一圈。此外，由于黄金材质更易于保存，前者身上的褶皱和“U”字形衣纹保存得更加清晰。其实，这种姿势的立佛在贵霜王朝早期佛教艺术中是最为常见的。大英博物馆藏迦腻色伽时期的比马兰舍利盒中的佛像就是完全采用这一样式。（图 2）

图 2　迦腻色伽时期比马兰舍利盒（大英博物馆藏）

贵霜铜币中结跏趺坐的佛像由于铜质易磨损，保存较差，难以分辨（图 1∶3）。美国学者马萨·卡特这样描绘这一四德拉克马大铜币：“在该钱币的背面，有一个盘腿静坐在类似长椅的王座上的人物形象，穿着印度王服，佩戴瓔珞，左手执瓶，施无畏印。”[18] 但我们从漫漶不清的图像看，这尊弥勒也有可能在施禅定印。

图 3　汉画像中的佛像

1. 麻浩 1 号崖墓中的浮雕坐佛；2. 连云港孔望山摩崖石刻中的立佛，编号 X77；
3. 连云港孔望山摩崖石刻中的立佛，编号 X2；4. 莒南县文管所藏人物画像石；
5. 沂南汉墓八角立柱“童子”像

汉画像中的佛像，长期以来一直受到学者的关注。其中，以四川为中心的西南地区汉墓中屡现结跏趺坐、施无畏印、“U”字形衣纹的坐佛，以乐山麻浩 1 号崖墓[19]（图 3：1）、柿子湾汉墓[20]和彭山崖墓[21]中的石刻佛像为代表。宿白先生通过对四川钱树和长江中下游部分器物上的佛像研究，对这一视角进行了综合审视，指出了一条佛教传播之路。[22]其实，从贵霜钱币本身看，这类坐佛的原型应该是贵霜铜币中的弥勒，并非佛陀。这类坐佛还出现在摇钱树和摇钱树座上。可惜在四川地区，立佛还没有出现。

除四川地区外，类似的坐佛还出现在苏北地区的连云港。连云港孔望山摩崖造像自20世纪80年代以来被学者广泛关注以后，学术界围绕其中的很多问题进行了讨论。问题焦点集中在佛教图像的识别和年代的考证上。进入21世纪，中国国家博物馆、南京博物院、连云港文管会和连云港市博物馆组成了四方联合考古队对其进行了全面而细致的调查。汉代时，孔望山毗邻大海，东海庙遗址可能就在此处。[23]孔望山造像中，可以断为佛像的造像有三例，即X2、X50和X77。[24]其中，X77（图3：2）为坐像，X2（图3：3）与X50为站立像，其主要特点是头顶有高肉髻，右手施无畏印，左手于胸前握住衣角。另有X42带有高肉髻、背光、头光，疑似佛像，但由于没有手印，未列入统计。

从考古发现看，山东、苏北地区是除四川地区之外，汉画像中佛像出现的核心区域。山东临沂画像石中也有疑似佛像的人像，但并未引起学界的足够重视。莒南县文管所藏有一块莒南县板泉镇集下村出土的人物画像石[25]，一高肉髻人物双手交叉于胸前，双脚呈外“八”字（图3：4）。从图形特征分析，除手势有讹误、缺乏项光外，基本符合贵霜钱币中立佛图像志特点，可视为早期佛像在山东地区的变体。尤其是其高耸的肉髻与标志性的“八”字脚，在汉画像中几乎完全找不到本土来源。

除以上两例外，本地区汉画像中的佛教图像以沂南汉墓八角立柱带头光的童子像最为著名（图3：5）。围绕这两幅童子像，学术界曾展开过大讨论。俞伟超先生认定其佛像性质时指出三点理由。其一，此二童子与东西两面的东王公和西王母相比，“彼此的品格应当具有一致性”。其二，童子与东王公、西王母形象迥异，“必非一种宗教信奉之神”。考察当时社会佛道并行，因此应当是佛像。其三，其项光和身上服饰的细节，在汉代人物图像中并未发现，仅在“佛、菩萨、飞天等身上才会出现”。因此具有佛像性质。[26]

综上，汉画中的佛像以四川与鲁南（含苏北）两个区域为中心。四川地区汉画像中的佛像以坐佛为主，其图像特征如项光、无畏印、“U”字形衣纹比较明晰，可断为受贵霜王朝佛像艺术之直接影响，吸纳了贵霜铜币中的弥勒形象。而鲁南、苏北地区地处东部沿海地区，距离贵霜帝国更为遥远，佛像在本土化过程中承受了更大的误解。虽然这一地区的佛像种类比四川地区更丰富，同时流行立佛与坐佛，但从沂南汉墓和莒南县文管所藏汉画像石中的佛像看，其图像志并非完全忠实于贵霜钱币原貌，部分特征发生了变化，一些典型特点得以消解，如施无畏印、头光等，但仍然保存了大量其他特征。很可能这些出自墓葬中的佛像是本地工匠对外来佛像样式的粗率仿制。而连云港孔望山摩崖石刻中的佛像同贵霜钱币中的佛像相似度更高，一个合理的解释是贵霜胡人直接参与了石刻的开凿。佛像在本地区的滥觞，并不是偶然的。《三国志·刘繇传》载，东汉晚期，下邳相笮融等人在徐州刺史部实施了“以铜为人，黄金涂身，衣以锦彩。垂铜盘九重，下为重楼阁道，可容三千余人，悉课读佛经”[27]的崇佛活动。由是观之，笮融的门客中应有相当数量的贵霜胡人或胡僧，他们的活动为汉画像与孔望山摩崖石刻中的佛像与贵霜之间构建起了一座交流的桥梁。

（二）贵霜王

受西方打压钱币体系的影响，贵霜王形象出现在贵霜钱币的正面，而神祇出现在背面，形成了一种定制。《史记·大宛列传》载：“安息在大月氏西可数千里……以银为钱，钱如其王面，王死辄更钱，效王面焉。”《汉书·西域传》称：“大月氏国，治监（蓝）氏城……土地风气，物类所有，民俗钱货，与安息同。”这几则材料说明，汉人对贵霜钱币的“王死辄更钱”的特点是有清晰认识的。

从目前贵霜钱币中早期国王的形象看，具有一定的规律性。笔者对汉代胡人图像有过系统研究[28]，在将贵霜王像与汉画像中之胡人图像进行对比时，发现诸多问题，下文尝试展开。

1. 贵霜王之立像

这一图像的持续时间很久，从早期威玛·卡德菲赛斯铜币与迦腻色伽一世的金币，到后期的迦腻色伽二世金币上的国王立像几乎采用了同样的姿态，但服饰、手执物等细节发生了变化。威玛·卡德菲赛斯铜币上的国王头戴高冠，后有飘带飞

1　　2　　3

图 4　贵霜钱币中的国王立像

1. 威玛·卡德菲赛斯铜币；2. 迦腻色伽一世金币；3. 迦腻色伽二世金币

舞，面朝左，髭须浓密。左手抚腰，右手伸向祭坛，脚呈“八”字。身体左手两侧放置着赫拉克勒斯（Herakles）的狼牙棒和带着三叉戟的斧头。（图4：1）到了迦腻色伽一世的金币上，国王的帽冠发生了变化，左手向上握住长矛，焰纹也在肩上腾起，腰部开始佩剑。然而其胡服下摆与“八”字脚的站姿同他的前任几乎没有变化。（图4：2）胡维色伽没有打制站姿王像的钱币，之后，瓦西什卡（Vasiska）国王及其继任者延续了这种站姿。上海博物馆藏的迦腻色伽二世金币上（图4：3），贵霜王的帽式和服饰发生了少许变化，但能明显看出对早期钱币上国王形象的继承。

图5　秣菟罗博物馆藏迦腻色伽一世像

从钱币上国王立像传统的延续可以看到，保持这一姿态的国王立像是贵霜国王形象的“样板”，被放置在国家圣坛中加以供养。印度秣菟罗博物馆藏有一尊人物石像，铭文表明其为迦腻色伽一世的雕像。虽然已经破损严重，但从现存在姿态看，国王腰中拄剑，下身胡服的形状和穿着皮靴的“八”字脚的姿态，均同贵霜钱币中的国王立像一致。（图5）

图6　淮北汉画像石“田畴与耕牛”

笔者在研究淮北汉画像石时意外发现一幅图像。该石出土于淮北白渎山，著录者称其为“田畴与耕牛”[29]。（图6）画面描绘了一头健壮的公牛被拴在一棵树上，其身后是平行斜着的四道田垄。田垄右侧有一人物，眼睛很大，胡须浓密，两脚向外分开，穿着长至膝关节的长襦，双手高高举起，手指指向头部，似握有东西。

从这幅图像的人物形象看，其姿态非常特殊，容貌、服饰特点均非寻常，不由得让人怀疑其身份为胡人，与贵霜钱币中国王立像形成可以对比的序列。

首先，贵霜钱币中国王立像的“八”字形双脚同淮北汉画像石非常接近。其礼服的裙摆，左手的姿势，同手握长矛的迦腻色伽一世的形象几乎一致。面部特性的相似点也很多，汉画像中用大眼表现贵霜王的深目特征，用放射性的粗线表现其浓密的髭须。（图 7 ：1、6：2）

其次，汉画像中下方的牛并不是普通的牛，其背上拱起一个明显的肉赘，表明其为瘤牛（zebu）。这种牛不产于中原地区，而盛产于印度，是湿婆神的坐骑南迪（Nandi）。孔雀王朝时代最为著名的建筑雕塑阿育王石柱（Ashoka pillar）上就有瘤牛的浮雕。汉晋时期，这种牛是西域国家进献中原王朝的贡品，被称为封（犎）牛。《汉书·西域传》载："罽宾地平，温和，有目宿，杂草奇木……出封牛、水牛、象、大狗、沐猴、孔爵、珠玑、珊瑚……"[30]东汉顺帝时期（126—144年），大秦、疏勒等国多次向汉朝进贡的"肩峰牛"也是此品种。在印塞王朝（Indo-Scythian）阿泽西一世（Azes I）（前58—前12年）的金币中就出现了瘤牛的形象。（图7：3）贵霜占据印塞王朝旧地后，在钱币中沿用了这一形象。贵霜钱币的背面，湿婆与公牛南迪往往成对出现。（图7:4）马萨·卡特认为："湿婆在所有威玛钱币的背面出现均十分频繁，很可能实际上代表了他个人的守护神。这位可怕的山神可以随意选择对自然的丰产或毁灭，似乎十分符合威玛的个性。很有可能湿婆是贵霜人在兴都库什高地最早见到的神灵。"[31]

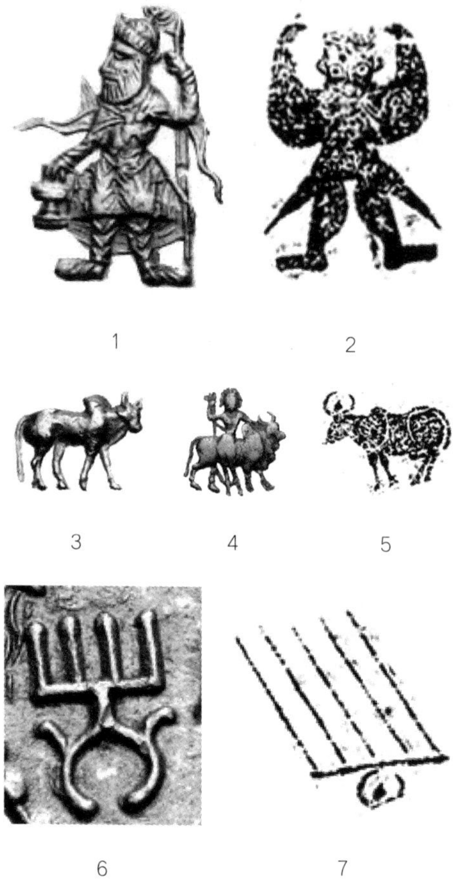

图 7　贵霜金币与淮北汉画像比较图
1. 迦腻色伽一世金币国王立像；2. 淮北汉画像石人像；3. 印塞王朝金币（Azes I）瘤牛；4. 威玛·卡德菲赛斯铜币湿婆与瘤牛；5. 淮北汉画像石瘤牛；6. 贵霜钱币徽记；7. 淮北画像石田垄

再次，牛角正上方有四排田垄。这也是著录者将这块画像石定名为"田畴与耕牛"的依据。牛角与田畴构成的空间，恰好同贵霜钱币的徽记类似。（图7:6、图7:7）

综合以上三点，我们认为，淮北汉

画像石中的这一画面与迦腻色伽一世金币上的形象如此吻合并不是偶然的。这一汉画像石中的三个要素同贵霜金币中的国王立像、封牛像与贵霜徽记存在一定的仿效与被仿效关系。但由于汉人工匠的曲解和传讹，贵霜王的姿势发生了变化，公牛也失去了原有的神性，被拴在一棵树上，沦为“耕牛”，贵霜徽记甚至被误解成田垄，但这些图像的原始特征仍然保留了大半。可以想象，这一母题的传播者很可能是寓居淮北的贵霜胡人，而淮北距离彭城仅有 60 余公里。

2. 贵霜王之侧半身像

贵霜王之侧半身像是贵霜钱币中国王形象的另一常见姿势。这一图像载体主要见于威玛·卡德菲赛斯金币（图 8：1）与胡维色伽金币（图 8：3），迦腻色伽一世侧半身像金币非常少见（图 8：2）。在瓦西什卡与迦腻色伽二世之后，贵霜金币中的侧面国王像逐渐让位于站立的戎装国王像。因此，这种形象主要集中在公元 3 世纪以前。

从现存早期三王的侧半身像看，国王像具有一定的延续性特点。第一，三者脑后均戴有飘带的王冠，胡须茂密。第二，威玛·卡德菲赛斯与胡维色伽姿势相同，均为左手握一物于胸前，右手抓住一赫拉克勒斯狼牙棒，象征君权神授，而迦腻色伽侧面像为左手抓住一根长矛。

连云港孔望山摩崖石刻存在大量汉末胡人图像，其中，不乏头戴飘带的尖顶帽的胡人正侧面像。通过将其同上述贵霜金币的对比，本文认为它们表现了一个典型的母题：“月支王礼佛”或“贵霜王礼佛”。“王者立佛”的图像母题广泛出现在贵霜王朝与中国后世的石窟之中，进而在晚期佛教壁画中时有出现，如敦煌壁画中的“西夏王礼佛”“回鹘王礼佛”，等等。图像志的关联表明，孔望山摩崖石刻的正侧面胡人形象的摹本应与贵霜钱币正面的国王形象有关。

以最高处的 X72 胡人图像为例。报告称其“头戴尖顶单翅软帽，高鼻深目，身着圆领长衫……右手执花，左手曲于胸前”[32]。考古人员将胡人手执之物定为花，实际情形如何恐怕已无从考证，X72 胡人手中之花或为贵霜王手执物之讹传。（图 8：4）在 X72 图像的左下角，就是人数众多纷杂的佛涅槃图，其位置安排恰可对应。另外，X83 为一头戴飘带的尖顶帽胡人像，其姿态也同贵霜王一致，但唯独没有表现手势物。（图 8：5）

如果再加以细细推敲，或可用“排除法”获知这位贵霜王的真正身份。威玛·卡德菲赛斯主要活动在公元 1 世纪末至 2 世纪初，而且是一名虔诚的印度教徒，其钱币背后主要是湿婆与公牛形象。迦腻色伽一世手执物的姿势与其明显不符。而胡维色迦则继承了其父迦腻色迦一世开明的宗教政策，是一名虔诚弘扬佛教的贵霜君主，其在位时间大致是2世纪后期，同孔望山造像的开凿时间也相吻合。故笔者认为孔望山摩崖石刻中的X72胡人图像的蓝本是贵霜王胡维色迦。在贵霜胡人的参与下，工匠将贵霜王头像模仿钱币上的样式镌刻在石壁上，由于汉人工匠水平的限制，其形象有一定的讹变，成为今天看到的样式。

3. 骑象的贵霜王

胡维色伽国王的金币中，有一类金币比较珍贵，即正面为胡维色伽国王骑象的图像。其正面是胡维色迦骑在一头大象背上，手上拿着权杖和驯象钩，四周有大夏铭文“PAOhAhOPAO OOhPKI KOPANO”，大意是“王中之王，胡维色迦，贵

图8　贵霜王侧半身像与汉画像比较

1. 威玛·卡德菲斯金币国王侧半身像；2. 迦腻色伽一世金币国王侧半身像；
3. 胡维色迦金币国王侧半身像；4. 连云港孔望山X72尖顶帽执花胡人；
5. 连云港孔望山X83尖顶帽胡人

霜”(图 9∶1),钱币背面则是拿着狼牙棒、披着狮子头的赫拉克勒斯,大夏铭文为“hPAKILO”(Erakilo)。胡维色迦是在迦腻色迦之后推崇佛教的另一位贵霜国王。贵霜王骑象的图像是表现庆典的过程。

在汉画像中,胡人骑象的图像在山东、苏北地区一度非常流行。

萧县由于距离徐州仅有 30 公里,虽然地处皖北,但仍可归为徐州汉画像石的体系中。图 9∶2 藏于萧县文管所,主题画面分三层,其中最下层刻画一象,象背上驮一人,执钩。象身上有鳞片状装饰。其上方有一双峰骆驼,颈长,龙首,可视作西陲而来的异兽。人物发型为偏向一边的长发,往往被汉画像中的“风神”或羽人所采纳。

《汉书·武帝纪》有“南越献驯象”的记载,盱眙大云山汉墓出土了铜鎏金的象和象奴,与犀牛同出,可与文献相佐,说明西汉时大象成为跻身皇家园林之中的“异兽”。东汉时,山东、江苏徐州等地发现不少人物骑象的画像石。从纪年画像石看,临沂地区的平邑元和三年(86)皇圣卿西阙与章和元年(87)功曹阙上有武人

1　2

3　4

图 9　骑象的贵霜王像与汉画像比较图

1. 胡维色迦金币上的国王骑象;2. 安徽萧县文管所藏石人物骑象;3. 皇圣卿西阙骑象图;4. 功曹阙骑象图

骑象的图像，时间较早。（图 9:3、图 9:4）人物手中也执驯象钩，但其时间比胡维色伽国王在位时间更早。连云港孔望山摩崖造像不远处也有东汉圆雕石象，上阴线刻有“象人”榜题和执钩人物。《后汉书·孝献帝纪》载：“（建安七年）夏五月庚戌，袁绍薨。于窴国献驯象”，时间同孔望山石象开凿年代相去不远。可见，胡维色伽金币上的人物骑象图像同汉画像中的胡人骑象图像未必存在相互效仿的关系，而可能是同源的，主要继承了当时流行在印度与中亚的驯象传统。

需要注意的是，贵霜金币中的胡维色伽骑象本身并没有明确的佛教意涵，而在汉画像中，有两幅图像被学术界普遍认为同佛教有关。其一是滕州发现的“六牙白象”画像石[33]；其二是内蒙古和林格尔壁画墓发现的“仙人骑白象”壁画[34]。滕州六牙白象图最早被劳干推测为东汉章帝前后的佛教史迹，论文发表在 1954 年《哈佛亚洲研究学刊》上。东汉《修行本起经》卷上“菩萨降身品第二”记载：“于是能仁菩萨，化乘白象，来就母胎，用四月八日，夫人沐浴，涂香著新衣毕，小如安神。梦见空中有乘白象，光明悉照天下，弹琴鼓乐，弦歌之声，散花烧香，来诣我上，忽然不见。”俞伟超先生认为，“‘仙人’为诸佛尚未修行成功时的称呼之义”“‘仙人骑白象’就可以作‘能仁菩萨骑白象’之解”。[35] 除了佛经中的记载外，汉代文学中也有“菩萨降身”故事的痕迹，张衡在《西京赋》中提到的“白象行孕，垂鼻辚囷”，很可能就是《修行本起经》中记载的“能仁菩萨，化乘白象，来就母胎”的故事。此例至少能说明佛经故事已经为汉代文人士大夫阶级所知。

（三）其他神祇

贵霜是中亚大国，国民的来源也很复杂，是一个多种族、多宗教的国家。很多国王的宗教政策也很开明，同时默许佛教、印度教、火祆教等宗教的同时传播。因此，在希腊、罗马打压钱币传统的影响下，贵霜钱币背后出现当时社会中流行的多种神祇形象。从信仰者的族属看，不仅有印度本土的神祇，也有大夏的希腊移民所信仰的希腊神和波斯神等。在东汉时期贵霜胡人入华的过程中，一些带有外来因素的神祇像也影响了中国艺术。

1. 胜利女神尼姬（Nike）

在迦腻色伽一世与胡维色伽金币背后的希腊神祇中，胜利女神尼姬（Nike）是十分特殊的一个。在希腊神话中，她是泰坦神帕拉斯（Pallas）和斯梯克斯（Styx）的女儿，曾协助宙斯战胜泰坦族，是在希腊化艺术中被广泛塑造的胜利女神。在贵

霜钱币中，其图像志特点是有项光、肩生双翼的女神形象，一手拿带飘带的王冠，一手拿着象征胜利的权杖。（图 10：1）

英国探险家斯坦因（Aurelia Stein）于 1906—1907 年在楼兰（鄯善）地区发现了著名的楼兰古城 LA 和 LB，并根据出土简牍，将其时间定为 4 世纪左右。他在米兰古城附近的佛寺遗址中发现并揭取了精美的佛教壁画，其中有 8 幅“有翼天使”像，收录在 1921 年英国牛津出版社出版的《西域考古图记》中。[36]1988 年，新疆维吾尔自治区文化厅重新组织了一支“楼兰文物普查队”，再次对楼兰古城遗址和米兰古城中的米兰佛寺遗址进行了调查，并发现了 2 幅新的“有翼天使”壁画。[37]两次考察共计发现 10 幅“有翼天使”像。

从图像志分析，有翼天使呈现为眼睛很大，额头饱满，流露出高加索人种的特点，颈部略有褶皱，双目炯炯有神，头部或向左、或向右略有倾斜；身着圆领衫，肩部后面生出双翼，造型写实。发饰区别较大，米兰 M. Ⅲ遗址出土天使像主要为

图 10　希腊女神 Nike 与中国的有翼天使

1. 胡维色伽金币背后的希腊女神 Nike；2. 米兰佛寺出土有翼天使壁画；

3. 武氏祠右室东壁上羽人；4. 襄樊出土三国铜质有翼人像；

5. 樊城菜越 M1 三国墓陶楼上的有翼人像

髡发，只有中央留有一小部分的鬈发，有些还有一缕鬈发悬于耳边。M. Ⅲ遗址外侧南过道也有一例有翼天使，但是其发型与前面几例不同，额前留有波浪形刘海。（图 10：2）[38] 斯坦因明显注意到了这些有翼人物同西方的关系：“在我看来，这些有翼‘天使’半身像那充分张开的大眼睛上露出的愉快神色，微敛的小口和轻微内钩的鼻子所蕴含的神态，有许多因素使我想起多年以前，在极远的西方收集到的那些精美的、具有地中海东部及爱琴海沿岸国家和岛屿中的居民相貌特征的头像。我们保存有这些属于希腊化时期的法尤姆木乃伊头的画板，其中有些呈现出不甚明显的闪族血统特征的痕迹，这似乎支持了这样的印象，即与希腊化的近东存在直接的联系。”[39] 这一图像受到明显的西方影响已为学术界所公认。

关于“有翼天使”的图像学来源，学术界流行有不同说法，主要有希腊爱神厄洛斯（Eros）说、早期基督教艺术说、佛教护法神“乾达婆”说等不同观点[40]。另有中国汉代画像石“羽人”演变说，汉画像中的羽人形象，确有带翼人物与之类似者。山东嘉祥著名的武氏祠右室东壁山墙上有一位站立在“并身四足”的男女人面兽身上的羽人（图 10：3），背披羽翼，可与西方有翼天使进行比较，但孰先孰后还未可知。而比较主流的观点是阎文儒先生提出的迦陵频伽说[41]。笔者认为，米兰壁画所属的楼兰地区位于塔里木盆地的东沿，是希腊化艺术的东部边界，而这一图像的来源应与希腊女神尼姬有关，属于汉晋时期贵霜文化中常所见的希腊神祇在西域地区的输入。

这种有翼人像的仿制品在中原地区也有发现，其艺术风格已汉化。第一例为 2008 年襄樊内环西路考古发掘出一件铜翼人像（图 10：4），“从整体上看，其身体微下蹬且前倾，动作似为用力向前飞奔状”[42]，年代定为三国时期。第二例为陕西西安市红庙坡出土有铜翼童子像，其年代被定为汉代。二者图像特征非常接近，只是前者刻画更为精细，且腋下有两个圆孔，流露出一定的传承关系。孙机先生《汉代物质文化资料图说》将这件有翼童子像定为来自西域的佛教文化交流的文物。[43] 第三例为 2008 年襄樊樊城区菜越 M1 三国墓中出土的陶楼的门上贴塑[44]（图 10：5）。罗世平教授指出，这种“犍陀罗式有翼天人的图像，明显带有佛教初传时期汉、印文化杂糅的特点”[45]。其中涉及此类图像在内地的传播问题，值得进一步研究。

2. 丰饶女神阿道克狩（Ardochsho）

贵霜金币中有一位出现频率很高的女神是伊朗的幸运女神——阿道克狩（Ardochsho）。其图像志是一位贵族装扮的女像，双手捧着丰饶角，身旁左侧有希腊铭文“Ardoxsho”。（图 11：1）她还有一个更显赫的名字——“丰饶女神”。

1959 年，考古工作者在民丰县尼雅夫妻合葬墓里发现一块印着人像的蜡染白地蓝色印花棉布[46]，出土时覆盖在尸体的腿部，残长 89 厘米，宽 48 厘米。上面刻画了一位带有项光的半裸女神像，手执丰饶角。（图 11：2）虽然一些学者一度认为此女神是佛教的菩萨，但从图像志看，清晰的丰饶角表明她的身份就是贵霜钱币上的丰饶女神阿道克狩。[47] 林梅村教授从墓葬的年代出发，认为与之相比，胡维色伽金币上的阿道克狩图像年代过早，而她与“笈多钱币中的吉祥天女坐像最为接近”[48]。吉祥天女是印度教主神毗湿奴（Visnu）的妻子，是印度本土化的丰饶女神。后期著名的鬼子母诃利帝（Hariti）图像往往也手执丰饶角，是这一图像的变体。

1

2

图 11　贵霜金币上的丰饶女神与印花棉布上的女神像
1. 贵霜金币上的丰饶女神；2. 尼雅遗址出土印花棉布女神像

3. 战神韦勒斯拉纳（Orlagno）

在珍贵的迦腻色伽一世金币与胡维色伽金币的背面，有一位特殊的神祇，人物表现为一位右手执长矛、左手握剑的武士，头上顶着一只鸟冠。人像左侧的希腊文铭文为“ΟΡΛΑΓΝΟ”，一般被认为是来自波斯的战神韦勒斯拉纳（Orlagno）（图 12：1）。

值得注意的是这位战神头上的鸟冠。这种鸟是火祆教艺术中的 Vareghna[49] 鸟，来自火祆教经典《阿维斯塔》（*Avesta*）。北京大学王小甫教授指出：“Vareghna 鸟是斗战神和灵光神共有的化身形象。专门的研究者认为，在东伊朗文化世界，斗战神和灵光神关系非常密切。在贵霜钱币上，斗战神（Vərəθraγna）用希腊字母写作 Orlagno，该神祇被图示为戴着有翼冠饰——一个伊朗象征符号的特有母题，以此将其比作灵光神（Xvarənah），即比作贵霜的光耀神（Farro）。在这种象征符号背后，很可能就是《阿维斯塔》中有关 Vareghna 鸟是斗战神和灵光神二者化身的观念。而灵光神最典型的象征，就是著名的‘王者灵光’。”[50] 这一鸟冠形象广泛出现在火祆教艺术中，在后期逐渐演变为中古时期中国粟特人墓葬如安伽墓、虞弘墓中的

图 12　贵霜金币上的战神韦勒斯拉纳与汉画像中的鸟冠人物

1. 贵霜金币上的战神韦勒斯拉纳；2. 武斑祠画像中的子路；

3. 山东新出土画像石中的子路；4. 山东微山两城画像石中的西王母；

5. 邹城东汉汉安元年祠堂画像石中的西王母使者

"祭祀鸟神"。

无独有偶，汉画像中存在一些戴鸟冠的人物形象，主要可以分为三类。其一，子路像。汉画中，子路人物形象采用鸟冠，在史书上有颇多记载。《史记·仲尼弟子列传》载："子路性鄙，好勇力，志伉直，冠雄鸡，佩豭豚，陵暴孔子。"[51] 裴骃集解："冠以雄鸡，佩以豭豚，二物皆勇。子路好勇，故冠带之。"子路的形象在孔子弟子中独树一帜，图像志特征鲜明，非常易于辨认。傅惜华《山东汉画像石汇编》中录有武斑祠画像中的孔门弟子中，就有带榜题的子路形象。（图 12：2）在笔者收集的鲁南新发现的汉画像拓本中，也有这类鸟冠、仰面形象的子路（图 12：3）。这一孔武有力的武士形象同战神韦勒斯拉纳形象的一致性是否巧合，还有待研究。

山东汉画像中，鸟冠人物还可能是西王母。山东微山两城画像石中发现一例西王母与伏羲女娲同时出现的图像。西王母端坐在伏羲、女娲蛇身相交的十字穿环上。伏羲、女娲手执便面，身下各有一只鸟。西王母头顶一只鸟。（图 12：4）此西王母虽然不见戴方胜，但身边却刻着"西王母"榜题。我们认为，西王母头上的这只鸟可能只是"碰巧"出现在西王母的头上，同另外两只鸟构成为西王母取食的"三青鸟"，而并非具有特定而广泛的图像学意义。火祆教艺术影响下的鸟冠人物大量出现于隋唐时期，在唐三彩镇墓俑中就有很多头戴鸟冠的人物，如开元六年（718）李贞墓出土彩绘武官俑[52]。这类鸟冠受到信奉火祆教的突厥与粟特人的艺术的影响，因此同战神韦勒斯拉纳的鸟冠形象同源。而汉画中的鸟冠同这一贵霜钱币图像的关系我们还不清楚，可能仅仅是巧合。

无独有偶，2013 年 4 月，山东省邹城市北龙河村南发现北宋时期石室墓 4 座，经邹城文物部门抢救性发掘，共清理出土汉代画像石 5 块，其中在 1 号墓发现带有东汉汉安元年祠堂题记的画像石，现存邹城博物馆。在此画像石的右端，也有一鸟冠女性人物。（图 12：5）胡新立指出："这位面相姣好、动作文静的女行者，与子路形象差异太大，肯定不是子路……但我们只要认识到，它曾是一只刻绘在西王母头上的鸟，与西王母关系密切就可以了……那么，这位头顶卧鸟的女行者肯定不是西王母（一无榜题，二不是端坐于伏羲女娲之上），只有一种可能，那就是受西王母的派遣，前来迎接祠主和夫人升仙的使者。"[53]笔者赞同这一观点，这一鸟冠人物为"青鸟"的人格形象。

综合以上三种鸟冠人物的身份，只有子路形象同贵霜钱币上的战神韦勒斯拉纳形象类似，即通过鸟冠形象来表现戴冠者孔武有力的特征。其他两种身份或许仅仅是巧合。其中是否存在单向或双向的影响，是中外艺术交流的一段公案，可另辟专文探究。

1

2

图 13 贵霜金币上的智慧神玛诺巴格与汉画像中的偶像式西王母形象

4. 智慧之神玛诺巴格（Manaobago）

胡维色伽金币中有一位独特的神祇，即来自伊朗的智慧之神玛诺巴格。有趣的是，这一神祇不见其他国王的钱币，仅见于胡维色伽金币，在整个贵霜钱币中占有特殊的地位。其图像志特征是玛诺巴格端坐在长脚椅上，面朝右侧，肩上有明显的火焰纹，手执带飘带的王冠。（图 13：1）

早期贵霜钱币中的坐姿神祇形象并不多，后期贵霜金币上的吉祥天女则多为坐像。前文曾提到迦腻色伽铜币背后的弥勒坐像，也是坐在类似的长脚椅上，只不过采用结跏趺坐的姿势。宿白先生曾经比较过西王母与佛像的关系，他说："西王母传处西荒昆陵之阙，与西胡胡人居处相接……西王母转易为佛像。或与当时奉佛的胡人有某种联系。"[54] 同东汉后期的"偶像式"西王母图像相对比，贵霜钱币上神像的一些特征与之接近。玛诺巴格采用双脚自然下垂的坐姿，即所谓"倚坐"。以滕州新发现的一块汉画像残石为例，"偶像式"的西王母虽然坐姿为长衣所遮盖，但肩部存在类似的火焰纹，坐具为汉代流行的四脚方榻。（图 13：2）从这些细节上，可以看到"偶像式"西王母形象对玛诺巴格形象的一些借鉴，虽然这种交流的依据可能仅仅是图像志上的相似，但若干元素的高度一致还是值得我们进行对比研究的。

三、贵霜艺术与汉画像艺术交流的载体

从本质上说，贵霜艺术是多种文化复合的产物。从文化因素上说，它包含从亚历山大帝国、塞琉古王朝乃至大夏遗留下来的希腊文化，有大月氏、斯基泰人带来的欧亚大陆草原文化，有中亚本土的吐火罗文化，有来自西亚的波斯文化，更有来自南亚次大陆的印度文化。而一个独立的、强大的贵霜王朝的建立，使这些松散的、相对独立的文化统一成强势的贵霜文化，在帝国的各个区域推行，进而影响到塔里木盆地周边的西域诸国，经河西走廊入华。贵霜钱币上的国王像与众神像，从

本质上说是这些不同文化因素在贵霜王朝国家神庙中的忠实反映，其广泛流传的图像志，昭示着这些神祇并行不悖地为广大民众所接受。虽然不同的国王对不同的神祇有特殊的钟爱和自我选择，但从早期几位贵霜王的钱币来看，我们可以发现很多贵霜艺术因子随佛教一齐东渐的脚步，对汉代艺术产生了一定的影响。

这里要考虑的是一个艺术传播途径的问题。艺术的传播主要由人员和物资的流动活动所承载。其中，大量入华的贵霜胡人、胡僧是艺术传播的主力军。

《高僧传》载："支娄迦谶，亦直云支谶，本月氏人……汉灵帝时，游于洛阳。以光和、中平之间，传译梵文……后不知所终"，"又有沙门支曜、康巨、康孟详等，并以汉灵、献之间，有慧学之誉，驰于京洛"。梁僧祐《出三藏记集》卷十三《支谦传》云："支谦，字恭明，一名越，大月支人也。祖父法度，以汉灵帝世，率国人数百归化，拜率善中郎将。"这些著名的早期支姓胡人一般都来自大月氏（贵霜），以洛阳作为主要活动区域。中国国家博物馆藏有一块东汉时期的带有佉卢文铭文的井栏残石，1924 年采集于河南洛阳，上面有佛教内容的题记，记载了东汉灵帝年间（168—189 年）贵霜大月氏人留寓洛阳的史迹。林梅村提到贵霜帝国发生内乱，致使东汉中期发生过一次大月氏人大规模东归迁徙的活动。[55]2 世纪中叶汉朝势力退出西域后，贵霜王朝势力还一度渗透到了和田。于阗国打制有仿照贵霜样式的钱币"小马钱"，正面印有一圈佉卢文，中央是一枚小马的形象，背后则是汉文"六铢钱"，是中国与贵霜文化冲突与交融的产物。

徐州地区也是汉代重要的贵霜人的活动中心和佛教中心。早在东汉初年楚王刘英在位之时（41—71 年），徐州地区就建成了中国最早的"浮屠之仁祠"（《后汉书·楚王英传》）。虽然刘英自杀国除，但刘英建立的僧团组织很可能延续了下来，并在汉末有所发展。[56] 公元 191 年，丹阳人笮融在徐州再次建造了佛教寺院，铸造金铜佛像，并为普通百姓提供福利服务、治疗疾病等，其身边应围绕着一群胡人佛伽。笔者曾做过专题研究，东汉"徐州刺史部"所辖的彭城国、下邳国、东海郡、琅琊郡，即现在的鲁南、徐州、连云港一带汉画像中的胡人数量非常多。[57] 孔望山摩崖石刻中的原始佛教和道教内容的糅合也与徐州刺史部的贵霜人活动有关。[58] 曹操攻打徐州后，这些贵霜胡人"共奔于吴"（《支谦传》）避难，使佛教的中心从京洛、徐州等地转移至江南吴地，为三国时期东吴成为佛教重心奠定了基础。

东汉时期贵霜人另一个活跃的区域是四川。《华阳国志》卷三《蜀志》载："夷人冬则避寒入蜀，庸赁自食。"夷人即胡人。从考古发现看，四川出土过不少汉代胡人俑，同时也是发现汉代佛像最多的地区之一。这里发现了延光四年（125）纪年摇钱树上的佛像[59]，其年代相当于迦腻色伽王（约公元127/128年继位）时代，比文献记载笮融制金铜佛像要早。《三国志·蜀志·后主传》注引《诸葛亮集》中有“凉州诸国王各遣月支、康居胡侯支富、康植等二十余人，诣受节度”的记载，说明当时月支人在河西走廊活动，并曾入蜀参加反魏活动。

综上，河南、鲁南、徐州、四川等汉画像艺术发达的地区，恰与贵霜（大月氏）人留寓华夏的几个核心区域重合。虽然在中国几乎没有贵霜钱币的出土记录，但贵霜钱币上的图像已深深钤入了以“天下博知，不出三支”为代表的入华贵霜移民的集体无意识中，并在他们的活动中逐渐影响着汉人的艺术创造。在这些入华贵霜人的积极活动下，钱币、佛像等小型艺术品发挥了艺术传播的因子作用，并最终对汉画像的艺术风格、内容等方面产生影响。但是，从方法论角度出发，这种关联还需谨慎处理，有些图像虽然看上去存在关联，但仅仅是一场美丽的“误解”。

注释：

[1] 如无特殊说明，本文所采用贵霜钱币资料一般来自古典钱币拍卖公司（Classical Numismatic Group,Inc.）历年拍卖资料。资料来源 http：//www.cngcoins.com/Default.aspx。

[2] 林风眠：《中国绘画新论》，载《艺术丛论》，正中书局1936年版，第105—134页。

[3] 傅抱石汉代艺术三期说内容为：第一期是汉初至武帝，是在周、秦的基础上进行的纯粹的汉民族的艺术；第二期是张骞通西域至东汉明帝，在第一期的基础上增加了西域艺术的趣味；第三期是明帝之后，佛教已经传入中国，而在汉末佛教艺术却很微弱。见傅抱石《论秦汉诸美术与西方之关系》,《文化建设》1936年第7期。

[4] 滕固：《霍去病墓上石迹及汉代雕刻之考察》,《金陵学刊》1934年；又见《南阳汉画像石刻之历史的及风格的考察》《中国美术小史》关于汉代的章节等几篇文章中。

[5][6] 邢义田：《古代中国及欧亚文献、图像与考古资料中的“胡人”外貌》，载《画为心声：画像石、画像砖与壁画》，中华书局2011年版，第295、298—299页。

[7][8] 林梅村：《汉晋艺术之犍陀罗文化因素》，载《松漠之间——考古新发现所见中外文化交流》，生活·读书·新知三联书店2007年版，第52—53、63页。

[9] 李凇：《论汉代艺术中的西王母图像》，湖南教育出版社2000年版，第307页。

[10][11] 缪哲：《汉代艺术中外来母题举例——以画像石为中心》，博士学位论文，南京师范大学，2007年，序、第10页。

[12] Marylin Martin Rhie, *Early Buddhist Art of China and Central Asia*, Leiden/Boston/Koln: Brill, 1999, pp.40-41.

[13] 滕固：《滕固艺术文集》，上海人民美术出版社 2003 年版，第 274 页。

[14] 1993 年，阿富汗巴格兰地区出土一件贵霜时期的碑铭，即腊跋闼柯贵霜碑铭（Rabatak Inscriptions），其中对早期几位国王序列的释读首次明确了早期贵霜的王系，其中涉及一些纪年问题。如 Vima Takto 出现在丘就却之后，那么丘就却之子应该为 Vima Takto，而不是传统观点的 Vima Kadphises，目前学术界尚有争议。

[15] 关于贵霜王的年代序列西方学者研究比较深入，但存在较大争议。本表采自杜维善《贵霜帝国之钱币》，上海古籍出版社 2012 年版，第 21 页附表 1。

[16] 从行文逻辑上讲，存在两种模式：一种是用固定的汉画像石来对比不同的贵霜钱币，另一种是用固定的贵霜钱币来比较不同的汉画像石。考虑到汉画像存在明显的地域性差别，工匠水平也良莠不齐，而贵霜钱币作为国家法定货币颁行，其图像志稳定而有规律，故本文采用第二种方法进行论述。

[17] Joe. Cribb, The Origin of the Buddha Image-the Numismatic Evidence, *South Asian Archaeology*, 1981, p231.

[18][美] 马萨・卡特：《贵霜钱币研究》，朱浒译，载《中国美术研究》(第 12 辑），东南大学出版社 2014 年版，第 63 页。

[19] 乐山市文化局：《四川乐山麻浩一号崖墓》，《考古》1990 年第 2 期。

[20] 唐长寿：《乐山麻浩、柿子湾崖墓佛像年代新探》，《东南文化》1989 年第 2 期。

[21] 刘长久：《中国西南石窟艺术》，四川人民出版社 1998 年版，第 2 页。

[22] 宿白：《四川钱树和长江中下游部分器物上的佛像——中国南方发现的早期佛像札记》，《文物》2004 年第 10 期。

[23] 丁义珍：《汉东海庙今地考》，《文博通讯》1983 年第 4 期。

[24] 中国国家博物馆田野考古研究中心等编著：《连云港孔望山》，文物出版社 2010 年版，第 193 页。

[25] 冯沂等编：《临沂汉画像石》，山东美术出版社 2002 年版，第 138 页。

[26] 俞伟超：《东汉佛教图像考》，《文物》1980 年第 5 期。

[27](西晋）陈寿：《三国志・吴志・刘繇传》，汉语大词典出版社 2004 年版，第 762 页。

[28] 朱浒：《汉画像胡人图像研究》，博士学位论文，上海大学，2012 年。

[29] 高书林：《淮北汉画像石》，天津人民美术出版社 2002 年版，第 77 页。

[30](汉）班固：《汉书》，汉语大词典出版社 2004 年版，第 1944 页。

[31][美] 马萨・卡特著：《贵霜钱币研究》，朱浒译，载《中国美术研究》(第 12 辑），东南大学出版社 2014 年版，第 61 页。

[32] 中国国家博物馆田野考古研究中心等编著：《连云港孔望山》，文物出版社 2010 年版，第 60 页。

[33] Lao Kan, Six-Tusked Elephants on a Han Bas-Relief, *Harvard Journal of Asiatic Studies*, Vol.17,1954, pp.366-369.

[34][35] 俞伟超：《东汉佛教图像考》，《文物》1980 年第 5 期，第 68—77、70 页。

[36][英] 奥雷尔・斯坦因：《西域考古图记》，巫新华等译，广西师范大学出版社 1998 年版。

[37] 中国科学院塔克拉玛干沙漠综考队考古组：《若羌县古代文化遗存考察》，《新疆文物》1990 年第 4 期。

[38] 金维诺主编：《中国美术全集・寺观壁画》，文物出版社 1988 年版。

[39][英]奥雷尔·斯坦因:《西域考古图记》,巫新华等译,广西师范大学出版社 1998 年版,第 294 页。

[40]李青:《古楼兰鄯善艺术史论》,博士学位论文,西北大学,2003 年,第 193 页。

[41]阎文儒:《就斯坦因在我国新疆丹丹乌力克、磨朗遗址所发现几块壁画问题的新评述》,载《新疆考古三十年》,新疆人民出版社 1983 年版,第 616—620 页。

[42]陈千万:《襄樊出土的铜羽人与楚地巫术》,《襄樊日报》2010 年 1 月 14 日。

[43]孙机:《汉代物质文化资料图说》,文物出版社 1991 年版,图 111-11。

[44][45]罗世平:《仙人好楼居:襄阳新出相轮陶楼与中国浮图祠类证》,《故宫博物院院刊》2012 年第 4 期,第 10 页。

[46]新疆维吾尔自治区博物馆:《新疆民丰县北大沙漠中古遗址墓葬区东汉合葬墓清理简报》,《文物》1960 年第 6 期。

[47]孙机:《建国以来西方古器物在我国的发现与研究》,《文物》1999 年第 10 期。

[48]林梅村:《松漠之间——考古新发现所见中外文化交流》,生活·读书·新知三联书店 2007 年版,第 63 页。

[49]某些翻译将其译为“渡鸦”(raven),不准确,或可译为“鹖”,中国古代有人物戴鹖冠的传统。

[50]转引自王小甫《拜火宗教与突厥兴衰——以古代突厥斗战神研究为中心》未删减版,原文删减后载《历史研究》2007 年第 1 期。

[51](汉)司马迁:《史记》,汉语大词典出版社 2004 年版,第 915 页。

[52]言昭文:《唐越王李贞墓发掘简报》,《文物》1977 年第 10 期。

[53]胡新立:《邹城新发现汉安元年文通祠堂题记刻石考略》,载朱存明主编《汉文化研究》(第一辑),待出版。

[54]宿白:《四川钱树和长江中下游部分器物上的佛像——中国南方发现的早期佛像札记》,《文物》2004 年第 10 期。

[55]林梅村:《西域文明——考古、民族、语言和宗教新论》,东方出版社 1995 年版,第 33—67 页。

[56]Henri Maspero, Les Origines de la Communaut é Bouddhiste de Lo-yang, *Journal Asiatique*, CCXXI,1934, pp.87-108.

[57]朱浒:《汉画像胡人图像研究》,博士学位论文,上海大学,2012 年。

[58]朱浒:《汉画像“贵霜人”形象初探》,《文艺研究》2012 年第 2 期。

[59]何志国:《丰都东汉纪年墓出土佛像的重要意义》,《中国文物报》2002 年 5 月 3 日第 7 版。